Carl-Auer-Systeme

Praxis des Familien-Stellens

Gunthard Weber (Hrsg.)

Beiträge zu systemischen Lösungen
nach Bert Hellinger

Zweite, korrigierte Auflage 1998

Über alle Rechte der deutschen Ausgabe verfügt Carl-Auer-Systeme Verlag und Verlagsbuchhandlung GmbH; Heidelberg
Fotomechanische Wiedergabe nur mit Genehmigung des Verlages
DTP-Management: Peter W. Gester
Satz u. Grafik: Drißner-Design u. DTP, Meßstetten
Umschlag: WSP Design, Heidelberg
Objektinstallation und -photographie: Leonie Weber
Printed in Germany 1998
Druck und Bindung: Kösel, Kempten

Zweite, korr. Auflage, 1998

Die Deutsche Bibliothek - CIP-Einheitsaufnahme

Weber, Gunthard (Hrsg):
Praxis des Familien-Stellens, Beiträge zu systemischen Lösungen nach Bert Hellinger. – 2. Aufl. – Heidelberg : Carl-Auer-Systeme, Verl. und Verl.-Buchh., 1998
ISBN 3-89670-090-1

Inhalt

Vorwort von Gunthard Weber ... 10

Bert Hellinger: Psychotherapie und Religion ... 15

Zu den Grundlagen des Familien-Stellens ... 29

Albrecht Mahr: Die Weisheit kommt nicht zu den Faulen. Vom Geführtwerden und von der Technik in Familienaufstellungen ... 30
Eva Madelung: Die Stellung der systembezogenen Psychotherapie Bert Hellingers im Spektrum der Kurztherapien ... 40
Matthias Varga von Kibéd: Bemerkungen über philosophische Grundlagen und methodische Voraussetzungen der systemischen Aufstellungsarbeit ... 51
Georges A. Porret: Relational und rational – zwei Dimensionen und zwei Weisen, mit Menschen umzugehen ... 61
Thomas Hölscher: Familie – gesetzt oder naturgegeben? Familienstrukturen in der gegenwärtigen Soziologie der postmodernen Gesellschaften ... 74

Zum Rahmen und zum Vorgehen des Familien-Stellens ... 83

Hunter Beaumont: Der stillen Sprache der Seele lauschen ... 84
Peter Kreisz: Wie schaffe ich einen guten Rahmen für das Familien-Stellen in Gruppen? ... 86
Robert Langlotz: Die Aufgaben des Therapeuten beim Familien-Stellen ... 93
Peter Kreisz: Eine graphische Systemübersicht für Beratung, Einzeltherapie und Dokumentation ... 102

Berthold Ulsamer: Die praktische Arbeit mit Familienaufstellungen: Was mache ich, wenn ich nicht mehr weiter weiß? … 106

Spezielle Themen zum Familien-Stellen … 115

Angelika Glöckner: Energetische Felder beim Familien-Stellen … 116
Heinz Breuer: Familienaufstellungen und Gefühle … 128
Siegfried Essen: „Woher hab' ich das nur?" Ein Rückgaberitual für die Einzeltherapie … 135
Barbara und Hans Eberhard Eberspächer: Der Zugang über die körperliche Ebene als Hilfe beim Familien-Stellen … 142
Brigitte Gross: Märchen als Zugangshinweis zum Lebensskript, zu Identifikationen und anderem Übernommenen … 149
E. Robert Langlotz: Familiensystemische Aufstellungen und das Thema Schuld … 157
Heinrich Breuer: Mehrgenerationenaufstellungen und vertikale Verdichtungen von Schicksalen am Beispiel einer Familie … 164

Die Anwendung des Familien-Stellens in unterschiedlichen Settings … 177

Systembezogene Arbeit mit Einzelklienten … 178

Otto Brink: Familien-Stellen mit Schuhen … 178
Jakob Schneider: Familienaufstellungen mit Einzelklienten mit Hilfe von Figuren … 182
Ursula Franke: Stellen Sie sich vor, Sie stehen vor Ihrem Vater und schauen ihn an – Systemische Interventionen in der Imagination … 194
Wolfgang Lenk: Aufstellungsarbeit mit einzelnen und Hypnotherapie … 199
Heidi Baitinger: Ist nach dem Familien-Stellen eine Nacharbeit notwendig? … 203

Familien-Stellen und Paartherapie … 208

Margarete Kohaus Jellouschek und Hans Jellouschek: Familien-Stellen im Rahmen von Paar-Gruppentherapie … 208
Johannes Neuhauser: Wie Liebe gelingt. Bert Hellingers Rundenarbeit mit Paaren … 217

Marianne Franke Griksch: Vom Paar zur Familie – wenn sich ein Kind ankündigt. Systemische Arbeit und Familien-Stellen mit „schwangeren Paaren" ... 230

Familien-Stellen mit speziellen Klientengruppen und bei bestimmten Symptomen ... 239

Familien-Stellen und die Arbeit mit Kindern und Jugendlichen ... 240

Michael J. W. Angermaier: Die Wirkungen der Erkenntnisse und Methoden Bert Hellingers in der therapeutischen Arbeit mit Kindern und Jugendlichen ... 240

Jirina Prekop: Von der geglückten Verbindung des systembezogenen Ansatzes mit der Festhaltetherapie ... 257

Thomas von Stosch: Familien-Stellen in der Kinderpsychiatrie – eine Bereicherung für die therapeutische Arbeit ... 266

Familien-Stellen mit psychosomatisch und körperlich Kranken ... 278

Dagmar Ingwersen und Friedrich Ingwersen: Erfahrungen mit dem Familien-Stellen in einer psychosomatischen Rehabilitationsklinik ... 278

Freda Eidmann: Erfahrungen mit der Nutzung der Konzepte Bert Hellingers als Psychotherapeutin in einer Arztpraxis mit onkologischem Schwerpunkt ... 288

Barbara Romero: Lernen von Bert Hellinger für das Leben mit der Alzheimer-Krankheit ... 294

Familien-Stellen bei Depression und Angst ... 299

Otto Brink: Diagnose und Therapie bei depressiven und suizidalen Patienten mit dem Familien-Stellen ... 299

Christine Essen: Aufstellungen bei Angstsymptomatik und Panikattacken ... 305

Familien-Stellen mit Adoptions- und Pflegefamilie ... 313

Anna Lee Scholz: Identitätsprobleme erwachsener Adoptierter – die Suche nach den Wurzeln ... 313

Bert Hellinger: Ein weggegebenes Kind stellt seine Familie ... 320

Achim Kowalcyk: Wie wird aus unserer Familie eine Pflegefamilie? Familienaufstellungen mit Pflegeelternbewerbern ... 335

Familien-Stellen und andere Psychotherapiemethoden ... 345

Wolfgang Lenk: Aufstellungsarbeit und NLP-Prinzipien ... 346
Matthias Lauterbach und Elisabeth Pfäfflin: Familienaufstellung und Psychodrama ... 352
Insa Sparrer: Lösungsaufstellung, Neunfelderaufstellung und Zielannäherungsaufstellung. Drei Formen der Verbindung von systemischer Strukturaufstellungsarbeit und de Shazers lösungsorientierter Kurztherapie ... 360

Die Übertragung der Aufstellungsarbeit auf andere Systeme ... 365

Jakob R. Schneider: Supervision mit Hilfe von Aufstellungen ... 366
Christine Essen und Guni-Leila Baxa: Hilfe, was ist Hilfe? Zur Anwendung systemischer Aufstellungsarbeit bei Supervisionen und Konsultationen größerer (Helfer-)Systeme ... 377
Insa Sparrer und Matthias Varga von Kibéd: Vom Familien-Stellen zur systemischen Strukturaufstellungsarbeit ... 394
Gunthard Weber und Brigitte Gross: Organisationsaufstellungen ... 405
Thomas Siefer: Anerkennung und Würdigung. Organisationsaufstellungen in Unternehmen, Familie und Beruf ... 421

Systemische Aufstellungsarbeit und Homöopathie ... 429

Hans Baitinger: Systemorientierte Familien-Aufstellungen nach Bert Hellinger und die Homöopathie. Zwei Ansätze phänomenologischer Heilkunst und ihre therapeutische Haltung ... 430
Heidi Baitinger: Das Auslösen eines psychotischen Zustandes durch eine Familienaufstellung und seine Auflösung durch psychotherapeutische und klassisch-homöopathische Hilfe ... 443
Friedrich Wiest und Matthias Varga von Kibéd: Homöopathische Systemaufstellungen ... 446

Das Lernen und Lehren von Familien-Stellen ... 461

Angelika Glöckner: „Es kann ein Leben lang dauern, bis die Augen geöffnet sind, doch es genügt ein Blitz, um zu sehen" ... 462
Guni-Leila Baxa: Lernen des Nichtlernbaren ... 467
Michael Knorr: Die Peergruppe als Marktplatz der Möglichkeiten – Vom Lernen, Lehren und Austauschen ... 473

Eine Nachuntersuchung ... 478

Winfried Häuser, Rudolf Klein, Barbara Schmidt-Keller: Familien-Stellen mit Bert Hellinger aus der Sicht teilnehmender KlientInnen und ihrer Therapeutinnen. Eine Einjahreskatamnese ... 478

Besonderes ... 488

Gila Rogers: Verneigung und innere Aufrichtung ... 488
Marianne Franke-Griksch: Systemisches Denken und Handeln in der Schule ... 491
Inge Hartl: Ein perspektivisches Blitzlicht zum Familien-Stellen mit bäuerlichen Familien ... 497
Barbara und Hans Eberhard Eberspächer: Integrationshilfe für blinde Teilnehmerinnen beim Familien-Stellen ... 502
Matthias Varga von Kibéd: Systemisches Kreativitätstraining: Tetralemma-Aufstellungen und Aufstellungsarbeit mit Drehbuchautoren ... 504
Herta Scheucher und Traudl Szyszkowitz: Systemische Aufstellung zum Bosnienkonflikt. Krieg im Nachbarland – was braucht der Friede? ... 510

Ein Interview mit Bert Hellinger ... 514

„Ich bin ein Getriebener". Wilfried Nelles im Gespräch mit Bert Hellinger ... 514

Autorenverzeichnis ... 523

Literatur ... 530

Vorwort

Hätte mir jemand im Jahre 1993, als *Zweierlei Glück* erschien, vorausgesagt, die Einsichten Bert Hellingers und die von ihm entwickelten Vorgehensweisen würden in dem Maße aufgenommen werden und sich in der Geschwindigkeit verbreiten, wie es tatsächlich geschah, ich hätte ihn für einen weltfremden Menschen gehalten. Jetzt, vier Jahre später, arbeiten Unzählige in unterschiedlichsten Gebieten mit diesem Ansatz, es gibt zunehmend mehr, die dazu Weiter- und Fortbildungen anbieten, und zu den Seminaren von Bert Hellinger melden sich bis zu tausend Teilnehmer an.

Es ist nur zu verständlich, daß diese rasante Entwicklung vielen, die die Evidenz und Kraft dieser Einsichten nicht durch eigenes Erleben – sei es durch das Aufstellen der eigenen Familie, durch das Wahrnehmen als Stellvertreter oder durch teilnehmendes Beobachten im Kraftfeld eines Seminares erfuhren – suspekt erscheint.

Auch wenn jede Erklärung nur eine Erklärung ist und sie oft mehr über den aussagt, der etwas zu verstehen versucht, als über das, was er verstehen will, fordert das große Interesse an diesem Ansatz natürlich auch dazu heraus, darüber nachzudenken und nachzufühlen, warum diese Einsichten und diese Methoden gerade in dieser Zeit eine solche Resonanz finden.

Ich kann dem zustimmen, wenn einige meinen, dieser Ansatz gewinne einen Teil seiner Anziehungskraft auch vor dem Hintergrund einer wenig Orientierung gebenden postmodernen Gesellschaft mit zunehmend individualistischen Tendenzen, in der jeder für sich in der Unübersichtlichkeit und Vielfalt, die oft als beliebig erlebt wird, seinen eigenen Weg und seinen Sinn finden muß. Ein Ansatz, der Ordnungen aufzeigt und so Orientierung gibt und der die Bindungsliebe und Zugehörigkeit positiv bewertet, kann da wie ein trigonometrischer Punkt wirken.

Wenn man die Entwicklung des familientherapeutischen Feldes im deutschsprachigen Raum betrachtet, gibt es auch hier, wie im gesellschaftlichen Rahmen, immer wieder gegenläufige Bewegungen, die anfangs zu Polarisierungen führen und dann integriert oder durch Gegenströmungen abgelöst werden. In den letzten 20 Jahren wurden, angestoßen durch die Palo-Alto-Schule, durch das strategische, das strukturelle und dann besonders durch den Einfluß des Mailänder Modells und der neuen Heidelberger Schule, die sich wiederholenden Beziehungs- und Bedeutungsmuster in der Gegenwart und ihre Veränderung zum therapeutischen Hauptfokus. Durch die beiden letzteren Modelle und die Hypnotherapie nach Milton H. Erickson kam das probeweise Durchspielen möglicher zukünftiger Entwicklungen hinzu. In den Hintergrund traten die Ansätze, die in generationenübergreifenden Dynamiken und deren Veränderungen ihren therapeutischen Schwerpunkt sehen.

Hier knüpft Bert Hellinger wieder an und beleuchtet mit seinen Einsichten zu schicksalshaften und oft unbewußten familiären Verstrickungen diesen Bereich auf eine neue Weise. Die Perspektiven Ivan Boszormenyi-Nagys zu „unsichtbaren Bindungen" (invisible loyalties) und zur Dynamik von Geben und Nehmen und das Delegationskonzept Helm Stierlins wurden so um neue, bisher nicht vorhandene Dimensionen erweitert.

Gleichzeitig ist Bert Hellinger mit der Entwicklung seiner verdichteten Form von Familienaufstellungen ein großer Wurf und eine neue Form therapeutischer Möglichkeiten gelungen. Das erste Aufstellungsbild zeigt in kondensierter Form die fehlgeleitete Liebe, die Verstrickungen und Blockaden, und die Lösungsbilder und Lösungssätze entfalten dann eine befreiende Wirkung und eröffnen eine kraftvolle Orientierung auf die Zukunft hin. Durch diese Vorgänge können dann die Familienvergangenheit und deren Einflüsse in einem neuen Lichte gesehen und neu gewichtet werden. Die Vergangenheit wird mit der Gegenwart und Zukunft lösungsorientiert verknüpft. Gerade mit seiner Lösungsorientierung, seinem sparsamen Intervenieren – er selbst würde es nicht als Intervenieren verstanden wissen wollen –, seinem Verständnis, mit dem Familien-Stellen Anstöße zu neuen Entwicklungen geben zu wollen, und dem nur auf wenige Tage beschränkten Kontakt mit Patienten, steht Bert Hellinger wiederum wie die meisten systemischen Therapiemodelle ganz im Spektrum der Kurzzeittherapien.

Hinzu kommt, daß das Familien-Stellen durch die aufs Wesentliche konzentrierten und in der dichten Atmosphäre einer Gruppe als gemeinsame Werke entstehenden Bilder eine besondere Anziehungskraft entfaltet. In einer überwiegend auf sprachliche Austauschprozesse ausgerichteten Therapiewelt eröffnen die in den Aufstellungen zu beobachtenden erstaunlichen und geheimnisvollen Phänomene und Vorgänge völlig neue therapeutische Zugänge. Sie machen deutlich, wie die inneren Bilder durch das Aufstellen mit Repräsentanten reinszeniert werden, wie über das abgebildete System zentrale Entwicklungen hemmende Dynamiken ans Licht kommen und so mit oft überraschenden Wendungen Lösungen zugänglich gemacht werden.

Diese „Bilder-Sprache" wendet sich direkt an die Seele, findet dort jenseits des einordnenden Denkens eine unmittelbare Resonanz und ruft eine intensive emotionale Beteiligung hervor, die die Verankerung der während des Familien-Stellens gemachten neuen Erfahrungen und des neuen Bildes wesentlich unterstützt. Ich kenne kein psychotherapeutisches Verfahren, das, ohne das Ausdrücken von Gefühlen zu forcieren, bei allen Beteiligten einschließlich der teilnehmenden Beobachter ein solch heilsames und Versöhnung förderndes Bewegt- und Berührtsein hervorruft. Auch das ist ein entscheidender Unterschied zu den konstruktivistisch-systemischen Schulen, die (bisher jedenfalls) Gefühle oft eher als Therapien störende Elemente betrachteten und sich auf die Veränderung von Bedeutungs- und Verhaltensmustern konzentrierten. Es gibt also sowohl Ähnlichkeiten wie grundsätzliche Unterschiede zu den herkömmlichen systemischen Modellen.

Der Stein ist ins Wasser geworfen, und die Wellen dehnen sich – offensichtlich ohne an Kraft zu verlieren – in viele Richtungen aus. Es gibt und gab in den letzten Jahren viele bedenkenswerte und konstruktive Anregungen und Kritiken, die dankbar aufgegriffen und diskutiert werden sollten.

Wer Bert Hellinger viele Jahre kennt und ihm heute zuschaut, kann viele Veränderungen im Vergleich zu seiner Arbeit in früheren Jahren wahrnehmen.

Die *1. Arbeitstagung „Praxis des Familien-Stellens"* im April dieses Jahres in Wiesloch war ein Spiegel dieser Gesamtbewegung, ermöglichte einen Austausch der bisher im deutschsprachigen Raum gemachten Erfahrungen und gab einen guten Überblick über die Entwicklung und den augenblicklichen „Stand der Kunst".

Dieser Band umfaßt 58 überarbeitete Beiträge der 1. Arbeitstagung: grundlegende Vorträge, Ausarbeitungen zu spezifischen Themen und Berichte über die Übertragung dieses Ansatzes auf unterschiedliche Settings, Klientengruppen und Anwendungsbereiche und seiner Nutzung in Kombination mit anderen Orientierungen. Wer ihn liest, wird feststellen, daß einige der Beiträge erste Erfahrungsberichte über die Anwendung dieser Einsichten in neuen Feldern sind, Ansätze, die überprüft und weiterentwickelt werden müssen. Ich habe sie aufgenommen, um das ganze schon vorhandene Spektrum der Anwendungsversuche zu dokumentieren. Er wird – so hoffe ich – auch das ressourcenorientierte Wahrnehmen, das den Ansatz auszeichnet, die schöpferische Lebendigkeit und die ungeahnten und erst in Ansätzen erkennbaren Möglichkeiten (vor allem auch die der Übertragung und Nutzung dieser Vorgehensweisen in der Arbeit mit anderen Systemen) spüren.

Ich freue mich, wenn die Leser sich anstecken lassen von dem Geist und der achtenden Haltung, die das Familien-Stellen auszeichnet, die Tiefe dieser Einsichten und ihre Tragweite wahrnehmen und das kreative Potential der Vorgehensweisen in ihrer Arbeit nutzen können.

Wiesloch, im November 1997
Gunthard Weber

Psychotherapie und Religion

Bert Hellinger

Die Psychotherapie und die Religionen suchen beide das Heil und die Heilung der Seele, und sie suchen über die Seele das Heil und die Heilung des ganzen Menschen. Das verbindet sie. Doch sie unterscheiden sich auch, denn die Psychotherapie weiß sich von ihren Ursprüngen her der Wissenschaft und der Aufklärung verpflichtet und steht daher der überkommenen Religion kritisch gegenüber. Für die Religion war das in vieler Hinsicht heilsam. Denn die Psychotherapie zwingt durch ihre Einsichten die Religion zu einer Reinigung, das heißt, zur Abkehr von mythischen Bildern, Hoffnungen und Ängsten und zur Rückkehr zu ihren Anfängen und ihren Wurzeln.

Seele und Ich

Doch stellt sich auch bei der Psychotherapie die Frage, inwieweit sie im Bann archaischer Bilder und Hoffnungen bleibt und selber einer Entmythologisierung bedarf. Es sei nur darauf hingewiesen, daß auch das Ich, so wie es manche Psychotherapeuten fasziniert und beherrscht, ein mythisches Bild ist, das mythische Hoffnungen nährt und Ängste auf eine manchmal fast abergläubisch anmutende Weise zu beschwichtigen sucht.

Auch daß die Seele, sowohl in der Religion als auch in der Psychotherapie, als etwas Persönliches angesehen wird, scheint mir ein Mythos zu sein. Denn das unbefangene Hinschauen, wie Seele wirkt, weist eher darauf hin, daß wir *in* einer Seele sind. Daß nicht *wir* eine Seele haben und besitzen, sondern daß eine Seele *uns* hat und *uns* besitzt. Daß nicht *sie* uns zu Diensten ist, sondern daß sie *uns* in ihren Dienst nimmt, einschließlich unseres Ich. Also der Fragen, die sowohl die Religion als auch die Psychotherapie betreffen, gibt es genug.

Die Vorgehensweise

Unsere Vorgehensweise ist phänomenologisch. Das heißt, wir sehen ab vom Gewohnten, so gut wir das können, also auch von unseren Theorien oder Überzeugungen, und setzen uns der erfahrbaren

Wirklichkeit aus, wie sie sich zeigt, auch wie sie sich wandelt mit der Zeit. Dann warten wir, ob aus dem Verborgenen etwas aufscheint, das uns plötzlich, wie ein Blitz, als wahr und wesentlich trifft und erhellt, etwas, das uns in Einklang bringt mit einer Wirklichkeit, die das Wissen und Planen und Wollen des Ich weit hinter sich läßt, und die sich in ihrer Wirkung bewährt.

Seele und Ich in der Religion

Ich beginne mit der Religion und frage zuerst: Was geht in jemandem vor, wenn er sich als religiös erlebt?

Wenn wir religiöse Menschen betrachten, sehen wir, daß sie sich bewußt sind, von Kräften abhängig zu sein, die sie nicht verstehen; zum Beispiel, daß sie erfahren, daß ihr Leben nicht in ihrer Hand liegt. Im Angesicht solcher Erfahrungen, deren Grund und Wirken für uns geheimnisvoll bleiben, nehmen sie eine Haltung der Ehrfurcht ein oder der Demut oder der Andacht vor etwas Geheimnisvollem, das wir nicht verstehen. Das ist die eigentliche religiöse Haltung. Sie läßt uns eher einen Schritt zurück als vorwärts tun. Und sie ist ohne Anspruch, ist im Einklang und in Frieden. Das ist die Religion der Seele.

Doch ein Bereich der Seele hält diese Zurückhaltung schwer aus. Statt dessen versucht er, die Wirklichkeit hinter den Erscheinungen in den Griff zu bekommen, sie zu beeinflussen und sie sich dienstbar zu machen, zum Beispiel durch Riten, Opfer, Sühne, Gebet. Das ist eine Religion des Ich.

Zwar schwingt in der Religion des Ich die Religion der Seele mit, denn auch hier wird eine Wirklichkeit anerkannt, die über uns hinausgeht. Gleichzeitig aber wird versucht, ihre Verborgenheit aufzuheben und über sie zu verfügen. Das ist eigentlich ein Widerspruch. Daher kommt es zu Entartungen der Religion an dem Punkt, an dem wir, statt daß wir stehen bleiben und ihr Geheimnis achten, es zu lüften und es für uns in Beschlag zu nehmen suchen. Der Reinigungsweg für die Religion und für unseren religiösen Vollzug ist damit vorgezeichnet. Er geht vom Ich zurück zur Seele.

Die Offenbarungsreligionen

Von besonderer Bedeutung sind für uns die Offenbarungsreligionen, also Religionen, die auf einen Menschen zurückgehen, der anderen gesagt hat, er habe von Gott eine Offenbarung erhalten, und der andere auffordert, oft unter Androhung von ewiger Verdammnis, seiner Offenbarung zu glauben. Die Offenbarungsreligionen – für uns vor allem das Christentum – sind gleichsam der Gipfel einer Religion des Ich. Nicht nur ist der Gott, von dem gesagt wird, daß er sich offenbart, ein Ich, mit allen Eigenschaften eines Ich. Auch der Offenbarer spricht als ein Ich, das von anderen verlangt, daß sie ihr Ich seinem Ich unterwerfen.

Doch wenn wir uns auch hier den Vorgang unbefangen anschauen, stellen wir fest, daß jemand nur von sich redet und daß der Glaube, den er fordert, letztlich ein Glaube an ihn ist. Damit hebt er sich nicht nur über seine Anhänger, sondern auch über den verkündeten Gott, weil er behauptet, daß Gott niemand anderem eine ähnliche Offenbarung zukommen läßt, daß alle anderen daher von einer ähnlichen Offenbarung ausgeschlossen sind und daß Gott selbst sich dieser Offenbarung für alle Zeiten fügen muß. Es sind daher vor allem die Offenbarungsreligionen, die der Aufklärung und der Reinigung bedürfen.

Die Religionsgemeinschaft

Wenn wir nun die religiöse Entwicklung des einzelnen näher betrachten, fällt auf, daß sein religiöses Fühlen, Glauben und Tun mit der Bindung an seine Familie beginnt. Unsere ersten religiösen Vorstellungen sind also von der Familie vorgegeben. Die Religion gehörte früher zu den Bedingungen der Zugehörigkeit zur Familie. Verstöße dagegen wurden wie ein Abfall von der Familie erlebt und entsprechend geahndet. Daher wurde – und wird zum Teil noch heute – der Abfall von der Religion der Familie weniger als Abfall von der Religion denn als Abfall von der Familie erlebt, verbunden mit der Angst, die Zugehörigkeit zur Familie zu verlieren. Genau betrachtet hat diese Angst nichts mit den religiösen Inhalten zu tun, denn sie zeigt sich in Familien, die verschiedenen Religionen angehören, auf ähnliche Weise, unabhängig von deren Lehren und Praxis. Sie wird stärker oder schwächer erlebt, je nachdem, wie ernst die Familie ihre Religion nimmt. Dasselbe gilt auch für die sogenannte areligiöse Haltung oder für eine atheistische. Auch sie wirken verbindlich je nach dem Maß, in dem sie Bedingungen der Zugehörigkeit sind.

Diese Religionen sind Religionen einer Gruppe. Oft grenzen diese Gruppen sich durch die Religion von anderen Gruppen ab, fühlen sich durch ihre Religion den anderen überlegen, suchen den Einfluß ihrer Religion und Gruppe auf Kosten anderer auszudehnen. Manchmal rechtfertigen sie durch ihre Religion die Unterdrückung anderer Gruppen. Gewisse politische Überzeugungen werden mit ähnlichem religiösen Eifer vertreten und haben ähnliche Wirkungen.

Diese Gruppen sind ein erweitertes Ich und wirken wie ein erweitertes Ich. Daher ist die Gruppenreligion eine Ich-Religion im gesteigerten Sinn. Bei dieser Gruppen-Ich-Religion geht es dann nicht nur darum, eine verborgene Wirklichkeit zu beherrschen, sondern es geht auch um Macht über andere Menschen und Gruppen.

Die natürliche Religion

Dennoch gibt es innerhalb der verschiedenen Religionen über die Bindung an die Familie und die Gruppe hinaus, eine tiefe, persönliche Frömmigkeit, die zwar die äußeren Formen aus Treue zur eigenen Gruppe achtet, innerlich aber weit über deren Inhalte hinauswächst. Zum Beispiel sind die mystischen Strömungen im Christentum und im Islam einander so nahe, daß die Unterschiede der Religionen, aus denen sie kommen, wie aufgehoben erscheinen.

Es gibt also über das Trennende von Traditionen, Glaubensinhalten und religiösen Riten hinaus eine religiöse Erfahrung und eine religiöse Haltung, die persönlich ist, unabhängig von der Religion der Gruppe. Sie hat zu tun mit der allen Menschen gemeinsamen Erfahrung der Welt und der Grenzen, die sie uns setzt. Und weil diese religiöse Haltung jedem auf gleiche Weise zugänglich ist, könnte man sie die natürliche Religion nennen. Sie braucht weder eine Lehre noch eine Praxis. Im Gegensatz zu den anderen Religionen gibt es hier keine Überlegenheit der einen gegen die anderen, keine Machtansprüche und keine Propaganda. Hier ist jeder einzeln. Deswegen verbindet die natürliche Religion, wo andere Religionen trennen.

Die natürliche Religion ist eine persönliche Leistung, vielleicht die höchste persönliche Leistung. Welcher Art, beschreibe ich am Beispiel der Anfänge der Philosophie. Den ersten Philosophen, von denen wir im Abendland wissen, den sogenannten Vorsokratikern, gelang es, innerlich abzusehen von den überkommenen Vorstellungen über den Menschen und die Natur und sich der Wirklichkeit auszusetzen, so wie sie vor ihnen lag, ohne Vorbehalte und ohne Angst. Was ihnen dabei widerfuhr, war als erstes das Staunen, daß etwas ist. Daß Leben auftaucht aus etwas, das verborgen bleibt, und daß es in dieses Verborgene wieder zurücksinkt.

Dieses Staunen vor der Wirklichkeit, wie sie erscheint, ist Andacht vor dem, was ist, ohne ihm auszuweichen oder es deuten zu wollen. Sie ist das Stillehalten vor einem Geheimnis, ohne mehr wissen zu wollen, als es uns von sich aus zeigt. Sie ist Zustimmung zu den Grenzen, die uns die erfahrbare Wirklichkeit setzt, ohne sie aufzuheben oder überschreiten zu wollen. Das aber ist zutiefst religiös, aber auf eine natürliche und eine demütige Weise.

Religion als Flucht

Dagegen ist sehr viel an der überkommenen Religion ein Versuch, der Wirklichkeit, so wie sie sich zeigt, auszuweichen und Erlösung von ihr zu suchen. Sie ist ein Versuch, die erfahrbare Wirklichkeit zu ändern nach eigenen Bildern und Wünschen. Sie umzudeuten, statt sich ihr zu stellen. Ihr Geheimnis lüften zu wollen, statt es zu achten. Vor allem aber ist sie der Versuch, beharren zu wollen gegen den Fluß des Vergehens. Sie ist ein Versuch des Ich, sich einer unfaßbaren Wirklichkeit zu bemächtigen und sie sich dienstbar zu machen.

Hinter diesen Vorstellungen stehen archaische, magische Hoffnungen und Ängste aus einer Zeit, in der sich der Mensch in jeder Hinsicht noch als abhängig erfuhr und dann mit magischen Mitteln versuchte, das Unheimliche und Gefährliche zu bannen. Aus dieser archaischen Tiefe der Seele kommt das Bedürfnis nach Opfern, nach Beschwichtigung, nach Sühne, nach Einflußnahme, das im Laufe der Zeit durch Gewohnheit sich zu Überzeugungen verfestigt, ohne daß es in der Umgebung Hinweise gäbe, daß diesen Überzeugungen Wirklichkeit zukommt. Sicherlich sind diese archaischen Bilder weitgehend Übertragungen von menschlichen Erfahrungen auf das Verborgene. Denn dieses Religiöse überträgt ja die Erfahrung von Ausgleich, Beschwichtigung, Sühne und Einflußnahme aus den menschlichen Beziehungen auf ein unbekanntes anderes.

Gegen diesen Hintergrund hebt sich um so deutlicher ab, welche Leistung die natürliche Religion dem einzelnen abverlangt und welche Reinigung und welchen Verzicht sie von ihm fordert.

Philosophie und Psychologie

Es ist zweifellos ein Verdienst der Philosophie und Psychologie, den Weg zur unbefangenen Anschauung der Wirklichkeit und ihrer Grenzen geebnet und so auch der Religion in ihrer natürlichen Form wieder zur Anerkennung verholfen zu haben. In der Psychologie sei auf Freud verwiesen, der viele religiöse Vorstellungen als Projektionen durchschaute. Oder auch auf C. G. Jung, der die Gottesbilder als Ich-Ideale erkannte oder als vorgegebene Archetypen.

Die radikalste Analyse der jüdisch-christlichen Religion und ihrer Grundlagen und Folgen habe ich bei Wolfgang Giegerich gefunden in seinen Büchern: „Die Atombombe als seelische Wirklichkeit" (Giegerich 1988) und „Drachenkampf. Initiation ins Nuklearzeitalter" (Giegerich 1989). Es geht hier um einen tiefschürfenden Versuch über den Geist des christlichen Abendlandes. Er weist zum Beispiel nach, daß die moderne Naturwissenschaft und Technik nur die Fortsetzung der Grundanliegen des Christentums sind und daß sie, weit davon entfernt, es in Frage zu stellen, es in letzter Konsequenz anwenden und vollenden.

Ich selbst habe im Vergleich der Beziehungserfahrungen in der Familie mit religiösen Vorstellungen und Verhaltensweisen sehen können, wie die Beziehungen zum religiösen Geheimnis sich nach vertrauten Bildern und Erfahrungen richten. Schon die Vorstellung von einem Gott als Person erscheint von daher fragwürdig. Dieser Gott wird ausgestattet mit den Eigenschaften, Absichten und Gefühlen, wie sie aus der Erfahrung mit Königen und Herrschern stammen. Daher ist er, zum Beispiel, oben und wir unten, und wir unterstellen ihm, daß er auf seine Ehre bedacht ist und beleidigt werden kann und daß er zu Gericht sitzt und belohnt und bestraft, je nachdem, wie wir uns zu ihm verhalten. Wie ein idealer Herrscher hat er auch gerecht zu sein und wohltätig und uns zu beschützen gegen Unbilden und gegen unsere Feinde. Daher nennen wir ihn völlig unbefangen auch unseren Gott. Und wie ein König hat er auch einen Hofstaat von Engeln und Heiligen, und wir hoffen vielleicht, selbst einmal zu diesem Hofstaat zu gehören.

Andere Muster, die wir aus unserer Erfahrung auf unser Verhältnis zu ihm übertragen sind: Kind zu Eltern, die Gemeinschaft von Auserwählten wie in einer Familie und Sippe, die Geschäftsverbindungen von gegenseitigem Interesse und der Ausgleich von Geben und Nehmen, die Mann-Frau-Beziehung, zum Beispiel in der Vorstellung der heiligen Hochzeit und der Liebesvereinigung, und, am seltsamsten vielleicht, die Eltern-Kind-Beziehung, indem wir ihm vorschreiben, wie Eltern ihren Kindern, was er zu tun hat und wie er sich verhalten muß, damit er unser Gott sein kann.

Auch habe ich beobachtet, daß vielen Gottsuchern der Vater fehlt und daß ihre Gottsuche aufhört, wenn sie ihren wirklichen Vater gefunden haben. Oder auch, daß vielen religiösen Asketen die Mutter gefehlt hat, zum Beispiel dem Buddha.

Diese Beobachtungen führen zu einer Entmythologisierung der Religionen und insbesondere der Offenbarungsreligionen. Das heißt, diese Beobachtungen zeigen, daß die gängigen religiösen Vorstellungen in erster Linie menschliche Erfahrungen und Bedürfnisse widerspiegeln und eher etwas über uns selbst aussagen statt über Gott oder das Göttliche. Diese Beobachtungen zwingen zu einer Reinigung dieser Vorstellungen und unserer Einstellung ihnen gegenüber. Das heißt aber auch, daß wir wieder auf die ursprüngliche religiöse Erfahrung verwiesen werden und auf die Grenzen, die sie uns aufzeigt und setzt.

Ich erzähle dazu eine kleine Geschichte. Sie heißt:

Die Leere

Schüler verließen einen Meister,
und als sie wieder heimwärts zogen,
fragten sie ernüchtert:
„Was hatten wir bei ihm zu suchen?"

Dann bemerkte einer:
„Wir stiegen blind in einen Wagen,
den ein blinder Kutscher
mit blinden Pferden
blindlings vorwärts trieb.
Doch würden wir wie Blinde,
selber tastend gehen,
tasten wir vielleicht,
wenn wir am Rand des Abgrunds stehen,
mit unserem Stock
das Nichts."

Psychotherapie und Offenbarungsreligion

Wenn wir nun auf gleiche Weise unbefangen auf die Psychotherapie schauen, sehen wir, daß manche psychotherapeutischen Schulen der Religion, die sie überwinden wollten, selber ähnlich wurden, insbesondere den Offenbarungsreligionen. Da gibt es Gründer, und es gibt Jünger, die sich zu ihnen und ihrer Lehre bekennen. An dieser Lehre mag vieles richtig sein, doch indem ich mich zu ihr bekenne, verengt sich mein Blick, und ich klammere anderes, das damit nicht übereinstimmt, aus oder bekämpfe es sogar. So entstehen psychotherapeutische Schulen, die sich manchmal zueinander verhalten, wie es die Religionen tun. Innerhalb solcher Schulen gibt es dann eine Orthodoxie, einen rechten Glauben und eine rechte Praxis, und es gibt Institute, welche die rechte Lehre und Praxis überwachen und Abweichler ausschließen.

Andere Ähnlichkeiten zu den Religionen sind offenkundig: zum Beispiel die einführende Schulung, die Prüfung der Zuverlässigkeit und einer der Schule entsprechende Moral, der Aufnahmeritus, die höheren Weihen, das Bewußtsein der Überlegenheit, das Missionarische und das Streben nach Einfluß und Macht. Zwar beruhen die Methoden dieser Schulen weitgehend auf Einsicht und Erfahrung, und sie führen zu unbestreitbaren Erfolgen. Doch es ist der Eifer und das Bekenntnis, die sie auch verdächtig werden lassen, als sei noch mehr im Spiel, ein Interesse, das anderen nicht nur helfen, sondern sie auch bekehren will, ähnlich, wie wir das bei vielen Religionen sehen.

Ähnlich wie innerhalb der Religionen finden wir in diesen Schulen aber auch viele Anhänger, die aus persönlicher Einsicht von der vorgeschriebenen Lehre und Praxis abweichen, sich dennoch scheuen, es im Kreise ihrer Kollegen auch zuzugeben, aus Angst vor Zurechtweisung und Ausschluß.

Das Können

Im wesentlichen beruht die Psychotherapie auf Techniken, die aus genauer Beobachtung und Erfahrung gewonnen wurden und die sich aus Einsicht und Erfahrung laufend verfeinern und weiterentwickeln. Von daher gibt es auch eine Bewegung weg von Überzeugungen und Theorien, hin zum Handwerk, das gelernt, gewußt, geübt und gekonnt sein muß. Dabei wird es der Vielfalt der Einsichten und der Bedürfnisse nicht mehr gerecht, nur *eine* Methode zu beherrschen. So kommt es zu einem Austausch und einer Annäherung zwischen den Schulen, zu einer Art Ökumene, bei der die Grenzen immer durchlässiger werden. Viele Psychotherapeuten arbeiten sogar rein handwerklich, indem sie, ohne sich an eine Schule zu binden, bei mehreren deren Methoden erlernen und sie in der Praxis je nach Bedarf miteinander verbinden.

Leib und Seele

Über das Handwerkliche hinaus wird die Psychotherapie aber auch als Seelsorge verstanden, wenn auch mit Einschränkungen. Das gilt vor allem für die Psychosomatik, also für jene Psychotherapie, die im Zusammenwirken mit der Medizin auch körperliche Krankheiten über die Seele lindern und heilen will.

Wir machen nämlich die Erfahrung, daß gewisse Ereignisse, zum Beispiel eine frühe Trennung von der Mutter oder ein früher lebensbedrohlicher Unfall oder ähnliche Vorkommnisse, sich später nicht nur auf die Seele auswirken, sondern auch auf den Körper. Dann kann man versuchen, das, was der Seele damals wehgetan hat und sich später auch auf den Körper auswirkt, noch einmal hochzuholen, es anzuschauen, sich damit zu versöhnen, indem man ihm zustimmt, wie es war, um dann aus dem Einklang mit diesem Schicksal auch für den Körper eine Entlastung oder Heilung zu finden.

Ich bringe dazu ein Beispiel:

Während eines Kurses in London erzählte eine Frau im Rollstuhl, sie habe mit zwei Jahren Kinderlähmung gehabt. Sie hat die Krankheit überstanden, doch seit vier Jahren fühlt sie sich behindert und sitzt im Rollstuhl. Ich habe sie gefragt: „Wurde damals für deine Errettung gedankt?" Das war, wie in vielen solchen Fällen, bei ihr nicht geschehen.

Wenn jemand aus einer lebensbedrohlichen Situation errettet wird, dann sagt er oft, er habe sie überwunden oder, noch krasser, er habe sie besiegt. Dann fühlt das Ich sich als Held und in Kontrolle. Doch dann zieht sich das, was wirklich wirkt, die Seele, wieder zurück und überläßt das Schicksal dem Ich, mit der Folge, daß das Größere unser Ich oft schmerzlich eines Besseren belehrt.

Ich habe dieser Frau vorgeschlagen, sie solle die Augen schließen und innerlich sagen: „Wenn meine Behinderung der Preis für mein Überleben ist, zahle ich ihn gerne." Sie wehrte sich dagegen, und ich erzählte ihr von einem jungen Mann, der durch Kinderlähmung so behindert war, daß er nur den Kopf und eine Hand ein wenig bewegen konnte. Als ich ihn fragte, welche Geschichte seine Seele am tiefsten bewege, erzählte er mir eine Zen-Geschichte:

Ein Bergsteiger stürzt, hängt am Seil über einem Abgrund, oben nagen Mäuse an dem Seil. Dann sieht er in Reichweite seiner Hand vor ihm am Felsen zwei wilde Erdbeeren. Er pflückt sie, steckt sie in den Mund und sagt: „Wie süß."

Dann fragte ich die Frau: Wenn du dir auf der einen Seite vorstellst, dein Leben sei gesund verlaufen, und du dir auf der anderen Seite dein Leben vorstellst, wie es wirklich war: Which life is more precious? Also: Welches Leben ist kostbarer? Sie wehrte sich lange mit Ausflüchten. Dann weinte sie und sagte: This one is more precious. Also: Dieses hier ist am kostbarsten.

Das war ein religiöser Vollzug, weg vom Ich und seiner Kontrolle, hin zu Hingabe und Einklang. Doch gerade aus diesem Vollzug kommt heilende und lindernde Kraft.

Manchmal will die Seele auch krank sein und sterben aus Einklang mit etwas Größerem, also aus einer religiösen Haltung, die darauf verzichtet hat, etwas zu bewirken. Denn manchmal braucht die Seele eine Krankheit zu ihrer Läuterung, oder sie will sterben, weil sie fühlt, daß ihre Zeit vorbei ist.

Vor kurzem hat uns eine Freundin meiner Frau besucht, die an Krebs erkrankt war. Sie hatte einen seltsamen Traum: Sie schaute in den Spiegel und sah sich ohne Kopf. Ich habe ihr den Traum gedeutet und gesagt: „Das ist ein Todestraum." Sie sagte mir: „Ich hatte gar keine Angst dabei." Ich sagte ihr: „Genau. Die Seele hat keine Angst vor dem Tod in der Tiefe."

In der Seele gibt es eine Bewegung von Sehnsucht zurück zum Urgrund. Wenn die rechte Zeit gekommen ist, dann neigt die Seele sich dem Urgrund zu und ist in Frieden. Es ist eine unglaubliche Schönheit in dieser Bewegung, eine unglaubliche Tiefe. Sie ist die tiefste Bewegung überhaupt.

Es gibt aber einige, die machen diese Bewegung zu früh. Sie greifen ein in die natürliche Bewegung. Dann schaden sie der Seele. Solchen Menschen muß man helfen, daß sie anhalten. Denn wer sich vor der Zeit auf diesen Weg macht, der versündigt sich an dieser Bewegung. Denn sie ist ganz still und im Frieden. Doch wer sich dieser Bewegung still überläßt, der erfährt manchmal, daß sie von sich aus anhält.

Auch dazu bringe ich ein Beispiel:

Vor kurzem habe ich eine Fernsehsendung über eine Klinik in Nürnberg gesehen, die den Hintergründen von Spontanheilungen bei Krebs nachgeht. In der Sendung wurde ein Patient vorgestellt, der in dieser Klinik an Krebs operiert worden war, doch als die Ärzte sahen, daß seine Krankheit soweit fortgeschritten war, daß sie nichts mehr machen konnten, haben sie ihn wieder zugenäht und nach Hause entlassen. Dem Mann war klar, daß sein Leben zu Ende ging, und so hat er sich hingesetzt mit seiner Frau und hat sein Testament gemacht. Als er damit fertig war, spürte er so etwas wie einen Ruck in seinem Körper, und von da an sind die Krebszellen abgestorben. Er wurde wieder völlig gesund.

Was war hier geschehen? Der Mann kam in Einklang mit Tod, mit Schicksal und Ende, mit dem Urgrund sozusagen, aus dem das Leben aufsteigt und in den es wieder hinabsinkt, und aus diesem Einklang kehrte sich für ihn die Bewegung zum Tod um und führte ins Leben zurück.

Die Schicksalsgemeinschaft

Nun gibt es aber auch Ereignisse und Schicksale in der Herkunftsfamilie von Patienten, die nicht von ihnen persönlich erlebt wurden und die dennoch bei ihnen zu schweren Krankheiten führen. Auch hier ist das Ich mit im Spiel, aber auf eine seltsame Weise. Oft wird zum Beispiel von Patienten versucht, den Tod einer geliebten Person wieder rückgängig zu machen, indem sie ihr innerlich sagen: „Ich folge dir nach.“ Sie setzen dann diesen Satz auch um, sei es durch eine todbringende Krankheit oder durch einen schweren Unfall oder durch Selbstmord.

Oder es wird versucht, das schlimme Schicksal einer geliebten Person mit magischen Mitteln zu wenden, oft sogar nachträglich, indem man ihr innerlich sagt: „Lieber sterbe ich als du.“ Auch solch ein Satz wird ausgeführt, entweder durch eine Krankheit oder durch einen Unfall oder durch Selbstmord.

Oder es wird versucht, eigene und fremde Schuld durch Krankheit und Tod zu sühnen, als könnte man etwas Schlimmes durch ein anderes Schlimme ausgleichen oder aufheben und ungeschehen machen.

Auch hier kommen wir mit dem Handwerklichen allein nicht mehr zurecht. Auch hier braucht es eine Psychosomatik, die sich der religiösen Hintergründe von Krankheit und Heilung bewußt ist und sie durchschaut; eine Psychosomatik, die behutsam wegführt von einer religiösen Haltung, welche die Wirklichkeit von Tod, Schuld und Schicksal magisch zu bannen versucht, hin zu einer religiösen Haltung, die sich diesen Wirklichkeiten fügt und gerade dadurch zurück zum Eigenen findet, zur eigenen Größe und Kraft, zum eigenen Leben und zu Gesundheit und Glück. Erst aus dieser Haltung entfaltet auch das Familien-Stellen seine volle versöhnende und heilende Kraft.

Die leere Mitte

Für die Psychotherapeuten stellt sich nun die Frage, wie sie zu dieser Haltung finden und wie sie solche Wirkungen auslösen und aushalten können? Ich mache mir dabei keine großen Gedanken, weil ich mich an einen alten Freund von mir halte, einen gewissen Laotse, schon sehr lange tot. Er spricht über die Wirkung des Sich-Zurücknehmens und Sich-Zurückziehens in eine leere Mitte.

Wer sich in die leere Mitte zurückzieht, ist ohne Absicht und ohne Furcht. Wie von selbst ordnet sich das Viele um ihn herum, ohne daß er sich bewegt. Das ist die Haltung, die der Therapeut im Angesicht von schweren Schicksalen und schwerer Krankheit einnehmen kann: daß er sich zurückzieht auf die leere Mitte. Er braucht nicht die Augen zuzumachen dabei, denn die leere Mitte ist nicht abgekapselt. Sie ist verbunden. Denn gleichzeitig setzt sich der Therapeut dem Schicksal und der Krankheit aus, gleichsam mit seiner größten Fläche und ohne Furcht. Das ist besonders wichtig. Wer Angst hat vor dem, was alles passieren könnte, der hat seine Kraft und seine Wachheit verloren. Und er bleibt gesammelt und ausgesetzt ohne Absicht, auch ohne die Absicht zu heilen.

In der leeren Mitte – das ist natürlich auch nur ein Bild – ist man verbunden mit Kräften, die über das Ich und seine Planung weit hinausgehen. Wenn man sich darauf einläßt, tauchen plötzlich Lösungsbilder oder Lösungssätze oder Handlungshinweise auf. Denen folgt man dann. Dabei gibt es auch Irrtümer, das ist ganz klar. Doch der Irrtum reguliert sich über das Echo, das folgt. Der Therapeut braucht also nicht vollkommen zu sein in dieser Haltung. Er maßt sich nichts an. Er ist nur still in dieser Mitte. Dann gelingt diese Art von Therapie.

Diese absichtslose Haltung, die dem Kranken zustimmt, wie er ist, die seiner Krankheit zustimmt, wie sie ist, und seinem Schicksal zustimmt, wie es ist, nenne ich Demut. Sie ist eine Haltung der Seele, nicht des Ich. Deswegen kann man sie auch nicht wollen. Sie ergibt sich aus dem Einklang und ist der eigentliche religiöse Vollzug.

Zum Schluß erzähle ich dazu noch eine Geschichte. Es ist eine philosophische Geschichte oder eine religiöse oder eine therapeutische, denn in ihr sind diese Unterschiede aufgehoben. Die Geschichte heißt:

Der Kreis

Ein Betroffener bat einen, der mit ihm ein Stück
des gleichen Weges ging:
„Sage mir, was für uns zählt."

Der andere gab ihm zur Antwort:
„Als erstes zählt, daß wir am Leben sind für eine Zeit,
so daß es einen Anfang hat, vor dem schon vieles war,
und daß es, wenn es endet, zurück ins Viele vor ihm fällt.
Denn wie bei einem Kreis, wenn er sich schließt,
sein Ende und sein Anfang ein und dasselbe werden,
so schließt das Nachher unseres Lebens sich nahtlos seinem Vorher an,
als wäre zwischen ihnen keine Zeit gewesen.
Zeit haben wir daher nur jetzt.

Als nächstes zählt, daß, was wir in der Zeit bewirken,
sich uns mit ihr entzieht,
als würde es zu einer anderen Zeit gehören,
und würden wir, wo wir zu wirken meinen,
nur wie ein Werkzeug aufgehoben,
für etwas über uns hinaus benutzt
und wieder weggelegt.
Entlassen werden wir vollendet."

Der Betroffene fragte:
„Wenn wir und was wir wirken, jedes zu seiner Zeit besteht und endet,
was zählt, wenn unsere Zeit sich schließt?"

Der andere sprach:
„Es zählt das Vorher und das Nachher
als ein Gleiches."

Dann trennten ihre Wege sich
und ihre Zeit,
und beide hielten an
und inne.

Zu den Grundlagen des Familien-Stellens

Die Weisheit kommt nicht zu den Faulen

Vom Geführtwerden und von der Technik in Familienaufstellungen

Albrecht Mahr

In Familienaufstellungen bin ich, mehr als in jeder anderen Therapieform, dem Phänomen eines *wissenden Feldes* begegnet, das uns führt. Es ist für mich bis heute das Erstaunlichste und Überraschendste überhaupt bei Familienaufstellungen geblieben, und auf dieses wissende Feld möchte ich mich hier vor allem konzentrieren. Dabei werde ich, in einer eher unsystematischen Weise, die Fragen berühren, die im Thema angesprochen sind.

Es ist mir im Laufe der Zeit klar geworden, daß die Weisheit der guten Lösungen in Familienaufstellungen nicht so sehr allein in uns, den Klienten oder den Therapeuten, liegt, sondern im Energiefeld der Aufstellung selbst: Wir werden von guten Lösungen viel eher gefunden, als daß wir sie finden oder erfinden.

Ein erster Schritt zu diesem Gewahrwerden – und viele von uns werden Ähnliches erlebt haben – war die Beobachtung von Bert Hellinger bei der Arbeit: Ich saß nur einige Meter entfernt von seinem Arbeitsfeld, der Aufstellung, und war immer wieder vollkommen überrascht von den Lösungsschritten, die Bert offenbar mit Leichtigkeit einfielen, auf die ich aber im Traum nicht gekommen wäre.

Zum einen ist damit Berts große Erfahrung und sein besonderes Charisma beschrieben. Dann aber machte ich in meiner eigenen Arbeit mit Familienaufstellungen eine ganz ähnliche Erfahrung: Ich war am Ende oft völlig überrascht von den wirkkräftigen guten Lösungen und dem Weg dorthin – und ich wußte nicht genau, wie es dazu gekommen war. Ist *mir* die Lösung gelungen, habe *ich* sie gemacht? Ja, schon auch, aber im wesentlichen hat sich *etwas* meiner und der Gruppe bedient, dem ich die Ehre zu erweisen hatte.

Dieses *Etwas*, das ich vorläufig das wissende Feld nenne, machte sich mir dann auf eine besondere und unmißverständliche Weise vertraut: Über einen längeren Zeitraum schien es mir zu Beginn einer jeden Aufstellung, daß es diesmal wohl nicht gelingen wird, eine Lösung zu finden, daß es wahrscheinlich schiefgeht. Ein durchdringendes, anfangs sehr unangenehmes Gefühl von Ohnmacht – das sich nicht einfach aus meiner Unerfahrenheit oder meiner Biographie begründen ließ.

Nein, es ist etwas anderes: Das wissende Feld entmutigt alle Vorstellungen von „*ich* mache oder finde die Lösung; *ich* weiß, *ich* bin hochgerüstet mit den Ordnungen der Liebe und den Sätzen der Kraft". Mit dieser Haltung, auch wenn sie nur subtil ist, werden wir aus dem Feld getrieben und entwaffnet – solange, bis wir tauglich sind, uns führen zu lassen.

Dieser Läuterungsprozeß ist, wie gesagt, gelegentlich unangenehm: Ich erinnere mich, wie beim Hüttenaufstieg zu einer Hochgebirgstour unsere kleine Gruppe von einem offensichtlichen Extrembergsteiger überholt wurde: Er trug seine ganze Ausrüstung eindrucksvoll außen an sich und an seinem Rucksack aufgehängt und zog mit unüberhörbarem Klirren all seiner Haken und Karabiner an uns vorbei. Unser alter Bergführer schaute ihm schmunzelnd nach und meinte: „Gute Hüttenwirte lassen solche ‚Meister' erst hinein, wenn sie dreimal in voller Montur um die Hütte gelaufen sind – denn die Berge sind die Meister, nicht wir."

Und etwas Ähnliches lehrt mich das Kraftfeld der Familienkonstellation: Es gibt uns Einlaß, wenn wir auf unsere Selbstbehauptung soweit verzichtet haben, daß wir tauglich sind, dem wissenden Feld zu dienen und zum Vermittler einer guten Lösung zu werden.

Eine kleine Geschichte von Tschuang Tse, dem großen Poeten des Tao, drückt es so aus:

„Der Herr der gelben Erde wandelte jenseits der Grenzen der Welt. Da kam er auf einen sehr hohen Berg und schaute den Kreislauf der Wiederkehr. Da verlor er seine Zauberperle. Er sandte Erkenntnis aus, sie zu suchen, und bekam sie nicht wieder. Er sandte Scharfblick aus, sie zu suchen, und bekam sie nicht wieder. Er sandte Denken aus, sie zu suchen, und bekam sie nicht wieder. Da sandte er Selbstvergessen aus. Selbstvergessen fand sie."

Was ist nun dieses Feld und was kann uns helfen, zu jenem Selbstvergessen zu gelangen, das vielleicht unser wirksamster Beitrag zum Gelingen einer Aufstellung ist? Ich möchte das in drei Schritten entwickeln und sage dabei 1. etwas über das morphische Feld, 2. über Lösungsorientierung und 3. über die Qualifikation für die Aufstellungsarbeit.

1. Das Kraftfeld einer Aufstellung können wir am besten mit dem Begriff des englischen Biologen Rupert Sheldrake vom „mor*phischen Feld*" verstehen: Die gesamte Natur vom Photon über die Schneeflokke, die Lebewesen und Familien bis hin zu Planeten und Galaxien ist durch Felder organisiert, in deren Einflußbereich die zugehörige Energie in jeweils spezifischer Weise gebunden und gestaltet wird. Durch diese organisierenden Energiefelder entstehen die Formen sowie die physischen und geistigen Eigenschaften aller Erscheinungen – und dabei sind zwei Feststellungen besonders wichtig: Zum einen enthält das Feld ein Gedächtnis von seiner Geschichte, und zum anderen tritt es mit anderen Feldern in Resonanz und lernt und entwickelt sich fortwährend. Bezogen auf ein Familiensystem und dessen Aufstellung heißt das:

In einer Aufstellung ist das gesamte Wissen über die Entwicklung *dieser* Familie und ihrer Vorfahren – im Guten wie im Schlimmen – enthalten.

Und wir können mit dem Guten wie mit dem Schlimmen dieses Wissens durch Resonanz in Verbindung treten: unsere Haltung, unsere geistige Ausrichtung gegenüber diesem System bzw. seiner Aufstellung bringt gleichsinnige Inhalte des Systems zum Klingen – das nennt Sheldrake „morphische Resonanz" –, das heißt, sie werden sichtbar, fühlbar, kurzum: wahrnehmbar. Wahrnehmbar für alle an einer Aufstellung Beteiligten, die ja bereit sind, sich diesen Resonanzphänomenen in der Teilhabe an einem fremden Feld zu öffnen. Ein Feld antwortet uns also auf der Ebene, auf der wir es fragen, wir treten in Wechselwirkung mit dem Feld dort, wo wir selbst stehen: Wenn wir bereit sind zu neuer Einsicht und aus unserem Herzen heraus fragen, so macht das Feld uns einsichtiger und weiser, als wir es zuvor waren, so daß wir gelegentlich überrascht sind, was da plötzlich aus uns herausgekommen ist.

Jurek Becker sagte in seinem letzten Interview, vier Wochen vor seinem Tod (Spiegel 13/97 v. 24. 3. 97): „Ich lese manchmal Texte von mir und komme zu dem Schluß: Eigentlich sind diese Texte intelligenter als ich es bin. Und ich frage mich, wie das möglich ist – ich habe sie doch geschrieben, da war kein Dritter in dem Geschäft dabei." Wer weiß, vielleicht doch – ein wissendes Feld, das sich ihm öffnet, wenn er sich ihm seinerseits ganz gesammelt öffnet. Jurek Becker nennt diesen seinen Anteil „die Tat Schreiben". Ob es eine der Schutzgöttinnen der Kunst, also eine Muse, ob es das Unbewußte oder das Feld genannt wird – es gibt jenes „Es", das in einem kokreativen Akt in jeder Kunst und eben auch bei der Kunst des Familien-Stellens zur Wirkung kommt, uns informiert und uns gelegentlich weiser macht, als wir es von Haus aus sind.

Dazu ein kleines Beispiel:
Eine Frau stellte wegen ihres bettnässenden 13jährigen Sohnes ihre Gegenwartsfamilie auf. Sie hatte es sich angewöhnt, ihre großen Belastungen im Zusammenhang mit ihren chronisch nervenkranken Eltern ganz alleine zu tragen, und sie erlebte nun in der Aufstellung ihre Überforderung und ihren Wunsch nach Halt, den ihr Mann ihr sehr gerne gab. Als der 13jährige Sohn dieses Bild sah, lebte er auf und strahlte – und so legte er, legte das Feld mir die Lösungsworte förmlich in den Mund: „Mama, wenn du dich vom Papa halten läßt, kann ich's halten."

Die den Buben behandelnde Therapeutin nutzte dieses Lösungsbild als Leitvorstellung für ihre weitere Arbeit und berichtete von einem drastischen Rückgang des Bettnässens.

2. Die Bedeutung unserer geistigen Ausrichtung gegenüber einer Familienaufstellung kann also gar nicht überschätzt werden, und ich will diese Ausrichtung hier unter dem Begriff der *Lösungsorientierung* beschreiben.

Lösungsorientiert – das ist einmal das gesamte und sich ständig wandelnde Corpus der „Ordnungen der Liebe" mit ihren Funden und Befunden, die das Spezifische und Besondere des Ansatzes von Bert Hellinger ausmachen. Ich will das hier nur kurz und gar nicht ganz vollständig in Erinnerung rufen, einfach um es noch einmal zum Klingen zu bringen. Es geht um die Suche nach den Schicksalen der primären Liebe des Kindes und ihre Wandlung von einer blinden in eine einsichtige, sehende Liebe; um die Befreiung von der Identifizierung mit ausgeklammerten und entwerteten Familienmitgliedern durch deren Einbeziehung in das Familiensystem; um die Wandlung von anerkannter Schuld in die Kraft zum Guten; um die Erfahrung, wie Wohlwollen und Kraft von den Toten ausgeht, wenn sie gewürdigt werden; und um das Erleben der Lösung als einer religiösen Erfahrung, die das Annehmen von schweren Schicksalen, Krankheit und Sterben eröffnen kann.

Auf diesem Hintergrund, der mir wie ein starker, klarer und harmonischer Grundakkord zu wirken scheint, sage ich zu Beginn eines Seminars zu Familienaufstellungen lediglich etwas wie: „Wir wollen in diesen Tagen nach den guten Kräften in unseren Familiensystemen suchen, nach unterstützenden Kräften, die uns helfen können, für uns und unsere Nächsten gute Lösungen zu finden."

Die Wirkung dieses Hintergrunds und dieser wenigen Worte ist für mich immer noch verblüffend. Es scheint mir wie eine Invokation des Göttlichen zur Segnung der bevorstehenden Arbeit zu sein – oder in Begriffen des Feldes. Die Ausrichtung auf die hilfreichen Systemkräfte führt zur Resonanz mit eben diesen Kräften im Feld der Aufstellung mit allen schönen Folgen dieses Vorgangs. Die Gruppe entwickelt eine erstaunlich anhaltend-tragende und respektvolle Kultur, wie ich sie aus anderen, zum Beispiel gruppendynamischen oder analytischen, Kontexten nicht kenne. Und es entsteht als ein typisches Resonanzphänomen immer wieder so etwas wie ein „Engelskreis", als Gegenstück zum Teufelskreis: Gutes führt zu mehr Gutem etc. Dieses ist ein wesentlicher Grund, warum ich diese Arbeit so mag.

Hier ein kleines Beispiel zu einem Engelskreis. Es ist zugleich ein Beispiel für den holistischen Charakter eines Systems, wo die Lösung für den einen immer auch ein Wandlungsimpuls für das Ganze ist. Und schließlich ist es ein Beispiel für den wirksamen Umgang mit einer Lösung:

Eine 30jährige Frau hatte, nach der Trennung ihrer Eltern seit ihrem fünften Lebensjahr, keinen Kontakt mehr mit ihrem Vater. Sie war bei ihrer Mutter aufgewachsen, die bei jeder Erwähnung des Vaters immer mit heftiger Wut und Ablehnung reagierte, so daß ihre Tochter von ihrem Vater fast nichts wußte. In der Aufstellung fand sie neben dem Vater ihren Platz, fühlte sich dort wohl und sagte das ihrer Mutter, die, in Gestalt der Stellvertreterin, ganz ruhig zustimmte. Da nun von der Vaterseite wesentliche Informationen fehlten, wollte die Tochter ihre Mutter deshalb anrufen, hatte aber große Angst davor in Erwartung der üblichen heftigen Ausbrüche der Mutter. Sie umkreiste zwei Stunden ängstlich angespannt das Telefon, dann hielt sie inne und vergegenwärtigte sich noch einmal ihre Erfahrung in der Aufstellung: wie ihr Wohlsein neben dem Vater auch in der Mutter Gutes berührt hatte. Und als sie innerlich mit dieser Erfahrung in Verbindung war, wählte sie die Nummer. Sie sagte der Mutter, daß sie gerade auf einem Kurs über Familientherapie sei und ob sie ihr nicht etwas von der Familie des Vaters erzählen könne. Und da kam vom anderen Ende ganz ruhig: „Ja, was möchtest Du wissen?"

Nun zu einem weiteren wichtigen Bestandteil der Lösungsorientierung. Wir erinnern uns: Die Zauberperle, die besondere Kraft der Arbeit in Familienaufstellungen, erschließt sich in der Verfassung der Selbstvergessenheit. Mit anderen Worten: Eine der wichtigsten und wirksamsten Interventionen bei der Lösungssuche ist Nicht-Wissen.

Nicht-Wissen ist alles andere als nichts wissen, sondern gerade das Gegenteil: über sehr viel theoretisches Wissen und klinische Erfahrung verfügen und der Tatsache vertrauen, daß das wissende Feld der Aufstellung sich unserer Fähigkeiten bedient, ohne daß wir den Ausgang kennen. Ich sage deshalb auch gerne: kundige Selbstvergessenheit.

Es passiert in Aufstellungen oft, daß wir nicht weiterwissen, keine Ahnung haben und im dunkeln tappen, und das sind dann gerade die fruchtbarsten Momente. Wir ziehen uns, notgedrungen, mit unseren Vorstellungen, Wünschen und Hoffnungen zurück und machen so das Feld frei für die ganz eigene Lösung die*ses* Feldes, *dieser* Familie. Die Mitteilung, wenn sie aufrichtig und nicht manipulativ ist, „ich weiß nicht, ich kann nichts finden, etwas Wichtiges fehlt", und das heißt, der Verzicht auf das eigene Führen ist oft der Beginn des Geführtwerdens durch das System und sein Feld. Typischerweise meldet sich dann nach einer Phase der Ratlosigkeit das Feld durch einen der Aufgestellten: mit einem veränderten Gefühl, einer neuen Wahrnehmung, einem Handlungsimpuls.

Ein Beispiel:

Ein Teilnehmer hat kürzlich seine Arbeit als Supervisor in der Suchtabteilung einer Nervenklinik in den neuen Bundesländern begonnen und stellt das von ihm supervidierte Abteilungsteam auf.

In der ersten und bisher einzigen Supervisionssitzung wird er mit dem Schock des Teams über einen Patientenselbstmord konfrontiert, der kurz zuvor passiert ist. Es handelte sich um einen früheren Stasi-Offizier, der zunächst wegen akuter Suizidalität in der geschlossenen Aufnahmestation der Klinik behandelt wurde, dann aber nach offenkundigem Zurücktreten der Suizidgefährdung wegen Alkoholabhängigkeit in die Suchtabteilung verlegt wurde und sich dort dann auf sehr grausame, blutige Weise „selbst hingerichtet hat", wie das im Team erlebt wurde. In der Aufstellung kann zunächst keine Lösung gefunden werden, vor allem ist es unmöglich, dem Abteilungsleiter und dem Ziel – der wirksamen Behandlung der suchtkranken Patienten – Respekt und Gewicht zu geben. Die Beteiligten wirken angespannt, bedrückt, und alle Umstellungsversuche ändern daran kaum etwas. Ich sage, daß ich hier keine Lösung finden kann, daß ich nicht sehe, was dem Team und dem Supervisor helfen könnte – und warte. Nach einiger Zeit fortgesetzter Anspannung sagt der Vertreter, der für die Assistenzärzte und -ärztinnen steht: „Also das hier hat irgendwas mit der alten DDR zu tun, was da war, wo ich da auch mit drin war." Damit ist der entscheidende Hinweis gegeben: Wir stellen zu jedem Teammitglied eine Person auf, die seinen oder ihren Schatten vertritt – all das, was er oder sie in der früheren DDR getan und erlitten hat. Und wir stellen auch den Schatten des Supervisors auf, seine eigene durchlittene Not und Verstrickung. Als alle Beteiligten für einen Augenblick den Arm um ihren

Schatten legen – was manchem sehr schwer wird –, tritt Frieden ein und Stille – und jetzt können der Leiter und das Ziel gesehen und anerkannt werden.

Der Supervisor sagte mir dann acht Wochen nach dieser Aufstellung: es sei ihm weiterhin nicht leicht, zu dieser Supervision zu fahren, doch habe das Bild vom Schatten eine beruhigende und entlastende Wirkung auf ihn, der Schatten sei für ihn wie ein gütiger Begleiter. Zum ersten Mal seit Beginn der Supervision habe so etwas wie Arbeit begonnen: das Team habe eine vom Supervisor durchgeführte Fragebogenaktion boykottiert und darüber dann sprechen können, das heißt über die große Angst vor den Konsequenzen, sich zu offenbaren, und das ist ein erster Schritt zur Arbeit.

Ich meine, es ist gut, daß ich wirklich nicht weiterwußte. Daß ich so denen Platz machen konnte, um die es geht, so daß sie selbst einen heilsamen Hinweis finden konnten, der vielleicht einen behutsamen und versöhnlichen Umgang mit Not und Schuld einleiten kann, anders als die archaische Selbsthinrichtung des Stasi-Offiziers – wie immer unausweichlich sie für ihn selbst gewesen sein mag. Das ist es, was ich als die Weisheit der Aufstellung empfinde; die Weisheit, die uns findet, wenn wir sie nicht mehr finden können.

Unter Selbstvergessenheit als einem wesentlichen Bestandteil von Lösungsorientierung verstehe ich also vor allem ein großes, ein waches Vertrauen in die Gruppe und in das wissende Feld der Aufstellung, wie es sich in den Erfahrungen der mitwirkenden Stellvertreter mitteilt. Zur Selbstvergessenheit gehört damit die Bereitschaft, unklare, „unerlöste" Situationen in Aufstellungen bestehen zu lassen, es nicht besser als das System wissen zu wollen. Und: Geduld, die wir ja nicht so sehr von den Menschen und Dingen lernen, die uns bestätigen, sondern von denen, die sich uns entgegenstellen und uns mit Unerwartetem enttäuschen.

Es ist also nicht nur der Klient, der sein System aufstellt und sich in einer guten Lösung unter Umständen gesundschrumpft, sondern auch der aufstellende Therapeut erlebt diesen heilsamen Prozeß. Neulich war meine Frau zum ersten Mal bei einem Seminar dabei und beobachtete mich beim Familien-Stellen. In der ersten Pause fragte ich sie erwartungsvoll nach ihren Eindrücken und war von ihrer Antwort ziemlich überrascht: „Du bist kleiner geworden, irgendwie geschrumpft", sagte sie, „*du* machst das nicht – da ist etwas im Spiel, das dich führt."

Daß es hier nicht um falsche Demut geht, sondern daß kleiner werden und Würde durchaus vereinbar sind, davon berichtet folgender Witz aus Sachsen: Ein Sachse kommt in ein Schreibwarengeschäft und verlangt einen Globus. Der Verkäufer bringt ihm einen, aber der ist dem Sachsen zu groß. Auch der nächste, kleinere Globus, der ihm gebracht wird, ist ihm noch zu groß, genauso wie der dritte, den der Verkäufer holt. Schließlich erklärt er: „Wissen se, ich hädd gärn 'n ganz gleenen Glopus, wo bloos Sachsen drauf ist."

Nun komme ich zu dem letzten Punkt, den ich der Lösungsorientierung zurechne, und das ist etwas ganz Zartes. Es ist die Bereitschaft für die Erfahrung von Ehrfurcht, Andacht, Stille, Schönheit und auch Heiligkeit, die mit dem „ja, so ist es" einer Lösung einhergehen kann. Lösungen verbinden uns mit tragenden Zusammenhängen, die weit über unser persönliches Vermögen hinausgehen, die wir erfahren, aber nur unzureichend beschreiben können und für die wir vor allem große Dankbarkeit empfinden dürfen, denn wenn eine Lösung in eine solche religiöse Erfahrung einmündet, wissen wir, daß wir für dieses Mal angekommen sind.

3. Welche *Qualifikationen* benötigen wir nun, um mit dem wissenden Feld und seinen Kräften auf gute Weise umgehen zu können?

Der amerikanische Ingenieur Thomas Edison, dem wir unter anderem die Glühbirne, das Mikrophon und das Grammophon verdanken, hat über die Entstehung von wesentlichen Erfindungen und Einsichten einmal gesagt: „Sie sind 1 % Inspiration und 99 % Transpiration." Und ein buddhistisches Sprichwort sagt ganz ähnlich: „Hinter jedem Juwel stehen fünftausend schwitzende Pferde."

Nun bin ich also beim ersten Teil meines Themas angelangt: „Die Weisheit kommt nicht zu den Faulen." Es geht jetzt um Fleiß und um Technik. Und wenn ich mit dem Folgenden vielleicht ein paar Eulen nach Athen trage, so deswegen, weil mir da durchaus noch für einige Platz zu sein scheint.

Wer Familienaufstellungen macht, braucht eine solide psychotherapeutische Grundausbildung und langjährige klinische Erfahrung. Familienaufstellungen sind, so einfach sie gelegentlich erscheinen, ein sehr machtvolles Instrument, dessen Handhabung große Kompetenz voraussetzt, nicht zuletzt wegen sehr schwieriger, krisenhafter Zuspitzungen, die dabei immer eintreten können.

Mich erinnert die gegenwärtige Situation mit dem Familien-Stellen etwas an die Verbreitung der Gestalttherapie in Deutschland Anfang der 70er Jahre. Ich hatte damals, kurz nach dem Medizinstudium und eben am Beginn einer analytischen Ausbildung, begeistert zwei Bücher von Fritz Perls gelesen und betätigte mich dann an meiner ersten Stelle, der Göttinger Studentenberatungsstelle, sogleich als Zauberlehrling: Ein psychosegefährdeter Student saß auf dem heißen Stuhl und sollte unter meiner „Anleitung" seine für ihn unerträglichen, mühsam projizierten Seelenanteile nun wieder verinnerlichen. Gott sei Dank konnte mein Chef, Eckhart Sperling, noch rechtzeitig die drohende Überschwemmung abwenden – und mir die Erfahrung einer anhaltend heilsamen Beschämung vermitteln.

Zu guter Ausbildung und klinischer Erfahrung gehört vor allem auch eine solide Kenntnis von uns selbst, eine realistische Einschätzung unserer Fähigkeiten und Grenzen und eine Vertrautheit mit typischen Neigungen und blinden Flecken in der großen Wildnis von Übertragung und Gegenübertragung – mit anderen Worten: gründliche Selbsterfahrung. In dieser Hinsicht verdanke ich der Psychoanalyse als Ausbildungs- und Trainingsinstrument besonders viel im Sinne der Fähigkeit, mit den eigenen Idiosynkrasien in einem psychotherapeutischen Kontext sachdienlich umgehen und spielen zu können. Ja, ich verdanke eigentlich der Psychoanalyse die Grundlagen dafür, im Familien-Stellen über sie hinauszugehen.

Die Techniken im engeren Sinn von Bert Hellingers Ansatz erwirbt man sich – neben dem Studium der Bücher und Videos – in erster Linie wiederum durch Selbsterfahrung, das heißt durch die aufrichtige Arbeit an den eigenen Verstrickungen, so daß wir zur Versöhnung kommen können mit unseren wichtigen Nächsten und mit unserem Schicksal, und das ist gewiß ein längerer Reifungsweg.

Und weiter erwerben wir uns technische Fähigkeiten durch die häufige Beobachtung von Seminaren von erfahrenen FamilienaufstellerInnen bei der Arbeit; und durch die Teilnahme an Seminaren als teilnehmender Beobachter, um sich im Mitwirken in vielen verschiedenen Konstellationen mit Erfahrung zu durchtränken und eine gute Geschmeidigkeit für die Arbeit zu erwerben. Diese Geschmeidigkeit braucht, genau wie die Beherrschung eines Instruments, einfach sehr viel Übung.

Und schließlich kann die notwendige Technik erworben werden in Fortbildungen, die ja mit einigen Ausnahmen noch in statu nascendi sind, wobei es vor allem um eine intensive supervidierte Aufstellungspraxis gehen wird.

Noch ein Wort zur Ausbildung: In der „Arbeitsgemeinschaft systemische Lösungen nach Bert Hellinger", einem lockeren Verbund von ca. 25 erfahrenen Familienaufstellerinnen und Familien-aufstellern, überwiegt die Meinung, daß die Nachteile von Ausbildung und Verschulung größer sind als ihre Vorteile wie Verhinderung von Wildwuchs und unqualifizierter Praxis. Ich teile diese Meinung und stimme dem Teufel zu, der bei einem Spaziergang mit seinen Assistenten einem Menschen begegnet, der soeben eine tief beglückende Einsicht in einer Familienaufstellung erlebt hat. Besorgt wendet sich ein Assistent an den Teufel, daß ihm hier doch gerade eine Seele verlorengegangen sei, aber sein Meister beruhigt ihn: „Keine Angst, in Kürze wird er aus seiner Erfahrung eine Überzeugung machen – und dann gehört er *mir*."

Zur Frage, was uns tauglich für Familienaufstellungen macht, das Wichtigste nun zum Schluß: Familienaufstellungen sind, cum grano salis, eine Sache der zweiten Lebenshälfte, das heißt, wenn wir genügend Aus- und Fortbildungen absolviert und viel Lebenserfahrung im Herzen angereichert haben. In der zweiten Lebenshälfte können der Ehrgeiz und die Notwendigkeit von Selbstbestätigung und Ich-Behauptung zurücktreten und dem Wunsch Raum geben, einer guten Sache dienen zu wollen und uns den größeren Zusammenhängen zuzuwenden und anheimzugeben, die uns, gewußt oder ungewußt, immer geführt haben. In der zweiten Lebenshälfte wird es uns leichter, uns zurückzunehmen, auf Eigenwilligkeit zu verzichten und uns in den Dienst nehmen zu lassen, wie Bert Hellinger das immer wieder nennt. Das ist, so meine ich, neben aller fachlicher Kompetenz, das Herzstück, die wichtigste Qualität, die wir für die Arbeit mit Familienaufstellungen entfalten können, so daß uns das wissende Feld der Aufstellung in all seiner überraschenden Fülle und Tiefe antworten kann. Diese Ich-Verkleinerung, diese Entsagung von Bedeutung hat ihren Preis und fällt niemandem in den Schoß. Aber sie hat auch einen unschätzbaren Gewinn: Wenn es gelingt, ganz gesammelt und selbstvergessen in inniger Verbindung mit dem wissenden Feld einer Familienaufstellung eine gute Lösung zu finden, wenn es da keinen mehr gibt, der es macht, sondern da nur Lösung ist – diese Befriedigung und dieses Glück suchen ihresgleichen.

Die Stellung der systembezogenen Psychotherapie Bert Hellingers im Spektrum der Kurztherapien

Eva Madelung

Auch wenn ich die Aufgabe übernommen habe, einen Beitrag über ein so anspruchsvolles Thema zu schreiben, und den Versuch unternehmen will, Dinge klar zu sagen, die so klar eigentlich gar nicht sind, so heißt das nicht, daß ich mich anheischig mache, die „Stellung der systembezogenen Psychotherapie Bert Hellingers im Spektrum der Kurztherapien" genau definieren, geschweige denn erschöpfend behandeln zu können. Tatsache ist allerdings, daß mich dieses Thema aus einem gewissen philosophischen Interesse heraus interessiert. In meinem Buch „Kurztherapien" (Madelung 1996) sind die Spuren dieses Interesses zu finden. Außerdem beschäftigt mich im therapeutischen Alltag aus praktischen Gründen immer wieder die Frage, wie das Familien-Stellen zu den anderen systemischen Ansätzen steht. – Mit diesen „anderen systemischen Ansätzen" sind die Ericksonsche Hypnotherapie, das Neurolinguistische Programmieren (NLP), der Ansatz der Heidelberger Schule, die Kurzzeittherapie nach de Shazer und der Satirsche Ansatz gemeint. Sie alle kann man unter dem Begriff „konstruktivistisch-systemisch" zusammenfassen, denn für diese Methoden dient der Konstruktivismus als philosophischer Hintergrund. Dieser Denkansatz geht davon aus, daß wir unsere Wirklichkeiten nicht vorfinden, sondern erfinden. Hellinger dagegen bezeichnet seine Vorgehensweise als „phänomenologisch", und er versteht darunter das Absehen von Gewohntem und das Sich-Aussetzen der erfahrbaren Wirklichkeit, wie sie sich im Wandel der Zeit zeigt. – Heidegger ist der Philosoph, bei dem er – wie er sagt – am ehesten Entsprechungen zu seinen eigenen philosophischen Erkenntnissen findet, und bei Heidegger gibt es nicht nur „Selbst-Erkenntnis" oder „Erkenntnis über Erkenntnis", sondern auch „Seins-Erkenntnis". Also nicht nur „Erfundenes", sondern auch „Vorgefundenes".

In diesem Beitrag ist es meine Aufgabe, die Stellung von Hellingers systembezogener Psychotherapie zu den übrigen Kurztherapien theoretisch zu beleuchten. Dabei beziehe ich mich weitgehend auf das Heidelberger Modell, da es ein repräsentatives Beispiel systemtherapeutischen Vorgehens darstellt.

Zwei Fragen

Als Gunthard Weber das Buch „Zweierlei Glück. Die systemische Psychotherapie Bert Hellingers" herausgab, wurde angezweifelt, ob der Begriff „systemisch" überhaupt für diese Methode zutreffend sei. Andererseits löste dieses Buch – wie mir Gunthard Weber schilderte – ein so lebhaftes Echo an dankbaren Zuschriften und sogar kleinen Geschenksendungen aus, wie er das selbst nie erwartet hätte. Das Buch sowie die anderen Hellinger-Bücher, -CDs und -Kassetten und auch seine Workshops sind – wie wir wissen – „Bestseller".

Der Frage, ob Hellingers Methode des Familien-Stellens systemisch sei, muß man – so nehme ich an – nicht gesondert nachgehen. Denn daß bei dieser Vorgehensweise nicht nur das Einzelschicksal, sondern der übergeordnete Beziehungszusammenhang in den Blick kommt, kann niemand abstreiten. Hier wird uns vielmehr beschäftigen, wie Hellingers Ansatz zu den anderen systemischen Ansätzen steht, und ob sie sich ergänzen oder ausschließen.

Die zweite Begebenheit läßt einen darüber nachdenken, wie es kommt, daß das von Bert Hellinger entwickelte Familien-Stellen und die daraus abgeleiteten Erkenntnisse einer „lebendigen Philosophie" so starken Widerhall finden; und ob sich darin ein reaktionärer oder gar fundamentalistischer Trend ausdrückt oder ob Hellingers Methode nicht besonders progressiv ist, indem sie genau das in den Blick rückt, was heute fehlt.

Zwei Thesen

Meine Thesen dazu lauten:

1. Das Familien-Stellen nach Hellinger ist nicht nur eine wertvolle, sondern in der heutigen Situation auch eine notwendige Ergänzung der systemischen Methoden.

2. Es spiegelt und ergänzt gesellschaftliche Defizite und Verdrängungen und ist deshalb von besonderer Aktualität.

Charakterisierung der Verschiedenheiten der systemischen Ansätze

Um diese Thesen zu belegen, bedarf es zuerst einer Charakterisierung der Verschiedenheit der systemischen Ansätze. Die konstruktivistisch-systemischen Therapiemethoden unterscheiden sich auf den ersten Blick von der phänomenologisch-systemischen Methode Bert Hellingers durch zwei grundlegende Metaphern von wesentlich verschiedener Qualität: „In der Heidelberger Schule geht es um das Wieder-in-Gang-Setzen des Kommunikationsflusses zum Aushandeln neuer Beziehungsrealitäten" (Weber u. Stierlin 1989, Stierlin 1994) und um das Verflüssigen von Konzepten und Eigenschaften (Simon u. Weber 1988, Weber 1991), während beim Familien-Stellen die Suche nach einer Ordnung der Liebe im Mittelpunkt steht. Das Bild einer „Ordnung" als etwas Statisches und das Bild des „Flusses" als Inbegriff von Dynamik stehen sich also gegenüber. Diese Gegenüberstellung kann man folgendermaßen erweitern:

In Hellingers Ansatz geht es um	*Im Heidelberger Ansatz geht es um*
– die Anerkennung einer Kraft, die zwischen den Menschen und durch sie hindurch auf einer archaischen Ebene wirkt.	– die gemeinsame Neugestaltung einer Ordnung unter gleichberechtigten Familienmitgliedern.
– das Finden des Ordnungsbildes mit Hilfe der Wahrnehmung des von außen schauenden Therapeuten und der Stellvertreter. Das heißt: Es muß etwas dazu kommen.	– kontextgebundene Selbstregulation: Innerhalb des aktuellen Familiensystems sind alle Ressourcen zu Lösung vorhanden. Der Therapeut gib nur Anstöße.
– eine Rangfolge in der Zeit, um eine Zeithierarchie innerhalb der Grundordnung.	– Änderung der Ordnung im Zeitfluß (zirkulärer Prozeß).

Aufgrund einer solchen Aufzählung gegensätzlicher Elemente entsteht der Eindruck von zwei völlig verschiedenen Ansätzen, die sich womöglich sogar ausschließen.

Die philosophischen Hintergründe

Vom philosophischen Hintergrund her gesehen ergeben sich darüber hinaus folgende Gegensätzlichkeiten: Die konstruktivistisch-systemischen Ansätze gehen – wie schon angedeutet – von der Erkenntnis aus, daß wir uns über Vorstellungen oder Konzepte eine Wirklichkeit erfinden oder „konstruieren". Therapeutische Interventionen müssen darauf abzielen, die Weltsichten im Familienzusammenhang zu verändern, um die Bewältigung eines Problems zu ermöglichen.

Hellingers phänomenologisches Vorgehen rückt den Vorgang der Wahrnehmung in den Vordergrund. Dieser Wahrnehmungsprozeß richtet sich auf die „Grundordnung". Sie wird also „gefunden" und nicht „erfunden". Die Lösung liegt im Auffinden und Anerkennen der Verstrickung und des lösenden Ordnungsbildes sowie im Finden und Aussprechen der „Sätze der Kraft" (Hellinger 1995a, S. 89–102).

Das heißt: „Bei einem phänomenologischen Vorgehen nimmt man an, daß der Schwerpunkt des Kognitionsprozesses, der sich wechselwirkend zwischen den Polen Wahrnehmen und Vorstellen vollzieht, auf der Wahrnehmung liegt; während der konstruktivistische Ansatz die Vorstellung in den Vordergrund rückt. Die durch phänomenologisches Vorgehen gefundene lebendige Ordnung hat eine andere Qualität als die aus der Selbstorganisationsfähigkeit eines Familiensystems sich ergebenden Verhaltensalternativen, die im Heidelberger Modell zur Lösung führen.

Wenn man einen Vergleich aus der Computersprache benutzen will, so könnte man sagen, daß das konstruktivistisch-systemische Vorgehen die „Software" eines Computers betrifft, während man sich im phänomenologisch-systemischen Vorgehen mit der „Hardware" befaßt (Madelung 1996, S. 196).

Hellingers Ordnungsbegriff

Es wird immer wieder daran Anstoß genommen, daß im Familien-Stellen der Begriff der Ordnung so stark im Mittelpunkt steht. Daran knüpfen sich Vorwürfe wie: Law-and-order-Denken, Fundamentalismus oder auch Faschismus. Tatsächlich handelt es sich dabei um einen äußerst differenzierten und paradoxen Begriff, der nicht leicht zu fassen ist.

Zwei Zitate, die das belegen: „... der Ordnung ist es völlig egal, wie ich mich verhalte; sie steht immer da" (in Weber 1993, S. 148). Das heißt: Ordnung hat die Qualität von Wahrheit. Sie ist „das, was ist". Hellinger versteht Wahrheit jedoch als Wirklichkeit: „Das was ist, ist aber keine objektive Wahrheit, oder ein unumstößliches Gesetz, sondern lebendige Wirklichkeit; und Wahrnehmung ... ein schöpferischer Prozeß, der etwas bewirkt" (ebenda, S. 182).

Man muß da genau hinhören: Wahrnehmung bewirkt etwas, das heißt: Sie schafft Wirklichkeit! – Die konstruktivistischen Richtungen dagegen betonen, daß die Via regia zur Wirklichkeit die Vorstellung sei! – Andererseits weist aber auch Hellinger immer wieder auf die Wirksamkeit innerer Bilder – und das sind ja Vorstellungen (!) – hin. Das bedeutet, daß auch er die Wechselwirkung von Wahrnehmung und Vorstellung in Betracht zieht. Hier findet man eine Brücke zum konstruktivistischen Denken.

Bei Hellinger erscheint die Wahrnehmung oder Schau von Ordnung als Wahrheit, als Einsicht in das, „was ist". Dies ist jedoch eine Wahrheit besonderer Art: „Für mich ist Wahrheit etwas, was mir der Augenblick zeigt und durch das er die Richtung weist für den nächsten fälligen Schritt ... keine bleibende Wahrheit" (Hellinger 1994, S. 522). – Dies scheint mir eine Parallele zu der „Geschichtlichkeit von Wahrheit" zu sein, von der C. F. v. Weizsäcker (1997, S. 92) spricht. Handelt es sich also um eine fließende Wahrheit und eine fließende Ordnung? Ist die Gegensätzlichkeit der Metaphern „Ordnung" und „Fluß" ins Fließen geraten?

Einige grundlegende Elemente dieses Ordnungsbegriffs

Das Bild der Grundordnung (Vater, Mutter, 1., 2., 3. Kind im Uhrzeigersinn in einer kreis- oder halbkreisförmigen Figur angeordnet) wurde von Hellinger im Verlauf von Jahren aus Wahrnehmungen und Erfahrungen mit der Methode des Familien-Stellens gewonnen. Sie ist nicht „erdacht" oder einfach übernommen, wie manche annehmen. – Über Jahre konnte ich in verschiedenen Ausbildungen bei Bert Hellinger diesen Prozeß verfolgen.

Andere wichtige Elemente sind:

1. Die Anerkennung einer Rangordnung in der „Zeit-Hierarchie": Das Frühere hat Vorrang vor dem Späteren. Diese Rang-

ordnung ist wertfrei. Was nachgeordnet ist, ist deshalb nicht von geringerem Wert. Zum Beispiel bei Mann und Frau: Der Mann nimmt zwar meistens den ersten Rang in der Familie ein (er steht rechts von der Frau). Die Frau steht gleichwertig neben ihm, hat aber eine andere Aufgabe. Hat die Frau jedoch – zum Beispiel dadurch, daß sie das Geld für die Familie verdient – ein besonderes Gewicht, so steht sie meist rechts neben dem Mann und nimmt den ersten Rang ein, während der Mann gleichwertig neben ihr steht. Dieses ist jedoch keine starre Regel, sondern ergibt sich aus den Wahrnehmungen der stellvertretenden Personen.

2. Die Würdigung: Das erste Gebot lautet: Du sollst Vater und Mutter ehren. Das bedeutet eine innere Haltung des Dankes, nicht der Anklage, den Eltern gegenüber: Wer – aus noch so guten Gründen – dagegen verstößt, bestraft sich selbst.
3. Die Vollständigkeit: Alle, die dazu gehören, müssen gewürdigt werden.
4. Der Ausgleich durch die Wirkung des Gewissens (der Familie, der Sippe usw.)
5. Die Dynamik von Nachfolge und Übernahme des stellvertretenden Leidens.
6. Die gute Lösung ist für alle gut.
   Keiner kann nehmen auf Kosten der anderen. Dies bedeutet die Notwendigkeit des Verzichts auf Nachfolge und stellvertretendes Leiden.

Das Verhältnis von Gefühl und Ordnung

Die starke Einbeziehung des Gefühls ist ein wesentliches – und den anderen systemischen Therapien gegenüber bereicherndes – Element in Bert Hellingers Arbeit. Ein Grundsatz ist: „Man muß schauen, wie die Liebe fließt, und ihre gleichermaßen verstrickende wie lösende Wirkung sehen und würdigen." Denn das Gefühl ist der Ordnung nachgeordnet. Gefühle ohne Grundordnung wirken weiter verstrickend; das heißt, der Gefühlsfluß der Primärliebe wirkt nur auf Grundlage von Ordnung lösend. Über das Gefühl kommt also – neben der Zeit – ein weiteres fließendes Element in die Ordnung. Aber: Sie kann erst lösend fließen, wenn die Ordnung da ist. Liebe kann Ordnung nicht überwinden.

Andererseits erscheint die primäre Liebe, die die Familienmitglieder aneinander bindet und deshalb auch „Bindungsliebe“ genannt werden kann, als eine Art von psycho-biologischer Basis zu einer nächsten Stufe von Liebe, die durch den Verzicht auf die „Hybris des Opfers“ entsteht und auf der Ebene des „schauenden Gewissens“ (Bert Hellinger) über den Familienzusammenhang hinaus wirksam wird.

Grundordnung und verhandelte Neuordnung

Im Heidelberger Modell und beim Familien-Stellen gibt es also unterschiedliche Ordnungsbegriffe. Die „ausgehandelte Neuordnung“ des Heidelberger Konzepts verweist auf die Notwendigkeit und dient den Möglichkeiten von Koindividuation und Koevolution (Stierlin 1988, Willi 1985).

Das Bild der Ordnung dagegen, das durch das Familien-Stellen entsteht, setzt Grenzen und zeigt den Grund und die Basis, auf der Entwicklung möglich ist.

Wie schon angedeutet, entsteht dieses Ordnungsbild nicht in einem durch zirkuläres Fragen angeregten Selbstregulationsprozeß, sondern es stammt aus einem Bereich, den C. G. Jung das kollektive Unbewußte genannt hat und den man aus phänomenologisch-systemischer Sicht das Zwischen-Bewußte oder noch besser das „Um-Bewußte“ nennen kann. Hellinger nennt diesen Bereich „die große Seele“. Jung hat einmal gesagt: „Im tiefsten Sinne träumen wir alle nicht aus uns, sondern aus dem, was zwischen uns und dem anderen liegt“ (zit. in Willi 1985, S. 96). Damit weist er darauf hin, daß es auch für ihn etwas gab, was über uns hinaus oder durch uns durch geht und im Zwischen wirkt. Dies als ein Hinweis auf spirituelle oder transpersonale Aspekte der systemorientierten Psychotherapie Bert Hellingers.

Zusammenfassung der Gegensätzlichkeiten

Das Heidelberger Konzept: Zirkuläres Fragen eröffnet die Ebene der sprachlichen und handelnden Kommunikation. Im Fokus sind die Entwicklungsmöglichkeiten des einzelnen im Zusammenspiel mit den anderen. Die Neuordnung entsteht im beständigen Selbstregulationsprozeß eines zirkulären Zusammenwirkens. Innerhalb der Familie sind alle notwendigen Ressourcen vorhanden.

Das Familien-Stellen nach Bert Hellinger führt auf eine darunterliegende Ebene archaischer Wirkungen. Das Anerkennen des Ordnungsbildes eröffnet eine innere Haltung der Demut und ein Bewußtsein der unwiderrufbaren Bezogenheit und der Grenzen der eigenen Möglichkeiten. Diese Bezogenheit bildet eine Tiefenschicht zur Handlungsebene. Hier gibt es archaische Wirkungen und Reaktionen, und – das ist sehr wichtig – es gibt eine Wirkung der Toten auf die Lebenden.

Um diese Tiefenschicht des „Um-Bewußten" zu erreichen, genügt es nicht, sich auf die Selbstregulationsfähigkeit des aufgestellten Systems zu verlassen. Es muß etwas von außen dazu kommen. Der Blick nämlich des von außerhalb der Verstrickung schauenden Therapeuten und die Wahrnehmungen der Stellvertreter.

Gibt es Ansätze zu einer „vereinigten Theorie"?

Sollte man nicht, trotz aller Gegensätze, nach einer „Vereinigten Theorie" suchen, denn es gibt – wie sich mehr und mehr zeigte – neben den Gegensätzen auch manche Gemeinsamkeiten. Zum Beispiel könnte man die Arbeit mit dem Familienbild auch als „Änderung der Sicht" (reframing) betrachten. Außerdem gleicht die Aufstellungsarbeit – wenn man so will – einer Ressourcensuche. Die gefundene Grundordnung (das Lösungsbild) wäre dann machtvolle „Basis-Ressource".

Eine weitere Gemeinsamkeit ist die Lösungsorientierung. Gegenüber der familientherapeutischen Arbeit von Boszormenyi-Nagy (s. Boszormenyi-Nagy u. Spark 1973), die das „entitlement to vindictiveness" in den Vordergrund rückt, und auch gegenüber der Arbeit des Mailänder und des Heidelberger Teams, die mit der Hybris des Opfers konfrontiert, ist Hellinger einen Schritt weiter in Richtung Lösungsorientierung gegangen. Statt die Eltern mit ihrer Verantwortung oder die Kinder mit der Hybris ihres Opfers zu konfrontieren, schaut Hellinger, „wie die Liebe fließt", und sieht die gleiche Dynamik aus einem anderen Blickwinkel, der tiefergreifende Lösungsmöglichkeiten eröffnet. Er selbst sieht darin den entscheidenden Schritt zur Lösungsorientierung seiner Arbeit.

Darüber hinaus sehe ich die Zeit als vereinigendes Element. Denn in beiden Ansätzen spielt die Zeit eine wichtige Rolle. Im

Heidelberger Konzept erscheint die Zeit als „Zeit-Fluß“, dem alle folgen müssen, soll die Koevolution nicht zum Erliegen kommen. Bei Hellinger ist die Zeit die Grundlage der Rangordnung, die es anzuerkennen gilt. Sie ist Grundlage einer „Zeit-Ordnung“. Ordnung und Fluß treten über die Zeit in Verbindung. Zeit erscheint als Kernsubstanz von Leben. – „Sein und Zeit“ ist das zentrale Thema Martin Heideggers.

Zur These der Ergänzung

Trotz mancher Übereinstimmungen ist es – aus meiner Sicht – sinnvoll, daß beide systemischen Ansätze in ihrer Gegensätzlichkeit und in ihren Gemeinsamkeiten nebeneinander bestehen. Denn dieses entspricht der paradoxen Situation, in der wir uns befinden. Denn wir erleben beides: die Notwendigkeit, den eigenen Weg zu finden, und damit die Notwendigkeit, Selbstverantwortung zu übernehmen einerseits. Dabei besteht die Gefahr einer Hybris der Selbstverantwortung; einer Hybris der Machbarkeit und die Gefahr der Illusion von Beliebigkeit.

Daneben besteht gleichermaßen die Notwendigkeit , die Grenze des Eingebundenseins anzuerkennen, und die Notwendigkeit der Hingabe an einen größeren Zusammenhang, den Hellinger „die große Seele“ nennt. Denn wir geraten immer wieder in Situationen, in denen uns unsere Machtlosigkeit, die Illusion der Beliebigkeit und das Ende konstruktivistischer Möglichkeiten klar wird. Immer wieder stehen wir vor der Notwendigkeit, anzuerkennen, was ist! Zum Beispiel unsere Machtlosigkeit einer bestimmten Krankheit oder der schlichten Tatsache gegenüber, daß zwei ganz bestimmte Personen unsere Eltern sind, gleichgültig, ob wir das als Glück oder als Unglück ansehen.

Aus diesem Grunde ergänzt die phänomenologisch-systemische Vorgehensweise des Familien-Stellens die konstruktivistisch-systemischen Vorgehensweisen auf sinnvolle Weise. Die in der Aufstellung gefundene Ordnung dient als Untergrund und Grenze der – aus den systemisch-konstruktivistischen Methoden sich ergebenden – Möglichkeiten und Ziele. Die anerkannte Grundordnung läßt keinen Raum für Beliebigkeit, die die Achillesferse mancher systemischen Kurztherapien ist.

Zur These der Aktualität

Die Methode des Familien-Stellens ist von besonderer Aktualität, denn sie rückt Werte wie Würde, Anerkennung, Demut, Liebe und Autorität in den Vordergrund; und sie weist hin auf die Ausklammerung des Todes und der Toten. Damit spiegelt und ergänzt sie ein gesellschaftliches Defizit.

Viel wäre zu sagen zu den Gesten des Verneigens und Segnens, die in dieser Methode einen so zentralen Platz einnehmen; ebenso zu der Rolle, die das Ausüben und das Annehmen von Autorität in dieser Arbeit spielt, und welche Gefahren damit verbunden sind. Leider fehlt hier der Raum.

Erfahrungswissen von Ordnung ist heilend

Aus meiner Sicht ist Hellingers Ansatz unter anderem so gefragt, weil die Menschen heutzutage offensichtlich die Erfahrung einer lebendigen Ordnung brauchen. Gesellschaftlich stehen Verunsicherung, Auflösung und Vereinzelung im Vordergrund. Das Erlebnis des Eingebundenseins in einen, durch das Fließen der primären Liebe lebendigen Beziehungszusammenhang wird als heilend erlebt. Ähnlich wie man in einem Flußbett die am Grunde liegenden Steine und Felsen wahrnehmen kann, wenn man mit Aufmerksamkeit hinschaut, wird unter der bedrohlich schnell fließenden, sich ständig verändernden Oberfläche des handelnden Miteinanders durch diese Arbeit ein Untergrund sichtbar. Damit wird der Grund zu den Gefahren der Oberfläche – der Schnellen und Wirbel – mit einem Mal klar; und man kann erleben, daß der Fluß denjenigen trägt, der diesen Untergrund kennt und anerkennt.

Eine andere Art von Aktualität, die ich sehe, bezieht sich auf alle systemischen Therapien. Es ist das „existentielle Paradox" (s. a. Madelung 1996, S. 122, über Watzlawick und die „pragmatische Paradoxie") unserer ökologischen Situation. Global gesehen ist die Menschheit in einer ähnlich paradoxen Situation wie jeder einzelne. Denn wir erleben beides: große Gestaltungsmöglichkeiten und eine ebenso große Machtlosigkeit und Ratlosigkeit. Wir sind uns selbst und unserem Schicksal ausgesetzt. Gleichzeitig aber tragen wir die Konsequenz unserer Handlungen, als Kollektiv wie als Einzelwesen.

Die „Wählbarkeit von Schicksal" und die damit verbundene Selbstverantwortung ist das eine. Das Wissen und die Erfahrung des

Eingebunden-Seins in Gegebenheiten und das damit verbundene Gefühl von Machtlosigkeit und die Notwendigkeit der Hingabe ist das andere. Zum Beispiel erfahren wir, wie wenig wir mit ökologischen Absichtserklärungen oder Handlungen bisher bewegen und wie machtlos wir uns immer wieder in dieser Frage empfinden, ohne allerdings deshalb aus der Verantwortung entlassen und von den Konsequenzen entlastet zu sein.

Den an Bateson geschulten Zuhörerinnen und Zuhörern ist klar, daß wir uns in einer existentiell doppelt gebundenen Situation befinden, die – wenn wir der von ihm zitierten Delphin-Geschichte Glauben schenken wollen – die Voraussetzung für erhöhte Lebenskreativität ist. In dieser Geschichte entwickelt ein Delphin – in eine von ihm als beängstigend empfundene Double-bind-Situation gebracht – einen vorher nicht gekannten Einfallsreichtum. Dies ist eine Hoffnung, die uns alle betrifft. Hellinger sieht diese Situation aus einem noch anderen Blickwinkel: „Manche meinen, sie selber suchten nach der Wahrheit ihrer Seele. Doch die große Seele denkt und sucht durch sie. Wie die Natur kann sie sich sehr viel Irrtum leisten, denn falsche Spieler ersetzt sie mühelos durch neue. Dem aber, der sie denken läßt, gewährt sie manchmal etwas Spielraum, und wie ein Fluß den Schwimmer, der sich treiben läßt, trägt sie ihn mit vereinter Kraft ans Ufer“ (in Weber 1993, S. 51).

Bemerkungen über philosophische Grundlagen und methodische Voraussetzungen der systemischen Aufstellungsarbeit

Matthias Varga von Kibéd

Im Folgenden möchte ich mich auf eine Reihe von Thesen beschränken, die den Zugang zu einem Verständnis der Grundlagen der systemischen Aufstellungsarbeit erleichtern (Näheres dazu in Sparrer u. Varga v. Kibéd im Druck a). Unter systemischen Aufstellungen (SysA) verstehe ich sowohl Familienaufstellungen (FA) im Sinne von Bert Hellinger (1994) als auch systemische Strukturaufstellungen (SSA) (Sparrer u. Varga v. Kibéd 1997 u. im Druck a).

1. Repräsentierende Wahrnehmung bei systemischen Aufstellungen

1.1 SysA verwenden die Fähigkeit von Menschen, Beziehungsstrukturen fremder Systeme angemessen widerzuspiegeln. Diese Fähigkeit benötigt keine inhaltliche, sondern nur rein syntaktische Information über das betrachtete System. (Syntaktische Information betrifft u. a. die Anzahl der Mitglieder des Systems, die Reihenfolge der Mitglieder in einer Hierarchieebene, die Zugehörigkeit zu unterschiedlichen Hierarchieebenen usw.)

1.2 Diese Fähigkeit sollte als eine spezifische Form der Wahrnehmung aufgefaßt werden. Wir schlagen vor, für diese Form der Wahrnehmung in Zukunft den Begriff „repräsentierende Wahrnehmung“ zu verwenden. Denn die als Rollenspielerinnen bzw. Repräsentantinnen aufgestellten Personen geben korrekte Informationen über das fremde System, ohne diese Information in der üblichen Weise (durch direkte Mitteilung, Beobachtung oder Bekanntschaft mit den betreffenden Personen) gewonnen zu haben. Es ist daher eigentlich korrekter, statt den üblichen Begriff „Rollenspieler“ für die aufgestellten Personen zu verwenden, von „Repräsentanten“ zu sprechen. (Es geht bei SysA ja nicht darum, irgend etwas vorzuspielen, sondern nur darum, den eigenen Körper als Wahrnehmungsorgan für ein fremdes System zur Verfügung zu stellen.)

1.3 Die repräsentierende Wahrnehmung entspricht offenbar nicht einem eigenen Sinnesorgan, sondern ist ein das Wahrnehmungsmuster der übrigen Sinneskanäle überlagerndes Muster. Es handelt sich dabei wohl um eine Fähigkeit, ein Zeichen höherer Ordnung („Hyperzeichen", d. h. ein Zeichen, das erst dadurch wahrnehmbar wird, daß es eine Form aus anderen Zeichen darstellt) wahrzunehmen; so etwa die Fähigkeit, die Worte:

GERADE und KRUMM

auch in ihrer graphischen Gesamtform als Zeichen zu sehen.

1.4 SysA beruhen also auch auf der Fähigkeit, repräsentierende Wahrnehmung von gewöhnlicher zu unterscheiden. Diese Fähigkeit hat eine semiotische Analogie in der Fähigkeit, Hyperzeichen von den sie bildenden gewöhnlichen Zeichen zu unterscheiden. – Beispielsweise hätte eine Doppelbindung in diesem Sinne eine ähnliche Struktur wie:

Geh!Geh!	Geh!	Geh!Geh!Geh!	Geh!	Geh!Geh!	Geh!
Geh! Geh!	Geh!	Geh!		Geh! Geh!	Geh!
Geh! Geh!	Geh!	Geh!	Geh!	Geh! Geh!	Geh!
Geh! Geh!	Geh!	Geh!	Geh!	Geh! Geh!	Geh!
Geh! Geh!	Geh!	Geh!Geh!Geh!	Geh!	Geh!Geh!	Geh!
Geh! Geh!	Geh!	Geh!	Geh!	Geh! Geh!	Geh!
Geh! Geh!	Geh!	Geh!	Geh!	Geh! Geh!	Geh!
Geh! Geh!	Geh!	Geh!	Geh!	Geh! Geh!	
Geh!Geh!	Geh!Geh!Geh!	Geh!Geh!Geh!	Geh!	Geh!Geh!	Geh!

Die Fähigkeit, in diesem Bild zwischen den Zeichen „Geh!" und dem Hyperzeichen „Bleib!" zu unterscheiden (und beide wahrzunehmen), wäre hier analog zur Fähigkeit der repräsentierenden Wahrnehmung bei SysA als eine die üblichen Sinneskanäle überlagernde Wahrnehmungsform und Fähigkeit zu sehen, sie von der gewöhnlichen eigenen Wahrnehmung zu trennen.

2. Relevante Unterschiede als Basis einer systemischen Sprachauffassung

2.1 Eigene Interpretationen der Repräsentanten werden in SysA wirkungsvoll dadurch vermindert, daß (a) Fragen vorwiegend möglichst ausschließlich die Körperwahrnehmung in allen Sinneskanälen und Modalitäten betreffen und (b) in erster Linie nach Unterschieden in der Wahrnehmung zwischen den einzelnen Aufstellungsbildern gefragt wird.

2.2 Die Betonung der Frage nach den Unterschieden entspricht auch de Shazers Forderung, an die Stelle der illusorischen Suche nach dem richtigen Verstehen die Konstruktion einer nützlichen Weise des Mißverstehens zu setzen. Die Illusion des Verstehens als Anmaßung zu sehen, entspricht Hellingers achtungsvollem Umgang mit der phänomenologischen Schau.

2.2.1 Die Verwendung der Skalen in der lösungsorientierten Kurztherapie hat daher in der systemischen Methodik einen ähnlichen Status wie die Betonung der Frage nach Unterschieden statt nach Absolutwerten bei den SSA. In diesem Sinne stellen, wie de Shazer einmal in einer Nebenbemerkung während eines Ausbildungsseminars für systemische Therapeuten sagte, „die Skalen die Lösung des Privatsprachenproblems" dar.

2.2.2 Das Privatsprachenproblem ist eines der zentralen Themen in Wittgensteins wichtigstem Spätwerk, seinen „Philosophischen Untersuchungen": Wie ist Verstehen möglich, obwohl wir keinen verläßlichen Zugang zu den privaten Bewertungen anderer für ihre Erlebnisse haben können? Wittgenstein zeigt, daß Sprache nur als soziale Gegebenheit möglich ist. Das Verstehen eines Satzes hat so Ähnlichkeit mit der Verwendung von Skalen; wie de Shazer sagt: „Wir können wissen, was ‚besser' heißt, ohne zu wissen, was ‚gut' heißt!"

2.3 Die Betonung von Unterschieden anstelle von absoluten Werten gilt sowohl für das methodische Vorgehen bei der Befragung der Repräsentanten als auch für die Deutung der Aufstellungsbilder.

2.4 Wenn Gregory Bateson Information als „a difference that makes a difference" charakterisiert, also als einen relevanten Unterschied, so zeigt die Möglichkeit der Beschränkung auf Fragen nach relevanten Unterschieden bei der Arbeit mit SysA deren systemischen und methodisch-syntaktischen Charakter. Für SSA gilt dieser Aspekt noch deutlicher als für FA, da hier der intendierte und oft implizite Strukturebenenwechsel eine noch syntaktischere Vorgehensweise erfordert als etwa eine FA.

3. Systemische Aufstellungen als eine nichtverbale Sprache

3.1 Wittgensteins Bildtheorie des Satzes in seinem „Tractatus logico-philosophicus" (TLP) erlaubt es, die SysA als eine nichtverbale Sprache zu verstehen. Im Sinne des TLP ist ein sinnvoller Satz ein logisches Bild der Tatsachen. Die einzelnen Bilder einer SysA können in Analogie dazu als Sätze einer nichtverbalen Sprache aufgefaßt werden. Ein FA-Bild ist dann z.B. ein derartiger nichtverbaler Satz, der eine bestimmte Beziehungsstruktur in einer Familie darstellt.

3.2 Ferner ist im Sinne des TLP das Satzzeichen eine Tatsache, die, als Satz angewendet, ein logisches Bild des Bestehens und Nichtbestehens von Sachverhalten gibt. Tatsachen sind dabei das Bestehen von Sachverhalten und Sachverhalte Verbindungen von Gegenständen. Im Satzzeichen sind Namen von Gegenständen in einer Struktur verbunden, die in einem sehr allgemeinen Sinne als Bild dessen, was der Satz darstellt, anzusehen ist.

3.3 Dabei müssen Bild und Abgebildetes etwas, die Form der Abbildung, miteinander gemeinsam haben, damit das Bild das Abgebildete abbilden kann. Die Form ist hier die Möglichkeit der Struktur, und die Struktur des Sachverhaltes ist die Art des Zusammenhängens der Gegenstände im Sachverhalt. Zum Bild im Sinne des TLP gehört auch die abbildende Beziehung, durch die die Gegenstände in den abgebildeten Sachverhalten den Elementen des Bildes (im Satz: den Namen) zugeordnet sind. Außer der Form der Abbildung gehört zum

	Sätze im Sinne des TLP	**SysA**	
(1)	Namen	**FA** Repräsentanten	**SSA**
(2)	Sätze als Strukturen, in denen Namen miteinander verbunden sind, als logische Bilder des Satzsinnes	Familienbilder	Bilder des betrachteten Systemkontextes mit intendiertem impliziten Strukturebenenwechsel
(3)	Folgerungen, Argumente, Hypothesensysteme, Geschichten	Der Prozeß einer FA bzw. SSA, d. h. Umstellungen, ausgehend vom Problembild (Ausgangsbild) bis zum Lösungsbild	

Bild im Sinne des TLP noch die Form der Darstellung als ein Standpunkt außerhalb des Dargestellten, von dem aus diese Darstellung erfolgt (eine Art „logische Perspektive"). Die Analogie von Aufstellungsbildern in SysA und Sätzen als Bildern im Sinne des TLP beruht auf auf S. 54 aufgeführten Parallelen.

3.3.1 Die Form der Abbildung ist die Möglichkeit, daß sich die benannten Gegenstände so zueinander verhalten wie die Elemente des Bildes, d. h. beim Satz: wie sich die Namen im Satz zueinander verhalten. Übertragen auf ein Bild einer SysA heißt dies, daß die Form dieses Bildes, aufgefaßt als Satz in der nichtverbalen Sprache der Aufstellungen, darin besteht, daß die Familienmitglieder in der Beziehung, die jedes der Umstellungsbilder vorstellt, gestanden haben könnten – ganz unabhängig von der Frage, ob das je wirklich so war.

3.3.2 Und die Form der Darstellung bei einer SysA als Bild wäre der Standpunkt, von dem aus dieses Bild darstellt, was es darstellt; dieser Standpunkt ist bei SysA zunächst einmal dadurch gegeben, daß es erforderlich ist zu wissen, wer die Protagonistin, die Repräsentantin der Klientin ist. Diese Perspektive gibt die Form der Darstellung grob an. Verfeinert wird sie durch die Fragestellung, um derentwillen die Klientin ihr Anliegen aufstellen läßt. Diese Fragestellung bestimmt, welche Teilstrukturen der Familie oder des betrachteten Systems in den Vordergrund treten, und erst durch diese Ausgangsfragestellung der SysA ist die volle Form der Darstellung für das ganze Argument, das ein Aufstellungsprozeß in dieser nichtverbalen Sprache bildet, gegeben.

3.3.3 SysA haben (vgl. Sparrer u. Varga v. Kibéd im Druck a) fünf Perspektiven für die Betrachtung des Prozesses, und in jeder dieser Perspektiven lassen sich andere Teilaspekte der Grammatik des Verfahrens erkennen. Diese fünf Perspektiven könnten vom subjektiven Erleben des einzelnen her als fünf Formen der Darstellung für dasselbe Aufstellungsbild betrachtet werden: (a) die Perspektive des (oder der) Klienten, (b) die Perspektive des (oder der) Protagonisten (des Repräsentanten des Klienten), (c) die Perspektive der übrigen Repräsentanten, (d) die Perspektive des nicht aufgestellten Beobachters und (e) die Perspektive der die SysA leitenden Therapeutin. Diese Perspektiven bilden streng genommen erst zusammen die volle Form der Darstellung.

3.4 In SysA „spricht" die Gruppe der Repräsentanten durch die Struktur ihrer aufeinander bezogenen körperlichen Selbstwahrnehmungen über die möglichen Beziehungsstrukturen eines abgebildeten (z. B. Familien-)Systems.

4. Das Rätsel der universellen Verfügbarkeit der nichtverbalen Sprache der systemischen Aufstellungen

4.1 Die Erfahrung derer, die mit SysA arbeiten, zeigt, daß praktisch jeder Teilnehmer die Fähigkeit zur repräsentierenden Wahrnehmung und damit zum Mitsprechen der nichtverbalen Aufstellungssprache als Mitglied des repräsentierenden Systems zu haben scheint. Dennoch wird die stellvertretende Wahrnehmung fremder Gefühle, d. h. die repräsentierende Wahrnehmung, in unserer Kultur weder bewußt eingeübt, verwendet oder beachtet, noch ist sie auch nur als Thema leicht zugänglich – selbst eine geeignete Terminologie für diese Art von Phänomenen fehlt zunächst.

4.2 Umso überraschender ist es, daß diese Fähigkeit derart leicht zur Verfügung steht. Es läßt sich zwar durchaus ein Trainingseffekt beobachten; d. h. die Teilnehmerinnen von Aufstellungsseminaren berichten in der Regel von einer schnell wachsenden größeren Gewißheit bei der Trennung von eigenen, fremden und eigenresonanten Gefühlen (vgl. Sparrer u. Varga v. Kibéd op. cit.). Aber die repräsentierende Wahrnehmung steht in der Regel wenige Augenblicke nach Beginn einer Gruppe nahezu ohne Erläuterung fast jeder Teilnehmerin zur Verfügung; es handelt sich also, im Gegensatz zu anderen Fähigkeiten, nicht um eine durch mangelnden Gebrauch oder mangelnde Einübung verschüttete Fähigkeit. (Auf dem erwähnten Trainingseffekt beruht die Möglichkeit, SysA als ein systematisches Training zur Förderung einer systemischen Wahrnehmung zu nützen.)

4.3 Dies spricht dafür, daß die repräsentierende Wahrnehmung große Bedeutung bei der frühkindlichen Entwicklung und einen großen Überlebenswert besitzt. (Um trivialisierenden Einwänden aus der Sicht mancher therapietheoretischer Richtungen zu dieser Art der Überraschung vorzubeugen: Es scheint sich um ein Wahrnehmungsphänomen zu handeln, das nicht in der bei anderen Wahrnehmungsformen üblichen

Weise unabhängig von der Entstehung eines Systeme repräsentierenden Systems verstanden werden kann.)

5. Systemische Aufstellungen als Interventionen zur Änderung des Regelfolgens

5.1 Unter Verwendung der Terminologie des späten Wittgenstein kann die „Grammatik der Sprachspiele“ in Familiensystemen mit Indexklienten systemisch untersucht werden. SysA sind dann eine Möglichkeit, Musterunterbrechungen in der bisherigen Art des familiären „Regelfolgens“ herbeizuführen und so zu einer erwünschten Änderung der „Lebensform“ der Klienten beizutragen (vgl. zu einem ähnlichem Ansatz auch Fischer 1991).

5.2 Zu Wittgensteins zentralen Ergebnissen in seinen „Philosophischen Untersuchungen“ gehört, daß wir reguläres Verhalten („einer Regel folgen“) als irreduzibel auffassen, also nicht generell auf zugrundeliegende Regeln, die etwas vom regulären Verhalten Getrenntes wären, zurückführen können (vgl. dazu auch Ule 1997).

5.3 In diesem Sinne können SysA als Musterunterbrechungen zur Änderung der Lebensform des Klienten führen, ohne daß die Regeln der alten Lebensform aufgedeckt und analysiert worden wären. (So erfordert die Reintegration ausgeschlossener Familienmitglieder ins innere Familienbild über eine FA keine Analyse der Ausschlußregeln, um einen echten Batesonschen Unterschied darstellen zu können.)

6. Spencer Browns Theorie der Unterscheidung als systemische Basistheorie

Spencer Brown (1969, 1997) unterscheidet vier Aspekte, die mit jeder Unterscheidung, und damit auch mit jedem Hinweis, verbunden sind: (i) das Innere (auf das hingewiesen werden soll), (ii) das Äußere, das von dem Inneren durch die (iii) Grenze getrennt ist, wobei Grenze und Prozeß der Grenzziehung zunächst noch ununterschieden sind, und (iv) den vom Prozeß der Grenzziehung bei der Unterscheidung aufgespaltenen Raum, der auch als der implizite Kontext der Unterscheidung gesehen werden kann. Diese vier Aspekte sind nur in Abhängigkeit voneinander gegeben. Sie stellen meines Erachtens den elementarsten formal präzisen Systembegriff dar, der gegenwärtig verfügbar ist, und sollten daher auch zur Grundlage der Betrachtung des Systemischen gemacht werden (vgl. dazu auch R. Matzka u. M. Varga v. Kibéd 1994, Sparrer u. Varga v. Kibéd im Druck a sowie F. Simon 1992). Die Änderung von Formen durch Änderung innerer Bilder mittels SysA kann mittels Spencer Browns Theorie der Form gut verdeutlicht werden.

7. Die Peircesche Zeichentheorie als systemische Basistheorie

Charles Sanders Peirce führte mit seinen kenopythagoräischen Kategorien der Erstheit, Zweitheit und Drittheit (vgl. Peirce 1983), mit denen er das aristotelische Kategoriensystem zu ersetzen suchte, insbesondere über den Begriff der Drittheit, die als ein selbstbezüglicher dynamischer Strukturkontext verstanden werden kann, einen systemischen Grundbegriff par excellence ein. Es gelingt Peirce nämlich, Gegenstände, Eigenschaften und Strukturen als Abstraktionen aus dem grundlegenden Begriff der Drittheit zu gewinnen. SysA können nun auch unter dem Aspekt eines aus anderen Zeichen zusammengesetzten Zeichenprozesses betrachtet werden. Während die Suche nach den grundlegenden Ordnungen eher den Bereich der Drittheit als Basis aller Strukturen betrifft, kann die konstruktivistisch ausgerichtete Form der systemisch orientierten Therapie eher unter dem Aspekt der Verbindung von Zweitheit (Relationen und Strukturen) und Drittheit gesehen werden. Diese semiotische Sicht der systemischen Schulen macht deutlich, in welchem Sinne die verschiedenen Ansätze sich hilfreich ergänzen könnten (statt sich ziemlich fruchtlos gegenseitig abzuwerten).

8. „Systemisch" als Aspektwechselprädikat

8.1 Wir halten es für möglich und wünschenswert, zu einem gemeinsamen nichttrivialen Verständnis systemischer Vorgehensweisen zu gelangen, das die verschiedenen systemischen Schulen, insbesondere die systemisch-konstruktivistische Vorgehensweise (etwa der Heidelberger Schule) und die systemisch-phänomenologische Vorgehensweise (vor allem bei Bert Hellinger) als Teile eines umfassenderen Verständnisses vom Systemischen begreift.

8.2 Dazu ist hilfreich, das Konzept des Systemischen auf elementarere und grundlegendere Modelle als die zur Zeit üblichen sozialen, biologischen und physikalischen zurückzuführen.

8.3 Die erwähnten Ansätze von Wittgenstein (Bild- und Sprachspieltheorie), Spencer Brown (Formgesetze und Unterscheidungstheorie) und Peirce (Semiotik und kenopythagoräische Kategorienlehre) bilden derartige neue Möglichkeiten zur Begründung eines fruchtbaren fundamentalen neuen Systembegriffs (Näheres auch in Sparrer u. Varga v. Kibéd 1997b).

8.4 Darüber hinaus empfehlen wir, den Begriff des Systemischen als Aspektwechselprädikat anzuwenden. Diese Haltung besteht in dem Verzicht auf die Suche nach einer reinen systemischen Theorie zugunsten einer komparativen Sicht des Systemischen: Eine Theorie ist systemischer als eine andere, wenn sie bei einem umfassenderen Phänomenbereich als diese die Zuschreibung der Effekte als Eigenschaften an die Systemelemente zugunsten eines Verständnisses aus der Gesamtdynamik erlaubt. (In diesem Sinne gibt es überhaupt keinen Zweifel, daß „systembezogen" statt „systemisch" als Bezeichnung für Hellingers Arbeit eine unangemessene systemische Untertreibung darstellt.)

9. Die Metaprinzipien der systemischen Aufstellungsarbeit als allgemeine Systemprinzipien

Die Grundprinzipien des gleichen Rechts auf Zugehörigkeit, der direkten systeminternen und der indirekten systemexternen zeitlichen Reihenfolge, des Vorrangs des höheren Einsatzes und der höheren Leistung können (in dieser Reihenfolge) sämtlich auf die Forderung nach der Annahme dessen, was ist, als einziges Grundprinzip zurückgeführt werden. Sie lassen sich als nichtwillkürliche Erfordernisse aller Systeme, die ihre Existenz, Wachstums- und Fortpflanzungsfähigkeit, Immunsystembildung und Individuation sichern können, verstehen.

So kann das Prinzip des systeminternen Vorrangs des zeitlich Früheren als eine Systemeigenschaft angesehen werden, die es dem System erlaubt, den Platzverlust auszugleichen, den ein früheres durch die Ankunft eines späteren Systemmitglieds erleidet (vgl. auch Sparrer u. Varga v. Kibéd im Druck a, Sparrer 1997).

10. Systemische Aufstellungen als Nichtanhaftungstraining

Häufige Teilnahme an SysA ermöglicht den Beteiligten eine wachsende Bereitschaft, Haltungen und Einstellungen versuchsweise zu betrachten, „als ob" es sich dabei um ein fremdes Gefühl handelte, das nach der Aufstellung wieder verschwinden darf. Fixierte Einstellungen und verhärtete Haltungen können so gelöst werden. (Mir scheint, dies entspricht einem Verständnis von Sünde als etwas, was uns unserem eigenen Wesen entfremdet, indem wir darauf beharren, als sei es ein Bestandteil unseres Kerns.) Dies bedeutet auch, daß das Entrollen als Teil eines derartigen Nichtanhaftungstrainings in SysA gesehen und entsprechend betont werden sollte. Das Erkennen fremder Gefühle erlaubt (vgl. Sparrer 1997), eigene versuchsweise wie fremde zu behandeln. Wenn Siegfried Essen vom Übergang von der Problemtrance zum Lösungsraum spricht, hebt er einen ähnlichen Aspekt systemischer Arbeit hervor.

11. Von der Semiose über die Unterscheidungen zur (Familien-)Struktur

In aller Kürze sei hier nur angedeutet, daß es einen natürlichen Aufbau komplexerer grammatischer Grundstrukturen für die systemische Aufstellungsarbeit gibt, die von den Problemaufstellungen über die Tetralemma-Aufstellungen zu den Familienaufstellungen führt (zu ersteren vgl. Sparrer u. Varga v. Kibéd im Druck a). Formale und theoretische Grundlagen liefert im Falle der Problemaufstellungen die Peircesche Semiotik, insbesondere die Idee der Semiose (des Zeichenentstehungsprozesses); im Falle der Tetralemma-Aufstellungen bietet die Spencer Brownsche Unterscheidungstheorie und die moderne formale Paradoxientheorie nach Kripke und Blau eine geeignete Grundlage, und im Falle der FA und anderer SSA hatten wir oben Wittgensteins TLP als mögliche Basis dargestellt.

12. Zum Primat der Prozesse

Je mehr wir die SysA vom Semantischen ins Syntaktische wenden, indem wir mit mehreren Strukturebenen zugleich arbeiten, desto mehr verschiebt sich das Schwergewicht von der Stellungsarbeit zur Prozeßarbeit. Ein vertieftes systemisches Verständnis einer weniger stark gedeuteten Prozeßarbeit stellt aus unserer Sicht den nächsten Entwicklungsschritt für die systemische Aufstellungsarbeit dar (vgl. dazu Sparrer u. Varga v. Kibéd im Druck a).

Relational und rational – zwei Dimensionen und zwei Weisen, mit Menschen umzugehen

Georges A. Porret

Wie werden gute, wohlgeformte Lösungen gefunden? Dieser Frage möchte ich im folgenden nachgehen. Meinen Überlegungen lege ich zunächst einmal die prozessual-systemische Denkfigur nach Silvia Staub-Bernasconi in ihrer „Urfassung" zugrunde. Dieser stelle ich dann später die von mir erweiterte und modifizierte Fassung gegenüber.

Gemäß diesem Grund-Denkmodell von Silvia Staub-Bernasconi ist Theoriebildung eine logische Folge von Wahrnehmung. Dieser folgt das Handeln aufgrund wissenschaftlich erarbeiteter Theorien. Daraus folgt das „theoriegeleitete Handeln", dem eigentliche „Professionalität" zugesprochen wird. Dieses Handeln wirkt sich auf die Umwelt aus, was wiederum zu entsprechenden Wahrnehmungen führt; daher auch die Bezeichnung „prozessual-systemische Denkfigur".

Abb. 1

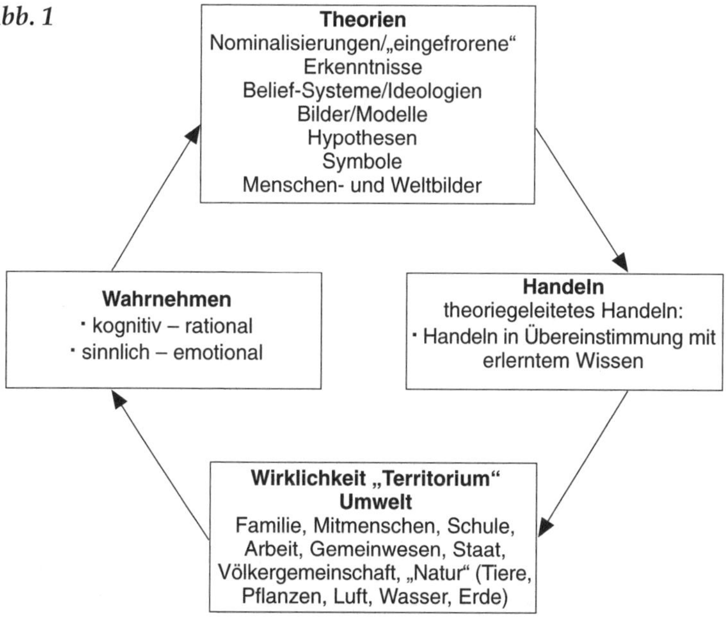

Wahrnehmung und Theoriebildung

„Wie sinnlos von Wissen zu sprechen,
wenn wir nicht zweifeln können."
(Wittgenstein)

Gehen wir davon aus, daß Wahrnehmung eine Vorbedingung für Theoriebildung ist, so ist auch klar, daß jede neue Wahrnehmung unweigerlich zu Modifikationen in der Theoriebildung oder gar zu gänzlich neuen Theorien führen muß. Weil dem so ist, sind im Verlaufe der Menschheitsgeschichte immer wieder neue Theorien entstanden. Vorgängige wurden verworfen, präzisiert oder ersetzt. So betrachtet, besteht zwischen Wahrnehmung und Theorie eine fortwährende Unruhe. Solange der Wahrnehmung gegenüber der Theorie Priorität eingeräumt wird, wird die Unruhe bestehen bleiben. Diese ist Voraussetzung für die menschliche Evolution. Also: Ohne Unruhe keine Evolution!

Unsere Uhren laufen nur dank der eingebauten Unruhe! Doch das Aushalten von Unruhe ist keine einfache Sache. Oft sehnen wir uns nach der Ruhe, respektive „letztgültigen Wahrheiten" (Theorien). Doch Wahrnehmung stört die Theorie. Stimmen wir diesem Sachverhalt zu, können wir die daraus resultierende Unruhe und Spannung nicht nur aushalten, sondern das darin verborgene kreative Potential entdecken und nutzen.

Wird umgekehrt jedoch der Theorie gegenüber der Wahrnehmung die größere Priorität eingeräumt, so wird die Wahrnehmungsfähigkeit verkümmern. Wahrgenommen werden kann nur noch, was der Theorie (= der autorisierten Wahrheit) entspricht. Es kann nicht sein, was nicht sein darf! Nimmt zum Beispiel ein Kind in einer Familie die Spannungen und Differenzen, die zwischen den Eltern bestehen, wahr, so wird es diese vielleicht bitten, sich nicht zu streiten. Haben diese Eltern nun aber ein inneres Idealbild von einer harmonischen Ehe (= ihre Ehetheorie), so stört die Wahrnehmung des Kindes die Theorie über ihre Ehe. Dann werden sie vermutlich dem Kind sagen: „Was hast du denn (= du spinnst wohl), wir haben gar keinen Streit!" Traut nun das Kind seiner Wahrnehmung mehr als der Theorie der Eltern, wird es vermutlich als frech und/oder ungezogen beschimpft. Es riskiert, ausgegrenzt zu werden! Glaubt es jedoch seinen Eltern, wird es seine Wahrnehmung als falsch akzeptieren, dieser nicht mehr trauen und die Fähigkeit zu eigenständiger Wahrnehmung verlieren. Bestenfalls bleibt dann seine Wahrnehmung „theoriegeleitet", das heißt abhängig von fremdbestimmten Theorien oder, was dasselbe ist, Ideologien. Es „lernt" auf diese Weise, weil es in einem Abhängigkeitsverhältnis zu seinen Eltern steht, dem Glauben zu schenken, was andere als richtig oder als „erwiesen" festgelegt haben. Als „Gewinn" seines Glaubens kann es sich der Zugehörigkeit versichert fühlen. Und das Bedürfnis nach Zugehörigkeit ist bekanntlich das wesentlichste Grundbedürfnis des Menschen überhaupt.

Versucht es aber, seine Wahrnehmung mit der Theorie der Eltern in Einklang zu bringen, so wird ihm wohl kaum viel anderes übrig bleiben, als verrückt zu werden.

Die Lösung wäre, wenn die Eltern dem Kind etwa folgendes sagen würden: „Wir wollten es vor dir verbergen, nun hast du aber ganz genau gespürt, was los ist. Du darfst aber unbekümmert sein, wir sind immer für dich da als deine Eltern, und als erwachsene Menschen werden wir es schaffen, mit unseren Schwierigkeiten gut umzugehen. Das laß ganz unsere Sorge sein."

Damit hätten es die Eltern geschafft, dem existentiellen Grundbedürfnis des Kindes nach Zugehörigkeit zu entsprechen sowie der Wahrnehmung (des Kindes) Priorität zuzugestehen, weil sie diese, bei offener Selbstprüfung, auch als stimmig nachvollziehen können. Damit erlauben sie sich, ihre Theorie über die harmonische Ehe in Frage zu stellen (verstören zu lassen). So darf eigenständige Wahrnehmung sein und sich weiterentwickeln, was bewirkt, daß sich die Ideologie/Theorie der Eltern über ihre Ehe modifizieren, ergänzen oder neu gestalten kann, zum Wohle aller, des Kindes wie der Eltern.

Wahrnehmen und Erkennen

1. Wahrnehmen

„Das Wahrnehmen muß jedesmal neu vollzogen werden."
(Merleau-Ponty 1957)

Wahrnehmen verstehe ich als Vorbedingung für Erkennen. Wahrnehmen geschieht primär über unsere fünf Sinne. Unsere Sinne können geschärft oder stumpf sein. Wer verlernt hat, seiner Wahrnehmung zu trauen, hat auch verlernt, seine Sinne oder eine Auswahl seiner Sinne zu gebrauchen. Die Sinne sind stumpf geworden.

Ein Mensch mit stumpfen, un- oder unterentwickelten Sinnen ist gehandikapt; etwas vulgär ausgedrückt: sinnlich und daher wahrnehmungsmäßig verkrüppelt.

Wahrnehmung gibt es sowohl über wie auch unter der Bewußtseinsschwelle. Unterhalb der Bewußtseinsschwelle wird Wahrnehmung als Intuition erlebt. Sie verhilft zu einer Erkenntnis, die spontan nicht erklärt werden kann. Auf die Frage: „Wie hast du gewußt, daß dieser Mensch …" bekommen wir vielleicht zur Antwort: „Ja, das sieht man doch!" Will man aber wissen, was denn zu sehen sei, können einem die „intuitiven Seher" keine spezifische Antwort geben und weichen dann vielleicht noch auf die Bemerkung aus: „Das spürt man doch einfach!" Damit ist der Frager oder die Fragerin schachmatt gesetzt. Dennoch kann es sein, daß die intuitive Person mit ihrer „Wahrnehmung" durchaus richtig liegt. Ist dies der Fall, so kann angenommen werden, daß die Wahrnehmung auf konkreten körperlichen Signalen beruht, die aber direkt, unterhalb der Bewußtseinsschwelle, empfangen wurden. Werden Sequenzen von zwischenmenschlichen Begegnungen auf Video aufgenommen, ist es unter Umständen möglich, körperliche Signale bei einer Person auszumachen, die die andere unbewußt aufgenommen und zu der intuitiven Erkenntnis geführt hat. Solche Begebenheiten laufen in der Regel innerhalb von Bruchteilen einer Sekunde ab.

Bewußte Wahrnehmungsschulung braucht den „Intuitions-Begabten" ihre Fähigkeit nicht zu nehmen, sondern wird sie in ihrer Fähigkeit stärken und ihnen die Möglichkeit geben, mehr Signale über der Bewußtseinsschwelle zu empfangen und so ihre Erkenntnisse anderen plausibel erklären zu können.

Bewährt haben sich diesbezüglich vor allem Übungen aus dem psychotonischen Konzept (Eutonie und Atemtherapie) von Prof. Dr. med. Volkmar Glaser. Die Bedeutung von Wahrnehmen kann durch diese unmittelbar erfahren werden. Bedingung ist allerdings, daß ich mich für den Mitmenschen öffne. Glaser bezeichnet dies auch als Transensus-Fähigkeit, ein über sich Hinausspüren und den anderen meinen (Glaser 1994). Eigentlich kommt es auf das hinaus, was Martin Buber als „Hinwendung zum Partner in aller Wahrheit, als Hinwendung zum Wesen also" meint. Oder wie er noch präzisiert: „Jemanden meinen heißt … das mögliche Maß der Vergegenwärtigung üben." Der Partner „nimmt aber den ihm so Gegenwärtigen nicht bloß wahr, er nimmt ihn zu seinem Partner an, und das heißt: er bestätigt, soweit Bestätigung an ihm ist, dieses andere Sein" (Buber

1992). So geschultes, sensibilisiertes Wahrnehmen schafft ein Klima von Menschlichkeit. Dieses erleichtert es den Beteiligten, sich in einem gelösten Zustand zu öffnen und so einen möglichst freien Zugang zu eigenen Ressourcen und zur eigenen Kreativität zu bekommen.

Im direkten körperlichen Umgang mit Menschen wird in kürzester Zeit gelernt, was Wahrung und Respektierung von persönlicher Integrität heißt. Erlebt man am eigenen Leib die Wirkung auch noch so subtiler Übergriffe und Verletzungen und andererseits aber auch den respektvollen Umgang anderer mit der eigenen körperlichen und seelischen Integrität, so entsteht eine Sensibilisierung für den Umgang mit Menschen, die es ermöglicht, eine respektvolle Haltung anderen gegenüber zu leben, die dann oft möglich macht, was sonst vielleicht als unmöglich erschienen wäre.

2. *Erkennen*

Von der sinnlichen Wahrnehmung wird oft auch eine kognitiv-rationale Wahrnehmung unterschieden. Für diese Art Wahrnehmung bedarf es jedoch eines kognitiv-theoretischen Modells im Hintergrund. Dieses Wahrnehmen kann aber nur auf der Basis eines internalisierten Denk- oder Theoriemodells funktionieren. Wie weit dieses Denk- oder Theoriemodell der betreffenden Person bewußt ist, spielt keine Rolle. In diesem Fall könnte man von einer eigentlich „theoriegeleiteten“ Wahrnehmung sprechen.

Betrachten wir *Erkennen als Folge von Wahrnehmen*, so ist Erkennen aufgrund sowohl der sinnlichen wie auch der kognitiv-rationalen Wahrnehmung ein mittelbares Erkennen, eben mittels der Sinne oder der kognitiv-rationalen Fähigkeiten. Erkennen ist vorerst ein prozessuales Geschehen, etwas das noch im Fluß, in Bewegung ist. Ein „Bild“ ist im Entstehen begriffen. Halten wir das „Bild“ fest, benennen wir es, geben ihm einen Namen, frieren wir es gleichsam ein. Nun ist das Erkennen beendet und wir sind beim Erkannten angelangt. Das Erkannte kann gleich einer Landkarte weitergereicht werden. Jetzt können wir andere (be-)lehren. Erkanntes kann weitergegeben werden. Wie gut, präzise und didaktisch perfekt Erkanntes auch weitergegeben wird, der Prozeß des Erkennens kann dadurch niemals ersetzt werden. Und zudem kann das Weitergeben von erkannter „Wirklichkeit“, niemals das Erleben von Wirklichkeit ersetzen. Wie schon Korzybski, der Vater der modernen Semantik, treffend erläutert hat, kann die „Landkarte“ niemals das „Territorium“ selbst sein (Korzybski 1933).

Ken Wilber bezeichnet diese Art des Erkennens als symbolisches, schlußfolgerndes, dualistisch-analytisches Erkennen.

„In diesem dualistischen und symbolischen Erkennen liegt die Brillanz, aber auch der blinde Fleck von Naturwissenschaft und Philosophie, denn es erlaubt der Wissenschaft zwar, sich ein sehr genaues Bild von der Welt zu machen, doch solch ein Bild mag einen noch so hohen Erklärungswert haben, es bleibt immer – Bild“ (Wilber 1985).

Dieses symbolische, dualistisch-analytische Erkennen ist ein Erkennen mit Hilfe von Symbolen und wird nur möglich durch das Trennen von Subjekt und Objekt. Dazu meint Ken Wilber: „Mit dem Erwachen des symbolischen Wissens scheint im Universum ein Riß zu entstehen, eine Kluft zwischen Erkennendem und Erkanntem, zwischen Denker und Gedachtem, zwischen Subjekt und Objekt.“

Dem dualistisch-analytischen Erkennen stellt Ken Wilber das unmittelbare, nichtduale Erkennen gegenüber. Er nennt diese nichtduale Weise des Erkennens, unter Berufung auf A.S. Eddington (Wilber 1985), „intim“. Intim, „weil Subjekt und Objekt darin eine Einheit bilden. Sobald eine Unterscheidung von Subjekt und Objekt getroffen wird, geht die ‚Intimität‘ verloren, wird durch Symbole ersetzt, und wir fallen augenblicklich zurück in die Welt des analytischen und dualistischen Erkennens. Das Erkennen mit Hilfe von Symbolen ist also grundsätzlich dualistisches Erkennen. Und da die Trennung von Subjekt und Objekt illusorisch ist, muß auch das symbolische Wissen, das aus dieser Trennung hervorgeht, letztlich illusorisch sein.“ (Wilber 1985)

Aufgrund dieser Erkenntnis habe ich die prozessual-systemische Denkfigur erweitert und modifiziert (siehe Abb. 2 u. Porret 1996).

Das Ärgernis des nichtdualen, intimen Erkennens liegt für uns – im dualistisch-analytischen Denken und Erkennen geschulten Individuen – darin, daß es letztlich nicht faßbar ist und sich der Festlegung (Theoriebildung) entzieht. Oder wie Ken Wilber sagt: „Die Wirklichkeit ist nicht darstellbar, aber doch erfahrbar.“

Die Fähigkeit, Wirklichkeit zu erfahren, ist allerdings die „conditio sine qua non“, die unerläßliche Voraussetzung, wenn im zwischenmenschlichen Arbeiten Lösungen gefunden werden sollen.

Abb. 2

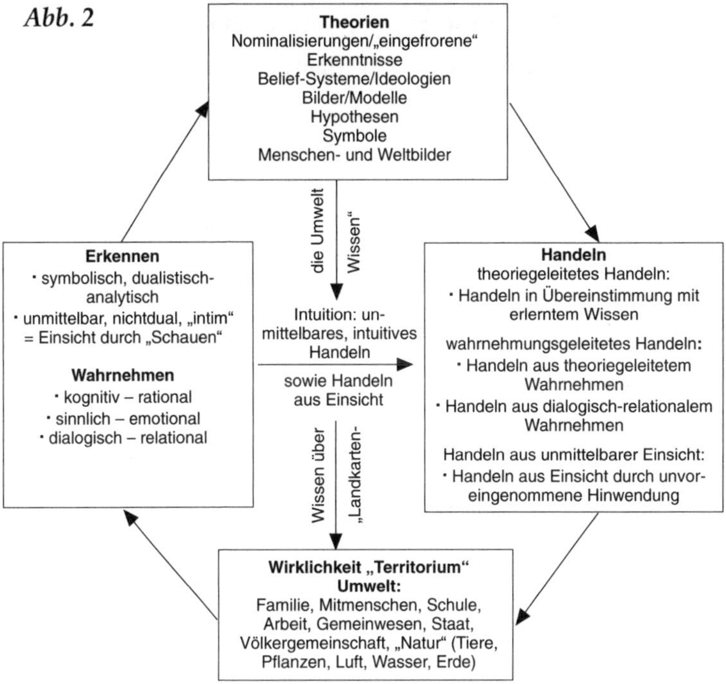

Intimes Erkennen zeigt sich oft als unmittelbare, plötzliche Einsicht, wie aus heiterem Himmel kommend. Eine „Gefahr" besteht nun darin, daß wir eine solche Einsicht blitzschnell mit erworbenem Wissen und integrierten Theorien vergleichen und feststellen, daß sie da nicht hinein- oder dazupaßt, und sie dann ebenso blitzschnell wieder verwerfen.

Die Wirkung dieses Verwerfens ist, daß die Fähigkeit zu intimem Erkennen verblaßt oder gar ganz verschwindet. Wer seiner Einsicht traut, und aus dieser heraus handelt und die Wirkung wahrnehmen kann, die sein Handeln bewirkt, wird wissen, ob seine Einsicht richtig war oder nicht. Handeln aus Einsicht kann und muß auch immer an seiner Wirkung geprüft werden. Oft müssen wir jedoch handeln, ohne daß uns eine gute Einsicht zur Verfügung steht, denn Einsicht ist nicht machbar, sie stellt sich ein oder nicht. In solchen Fällen greifen wir zurück auf frühere Erfahrungen und/oder auf gesammeltes und gespeichertes Wissen. Bleiben wir für eine dem Mitmenschen zugewandte Wahrnehmung offen, so können wir auch in diesen Fällen die Wirkung unseres Handelns feststellen und die-

Relational und rational – zwei Dimensionen

Oder zwei Weisen, mit Menschen umzugehen

relational	rational
Leben	**Logik**
Phänomenologie → defokussiertes, intuitives Wahrnehmen	Naturwissenschaft → fokussiertes, theoriegeleitetes Wahrnehmen
würdigen	definieren
Haltung	Technik
bewegen (Prozeß)	festlegen (Nominalisierung)
intimes, phänomenologisches Erkennen	analytisch-dualistisches Erkennen
Sowohl-Als-auch	Entweder/oder
Liebe → menschliches Verbundensein	**Macht** → soziale Rollen
Ordnungen der Liebe	Ordnungen der Macht
Ebenbürtigkeit	Rangwertigkeit
Bezogensein	Abgrenzung
Kooperation/gesunder Wettstreit	Rivalität/Kampf
sinnliche Offenheit (Feinfühligkeit)	Moral
sinnliche Anteilnahme	objektives Betrachten
sinnliche Bewegtheit	Lustprinzip
sinnlich-erotische Interaktion	Trieb
Subjekt → sich stellen und eigenverantwortlich handeln	Objekt → sich nicht stellen, nicht handeln oder nicht eigenverantwortlich handeln
Kommunikation/Austausch	Direktive
Lösung	**Problem**
Zuversicht	Angst
Evolution (muskuläre Gelöstheit)	Involution (muskuläre Verkrampftheit)
Gesundheit – Reifung	Krankheit – Therapie
Interdependenz (wechselseitige Abhängigkeit)	Dependenz/Konterdependenz (Abhängigkeit/Gegenabhängigkeit)
lassen/zusammenfügen *„Man suche nichts hinter den Phänomenen, sie selbst sind die Lehre." (Goethe)*	spalten, analysieren *„divide et impera", „teile und herrsche" (Prinzip der altrömischen Außenpolitik)*
integrieren (einbeziehen)	abspalten (ausschließen)
Organismus mit sinnlichen Bindungen	System
Mitmensch- und Umweltbezug	Selbstbezug
Fülle	**Reduktion**

ses nötigenfalls korrigieren. Wie auch immer, um der Wirklichkeit unserer Mitmenschen gerecht zu werden, sind wir wohl oder übel auf Versuch und Irrtum angewiesen.

Ob wir mit unserem Handeln richtig liegen, können wir immer erst an der Wirkung sehen. Und dazu benötigen wir eine differenzierte und präzise Wahrnehmungsfähigkeit. Diese Wahrnehmungsfähigkeit gilt es zu üben und durch Training zu verfeinern. Eine differenzierte und präzise Wahrnehmung ist zudem der eigentliche Wegbereiter für intimes Erkennen.

Intimes Erkennen sowie präzises und differenziertes Wahrnehmen bedürfen beide der Hinwendung zum Menschen, so wie Martin Buber das beschrieben hat.

Diese Hinwendung braucht Mut. Auch den Mut, sich zu stellen, und zwar mit vollem Respekt gegenüber dem Mitmenschen und seinem Schicksal. Dieser Respekt kann auch als Kernstück dessen bezeichnet werden, was wir Liebe nennen.

Liebe und Macht

Zum Unterschied von relationalem und rationalem Umgehen mit Menschen

Liebe gehört zur relationalen (mitmensch- und umweltbezogenen) Weise mit Menschen umzugehen, und diese unterscheidet sich fundamental von der rationalen (logisch-analytischen) Weise. Gegenüber der Liebe steht auf der rationalen Seite die Macht. Liebe und Macht schließen sich jedoch gegenseitig aus, weil Macht unser Gegenüber verdinglicht. Die folgende Definition von Macht stammt von Maturana und müßte allen professionellen Helferinnen und Helfern ins Stammbuch geschrieben werden:

„Alle Machtbeziehungen sind Beziehungen, in denen es eine gegenseitige Verneinung, Verwerfung gibt. Als Gehorchender befinden Sie sich in einer Beziehungsdynamik, in der Sie als autonomes, lebendes System verleugnet werden. Sie bringen sich selbst in die Lage, in der Sie Ihre Identität aufgeben, um die durch den Befehl vorgeschriebene Identität anzunehmen. Gleichzeitg hört der jeweilige Befehlende für Sie auf, ein Individuum zu sein. Er wird zu einer bloßen Quelle von Einschränkungen, denn Ihr Verhaltensspielraum wird eingeschränkt. Auf der anderen Seite hört auch der Gehorchende in den Augen des Befehlenden auf, ein Individuum zu sein, und wird zum bloßen Ausführungsorgan seiner Befehle …"
„Also Machtbeziehungen sind keine zwischenmenschlichen, keine sozialen Beziehungen. Die in diese Beziehungen einbezogenen Menschen akzeptieren sich

nicht gegenseitig als Individuen ... wenn ich etwas tue, um das Sie mich bitten, dann handelt es sich um Kooperation. Vorausgesetzt, ich habe dabei nicht das Gefühl, als Individuum negiert zu werden." (Maturana 1990)

Die Kernaussage von Maturana besteht darin, daß Macht, per definitionem, den anderen verdinglicht, ihn zum *Objekt* macht. In einer Machtbeziehung ist es unmöglich, sich zum anderen in Wahrheit als ebenbürtigen Partner hinzuwenden und ihn als solchen anzunehmen. Menschliches gegenseitiges Verbundensein, das heißt Liebe, ist in einer Machtbeziehung nicht möglich. Eine Machtbeziehung schließt daher das Bezogensein auf den anderen als autonomes Individuum aus. Der Machtbeziehung ist die Abgrenzung inhärent (innewohnend). In Machtbeziehungen spielen Rivalität und Kampf eine zentrale Rolle. Rivalität und Kampf können offensichtlich, verdeckt, plump oder sehr subtil sein. Machtkonstellationen zeichnen sich durch festgeschriebene Über- und Unterordnungen (Ordnungen der Macht) und somit durch deutliche Abhängigkeiten aus. Der Weg aus der Abhängigkeit läuft oft über die Rebellion. Ist die Möglichkeit für eine offene Rebellion nicht gegeben, so bleibt nur der Weg über die innere Rebellion (Passivität, Verzweigung). Ist uns dieser Sachverhalt klar, so kann es uns nicht mehr verwundern, daß viele, durch unsere sozialen und therapeutischen Institutionen „zwangsbeglückte" Klientinnen und Klienten psychisch und/oder physisch in Abhängigkeit oder Gegenabhängigkeit (Dependenz/Konterdependenz) verharren und daher kaum eine Entwicklung in Richtung kooperativer Interdependenz (wechselseitige, dialogische Abhängigkeit) machen können.

Auf diesem Weg ist die sogenannte „Hilfe zur Selbsthilfe" eine leere, ideologisierte Worthülse. Die Verwirklichung eines der vornehmsten Postulate helfender Berufe wäre damit auf der Strecke geblieben. Reine Machtkonstellationen und damit einhergehend der Einsatz von mehr oder weniger differenzierten Machtmitteln (strukturelle und/oder psychologische „Maßnahmen", Techniken und Tricks aller Art!) können Probleme bestenfalls überdecken oder verschieben. Schlimmstenfalls schaffen sie zusätzliche und/oder noch gravierendere Probleme. Mit Mitteln der Macht können Kriege „gewonnen", nicht aber Lösungen gefunden werden. Der Einsatz von Macht bedeutet Kampf, und dabei kann es nur „Gewinner" oder „Verlierer" geben. Verlierer aber halten Ausschau nach besseren

Machtmitteln und bereiten den nächsten Kampf vor. Deshalb wird ein guter Taktiker der Macht danach trachten, seinen Gegner, wenn immer möglich, zu vernichten. Doch ein vernichteter Gegner findet mit Bestimmtheit seinen Rächer! Im Kampf kann es daher keine Lösung geben, denn Kampf bindet die Gegner auf „Gedeih" und „Verderb" aneinander bis sie beide untergehen. *Für wohlgeformte Lösungen ist Macht untauglich.*

Genauso wie helfende Menschen, die sich in einer Machtkonstellation befinden, in der Gefahr sind, ihr Gegenüber zu verdinglichen, so sind es selbstredend auch die Hilfesuchenden, die ihr Gegenüber verdinglichen, zum Beispiel als „Amtsperson" = verlängerter Arm des Gesetzes, der Gesellschaft u.a.m. oder als „Fachautorität, respektive -experte/-expertin", wie zum Beispiel Ärztin/Arzt, Therapeutin/Therapeut. Doch von ihnen kann vorerst kaum etwas anderes erwartet werden, als daß sie „ihre" Helfer und Helferinnen verdinglichen. Es kann von ihnen nicht erwartet werden, daß sie den ersten Schritt zu einer Veränderung dieses Zustandes machen. Den ersten Schritt zu einer Veränderung in Richtung einer relationalen Beziehung zu machen, in der gegenseitiges Respektieren möglich wird, zeichnet das professionelle Handeln aus.

Für Lösungen braucht es ein Klima der Kooperation. Die Bereitschaft zu kooperieren kann sich dann einstellen, wenn sich ein Mensch als autonomes Individuum, als eigenständige Persönlichkeit behandelt fühlt, und mit dem ihm gebührenden Respekt angesprochen wird. Respekt vor der Individualität eines Menschen bedeutet auch, seiner Würde gewahr zu sein. Es wäre ein verheerender Irrtum zu glauben, man könne einen Menschen aufgrund seines gezeigten Verhaltens erfassen. Verhalten ist immer kontextabhängig. Daher ist es von eminenter Bedeutung, daß es uns professionellen Helfern gelingt, einen Kontext der Mitmenschlichkeit zu kreieren, in dem es unserem Gegenüber ermöglicht wird, sich in seiner möglichst umfassenden Ganzheit darzustellen, die auch seine Stärken und seine Liebenswertigkeit aufzuzeigen imstande ist.

Menschen können Probleme haben, sie sind aber nicht ihre Probleme. Leider haben es soziale und therapeutische Institutionen an sich, eine sogenannte Alltags-Trance hervorzurufen, die Menschen auf ihr Problem reduziert. Wohlmeinende professionelle Helfer räumen nun dem Problem viel Raum ein (indem sie dieses durch genaues Nach- und Hinterfragen gründlich analysieren, um zu zeigen, daß sie den Klienten die Klientin genau verstehen und erfassen wollen), wobei der Mensch unmerklich verschwindet und sie es statt mit ihm, nur noch mit einem Problem zu tun haben. Aber ein auf sein Problem reduzierter Mensch ist zu einem Objekt, genannt Klient/Klientin oder Patient/Patientin, gemacht worden.

Für Lösungen braucht es daher das dialogische oder relationale Umgehen mit dem andern. Das Eingehen auf den anderen – ihn meinen sowie das Würdigen, sowohl seiner individuellen Persönlichkeit wie auch seines Eingebundenseins in seine Herkunft, seine Umgebung und sein Schicksal – kann Gelöstheit, Einsicht und Kooperation bewirken. So wird es dem Menschen, dem wir helfen wollen, ermöglicht zu handeln. Durch eigenverantwortetes Handeln erlangt ein Mensch seine Autonomie (wieder) und findet zu seiner eigenen Stärke (zurück).

Entwicklung (Evolution) kann sich eigentlich nur in Gelöstheit vollziehen. Einen Zustand des psychischen und physischen Gelöstseins können wir bei Klientinnen und Klienten um so besser erwirken, je mehr wir diese lösungsfokussiert führen.

Sowohl-Als-auch

Viele Problemsituationen zeichnen sich durch eine „Entweder-Oder"-Problematik aus. So wird vielleicht bei einer Scheidung der Eltern das Kind gedrängt, sich entweder für die Mutter oder für den Vater zu entscheiden. Damit wird dem Kind zugemutet, mit einem Problem fertig zu werden, das es gar nicht lösen kann. Wen wundert es, wenn dann dieses Kind möglicherweise einen Ausweg in einer vielleicht gar lebensbedrohenden Krankheit suchen wird. Die Lösung bestünde darin, daß dem Kind glaubhaft versichert wird, daß es seine Zugehörigkeit sowohl zur Mutter wie auch zum Vater in gleicher Weise bekunden und leben darf. Dieses „Sowohl-Als-auch" entspräche auch einem tiefen, oft unbewußt empfundenen Sinn für eine „systemische" Ordnung der Liebe (Hellinger 1994).

Stimmen Lösungen mit den Ordnungen der Liebe überein, so können wir von wohlgeformten Lösungen sprechen. Ob eine wohlgeformte Lösung gefunden worden ist, können wir daran erkennen, daß sich jemand sowohl innerlich wie äußerlich aufrichtet, durchatmet und Vitalität ausstrahlt, was durch eine eutone (= wohl-tonisierte) Muskulatur bewirkt wird. Solche körperlichen Signale und Reaktionen sind es, die uns die untrüglichen Hinweise auf die wirklichen Zustände eines Menschen geben. Sie zu erkennen ist daher von unschätzbarem Wert und eine große Hilfe beim Erkennen des „richtigen" Handelns.

Gelingt es uns, vom „Entweder-Oder" zum „Sowohl-Als-auch" zu finden, werden wir in den allermeisten, wenn nicht gar in allen Fällen der Lösung auf der Spur sein oder sie bereits gefunden haben. Seien wir achtsam, daß wir Lösungen auch erkennen, vor allem dann, wenn diese nicht unseren Vorstellungen entsprechen, denn Lösungen richten sich nicht nach unserer Logik und sind daher oft wie das Leben, nämlich unlogisch.

Zum Schluß möchte ich noch einen Hinweis geben, wie das vermeintliche Dilemma der Unvereinbarkeit von Liebe und Macht aufgelöst werden kann. Dies gelingt dann, wenn sich die *Macht in den Dienst der Liebe stellt*. So findet sowohl das Relationale wie auch das Rationale seinen ihm angemessenen Platz, und beide können ihre volle Kraft entfalten.

Die Familie – gesetzt oder naturgegeben?

Familienstrukturen in der gegenwärtigen Soziologie der postmodernen Gesellschaften

Thomas Hölscher

Zeiten des Umbruchs

„Binnen kürzester Zeit hatte sich Athen von einem mehr oder weniger vor sich hin lebenden Kanton zu einer Großmacht verwandelt, einfach dadurch, daß es angesichts der heranrückenden Armee des persischen Weltreichs eine große Flotte aufbaute, hatte es entscheidend zum Sieg beigetragen und sich dann an die Spitze jener Griechen gestellt, die die Perser aus dem Ägäisraum zurückdrängen wollten. Wo es vorher vielleicht einmal Probleme mit Nachbarn gehabt hatte, die zumeist in Sichtweite wohnten, mußte es plötzlich das ganze östliche Mittelmeer in seiner Politik berücksichtigen; wo zuvor vielleicht einmal an seinen Grenzen eine Schlacht zu schlagen war, mußte es jetzt großräumige Kriege planen und verantworten. Keine Routine kam ihm zu Hilfe, nichts war von längerer Hand vorbereitet, alles mußte neu erdacht und gewagt werden. Es ist kaum zu ermessen, wie tief die Kluft zwischen Herkommen und Gegenwart damals war.

Die Verfassung wurde umgestürzt und es kam etwas ganz Unerhörtes zustande: In dieser Stadt, der wichtigsten Griechenlands, wurde eine konsequente Demokratie eingeführt. Alle bedeutenden (und viele anderen) Regierungsentscheidungen wurden künftig von den kleinen, unerfahrenen, ungebildeten Leuten, die die Mehrheit in der Volksversammlung ausmachten, wesentlich bestimmt. Weithin muß man bezweifelt haben, daß das gutgehen könne; doch es funktionierte. Die Stadt entwickelte eine Macht, wie man sie bis dahin in Griechenland kaum für möglich gehalten hatte. Sie war nicht wirklich stabil, konnte vielmehr nur gehalten (und vermehrt) werden, indem man alle Kräfte aufs äußerste mobilisierte, alle Mittel, deren man habhaft werden konnte, dafür einsetzte. Ein Ausnahmezustand wurde über Jahrzehnte zur Regel. Und weil Athen die Gunst der Stunde nutzte, weil es seine, gemessen an den Aufgaben geringen, Kräfte entschlossen und immer wieder überraschend einzusetzen wußte, reihte es Erfolg an Erfolg.

Es entstand in dieser Stadt eine Fülle ungeahnter Möglichkeiten, Spielräume auf den verschiedensten Gebieten: Politik wie (Handwerks-)Technik, Kunst, Weltkenntnis, Wissenschaft, Menschenbildung. Ständig erfuhr man Neues, Interessantes. Es war, wie wenn auf einmal alle möglichen Dämme aufgerissen worden wären, die bis dahin den Strom menschlichen Denkens, Handelns, Gestaltens reguliert hatten. Allein die Fähigkeit, über die politische Ordnung willkürlich – und im Widerspruch zur gesellschaftlichen – zu verfügen, war ungeheuerlich ...

Die seit alters überlieferten Regeln und Anschauungen verstanden sich keineswegs mehr von selbst; die neuen Gesetze konnten zwar Gehorsam beanspruchen, aber waren sie auch gerecht? Konnten nicht beliebige Mehrheiten sie umwerfen und das Gegenteil beschließen? Wo man früher an eine einzige Rechteordnung geglaubt hatte, gab es jetzt mindestens zwei: die, in der der Adel herrschte (und auf seine ererbte und durch Überlegenheit gesicherte Legitimation verwies), und die Demokratie, die für sich ins Feld zu führen vermochte, daß die, die von einer Entscheidung betroffen sind, sie auch fällen sollen."

Diese Beschreibung, die der Historiker Christian Meier (1995, 1996) vom Umbruch im Athen des fünften Jahrhunderts vor Christus gibt, erinnert in manchem frappierend an die Beschreibungen, die uns Soziologen wie Anthony Giddens und Ulrich Beck (Beck 1984, 1991; Giddens 1991, 1993, 1995; Beck et al. 1993) von unserer eigenen Zeit der „Hoch"- oder „Spätmoderne" oder der „Zweiten Moderne", geben: Globalisierung der Verhältnisse, Enttraditionalisierung, Demokratisierungsschübe aufgrund fortgesetzter Freisetzung von Individualisierung und Reflexivwerden aller Gegebenheiten durch das Potential an Möglichkeiten, das zu Entscheidung und Rechtfertigung drängt. In Athen kristallisiert sich all dies in einem radikalen Ausspielen des „thesei", das heißt des Gesetzten, von Menschen Bewirkten, gegen das „physei", das nach Natur und Tradition Gegebene. Eine Formel von großer künftiger Tragweite war damit zum ersten Mal ausgesprochen.

Betrachten wir jetzt das Bild vom heutigen Zustand der Familie, wie es uns diese Soziologen zeichnen, samt einer knappen Skizze ihrer Entwicklungsstufen. Betrachten wir es vor dem Hintergrund dieser Formel und vergleichen wir es mit Bert Hellingers Familiensichten. Und halten wir uns gegenwärtig, daß die Arbeiten von Boszormenyi-Nagy (1982), eines Pioniers der Familientherapie, ausdrücklich in einer Kritik jenes athenischen Übergangs vom „physei" zum „thesei" ansetzen.

Von der vorindustriellen zur heutigen Familie

Die Entwicklung von der vorindustriellen Familie zur Familie in den heutigen hochindustrialisierten Gesellschaften wurde charakterisiert als „von der Notgemeinschaft zur Wahlverwandtschaft". Der Unterschied von schicksalshafter Eingebundenheit in naturhafte und traditionale Vorgegebenheiten und von Wahlmöglichkeiten verschiedenster Art, die Entscheidungen geradezu erzwingen, veranschaulicht sehr schön, was im Gebiet der Familie die Unterscheidung von „physei“ und „thesei“, dem Naturgegebenen und dem Gesetzten, bedeuten könnte. Sobald Entscheidungen und die entsprechenden Überlegungen und Begründungen, angesichts von auch anders Möglichem, gefordert sind, ist man schon aus den Selbstverständlichkeiten des Gegebenen heraus und im Bereich der menschlichen Setzungen.

Die vorindustrielle Familie

Die vorindustrielle Familie war eine Arbeits- und Wirtschaftsgemeinschaft. Dem Ziel der Erhaltung des existenzsichernden Hofes oder Handwerksbetriebes waren die Belange der einzelnen, wiewohl in je eigenen Aufgabenbereichen tätig, vollständig untergeordnet. Die Erfahrungen und Belastungen waren sehr ähnlich, die Auseinandersetzung mit der Natur beherrschend, ein Zwang zur Solidarität hielt sie zusammen, persönliche Motive und die Freiheit des einzelnen traten weitgehend zurück.

Die Industrialisierung brachte den wichtigsten historischen Einschnitt. Nicht mehr Arbeits- und Wirtschaftsgemeinschaft, sondern Aufteilung in Arbeitsmarkt und Familie, in Erwerbsarbeit und Familienarbeit, entlang der Geschlechterdifferenz. Der Mann als Einzelakteur der Leistungsgesellschaft, bei der die Gemeinschaft nicht mehr zählte, und die Frau dem sich neu bildenden Bereich des Privaten zugeordnet. Daraus ergibt sich eine neue Form der wechselseitigen Abhängigkeit, die den „Zwang zur Solidarität“ in anderer Form fortsetzt.

Die Folgen des Sozialstaates für die Familie

Mit der Entwicklung des Sozialstaates Ende des 19. Jahrhunderts und dann vor allem ab der zweiten Hälfte des 20. Jahrhunderts kommt differenzierende und individualisierende Bewegung in die Familie. Mit der Minderung ökonomischer Restriktionen durch den Staat ergibt sich die Möglichkeit der Unabhängigkeit einzelner Familienmitglieder von der bedingungslosen Einordnung und Unterordnung. Und der Staat gibt die Mittel an Individuen und nicht den Familien, denen sie zugehören.

Die größere Unabhängigkeit der Frau

Der Wandel dessen, was man die weibliche „Normalbiographie“ nennt, stellt einen weiteren wichtigen Einschnitt dar, anfangend

Ende des 19. Jahrhunderts, beschleunigt ab den 60er Jahren unseres Jahrhunderts. Dadurch gewinnt die Frau in vielen Bereichen eine größere Unabhängigkeit. Das wirkt in Richtung von Lebensmustern, die auf das eigene Leben und nicht mehr ausschließlich auf Familienbindung orientiert sind. Es kommen jetzt statt der Einheit und Homogenität „der Familie" immer mehr die unterschiedlichen Gegebenheiten bei Frauen und bei Männern in den Blick (Beck u. Beck-Gernsheim 1990).

Individualisierung und Patchwork-Familien

Wenn diese verstärkten Individualisierungstendenzen auf das Binnenverhältnis der Familienmitglieder durchschlagen, erreichen wir den heutigen Zustand der Familie in den spätmodernen Gesellschaften. Dissoziative und zentrifugale Tendenzen werden immer stärker, so daß es zunehmend heikler wird, die Einzelbiographien zusammenzuhalten. Der Familienalltag wird zur „Inszenierung", zum Balanceakt, zum permanenten „Bastelprojekt".

Auffällig ist die Dissoziation des Raum-Zeit-Kontinuums. In der vorindustriellen Familie war durch die Arbeits- und Wirtschaftsgemeinschaft eine Art Einheit von Ort, Zeit und Tätigkeit vorgegeben. Heute bestimmen unterschiedliche Orte und differente zeitliche Rhythmen den Alltag der Familienmitglieder, seien es die Männer und Frauen oder die Kinder. Alle gehen verschiedenen Beschäftigungen in einer heterogenen räumlichen wie zeitlichen Ordnung nach.

> „Ein aufeinander abgestimmter Alltag als Familie ist demnach eine voraussetzungsvolle Leistung, die einen Jongleur der Terminpläne, einen Familienkoordinator verlangt ... So wird in wachsendem Maß Planen, Organisieren, Delegieren gefordert, Familie wird zum Kleinunternehmen: Elemente von Rationalisierung und kalkulatorische Überlegungen ziehen in das Privatleben ein." (Beck-Gernsheim 1994, S. 125)

Entscheidungen sind gefragt, nicht mehr der Rückgriff auf eingespielte Regeln und Muster wie früher üblich. Noch signifikanter für den Status der heutigen Familie ist aber die Tatsache der im Verlauf des 20. Jahrhunderts drastisch gestiegenen Scheidungen. Eine der wichtigsten Folgen stellen die Fortsetzungsehen dar. Hier entstehen komplexe Querverbindungen und Überkreuzungen. Sie lassen sich nur noch in verzweigten Diagrammen abbilden. Die entstehenden neuen Familienformen erhalten Bezeichnungen wie „Heirats- und Scheidungsketten“, „Fortsetzungsehen“, „Mehreltern-Familien“, „Patchwork-Familien“. Eines ihrer wichtigen Merkmale ist die Unklarheit der Familienzugehörigkeit. Es hat so viele Trennungen und Neuverbindungen gegeben, daß es keine einheitliche Definition mehr gibt, sondern jeder der Beteiligten hat jeweils seine eigene Version, wer zu seiner Familie gehört. Das erfüllt übrigens auf das Strengste die Anforderungen, die Wittgenstein (1984) an den für seine Spätphilosophie zentralen Begriff der „Familienähnlichkeit“ gestellt hat. Auch er verzichtet auf jegliches durchgehende Merkmal, so daß die Zugehörigkeit rein über die Verknüpfung, anstelle von irgendwelchen Gemeinsamkeiten, und seien sie noch so partiell, läuft. Das zeigt, daß hier für Wittgenstein Familie nicht als Naturalordnung wichtig war.

Ein zweites wichtiges Merkmal der Patchwork-Familien ergibt sich daraus, daß für Verwandtschaft die traditionellen und vor allem die biologischen Kriterien hinter denen der entstandenen Sozialbeziehungen zurückstehen. Verwandtschaft wird eine wählbare, persönlichen Präferenzen folgende, zu pflegende Beziehung. Im Kontext solcher Nach-Scheidungs-Situationen werden Familienverhältnisse zu „Wahl-Verwandtschaften“. Das ist das Ergebnis von Entscheidungsprozessen und setzt solche frei. Für unser Thema ergibt sich folgende, höchst aufschlußreiche Konsequenz:

> „Es wird außerordentlich interessant sein, Veränderungen der relativen Stärke blutsverwandtschaftlicher und durch (Wieder-)Verheiratung hergestellter Bindungen in den Familien zu beobachten, deren Mitgliederkreis sich durch aufeinanderfolgende Heiraten vergrößert hat. Wie etwa werden Großeltern ihr Erbe aufteilen zwischen biologischen Enkeln, die sie kaum kennen, Stiefenkeln, die sie früh im Leben bekamen, oder Stiefenkeln, die sie über ihre zweite Ehe erhielten und die geholfen haben, sie im Alter zu pflegen? Sind biologische Väter eher dazu verpflichtet, ihre biologischen Kinder, die von einem Stiefvater großgezogen werden, auf ein College zu schicken, als ihre Stiefkinder, die sie selbst erzogen haben?“(Beck-Gernsheim, S. 133, zit. n. Frank F. Furstenberg)

Tradition und Enttraditionalisierung

Das zentrale Merkmal der spätindustriellen Gesellschaften, in denen wir heute leben, ist ihr posttraditionaler Charakter. Das Verhältnis von Moderne und „Zweiter Moderne“ zur Tradition ist aber sehr komplex. Das läßt sich gut an der Stellung der Kleinfamilie demonstrieren. Die Kleinfamilie ist eine Traditions-Invention der Industrialisierung des 19. Jahrhunderts. Insofern ist sie kein traditionales Relikt aus einer anderen Epoche. Einerseits war die Stellung der Frau in der vorindustriellen Bauernfamilie selbständiger als die der Ehe- und Hausfrau der modernen Kleinfamilie, diese wirkt aber andererseits enttraditionalisierend gegenüber der ersteren bezüglich der aufeinanderfolgenden Schwangerschaften samt Kinderaufzucht; erst hier entstehen die Bedingungen der uns heute geläufigen Form von „Sexualität" durch die Abkopplung der Sexualität von der Fortpflanzung.

In der Kleinfamilie verzahnen sich zwei gegenbildliche, ungleichzeitige Arbeitsformen: Berufs- und Familienarbeit. Es entsteht das „Kuriosum und Provisorium einer universalistischen Industriemoderne, die gleichzeitig entlang der Naturkategorien von Männern und Frauen halbiert wird" (Beck 1991). „In der zweiten Hälfte des 20. Jahrhunderts" – so Beck weiter – „wird diese Teilung im Zug ganz normaler Modernisierung – rechtliche Gleichstellung der Frau, wachsende Erwerbsbeteiligung von Frauen und Müttern, Feminisierung der Bildung, zunehmende Scheidungsquoten, Geburtenregelung – aufgelöst und es entsteht eine neue Qualität." Die Modernisierung wird also auf die Moderne selber angewendet, woher sich die Bezeichnungen „Reflexive Modernisierung" oder „Zweite Moderne" für unsere Zeit ableiten.

Die erfundene Tradition Kleinfamilie übte also im 19. Jahrhundert eine kaschierende Funktion aus. Dazu bediente sie sich der genannten „Naturkategorien". Natur- wie Traditionscharakter sind hier bereits reflexiv gebrochen, im Unterschied zur vorindustriellen Familie, was aber nicht daran hinderte, sie, die Kleinfamilie, in den 60er Jahren unseres Jahrhunderts eine Auferstehung als unmittelbare Tradition, als „Keimzelle der Gesellschaft" und als „ewiger Grundwert", feiern zu lassen. Einem ähnlichen, noch viel widersprüchlicherem Schauspiel wohnen wir mit der Berufung ausgerechnet der alles deregulierenden Neoliberalen auf die Werte der Familie in den 90er Jahren bei.

Die „postfamiliale Familie"

Die Familie heute hat sich keineswegs „aufgelöst", sich nicht als „Auslaufmodell" erwiesen, wie auch behauptet wurde. Ebensowenig ist sie aber noch die alte. Vielmehr hat sie sich in sich gänzlich neu definiert, sich vollständig transformiert, wie wir gesehen haben: Die „postfamiliale“ Familie zieht herauf (s. a. Beck-Gernsheim 1994).

Darin ist sie ein Exempel für Enttraditionalisierung. Diese bedeutet Erhaltung durch Umdefinition, „Aufhebung“ im mehrfachen Sinn, indem sie alle Traditionen ausnahmslos Prozessen der Entscheidung und diskursiven Rechtfertigung unterzieht, wodurch sie jeglichen Charakter von Selbstverständlichkeit und Gegebenheit abstreifen: Traditionen haben in der „Zweiten Moderne“ Bestand nur noch als gesetzte, nicht mehr als gegebene. Darin ergeht es ihnen ebenso wie der „Naturkatastrophe“, der letzten Überschwemmung des Mississippi oder der Erwärmung der Erdatmosphäre, die keine Naturphänomene mehr sind, sondern menschlich produziert.

Gehen wir dieser Linie der Entnaturalisierung nach, so stoßen wir, über die erwähnten nichtbiologischen Familienbeziehungen hinaus, auf die In-Vitro-Fertilisation und Embryonenverpflanzung, wodurch die Jungfrauengeburt möglich wird. Von der in Natur und Tradition eingelassenen vorindustriellen Familie steigen wir über die Kleinfamilie mit ihren Ansätzen zur „reinen Beziehung“ aufgrund „Sexualität ohne Fortpflanzung“ und die schließliche „Fortpflanzung ohne Sexualität“ zu immer eigenartigeren Sublimgebilden auf. Verwirrend können Familienverhältnisse werden!

Wie paßt Bert Hellingers Ansatz dazu?

Diese Entwicklungen bergen große Risiken, darüber lassen die genannten Sozialforscher keinen Zweifel. Dennoch versuchen sie eher, die in dieser neuen Situation enthaltenen Chancen für uns Betroffene deutlich zu machen. Eine lösungsorientierte Perspektive!

Bert Hellingers Familientherapie versteht sich ebenfalls als entschieden lösungsorientierter Ansatz. Sicher liegt ihrem Entwurf ein ähnlich geschärftes Bewußtsein für die Krisen und Risiken zugrunde, die die Entwicklungen der letzten Jahrzehnte für die elementaren menschlichen Beziehungen gebracht haben. Es mag den Anschein haben, als suche Hellinger das Heil, die Lösung in einer Rückkehr zu den archaischen und fundamentalistischen Familienmodellen, von denen hier immer wieder direkt, vor allem auch indirekt die Rede war.

Aber mit dem „Heil“, besonders dem religiös und ideologisch verbrämten, hält es Hellinger gar nicht so sehr. Religions- und Normenkritik zieht sich wie ein roter Faden durch seine Schriften. Das religiös unterfütterte restaurative Familienmodell der Adenauerzeit kann es daher wohl kaum sein, was er als Lösung anzubieten hat. Abgesehen davon, daß die ominöse „Kleinfamilie" bei ihm gar keinen ausgezeichneten Status besitzt, oft vielmehr die komplexeren Netzwerke großfamilialer Zusammenhänge, also eher „Clanstrukturen", im Vordergrund stehen, verfolgt Hellinger in Sachen Scheidung und vor allem Sexualmoral eine ausgesprochen liberale Linie. Was nämlich die Fakten angeht – nicht auf diese und ihre oft so prekäre „Moral" kommt es ihm an, sondern wie die Menschen damit umgehen: „Unerbittlich" ist er eher dort, wo er jeden dazu zwingt, sich den allzu oft übersehenen Konsequenzen seiner Entscheidungen und den Folgen seiner Handlungen zu stellen statt ihnen auszuweichen. Das läuft aber auf einen Grundkurs im Überleben in den „unübersichtlichen" spätindustriellen Verhältnissen hinaus, ohne deren Verwirrung unnötig zu steigern. Das ist eine Art Anstiftung zu einem solidarischen Individualismus, einer Verantwortung aus Individualisierung entgegen dem älteren Modell einer Autonomie aus atomisierender Individualisierung, an der der zitierte Ulrich Beck seine Freude haben könnte.

Das und nicht zuletzt die zunehmende Anwendung von Hellingers Konzept auf „anonyme" Großorganisationen (wie Firmen, Unternehmen, Konzerne) lehrt, daß nichts getan ist mit einer Rückkehr zu dem alten „archaischen" und „naturalen" Familienmodell, wenn man es wörtlich, buchstäblich, realiter nimmt. Viel mehr ist gewonnen, wenn man dieses Modell nicht naturalistisch, nicht als „Realobjekt" – wie die alten Scholastiker schon wußten – nimmt, sondern als Modell, als „Formalobjekt", als Heuristik. Dann lassen sich die von Hellinger erfahrbar gemachten „einfachen Strukturen der Verwandtschaft" zum Durchleuchten unseres heutigen Beziehungendschungels auf allen Ebenen fruchtbar machen. Erkennen- und Auseinanderhalten-Lernen der verschiedenen Bezugsebenen in verschiedenen Systemen, ihrer Interferenzen und ihrer unterschiedlichen Ansprüche sowie, last not least, der damit verbundenen emotionalen Kostenrechnung, wäre ein Beitrag zu mehr Klarheit, „Übersichtlichkeit", Orientierungsvermögen in der heutigen Komplexität. Damit kann aber keine reale Reduktion auf (Wiederherstellung von) einfachen Verhältnissen gemeint sein – so wenig wie für Wittgenstein sein Hauptziel einer „übersichtlichen Darstellung" die

Beschneidung der komplexen Netze von „Familienähnlichkeiten", „Sprachspielen" und „Lebensformen" bedeuten konnte, im Gegenteil!

Hier liegen, wenn ich recht sehe, große „Chancen" in Hellingers Ansatz im Spiel der Risiken und Chancen unserer heutigen „condition postmoderne", man muß sie nur ausschöpfen.

Zum Rahmen und zum Vorgehen des Familien-Stellens

Der stillen Sprache der Seele lauschen

Hunter Beaumont

In der wortlosen, stillen Sprache der Seele werden sie ständig gemacht: Aussagen, die erschaffen, was sie beschreiben, im Guten wie im Schlechten – Aussagen, die verstricken und solche, die Verstrikkungen lösen.

Der Therapeut, der mit der Familien-Aufstellungsmatrix arbeitet, hört auf diese stillen Aussagen. Er formuliert keine Sätze, die nicht bereits vorhanden sind – anfangs sind es diejenigen, die verstricken, später diejenigen, die befreien.

Er hört zu, gesammelt, zentriert und gehorsam dem gegenüber, was ist, eher geleitet als leitend. Dann, wenn der geeignete Augenblick gekommen ist, ist er befugt, den Aussagen der Seele seines Klienten Stimme zu verleihen, die ungesprochenen Sätze für ihn auszusprechen – solche, die dessen Verstrickung beschreiben: „Ich will dir folgen, besser ich tue es als du", oder solche, die heilen: „Weil ich dich liebe, Mutter, vertraue ich darauf, daß du die Konsequenzen deines Schicksals trägst." Oder er darf ein Heilungsritual durchführen, das den Körper dafür öffnet, Neues zu erfahren – vielleicht die Erfahrung von Unterstützung und Zugehörigkeit, die eine Hinbewegung auf ein Ziel auslöst, wenn sie willkommen geheißen wird, oder die Leichtigkeit und Freiheit, die aus dem wahren Verneigen und Wiederaufrichten entsteht.

Die Gegenwart absoluten Respekts für was auch immer vorhanden ist, schafft die Atmosphäre, in der die Seele ihre Wahrheit erfahren kann. Dieser Respekt ist zugleich die Konfrontation der Illusion und Fehldeutung.

Die Wertschätzung dessen, was ist, und das Vertrauen auf das, was ist, sind – zusammen mit der Haltung des aktiven Zuhörens – zwei Grundpfeiler der dialogischen Gestalttherapie und auch Bert Hellingers Arbeit. Für manche überschattet Bert Hellingers charismatische Präsenz, wie tief sein fast taoistisches Verpflichtetsein zum therapeutischen „Nichtstun" ist, und in manchen Kreisen wird seine „dirigistische, autoritäre und moralistische" Haltung scharfer Kritik unterzogen. Aber wer mit Familienkonstellationen erfolgreich arbeiten will, muß diese Haltung des Zuhörens und Nichtstuns beherrschen. Andernfalls wird seine Arbeit leicht manipulativ, wenn nicht mißbräuchlich.

Und wie lernt man, der stillen Sprache der Seele zu lauschen?

Paradoxerweise lernt man es, indem man den Versuch aufgibt, es zu lernen. Diese Art des Hörens ist keine Funktion des Ich und durch aktive, ich-gesteuerte Anstrengung nicht zu erreichen.

Wie lernt man, sich über einen schönen Tag zu freuen? Man tut nichts, was einem die Stimmung verderben könnte. Man versucht, nicht in gewohnheitsmäßige Muster zu verfallen, die die Aufmerksamkeit in Anspruch nehmen, die stumpf machen und davon abhalten, völlig in der Gegenwart zu sein. Wenn man psychologisch „bloß“ ist, dann kann man spüren, wie der Tag die Haut der Seele berührt – man spürt die Sonne, den Wind, die Morgendämmerung und den Sonnenuntergang. Auf ähnliche Weise lernt man, der stillen Sprache der Seele zuzuhören. Man kann versuchen, die störenden Gedanken zu beruhigen – oder wenigstens zu ignorieren –, all die Interpretationen, Erinnerungen an Aussagen anderer Klienten. Dann sammelt man sich und zentriert sich, wartet, läßt zu, daß man berührt wird.

Bert Hellinger hat folgendes Bild angeboten: Man warte vollkommen gesammelt auf ein Wort wie ein Schiff mit gesetzten Segeln auf den Wind. Und er setzte hinzu: „Warten in der Mitte fühlt sich leicht an.“

Wie schaffe ich einen guten Rahmen für das Familien-Stellen in Gruppen?

Peter Kreisz

Wie das Entstehen eines Kunstwerkes ist auch das Stellen von Familien ein komplexer Prozeß, der als Ganzes mehr ist als die Summe seiner Teile.

Die beruflichen Voraussetzungen, das Erkennen und Wissen um die Ordnungen und das Organisatorische sind die handwerklichen Bereiche dieser Kunst und können als solche gelernt, gewußt, geübt und gekonnt werden. Der Inhalt des Familien-Stellens und das Schauen auf Verstrickung und Lösung entzieht sich aber dem methodisch Machbaren und will eher erfahren, erfühlt und wahrgenommen sein. Dies erfordert beim Therapeuten weitere Ressourcen und wird wohl am ehesten durch die wiederholte Teilnahme an Seminaren, den Austausch und das schrittweise Hineinwachsen in diese Arbeit erreicht.

Dieser Beitrag beschreibt Erfahrungen mit dem Methodischen und den organisatorischen Aspekten des Familien-Stellens.

Wer sich mit dem Gedanken trägt, selbst mit dem Aufstellen von Familien in Gruppen zu beginnen, sieht sich oft vielen Fragen ausgesetzt – von der Einschätzung der eigenen Voraussetzung und dem Anspruch der „richtigen" Durchführung bis zu den organisatorischen Notwendigkeiten. Im Folgenden werde ich einige Erfahrungen wiedergeben, die vielleicht hilfreich sein können oder auch dazu anregen, die eigene stimmige Form leichter zu finden.

1. Die persönlichen und beruflichen Voraussetzungen

- Man sollte bei einem erfahrenen Therapeuten, der nach Möglichkeit selbst bei Bert Hellinger gelernt hat, seine eigene Familie (Herkunfts- und Gegenwartssystem) gestellt haben.
- Mit seinen eigenen Eltern sollte man im Guten verbunden sein.
- Man sollte mehrjährige psychotherapeutische bzw. klinische Erfahrungen mit Menschen in Krisensituationen haben.

- Man sollte als teilnehmender Beobachter an mehreren mehrtägigen Gruppen, die von einem erfahrenen Therapeuten geleitet werden, teilnehmen (Stellvertreterfunktionen!).
- Man sollte bereit sein, an einer Supervisionsgruppe teilzunehmen.

2. Die Vorbereitung eines Seminars für das Familien-Stellen

Die Ausschreibung

Ein geeignetes Mittel, seine Arbeit bekannt zu machen und zu einem Seminar einzuladen, ist die Ausschreibung. Kurzgefaßt und im wesentlichen informativ, sollte sie vor allem *einladend für die Seele* sein. Zur Orientierung kann man sich auch von verschiedenen Therapeuten ihre Ausschreibungen zuschicken lassen.* Der Ausschreibung ist ein Anmeldecoupon angefügt, der zusammen mit einem undatierten Verrechnungsscheck in Höhe der Seminargebühr als Anmeldung gültig ist. Auf der Anmeldung kann man sich für eine Familienaufstellung anmelden oder aber als teilnehmender Beobachter (wichtig für die Berechnung des Zeitrahmens).

Nach erfolgter Anmeldung bestätigen wir den Eingang des Schecks und die Anmeldung schriftlich, legen einen Anfahrtsplan bei und, wenn gewünscht, ein Unterkunftsverzeichnis der Region. Am Ende des Seminars erhält jeder Teilnehmer eine Bescheinigung, aus der auch der entrichtete Seminarpreis hervorgeht.

Zu Beginn meiner Arbeit mit Aufstellungen hat es sich ergeben, daß eine befreundete Therapeutin einen unverbindlichen Informationsabend zum Thema „Familien-Stellen“ organisiert hat und mich als Referenten eingeladen hatte. Nach einem Einführungsreferat konnten die zahlreichen Interessierten noch ausgiebig Fragen stellen. Viele hatten schon etwas von oder über Bert Hellinger und das Familien-Stellen gehört, wußten aber noch nichts Genaueres, so daß ihnen dieser Informationsabend sehr gelegen kam. Die Resonanz war groß, und in den ersten Seminaren waren auch mehrere Teilnehmer, die an diesem Einführungsabend teilgenommen hatten.

* Die Liste von Kollegen/innen, die in Seminaren Familienaufstellungen anbieten, ist über die Arbeitsgemeinschaft Systemische Lösungen nach Bert Hellinger, Schloßhof 6, 69168 Wiesloch erhältlich.

Der Zeitrahmen und die Teilnehmerzahl

Bisher fanden alle meine Seminare am Wochenende statt, von Freitag mittag bis Sonntag mittag, was den Möglichkeiten der meisten Teilnehmer entgegenkommt. In dieser Zeit sind dann 15–18 Aufstellungen möglich, so daß sich inklusive einiger teilnehmender Beobachter eine Gruppengröße von 20–25 Personen ergibt. Viele Therapeuten, die Aufstellungsseminare anbieten, führen diese aber auch während der Woche durch und oft mit einer Dauer von vier bis fünf Tagen. Nach meiner Erfahrung braucht man für das Familienstellen ungefähr 15 Personen, davon mindestens 6 Männer.

Bei einer Gesamt-Seminarzeit von 15 Stunden (ohne die großen Pausen), rechne ich pro Aufstellung ca. 30 Minuten und für Fragen und Pausenabschlag 20 Minuten. Diese 50 Minuten ergeben, geteilt durch die Seminarzeit, 18 Aufstellungen. Am Anfang ist es besser, lieber weniger Aufstellungen zu planen, da der Zeitbedarf erfahrungsgemäß größer ist.

Der Seminarort

Kleine Säle, zum Beispiel in kirchlichen Gemeindehäusern, eignen sich gut für das Familien-Stellen. Die Teilnehmer sollten in der Pause Gelegenheit haben, den Therapieraum zu verlassen, was einen genügend großen Foyerbereich erforderlich macht.

Meine erste Gruppe fand auf einer Schwarzwaldhütte statt, die zweite in einem kleinen Theater, und es ging auch. Seither sind wir in einem großen Gemeindehaus in ländlicher Umgebung, und es geht von den äußeren Bedingungen her noch besser.

Pausenverpflegung und Büchertisch

Nach etwa eineinhalb Stunden Aufstellungsarbeit ist in der Regel eine Pause von 20 Minuten nötig, und der bereitgestellte Pausenimbiß wird immer gerne und dankbar angenommen.

Aus eigener Erfahrung und aus Rückmeldungen von Teilnehmern weiß ich, daß gerade die Versorgung in den Pausen ein wichtiges atmosphärisches und leibliches Element darstellt, das die oft tiefbewegende Arbeit in der Gruppe gut umrahmt.

Mit dem Bereitstellen eines Büchertisches während des Seminars haben wir gute Erfahrungen gemacht, und die Verlage sind in der Regel auch bereit, für Präsentation und Verkauf ihrer Bücher einen kleinen Rabatt für den Veranstalter einzuräumen. Die Teilnehmer haben so während des Seminars Gelegenheit, sich mit den ausgestellten Büchern vertraut zu machen.

Für das Zubereiten der Pausenverpflegung und den Verkauf am Büchertisch ist es sinnvoll eine Hilfe zu engagieren, die sich gerne um diese Bereiche kümmert.

Die Preise

Als Anhaltspunkt für eine mögliche Seminargebühr habe ich die Ausschreibungen mehrerer Therapeuten der Arbeitsgemeinschaft verglichen und folgenden Mittelwert errechnet. Pro Teilnehmer und Stunde werden im Schnitt ca. DM 20,– erhoben, was bei einer Seminardauer von 15 Stunden (Mittagspause nicht gerechnet) eine Teilnahmegebühr von DM 300,– ausmacht. Darin sind keine Kosten für Unterkunft und Verpflegung enthalten (außer den Getränken und dem Pausenimbiß). Die meisten Therapeuten gewähren auf Anfrage für Paare oder für mehrere Teilnehmer aus einer Familie einen Preisnachlaß.

Bei der Höhe der Seminargebühr wird in der Regel zwischen Klienten, die ihre Familie aufstellen möchten, und teilnehmenden Beobachtern nicht unterschieden.

Die Aufnahme einer sog. Rücktrittsvereinbarung in die Ausschreibung hat sich als sinnvoll erwiesen.

Besondere Hinweise

Manche Therapeuten fügen in der Ausschreibung einen Hinweis an, daß dieses Seminar keine ärztliche oder psychotherapeutische Behandlung ersetzt und eine Teilnahme von stationären Patienten nur in Rücksprache oder in Begleitung ihres Therapeuten möglich ist.

Männermangel

Nicht nur mir ging es manchmal so, daß sich für ein Seminar deutlich mehr Frauen als Männer angemeldet haben. Nun sind aber Väter, Brüder, Ehemänner, Großväter und Onkel am besten durch Männer vertretbar, so daß ich schon öfter auf Freunde oder interessierte Kollegen zurückgegriffen habe, die dann als Gäste eingeladen waren.

Eine relative Ausgeglichenheit zwischen Männern und Frauen hat meiner Ansicht nach auch einen positiven atmosphärischen

Aspekt. Gunthard Weber erzählte mir einmal zum Thema Männermangel, daß er es schon in einer Ausnahmesituation erlebt hätte, daß auch Frauen Männer dargestellt haben und sich gut einfühlen konnten! *„Die Seele richtet sich nach dem, was möglich ist, und macht das Beste daraus“* (Bert Hellinger).

3. Die Durchführung (methodisch)

Begrüßung und Vorstellung

Zum Beginn und am Schluß eines Seminars sind die Stühle im Seminarraum im Kreis aufgestellt, bei den Aufstellungen selbst im Halbkreis oder, wenn der Raum groß genug ist, auch im Kreis.

Nach der Begrüßung der Gruppe bitte ich die einzelnen, sich kurz vorzustellen, und zwar in einer besonderen Form. Sie beschränken sich dabei auf vier Aussagen: den Namen, ihre Tätigkeit, den Familienstand und was für sie eine gute Lösung wäre. Dabei ist es wichtig, keine Problemschilderungen zuzulassen, sondern auf die erwünschte Lösung zu verweisen. Ansonsten nimmt keiner zu dem Gesagten Stellung. Diese kurze Vorstellung hat mehrere Aspekte. Zum einen sammelt sie den einzelnen und die Gruppe und läßt ihn auch „ankommen“, zum anderen teilt man etwas Wichtiges von sich mit und hört auch seine Stimme in einem ungewohnt großen Raum.

Die Eingangsgeschichte

Mittlerweile sind auch die Verspäteten eingetroffen, haben sich vorgestellt und ihren Platz gefunden (die Anzahl der Stühle sollte den angemeldeten Teilnehmern entsprechen).

Die Eingangsgeschichte vertieft die Sammlung und führt auf das Kommende hin. Eine Geschichte, die ich gerne an den Anfang stelle, ist „Die Erkenntnis“. *Jemand will es endlich wissen, er schwingt sich auf sein Fahrrad und fährt hinaus in die offene Landschaft …*

Wer fängt an?

Eine häufige Erfahrung bei der ersten Aufstellung ist, daß der Teilnehmer, der sich als erster meldet, entweder sehr unter Spannung steht oder für die anderen das „Eis brechen“ möchte. Die für eine Aufstellung nötige Sammlung und der Ernst geraten dabei leicht ins Hintertreffen. Bei dem der eigentlichen Aufstellung vorangestellten Kurzinterview wird dies meist deutlich, und ich stelle dann diese

Aufstellung in Absprache mit dem Teilnehmer noch zurück und nehme vorerst einen anderen, bei dem mehr gesammelte Energie wahrnehmbar ist.

Das Kurzinterview

Die Gruppe sitzt mittlerweile im Halbkreis, ein leerer Stuhl steht neben mir, und wer dann arbeiten möchte, nimmt diesen Platz für das Kurzinterview ein. Dabei geht es darum, in einen guten Kontakt mit dem Teilnehmer zu kommen und sein Anliegen zu verstehen. Die relevanten Fragen, das System des Klienten betreffend, setze ich hier voraus. Die Entscheidung, ob das Gegenwartssystem oder die Herkunftsfamilie aufzustellen ist, richtet sich nach dem Anliegen dessen, der aufstellen will, und nach meiner Wahrnehmung des Klienten.

Während der Seminartage und in den Aufstellungen, entspricht das DU als Anrede der besonderen (abstinenten) Nähe und trägt auch dem Umstand Rechnung, daß ich mich während der Aufstellungen oft der Kinderseele der Klienten zuwende und deshalb vereinbare ich das an dieser Stelle mit den Teilnehmern.

Das Auswählen der Stellvertreter

Während der erste Teilnehmer die Stellvertreter auswählt und dabei nicht besonders auf Ähnlichkeiten achten sollte, sondern nur auf das entsprechende Geschlecht (zügig auswählen!), gebe ich einige Hinweise für diesen „Liebesdienst" der Stellvertreter und den, der auswählt. Zum Beispiel sollten die Stellvertreter nicht herbeordert werden, sondern von der inneren Haltung dessen, der auswählt, ist es mehr eine Frage und Bitte, auch wenn sie nur in einer Geste angedeutet wird. Gesprochen wird während des Auswählens in der Regel nicht.

Hinweise für die Stellvertreter: Sie übernehmen einen Dienst für den anderen und stellen sich für ein ihnen fremdes System zur Verfügung. Man geht hinein, fühlt, wie es einem an dem gestellten Platz geht (eine qualitative Aussage, ob gut oder schlecht, reicht in der Regel aus), verläßt am Ende ganz bewußt wieder diesen Dienst und diese Rolle und verzichtet auf Bezugsphantasien wie zum Beispiel „Warum wurde gerade ich für diese oder jene Person ausgewählt? Was hat das mit mir zu tun?"

Beim Auswählen der Stellvertreter ist es unerheblich, wer zuerst gewählt wird oder wer am Schluß. Der besseren Übersicht halber stelle ich die ausgewählten Stellvertreter zuerst in eine Reihe, entsprechend der Ursprungsordnung: Vater, links davon die Mutter, dann 1. Kind, 2. Kind etc. So kann man sich die dargestellten Personen besser merken.

Die Sammlung vor dem Stellen

Für den, der aufstellt, wird es jetzt ernst, und in diesem Moment ist es wichtig, daß er sich von vorher ausgedachten Bildern frei macht und nochmals kurz in die Sammlung geht. Ein inneres Bild wird oft erstmalig im Äußeren sichtbar! Man kann dem, der aufstellt, noch sagen, daß er sich jetzt auf seine innere Führung verlassen kann und das richtige Bild im Vollzug des Aufstellens entsteht.

Wenn ich im Bild des Rahmens bleibe, sind wir jetzt am Übergang vom Rahmen zum Bild angelangt, und nun wird das persönliche Erleben und Sich-Einlassen unerläßlich. Für diesen Beitrag ist hier auch die Grenze des Methodischen erreicht, und ich verweise auf die Bücher und Videobänder von Bert Hellinger und Gunthard Weber, die hier weiterführen.

Jetzt beginnt die „Kunst", und der Therapeut ist, soweit möglich, dabei ohne Angst und ohne Absicht, wenn er sich der ans Licht gekommenen Wirklichkeit öffnet und aussetzt und auf Verstrickung und Lösung schaut.

Vom Methodischen her steigen wir wieder ein am Ende des Seminars. Die Aufstellungen sind vollzogen, der Halbkreis schließt sich wieder zum Kreis, und jetzt hat jeder noch einmal Gelegenheit auszusprechen, was ihm wichtig ist und was er hierlassen und mitnehmen möchte. Eine Schlußgeschichte, zum Beispiel „Das Rasthaus" oder „Das Fest", können die Seminartage in guter Weise abrunden.

Seit einiger Zeit bitte ich die Teilnehmer am Schluß, sich von den Stühlen zu erheben, und wir umfassen uns als Gruppe. Eine leichte gemeinsame Verneigung zur Mitte hin eint und entläßt uns.

Nachsatz

Das Stellen von Familien verlangt keinen perfekten Therapeuten im Sinne von „hundert Prozent". Sechzig sind genug, und „Fehler", die man mit offenem Herzen macht, haben oft bessere Wirkung, als professionelles Können – und meist korrigieren sie sich durch die Wirkung von selbst.

Die Aufgaben des Therapeuten beim Familien-Stellen

Robert Langlotz

Achtsamkeit

Der Therapeut sorgt dafür, daß die Gruppe ernsthaft und achtsam ist. Er achtet darauf, ob ein Klient schon innerlich bereit ist, aufzustellen. Manche, die besonders drängeln, läßt man besser noch etwas warten.

Wenn jemand sehr starke Widerstände hat, Einwände, Vorbehalte, dann achte ich das wie eine Schutzmauer. Durch das Miterleben der anderen Aufstellungen kann sich dieser Widerstand innerhalb von zwei, drei oder vier Tagen völlig auflösen. Eine gewisse Angst vor dem Aufstellen ist angemessen und Ausdruck von Respekt vor dem Unbekannten, Unberechenbaren, auf das man sich einläßt.

Der Therapeut fragt den Klienten zunächst nach der Erkrankung, nach dem Problem oder dem Anliegen. Wenn der Klient weit ausholen will, um das Drama seiner Kindheit oder Vorwürfe gegen die Eltern auszubreiten, wird er gebremst. Das „Ins-Problem-Gehen" hat eine merkwürdige hypnotisierende Wirkung auf den Patienten und den Therapeuten.

Auch wenn ein Klient sich selbst abwertet, sich selbst beschuldigt oder pathologisiert, unterbreche ich ihn. Bei dieser Arbeit geht es immer darum, aus der Schwäche in die Kraft zu kommen. Das Selbst-Abwerten oder das Gehen-ins-Problem schwächt.

Gegenwarts- oder Herkunftsfamilie

Der Therapeut fragt nach den wichtigen Ereignissen in der Gegenwarts- und der Herkunftsfamilie. Er entscheidet mit dem Klienten zusammen, ob zunächst die Gegenwarts- oder die Herkunftsfamilie aufgestellt wird. Gibt es in der Gegenwartsfamilie ein aktuelles Problem zwischen den Partnern oder bei einem der Kinder, so ist es fast immer richtig, die Gegenwartsfamilie als erste aufzustellen. Gibt es in der Herkunftsfamilie sehr gravierende Ereignisse, weiche ich manchmal von dieser Regel ab.

Als Nächstes bestimmt der Therapeut, welche Familienmitglieder ausgesucht und aufgestellt werden sollen. Meist sind es die Eltern, die Kinder, frühere Partner der Eltern. Manchmal kann es sinnvoll sein, nur einen Teil der Familie aufzustellen. Das Aussuchen der Stellvertreter soll zügig erfolgen. Ein Zögern zeigt, daß der Klient noch nicht bereit ist, die Kraft geht verloren, die Aufmerksamkeit auch der Gruppe läßt nach.

Das Aufstellen der Familie

Manche Klienten vertrauen nicht ihrer Intuition im Augenblick des Aufstellens. Sie machen sich zu Hause eine Liste mit den Stellvertretern und eine Skizze der Aufstellung. Dieses Bild ist vom Kopf gesteuert, wertlos, darüber hinaus verstellt es den Zugang zu dem inneren Bild. Der Versuch, das Leben durch Vorausplanen in den Griff zu bekommen, muß scheitern, wie im „echten" Leben auch. Der Therapeut muß hier abbrechen und kann, vielleicht, am nächsten Tag, eine neue Chance geben.

Die Rolle der Stellvertreter

Sind die Stellvertreter aufgestellt, so befragt der Therapeut sie, wie sie sich selber fühlen, wie sie sich in Beziehung zu den anderen empfinden. Dies geschieht der Reihe nach, angefangen wird bei den Eltern, dann die Kinder in der Reihenfolge. Der Therapeut ermutigt die Stellvertreter, auch negative Beziehungsgefühle offen auszusprechen.

Manche Stellvertreter spüren sehr wenig, meistens reicht es dennoch für das Finden der Lösung aus. In einigen wenigen Fällen spürt der Stellvertreter gar nichts, auch keine Veränderung, wenn die Aufstellung verändert wird. Gelegentlich wird ein Stellvertreter von der eigenen Problematik überwältigt, so daß er nicht gesammelt und frei ist, als Stellvertreter zu fungieren. In diesen Fällen muß der Therapeut ihn durch einen anderen Stellvertreter ersetzen.

Durch das Aufstellungsbild, die geäußerten Gefühle und durch die Kenntnisse der ausgeklammerten früh Gestorbenen bekommt der Therapeut ein Bild von der Dynamik. Er folgt seiner Intuition, die geschult ist durch Erfahrung, durch Wissen.

Das Finden des Lösungsbildes

Dieser Intuition folgend verändert er das Aufstellungsbild. Er stellt vielleicht einzelne – manchmal auch alle – ausgeklammerten Mitglieder dazu. An den Reaktionen der Stellvertreter sieht er, welche der Ausgeklammerten besonders wichtig sind, wo möglicherweise eine Identifizierung – oder auch mehrere Identifizierungen – vorliegen. So findet er schließlich das *Lösungsbild.*

Um die Dynamik des „Ich folge dir in den Tod" oder „Ich gehe an deiner Stelle" herauszufinden, läßt der Leiter ein früh gestorbenes Familienmitglied sich zur Tür stellen oder durch die Türe hinausgehen – was in diesem Falle „sterben" symbolisiert. Er achtet nun auf die Reaktionen der übrigen Stellvertreter. Wenn einer von ihnen mehr oder weniger deutlich die Tendenz hat, dem Gestorbenen zu folgen, so ist es ein Hinweis darauf, daß diese Dynamik hier wirksam ist.

Schulddynamik

Entscheidend ist es, auf die Signale zu achten, die dafür sprechen, daß eines der Familienmitglieder *seinen Platz in der Familie verspielt hat.* Dies ist bei schwerer Schuld zu beobachten; zum Beispiel bei Mord oder aber auch, wenn ein Familienmitglied den anderen die Zugehörigkeit schuldhaft verweigert hat. Gelegentlich tritt dieses Phänomen auch auf, wenn der Betreffende in seinem Lebensvollzug schicksalhaft mit dem Tode oder Unglück des anderen verknüpft war. Zum Beispiel die sogenannte Überlebensschuld derer, die lebend aus einen Konzentrationslager herausgekommen sind.

Der Stellvertreter fühlt sich in diesem Fall in der Familie unwohl, nicht zugehörig, ohne Interesse für die übrigen Familienmitglieder. (Siehe ausführlichere Ausführungen in dem Beitrag familiensystemische Aufstellungen und Schuld, S. 157 ff.)

Lösen von Identifikation

Ist die Dynamik und das Lösungsbild gefunden, so kommt der Klient wieder an seinen Platz. Zum ersten Mal steht er an seinem guten Platz, als Kind, vor den Eltern, neben seinen Geschwistern. Das Bild ist neu, ungewohnt. Um es nehmen zu können, bestimmt der Klient seine Beziehung zu den bisher Ausgeklammerten neu. Möglicherweise hat er ja eines oder auch mehrere vertreten. Der Therapeut führt den Klienten nacheinander zu den bisher Ausgeklammerten. Mit Hilfe formelhafter Sätze wird der reale Bezug beschrieben: „Du bist mein Onkel Georg." Die gefühlsmäßige Beziehung zu einem der Elternteile wird angedeutet: „Du hast meiner Mutter sehr gefehlt." Manchmal bricht jetzt der Schmerz heraus, den der Klient lange für seine Mutter getragen hat. Und „Ich hätte dich auch gerne kennengelernt", das gibt Raum für das eigene Gefühl, den eigenen Schmerz.

Wenn ein Klient, der sonst sehr emotional reagiert, in der Beziehung zu einem bisher Ausgeklammerten keine Reaktion zeigt, so spricht das für eine *Identifizierung*. Eine solche Identifizierung ist oft sehr hartnäckig, die Lösung dementsprechend schwierig.

Als erstes lasse ich den Klienten vor dem Ausgeklammerten auf die Knie gehen, die Unterarme auf den Boden legen, die Handflächen geöffnet nach oben (eine Vorgehensweise, die ich wie viele andere von Bert Hellinger übernommen habe), und zu dem Ausgeklammerten sagen: „Ich gebe dir die Ehre, du bist der ... und ich bin dein ... Ich achte dein Schicksal und ich lasse es bei dir, es steht mir nicht zu, es zu übernehmen."

In einigen Fällen kann es hilfreich sein, den Platz und das Schicksal des bisher Ausgeklammerten durch einen Kieselstein zu symbolisieren, den der Klient zurückgibt mit folgenden Sätzen: „Vielleicht wollte ich deinen Platz und dein Schicksal für dich übernehmen. Es steht mir nicht zu. Ich habe mir da etwas angemaßt. Ich achte dich, indem ich es dir jetzt zurückgebe" (siehe auch S. Essen in diesem Band, S. 135 f.)

Gelegentlich führt auch dies noch nicht zu einer Lösung der Identifizierung. Manchmal ist es dann hilfreich, wenn der Elternteil, der zu dem bisher Ausgeklammerten gehört, einen Kontakt zwischen dem Klienten und dem bisher Ausgeklammerten, zum Beispiel einem früh gestorbenen Bruder, herstellt. So kann die Mutter zu dem Sohn sagen: „Dies ist mein kleiner Bruder, er hat mir immer gefehlt"; und zu dem Stellvertreter des früh gestorbenen Bruders: „Dies ist mein Sohn, vielleicht wollte er dich für mich vertreten. Bitte gib ihm deinen Segen."

Den Weg zu den Eltern freimachen

Erst jetzt ist der letzte, der entscheidende Vollzug möglich: *das Nehmen der Eltern*. Schrittweise werden die unsichtbaren Barrieren zwischen Kind und Eltern abgebaut. Manchmal spürt man bei dem Klienten Angst oder Wut und Haß auf Vater oder Mutter. Dann fragt der Therapeut nach Vorwürfen gegen die Eltern. Jetzt kommt zum Beispiel Mißbrauch, schwere Körperverletzung, Demütigung oder Nichtachtung zur Sprache, durch die sich das Kind verletzt fühlt, sich verschließt, Wut und Haß entwickelt hat. „Papa, es war so schlimm für mich."

Der Stellvertreter des Vaters kann jetzt, wenn er es so fühlt, sagen: „Es tut mir leid, ich konnte nicht anders." Für die Liebe des Kindes ist dieser Satz, den es sich vielleicht immer gewünscht hat, befreiend. Es sieht, daß zum Beispiel des Vaters Herz an seine früh verstorbenen Angehörigen gebunden ist, daß er nicht frei war, sich der Ehefrau, den Kindern zuwenden zu können. Vielleicht wollte er schon lange den Verstorbenen nachfolgen. Aus Liebe zu den Kindern, zur Frau, blieb er, sorgte für den Lebensunterhalt, damit die Kinder nicht zu fremden Leuten mußten. Alles andere war ihm vielleicht zuviel.

Die nächste Barriere ist das Unrecht des Kindes gegenüber dem Vater, zum Beispiel durch Urteilen oder durch Vorwürfe. Lösend ist hier der Satz: „Ich habe dir Unrecht getan, es tut mir leid."

Den Eltern ihre Bürde und ihre Würde zurückgeben

Unvermeidbar ist es, daß Kinder für die Eltern etwas übernehmen; deren Leid, Schmerz, vielleicht auch Schuld, ein schlimmes Schicksal, eine Krankheit. Wenn ein Kind etwas übernimmt – und das geschieht zunächst immer aus Liebe – wenn es zum Beispiel den tiefen Schmerz –, oder ein Schuldgefühl tragen möchte, *verliert es die Achtung für die Eltern* und für andere Erwachsene. Es fühlt sich dem Elternteil gegenüber ebenbürtig oder vielleicht sogar überlegen, hat ihm gegenüber Mitleid oder sogar Verachtung oder Haß. Dadurch ist es selbst geschwächt. Da das Gefälle zwischen Eltern und Kind umgekehrt ist, kann es von dem Elternteil nicht nehmen, kann sich daher von ihm nicht im Guten lösen.

Lösend sind die Sätze: „Ich wollte es für dich übernehmen, aus Liebe. Ich kann es ja gar nicht, ich bin ja nur ein Kind. Ich darf es auch nicht, denn es gehört zu deinem Schicksal, zu deiner Würde. Ich gebe es dir jetzt wieder zurück." Vater oder Mutter erhalten ihr Schweres, ihre Würde, symbolisiert zum Beispiel durch einen Stein, zurück.

Und das Kind kann noch sagen: „Du hast die Kraft, es zu tragen, es tut mir leid, wenn ich deine Kraft und deine Würde nicht geachtet habe.“ Jetzt stimmt es, wenn es sagt: „Du bist der Große, ich der Kleine, du gibst das Leben, ich darf es nehmen.“ Es ist eindrucksvoll zu sehen, wie durch diesen Vorgang tatsächlich die Eltern wieder ihre Würde bekommen und das Kind Kind wird.

Das Nehmen der Eltern

Jetzt kann es sagen: „Du hast mir so gefehlt, ich hab dich lieb, bitte nimm mich doch in den Arm.“ Liebe und Kraft können jetzt fließen.

Wenn der Klient einen Elternteil nicht nehmen kann

Manchmal kann der Klient einen Elternteil nicht nehmen. Dies ist in der Regel der Fall, wenn eine Identifizierung noch nicht gelöst ist, wenn er sozusagen noch nicht an seinem Platz als Kind angekommen ist. Wenn er zum Beispiel für Mutters Familie viel trägt, ist ihm zunächst der Weg zum Vater verstellt. Nach meiner Erfahrung ist es in diesen Fällen hilfreich, zunächst die Identifizierung mit Mutters Familienangehörigen zu lösen. Wenn er dann der Mutter das Schwere, symbolisiert durch einen Stein, zurückgibt, kann er die Mutter nehmen. Um jetzt den Weg zum Vater zu finden, ist es mitunter nötig, zur Mutter zu sagen: „Ich mute dir zu, daß ich meinen Vater achte.“ Dieser Satz löst manchmal mit einem Schlag die Barriere zum Vater (und umgekehrt).

Die unterbrochene Hinwendung

Manchmal kann ein Kind zum Beispiel die Mutter nicht nehmen, weil es in den ersten Lebensjahren für einige Wochen von ihr getrennt war. Bert Hellinger benannte das die „unterbrochene Hinwendungsbewegung“. Hier ist es gelegentlich im Rahmen der Aufstellung möglich, die Hinwendung wieder zum Ziel zu bringen. Der Klient kniet sich vor die Mutter, schaut sie an, wird aufgefordert, tief zu atmen. Der Therapeut berührt den Klienten sacht am oberen Brustbein und fordert ihn auf, zum Beispiel folgende Sätze zu sagen: „Liebe Mama, es war so schlimm, ich war so alleine, du hast mir so gefehlt.“ Wenn der Klient jetzt in den Schmerz des Verlassenseins kommt, ist es manchmal möglich, daß er aus diesem Schmerz heraus zu seiner Mutter sagt: „Mama, ich hab dich lieb, bitte nimm mich in den Arm."

Wenn der Klient auch jetzt sich nicht traut, die Mutter zu nehmen, dann frage ich ihn: „Darf dir die Mutter helfen?" Wenn er zustimmt, lasse ich die Mutter näher zu ihm kommen, sie kniet sich vor ihm auf den Boden. Manchmal kann der Klient dann seinen Kopf auf Mutters Knie legen, der frühe Schmerz kann aus ihm herausbrechen.

Eigene Schuld des Klienten

Manchmal kann ein Klient Mutter oder Vater nicht nehmen, weil er sich schuldig fühlt. Zum Beispiel, wenn die Mutter durch die Geburt eine gesundheitliche Beeinträchtigung erlebt hat, oder gar gestorben ist. Manchmal gibt es aber auch eine konkrete eigene Schuld des Klienten (Mord oder anderes), die ihn hindert, die Eltern zu nehmen. Wenn das bei der Aufstellung herauskommt, ist ein Nehmen der Eltern nicht mehr angemessen.

Mitunter taucht die Lösung auf, der Klient kann sie aber noch nicht nehmen, der Widerstand, die Verletzungen sind zu groß. Dann stimmt der Satz: „Papa/Mama, laß mir bitte noch etwas Zeit."

Die abgebrochene Aufstellung

Manchmal stockt die Aufstellung. Dafür kann es verschiedene Gründe geben:

- Eine wichtige Information fehlt.
- Eine Information ist falsch.
- Ein Stellvertreter ist nicht gesammelt, man muß ihn durch einen anderen ersetzen.
- Der Klient ist nicht gesammelt, nicht ernsthaft.
- Der Klient ist gesammelt, aber kann den Lösungsschritt nicht vollziehen.

In diesen Fällen bleibt nur übrig, die Aufstellung *abzubrechen.* Der Therapeut muß dies dem Klienten und der Gruppe zumuten. Das Abbrechen der Aufstellung hat eine sehr starke Wirkung, meist kommt ein intensiver Prozeß in Gang, so daß, vielleicht noch im gleichen Seminar, eine Lösung möglich ist.

Nach der Beendigung der Aufstellung achtet der Therapeut darauf, daß alle Stellvertreter wieder aus ihren Rollen herauskommen. Hilfreich ist zum Beispiel, wenn der Klient selbst zu allen Stellvertretern sagt: „Ich entlasse euch jetzt aus euren Rollen, und ich danke euch."

In einer kurzen Abschlußrunde haben die Stellvertreter Gelegenheit, einzelne Gefühle oder Wahrnehmungen, *die für den Klienten hilfreich sind,* zu ergänzen. Das ist für die Stellvertreter wichtig, um besser aus der Rolle herauszukommen. Und er gibt den Anstoß, etwas Fehlendes nachzutragen, zum Beispiel einen Konflikt mit einem Geschwister zu lösen. Verständnisfragen oder theoretische Erörterungen sollte der Therapeut hier nicht zulassen, sondern auf einen späteren Zeitpunkt verschieben, da sie dem Klienten etwas wegnehmen.

Das Samenkorn und die Schafe

Aufgabe des Therapeuten ist es auch, dem Klienten ein Verständnis zu vermitteln, wie das neue Bild und die Lösungssätze wirken, wie der Klient die Wirkung unterstützen oder aber auch verspielen kann. In der Pause, beim gemeinsamen Essen, zu Hause mit dem Partner besteht die Gefahr, das Erlebte zu beschreiben. Dadurch wird es auf etwas Beschreibbares reduziert, verliert an Wirkung.

Das Lösungsbild ist wie ein Samenkorn. Laßt es tief in eure Seele sinken, wie in gute Muttererde. Vertraut, daß es sich entfaltet, dann kann daraus eine schöne Blume oder ein großer Baum werden. Sorgt nur gelegentlich für Dünger.

Und dann gibt es Schafe, die den jungen Keim mit Genuß verzehren wollen. Ist erst einmal ein großer Baum daraus entstanden, legen sie sich gerne in seinen Schatten.

Aber den jungen Keim fressen sie weg. Es sind halt Schafe.

Um den Keim zu schützen, müßt ihr einen Zaun errichten, und: Es gibt auch die inneren Schafe! Besonders gefährlich sind die Schafe mit Doktorhut oder Psychologiediplom.

Segeln oder Paddeln

Manche wollen das neue Bild gleich umsetzen, sie suchen Vater oder Mutter zu einem „klärenden Gespräch“ auf. Das ist kopfgesteuert und hat keine Kraft. Es braucht Zeit, bis der erste Schritt deutlich wird und die Kraft dazu kommt. Dann kann es gelingen.

Der gute Segler achtet auf den günstigen Wind. Wenn er kommt, ist er bereit, läßt sich von ihm tragen.

Wer den Wind nicht abwarten kann und zum Paddel greift, hat zwar das Gefühl, ungeheuer geschäftig zu sein, aber – er dreht sich im Kreis.

Ihr wißt selbst am besten, ob ihr zu den Seglern oder ob ihr zu den Paddlern gehört.

Die Griechen nannten den günstigen Wind oder den richtigen Zeitpunkt den Kairos. Sie stellten ihn dar als jungen Gott, an der Stirne einen Haarschopf – um ihn zu packen –, das Hinterhaupt glatt rasiert: War er vorbei, konnte man ihn nicht mehr fassen, der Griff ging ins Leere.

Eine graphische Systemübersicht für Beratung, Einzeltherapie und Dokumentation

Peter Kreisz

Bei den Seminaren für das Familien-Stellen gibt das Kurzinterview die relevanten Informationen über den Familien-Hintergrund, und sie finden dann unmittelbar in der Aufstellung ihren lebendigen Ausdruck.

In den Einzeltherapien (Psychosomatik und Psychotherapie) ist mir ein einfaches graphisches Modell zur Systemübersicht sehr hilfreich. Es läßt sich in einer Art Symbol-Kurzschrift während der Anamnese gut mitzeichnen und gibt meist schon darüber Aufschluß, wo und ob eventuell eine Verstrickung oder Identifizierung im systemischen Sinne vorliegen könnte. Es trennt außerdem die Generationen stärker als die in der Familientherapie üblichen und oft etwas unübersichtlichen Genogramme (Heinl 1987, McGoldrick u. Gerson 1990). Die einzelnen Generationsebenen werden gesondert und aufeinanderfolgend aufgeführt. In der Regel beginne ich mit der Herkunftsfamilie des Vaters.

Die Systemübersicht hat aber auch noch weiteren Nutzen:

- Erlernen der relevanten Strukturen,
- Übersicht bei komplexen Systemen und leichtere Fokusfindung,
- Dokumentation und Weitervermittlung an Dritte (Supervision),
- bei fortlaufenden Einzeltherapien ist man durch die Systemübersicht wieder schnell „im Bilde".

Die Fragen zu den jeweiligen Generationsebenen

- War vor der Verbindung oder Ehe jemand in fester Bindung? Wenn ja, Kinder? Warum getrennt? Bei wem sind die Kinder aufgewachsen?
- Wieviele Kinder aus der folgenden Verbindung? Reihenfolge!
- Gab es Totgeborene, Frühverstorbene? Alter, Ursache, eventueller Vorwurf wegen des Todes des Kindes? An wen?
- Trennung oder Scheidung der Partner? Wenn ja, Grund der Trennung, Alter der Kinder bei der Tren-

nung, besonders Alter des Klienten? Wer hat das Sorgerecht? Neue Verbindung oder Heirat? Halbgeschwister?
- Schwere Schicksale?
  Vertreibung, Selbstmord, Mord, schwere Unfälle?
- Komplikationen bei der Geburt des Klienten (Kaiserschnitt, Frühgeburt etc.)? Frühe Trennung von den Eltern (unterbrochene Hinbewegung)?
- Schwangerschaftsabbrüche im Gegenwartssystem?

Beispiel **HKV:**

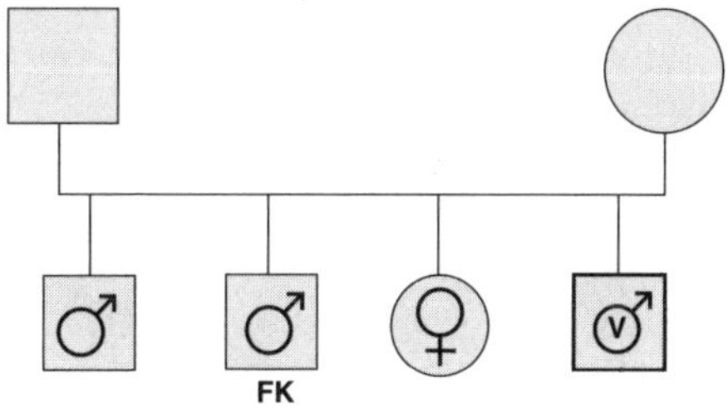

Die Beispielgraphik als Text:

Herkunftsfamilie des Vaters

Der Vater ist das vierte Kind; er hat zwei ältere Brüder und eine ältere Schwester; der zweitälteste Bruder ist früh verstorben. Die Eltern waren vorher nicht in fester Bindung und sind zusammengeblieben.

Herkunftsfamilie der Mutter

Die Mutter der Mutter war schon einmal verheiratet und hat aus dieser Verbindung eine Tochter. Ihr erster Mann ist im Krieg gefallen. Sie heiratete ein zweites Mal, und die Mutter ist das dritte Kind von insgesamt vier (inklusive der Halbschwester aus der ersten Verbindung der Mutter). Das vierte Kind, ein Bruder, kam als Totgeburt auf die Welt.

Abkürzungen und Symbole:

HKV	= Herkunftsfamilie des Vaters	TK	= totgeborenes Kind
HKM	= Herkunftsfamilie der Mutter	FK	= früh verstorbenes Kind
HK	= Herkunftsfamilie des Klienten		
GWS	= Gegenwartssystem (bedeutsame Beziehungen) evtl. GWS_1, GWS_2, GWS_3 etc.	AK	= abgetriebenes Kind
		Fg	= Frühgeburt

Beispiel **HKM:**

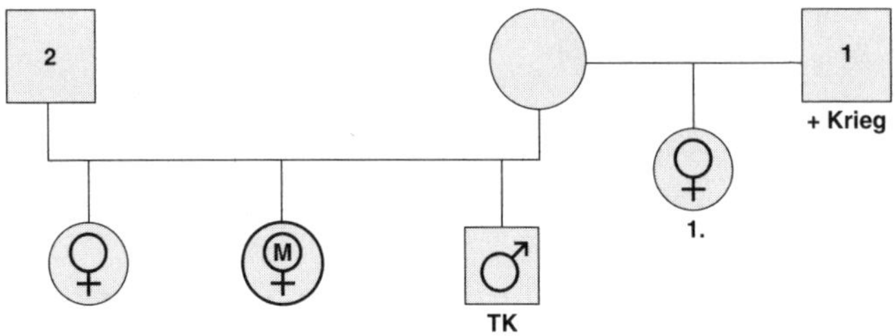

Beispiel **HK:**

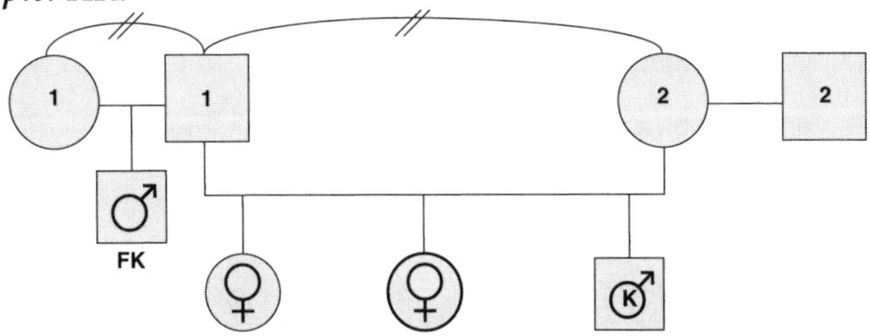

Die Herkunftsfamilie des Klienten

Der Vater war vorher mit einer Frau zusammen, und sie hatte eine Frühgeburt (einen Sohn), der nach wenigen Stunden starb. Daraufhin ging die Beziehung auseinander, und der Vater heiratete die Mutter des Klienten; er ist der jüngste von insgesamt vier Kindern.

Er hat einen älteren Halbbruder (FK) und zwei ältere Schwestern.

Die Eltern haben sich scheiden lassen, als der Klient 12 Jahre alt war. Er blieb bei der Mutter, die nochmals heiratete. Diese Verbindung blieb kinderlos.

Gegenwartssystem des Klienten

Mit seiner ersten Liebe war er sieben Jahre zusammen und hat sie dann wegen seiner späteren Ehefrau verlassen. Mit dieser zweiten Frau hat er drei gemeinsame Kinder und zwischen dem ersten und zweiten Kind fand eine Abtreibung statt.

Seine Frau war vorher schon zweimal in fester Bindung, aber nicht verheiratet. Den ersten Mann heiratete sie aus konfessionellen Gründen nicht. Vom zweiten Mann (Alkoholiker) hat sie einen Sohn, der mit ihnen in der Familie lebt. Wegen des Alkoholproblems des Mannes hatte sie sich von ihm getrennt, und das Sorgerecht war bei der Mutter. Als das Kind 6 Jahre alt war, wurde es vom Klienten adoptiert. Der Vater hat der Adoption zugestimmt.

***Beispiel* GWS$_1$:**

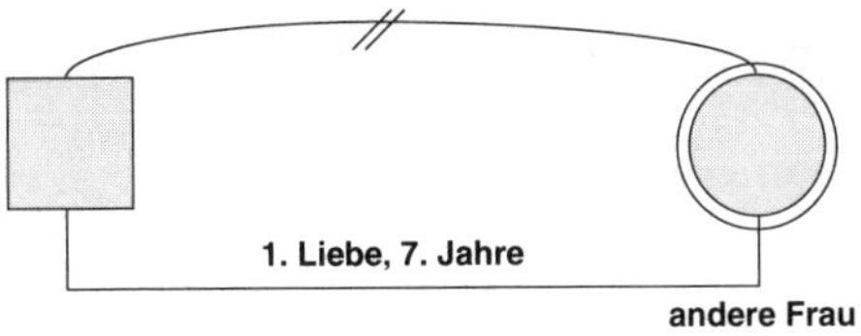

***Beispiel* GWS$_2$:**

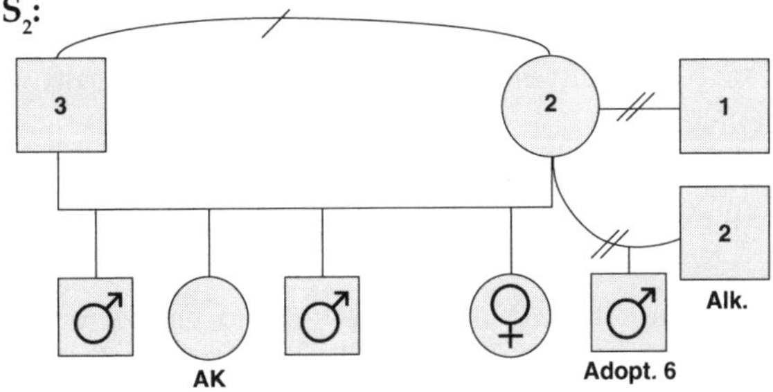

Die Anamnese mit der graphischen Systemübersicht ist oft ein guter Einstieg in die Therapie, und der Klient nimmt wahr, wer eigentlich alles dazugehört. Häufig sind die Angaben auch unvollständig, und was dann durch das Nachfragen bei Eltern oder Verwandten in Bewegung kommt, wenn es respektvoll und behutsam gemacht wird, ist erstaunlich und leitet oft einen guten Weg ein.

Die Symbole:

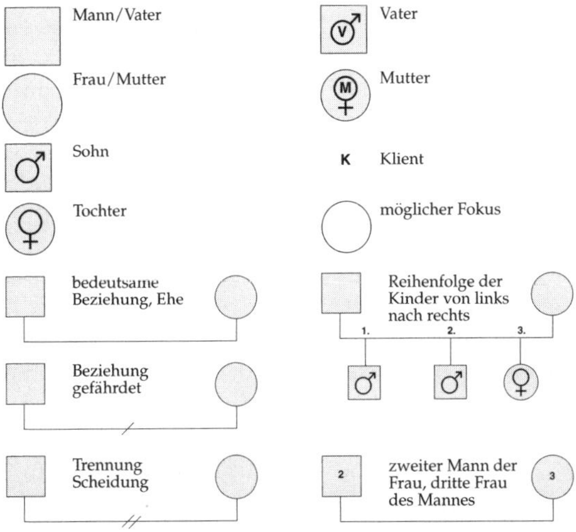

Die praktische Arbeit mit Familienaufstellungen: Was mache ich, wenn ich nicht mehr weiter weiß?

Bertold Ulsamer

Die folgenden Gedanken sind an Therapeuten gerichtet, die beginnen, Familien aufzustellen. Sie sind nicht als Verhaltensanweisungen gedacht, sondern mehr als Anregungen, die Mut machen.

Wenn Sie bereits Familien aufstellen – wie war das für Sie, als Sie das erste Mal allein eine Familienaufstellung verantwortlich durchgeführt haben?

Den meisten ist vor dem ersten Mal bange. Der Schritt ins Unbekannte erfordert Mut. Beunruhigende Gedanken schießen vorher durch den Kopf: Wird meine Intuition wach genug sein? Werde ich die vorhandenen Knoten erkennen und entwirren? Da kann man sich noch so viel Wissen über Ordnungen und Strukturen angeeignet haben! Trotzdem verunsichert die Erkenntnis, daß jede Aufstellung einzigartig ist und daß sich immer wieder neue, überraschende Facetten zeigen.

Mein persönliches Bild dieser Arbeit hat mit den Abenteuern eines Höhlenforschers zu tun. Er hat eine uralte und bisher verborgene unterirdische Tropfsteinhöhle entdeckt. Ihr Eingang war in dem Gewirr von Büschen und Felsen jahrhundertelang übersehen worden. Jetzt zwängt er sich durch eine schmale Öffnung, und vor ihm öffnet sich ein gewaltiger Raum. Ihn schaudert. Behutsam tastet er sich die ersten Schritte in die Höhle vor, wachsam und vorsichtig, damit er nicht ausrutscht. Das Licht seiner Lampe leuchtet nur ein paar Meter. Den übrigen Raum ahnt er mehr, als daß er ihn sieht. Das Echo, wenn ein Stein sich löst und in einen Abgrund poltert, gibt ihm ein Gefühl von der riesenhaften Ausdehnung. Seine Sinne sind aufs höchste geschärft. Hinter jedem Vorsprung kann ein neuer Gang beginnen, nach jeder Biegung kann sich eine tiefe Spalte auftun. Schritt für Schritt findet er seinen Weg und läßt sich ehrfurchtsvoll gefangennehmen von der Schönheit und dem Geheimnis.

Zwar werden solche Höhlen immer wieder einmal auch zufällig von einem Spaziergänger entdeckt. Dieser wird sich allerdings – ohne Erfahrung und passende Ausrüstung – nur eine kurze Strecke zurechtfinden. Nur erfahrene Höhlenforscher, die schon andere Höhlen kennen und die geeignete Ausrüstung mit sich führen, wagen sich tiefer in den Raum, um die Unterwelt zu erforschen.

Die notwendige Grundausrüstung besteht einmal aus dem Wissen um häufig auftretende Strukturen, die sich in Aufstellungen zeigen.

Wer aufstellen will, wird sich vorher durch Seminare, Bücher und Videos fundierte Kenntnisse hierüber verschafft haben. Er weiß zum Beispiel um die Bedeutung der Frühverstorbenen, er sieht die Wirkung der früheren Partner von Eltern auf ihre Kinder, und er kennt die Übernahme von unterdrückten Gefühlen. Erst mit diesem Wissen kann die Intuition anfangen sich zu entfalten. Zwischen Wissen und Intuition besteht ein unauflösbares Spannungsverhältnis. Beide entwickeln sich miteinander weiter. Jeder wird so seinen eigenen Stil und seine eigenen Abwandlungen entwickeln. Gute Kenntnisse und handwerkliche Fähigkeiten sind aber nötig – erst dann kann sich die Kunst entfalten.

Zur Grundausrüstung zählen auch die folgenden Handlungsanweisungen. Sie geben Antworten auf die wichtige Frage: Was mache ich, wenn ich plötzlich in einer Aufstellung verwirrt bin? Wenn ich auf einmal nicht mehr weiter weiß? Die Taschenlampe der Intuition verlischt, und ich stehe mitten im dunkeln – was tun?

Die nützlichen Vorgehensweisen sind:

- Konzentrieren Sie sich auf das Minimum.
- Bleiben Sie stehen und entspannen Sie sich.
- Experimentieren Sie.
- Geben Sie die Grundordnung vor.
- Benennen Sie die Realität.
- Sprechen Sie die Achtung aus.
- Erkennen Sie die Verbundenheit.
- Lassen Sie den Irrtum durch das Echo regulieren.

Konzentrieren Sie sich auf das Minimum

Die Konzentration auf das Minimum erleichtert den Überblick zu Beginn einer Aufstellung oder anders gesagt: Sie trägt dazu bei, daß die Taschenlampe nicht sofort wegen Überlastung erlischt. Das Bedürfnis nach einer kompletten Lösung ist natürlich und verständlich. Dieser Wunsch ist allzu menschlich. Wer jedoch einen vollständigen Blick in alle Verästelungen einer Familie anstrebt, macht sich und den Teilnehmern das Leben unnötig schwer. So war ich beeindruckt, als mir ein Freund erzählte, daß seine eigene Aufstellung zweieinhalb (!) Stunden in Anspruch genommen hatte. Dennoch bin ich der

Ansicht, daß eine derartige Länge die Konzentration der meisten Leiter und der meisten Teilnehmer überfordert.

Das Minimum beim Aufstellen der Herkunftsfamilie ist in der Regel die Kernfamilie: Dazu gehören die Eltern und die Geschwister einschließlich dessen, der aufstellt. Von diesen Personen kann der entscheidende Überblick über Spannungen in dieser Familie gewonnen werden. Erst danach ist es sinnvoll, zusätzliche Personen hinzuzunehmen. Am besten, indem jeweils nur eine wichtige Person hinzukommt. Dann kann anhand der Wirkung sofort überprüft werden, ob diese Person Bedeutung hat. Ändern sich bei keinem der bisher Aufgestellten die Gefühle, erweist sie sich als nicht wichtig und kann gleich wieder aus der Aufstellung genommen werden. Wer zu schnell zu viele Familienmitglieder aufstellt, verheddert sich leicht in der Fülle der Informationen.

Eine weitere Gefahr, die ebenfalls aus dem Bedürfnis nach der „großen" Lösung herrührt, ist zum Beispiel das Vorhaben, möglichst alle Konflikte, auch die früherer Generationen, auf einmal zu lösen. Dann gerät derjenige, der die Aufstellung gemacht hat, schnell aus dem Blick, und statt dessen konzentriert sich die Energie auf Familienmitglieder, die nicht anwesend sind.

Wer stellt hier auf? Wie geht es dieser Person? Was ist notwendig, daß sie *Lösungen findet?* Das sind die Kernfragen, auf die immer wieder zurückzukommen ist.

Bleiben Sie stehen, und machen Sie eine kurze Pause ...

Die Aufstellung gerät ins Stocken, die Intuition versagt. Das innere Licht geht aus, und kein plötzlicher Geistesblitz erhellt das Dunkel. Die Ursache können die mangelnde Einsicht in die Dynamik oder fehlende Informationen über Ereignisse in der Familie sein. Das Wichtigste ist jetzt, nicht in Panik zu geraten. Es gilt, sich der Dunkelheit zu stellen und sie auszuhalten. Bleiben Sie stehen, und erleben Sie das Dunkel! Wer die Dunkelheit scheut, gerät in Panik und läuft zu früh los. Dadurch kann er vom Weg abkommen, in eine Sackgasse geraten oder sogar in ein Loch fallen. Wenn Sie erfahren haben, daß das Licht immer wieder einmal ausgehen kann, reagieren Sie auch in solchen Situationen mit Besonnenheit.

Der Erfahrene weiß, daß er seinen Weg finden wird. Nehmen Sie sich einen Moment Zeit. Wenn die Augen sich an die Dunkelheit gewöhnt haben, wird manchmal ein schwacher Lichtschimmer sichtbar, und der Weg kann in diese Richtung weitergehen. Oder wenn die Dunkelheit weiter bestehen bleibt, kann es nach kurzer Zeit sinnvoll sein, vorsichtig anzufangen, einen Fuß vor den anderen zu setzen und sich so vorwärts zu tasten. Wenn man dann um eine Ecke gebogen ist, wird es wieder hell. Gehen Sie einen kleinen Schritt nach dem anderen!

Ebenfalls eine wichtige Intervention im dunkeln kann sein, an dieser Stelle – mitten in der Finsternis – eine Aufstellung abzubrechen. Das Vertrauen, daß „die Seele" genügend Anstöße erfahren hat, um sich sicher weiter in Richtung auf eine gute Lösung hin zu bewegen, macht diesen Schritt gangbar und bedeutungsvoll. Gleichzeitig wird einem so der Druck von den Schultern genommen, stets vollendete Schlußordnungen zu präsentieren.

Die folgenden Möglichkeiten sind Schritte, die vor dem möglichen Abbruch sinnvoll sein können (aber nicht jedesmal unbedingt gegangen werden müssen). Jeder führt einen anderen Blickwinkel ein. Je nach der Aufstellung sind sie in unterschiedlicher Reihenfolge von Bedeutung.

Experimentieren Sie

Sie können immer wieder ein Stück in eine neue Richtung gehen und überprüfen, ob Sie auf dem richtigen Weg sind. Erweist sich Ihre Idee als nicht fruchtbar, gehen Sie zum Ausgangspunkt zurück. Das Schöne daran ist: Sie können nichts falsch machen. *Fassen Sie sich ein Herz, und vertrauen Sie Ihrer Intuition.* Diese schulen Sie am besten, indem Sie Ihren überraschenden und spontanen Einfällen nachgeben und sie überprüfen.

Die Experimentierhaltung hilft Ihnen auch, wenn ein von Ihnen eingeschlagener Weg nicht weiterführte. Andererseits ist es auch gut, das Experimentieren zu begrenzen. Meist fehlen dann weiterführende Informationen. Die Reaktionen in der Gruppe sind sehr oft ein guter Indikator dafür, ob wir uns auf dem Weg zu einer Lösung befinden. Unruhe oder sich ausbreitende Langeweile oder Defokussierungen sind Hinweise dafür, daß die Aufstellung bald beendet werden sollte.

Geben Sie die Grundordnung vor

Die Veränderung der räumlichen Ordnung ist der Eingriff mit der stärksten Wirkung. Nehmen wir als Ausgangspunkt eine jener komplizierten Ausgangs-Unordnungen. Die Mitglieder des Systems stehen kreuz und quer im Raum herum. Das Bild wirkt chaotisch, und die Äußerungen der Stellvertreter sind verwirrend. Viel Ungelöstes und Belastendes kommt ans Licht. In dieser Situation ist das Aufstellen der Grundordnung (Eltern nebeneinander, Kinder dem Alter nach gegenüber) ein sinnvoller Schritt, um Klärung zu bringen. Nach diesem Schritt wird sichtbar, welche Verstrickungen sich allein durch die neue räumliche Ordnung gelöst haben und welche immer noch vorhanden sind. Letztere sind die jetzt wichtigen.

Glücklicherweise gibt es immer wieder zunächst kompliziert und verwickelt scheinende Familien, die allein durch eine gute Ordnung in der Aufstellung Klarheit und lösende Orientierungen finden. Was aber tun, wenn auch dann nach wie vor Unzufriedenheit und Ungelöstes in der Luft liegen?

Benennen Sie die Realität

Ein System ist verwirrt, wenn nicht mehr klar ist, wer zu den unterschiedlichen Generationen gehört und wer die Eltern und Kinder sind. Selbst wenn sie in der Familienordnung stehen, kommt es vor, daß sie sich nicht in ihren Rollen erkennen. Es genügt in solchen Situationen manchmal, einfach nur die Realität zu benennen.

Mein Bild ist, daß sich die Familienmitglieder zunächst einmal gegenseitig vorstellen und sich so bekannt machen.

„Ich bin dein Vater, du bist mein Sohn."

„Ich bin deine Frau, du bist mein Mann, das sind unsere Kinder."

„Ich bin der zweite Mann, du bist der erste."

Diese Sätze haben Kraft, weil sie klären. Sie einfach auszusprechen ordnet das Wirrwarr. Die einzelnen entspannen sich in ihren Rollen.

Manchmal scheint der Widerstand zu groß, die Realität anzunehmen. Da steht dann beispielsweise der Sohn auf dem privilegierten Platz neben der Mutter und weigert sich, den Satz „Du bist meine Mutter, ich bin nur dein Sohn" auszusprechen. In einer solchen Situation erweist es sich als wirksam, den Widerstand auf- und anzunehmen und ihn als Einleitung zu formulieren. Danach folgt der Satz, der die Realität wiedergibt. Also zum Beispiel:

„Auch wenn ich es nicht wahrhaben will: Du bist meine Mutter und ich nur dein Sohn."

„Auch wenn es für mich ganz schlimm ist – auch wenn es wie eine Lüge scheint – auch wenn ich mich weigern will ..."

Mit einer solchen Einleitung wird der Widerstand in Worte gefaßt. Dann kann auch die Realität leichter benannt und angenommen werden.

Sprechen Sie Achtung aus

Der nächste kleine, aber wichtige Schritt geht über die reine Benennung der Realität hinaus. Er beinhaltet die Äußerung der Achtung vor der Rolle und dem Platz des Gegenübers. Jedem Mitglied der Familie gebührt ein Platz. Jedem Mitglied gebührt die Anerkennung, daß es dazugehört – das ist die Achtung.

„Ich achte dich als die frühere Frau meines Mannes."

„Ich achte dich als meinen großen Bruder."

Die Wirkung solcher Sätze ist oft erstaunlich. Beide verändern sich: derjenige, der ihn ausspricht, und derjenige, der ihn hört. Werden diese Sätze ehrlich gesagt und angenommen, entfalten sie eine heilsame Wirkung. Die Familienmitglieder werden meist nicht von allein auf solche Sätze kommen. Machen Sie ihnen einen Vorschlag dazu.

Erkennen Sie die Verbundenheit

Häufig sind Kinder mit Eltern in zwei Varianten verbunden: Entweder die Kinder sind den Eltern ähnlich und verhalten sich ähnlich, oder sie übernehmen Gefühle, wie Trauer, Schuld oder Wut, die die Eltern (und andere Verwandte) unterdrückt haben. Dann sind die Kinder den Eltern äußerlich unähnlich, aber sie gleichen ihnen innerlich.

Wenn Kinder ähnlich sind oder sich ähnlich verhalten, ist es gut, das in Worten auszudrücken.

„Ich bin so wie du, Vater."

„Ich mache es so mit meiner Tochter, wie du es mit mir gemacht hast, Mama."

Besonders stark scheint dieses besondere Band zwischen Müttern und Töchtern zu sein. Oft schlägt es ins Gegenteil um, und die Tochter will auf keinen Fall so sein wie die Mutter. Aber wenn sie genau hinschaut, ähnelt sie ihr immer noch sehr stark. Ein Satz wie

„Ich bin dir sehr ähnlich, Mutter" beleuchtet die unangenehme Wahrheit, wirkt entlastend und verbindet.

Kinder sind mit Vater und Mutter gleichermaßen verbunden. Wenn Eltern in Unfrieden miteinander leben, ist es sinnvoll, folgendem nachzugehen: Selbst wenn das Kind nach außen hin nur mit einem Elternteil verbunden ist – wie zeigt es seine Ähnlichkeit mit dem anderen Elternteil?

Die Vermutung, daß Gefühle übernommen sind, liegt immer auf der Hand, wenn Aufgestellte heftige Gefühle haben, die ihrer Situation nicht angemessen scheinen. Dann wird sich die Aufmerksamkeit auf andere Familienmitglieder richten: Wer aus der Familie hätte gute Gründe für dieses Gefühl?

So erlebe ich in einer Aufstellung, wie die Tochter einen heftigen Zorn auf die Stiefmutter hat. Aber wer hat in dieser Konstellation zwischen Vater, erster und zweiter Frau sowie der Tochter am meisten Grund für berechtigten Zorn? Am ehesten vielleicht die erste Frau. Die Tochter schaut ihre Mutter an und sagt: „Ich tu' es gern für dich." Nach dem Hören dieses Satzes spürt die Mutter, daß eigentlich sie zornig ist. Aber wer mag wohl der passende Adressat ihres Zorns sein? Wie es sich zeigt und wie auch die Lebenserfahrung vermuten läßt: Es ist nicht die zweite Frau, sondern der frühere Ehemann.

Lassen Sie den Irrtum durch das Echo regulieren

Mit am eindrucksvollsten bei der Tagung in Wiesloch war es für mich, Bert Hellinger im Umgang mit Fragen nach einer Aufstellung zu erleben. Zwei- oder dreimal kamen Fragen wie „Warum hast du denn nicht den Onkel aufgestellt oder berücksichtigt?" Ein kurzer Moment der Überlegung, dann die Zustimmung „Genau, das war eine wichtige Tatsache. Ich hatte es vergessen. Das müssen wir gleich noch ergänzen." Die Ergänzung erfolgte dann gleich in der tatsächlichen Aufstellung oder durch die Anregung, sich diese Szene vorzustellen.

Irgendwann äußerte Hellinger dann den Satz „Das Echo reguliert den Irrtum". Dieser Satz bringt eine große Entlastung. Der Therapeut leitet zwar die Aufstellung, aber er ist als Mensch – wie sollte es auch anders sein! – fehlbar. Er wird immer wieder auch Irrtümer begehen. Aber nicht der Therapeut allein macht die Arbeit. Die ganze Gruppe oder wie bei ihm sogar ein ganzer Saal sind Mitwirkende und Mitschöpfende einer Aufstellung. So wie es eine

Verbundenheit in der Familie gibt, gibt es eine Verbundenheit bei dieser Arbeit.

Das Echo der anderen Anwesenden kann einen Irrtum korrigieren oder einen guten neuen Weg aufzeigen, wenn der Therapeut nicht nur auf die Aufgestellten ausgerichtet ist, sondern auch Antennen für die averbalen Botschaften und die hilfreichen Bemerkungen aus der Gruppe ausfährt. Er muß diese aber gleichzeitig einer inneren Instanz zur Prüfung übergeben. Läßt man zuviele Beeinflussungen seitens der Gruppe zu, kann dieses auch vom Wesentlichen ablenken.

Im Seminar dürfen wir die Verbundenheit in einem größeren Feld spüren und können uns von ihm tragen lassen. Oder um mit dem Bild des Höhlenforschers zu schließen: Er geht zwar voran, aber er ist mit einem Seil abgesichert. Denn er ist nicht allein, sondern andere begleiten ihn auf diesem Abenteuer. Rutscht er trotz der gebührenden Vorsicht aus, helfen sie ihm wieder auf. Auf diese Weise sich gegenseitig unterstützend, können sich Therapeut und die Gruppe mutig ins Unbekannte wagen.

Spezielle Themen zum Familien-Stellen

Energetische Kraftfelder beim Familien-Stellen

Eine kognitiv-intuitive Schau auf das Prozeßgeschehen unter besonderer Berücksichtigung ritueller Vollzüge*

Angelika Glöckner

Erfahrene Familienaufsteller dürften sich darin einig sein, daß das Gelingen der Arbeit allem voraus auch von einer gekonnten intuitiven Schau auf das Ganze abhängt. Diese entwickelt ihre Wirksamkeit dennoch erst im Zusammenhang mit einem Wissen, welches, gut begriffen und flexibel gehandhabt, *das* an Fakten und Gegebenheiten in den Vordergrund rücken läßt, was dann mit der Intuition abgetastet, sortiert und auf seinen Gehalt hin geprüft wird. Das ausgewogene Verhältnis zwischen einem Wissen, das in der Praxis und durch die Praxis geboren und bestätigt ist, und einer geschärften Intuition macht vielleicht den professionell arbeitenden Therapeuten überhaupt aus.

Nun gilt es im Rahmen der Familienkonstellationen einen hochkomplexen Prozeß zu begleiten, der sowohl eine spezifische Eigendynamik hat, als auch der Führung durch einen erfahrenen Prozeßbegleiter bedarf. Die Geschicke einer bestimmten Familienkonstellation zur Entfaltung kommen zu lassen und gleichzeitig dieselben auf ein gutes Ende hin zu lenken, ist die Kunst des Augenblicks beim Stellen von Familien. Mir wesentliche Aspekte des Prozesses beim Stellen von Konstellationen soll dieser Beitrag in den Vordergrund rücken und sowohl kognitiv reflektierend als auch intuitiv schauend beleuchten.

* In Verbindung mit diesem Beitrag möchte ich zugleich zwei mir wichtigen Menschen danken, die mir auf meinem Weg zum Wesentlichen des Familien-Stellens hilfreich waren:

Bert Hellinger, von dem ich über viele Jahre umfassend und gern genommen und umgesetzt habe, und Gunthard Weber, der mit vielen Gedanken und Überlegungen meine grundsätzlichen Betrachtungen angeregt und meine eigene Anschauung gefördert hat.

Auch bin ich meinem Kater „Mitschu" zu Dank verpflichtet, der, stundenlang vor Löchern ausharrend, mich lehrte, mit angespannt ruhiger Aufmerksamkeit in die Leere zu schauen, wartend darauf, was schließlich herauskommt.

Zwei „Linien" des therapeutischen Arbeitens

Da ich selbst grundsätzlich zweierlei „Linien" des therapeutischen Arbeitens unterscheide, sei hier das Folgende zur Einführung gesagt:

Die erste Linie befaßt sich mit entwicklungsanalytischen Fragestellungen (Schmid 1986), die vorwiegend die persönliche Geschichte mit ihren erfüllten oder weniger erfüllten bis traumatischen Aspekten betreffen. Das Mittel der Wahl ist hier die korrigierende Erfahrung, das heißt die psychische Neutralisierung der in der Kindheit und später gemachten belastenden Erfahrungen, soweit diese die gegenwärtige Lebensgestaltung überschatten. Die Korrektur geschieht durch eine dem Mangel entgegenwirkende und diesen ausgleichende Neuerfahrung. Die Lösung kann als individuumsbezogen gesehen werden.

Die zweite Linie befaßt sich mit traditionsanalytischen Fragestellungen (Schmid 1986), die Konzepte der Mehrgenerationsperspektive in den Vordergrund rücken und die Belastung einer Person durch unaufgelöste Schicksalskräfte zum Betrachtungsgegenstand machen. Das Mittel der Wahl ist hier die Neuordnung des familiären Systems auf das Erlösende und „Gemäße" hin.

Auch hier geht es um eine „psychische Neutralisierung" belastender Aspekte der Vergangenheit, der Schwerpunkt liegt aber auf der Lösung der Schicksalsbindungen im gesamten System. Hier ist die Lösung nicht individuum- sondern systembezogen.

Was die Gewichtung der Bedeutsamkeit der beiden Linien betrifft, so hat für mich die zweite Linie grundsätzlich höhere Priorität, weil die Schicksalskräfte meiner Meinung nach eine für die Seele weitreichendere Wirkung haben als das persönliche Defizit.

Logisch, nicht technisch nachgeordnet, läßt sich im Kontrast zur generationsperspektivischen Betrachtung häufig feststellen, ob und wo im persönlichen Bereich korrigierende Erfahrungen noch vonnöten sind.

Obwohl beide Linien in der praktischen Arbeit Kreuzungspunkte und Überschneidungszonen aufweisen, läßt sich, meine ich, aus intuitiver Sicht dennoch etwas differentialdiagnostisch Relevantes zu beiden Linien sagen.

Zunächst ist in der Begegnung mit dem Klienten ein Gespür für das momentan Angebrachte und Hilfreiche zu mobilisieren. Dieses Gespür ergibt sich aus der Schau auf die energetische und verbale

Selbstpräsentation des Klienten: Hier orientiere ich mich zwischen dem, „was in der Luft liegt", und dem, was das gesprochene Wort inhaltlich anbietet. In Therapieseminaren ist dann oft innerhalb kürzester Zeit eine Entscheidung zu treffen, auf welcher der beiden Linien ein möglicher Lösungsansatz eingeleitet werden soll und kann.

Da ich davon ausgehe, daß es möglich und nötig ist, beide Linien voneinander getrennt zu handhaben (theoretisch und praktisch), will ich hier meine, aus der Intuition gewachsenen Unterscheidungskriterien nennen und beschreiben.

Zeigen sich Belastungen auf der entwicklungsanalytischen Linie (unter anderem „kindlicher" Nachholbedarf), so wirkt das Energiesystem des Klienten in der Regel *unter*sättigt: Im erlebten Kontakt zum Klienten leuchtet auf dessen psychischem Hintergrund eine spezifische Mangeldynamik auf, die im Therapeuten geben wollende und nährende Aspekte verstärkt aktiviert. Die Neigung gilt dem Bedürfnis „nachzureichen" oder „aufzufüllen".

Zeigen sich Belastungen auf der traditionsanalytischen Linie (generationsperspektivische Belastung), so wirkt das Energiesystem des Klienten in der Regel *über*frachtet:

Im erlebten Kontakt zum Klienten leuchtet auf dessen psychischem Hintergrund „mehr Gewicht auf, als was er selber wiegt". Das heißt, er trägt (in einer näher zu ergründenden Weise) Unerlöstes aus. Im Therapeuten mobilisiert diese Dynamik ein im Klienten und der eigenen Person erlebtes Schweregefühl, von dem man das Gegenüber und sich befreien möchte. Die Neigung gilt hier dem Bedürfnis zu „ent-lasten" bzw. „Leichtigkeit" fördern zu wollen.

Sowohl der Neigung nachzureichen als auch der Neigung zu „ent-lasten" ist mit gebotener Achtsamkeit und Vorsicht zu begegnen. Zu einer tragenden Lösung kann es nämlich erst kommen, wenn das energetische System des Klienten für das Notwendige (auf *beiden* Linien) vorbereitet und empfangsbereit ist. Dies erfordert einen sehr sensiblen energetischen Abstimmungsprozeß zwischen Klient und Therapeut, der schließlich auf der einen *oder* anderen Linie in einer Art Stimmungsgleichklang die anstehende und jetzt mögliche Lösung zum Schwingen bringen kann.

Der Gleichklang zwischen Therapeut und Klient

Im nun Folgenden möchte ich mich mit weiteren Aspekten der energetischen Kraftfelder befassen. Schon bei der Entscheidung, die Familie zu konstellieren, muß ein gewisser „Gleichklang" zwischen Therapeut und Klient vorausgegangen sein: Zwei Energiesysteme haben sich, oft in kürzester Zeit, miteinander abgestimmt und Stimmigkeit oder Unstimmigkeit geprüft. Absicht, Bereitschaft und eine gewisse „Spannkraft" bei Klient und Therapeut lenken die sich jetzt anbahnenden Aktionen in ein gemeinsames Fahrwasser.

Die Behauptung aufzustellen, von jenem anfänglichen Gleichklang hänge Gehalt und Wirkung der Lösung ab, mag gewagt erscheinen und überzeugt mich doch:

Denn nur ein gemeinsam geschaffenes und sich aufbauendes Kraftfeld läßt die Dynamik zu ihrer vollen Entfaltung und schlußendlichen Lösung kommen.

Während der Klient also beginnt, sein System zu stellen, „überträgt" er auf die beteiligten Rollenträger seine Absicht, ohne selbst von dieser bewußt zu wissen. In meinen Augen belebt er in den Teilnehmenden das energetische System seiner Familie, wie es in ihm über alle Lebensjahre hinweg seinen Niederschlag gefunden hat. Die „Übertragung" gelingt um so mehr, je „entleerter" von sich selbst die Rollenträger verfügbar sind (s. Breuer 1997).

Vier energetische Felder

Nach meiner Erfahrung gibt es im wesentlichen vier energetische Faktoren, die zum Gelingen der Arbeit beitragen. Diese gelten für Klient, Rollenträger und die stellende Person:

1. Die erlebte und erlebbare Ausrichtung auf ein Gewolltes hin (man könnte von Motivation oder Bereitschaft sprechen). Dabei ist das „Gewollte" durchaus nur selten bewußt.
2. Die erlebte und erlebbare Konzentration auf das Darzustellende hin.
3. Die allen Beteiligten spürbare Zentrierung der Energie auf das Wesentliche hin.
4. Die sich in allen Beteiligten still anbahnende Verdichtung der gesamten energetischen Präsenz auf die Lösung hin. (Dies gilt auch bereits beim Stellen der Erstkonstellation.)

Die Rolle des Therapeuten bei der Informationsgewinnung und -erzeugung

In jedem Fall ist es die Person des Leiters, die, obwohl in gewisser Weise Teil des Systems, dennoch auch dasselbige in ihre Regie nimmt, also Wirklichkeiten sowohl zur Entfaltung kommen läßt als auch lenkend beeinflußt.

Alle Faktoren, die während einer Konstellation unangebrachte Abweichungen vom Eigentlichen anbahnen, müssen liebevoll, aber entschieden zurückgewiesen werden (s. Breuer 1997). Inhaltlich kann dies zum Beispiel die Präsentation von nebensächlichen Details oder die Überfrachtung mit situationsrelevanten Informationen betreffen. Energetisch kann es eine Defokussierung der Energie des Stellenden sein.

Er verliert seine „Versammeltheit" zum Beispiel durch Überbewertung seiner oder der Beteiligten Affekte und Emotionen.

Übergeordnet läßt sich sagen, daß der Leiter seine angespannt-entspannte Aufmerksamkeit dem System aus gebotener Entfernung zur Verfügung stellt und mit diesem in einen zirkulären energetischen Kreislauf sich gegenseitig verstärkender Kraftwirkungen eintritt. Von nun an wirkt jeder auf jeden und jedes auf jedes. Wer oft Familien gestellt hat, kennt den ebenso interessanten wie hochdiffizilen Prozeß der Berücksichtigung und lenkenden Beeinflussung der sich so komplex entfaltenden Wirksamkeiten.

Wenn sich bei der Erstkonstellation die Rollenträger zu ihrer Befindlichkeit geäußert haben, dann hat man zu diesem Zeitpunkt entweder bereits wesentliche Informationen eingeholt, oder man fragt sie zu diesem Zeitpunkt noch ab. Das „Versammeln" und „Verdichten" wichtiger schicksalhafter Ereignisse ist meiner Meinung nach ein Prozeß, der ebenfalls bedacht gehört: Zu welchem Zeitpunkt fragt man, welche Wirklichkeiten regt man in den Beteiligten damit an, und wie fügt man Bedeutsames in das schon bestehende Energiesystem ein?

Obwohl das System energetisch oft schon *vor* der Einholung der Informationen „steht", wird durch diese das Energiefeld doch erneut beeinflußt, und der Klient und die Rollenträger reagieren meist sensibel darauf. Man kann sagen, daß sich im Verlauf des Stellens des Systems (Erstkonstellation) schicksalträchtige Ereignisse wie in rhythmischen Wellen auf die Beteiligten übertragen beziehungsweise in ihnen zur Wirksamkeit kommen: Dabei geschieht eine Vermischung des Ungesagt-Präsenten mit dem Ausgesprochen-Präsenten.

Es macht zum Beispiel einen Unterschied, ob ich aufgrund der Position der Eltern (stehen weit auseinander)

a) nach Vorwürfen zwischen ihnen frage, oder ob ich
b) den Klienten bitte, sich dazu zu äußern, wie der große Abstand der Eltern zueinander zu erklären sei, oder ob ich
c) die Angelegenheit ohne Befragung selbstredend durch die Rollenträger benennen lasse („Wie geht es dir dort?").

Ähnlich ist es bei anderen Fragestellungen: Wie wird nach dem Tod und dessen Ursache gefragt? Sagt der Klient, es habe den Vater nie gegeben, weil er sich so früh umgebracht habe, dann macht es einen Unterschied, ob ich nach der Ursache seines Selbstmordes frage oder ob ich frage, wie alt der Klient zu diesem Zeitpunkt war (wie lange es den Vater also sehr wohl „gegeben" haben mag). Hier spielen wirklichkeitskonstruktive Aspekte durchaus eine Rolle.

Neben dem Einfluß, den das Ausmaß des Befragens und dessen Inhalt hat, ist selbstverständlich auch die Magie des einzelnen Wortes oder Begriffes nicht zu vernachlässigen. Auch hier macht es einen Unterschied, welche Worte ich wähle: Frage ich nach wichtigen Schicksalen oder nach vielleicht ausgeklammerten Personen oder nach Toten? So wahr es ist, daß sich die Erstkonstellation oft „selbstredend" ergibt, so wahr ist auch, daß bei unerfahrenen Klienten zuweilen Erklärungen angebracht sind für das, was mit „wichtigen Ereignissen" gemeint ist. Hier gilt es also unter anderem mit der Wahl der Worte weder Dramatisierungen zu fördern noch zu Bagatellisierungen einzuladen. (*Jedes Wort ist eine Beschwörung. Welcher Geist ruft, ein solcher erscheint*. Novalis)

Von der Erst- zur Zweitkonstellation

Der Übergang vom Aufbau der Erstkonstellation zur Umstellung in der Zweitkonstellation ist erneut ein sensibles Thema: Es gibt einen bestimmten Zeitpunkt, zu dem das Geschehen danach drängt, sich in Neuordnung begeben zu können.

Die Teilnehmer der Konstellation neigen jetzt nachhaltig dieser korrigierenden Ordnung zu. Energetisch gesehen mag diese sich im Bewußtsein des Leiters durch den Verlauf des Bisherigen bereits angebahnt haben. Nun muß sie sich unter der Führung durch den Leiter folgerichtig vollziehen. Dabei orientiert sich dieser nachhaltig an seinem Gespür für das Richtige und Lösende, und ebenso nachhaltig orientiert er sich am Gespür der Rollenträger und läßt Beeinflussung und Korrektur durch deren Neigungen und Tendenzen zu.

Das konsensuelle Kraftfeld

Auch hier kommt es erneut und weiterhin zum Gleichklang der Schwingungen, die Stellender, Rollenträger und Leiter gemeinsam erzeugen: Sie bauen „konsensuell" ein Kraftfeld auf, in dem sich das Lösende vorbereitet und auskristallisiert. Auch die Umstellung selbst darf nur eine begrenzte (nicht endgültig zu benennende) Zeit und begrenzten Raum in Anspruch nehmen. Jenseits davon verliert selbst eine stimmige Lösung plötzlich an Kraft. Dies ist oft Ergebnis der Überstrapazierung der energetischen Bindungsfähigkeit im System bzw. des Systems und ein Zeichen dafür, daß das Gleichmaß der notwendigen Abfolge von Ereignissen gestört oder unterbrochen wurde. Von Anfang an läßt sich beim Familien-Stellen diese Notwendigkeit zur Regularität spüren: Ein Geschehen folgt und fügt sich dem nächsten, und die Bindekraft zwischen den Ereignissen muß durch Konzentration und Ausrichtung aller Beteiligten gespeist und aufrechterhalten werden. Gleichzeitig darf der „energetische Spannungsbogen" nicht überdehnt werden.

Familien-Stellen – ein Ritual?

Bevor ich nun auf das Lösungsbild und den rituellen Vollzug von Lösungsansätzen zu sprechen komme, ein kleiner Exkurs zum Thema Rituale. Auch Eva Madelung erwähnt in ihrem Buch (Madelung 1996, S. 74) das Ritual als therapeutisches Element des Familien-Stellens. In meinem Vortrag über das therapeutische Ritual (Glöckner 1995) habe ich auf den vielseitigen Gebrauch der Ritualisierung von Lösungssätzen hingewiesen. Inzwischen sind auch meine Einzeltherapien von der Ritualisierung anstehender Lösungssätze geprägt und tragen zur Verdichtung und Verkürzung des Therapieprozesses bei.

Im Buch „Rituale" (Imber-Black et al., 1993, S. 16) wird ein solches als eine reguläre Abfolge von Schritten beschrieben, die zur rechten Zeit und am rechten Ort unternommen werden. Bereits Konfuzius war der Meinung, daß Rituale zur kosmischen Harmonie beitragen, und Schellenbaum (1992, S. 73 f. und 274) vergleicht das Ritual mit „einer Fahrt über Klippen". Jede Klippe erfordere ein neues Ordnungsprinzip (!), und im Ritual strahle der einzelne auf die kosmische Ordnung aus und die kosmische Ordnung auf den einzelnen zurück. Sich darüber Gedanken zu machen, ob diese Aussagen in irgendeiner Form auch beim Familien-Stellen bedeutsam sein könnten, halte ich für wichtig.

In vielen Kulturen dient das Ritual der individuellen Krisenbewältigung oder Schwellenüberschreitung (zum Beispiel bei Trauerfällen, als Sühne oder in Form von Pubertätsritualen). Vom magischen Ritual (Gray 1994, S. 15) wird gesagt, daß sein Gebrauch spezieller geistiger Fertigkeiten bedarf, die notwendig sind, um auf der inneren Ebene mit hochwirksamen Energien umzugehen (!). In einem solchen Prozeß gehe es um die Überführung von Energie auf eine andere Seinsebene (ebenda, S. 10), und hier spiele das „Nichtverwickeltsein" eine große Rolle (ebenda, S. 26).

Dem Leser wird es aufgrund des Gesagten nicht schwerfallen, Bezüge zum Familien-Stellen herzustellen: Es geht hier sowohl um eine „reguläre Abfolge von Schritten zur rechten Zeit und am rechten Ort" als auch um das „Nehmen von Klippen", die überwunden sein wollen, bevor eine Lösung tragen kann (zum Beispiel nachtragende Wut, Rachegelüste und zuweilen unbewältigter Schmerz). Auch kann ich mein Verständnis durchaus im Begriff der „Energie auf einer anderen Seinsebene" ansiedeln, denn was tun wir anderes beim Wechsel von *Un*ordnung zu Ordnung?

Das „Nichtverwickeltsein" wiederum meint die Abwesenheit von Verstrickung und Fehlengagement: genau das, was der familienstellende Therapeut anstrebt.

Mir sei also folgende Schlußfolgerung erlaubt: Das Lösungsritual in Satz und Geste bezieht die Einflußsphäre unseres gewöhnlichen Bewußtseins mit ein und verbindet sich gleichzeitig mit Ordnungsprinzipien höherer Bewußtseinsebenen (die näher zu diskutieren ich hier nicht versuchen will).

Die Absichten von Klient, Rollenträger und Leiter auf eine Lösung hin stellen sich als eine Schwingung dar, die sich offensichtlich mit einer gleichschwingenden Vibration auf anderer und höherer Ebene verbindet und so die Lösung im System zur Geburt bringt. Dieser Prozeß beginnt spätestens mit dem Einsetzen der ritualisierten Gesten (zum Beispiel Verneigung, Knien, Hinwendung und Abwendung) und Sätze (zum Beispiel „Auch wenn du gehst, ich bleibe ..." usw.).

Mit dem Vollzug von beidem kommt es zu einer Art „Energieausstoß", und das System geht in die ihm mögliche und gemäße Transformation von *Un*ordnung zu Ordnung. Die Schwelle ist überschritten, und die Lösung hat ein Neues, *Er*lösendes angebahnt. Spürbar wird dies zum Beispiel auch, wenn ein Paar eine bis dahin ausgeblendete Abtreibung gemeinsam bewältigt: Die Hand der Eltern ruht auf dem Kopf des zu Füßen sitzenden Kindes, und der Satz lautet (beide): „Wir haben gewählt, dich *nicht* bei uns zu haben, und wir gedenken deiner."

Ich fasse zusammen: Das therapeutische Ritual ist eine Zeremonie in Sprache, Geste und Verhalten, die als gleichsam magischer Vollzug unbewußte Aspekte der Seele anspricht und sie einlädt, eine Entwicklungsschwelle zu nehmen und zu überschreiten und damit einen neuen und höheren Seinszustand anzubahnen und zu verwirklichen (Glöckner 1995).

Die Lösung: Bekenntnis- und Auflösungsphase

Zurück zur Zweitkonstellation: Die Umstellung ist erfolgt und hat ihren Ruhepunkt erreicht. Die Rollenträger stimmen ihrer Position zu und haben unter Anleitung durch den Therapeuten ihr Gespür für das Stimmige umgesetzt und verwirklicht. Nun kann es zum Vollzug notwendiger und passender Lösungssätze kommen. Grundsätzlich unterscheide ich hier zwei Phasen, die „Bekenntnisphase" und die „Auflösungsphase". Beide Etappen sind Teil der Lösung, und in beiden geht es um einen rituellen Vollzug von Geste und Satz.

In der Bekenntnisphase geht es darum, das Gewesene in das Licht der Wahrnehmung aller Beteiligten zu rücken und sich der tragenden und spannungslösenden Auswirkung des „Wahrhaftigen" zu stellen (also dem, „was ist"). Je mehr dies gelingt, um so tragender und wirksamer kann dann die Loslösung von diesen Tatbeständen in der „Auflösungsphase" geschehen.

Meiner Ansicht nach verlangen die versammelten Kraftfelder danach, daß *erst* die *Ge*bundenheiten in rituellen Guß gebracht werden: und zwar nur jene, die einer solch offensichtlichen Form bedürfen. Danach ist das Energiefeld „gereinigt" genug, um die *Ver*bundenheiten zur kraftvollen Schwingung zu bringen.

Daß zum Beispiel ein Geschwister in der Erstkonstellation für ein totes anderes stand, mag bedeutsam sein, bedarf aber deswegen in der Zweitkonstellation nicht notwendigerweise eines rituellen Vollzugs. Drängt sich dieser Tatbestand jedoch energetisch gesehen in den Vordergrund, so kann dies Zeichen eines anstehenden „Gusses" ins Rituelle sein.

Ein Beispiel:

Das oben erwähnte Geschwister (Klientin) steht auf dem Platz der an Krebs gestorbenen, drei Jahre jüngeren und geliebten Schwester. Die Erstkonstellation hat deutlich gemacht (auch durch Befragen), daß sie gern *statt* ihrer gegangen wäre und ihr nun nachfolgen möchte. Ihr „Bekenntnissatz" in der Umstellung lautet: „Da ich nicht für dich gehen konnte, will ich dir folgen."

Eine starke Aufwallung von Mitgefühl (Loyalität) und Schmerz geschieht, bevor die Klientin zu dem angebotenen Satz findet: „*Du* bist gegangen und ich bleibe, und mit meinem Leben will ich – hier und da – deiner gedenken." Später fügt sie hinzu „In meinem Herzen lebst du weiter." (Diesen Satz verbinde ich oft mit einer entsprechenden Geste der auf der Brust-Herzgegend flach aufgelegten Hände.) Jetzt hat sich ein stimmiger Übergang von vorhergehender Ge-bundenheit zur *Ent*-bindung ergeben, und das System „ruht" in diesem Vollzug.

Ein anderes Beispiel:

Ein Vater (Vater des Klienten) hat unter rücksichtslosen Bedingungen seine erste Frau verlassen und sich um das gemeinsame erste Kind nicht gekümmert (Klient!). Nun wendet sich der Vater in der Zweitkonstellation an die erste Frau und sagt: „Ich habe dir Unrecht getan, und es tut mit leid." Das System reagiert bewegt, und insbesondere der Sohn (Loyalitätsbindung an seine Mutter) läßt Mitgefühl und Liebe zur Mutter hin abfließen und ist *danach* bereit, dem Vater zu begegnen. Sein Satz, vor dem Vater stehend, lautet: „Vater, du hast mir sehr gefehlt und jetzt gebe ich dir einen Platz in meinem Herzen und dort sollst du mich stärken." Auch hier war das Bekenntnis des Vaters an die Mutter Vorbedingung für die Hinwendung des Sohnes zur Mutter (Ent-bindung) nachfolgend zum Vater (Ver-bindung).

Ein letztes Beispiel:

Die Mutter sagt ihrem Ehemann: „Ich habe dich nicht genommen, und *ich* trage die Folgen." Daraufhin ihr Sohn (Klient) an die Mutter: „Die Folgen sind die deinen, und ich will mich nicht einmischen noch Vergeltung üben." (Der Sohn übertrug auf seine Ehefrau Aspekte seiner Geschichte und erlebte sie zu Unrecht als ihn ständig abwertend, er war mit dem Vater identifiziert und rächte sich stellvertretend [Verschiebung] an seiner Frau.)

Daraufhin folgte die Hinwendung zum Vater (Identifikation), und sein Schmerz *für* ihn und *statt* seiner floß ab: Erst mit dem Satz: „Dir hat meine Liebe gegolten, und ich habe nicht zu dir hingefunden", (Die Mutter nahm ihn ständig gegen den Vater ein und entfremdete ihn dem Vater) löste sich die Identifikation auf (Ent-bindung), und er fand in die Begegnung mit seinem Vater (Ver-bindung): „Es tut mit leid für dich und mich und ich will dich achten und du sollst mein Vater sein." (Bis dahin stand er, im Auftrag der Mutter, im Kraftfeld ihrer Verachtung dem Ehemann gegenüber.)

Alle drei Beispiele zeigen, daß das „Bekenntnis" zum bis dahin Gewesenen (Gebundenheiten) den Weg zu einem stimmigen Vollzug der Lösung (Verbundenheit) bahnt. Die energetischen Kraftfelder lösen einander ab: Erst kommt der Effekt der Unordnung zum Tragen und löst sich im Bekenntnissatz, nachfolgend dann kommt der Effekt der Neuordnung zum Tragen und erlöst in die Verbundenheit hinein.

Zu bedenken ist noch, daß längst nicht alle wichtigen Tatbestände in Ritualisierungen gegossen werden müssen. Manches regelt sich über die energetische und optische Repräsentanz von selbst, zum Beispiel ergibt sich die Ordnung unter den Geschwistern (Reihenfolge) oft quasi „sprachlos". Hingegen drängen andere Tatbestände geradezu danach, sich in rituellen Vollzug begeben zu dürfen (zum Beispiel wenn bei Zwillingen einer kraß benachteiligt wurde: Dann löst sich die Loyalität oder Identifikation zum Beispiel mit dem Satz: „Mir war der bessere Teil gegeben, und ich will dich Anteil haben lassen und ausgleichen.").

Wenn der Übergang vom Bekenntnisritual zum Lösungsritual gekonnt gehandhabt wird, dann tritt im System eine gewisse Ruhe und „weiteratmende Stille" ein. Diese Stille ist in sich selbst antithetisch zu möglichen vorhergegangenen Spannungen. Man könnte fast sagen, daß sich das System mit der Lösung (Bekenntnis und *Los*lösung) seiner eigenen Wahrheit ergibt und der Pulsschlag des Systemgewissens zum Stillstand kommt. Statt dieses Pulsschlages beginnt das Leben zu pulsieren, und dies ist oft an der Ausstrahlung von Rollenträgern und Klient zu erkennen (ruhige ausgewogene energetische Schwingungen). Sehr wichtig ist dabei: Selbst wenn die *Los*lösungssätze nicht genommen werden und es bei den Bekenntnissätzen bleibt, so beobachte ich dennoch das Ausschwingen der bisher unbewußt wirkenden Schicksalskräfte und in der Folge den „Ruhezustand" des Systems. In dieser Ruhe mögen nicht alle froh sein, aber das Gemäße hat seinen Platz gefunden, und das „Zustimmen zu dem, was ist", erlöst.

Man kann hier natürlich fragen, wo das Segenbringende bleibt, wenn es „nur" zum Bekenntnissatz kommt (zum Beispiel an mehrere Tote im Hintergrund gerichtet: „Wo ihr seid, da will ich auch hin!"). Was ist gelöst, wenn zum Beispiel der Satz: „Ihr seid tot und ich lebe und mit meinem Leben will ich euch ehren", nicht gelingt (oder auch andere Sätze)? Ich habe erlebt, daß sich schwingungsmäßig der erste Satz durchsetzte, und weil es „stimmte" (stimmig blieb), habe ich es dabei belassen. Das momentan Geltende gültig *sein lassen* zu können, *ist* zuweilen Lösung: auch *ohne Er*lösung ins Leben zurück.

Hier noch eine letzte Betrachtung zu meinen obigen Ausführungen zur „Magie" des Rituals: Im Bekenntnissatz und nachgeordnet im Lösungssatz erreicht das System und in ihm der Klient eine höhere Seinsebene, und das Gebundensein transformiert sich in eine Schwingung der Verbundenheit. Jetzt wird klar, daß sowohl Bekenntnis- als auch Loslösungssatz das rituell vollzogene, gleichsam „paßgerechte Gegenstück" zur problematischen Erstkonstellation sind: Mit ihrer Realisierung in Geste und Sprache verlieren zuvor bindende Schicksale ihre Kraft, und deren Einfluß wird in Segenbringendes gewandelt.

Ob nun Konfuzius recht hat mit seiner Behauptung, Rituale trügen zur kosmischen Harmonie bei, will ich hier dahingestellt sein lassen. Ganz sicher aber bin ich, daß wir uns mit dem lösungsorientierten Ansatz von Bert Hellinger einer Ordnung unterstellen, die wir weder in der Länge noch in der Breite noch in der Höhe vorläufig oder endgültig ausmessen können.

Niemand weiß, wie ihm geschieht,
außer er stellt sich in das Geschehen.

Familienaufstellung und Gefühle

Heinrich Breuer

Welch unterschiedliche Formen von Gefühlen in den Familienaufstellungen bei den Mitspielern auftauchen, ist immer wieder erstaunlich. Einer fühlt sich vielleicht an seiner Stelle ganz in Ordnung, der andere interessiert sich nicht besonders, er fühlt sich recht frei und ungebunden. Ein anderer an einer anderen Stelle ist plötzlich wie gebannt von einer Person; noch ein anderer fühlt sich so schlecht, daß er anfängt zu schwanken und kaum noch stehen kann. Die Gefühle können sehr stark werden, sie können sehr tief in der Seele berühren und so erschüttern, daß fest gefügte Überzeugungssysteme ins Wanken geraten oder sogar verändert werden.

Für die Mitspieler scheint es so zu sein, als würden sie plötzlich in die Wahrnehmungswelt der aufgestellten Personen eintauchen und Auskunft geben über deren Erleben des dargestellten Familiensystems. Für den Außenstehenden bleibt das Geschehen rätselhaft, wird bestenfalls erlebt als ein quasi-automatischer Prozeß zwischen den Mitspielern, der vom Leiter strukturiert wird.

Daß es sich auch um einen stark geleiteten Prozeß handelt, der an die verantwortlichen Therapeuten hohe Anforderungen stellt, steht außer Frage. Es wäre naiv zu glauben, daß eine Familienaufstellung aus sich heraus und ohne Anleitung die „gute Lösung" findet. Im Gegenteil, wenn die Aufstellung das innere Bild, das der Protagonist von seinem System hat, glaubhaft darstellt, dann reproduzieren sich in diesem Bild natürlich auch die gescheiterten Lösungsversuche der Familie.

In dem folgenden Beitrag soll die Gefühlswahrnehmung in der Aufstellung differenzierter dargestellt werden, und es werden Hinweise für Leiter von Aufstellungen gegeben, worauf sie besonders achten sollten. Generell sollten bei der Familienaufstellung zwei miteinander verbundene, aber durchaus auch getrennt zu betrachtende Teile unterschieden werden:

a) Im ersten Teil der Aufstellung geht es um die Entwicklung eines angemessenen Lösungsbildes,

b) im zweiten Teil um die mit dem Aufstellenden zu leistende Integration dieses Bildes. Dieser Teil der Arbeit beginnt, wenn der Protagonist an seinen Platz gestellt wird.

Für den ersten Teil der Arbeit sind die Gefühle der Mitspieler von Relevanz. Im zweiten Teil, der Lösungsarbeit, geht es mehr um die Gefühle dessen, der sein System aufgestellt hat.

1. Gefühle der Mitspieler

Unerfahrene Familienaufsteller achten häufig nicht darauf, ob die Familie gesammelt aufgestellt wird und ob die einzelnen Mitspieler gesammelt sind. Der Prozeß des emotionalen Erlebens der Position im System erfolgt nicht automatisch, sondern erfordert, daß der einzelne sich den Kräften des Systems stellt, das heißt, er muß sich einfühlen und sein eigenes Fühlen aufgeben zugunsten dessen, was sich im aufgestellten System abbildet. Es gibt Mitspieler, die ohne Probleme präsent sind und mit Leichtigkeit der Verführung widerstehen können, eigene Probleme in die Wahrnehmung der anderen einzubringen. Andere haben es schwerer damit. Entweder analysieren sie dann die Situation und verhalten sich so, wie sie meinen, sich verhalten zu müssen, oder aber sie verlieren sich in den Gefühlen. In beiden Fällen trägt ihr Erleben nur wenig zur Erhellung der Situation bei. Der Familienaufsteller kann an verschiedenen Signalen feststellen, ob die Äußerungen des Mitspielers eher persönlicher Natur sind oder zu dem systemischen Platz gehörende.

Signale für eher persönliche, zu ihm gehörende Äußerungen sind:

a) Der Betreffende wirkt seltsam distanziert und nicht eingebunden in das System, obwohl dies seiner Position nicht entspricht. Seine Wahrnehmung stimmt vielleicht zudem mit der der anderen überhaupt nicht überein. Dies kann allerdings auch zutreffen, wenn der Betreffende an der Position eines Außenseiters steht, der genau diese Rolle zu übernehmen hat.
b) Der Betreffende orientiert sich vor allem an dem, was die anderen vorher gesagt haben, ist vielleicht besonders interessiert, Informationen zu bekommen und augenscheinlich sehr bemüht, „alles richtig zu machen".

c) Der Betreffende „steht" nicht richtig, ist nicht zentriert, ist fahrig, unkonzentriert, mehr mit Sachen beschäftigt, die außerhalb des Kreises ablaufen etc.
d) Der Betreffende wirkt wie beherrscht von seinem Gefühl, kann sich trotz Zentrierung durch den Therapeuten nicht davon distanzieren, geht augenscheinlich in ein inneres Bild, ist im Kontakt nicht erreichbar, schließt zum Beispiel die Augen, hört nicht zu etc.

Neben der Betrachtung der Frage, inwieweit Mitspieler eigene Probleme in die Aufstellung hineinmischen, ist eine weitere Problemquelle zu beachten. In Familien gibt es normalerweise eine sich mehr im Vordergrund und eine sich mehr im Hintergrund abspielende Thematik. Meist sind beide gegenläufig; das heißt, dem im Vordergrund Angebotenen entspricht im Hintergrund die Gegenbewegung. Vom Prozeß der Lösung her betrachtet ist das Vordergründige dann mehr Sekundärprozeß, Erscheinungsform, sichtbare Bindung; das Hintergründige mehr primäre Thematik, Wesen, unsichtbare Bindung.

In Familien ist es meist umgekehrt, wie es präsentiert wird; erst die Umkehrung des Angebotenen führt zum Lösungsprozeß. Mitspieler sind unterschiedlich sensibel in ihrer Wahrnehmung. Es gibt Mitspieler, die die hintergründige Thematik sofort erfassen und sich in ihren Aussagen darauf beziehen. Andere bleiben mehr im Vordergründigen, im Prozeß der Abwehr der unsichtbaren Solidarität. Entsprechend der Ankoppelung an Vorder- oder Hintergrundprozesse haben die Gefühle unterschiedliche Qualitäten. Vordergrundprozesse bilden Sekundärgefühle ab. Sie sind daran zu erkennen, daß sie den Mitspieler schwach zurücklassen und eigenständiges Handeln erschweren, wenn nicht verunmöglichen. Sie stehen der Lösung und der Weiterentwicklung des Systems im Wege. Hintergrundprozesse offenbaren die verborgene Solidarität, sind verbunden mit primären Gefühlen, geben die darin eingeschlossene Energie zurück und führen zu lösungsorientiertem Handeln.

In der Auseinandersetzung mit den Aussagen der Mitspieler müssen Familienaufsteller demnach bei den Mitspielern differenzieren können zwischen

1. den Wahrnehmungs- und Gefühlsprozessen, die in die Biographie des Mitspielers gehören, und denen, die aus dem aufgestellten System stammen;
2. sekundären und primären Prozessen oder auch Vordergrund- und Hintergrundbewegungen, wenn die Wahrnehmungs- und Gefühlsprozesse dem aufgestellten System zuzuordnen sind.

Der Leiter der Familienaufstellung braucht ein feines Gespür für die hintergründige Thematik, sonst läßt er sich verwirren durch die scheinbar entgegengesetzten Aussagen. Aus dem, was die Mitspieler formulieren, entsteht in ihm das Bild der Lösung. Er muß von daher in der Lage sein, das Wesentliche vom Unwesentlichen zu trennen. Informationen über Fakten aus der Familie können ihm dabei zusätzlich helfen. Notwendig ist aber vor allem, daß der Therapeut aus einer distanzierten Haltung heraus genau beobachtet. Die Aussagen und Reaktionen der anderen Mitspieler liefern zudem wichtige Hinweise. Sobald die Gruppe unkonzentriert wird, hat man einen Hinweis darauf, daß man sich mit Unwesentlichem beschäftigt. Erst durch präzise Beobachtung ist der Therapeut in der Lage, das aufgestellte System aus einer Streßposition in eine entspannte zu überführen. Ein Lösungsbild trägt den Ordnungsprinzipien in Systemen Rechnung, anerkennt das Recht auf Zugehörigkeit, achtet den Vorrang früherer Lösungsansprüche und führt zur primären Liebe, in der sich die Bindung als Gefühl äußert.

2. Gefühle des Protagonisten

Wenn sich aus den vorliegenden Informationen, den Aussagen der Mitspieler und der Einfügung eventuell ausgeklammerter Familienmitglieder das Lösungsbild geformt hat, kann der Protagonist an seine Stelle im System treten. Meist sind dann alle Personen, die für den Lösungsprozeß eine Rolle spielen, aufgestellt worden. In selteneren Fällen wird dann noch jemand hinzugestellt. Der Protagonist kennt nur das in seinem Inneren gespeicherte Problembild, das Bild des Systems, das er aufgestellt hat. Er wird nun konfrontiert mit dem Lösungsbild. Wenn er seine Position einnimmt, wird relativ schnell deutlich, von welchem Menschen er „gebannt" ist. Es ist entweder jemand, den er nicht aus den Augen lassen kann, von dem er sich magisch angezogen fühlt, oder es ist jemand, den er gar nicht anschauen kann, zu dem er keinen Kontakt aufnehmen will. Die Lösungsarbeit beginnt meistens dann mit der Konfrontation mit dieser Person. Auch die dabei auftretenden Gefühle lassen sich unterscheiden:

Besessenheit von der eigenen Biographie

Es kommt immer wieder vor, daß ein Protagonist Einwände formuliert, die mit dem persönlichen Schicksal zu tun haben. Ein Beispiel wäre, daß jemand darauf beharrt, eine Position in der Nähe der Mutter sei irreal, weil die Mutter ihn nie geliebt habe. In einem solchen Fall liegt eine starke Abwehr gegen die Lösung vor. Meist ist der Gewinn zu hoch, den die oder der Betreffende aus der anklagenden Position zieht, als daß die Öffnung zur Lösung hin erfolgen könnte. Als Therapeut bricht man in einem solchen Fall am besten ab.

Abwehrgefühle

Hier geht es erneut um sekundäre Prozesse. Protagonisten zeigen häufig Gefühle, wenn sie an ihre Position treten, beginnen zum Beispiel zu weinen. Der Therapeut muß durch seine Beobachtung überprüfen, ob das gezeigte Gefühl den Lösungsprozeß voranbringt oder behindert. Indikatoren für Abwehr sind zum Beispiel, daß der Protagonist nicht richtig steht, nicht zentriert ist, daß das Gefühl ihn völlig überwältigt oder daß es ihn schwach werden läßt. In solchen Fällen sorgt der Therapeut für eine angemessene Zentrierung des Aufstellenden. Gelingt dies nicht, ist die Aufstellung abzubrechen.

Fremdgefühle

Die Familienstellung verfolgt das Ziel, die systembezogene Verstrikkung zu lösen, das heißt, die verborgene Identifikation mit einem zum System Gehörenden aufzuzeigen, sich vor diesem Menschen zu verneigen und der Versuchung zu widerstehen, ihm nachzufolgen. Solange die Identifikation besteht, ist der Aufstellende bemüht, das Schicksal des anderen zu wiederholen. Die Identifikation ist unbewußt, wirkt wie ein unbewußtes, inneres Bild, mit dem visuelle, auditive und kinästhetische Qualitäten verbunden sind. Dieses Bild enthält demnach auch ein Grundgefühl, das nicht der eigenen Biographie entstammt, sondern dem Schicksal des anderen entlehnt ist.

Wir nennen diese Gefühle Fremdgefühle oder übernommene Gefühle. Sie kommen zustande einmal durch die Verschiebung von Affekten. Unter Affektverschiebung versteht man, daß ein Gefühl in einem Kontext gelebt wird, in dem es völlig unangemessen erscheint. Im Leben des Menschen, mit dem man identifiziert ist, in einem anderen Kontext also, macht dieses Gefühl sehr viel Sinn. Ein Fremdgefühl kann auch durch die innere Wirkung des Schicksals entstehen, mit dem man verstrickt ist. In einem solchen Fall können bestimmte Gefühle und auch bestimmte Entwicklungsschritte nicht gelebt werden, sie sind in dem Identifizierungsbild nicht enthalten und stehen somit nicht zur Verfügung. Dem Therapeuten kommt in der Aufstellung die Aufgabe zu, die Fremdprozesse dorthin zu weisen, wo sie hingehören. Dies ist zu verstehen als Dissoziationsprozeß. Der Aufstellende hat ein fremdes Schicksal mit dem seinen assoziiert, die Lösungsarbeit in der Familienaufstellung sorgt für die notwendige Trennung und öffnet damit den Raum für neue Entwicklungsschritte und andere Gefühle.

Primäre Gefühle

Primäre Gefühle stehen im Einklang mit dem Lösungsprozeß und fördern ihn. Sie äußern sich in Liebe, Achtung, Respekt, Anerkennung der Ordnung, Demut, aber auch in kraftvoller Abgrenzung und der Fähigkeit, den anderen so zu belassen und der Einmischung in fremde Angelegenheiten zu widerstehen. Sie bringen Kraft zu handeln und Klarheit, und der Aufstellende ist wahrnehmbar von ihnen erfüllt. Sie müssen weder laut noch intensiv sein, kommen oft fast unmerklich durch die Hintertür, führen zu einer tiefen Akzeptanz dessen, was war und was ist, und zu einer wohltuenden Relativierung der eigenen Größe.

Metagefühle

Zum inneren Nachvollzug und zur Integration des Lösungsprozesses begibt sich der Aufstellende in eine Metaposition. Er läßt, ohne einem bestimmten Gefühl besondere Aufmerksamkeit zu schenken, das neue Bild auf sich wirken und nimmt es nach innen. Dies kann begleitet sein von Sätzen wie „So ist es“, „So stimmt es“ etc. Er ist in einer Position des Schauens und Staunens, in der das , was ist, ohne Urteil oder inneren Kommentar gesehen werden kann.

In dieser Haltung kann das neue Bild bis zur Mitte sinken und sich dort verankern. Der Therapeut kann diesen Prozeß durch geeignete Vorschläge, Suggestionen, Tranceinduktionen etc. unterstützen.

3. Zusammenfassung

Dem Therapeuten kommt in der Familienaufstellung nicht nur die Aufgabe zu, Abwehrprozesse zu unterbinden. Er muß auch Fremdes von Eigenem dissoziieren und primären Gefühlen den Weg bahnen, um die Lösung aus den Verstrickungen zu ermöglichen. Um dazu in der Lage zu sein, muß der Therapeut selbst zentriert sein, sich dem sich abzeichnenden Prozeß sowohl überlassen als auch ihn steuern. Er muß frei sein von persönlichen Wünschen und darf nicht zurückschrecken vor den Kräften, die sich im aufgestellten System bewegen.

„Woher hab' ich das nur?"
Ein Rückgaberitual für die Einzeltherapie

Siegfried Essen

Das magische Denken und die Übernahme von Fremdem

Hin und wieder entdecken wir bei uns oder unseren Klienten Verhaltensweisen, Rollen oder Gefühle, die uns fremd erscheinen. So als kämen sie gar nicht aus uns selbst, sondern als würden wir sie anderen zuliebe wiederholen. Der Wiederholungs- oder Zwangscharakter solchen Verhaltens deutet darauf hin, daß es sich um etwas Fremdes, etwas Übernommenes handeln könnte. Das hohe Maß der Identifikation mit solchen Verhaltensweisen und Gefühlen, beziehungsweise das geringe Maß an spielerischer Gelassenheit und Absichtslosigkeit zeigt, daß wir uns über die natürliche Eltern-Kind-Bindung hinaus gebunden haben.

Bert Hellinger führt solche Entscheidungen zur Übernahme fremden Schicksals auf die Liebe im magischen Denken des Kindes zurück. Ich erlaube mir diese Theorie etwas zu erweitern, weil ich mir vorstelle, daß das magische Denken uns nicht nur in der Kindheit zur Verfügung steht. Man kann Übernahmeentscheidungen, die ja meist unbewußt geschehen, das ganze Leben über fällen, wobei man sozusagen auf Möglichkeiten der prärationalen Phase zurückgreift. Man wählt dabei das der Seele deutlichste Symbolsystem, die Familie, für seine magischen Zuordnungen. Manchmal wird auch das religiöse System, zum Beispiel Gott, dafür in Anspruch genommen. All diese Symbole, Vater, Mutter, Gott, werden dabei im prärationalen Sinne und nicht im rationalen oder transrationalen gebraucht.*

Üblicherweise stellen wir uns den menschlichen Wachstums- und Reifungsprozeß etwa so vor, daß wir solch selbstgemachte Bindungen und Anhaftungen Schritt für Schritt loslassen und im

* Zur onto- und phylogenetischen Entwicklung des Bewußtseins von Prärationalität oder magischem Denken über Rationalität zu transrationalem Bewußtsein vgl. Ken Wilber (1996). Hier findet man auch die detaillierte, vor allem auf Hegel und Piaget bezogene Begründung, wie das entwicklungmäßig Frühere im Späteren und Umfassenderen „aufgehoben" und doch als Möglichkeit weiter enthalten ist.

Akzeptieren unserer natürlichen Verbundenheit im Kontext von Natur, Familie und Kultur immer mehr Gelassenheit und Freiheitsgrade für unser Denken, Fühlen und Handeln entwickeln. Aber ist es nicht auch so, daß wir mit jeder abgeworfenen Fessel neue und tiefere oder diffizilere Gebundenheiten erschaffen oder entdecken? Daß wir sogar Rollenverhalten oder Denkgewohnheiten, die wir früher für normal und frei gehalten haben, später plötzlich hinterfragen und als Gebundenheiten und redundante Muster identifizieren? Genau in diesem Moment des Bewußtwerdens und der damit verbundenen Dissoziation sind wir auch bereit und in der Lage, sie loszulassen oder zurückzugeben und von jetzt an frei und spielerisch zu verwenden. Wie dem auch sei, die Rückgabe solchen Verhaltens oder solcher Gedanken und Gefühle, die wir als Gebundenheit ansehen, kann ein Schritt sein auf dem Weg seelischer Reifung und Desidentifizierung von Selbstentwürfen.

Das Rückgaberitual

Ich beschreibe im Folgenden ein Ritual, mit Hilfe dessen man symbolisch (verbal und nonverbal) eine solche Rückgabe für sich selbst, in einer Einzeltherapie mit Klienten oder in der Aufstellungsgruppe vollziehen kann. Ich zeige das an einem Beispiel aus der Einzelarbeit. Eine analoge Durchführung in einer Gruppe mit Rollenspielern dürfte leicht rückzuübertragen und dem mit Aufstellungen vertrauten Leser nicht neu sein.

Ein Beispiel:

Doris, 37 Jahre alt, kommt schon seit einiger Zeit zu Therapiesitzungen (ich wende das Rückgaberitual auch in Erstgesprächen oder Krisensituationen an), und wir sprechen über ihre Einsamkeitsgefühle, die sie immer wieder überkommen, obwohl sie in einer guten Beziehung inmitten einer kinderreichen Familie lebt. „Wo hab' ich das nur her?", fragt sie sich und mich. Ich bekomme den Eindruck, daß ihre „Einsamkeit" ganz oder zu großen Teilen nicht ihr gehört, sondern zu irgend jemandem aus ihrer Ursprungsfamilie.

Das Wählen eines Gegenstandes als Symbol für das Übernommene

Ich mache ihr den Vorschlag, einen Gegenstand als Symbol für ihre Einsamkeit zu suchen. Sie wählt ein dunkles Kissen und nimmt es zu sich auf den Schoß.

In diesem Fall haben wir das Symbol „Einsamkeit“ genannt, in anderen Fällen nenne ich es einfach Kissen oder Päckchen in Anbetracht dessen, daß sich der Name dieses Päckchens möglicherweise ändern wird, wenn es in andere Hände gelangt. Als Kind weiß man selten genau, was bei den Eltern „wirklich“ passiert. Man sieht, wie Vater oder Mutter leiden, und man entschließt sich, ihr oder ihm die Last abzunehmen, so als könnte man das. (Im magischen Weltbild des Kindes ist man so allmächtig!)

Ich denke, es ist gut, zu unterscheiden zwischen dem unbestimmten Etwas, der Last oder dem Leid, welches das Kind dem Elternteil oder beiden abzunehmen sich entschieden hat, und der begrifflichen Interpretation dieser Last, hier zum Beispiel „Einsamkeit“. Ich habe erlebt, wie ein Kind „etwas“ als Eifersucht der Mutter auf einen Seitensprung des Vaters interpretiert hat, während sie denselben alten Vorgang später, als sie sich im Rollenspiel mit der Mutter identifizierte, als ein sich Verlassenfühlen der Mutter im Zusammenhang mit einer Abtreibung erlebte. Wobei ich natürlich auch die Erklärung der Mutter als Sichtweise betrachte. Das Geheimnis soll gewahrt bleiben.

Wo gehört das Übernommene hin?

„Ich hörte ja von dir, Doris“, sage ich, „daß auch deine Mutter unter Einsamkeitsgefühlen gelitten hat. Es könnte sein, daß ein Teil deiner Einsamkeit ihr gehört. Manchmal beschließt man als Kind, den Eltern so etwas abzunehmen oder mitzutragen, so als könnte man sie dadurch entlasten. Ich schlage dir vor, das zurückzugeben, was du da übernommen hast, was immer das ist, nennen wir es jetzt mal Einsamkeit.“ Während ich das sage, stelle ich zwei leere Stühle vor sie hin und frage sie dann: „Wer ist jetzt Vater, und wer ist Mutter?“ Sie sieht ihre Mutter links und ihren Vater rechts vor sich. Diese Frage führt in eine leichte Trance zur Vorstellung des Familiensystems.

In diesem Moment achte ich auch auf ihre Körperreaktionen: Vielleicht hält sie das Kissen verkrampft fest, oder sie legt ihre Arme gemütlich auf das Kissen, oder sie hat es schon fast an den Rand des Knies geschoben. „Mach dir bewußt, was du gerade jetzt mit dem Kissen tust.“ – „Es wärmt mich,“ sagt sie, „und es schränkt die Beweglichkeit meiner Knie ein.“ Nachdem Doris nachgespürt hat, was ihr das Päckchen bisher bedeutet hat, frage ich sie, ob sie bereit ist, es zurückzugeben.

Diese Phase halte ich eher spielerisch. Ich setze mehr auf Bewegung, auf Wechsel der Positionen und Rollen, also mehr auf die Wahrnehmung des Beziehungsnetzes als Ganzes und seiner Lebendigkeit als auf die Vertiefung der einzelnen Positionen. Diese Beweglichkeit ermöglicht einen ähnlichen Effekt wie die Dissoziation der Klienten bei der Aufstellungsarbeit in der Gruppe. Sie erlaubt, das Ganze und seine Vernetzung wahrzunehmen.

Die Rückgabe: hier in die dritte Generation

„Spüre, zu wem das Kissen gehört, wem du es zurückgeben willst", sage ich zu Doris. Sie zeigt wortlos auf den Stuhl der Mutter. „Steh dann auf, und lege es deiner Mutter zu Füßen, und sage ihr: „Das habe ich für dich getragen. Ich lasse es jetzt bei dir." Doris tut das, bleibt dann aber etwas unschlüssig vor dem Stuhl der Mutter stehen. Ich fordere sie auf, noch einmal auf ihren eigenen Stuhl zurückzukehren und den Unterschied festzustellen. „Wie geht es dir ohne das Kissen?" Sie berichtet, daß sie sich einerseits freier, andererseits leerer fühlt. ... Auch etwas ängstlich, ob die Mutter das aushält.

Ich bitte sie nun, sich auf den Platz der Mutter zu setzen und das Kissen an sich zu nehmen. Doris ist jetzt ihre Mutter Rosa, und ich rede sie als solche an: „Wie geht es dir mit dem Kissen, Rosa – jetzt, wo du zurückbekommen hast –, was deine Tochter dir abgenommen hatte?" Rosa: „Ja es ist gut, daß Doris mir das zurückgegeben hat", Rosa hält das Kissen vor das Herz, „es schützt mich" ... und es isoliert mich". Nun stelle ich zwei Stühle für ihre Eltern hinter sie und drehe den Stuhl ihres Mannes ihr zu. „Da ist dein Mann, und das sind deine Eltern", sage ich, „wende dich jedem einzelnen zu, und spüre nach, wo das Kissen hingehört. Zu dir, zu deinem Mann, zu deiner Mutter oder deinem Vater? Verlasse dich ganz auf dein Gespür, dein Organismus weiß, wo es hingehört, auch wenn du es nicht begründen kannst."

Es wäre naheliegend, an dieser Stelle auf die Gefühle von Schutz und Isolation einzugehen. Damit würden wir die Position der Mutter vertieft nachvollziehen. Statt dessen unterbreche ich meist solche identifikatorischen Vollzüge sehr bald. Hier geht es in gewissem Sinn um das Gegenteil, um Rückgabe und Loslösung. So ist jeder Akt der Rollenübernahme in diesem Ritual eine willkommene Einübung ins spielerische Annehmen und Wiederloslassen von Gefühlen und Rollen, manche sehr vertraut und manche sehr fremd.

Während in Rosas Kopf, wie ich nachher erfahre, Kinderszenen der Isoliertheit aufblitzen, wendet sie sich ihrem Mann zu und spürt plötzlich die Isolierung und den vermeintlichen Schutz ihm gegenüber. Ich lasse sie den Platz tauschen und ihren Mann Doris' Vater spielen, damit sie die Funktion des Kissens in der Beziehung der Eltern auch mal von der anderen Seite spürt und sich bewußt macht. Er fühlt sich entlastet und gestärkt. Der große Abstand zu seiner Frau stimmt im Moment. Dann kehrt Doris wieder in die Rolle der Rosa zurück, wobei sie das Kissen noch fester an ihre Brust drückt. „Nein, zu ihm gehört es nicht."

Die Großmutter hat ihren Mann sehr früh verloren

Rosa wendet sich ihren durch Stühle symbolisierten Eltern zu. Ich lasse sie wieder bestimmen, wer Vater und wer Mutter ist, und frage nach den Namen. „Heinrich und Maria." Heinrichs Stuhl wird weit zurück und weit weg von Marias Stuhl geschoben. Tränen stürzen in Rosas Augen, während sie ihre Mutter anschaut. Ich sage ihr nur zwei Worte: „Für dich." Während sie sie nachspricht, läßt sie das Kissen auf ihre Knie sinken.

Nun ist es klar, wohin das Kissen gehört. Jedenfalls vorläufig. Oder besser gesagt, woher Rosa die Last genommen hat. Ich gebe ihr wieder freundlich die Aufforderung: „Steh auf, leg das Kissen vor den Stuhl deiner Mutter, und sage zu ihr: Es gehört nicht mir, ich lasse es bei dir." Sie tut es und setzt sich zurück auf Rosas Platz. Unaufgefordert berichtet sie, daß sie sich erleichtert fühlt, ja richtig frei und tatkräftig. Und ihre Aussage ist kongruent mit ihrer Stimme, ihrem Körper, ihrem Gesicht. Aufgerichtet, mit offenen Augen sitzt sie da.

Allerdings beobachte ich, daß sie noch einigermaßen fixiert auf das Kissen starrt, so als würde sie sich fragen, wie ihre Mutter, Doris' Großmutter, es aufnimmt. Deshalb bitte ich sie, sich auf den Platz der Großmutter zu setzen und das Kissen an sich zu nehmen. „Und wende dich jetzt einmal deinem Mann, dem Heinrich, zu. Gehört das Paket dir oder ihm? Und was bedeutet es zwischen euch?" Ich drehe auch den Stuhl des Großvaters ihr zu.

Der Leser hat vielleicht bemerkt, daß ich oft erst nach der Funktion eines Verhaltens oder Gefühls oder Symptoms im System frage und dann erst nach der subjektiven Bedeutungsgebung. Ich halte die Funktion oft für wichtiger als die Bedeutung.

Maria wendet sich ihrem Mann zu, der ihr mit Abstand gegenübersitzt. „Das schützt mich", sagt sie, „das macht mich unangreifbar ... und unerreichbar. Ich bin ziemlich wütend." Und nach einer Pause: „Er war Testpilot. Während der Schwangerschaft hat er sich nie gemeldet, und als Rosa sechs Monate alt war, ist er abgestürzt." – „Probier den Satz," sage ich: „Du hast mich sehr verletzt." Sie tut es und richtet sich auf. Das Kissen rutscht vom Bauch auf die Knie. „Probier bitte noch einen Satz," bitte ich sie nun: „Ich habe dich sehr geliebt." Auch dieser Satz paßt für sie. Man sieht, daß ihre Augen feucht werden.

Der Rückweg in die Gegenwart

Auf dem Rückweg übernimmt nun auch Rosa die Verantwortung für ihre „Isolation" ihrem Mann gegenüber und dieser für seine Verletztheit, so daß es Doris auf ihrem eigenen Platz leicht fällt, das Schicksal ihrer Eltern bei ihnen zu lassen. Sie atmet frei auf. „Der Abstand ist die Wahrheit zwischen ihnen," sagt sie zum Schluß. „Aber jetzt, wo sie dazu stehen, hat er Zukunft." „Dreh dich mal um", sage ich zu ihr, „so daß du deine Eltern im Rücken hast. Hast du ihren Segen für dein eigenes Leben, das heißt, kannst du beide als Stütze im Rücken spüren?" Sie dreht sich um, spürt kurz nach und antwortet dann: „Ja, es ist gut, sie im Rücken zu haben. Ich fühl mich richtig befreit und unternehmungslustig."

Ich berichte hier von einem Fall, nicht von einer allgemeingültigen Abfolge. Man muß als Therapeut das Vertrauen haben, daß die Person, um die es geht, in der jeweiligen Rolle spürt, wo das „Päckchen" hingehört. Sie wird es in jeder Rolle vor allen Dingen im Körper und im Gefühl wahrnehmen und entsprechend durch ihr nonverbales und paraverbales Verhalten dem Therapeuten zu erkennen geben. Wir sind nicht nur unser Ich-Entwurf (Doris). Wir verwirklichen uns in jeder Verbindung und haben Zugang zu jedem Teil unseres Systems.

Die Rückgabe gibt allen Kraft

Es hätte ebenso sein können, daß es nicht notwendig ist, auch noch in die Großelternebene zu gehen, daß ein einfaches Wegdrehen von der Mutter zum Mann, zu dem ich sie in diesem Fall vielleicht energisch hätte auffordern müssen, für Rosa auch schon genügt hätte. Ich habe mich hier für den anderen Weg entschieden, wohl um Doris zu zeigen und merken zu lassen: Wo immer das Paket letztendlich hingehört, dort gibt es Kraft, und Kraft ist geradezu ein Kriterium für den Endpunkt der Wanderung einer solchen zurückgegebenen „Last". Als Begleiter erkennt man an Mimik, Gestik und Stimme die Kraft und die Übernahme der Verantwortung. Es tut jedem im System gut, zu sehen, wo etwas hingehört.

Weitere Schritte ergeben sich aus dem Alltag des Klienten. Werden die unangemessenen Einsamkeitsgefühle der Klientin verschwinden, oder geht es um die Rückgabe eines weiteren Paketes? Auch ist dies nicht die einzige Möglichkeit, sich von Verstrickungen und Bindungen zu lösen. Aber es ist ein Schritt, mit dem eine Lösung angebahnt werden kann.

Wenn wir diese Methode für uns selbst anwenden, das heißt ohne Begleiter – und wir Therapeuten sind ja auch oft angewiesen darauf, Methoden zu kennen, mit denen wir uns selbst helfen können –, so kommt es vor allen Dingen darauf an, daß wir nicht auf einem Platz hängenbleiben und ins Grübeln oder Analysieren geraten. Wir *sind* das ganze System; und ändern wir die Körperhaltung oder -position, so ändern wir die Gefühle; und ändern wir die Rolle im System, so ändern wir die Perspektive und entdecken unweigerlich Neues. Ohne Risikobereitschaft kommt man hier nicht weiter, weder allein noch als Begleiter eines Klienten.

Der Zugang über die körperliche Ebene als Hilfe beim Familien-Stellen

Barbara und Hans Eberhard Eberspächer

Jeder, der Familien-Stellen praktiziert, versucht diesen Arbeitsansatz mit seinen bisherigen methodischen Zugängen zu kombinieren. So gibt es Erfahrungen mit meditativen und/oder hypnotherapeutischen Einstimmungen für und in die systemische Arbeit. Auch körperorientierte Zugänge werden beschrieben, wie zum Beispiel konzentrative Bewegungstherapie als Einstimmung für die Arbeit des Familien-Stellens.

Wir berichten hier über einen besonderen körperorientierten Zugang, die funktionelle Entspannung* (nach M. Fuchs), der sich erfreulicherweise mit dem Familien-Stellen verknüpfen läßt, wobei sich beide Ansätze gegenseitig befruchten.

Wir erörtern zunächst die praktischen Möglichkeiten, die sich für die Vorbereitung, die Durchführung und die Nacharbeit des Familien-Stellens ergeben, um anschließend mit einigen methodischen Überlegungen zu zeigen, wie diese besondere Ergänzung der Methoden theoretisch verstanden werden kann.

Die funktionelle Entspannung hat einen eigenen methodisch-therapeutischen Zugang: In ihr wirken Soma und Psyche so zusammen, daß sie sich gegenseitig korrigieren (Spielregeln), präzisieren (individuell und situationsspezifisch) und integrieren (zielorientiert). *„Spielregeln“* sind zentrale methodische Vorgehensweisen, durch die die Eigenart der funktionellen Entspannung definiert wird. Etwas erweitert lauten sie:

1. Alle Reize (Tun/Spüren) werden an eine Phase des (Atem-) Rhythmus gebunden.
2. Der jeweilige Reiz wird nur zwei- bis dreimal wiederholt.

* Näheres über die Methode der funktionellen Entspannung ist in folgenden Veröffentlichungen zu finden: Marianne Fuchs (1989) und Hans Eberhard Eberspächer (1987).

3. Nichttun und Nachspüren
4. Sich der autonomen Reaktion überlassen
5. Verbalisieren

Zielorientiert meint hier lösungsorientiert im Unterschied zu konflikt- bzw. problemorientiert: Es wird nicht „gegen" etwas gearbeitet. Es wird eine lebensfördernde funktionsgerechtere Richtung des Umgangs mit sich gesucht, die in ihrer realen Umsetzung eventuell vorhandene Störungen oder Symptome unnötig und überflüssig macht.

*Individuel*l meint, daß es der funktionellen Entspannung vorrangig nicht um den Umgang mit Erkrankungen oder typologischen Zusammenhängen geht, sondern um die jeweils einmalige Erlebniswirklichkeit und Handlungswirksamkeit der Ganzheit dieses Menschen, der gerade funktionelle Entspannung mit und für sich macht.

Situationsspezifisch meint, daß man sich in der funktionellen Entspannung an der Wirkung des jeweiligen Tuns orientiert. Dieses Tun ist eine Lösungssuche für eine spezielle Situation, in der sich dieser Mensch gerade befindet: hier und jetzt oder in einem Bezug zu diesem oder jenem System etc.

Unter „Soma" verstehen wir den belebten, erlebenden und handelnden Körper des Menschen. Unter *„Psyche"* sind der Einfachkeit halber alle zwar auf leiblicher Basis stattfindenden und doch nicht im engeren Sinne „leiblichen" Prozesse des Menschseins gemeint wie emotionales, soziales und geistiges Leben.

Der ständige Wechsel der Ebenen im Verbalisieren der jeweils kurzen Erfahrungseinheiten des Tuns, Nichttuns und sich Überlassens macht die methodische Originalität der funktionellen Entspannung aus.

Das Einstimmen auf das Familien-Stellen

Zur Einstimmung auf das Familien-Stellen eignen sich zum Beispiel folgende Angebote der funktionellen Entspannung:

- Jede/r bringt sich mit kleinen Bewegungen leiblich ins Gespür entsprechend den „Spielregeln": Wo spüre ich mich gerade? Wie bin ich dort, wo ich mich spüre? Wo spüre ich mich nicht? Sich dort suchen mit einer kleinen Bewegung – wie spüre ich mich jetzt dort, wo ich mich nicht gespürt hatte? Dies wiederholend, bis wir ganz da sind, von Kopf bis Fuß, rechts/links, vorne/hinten.

- So wie ich gerade da bin: Wie nehme ich meinen Platz ein? Was tue ich in Richtung Unterlage (Stuhlfläche, Boden, Rückenlehne)? Wie erlebe ich die „Reaktion“ der Unterlage darauf?
- Was verändert sich, wenn ich jetzt hier im Raum herumschaue, die anderen wahrnehme und mich dabei weiter selbst spüre? – Es gibt kein richtig/falsch: Wichtig ist, daß ich es bemerke, wie es mir jetzt gerade hier körperlich geht; es kann sich jederzeit ändern, und dann ist es wichtig, mit dieser Änderung mitzugehen ...
- Die konkrete Körperempfindung ist Basis und Verankerung unserer Gefühle.

Hier werden schon bei der Einstimmung auf die Arbeit des Familien-Stellens spezielle Hilfen gegeben: wo Verkrampfungen den Fluß unterbrechen, Unruhe das sich Spüren verhindert, einzelne noch gar nicht richtig „da“ sind etc.

Ziel ist, daß möglichst viele der anwesenden Personen sich konkret leiblich zentriert spüren und so persönlich und lebendig bezogen sind auf die momentane Realität in sich und um sich herum. In der systemischen Arbeit wird deutlich, daß jede/r eingebettet ist in ein Größeres. Bert Hellinger spricht von der großen Seele, die uns hat und lebt. Sheldrake spricht vom morphischen Feld.

Hilfreiche Angebote während des Familien-Stellens

In diesem Zusammenhang gilt folgende Grundhaltung: Jede/r bleibt mit seiner Aufmerksamkeit auf sich zentriert, wie er/sie sich verändert in Bezug zu

- der mitgebrachten Fragestellung,
- dem System, in das sie/er sich als Stellvertreter/in einbeziehen läßt,
- innerhalb des Systems, durch Veränderungen der Stellungen oder durch Vollzug bestimmter Handlungen.
  Damit sind wir bei Angeboten und Fragen, die sich während des Familien-Stellens als hilfreich bewährt haben:

- „Wie geht es dir?“ und „Was hat sich verändert“ sind die häufigsten Fragen an die Stellvertreter. „Wo spürst du das körperlich?“ und „Wie spürt es sich dort an?“ können helfen, die Wahrnehmungen zu konkretisieren.
- „Meldet sich ein innerer Impuls?“, „Will es etwas tun?“, „Was steigt auf?“ etc. helfen Richtungen zu finden, in die es sich weiterentwickeln will.
- Beim Vollzug selbst kann dem Handelnden geholfen werden, möglichst ganz und durchlässig oder „im Fluß“ dabeizusein und damit den Vollzug so tief und vollständig wie nur möglich zur Wirkung kommen zu lassen.
- Danach kann im Nachspüren den Auswirkungen Raum gelassen werden, und es können wieder konkretisierende Wahrnehmungshilfen gegeben werden.
- „Bei wem hat sich noch etwas Wesentliches getan?“ erfragt Wirkungen bei den anderen, die gerade nicht direkt beteiligt waren und doch vielleicht mitbetroffen waren (zum Beispiel mit der Person identifiziert waren, auf die der Vollzug bezogen war).

Die körperliche Resonanz des Leiters/der Leiterin

Ein wesentlicher Aspekt der Arbeit ist die therapeutische Haltung. Bert Hellinger spricht unter anderem vom „Leer-sein“, „Absichtslos-sein“, was auf der leiblich wahrnehmbaren Ebene erfahrbar ist als ein Bei-sich-sein und Sich-sein-lassen. Der Therapeut ist in seiner Haltung (leiblich, emotional, sozial und geistig) zentriert bei sich in Beziehung zum aktuellen Geschehen: Was verändert sich, wenn der Leiter sich auf diesen oder jenen Stellvertreter bezieht, eventuell hinter ihm vorbeigeht (um sich besser einspüren zu können), sich körperlich aus dem System herausnimmt etc.?

Hier kann die „körperliche Resonanz“ des Leiters bzw. der Leiterin als direktes Medium der Wahrnehmung dienen. In dieser Resonanz wird das Geschehen und Handeln in der Gruppe laufend zusätzlich abgebildet und es können Nachfragen, Impulse oder lösende Sätze gefunden werden. Zudem kann durch die körperliche Resonanz herausgefunden werden, wohin die Energie will und wo der Moment der maximalen Energie ist.

Der gute Abschluß einer Familienaufstellung

Zum Abschluß der Arbeit mit Familien-Stellen geht man getrennt vor: Der, dessen System aufgestellt wurde, kann alles, was ans Licht gebracht und verändert wurde, ganz in sich hereinnehmen, sich „einverleiben", um es weiter wirken zu lassen: Wie nimmt er sich jetzt wahr? Welche Veränderung hat das auf der emotionalen, sozialen und geistigen Ebene veränderte innere Bild auf der leiblichen Ebene? Diese Wahrnehmung kann als Anker dienen, der ein Wiederholen der Erfahrung auf tiefer Ebene ermöglicht. So kann Vertrauen gefördert werden in Bewegen und Bewegtwerden, in Tun und Lassen, in Auftauchen und wieder Eintauchen. Vielleicht will das eine oder andere wieder aus dem Licht verschwinden, um ganz (unbewußt) wirken zu können, dann kann derjenige darauf vertrauen, daß sein Inneres gut damit und für ihn arbeiten wird. Und sollte irgend etwas für das Bewußsein noch wichtig sein, wird das Innere es ihm schon so deutlich machen, daß es unübersehbar sein wird.

Am besten ist, wenn er/sie es hoffnungsvoll offen läßt, wie es jetzt weitergehen wird, wo und wie ihm Veränderungen auffallen werden etc.

Die Stellvertreter lassen alles Übernommene und Gespürte dort, wo sie zuletzt waren im System, ziehen sich behutsam in ihr eigenes Leben und an ihren Platz zurück in Achtung und Würdigung des Systems, an dem sie für die Zeit des Aufstellens teilhaben konnten.

Wenn die Dynamik sehr intensiv oder persönlich nahegehend war, kann es sein, daß die Stellvertreter besondere Hilfe brauchen, um aus ihrer Rolle herauszukommen (zum Beispiel durch ein Sichschütteln mit einem Laut, oder Sichklopfen, um die eigene Grenze wieder lebendig zu bekommen, oder Hüpfen, um aus einer schweren Stimmung herauszukommen, oder eine kleine Verneigung mit dem Kopf, das Schicksal des anderen achtend und den eigenen Rück(en)halt spürend, etc.)

Danach kann vor oder nach einer kurzen Pause allen wieder Hilfe und Anregung gegeben werden, sich neu und wieder ganz bei sich zu versammeln und fürwahrzunehmen. Wie bin ich jetzt da? Was schwingt in mir nach? Was bewegt mich? Was drängt mich jetzt? Etc. Bei solchen Gelegenheiten kann die eine oder andere spezielle Übung eingebaut und für alle angeboten werden. Die jeweils bei der Arbeit deutlich gewordenen Aspekte und auch Schwierigkeiten können hier aufgegriffen, nachgearbeitet, damit für alle Anwesenden zugänglich gemacht und Möglichkeiten des Umganges damit angeregt werden:

- die achtende Verneigung vor (eventuell Umgang mit dem, das sich sträubt),
- die liebende Hinwendung zu (eventuell durch den Schmerz hindurch),
- das dankbare Nehmen von (auf das Maß achten, wann es genug ist),
- das sich Zurückziehen von (in Achtung und Liebe),
- das Vergangene hinter sich haben (es fließt in uns hinein und durch uns hindurch),
- das Kommende vor sich haben (Interesse und Hoffnung),
- den eigenen Platz einnehmen beziehungsweise „zu sich stehen“ mit allem, was dazugehört, auch dem Ungeliebten,
- die volle Orientierung im Jetzt (wach und rundherum, ohne etwas zu wollen),
- sich Lassen und Überlassen (Vertrauen in ...) etc.

Jede dieser Übungen kann verdeutlicht werden dadurch, daß die Anwesenden angeregt werden, das jeweilige Gegenteil für sich zu suchen, auszuprobieren und herauszufinden, wie sie das im einzelnen machen. – Danach wirkt die Übung sehr viel tiefer, da auch die widerstrebenden Tendenzen ihren Platz bekamen und wahrgenommen wurden.

Gemeinsamkeiten

Beide Methoden, das Familien-Stellen und die funktionelle Entspannung,

- sind ganzheitlich (alle Ebenen einbeziehend und alle Beteiligten berücksichtigend),
- sind individuell und situationsspezifisch (jeweils neu suchend),
- sind konkret auf das Jetzt, das Tun und seine Wirkungen bezogen,
- suchen integrierende, gesundheitsfördernde, weiterführende Lösungen,

- beziehen das Bewußtsein und das Unbewußte mit ein,
- nehmen auftauchende Hindernisse voll in die weitere Arbeit mit hinein,
- suchen nach einer stimmenden Ordnung,
- sind Lebenshaltungen (und keine Methoden, die man mal anwendet und mal nicht).

Das Familien-Stellen konkretisiert die systemischen Bezüge des Individuums und macht sie dadurch veränderndem Handeln zugänglich.

Die funktionelle Entspannung konkretisiert den Bezug des einzelnen zu sich und seinem Inneren – und damit indirekt auch zu seinen Systemen, in denen er lebt.

Vielleicht liegt es an dieser Nähe und Ergänzung, daß die Kombination dieser beiden Methoden besonders fruchtbar zu sein scheint.

Märchen als Zugangshinweis zum Lebensskript, zu Identifikationen und anderem Übernommenen

Brigitte Gross

In diesem Beitrag möchte ich von meinen Erfahrungen berichten, die ich mit Märchen (Geschichten, Liedern ...) innerhalb meiner Seminare (und Einzelsitzungen) mit systemorientierter Skriptarbeit und Familienaufstellungen gemacht habe.

Die Nutzung von Märchen als Hinweis zum Skript kannte ich schon seit Mitte der 70er Jahre aus der Transaktionsanalyse nach Eric Berne. Wobei seiner Idee vom Lebensskript das Lebensstil-Konzept von Alfred Adler zugrunde liegt, ergänzt durch die Märchenanalyse. Berne versteht unter Skript den unbewußten Lebensplan, das Rollenbuch, nach dem ein Mensch sein Leben aufgrund seiner in der Kindheit gemachten Erfahrungen später gestaltet.

Der Ort, an dem das Kind ganz überwiegend seine prägenden Erfahrungen mit sich und der Umwelt macht und ein Lebenskonzept für sich entwickelt, ist die Familie. Dort erlebt das Kind Zugehörigsein und Ausgeschlossensein, Geben und Nehmen, lernt die Regeln und den Umgang damit, erfährt Gerechtigkeit und Ungerechtigkeit, Schicksale, Leben und Tod, Schuld und Unschuld, Ehe und Trennung, Freud und Leid etc. Das Kind sammelt die Erfahrungen, ordnet neue Erfahrungen auf der Grundlage der bereits gemachten ein, wobei alles vom kindlichen Denken, kindlichen Schlüssen daraus und kindlichen Illusionen geprägt ist.

Die gesammelten Erfahrungen werden in einem verdichteten Bild zusammengefaßt. Dieses ist unbewußt und wirkt wie eine Brille, durch die neue Erfahrungen gefiltert werden; das heißt, es dient zur Orientierung in neuen, aber auch gewohnten Situationen und gibt den Erfahrungen eine bestimmte Richtung und Struktur. Zu diesem Bild gehören bestimmte Gefühle, Überzeugungen, innere Sätze und eine vertraute Information über sich selbst in Beziehung zu anderen, zur Umwelt und zum Leben überhaupt.

Bert Hellingers Skriptanalyse

Bei Bert Hellinger lernte ich Anfang der 80er Jahre die systemorientierte Skriptanalyse kennen, die über das, worauf sich Berne bezieht, hinausgeht. Sind für Berne die wichtigsten Elemente des Skripts die Trans- und Interaktionen zwischen Eltern und Kindern und die elterlichen Botschaften, so bezieht sich Bert Hellinger auf die gesamte Familie und Sippe, ihre Schicksale und ihren Einfluß auf den einzelnen.

Nachdem von Bert Hellinger die in Systemen wirkenden Kräfte und vorgegebenen Bedingungen (Grundbedürfnisse nach Bindung, Ausgleich, Ordnung und Rangordnung, Vollzähligkeit und Anerkennen der Vergänglichkeit) gefunden wurden, ist deutlich geworden, daß dieses innere Bild, nach dem ein Mensch sein Leben ausrichtet, nicht zwangsläufig mit eigenem Erlebten zu tun haben muß, sondern daß dieses die Schicksale anderer Mitglieder der Familie oder Sippe widerspiegeln kann und somit aufzeigt, welchen oder wessen Platz das Kind in seiner Familie einnahm, um zum „Gleichgewicht" in Familie oder Sippe beizutragen.

Märchen, die (in der Kindheit) berühren

Das Märchen, das nun den einzelnen in der Regel in der Kindheit bis etwa zum siebten Lebensjahr besonders *berührt* hat (im Unterschied zu fasziniert oder Lieblingsmärchen) kann in diesem Zusammenhang als Wegweiser zum leitenden inneren Bild (Skript) genutzt werden. Das Kinderherz ist von dem Märchen berührt, das entweder das eigene Schicksal aufzeigt (wie zum Beispiel den Verlust eines Elternteiles, längeres von zu Hause Weg-sein-Müssen ...), oder es wird von dem Schicksal einer anderen Person der Familie beziehungsweise der Sippe berührt. Dabei ist es nicht von Belang, ob man diese Person als Kind kannte oder nicht. Es ist auch keine verbal übermittelte Information notwendig.

Also sind die relevanten Fragen, die sich der/die Therapeut/in stellt, folgende:

1) Was ist das „Thema" des Märchens (aus der Sichtweise eines Kindes)?
2) Ist dieses „Thema" etwas, was in einem wichtigen Zusammenhang mit dem steht, was die Person als Kind erlebte, oder gehört es zu einer anderen Person in der Familie oder Sippe? Und wenn ja, zu wem gehört es?

Die Themenmatrix einiger Märchen

Anhand einiger Beispiele will ich jetzt einige typische Skript-Märchen in Verbindung mit den Lebensgeschichten der Klienten, die sie jeweils nannten, beschreiben:

1. Das Märchen *Hänsel und Gretel*

Das Leitthema dieses Märchens ist: ein Kind, das von zu Hause (für eine Zeit) weg mußte. Es gibt also Hinweise auf frühe Trennungen, damit verbundene Schlußfolgerungen und Lebenspläne. Auslösende Ereignisse können dabei zum Beispiel sein:

- frühe Klinikaufenthalte,
- das Aufwachsen bei den Großeltern,
- Aufenthalte bei einer Tagesmutter oder
- frühe Internatszeit.

Je jünger die betroffene Person bei dem Ereignis war, um so weniger lang kann die Zeitspanne sein, die sie von zu Hause fort war, um zu einer unterbrochenen Hinbewegung zur Mutter zu führen. Es kommt zu Verlassenheitsgefühlen, Vertrauenseinbrüchen und Grundüberzeugungen wie: Ich bin ungeliebt, man schiebt mich weg, ich fühle mich unverstanden, einsam, verlassen. Verknüpft sind diese Überzeugungen mit den entsprechenden Gefühlen.

Beispiel 1:

Renate ist 37 Jahre alt, Ärztin und ledig. Als Problem nennt sie gescheiterte Beziehungen und Einsamkeit. Sie hatte drei längere Partnerbeziehungen und mehrere, die nur von zwei- bis sechsmonatiger Dauer waren.

Sie ist das erste von drei Mädchen, beschreibt ihre Eltern als ganz überwiegend liebevoll. Die Mutter war Hausfrau und so meist zu Hause bei den Kindern. Der Vater verfügte als Beamter abends und an den Wochenenden durchaus über genügend Zeit für gemeinsames Tun. Die Eltern als Paar schildert sie als einander achtend und liebevoll zugewandt. Sie kann sich eigentlich nicht erklären, weshalb doch „so ein innerer Vorbehalt" der Mutter gegenüber besteht und woher ihr anklammerndes Verhalten Partnern gegenüber kommt, durch das sich diese deren Aussagen zufolge überfordert fühlen und sich dann von ihr trennen.

Laut Anamnese war sie eine Achtmonats-Frühgeburt und verbrachte die ersten sechs Wochen im Krankenhaus. Aufgrund einer Darmerkrankung mußte sie mit neun Monaten wieder in die Klinik, und dieser Aufenthalt dauerte drei Wochen. Ein nochmaliger Krankenhausaufenthalt wegen derselben Symptomatik im Alter von ungefähr 18 Monaten dauert drei Wochen. Sie selbst hat daran keinerlei Erinnerung. Ihr ist lediglich ein angenehmer Sommer im Gedächtnis. Sie war damals fünf Jahre alt und mit ihrer Mutter und ihrer Schwester bei einer Tante im Seehaus zu Besuch. Dort habe es ihr besonders gut gefallen, und sie habe gebeten, dort bleiben zu dürfen. Doch schon zwei Tage nach der Abreise der Mutter habe sie starkes Heimweh bekommen, und als die Mutter sie erst fünf Tage später holen konnte, habe sie diese Zeit als endlos und traurig erlebt.

Beispiel 2:

Christof ist 41 Jahre alt, Hochbauingenieur und ledig. Seine Probleme sind Herzrythmusstörungen und Beziehungsängste. Christof heiratete mit 21 Jahren. Nach 10 Jahren Ehe ließ sich seine Frau von ihm scheiden. Danach hatte er mehrere kurze Beziehungen, wurde aber immer wieder von den Frauen verlassen. Seit vier Jahren hat er keine Partnerbeziehung mehr gehabt.

Er ist das einzige Kind seiner Eltern. Diese studierten beide noch, als er zur Welt kam. Als er acht Monate war, kam er (gleich nach dem Abstillen) jeweils von Montag nachmittag bis Freitag mittag zur Großmutter mütterlicherseits. Daran erinnert er sich selbst nicht und weiß es nur aus Erzählungen der Mutter. Als er zwei Jahre alt ist, stirbt diese Großmutter innerhalb von zwei Wochen an einer Lebensmittelvergiftung. Er bleibt zwei Monate bei seinen Eltern und ist ab diesem Zeitpunkt dann tagsüber im Kinderhort. Ebenso ist es in der Volksschulzeit (Volksschule und Schülerhort). Ab der Gymnasiumszeit ging er nach Schulschluß nach Hause, versorgte sich selbst, und die Eltern kamen spätnachmittags von der Arbeit.

Um das gleiche Thema wie bei *Hänsel und Gretel* geht es auch in den Märchen *Rapunzel* und *Hadschi Bratschi Luftballon.*

2. Das Märchen *Der Wolf und die sieben Geißlein*

Das Thema dieses Märchens ist der ausgeschlossene Vater. Folgende Geschehnisse können Grundlagen dieses Skriptmärchens sein:

- Der Vater ist früh gestorben.
- Der Vater lebt zwar in der Familie, aber die Mutter lehnt ihn ab (spricht schlecht über ihn in Anwesenheit der Kindern).
- Der Vater war, aus welchen Gründen auch immer, lange Zeit weg und hat den Platz in der Familie nicht mehr richtig gefunden.
- Der Vater lebt nicht mit der Mutter und dem Kind, und die Mutter achtet ihn nicht.

Daraus entsteht beim Kind eine Störung in der Beziehung zum Vater und gleichzeitig auch zur Mutter, weil sie ja die Beziehung zum Vater ver- oder behindert. Daraus folgen unbewußte Grundüberzeugungen in bezug auf das Frau- und Mannsein und eine Paarbeziehung mit den dazugehörigen Gefühlen. Dieses hat entsprechende Auswirkungen auf die Beziehungsgestaltung in Partnerschaften.

Beispiel:
Hanna ist 26 Jahre alt, Studentin und ledig. Ihr Problem sind massive Wutanfälle mit körperlichen Attacken gegenüber ihren Partnern. Dies führte zum Bruch von zwei ihr wichtigen Beziehungen, und sie geriet infolge der Trennung nach dem Ende der zweiten Beziehung in eine lange depressive Phase.

Hanna ist das erste von zwei Kindern. Ihre Mutter war mit 20 Jahren in einen Arbeitskollegen verliebt. Dieser ging zwar über ein Jahr freundschaftlich mit ihr aus und sie waren begeisterte Tennispartner, er „erhörte" sie aber nicht. Aus Enttäuschung und „Rache" heiratete sie dann Hannas Vater, der sie schon seit langer Zeit heimlich verehrte. Doch konnte er es ihr von Anfang an nicht recht machen.

Hanna erlebte ihre Mutter, was den Vater anbelangte, nur als nörgelnd, und sie sah dann ihren Vater nurmehr mit den Augen ihrer Mutter, nämlich als Versager schlechthin. Manchmal kam starke Wut in ihr auf, daß er sich nicht wehrte, aber nur um ihn dann später wieder verstärkt so wahrzunehmen, wie die Mutter es tat.

3. Das Märchen *Bambi*

Das Thema dieses Märchens ist, daß ein Elternteil (oder beide) nicht da sind. Mögliche Erfahrungen als Kind sind:

- Die Eltern sind verstorben.
- Aus anderen Gründen besteht zu ihnen schon seit früher Kindheit kein Kontakt.

Dadurch war entweder eine Hinbewegung gar nicht möglich oder wurde schon sehr früh unterbrochen.

Beispiel 1:
Hans ist 39 Jahre alt, leitender Angestellter, verheiratet und hat zwei Kinder. Sein Problem ist seine Selbstmordgefährdung. Er ist das erste von zwei Kindern. Seine Mutter starb bei einem Autounfall, als er vier Jahre alt war.

Beispiel 2:
Jutta ist 45 Jahre alt, Lehrerin, verheiratet und hat drei Kinder. Ihr Problem sind immer wiederkehrende depressive Phasen. Die eigene Biographie weist auf keine Ereignisse hin, die diese verursacht haben könnten. Juttas Vater verlor jedoch im Alter von drei Jahren beide Eltern und kam dann in ein Heim. Jutta liebt ihren

Vater sehr und erinnert sich noch, daß ihr als Kind manchmal richtig das Herz weh tat, weil der Vater oft so „traurig schaute".

In diesem Fall handelt es sich eindrücklich um ein vom Vater übernommenes Gefühl.

4. Das Märchen *Schneewittchen*

Das Thema dieses Märchens ist: Die Tochter rivalisiert mit der Mutter um den Vater. Sie denkt insgeheim, sie wäre die bessere Frau für den Vater und verstehe ihn besser. Die Folge ist eine starke Bindung an den Vater. Diese Frauen sind also „Vatertöchter", die bewußt/unbewußt meistens nur „Geliebte" sein möchten und Beziehungen zu Männern oft so anlegen, daß nicht wirklich eine verbindliche Beziehung entsteht. Die Ursachen können vielfältig sein:

- Die Mutter ist extrovertiert und dominant, und der introvertierte Vater fügt sich ganz ein.
- Der Vater ist leidend (Krankheit), und die Tochter sorgt sehr für ihn.
- Die Mutter fühlt sich mehr zu den Söhnen hingezogen, und so zieht es die Tochter zum Vater.

Beispiel:

Andrea ist 29 Jahre alt, Arzthelferin und ledig. Ihr Problem sind depressive Tendenzen im Zusammenhang mit Beziehung/Alleinsein. Andrea verließ ihre erste Liebe, als der Freund sie heiraten wollte. Seitdem hat sie zum dritten Mal eine Beziehung zu einem verheirateten Mann und bei diesen Männern jeweils das Gefühl: „wäre er frei, ich würde ihn sofort heiraten."

Sie ist die einzige Tochter. Die Mutter ist Ärztin, der Vater Arzt. Beide waren schon über 40 Jahre alt, als Andrea geboren wurde. Als sie drei Jahre alt war, hatte der Vater einen Unfall und wurde ein Jahr später frühpensioniert. Er blieb von da an zu Hause, und Andrea und der Vater versorgten sich mehr oder weniger gegenseitig. Die Mutter nahm eine Arbeitsstelle an. Andrea hat diese Jahre in schönster Erinnerung. Der Vater hatte so viel Zeit für sie. Er wurde nur oft und schnell müde, und da paßte sie besonders auf, daß er nicht gestört wurde, brachte ihm seine Tabletten ... Sie war sicher, den Vater besser zu verstehen (und ihn glücklicher zu machen) als die Mutter.

5. Das Märchen: *Die kleine Seejungfrau*

Das Thema dieses Märchens ist: ein Mann und eine Frau, die sich lieben und die nicht zueinanderkommen können (zum Beispiel aufgrund sozialer oder kultureller Unterschiede oder auch, weil einer schon gebunden ist).

Weil diesem Skript keine Erfahrungen aus der Kindheit zugrunde liegen, kann es sich nur auf das Schicksal einer anderen Person im System beziehen, weist also von vornherein auf eine Identifizierung hin.

Beispiel:
Gerhard ist 36 Jahre alt, Techniker und ledig. Sein Problem sind Panikattacken, verbunden mit Todesängsten.

Seine Mutter war vor der Ehe mit seinem Vater verlobt. Der Verlobte desertierte im Zweiten Weltkrieg, wurde verfolgt und fand nach zwei Wochen Unterkunft bei einem Bauern. Von dort meldete er sich das letzte Mal. Dann hörte seine Mutter nichts mehr von ihm. Erst ein Jahr später erreichte sie die Nachricht von seinem Tod. Mit ihm war Gerhard identifiziert.

6. Das Märchen *Schneeweißchen und Rosenrot*

Das Thema dieses Märchens ist: ein Mann und zwei Frauen. Auch hier handelt es sich meistens um das Schicksal einer anderen Person im Skript.

Beispiel:
Johanna ist 33 Jahre alt, Pressereferentin und ledig. Ihr Problem ist ihre Neigung zu Alkoholexzessen (ein- bis zweimal im Monat). Außerdem „findet" sie sich immer wieder in Dreierbeziehungen wieder. Johannas Großmutter väterlicherseits hatte eine große Liebe, bevor sie ihren Großvater heiratete. Diesen Mann traf sie nach fünf Jahren Ehe wieder. Die beiden nahmen ihre Beziehung wieder auf, und die Großmutter lebte in dieser Dreierkonstellation bis zum Tod ihres Ehemannes, der sehr darunter litt und Alkoholiker wurde.

Bis jetzt habe ich es nur selten erlebt, daß sich dieses Märchen auf die Lebensgeschichten von Klienten selbst bezog. Zwei Beispiele fallen mir ein: Einmal stand der verstorbene Vater zwischen Mutter und Tochter, und das andere Mal handelte es sich um die Klientin und ihre Schwester, die massivste Rivalitätskämpfe um den Vater austrugen.

7. Das Märchen *Hans im Glück*

Das Thema: Ein Mann verliert (verspielt) seinen Besitz oder sein Vermögen. Meistens bezieht sich dieses auf Handlungen und das Schicksal eines Großvaters.

Beispiel:
Bernhard ist 47 Jahre alt, erfolgreicher Geschäftsmann und verheiratet. Sein Problem sind große Stimmungsschwankungen. Er hat schon zweimal eine Firma

aufgebaut und diese dann wieder abgewirtschaftet und war gerade dabei, große Verluste bei der dritten Firma zu erleiden.

Der Vater mütterlicherseits hatte das Erbe seines Vaters mit enormem Einsatz weiter aufgebaut. Es war ein in der Kleinstadt sehr geachteter Betrieb, da die Angestellten unter besten sozialen Bedingungen arbeiteten. Der Großvater übernahm dann eine Bürgschaft für einen Freund und verlor dadurch große Teile seines Besitzes. Er mußte Arbeiter entlassen, und zwei Jahre nach diesem Rückschlag erhängte er sich.

Da mir hier nur ein Rahmen von etwa fünf Seiten zur Verfügung steht, lasse ich es bei diesen Beispielen. Mein Anliegen war es, zu zeigen, wie man über Märchen zum Kern einer Problematik vordringen kann. Kriterium für die Relevanz eines Märchens ist , wie gesagt, das „Berührtsein" durch die Geschichte, damals als Kind und heute auch noch. Nimmt man die Person beim Nennen der Geschichte genau wahr, ist es erkennbar, ob sie wichtig ist, uns also zum Kern führt oder nicht. In jedem Fall läßt es sich ja auch aufgrund der Fragestellung feststellen, ob sie als Wegweiser zutrifft oder nicht. Es zählen wie beim Familien-Stellen nur Fakten und Ereignisse. Man läßt sich die reine Handlung der Geschichte ohne Beiwerk gerafft erzählen und entdeckt dann in der Matrix dieser Handlung oft den verdeckten Lebensplan der Klienten. Die Informationen aus der Skriptarbeit kann man anschließend gut beim Familien-Stellen nutzen. Die Lösungen werden prozeßorientiert, einfühlsam und durch das Mitschwingen der Seele des Therapeuten mit der des Klienten gefunden. Beim Familien-Stellen läßt sich dann zum Beispiel eigenes Erlebtes sowie Übernommenes in der Gegenüberstellung mit der betreffenden Person durch die verdichteten heilenden Sätze und das heilende Tun lösen. Diese Sätze und das Tun entstehen aus der gesammelten Wahrnehmung des Ganzen. Dasselbe gilt auch für die Aufstellungen mit dem Familienbrett, mit Stühlen oder anderen Mitteln.

Gut geeignet sind auch systemisch modifizierte Techniken aus dem Neurolinguistischen Programmieren (NLP) wie History change, Traumarbeit und Reimprint.

Familiensystemische Aufstellungen und das Thema Schuld

E. Robert Langlotz

Hinweise für eine Schuldthematik beim Aufstellen

Beim Familien-Stellen gibt es gewisse wiederkehrende Hinweise, die den Gruppenleiter an eine Schuldthematik in der Familie denken läßt. Wenn die Stellvertreter schwer gedrückt wirken, wenn sie ohne Kontakt auf den Boden schauen, frage ich nach Schuld. Weiterhin gibt es manchmal das Phänomen, daß der hinzugestellte Vertreter des Vaters oder Großvaters oder eines anderen Familienmitglieds bei den übrigen Stellvertretern der Familie unangenehme Gefühle auslöst, Gefühl von Kälte, von Schwere, Zittern in den Knien oder auch das dringende Bedürfnis, aus der Aufstellung herauszugehen. Wenn man den betreffenden Stellvertreter, der diese Gefühle auslöst, seinerseits durch die Tür gehen läßt, spüren alle eine deutliche Entlastung. Der betreffende Stellvertreter selbst fühlt sich vor der Türe besser als drinnen, oder er spürt keinen Unterschied. In diesen Fällen muß man annehmen, daß das betreffende Familienmitglied sich schuldig fühlt. Dazu gehört, daß es das Bild hat, daß es seinen Platz in der Familie verspielt hat und gehen muß.

Um welche Schuld handelt es sich?

Ich befasse mich in diesem Beitrag nur mit schwerer Schuld, *mit Schuld gegen das Leben*. Die Schuld kann einmal objektive Schuld sein, zum Beispiel, wenn jemand einen ermordet hat oder mit Mord bedroht hat. Ähnliche Wirkung hat merkwürdigerweise, wenn jemand einem Familienmitglied ohne Grund die Zugehörigkeit zur Familie abspricht, zum Beispiel ein Schwiegervater, der seinen Schwiegersohn aus dem Haus wirft, eine Mutter, die ihrer Tochter den Freund verbietet, oder eine Frau, die leichtfertig ein Kind weggibt.

Manchmal handelt es sich jedoch auch um subjektive Schuld, zum Beispiel, wenn Tod oder schwerer gesundheitlicher Schaden eines anderen mit dem eigenen Lebensvollzug schicksalhaft verbunden ist. Wenn von elf Gefangenen zehn als Geiseln erschossen werden und der elfte freigelassen wird, fühlt sich dieser schuldig (Überlebensschuld). Auch wer sich so schuldig fühlt, hat das Bild, daß er den Platz verspielt hat. Es ist sein Schicksal, seine Verstrickung, die Familie muß ihn ziehen lassen. Wenn sie ihn hält, geht ein anderer an seiner Stelle.

Als drittes gibt es noch das Phänomen, daß zum Beispiel schon Vater oder Mutter des Klienten Schuld für einen ihrer Elternteile übernommen haben oder den betreffenden Schuldigen nicht ziehen lassen können.

Als viertes und letztes kann es sein, daß der Klient sich selber schuldig gemacht hat durch Mord, Morddrohung oder ähnliches.

Der Schuldige hat seine Zugehörigkeit verspielt

Beim Aufstellen wird deutlich, daß der Schuldige, gespiegelt durch den Stellvertreter, in der Tiefe das Bild hat, seinen Platz im System aufgeben zu müssen, aus dem System gehen zu müssen. Wenn er nicht geht, geht ein anderer an seiner Stelle.

Aufgrund der starken Bindungsliebe fällt es den übrigen Familienmitgliedern schwer, dem Schuldigen sein Schicksal und die Folgen zuzumuten. Sie wollen ihn in der Familie halten, ihn nicht gehen lassen. Die, die am meisten lieben, übernehmen Schuld und Sühne, ein jüngeres Geschwister, ein Kind, manchmal auch der Partner.

Das Übernehmen von Schuld und Sühne

Der Verstrickte geht also anstelle des Schuldigen. Dies kann in unterschiedlicher Form geschehen:

- *aus dem Leben gehen:* Unfalltod, tödliche Erkrankung, Selbstmord.
- *aus der Realität gehen:* Verwirrtheitszustände, psychotische Episoden, Schizophrenie.
- *aus der Gesellschaft gehen:* durch Mißerfolg in Beruf und Partnerschaft; eventuell durch kriminelles Verhalten, mit der Konsequenz von Verurteilung und Gefängnisstrafe.
- *Weggehen aus der Heimat:* Verlassen der eigenen Familie (zum Beispiel durch das Provozieren der Scheidung), Verlassen der Heimatstadt oder des Heimatlandes, zum Beispiel durch Auswanderung nach Australien oder Kanada.

Fallbeispiele für objektive Schuld

Der Enkel bekommt die Psychose

Der Vater eines Seminarteilnehmers besaß in der NS-Zeit einen Steinbruch in der Nähe von Auschwitz, Häftlinge von dort arbeiteten in dem Steinbruch. Die Aufstellung ergab, daß er sich schuldig gemacht hat. Sein Enkel, der Sohn des Seminarteilnehmers, war wegen einer Psychose in stationärer Behandlung. In der Aufstellung spürte der Stellvertreter des kranken Sohnes ein Zittern in den Knien, als der Großvater zur Familie gestellt wurde. Als der Großvater herausgestellt wurde, der Vater dessen Schicksal und dessen Schuld beim Großvater ließ und zustimmte, daß er gehen muß, fühlte sich der Enkel deutlich entlastet.

Die Tochter scheitert im Beruf

Eine Frau, Therapeutin, scheiterte immer wieder im Beruf und in der Ehe. Der Ehemann versuchte, sie zu ermorden. Beruflich erlebte sie eigenartige Rückschläge: Sie mietete Praxisräume und durfte kein Praxisschild aufhängen – die Klienten blieben aus. Sie mietete andere Praxisräume, und der Vermieter stellte ihr die Heizung ab. Sie konnte in den Räumen nicht arbeiten. Und sie arbeitet als Therapeutin mit Kindsmörderinnen.

Ihr Vater schlug sie und versuchte ebenfalls sie zu ermorden. Solange sie den Vater nicht aus ihrem Herzen gehen läßt, sühnt sie für ihn, und sie kann sich gegenüber der Schuld anderer nicht abgrenzen und hat auch da die Tendenz, Schuld und Sühne zu übernehmen (siehe Ehemann, Kindsmörderinnen). Erst als sie den Vater aus ihrem Herzen mit Achtung gehen läßt, kann sie sich abgrenzen und spürt körperlich Ekel gegenüber dem mörderischen Potential anderer.

Ein Fallbeispiel für subjektive Schuld und schicksalhafte Verstrickung mit dem Tod eines anderen

Die Tochter wird psychotisch

Eine Klientin mit Psychose nimmt 1995 an einem Psychoseseminar in München teil. Sie berichtet von einer Tante, einer Schwester des Vaters, die in einer Psychose ins Wasser gegangen ist und starb. Sie achtete die Tante und ließ das Schicksal bei ihr.

Ein halbes Jahr später wird sie wieder psychotisch. Wie beim ersten Mal hat sie an einer Zen-Meditation teilgenommen. In der Psychose steht sie zwischen zwei gegensätzlichen Mächten, einer guten und einer bösen. Sie hat die Vorstellung, wenn sie ihre Energie nicht halten könne, mißbrauche sie ihre Macht und mache sich schuldig, wenn Chaos entstehe. Dann müsse sie sich umbringen. Eine weitere Vorstellung von ihr ist, daß sie teuflische Energie aufnehme und in der Hölle sei, als Strafe für die Schuld.

Sie nimmt später an einem weiteren Seminar teil. Bei der Aufstellung fühlt sich der Vertreter ihres Vaters schuldig, er kann den anderen nicht in die Augen sehen, blickt nur auf den Boden. Als ich frage, ob sich jemand in der Familie schuldig gemacht habe, erzählt die Klientin: Als ihr Vater vier Jahre alt gewesen sei, habe er bei der Mutter auf dem Fahrrad gesessen und gestrampelt. Seine Mutter sei damals schwanger gewesen. Durch das Strampeln des kleinen Sohnes habe die Mutter das Gleichgewicht verloren, sei gestürzt, und das Kind im Mutterleib, ein Mädchen, sei durch diesen Fall im siebten Monat gestorben.

Offenbar fühlt sich der Vater schuldig am Tod der Schwester, und die Tochter sühnt für ihn, indem sie eine Psychose entwickelte. Die Psychose und der Suizid der Schwester des Vaters sind wahrscheinlich auch in diesem Zusammenhang zu sehen (als Sühne für den Bruder und vielleicht auch für die Mutter).

Als sie zum Vater sagen soll: „Lieber Papa, ich verneige mich vor deinem Schicksal, ich lasse es bei dir. Wenn du gehen mußt, darf ich dich nicht halten", kann sie diesen Satz nicht aussprechen. Sie fühlt sich schuldig und geht lieber an seiner Stelle. Erst bei einer dritten Aufstellung, einige Monate später, kann sie das Schicksal des Vaters bei ihm lassen. In der Folge geht es ihr besser, sie hat die unterbrochene Ausbildung wieder aufgenommen.

Aus dem Lande gehen als Ausdruck übernommener Sühne

Eine Frau aus Paraguay ist in Deutschland verheiratet. Als ihre Mutter mit ihr schwanger war, mußte diese vor der Geburt noch eine Prüfung absolvieren. Ihr Vater fuhr die Mutter zum Prüfungsort, da sie wegen ihrer Schwangerschaft nicht alleine fahren konnte. Der Vater starb in zeitlichem Zusammenhang mit diesem Ereignis plötzlich an einem Herzinfarkt. Die Mutter fühlte sich schuldig am Tode des Vaters. Ihre Tochter, mit der sie damals schwanger war, übernahm die Sühne und verließ die Familie und die Heimat.

Ein Beispiel für persönliche Schuld

Ein 48jähriger Mann steckt in der Midlifecrisis, er ist Immobilienkaufmann. Die Ehe bricht auseinander, er hat eine Freundin. Mit seinem Vater hatte er immer Probleme. Bei der Aufstellung seiner Herkunftsfamilie wird deutlich, daß er voller Haß und Vorwürfe dem Vater gegenüber ist.

Der Stellvertreter des Vaters fühlt sich nicht schuldig.

Beim Versuch, den Vater zu achten, zeigen sich bei dem Klienten nur Haß und Vorwürfe. Bei dem Satz: „Vielleicht habe ich es verspielt", fällt ihm ein, daß er mit dem Messer auf den Vater losgegangen ist. Einmal hat er auch die Schwester mit dem Messer bedroht. Ich stelle den Klienten draußen vor die Türe als Ausdruck dafür, daß er seinen Platz verspielt hat. Dort, vor der Türe, fühlt er sich besser.

Die Lösung

Die gute Lösung besteht darin, Schuld, Sühne und die Folgen der Tat dort zu lassen, wo sie hingehören. Dies läßt sich durch folgende Sätze vollziehen: „Liebe Mutter (Vater), ich verneige mich vor deinem Schicksal und vor deiner Schuld. Ich urteile nicht, ich darf es nicht übernehmen. Wenn du gehen mußt, darf ich dich nicht halten, und jetzt lasse ich dich in Frieden."

Bei *realer* Schuld ist es manchmal notwendig, den Betreffenden „aus dem Herzen gehen zu lassen". Es erleichtert die Lösung oft, wenn das Kind die übernommene Schuld und Sühne symbolisch, zum Beispiel in Form eines Steines, mit Achtung dem Schuldigen zurückgibt, und es ist immer wieder erstaunlich, daß derjenige, dem die Schuld zurückgegeben wird, sich durch dieses Zurückgeben gewürdigt und gestärkt fühlt.

Manchmal spüren der Stellvertreter des Schuldigen und das Kind dann eine große Liebe. Dann kann es stimmen, wenn sich beide umarmen. Manchmal mag es auch stimmen, daß das Kind den Schuldigen noch um seinen Segen bittet, bevor es ihn ziehen läßt. Bei übernommener Schuld bleiben, wenn diese Sätze innerlich vollzogen werden, die Schuld und die Sühne da, wo sie hingehören. Der Klient, seine Kinder und sein Partner sind frei und nicht mehr in der Gefahr, stellvertretend Schuld und Sühne zu übernehmen. In manchen Fällen ist die Situation nicht so eindeutig. Dann verwende ich die Sätze: „Ich achte dein Schicksal. Ich lasse es bei dir, mit den Folgen. Wenn du gehen mußt, darf ich dich nicht halten."

Bei *subjektiver Schuld* ist es ebenfalls notwendig, den Betreffenden gehen zu lassen.

Bei schwerer *persönlicher* Schuld (siehe Beispiel, wo der Sohn mit dem Messer auf den Vater losgegangen war) kann es sein, daß derjenige seinen Platz in der Familie verspielt hat. Man muß das in der Aufstellung prüfen. Tief in der Seele hat er dann oft das Bewußtsein für die Schuld und bestraft sich zum Beispiel durch ein Scheitern im Beruf und in der Ehe. Aus dem Zustimmen und der Anerkennung der Schuld kann ihm, wenn sie innerlich vollzogen wird, andererseits eine besondere Kraft zuwachsen.

Für den Therapeuten braucht es viel Erfahrung und eine gehörige Portion Mut, das Thema Schuld wahrzunehmen und es dem Klienten und der Gruppe zuzumuten. Besonders der Gruppe fällt es oft schwer, auf Trost, Verzeihung und Vergebung zu verzichten, die in diesem Zusammenhang anmaßend oder verharmlosend wären. Wenn er das Thema aber achtsam handhabt, kann es eine besonders tiefe Wirkung entfalten.

Versöhnlich kann es in den Fällen, wo es Opfer (zum Beispiel einen Ermordeten) gibt, sein, wenn man den Täter auffordert, sich neben das auf dem Boden liegende Opfer zu legen und es längere Zeit anzuschauen. Bert Hellinger verdeutlicht dadurch die tiefe schicksalhafte Verknüpfung zwischen Täter und Opfer. Täter und Opfer bilden dadurch ein eigenes System und sind schicksalhaft miteinander verbunden.

Die Geschichte von Ödipus

Der Vater des Chrysippos verfluchte Laios!

Laios, der Vater des Ödipus, war in seiner Jugend ein guter Reiter. Er unterrichtete auch den jungen Chrysippos im Reiten. Aber er verging sich sexuell an seinem Schüler. Wenn er einen Sohn bekomme, so solle dieser den Vater töten und die eigene Mutter heiraten. Laios achtete nicht auf diese Weissagung.

Laios wurde König von Theben, er heiratete Iokaste und bekam mit ihr einen Sohn. Da fiel ihm der Fluch ein. Er dachte, das Schicksal zu überlisten. Er durchstieß dem Knaben die Knöchel (Ödipus = Schwellfuß) und gab ihn seinem Hirten mit dem Auftrag, ihn im Grenzgebirge zu Korinth auszusetzen. Die Wölfe würden schon dafür sorgen, daß er spurlos verschwinde.

Der Hirte aber brachte es nicht über das Herz, den kleinen Ödipus auszusetzen. Er gab ihn weiter an seinen Hirtenkollegen aus Korinth. Dieser brachte das Kind zu seinem Herrn, dem König von Korinth. Der war seit 20 Jahren kinderlos, betrachtete Ödipus als ein Geschenk des Schicksals und zog ihn an Kindes Statt auf.

Als Ödipus erwachsen wurde, hörte er in der Stadt munkeln: „Der ist gar nicht der Sohn des Königs von Korinth."

Ödipus wollte Auskunft und wendete sich an das Orakel von Delphi. Dort hörte er die Weissagung: „Du wirst deinen Vater erschlagen und deine Mutter heiraten."

Ödipus war zutiefst erschrocken und sann nach, wie er diesem schrecklichen Schicksal entrinnen könnte. Auf dem Heimweg kam ihm der Gedanke: „Ich darf nicht nach Korinth zu meinen Eltern", und er wählte den Weg, der nach Theben führt.

Auf dem Weg begegnete ihm ein von Pferden gezogener Wagen. Zwei vorausgehende Diener forderten ihn unwirsch auf, den Weg freizumachen. Ihn packte der Zorn, es kam zum Wortwechsel, schließlich zum Handgemenge und er erstach sie beide.

Im Wagen saß ein alter Mann. Als er sah, daß Ödipus seine Diener getötet hatte, beschimpfte er Ödipus, es kam zum Wortwechsel, zum Handgemenge, und Ödipus tötete auch ihn. Es war Laios, der König von Theben, sein Vater. Der dritte Diener war geflüchtet.

Ödipus kam nach Theben. Dort wartete die Sphinx auf ihn, ein schreckliches Wesen, mit Menschenkopf und Vogelkörper. Sie stellte ihm das folgende Rätsel: „Was ist das: Am Morgen geht es auf vier Beinen, mittags auf zwei Beinen, am Abend auf drei Beinen." Sie drohte ihn zu töten, falls er das Rätsel nicht löse.

Ödipus besann sich kurz und antwortete: „Es ist der Mensch, als Kleinkind kriecht er auf allen Vieren, als Erwachsener geht er auf zwei Beinen, im Alter benötigt er den Stock."

Die Sphinx, voller Wut, daß ihr Rätsel gelöst war, stürzte sich in die Schlucht und zerschellte.

So hatte Ödipus Theben von der Sphinx befreit. Zum Dank dafür machten ihn die Thebaner zum König. Er zog in das Königsschloß ein und heiratete Iokaste, die Witwe des Königs, seine Mutter. Er regierte über Theben und hatte vier Kinder mit Iokaste.

Aber die Pest kam in die Stadt. Ödipus sandte seinen Schwager nach Delphi, um ein Orakel zu erbitten. Es kam die Weissagung: „Der Tod des Laios ist ungesühnt, sein Mörder lebt unerkannt in der Stadt, geachtet und geehrt."

Ödipus gelobte, den Mörder zu finden, koste es, was es wolle, und ihn in die Verbannung zu schicken. Schutzlos und heimatlos sollte der den Rest seines Lebens verbringen.

Doch langsam kam die schreckliche Wahrheit ans Tageslicht: Er selbst hatte, unwissend, seinen Vater getötet und die eigene Mutter zur Frau genommen. Voll Schmerz und Scham erstach sich Iokaste. Ödipus blendete sich selbst und verließ die Stadt, er nahm die Sühne an, die er selbst, unwissend, dem Mörder des Laios angedroht hatte.

Jetzt erst, nachdem sich das geweissagte Schicksal erfüllt hatte, beugte er sich dem Schicksal, stand zu seiner Schuld.

Aus Delphi kam ein neues Orakel: „Der Ort, an dem Ödipus stirbt, wird durch seinen Tod einen besonderen Segen erhalten."

Ödipus starb in Kollonos, einem Ort, der zu Athen gehört. Wie es heißt, öffnete sich die Erde und nahm ihn auf. Die Athener aber errichteten ein Heiligtum, ein Priester dieses Heiligtums hat uns die Geschichte von Ödipus berichtet. Sein Name ist Sophokles.

Diese Geschichte ist jetzt 3000 Jahre alt. Sie zeigt, wie ungesühnte Schuld des Vaters vom Sohn übernommen wird und zu neuer eigener Schuld führt, und daß die Sühne darin besteht, Familie und Heimat zu verlassen. Sie zeigt aber auch, daß, wer das Schicksal nicht achtet oder es überlisten möchte, unvermeidlich scheitert. Versöhnung und Segen sind möglich, wenn der Mensch dem Schicksal zustimmt.

Mehrgenerationenaufstellungen und vertikale Verdichtungen von Schicksalen am Beispiel einer Familie

Heinrich Breuer

Der Beobachter ist immer wieder verblüfft, wie sich in den Familienaufstellungen tiefgehende und heilende Prozesse entwickeln. Erstaunlich ist vor allem auch immer wieder, daß Mitspieler, obwohl sie von der Familie nichts wissen, so präzise Informationen beisteuern können, als seien sie selbst Mitglieder der Familie. Der Raum, in dem die Familie aufgestellt wird, scheint ein Kraftfeld, ein morphogenetisches Feld zu sein, in dem besondere Gesetze herrschen. Warum dies so ist, kann gegenwärtig nicht schlüssig erklärt werden. Dem, der damit arbeitet und dem vor allem die Protagonisten am Herzen liegen, ist dies vielleicht auch nicht wichtig. Er kennt die Wirkung seiner Arbeit und kann sich leicht mit den Geheimnissen arrangieren. Andererseits ist die Methode der Familienaufstellung aber auch etwas, was es wert ist, weitergegeben zu werden. Mit Lehren ist aber auch Erklären verbunden, was theoretische Reflexion erfordert. Die Erklärungsmodelle wirken zurück in die Praxis und werden in ihr überprüft. Am Beispiel einer Familie soll ein kleiner Beitrag zur Erklärung der Stärke der Kraftfelder in der Familienaufstellung erfolgen. Gleichzeitig wird aufgezeigt, daß nicht nur ein Bild und ein Schicksal relevant sind, sondern daß in der Familie verschiedene Themen bewegt werden, die in dem Prozeß der Entwicklung des Lösungsbildes in unterschiedlichen Zeiten Bedeutung erlangen können.

Vorgeschichte: Ich hatte in einem Kurs eine Patientin, die in der Familienanamnese eine Vielzahl von Informationen liefern konnte. Ihr Vater hatte sich sehr für Familienforschung interessiert und konnte aus seiner und auch aus der Familie der Mutter wichtige Informationen beisteuern. Ich stellte in dem Kurs zunächst die Familie der Patientin auf. Wir fanden ein Lösungsbild, es war jedoch offensichtlich, daß noch einiges offen blieb. Um dies zu klären, ließ ich sie einige Tage später die Familien der Eltern und Großeltern aufstellen und erarbeitete mit ihr und der Gruppe die Lösungsbilder für diese Systeme. Das Ergebnis der Arbeit faßte ich zusammen in einer Grafik von insgesamt sieben Systemen. Die Familien seien kurz skizziert. Danach wird die Arbeit mit den Systemen beschrieben und die Grafik der Lösungsbilder gezeigt. Am Schluß wird die zusammenfassende Grafik präsentiert. Die daraus erwachsenen Hypothesen werden anschließend erläutert.

1. Die verschiedenen Systeme

a) Systeme von Vaters Seite

Familie des Großvaters väterlicherseits: Der Urgroßvater fiel im Ersten Weltkrieg, der Vater des Vaters war noch ein kleiner Junge. Der zweite Mann der Urgroßmutter wollte das Kind nicht, so daß die Urgroßmutter das Kind zu den Eltern des Urgroßvaters gab, wo der Vater des Vaters dann aufwuchs. Er hatte bis zu seinem Tode keinen Kontakt mehr zu seiner Mutter, die noch mehrere Kinder gehabt haben soll.

Die Lösung (s. Abb. 1 oben) ergab sich für den Darsteller des Vaters des Vaters aus der Zuwendung zur Mutter und zu den Kindern aus der zweiten Ehe der Mutter. Die Eltern seines Vaters, bei denen er aufgewachsen war, nahmen an Bedeutung immer mehr ab, so daß sie in der Aufstellung nicht mehr auftauchten. Die Identifikation mit dem im Krieg gefallenen Vater nahm dann ab. Der Darsteller fühlte sich nicht mehr als Todeskandidat, sondern lebendig.

Familie der Großmutter väterlicherseits: Die Urgroßmutter der Patientin war ein Findelkind. Die Familie des Urgroßvaters hatte den Kontakt zu ihm nach der Heirat mit der nicht standesgemäßen Frau abgebrochen. Die Urgroßmutter starb kurz vor dem Tod ihrer Tochter (der Großmutter der Patientin) an einem Nervenfieber. Sie sei mit zunehmendem Alter immer sonderbarer geworden. Der Urgroßvater sei alt geworden. Er hatte mit seiner Frau vier Kinder, zunächst eine Tochter (bei der der Vater der Patientin groß wurde), dann einen Sohn, dann die Mutter des Vaters der Patientin, dann wieder einen Sohn.

Die Lösung (s. Abb. 1 unten) ergab sich für die Darstellerin der Großmutter dadurch, daß sie ihre Mutter zu ihrer ihr unbekannten Mutter ziehen ließ. Die Großmutter verhinderte durch die Nähe zu ihrer Mutter, daß diese der Mutter folgte. Erst als sie in die Reihe der Geschwister eintrat und sich dem Vater zuwendete, war Ruhe.

Familie des Vaters: Der Vater des Vaters fiel im Krieg, als der Vater noch nicht geboren war. Der Vater ist das einzige Kind seiner Eltern.

Abb. 1

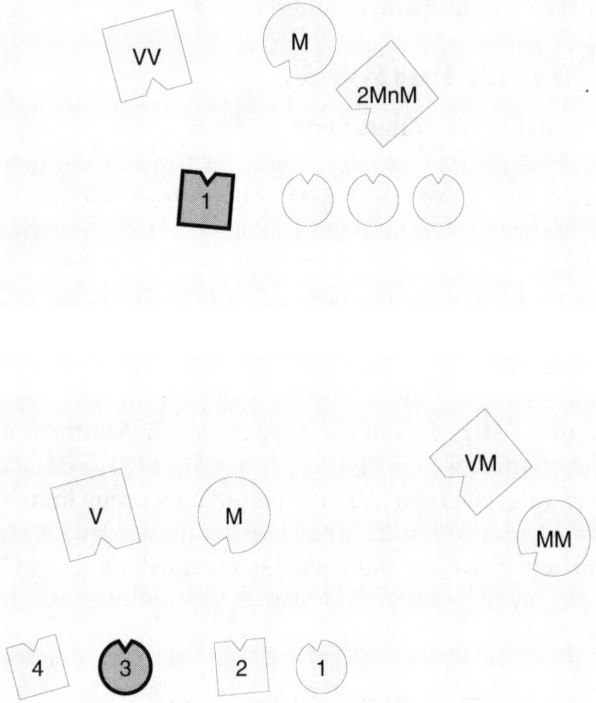

Als er ein Jahr alt war, starb seine Mutter, 23 Jahre alt, an einer Lungenentzündung. Der Vater wuchs bei einer Schwester seiner Mutter auf. Er fühlte sich wie ein Fremdling in der Familie, obwohl er angemessen versorgt wurde.

In der Aufstellung fühlte sich der Darsteller des Vaters von den beiden gefallenen Männern magisch angezogen, die Seite der Mutter hatte weniger Bedeutung. Es stellte sich heraus, daß der Vater sehr gezögert hatte, seine schwangere Freundin zu heiraten, und daß er bis zum Schuleintritt der Patientin häufiger erwogen hatte, die Familie zu verlassen. In diese Zeit fällt auch eine depressive Erkrankung des Vaters, die periodisch wieder aufflammte. Das Lösungsbild (s. Abb. 2) war erst stabil, als der Darsteller des Vaters von den beiden

Abb. 2

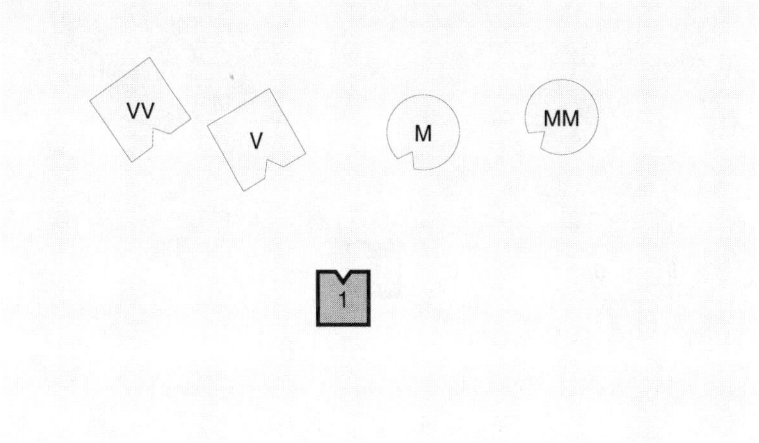

früh verstorbenen Eltern ein wenig gehalten worden war. Der Vater der Patientin war augenscheinlich mit den Gefallenen identifiziert.

b) Systeme von Mutters Seite

Familie des Großvaters mütterlicherseits: Der Vater der Mutter stammte aus einer kinderreichen Familie, er hatte viele Geschwister. Er selbst war an vierter Stelle, der zweitgeborene Zwilling eines Brüderpaares. Der ältere Zwillingsbruder starb bei der Geburt. Über die Urgroßmutter und den Urgroßvater ist nichts Besonderes bekannt.

In der Aufstellung stand der tote Zwillingsbruder des Vaters der Mutter weit außerhalb der Familie. Der Darsteller des Vaters der Mutter wollte zu ihm hin. Erst als beide nebeneinander in der Geschwisterreihe standen, kehrte Ruhe ein (s. Abb. 3 oben). Der Vater der Mutter war augenscheinlich stark mit seinem Zwillingsbruder verbunden, und es liegt nahe, daß er ihm mit seinem Selbstmord nachfolgte.

Familie der Großmutter mütterlicherseits: Die Mutter der Mutter ist das uneheliche Kind eines Hausmädchens. Der Hausherr soll der Vater gewesen sein. Die Urgroßmutter habe Geld bekommen und kurz vor der Geburt den Kutscher geheiratet, der der Mutter der Mutter den Namen gab. Aus der Ehe stammten zwei weitere Töchter. Die Urgroßmutter habe ihren Ehemann verachtet, er habe getrunken und sei mit 50 Jahren gestorben. Die Urgroßmutter sei alt geworden.

Abb. 3

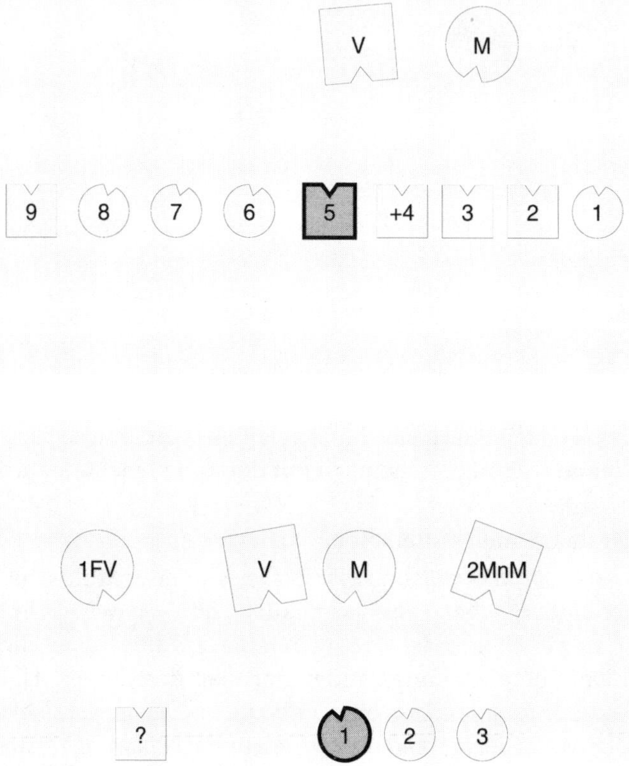

Die Darstellerin der Mutter der Mutter fühlte sich nach anfänglicher Ablehnung zu dem System ihres Vaters, insbesondere zu dessen Frau, hingezogen (s. Abb. 3 unten).

Familie der Mutter: Der Vater der Mutter verübte Selbstmord, als die Mutter zwei Jahre alt war. Die Mutter ist das einzige Kind ihrer Eltern. Die Mutter der Mutter heiratete kurz nach dem Selbstmord ihres ersten Mannes ihren zweiten Mann. Das erste gemeinsame Kind der beiden, ein Sohn, starb mit einem Jahr. Danach kam noch ein weiteres Kind, eine Halbschwester der Mutter, die heute noch lebt.

Abb. 4

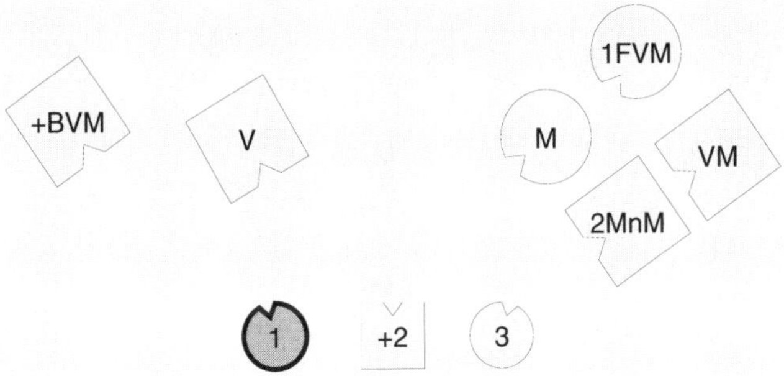

Es wurde deutlich, daß beide Eltern aus der Ehe heraus wollten. Der Vater der Mutter wollte zu seinem Bruder, die Mutter der Mutter zu ihrem Vater und zum toten Halbbruder, der ihrem leiblichen Vater folgte. Es wurde zudem deutlich, daß die Mutter der Mutter in den Beziehungen zu Männern die Aggressivität lebte, die ihre Mutter dem Hausherrn und Vater ihres Kindes gegenüber nicht leben konnte. Die Mutter der Patientin konnte ihre Position erst halten (s. Abb. 4), als sie ihren Vater gehen lassen konnte.

c) Herkunftssystem

Die Patientin war 25 Jahre jung, Studentin, unverheiratet. Sie klagte über seit etwa drei Jahren bestehende Energielosigkeit, Depressionen, Lebensunlust. Das Studium drohte zu scheitern, bisherige Partnerschaften zerbrachen immer nach kurzer Zeit. Sobald eine Beziehung auf eine feste Partnerschaft hinauslief, verspürte sie den rätselhaften Wunsch, den Mann zu verlassen. Sie beschrieb sich selbst als wie besessen davon. Wenn sie dem Impuls nicht folgte, geriet sie in immer stärkere Panikzustände, so daß sie bisher den Impulsen, die Beziehung zu beenden, nachgegeben hatte. Sie ist die ältere von zwei Töchtern. Beide Eltern leben noch. Sie lernten sich mit 17 (Mutter) und 19 (Vater) kennen. Keiner von beiden hatte eine andere Beziehung vorher oder seitdem. Die Eltern heirateten, als die Patientin 2 Jahre alt war. Die Patientin hatte eine gute Beziehung zu ihrem Vater.

Abb. 5

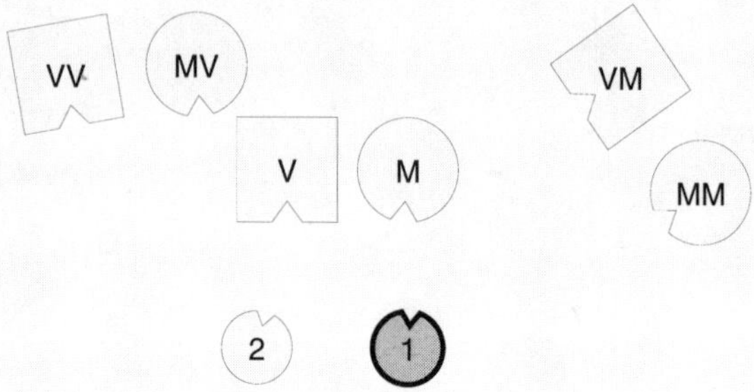

Die zur Mutter war von Spannungen und Kritik geprägt, die zur Schwester von Rivalität.

Die Patientin stand zwischen dem Vater und seiner Mutter und verhinderte durch ihre Position, daß der Vater die Familie verließ. Sie fühlte sich von der Mutter des Vaters angezogen, konnte ihren Platz im Lösungsbild erst einnehmen, nachdem sie bei ihr war. Danach wurde die Mutter der Mutter interessant. In einem zweiten Schritt wendete sich die Patientin ihr zu und ließ den Ärger auf die Männer bei ihr. Danach konnte sie sich ihrer Mutter nähern und sie umarmen. Das Lösungsbild (s. Abb. 5) war dann für sie stabil.

2. Zusammenfassung und Hypothesen

In der Abbildung 6 sind alle sieben Systeme in einer Grafik aufgeführt. Ich habe die Systeme der Großeltern auf die oberste Linie gesetzt, die der Eltern in die Mitte und das Herkunftssystem der Patientin auf die unterste Linie. Die Fülle der Identifikations- und Verbindungslinien, die vertikal in diese Grafik eingezeichnet werden könnten, ist zunächst verwirrend. Der Vater des Vaters folgt seinem Vater nach, und auch der Vater der Patientin steht in Versuchung, den beiden nachzufolgen. Die Familie der Mutter nimmt ihn nach dem Tod seiner Eltern auf, aber wie ein Findelkind kann er sich in ihr nicht heimisch fühlen. Hier scheint auch ein Einfluß aus der mütterlichen Linie vorzuliegen. Interessant ist auch, daß Vater und

Abb. 6

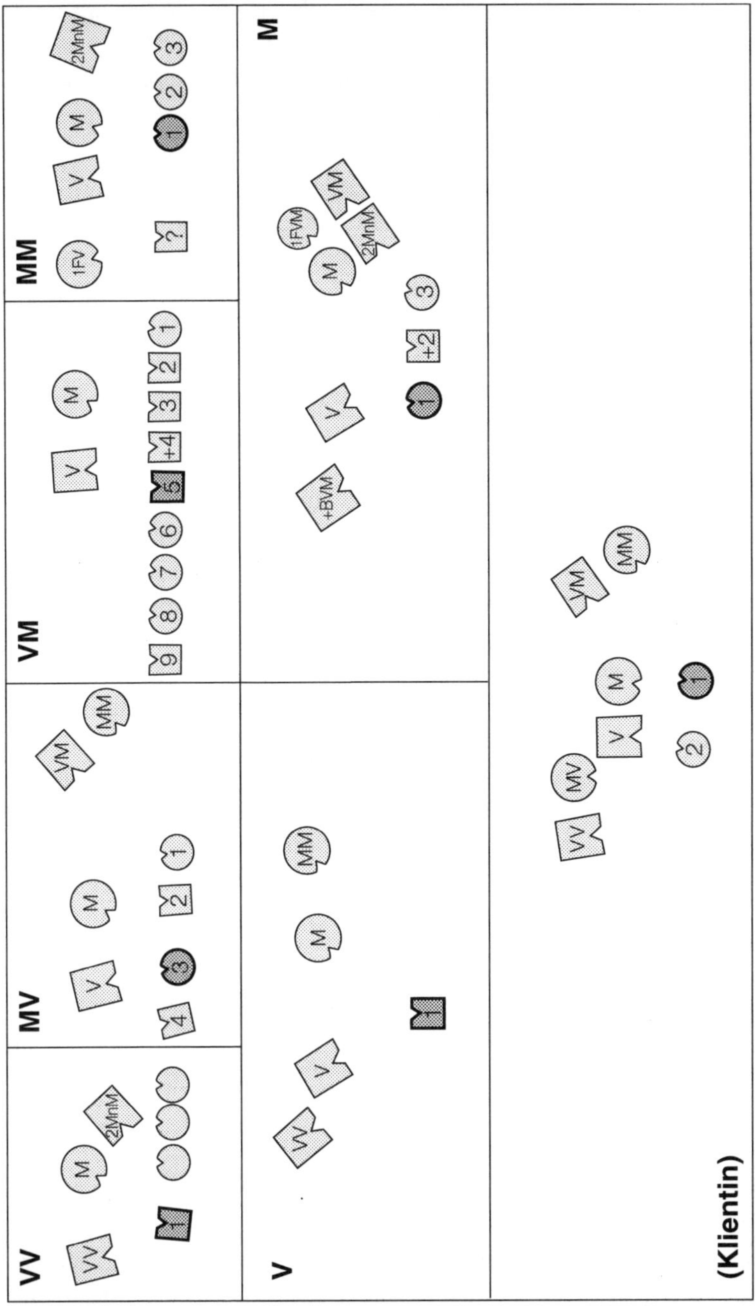

Mutter der Patientin beide ohne Vater aufwachsen; das Bild der Familien ohne Vater ist in den Familien beider Eltern präsent.

In der Familie der Mutter ist auf Vaters Seite der Tod des Zwillingsbruders des Vaters bemerkenswert, er zieht ihn aus dem System heraus. Die Seite der Mutter enthält bei den Frauen eine Haltung den Männern gegenüber, die wenig von Achtung geprägt ist. Seinen Ursprung hat dies wahrscheinlich in der Geschichte der Urgroßmutter und Großmutter, die ein uneheliches Kind war. Interessant ist wiederum, daß in beiden Familien ausgeschlossene und tote Kinder eine Rolle spielen, beim Vater ist die Mutter der Mutter ein Findelkind, bei der Mutter ist die Großmutter ein von ihrem Vater nicht akzeptiertes uneheliches Kind, das er mit dem Hausmädchen zeugte. Die Mutter verliert einen Halbbruder, der Vater der Mutter einen Zwillingsbruder.

Die prägenden Bilder in beiden Familien haben einmal zu tun mit den Vätern, die die Familie früh verlassen, und zum anderen mit Kindern, die früh sterben oder von ihrem System zumindestens partiell ausgeschlossen werden. In der Seele der Patientin spielten diese Bilder eine wichtige Rolle. Zum einen versuchte sie zu verhindern, daß der Vater die Familie verließ, war somit stark mit ihm verstrickt, konnte von der Mutter nicht ausreichend nehmen, zum anderen fühlte sie sich unfähig, den Entwicklungsschritt zu einer eigenen Familie zu leisten, da sie in einer doppelten Verschiebung den Ärger der Mutter der Mutter auf die Männer übernommen hatte und auch die toten Kinder in ihr verhinderten, daß ein Bild von einer eigenen Familie mit Kindern entstand.

Als ich mit der Patientin arbeitete, fügten sich für mich anhand des reichhaltigen Materials einige Ahnungen, die ich durch die langjährige Arbeit mit Familienaufstellungen schon vorher hatte, aber nie konkret in Sprache fassen konnte, zusammen zu Hypothesen, die ich hier vorstellen möchte:

a) Unbewußte Bilder werden transferiert

Auf eine Familie wirken vorherige, ungelöste Schicksale. Diesen Schicksalen entsprechen unbewußte Bilder, die in den Seelen der Lebenden Energie binden und als Hintergrundbewegung sichtbar sind. Kinder tragen somit die Bilder in sich, die die Eltern und

Großeltern bewegten. Die Eltern tragen in sich aber auch die Bilder, die ihre Eltern und Großeltern bewegten, und die Großeltern die Bilder ihrer Eltern und Großeltern. In Systemen kommen Kinder so zu inneren Problembildern, die drei bis vier Generationen umfassen, in Einzelfällen vielleicht noch mehr. Wenn man sich die Systeme – wie in der Abbildung 5 getan – auf verschiedenen Generationsebenen vorstellt, dann wird in den vertikal herstellbaren Beziehungszusammenhängen sichtbar, wie die ungelösten Schicksale aus vorgeordneten Systemen in eine Familie hineinwirken. Wahrscheinlich muß man nicht nur drei, sondern vier Generationsebenen als Wirkebenen annehmen, denn ein Schicksal hinterläßt so lange Spuren, wie eine lebendige Erinnerung an das Schicksal existiert, und dieser Zeitraum umfaßt meist vier Generationen.

b) Gefühle sind auch das Ergebnis vertikaler Verdichtungen

Die Intensität der Gefühle in den Familienaufstellungen ist nicht nur auf persönliche Identifizierung zurückzuführen, sondern auch Ergebnis der vertikalen Verdichtung von ungelösten Schicksalen aus der Sippe in die Familie hinein. Je mehr Schicksale eine Rolle spielen, desto schwieriger ist es häufig, das Lösungsbild langfristig zu integrieren. Ein anderes Problembild wird dann öfter an die Stelle des gelösten gesetzt, weil etwas Wesentliches noch ungelöst weiterwirkt.

c) Mehrere Bilder spielen häufig eine wichtige Rolle

Eine Person ist häufig nicht nur mit einem Bild identifiziert; in der Seele der Protagonisten können verschiedene Bilder eine Rolle spielen. Der Therapeut ist deshalb gut beraten, die Schicksale nach Themen zu erfassen und möglichst alle relevanten Themen in den Lösungsprozeß aufzunehmen. Praktisch durchgeführt werden kann dies dadurch, daß man auch für die Personen aus vorherigen Generationen ein Lösungsbild erstellt. Dabei kann es im Lösungsprozeß sinnvoll sein, zunächst die Bilder aus den vorgeordneten Familien zu berücksichtigen und erst dann zur Herkunftsfamilie überzugehen. Wenn die Eltern in ihren schicksalhaften Verstrickungen erlebt werden, ist die Lösung im aktuellen System leichter integrierbar. Oft reicht es auch, für den Vater z. B. etwas zu lösen, und die Beobachtung dieser Lösung führt beim Protagonisten zur Lösung eines Problems mit dem Vater.

d) Das Bild mit dem meisten Gewicht wird als erstes bearbeitet

Der Therapeut hat die Aufgabe, die verschiedenen Bilder aus der Sippe auf sich wirken zu lassen. Er wird dann mit dem Prozeß arbeiten, der das größte Gewicht hat und das Erleben des Aufstellenden am stärksten prägt. Aus der Arbeit ergibt sich dann der nächste Lösungsschritt auf der gleichen oder einer anderen Systemebene. Meist liegt zwischen der ersten Aufstellung und der oder den folgenden einige Zeit, mindestens ein bis zwei Tage, oft aber Wochen, Monate oder sogar Jahre. In einer neuen Aufstellung kann dann ein anderes Thema sichtbar werden, das ein weiteres Schicksal aus der Sippe fokussiert. Familienaufstellungen sind demnach nicht einmalige Ereignisse, die dann den Rest des Lebens ihre segensreiche Wirkung entfalten, sondern durchaus wiederholbare therapeutische Interventionen, die als systembezogene und fokussierende Kurzzeittherapien rasch und effektiv zu einer tragenden Lösung führen können.

3. Ergänzende Ausführungen zur Aufstellung von Sippen

Analog der in Abbildung 6 vorgestellten Darstellung einer Sippe kann eine Mehrgenerationenarbeit erfolgen. Von Vorteil ist eine solche Arbeit, wenn in einer Sippe viele schwere Schicksale vorliegen oder wenn der Protagonist trotz anderer Aufstellungen keine Lösung finden konnte.

Bei der Aufstellung von Sippen empfiehlt es sich, zunächst die älteren Systeme aufzustellen und dann die jüngeren. Das Bild mit dem meisten Gewicht hat erst Vorrang bei der Arbeit mit dem Herkunftssystem des Protagonisten, die in der Regel zuletzt durchgeführt wird.

Die Vorgehensweise ist wie folgt: Der Protagonist sucht sich Vertreter für die Familien der Großeltern und stellt die Familien der Eltern des Vaters und der Eltern der Mutter nacheinander auf. Für jedes einzelne System wird die noch sichtbare Lösung entwickelt. Die Menschen, die schwere Schicksale hatten, bleiben dann stehen. Sie spielen meist in den folgenden Aufstellungen der Familien der Eltern eine wichtige Rolle. Auch für die Herkunftsfamilien der Eltern wird dann die Lösung entwickelt und integriert. Danach bleiben wiederum alle wichtigen Personen stehen, und die Aufstellung des

Herkunftssystems des Protagonisten beginnt. Meist hat sich in diesem System schon alles gelöst. Der Protagonist muß sich dann nur noch den Eltern und Großeltern zuwenden und ihnen zum Beispiel sagen: „Ich habe dich, liebe/r …, in deinen Bezügen in deiner Familie wahrgenommen. Ich nehme dich als meine/n … . Ich verneige mich vor dir und deinem Schicksal und lasse es bei dir in Liebe und in Achtung."

Die Anwendung des Familien-Stellens in unterschiedlichen Settings

Familien-Stellen mit Schuhen

Otto Brink

In Beratung und Psychotherapie ist die Aufstellung der Familienkonstellationen mit Schuhen ein brauchbarer und wirksamer Behelf.

Arnold, ein 36jähriger Mann, berichtet, daß er seit vielen Jahren unter Depressionen leidet, die ihn in Abständen von einigen Monaten scheinbar ohne besonderen Anlaß überfallen und bis zu einem halben Jahr dauern. In diesen Phasen habe er den Wunsch zu sterben und zweimal versucht, mit Schlafmitteln sein Leben zu beenden.

Arnold ist der zweite von drei Brüdern. Sein zwei Jahre älterer Bruder ist mit vier Jahren an einer Blinddarmentzündung gestorben, der drei Jahre jüngere mit 21 Jahren bei einem Motorradunfall. Arnold hat einen fünfjährigen Sohn und ist geschieden.

Die Aufstellung mit Schuhen

Im Flur vor meinem Sprechzimmer steht ein Regal mit 20 Paar Männer-, Frauen- und Kinderschuhen. Arnold sucht für sich und seine Familie fünf Paar Schuhe aus, nimmt nacheinander jedes Paar, geht gesammelt durch den Raum und stellt es nach seinem inneren Bild der Familie auf den Fußboden.

1. Bild

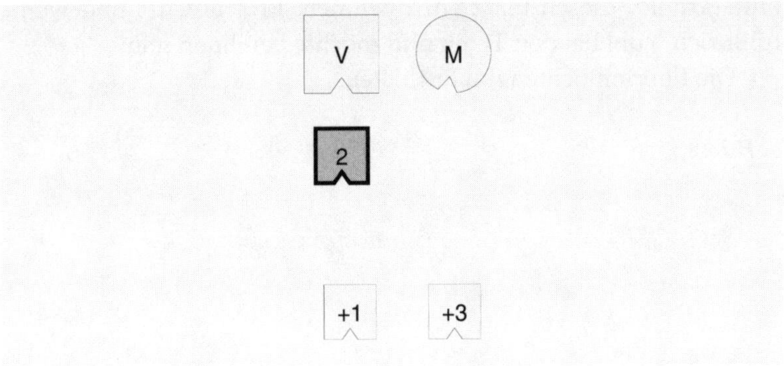

Arnold stellt sich an seinen Platz. Er ist traurig und weint: Ich will zu meinen Brüdern. Ich als Therapeut stelle mich an die Plätze der Eltern und der beiden Brüder und sage Arnold, was ich dort erlebe.
VATER Mein Sohn steht mir im Weg und verstellt mir den Blick auf meine toten Söhne. Das will ich nicht. Ich bin traurig. Die Nähe zu meiner Frau tut mir gut.
MUTTER Ich möchte meinen Mann anfassen, damit wir uns halten und trösten. Ich habe Angst um Arnold.

Die beiden toten Brüder möchten ihre Eltern und Arnold sehen und mehr zur Familie gehören.

2. Bild

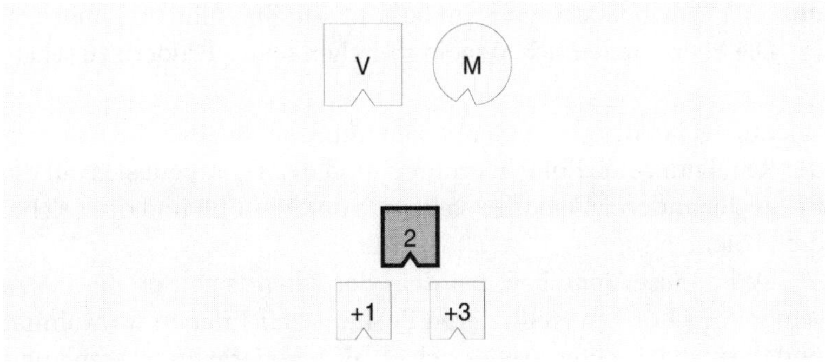

V Vater
M Mutter
+1 erstes Kind, mit vier Jahren gestorben
2 zweites Kind, Arnold
+3 drittes Kind, mit 21 Jahren gestorben

Ich habe Arnolds Schuhe hinter die der toten Brüder gestellt und bitte Arnold, diesen Platz einzunehmen. Er schluchzt und weint, fühlt sich wohl bei den Toten und möchte bei ihnen sein.

Die Eltern möchten ihn festhalten.

3. Bild

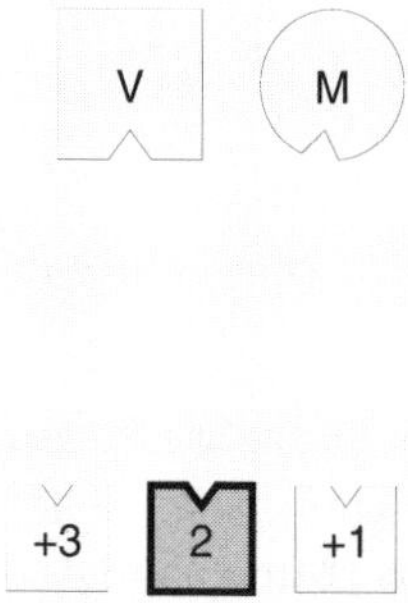

ARNOLD stellt sich an seinen Platz zwischen den Brüdern. Er atmet auf: Hier kann ich stehen. Wir gehören zusammen.

Der Therapeut stellt sich an die anderen Plätze und spricht zu Arnold.

DIE TOTEN BRÜDER Mensch, Arnold, Bruder, gut, daß du lebst! Bleib noch so 50 bis 60 Jahre am Leben, dann kommst du noch früh genug zu uns. Wir haben keine Eile, wir warten gerne auf dich. Wir freuen uns, daß du einen kleinen Sohn hast. Erzähl ihm bitte von uns.

Die Eltern freuen sich, Arnold zwischen seinen Brüdern zu sehen.

Wichtig ist bei dem Familien-Stellen mit Schuhen, daß der Klient in der Regel nur seine Rolle übernimmt und der Therapeut sich auf die Plätze der anderen Personen stellt, sich dort einfühlt und das Erlebte dem Klienten sagt.

Das andere Vorgehen, bei dem der Klient sich auf alle Plätze seiner Angehörigen stellt, deren Position und Erleben wahrnimmt und darüber berichtet, erwies sich oft als schwierig, verwirrend und zeitaufwendig.

Für eine therapeutische Sitzung mit der Erhebung der Vorgeschichte und dem Familienstellen mit Schuhen brauche ich in der Regel eine Doppelstunde.

In vielen Fällen entsteht durch die Arbeit mit Schuhen bei dem Klienten der Wunsch, an einem meiner fünftägigen Aufstellungsseminare teilzunehmen. Die Arbeit in den Gruppen mit etwa 12 Frauen und 12 Männern führt zu einem wesentlich intensiveren, klärenden und heilenden Prozeß.

Familienaufstellung mit Einzelklienten mit Hilfe von Figuren

Jakob Schneider

Die Familien- und Systemaufstellungen in Gruppen und die damit verbundene systemische Lösungsarbeit und phänomenologische Psychotherapie haben im psychosozialen Bereich eine derart grundlegende Bedeutung erlangt, daß sie auch in die verschiedenen Formen der Einzeltherapie hineinwirken.

Es gibt sehr viele Berater und Therapeuten, die in Kontexten arbeiten, die keine Aufstellungen in Gruppen ermöglichen. Manche trauen sich vielleicht auch die Arbeit mit Gruppen nicht zu. Und dennoch fühlen sie sich von dem Instrumentarium der Aufstellungen in Gruppen und dem sie tragenden Geist zutiefst angesprochen. Sie suchen nach Wegen, die Methode des Familienaufstellens in ihre Arbeit mit Einzelklienten oder Paaren (oder vielleicht auch Familien und kleinen Supervisionsgruppen) zu integrieren. Eine einfache und direkte Möglichkeit dafür ist die Aufstellung mit Figuren oder Gegenständen, die, auf einen Tisch oder im Raum gestellt oder gelegt, die Familienangehörigen oder die für das gestellte System wichtigen Personen repräsentieren.

Die Figuren

Ich gehe im Folgenden von meiner Erfahrung aus, die sich auf Figurenaufstellungen bezieht. Schon bald nach meinem ersten Erleben von Familienaufstellungen bei Bert Hellinger und meinen ersten Versuchen, damit in Gruppen zu arbeiten, griff ich zu den im Keller schlummernden Playmobilfiguren meines Sohnes und nahm sie in einer Plastiktüte überall mit hin, wo ich mich in der Beratungs- und psychotherapeutischen Arbeit auf keine Gruppe stützen konnte: in die Ehe- und Familienberatungsstelle, in die psychosomatische Klinik, zu kleinen Supervisionsgruppen und in die eigene Praxis.

Ich „mußte" das irgendwie tun. Schon nach den ersten Erlebnissen mit Familienaufstellungen in Gruppen wußte ich, das ist „meine" Methode und „meine" Art, therapeutisch zu arbeiten, egal ob in Gruppen oder mit Einzelklienten. Daß ich für die Figurenaufstellungen zu den Playmobilfiguren griff, geschah ohne große Überlegung. Sie waren einfach da, praktisch mitzunehmen, sie zeigten wenig Unterschiede, es gab nur Mann und Frau und verschiedene Farbkombinationen.

Gott sei Dank habe ich damals niemanden gefragt. So konnte ich ohne Bedenken und Einwände von außen einfach meine Erfahrungen mit den Figuren sammeln. Heute gibt es diese einfachen Playmobilfiguren – soweit ich weiß – nicht mehr zu kaufen. Es ist aber ziemlich unerheblich, welche Art von Figuren man wählt. (Es gibt z. B. ein sogenanntes Familienbrett mit Holzfiguren im Handel.)

Ein paar Kriterien für die Figurenwahl möchte ich aber nennen:

- Die Figuren müssen so sein, daß der Therapeut gut damit arbeiten kann. Man darf dabei nicht auf die Akzeptanz durch die Klienten schauen. Wenn die Methode und die Hilfsmittel für den Therapeuten stimmen, dann geht auch der Klient mit – fast immer.
- Die Figuren sollten möglichst wenig „Charakter" haben und somit die Anschauung möglichst wenig festlegen und auch möglichst wenig ablenken zu Unwichtigem und Unwesentlichem hin. Sie zählen nicht für sich, sondern nur in ihrer räumlichen Projektion für die Angehörigen des gestellten Systems. (Zur räumlichen Projektion werde ich weiter unten noch etwas anmerken.)

Es erleichtert die Aufstellungsarbeit mit Figuren, wenn die Figuren ein paar einfache Unterscheidungen erlauben: Mann und Frau, die Blickrichtung und vielleicht noch Farben oder anderes, was eine Minimalunterscheidung zwischen den Personen erlaubt. Kleine Figuren für Kinder sind vielleicht schon ablenkend. Denn sie suggerieren unter Umständen, sich in der Aufstellung an der Kinderzeit zu orientieren, und erschweren das „Zeitlose" der Aufstellungsarbeit.

Die Vorerfahrung mit Aufstellungen in der Gruppe

Noch eine Anmerkung möchte ich machen, bevor ich näher auf die Aufstellungsarbeit mit Figuren eingehe. Ich selbst arbeite in erster Linie mit Gruppen. Meine Arbeit mit den Figuren im Einzelsetting ist ganz an der Aufstellungsarbeit in Gruppen orientiert. Ich kann mir die Figurenaufstellungen ohne die Erfahrung mit Gruppenaufstellungen nicht vorstellen. Ich denke deswegen, man braucht für gute Figurenaufstellungen die Erfahrung mit Gruppenaufstellungen, am besten auch mit einer persönlichen Familienaufstellung in einer Gruppe, die Beobachtungen von Systemaufstellungen in Gruppen oder einen Eindruck von ihnen über Videos, nicht unbedingt aber das eigene Arbeiten mit Aufstellungen in Gruppen. Ich kenne Therapeuten und Berater, die mit Figuren arbeiten, ohne je selbst Aufstellungen in Gruppen geleitet zu haben. Ich kenne niemanden, der mit Figuren arbeitet, ohne je eine Aufstellung in der Gruppe gesehen zu haben.

Ich möchte nun im Folgenden berichten, wann eine Figurenaufstellung angebracht ist, wie ich in Einzelsitzungen vorgehe, wenn ich eine Figurenaufstellung benütze, wie ich sie für den Klienten anleite, wie ich im einzelnen mit der Figurenaufstellung arbeite. Dann werde ich auf Risiken und Chancen der Figurenaufstellung eingehen und schließlich etwas sagen zu Figurenaufstellungen und „Seelenarbeit“ und dem Wert, den dabei das methodische Vorgehen hat.

Der therapeutische „Sitz“ von Figurenaufstellungen

Man kann die Lösungsprozesse, um die es in Beratung und Therapie geht, auf folgende Weise unterscheiden: Da sind zunächst die Probleme, die sich durch Verhaltensänderung, durch Lernen, durch Kreativität und durch Spiritualität lösen lassen, gewissermaßen durch eine Art von geistiger Aktivität, die von blockierendem Denken und Handeln löst.

Dann gibt es den Bereich des Traumatischen, die seelischen Verwundungen, die meist mit einer Unterbrechung der liebenden Hinbewegung zur Mutter, zum Vater, zu anderen lebenswichtigen Bezugspersonen und zum Leben überhaupt verbunden sind, und die sich meist in der frühen Kindheit ereignet haben. Sie lassen sich lösen durch in der Seele rückwirkend heilende Prozesse zwischen einer lebenswichtigen Bezugsperson und dem Kind.

Und schließlich gibt es den weiten Bereich von Bindung und Lösung in Beziehungen. Probleme ergeben sich durch die tiefe Einbindung in Schicksalsgemeinschaften, vor allem die der Familie und Sippe, und ihre Folgen, und Lösungen ergeben sich durch die Einsicht in die „Ordnungen der Liebe“.

Die Aufstellungsarbeit bezieht sich auf die seelischen Prozesse von Bindung und Lösung. Lösungen ergeben sich hier im Blick auf das ganze Beziehungssystem: daß jeder ebenbürtig dazugehören darf und den ihm gemäßen Platz einnehmen kann, daß jeder sein Schicksal selbst trägt, daß jeder verzichtet, in das Schicksal anderer einzugreifen, daß jeder vorbei sein läßt, was vorbei ist. Es geht um Leben und Tod, um Glück und Unglück, Gesundheit und Krankheit, um gelingende und scheiternde Beziehungen, um Dazugehören und Ausschluß, um Geben und Nehmen, um Ausgleich und Schuld, um persönliche Bestimmung und Stellvertretung.

Damit sind im wesentlichen auch die Kriterien angegeben, wann eine Familienaufstellung als hilfreiche Methode angezeigt ist: immer dann, wenn in der „Gruppenseele" etwas in Ordnung, in Frieden, zu Ende kommen muß, wenn Verstrickungen eine Lösung behindern, wenn schwere Familienschicksale belasten.

Das Vorgehen in einer Beratungs- oder Therapiestunde mit Figurenaufstellung

Viele Therapeuten und Berater werden eine Familienaufstellung mit Figuren in ihre Art zu arbeiten und in ihr therapeutisches Grundverständnis integrieren. Ich selbst arbeite bei Fragen von Bindung und Lösung meist nur mit einer einzigen Sitzung, und die ganze Arbeit konzentriert sich auf die Figurenaufstellung. Hier gibt es aber sicher einen großen Verfahrensspielraum.

Folgende Elemente sind für das Vorgehen bei einer Figurenaufstellung wichtig: Wie bei einer Aufstellung in der Gruppe muß auch die Aufstellung in einer Einzelsitzung von einem ernsthaften Anliegen und der Kraft des Klienten getragen sein. Der Therapeut ist auf diese zur Lösung drängende Energie und das „seelische Gewicht" der Frage des Klienten angewiesen, um helfen zu können. Deshalb ist die Frage nach dem Anliegen und nach dem, „was Gutes aus dem Gespräch herauskommen soll", der Ausgangspunkt, dessen Klarheit und Kraft über den „Erfolg" einer Familienaufstellung vorentscheidet. Der Therapeut und der Klient müssen gleich zu Anfang wissen, worauf sie ihre Energie richten. Es muß für beide etwas von der „Gruppenseele" spürbar sein, die sie im Bemühen um eine gute Lösung trägt.

Nun ist das eigentliche Anliegen des Klienten und seine auf die Lösung wirkende Kraft häufig am Beginn einer Einzelstunde noch verdeckt. Es bedarf einer Hinführung zur Aufstellungsarbeit und den sie tragenden seelischen Prozessen. Diese Hinführung muß eher kurz sein, sofort wegführen von Nebensächlichem und Ablenkendem, die Aufmerksamkeit und Spannkraft auf die grundlegenden familiären Prozesse lenken und Vertrauen schaffen für die gemeinsame Arbeit. Meist gebe ich kurze Hinweise zu meiner Arbeitsweise, zu Verstrickungen in Familiensystemen und Krisen in Beziehungen und zu den Dingen, worauf ich schauen werde. Wenn ich schon eine Ahnung habe, wohin die „Reise" geht, erzähle ich vielleicht auch gleich eine oder mehrere „passende" Fallgeschichten. Gibt es noch kein Gefühl für eine Richtung der Arbeit, hilft manchmal eine offene und öffnende Mischung von kurzen Fallbeispielen und die Wahrnehmung der Reaktionen des Klienten darauf.

Die Grundlage für die lösenden Schritte mit Hilfe einer Aufstellung bilden die dafür relevanten Informationen: die wichtigsten Ereignisse in der Geschichte der Gegenwartsfamilie und/oder der Herkunftsfamilie und die Schicksale in der Familie und Sippe. Diese Informationen und die Art, wie der Klient sie mitteilt, führen oft schon zu einer tiefen Berührung durch das Beziehungssystem und einem ersten Aufblitzen der in ihr wirkenden Liebe, Verstrickung und Würde. Oder man spürt gleich, welche Informationen eher Kraft haben oder eher nicht und ob Wichtiges nicht erwähnt wird oder dem Klienten entscheidende Informationen fehlen.

Dieser Informationsprozeß ist ein dialogischer Prozeß. Er braucht den Kontakt von Klient und Therapeut mit der „Gruppenseele". Er lebt vom Wesentlichen. Er dient von vornherein der Lösung. Er gelingt nur mit Achtung und Einverständnis im Blick auf die Ereignisse und Schicksale, um die es geht.

Im Zentrum der systembezogenen Arbeit stehen dann die Figurenaufstellung selbst, das Finden der oder besser das Sich-berührenlassen von der Dynamik des Beziehungssystems, die Veränderung der „Plätze" der Figuren zu einem „Lösungsbild" und das Aussprechen der gemäßen Bindungs- und Lösungssätze.

Die Anleitung zur Figurenaufstellung

Wenn Personen Familienaufstellungen in Gruppen schon einmal erlebt oder gesehen haben oder sie von Büchern oder Videos von Bert

Hellinger her kennen, brauchen sie für die Figurenaufstellung kaum eine Anleitung, und man kann sie gleich bitten, ihre Familienmitglieder mit den Figuren aufzustellen. Dennoch beziehe ich mich meist auch bei ihnen wie bei Personen, für die eine Familienaufstellung unbekannt ist, auf die Aufstellungsarbeit in Gruppen und erzähle kurz, wie eine Aufstellung in der Gruppe abläuft. Zumindest für mich erleichtert es die Arbeit, wenn ich mit Figuren wie in einer Aufstellung mit Stellvertretern arbeite.

Nach dieser Verbindung des Figurenaufstellens mit der Gruppenaufstellung lege ich mit dem Klienten fest, welche Personen für die Aufstellung wichtig oder zunächst wichtig sind, und lege die dafür nötigen Figuren auf das Tischchen. Dann bitte ich ihn, die Figuren zueinander in Beziehung zu stellen, wie es seinem inneren Bild entspricht, ohne Zeit, ohne Gründe, so, daß es gefühlsmäßig irgendwie stimmt, und ohne zu sprechen oder etwas zu erklären. Normalerweise stellen die Klienten dann problemlos auf.

Wenn Schwierigkeiten auftauchen, sind diese meist nicht anders als in der Gruppe. Es ist vielleicht nicht der rechte Zeitpunkt zum Stellen, die innere Bereitschaft fehlt, das Vertrauen in die Methode oder den Therapeuten fehlt, es steht eigentlich das Stellen eines anderen Beziehungssystems an, zum Beispiel des Herkunftssystems statt des Gegenwartssystems oder umgekehrt.

Hier zeigt sich freilich ein großer Nachteil der Einzeltherapie gegenüber der Gruppenarbeit. In der Gruppe kann ich zuerst mit Personen arbeiten, die bereit sind. Die Zurückhaltenden und Zweifelnden und Unentschiedenen können über die Prozesse bei den anderen und das Aufgestelltwerden in fremden Familiensystemen langsam in diese Arbeit hineinkommen und sich in ihrem inneren Prozeß mehr Zeit lassen. Fällt es jemandem schwer, die Figuren in Beziehung zueinander zu stellen, stelle manchmal ich für den Klienten, nach meinem Gefühl von den Informationen her, und bitte den Klienten, meine Aufstellung zu korrigieren. Manchmal muß man auch jemanden bitten, die Aufstellung noch mal zu überprüfen, wenn der Eindruck entsteht, es wurde vom Kopf her gestellt, oder die Aufstellung stimmt irgendwie nicht mit den Informationen überein, oder jemand hat alle Personen in einer Linie zu sich selbst hingestellt, wie er da am Tisch sitzt.

Letzteres kommt immer wieder vor, läßt sich aber leicht korrigieren, wenn man darauf hinweist, daß man ja selbst als Figur mit dabei ist und daß die Aufstellung die Beziehung von jedem zu jedem in der Familie wiedergeben muß.

Die Arbeit mit der Figurenaufstellung

Die Figurenaufstellung dient dazu, daß die Verstrickung des Klienten innerhalb seines Familiensystems ans Licht kommt, daß Bindung und Lösung für ihn offenkundig werden, daß er den rechten Platz im Beziehungssystem einnehmen und von dort aus Vater und Mutter nehmen, achten und lieben kann, daß er mit Liebe gehen lassen kann, wen er ziehen lassen muß, und in das System und sein Herz hereinnimmt, wer ausgeschlossen war und dazugehört.

Die bindende und lösende Dynamik muß also über die Figurenaufstellung deutlich werden. Nun fehlen hier die Protagonisten mit ihren Gefühlen und Mitteilungen. Die Figuren fühlen nicht und sprechen nicht. Es ist nun Aufgabe des Therapeuten oder Beraters, sich über die Figurenkonstellation in das System einzufühlen und die Gefühle zum Ausdruck zu bringen, die die Familiendynamik wiedergeben.

Man kann natürlich auch den Klienten bitten, das selbst zu tun. Auch das ergibt manche Aha-Effekte. Meiner Erfahrung nach ist aber der Klient in den wesentlichen Dingen der Familiendynamik blind. Er bringt zwar ein unbewußtes Wissen mit, sonst könnte er nicht so stellen, wie er stellt, und auch der Therapeut könnte sich nicht einfühlen. Aber er bringt dieses Wissen auf verborgene Weise mit, und die Aufgabe des Therapeuten ist es, als Außenstehender sich der Gruppenseele des Klienten so zu öffnen, daß das Verborgene sich ihm zeigt und ausgesprochen werden kann.

Da ich das „Vorbild" der Gruppenaufstellung von vornherein anspreche, beziehe ich mich auch in der Wiedergabe der Familiendynamik auf die Gruppe und spreche aus, wie man sich als fremde Person in der Rolle des jeweiligen Familienmitglieds auf dem gestellten Platz fühlt. Ich gebe also nicht wieder, wie sich die Familienmitglieder des Klienten auf den gestellten Plätzen fühlen, sondern was Stellvertreter vermutlich fühlen. Ich treffe diese Unterscheidung, weil sie dem Klienten etwas Distanz zu dem vordergründigen Erleben seiner Familienmitglieder gibt, weil sie mich und den Klienten in der Wahrnehmung und in der Annahme des Gesehenen freier läßt und weil sie mir leichter die Möglichkeit gibt, Äußerungen zu korrigieren und Widerstände zu umgehen. Trifft und berührt das, was ich zu der Familiendynamik und den Gefühlen der Rollenträger sage, ist der Klient ohnehin wie in einem mehr oder weniger tiefen Tranceprozeß bei seiner Familie.

Während ich spreche, nehme ich die Reaktionen des Klienten wahr. Manchmal frage ich auch zurück, ob mein Empfinden stimmig ist und Sinn macht. Gelingt es mir, mich richtig in das gestellte System und seine Dynamik einzufühlen, habe ich den Klienten „gewonnen", und es steht der Arbeit auf eine gute Lösung hin meist nichts mehr im Wege. Nicht selten sagt dann der Klient erstaunt: „Woher wissen Sie das?"

Im nächsten Schritt arbeite ich mit den Figuren weiter wie in einer Gruppenaufstellung. Ich verändere die Stellung der Figuren, gebe die veränderte Dynamik und die veränderten Gefühle wieder, bis ans Licht kommt, was ans Licht möchte, und bis hin zur Lösungsaufstellung. Bin ich mir sicher durch meine eigene Berührung und die des Klienten, bleibe ich einfach bei dem, was sich mir zeigt, und gebe es wieder. Bin ich mir nicht sicher, unterbreche ich immer wieder diesen Prozeß. Ich frage zurück, was der Klient fühlt, wenn er die Bewegung der Figuren für sich und die Familienmitglieder mitvollzieht, frage nach weiteren Informationen oder probiere andere Stellungen der Figuren aus, welche vielleicht stimmiger sind, bis sich die Dynamik und die Lösung klar genug zeigen.

Ich bitte den Klienten, daß er sich in den Lösungsplatz einfühlt, und frage ihn, wie es ihm dabei geht. Ich achte darauf, ob dieser Platz ihn erleichtert und sich in ihm lösend oder heilsam oder wohltuend widerspiegelt. Manchmal beende ich dann die Arbeit mit der Figurenaufstellung.

Häufig, vor allem wenn es noch Probleme gibt, den neuen Platz im System einzunehmen, oder die Lösung noch nicht „greift", oder es zu ihrer Vertiefung und Ergänzung nötig erscheint, gebe ich dann die Sätze wieder, die ich den Klienten in einer Gruppenaufstellung sagen lassen würde, wenn er statt des Stellvertreters selbst in sein System hineingestellt wird, oder die ich die Stellvertreter zum Klienten hin sprechen lassen würde.

Häufig ist das der wichtigste Teil im Prozeß der Figurenaufstellung (wie auch bei einer Aufstellung in der Gruppe): die Berührung durch die Sätze, in denen die Bindung ans Licht kommt, und die Erleichterung und „Erlösung" in den Sätzen der Kraft. Häufig bitte ich auch den Klienten, die entsprechenden Sätze innerlich oder auch laut zu sprechen oder im inneren Bild oder manchmal auch direkt die Gesten, zum Beispiel eine Verneigung, zu vollziehen.

Treffe ich in meiner Einfühlung die Dynamik des Systems nicht, bekomme ich kein Gefühl für die in den Figuren gestellten Familienangehörigen und die Dynamik des Systems, oder bleibt der Klient völlig unbetroffen von meinen „Bildern" in bezug auf sein Beziehungssystem, dann unterbreche ich den Prozeß der Figurenaufstellung, sammle weitere Informationen, erzähle Geschichten oder breche auch ab.

Risiken und Chancen der Figurenaufstellung

Die Gefahren der Figurenaufstellung und die Fehler, die man mit ihr machen kann, sind zunächst die gleichen wie bei einer Aufstellung in der Gruppe:

- daß man ohne wirkliche Bereitschaft und Kraft des Klienten arbeitet;
- daß man sich von einer Schematik leiten läßt, die das jeweils andere und Neue einer Aufstellung nicht in den Blick kommen läßt;
- daß man mit zuviel Informationen arbeitet oder die entscheidende Information nicht hat;
- daß man sich von visuellen Mustern und von Assoziationen leiten läßt und so nicht in Einklang mit der Seele kommt.

Das entscheidende Manko gegenüber einer Aufstellung in der Gruppe besteht darin, daß für den Therapeuten oft erst über die manchmal sehr überraschenden Aussagen der Protagonisten die Systemdynamik einfühlbar wird. Vor allem bei schwierigen Fällen, unerwarteter und „neuer" Dynamik fällt das ins Gleichgewicht. Will zum Beispiel einer im System stellvertretend für einen anderen gehen, wird das oft nicht gleich über die Konstellation deutlich, und erst die Aussagen der Protagonisten geben vielleicht darauf einen Hinweis. Hat der Therapeut eine entsprechende Vermutung, kann sie in der Gruppe leichter überprüft werden, zumal die Energie und Beteiligung der die Aufstellung verfolgenden Gruppenmitglieder oft einen ganz wichtigen Hinweis auf die Stimmigkeit solcher Vermutungen bieten.

Diese Schwierigkeit der Figurenaufstellung gegenüber der Aufstellung in der Gruppe ist aber nicht fundamental. Die Dynamik in der Gruppenseele eines Klienten öffnet sich ja auch in der Gruppe nicht von den Rollenträgern, sondern von der Seele des Klienten her. Und auch in der Einzelsitzung gibt es das Erlebnis der „Kraft", die spürbar wird, wenn eine Vermutung etwas Wirkliches ans Licht bringt.

Letztes Kriterium bleibt die „Stimmigkeit" und die Berührung von Therapeut und Klient, die auch bei der Figurenaufstellung oft erstaunlich ist. Der Therapeut sieht die Lösung, wenn sie aufscheint, in der unmittelbaren Wahrnehmung des Klienten. Wahrnehmung bedeutet das Nehmen dessen, was sich aus dem Verborgenen heraus offenkundig macht. Der altgriechische Wortsinn von Wahrheit heißt „Unverborgenheit". Was löst, kommt meist unerwartet und berührt, es kommt eher leise und dient dem Handeln und dem Frieden. Es würdigt alle und kommt allen im System zugute.

Die Figurenaufstellung bietet auch eine Chance gegenüber der Gruppenaufstellung, und zwar immer dann, wenn der Berater oder Therapeut sich den Gruppenprozessen nicht gewachsen fühlt. Und ohne klaren Blick, genaue Wahrnehmung und bestimmtes Führen des Therapeuten kann die Aufstellung in der Gruppe auch eine Eigendynamik bekommen, die dem System des Klienten dann nicht mehr gerecht wird. Auch die Gefahr, daß Stellvertreter zu sehr ihre eigene Problematik einbringen, wird mit der Figurenaufstellung vermieden, freilich um den Preis, daß Vorurteil und „Blindheit" des Therapeuten weniger Korrektur erhalten und der Therapeut dem manchmal beträchtlichen „Sog" des Klienten im Einzelsetting stärker ausgesetzt ist.

Figurenarbeit und Seelenarbeit

In Gruppenaufstellungen „schwingen" die gestellten Personen mit der Seele des aufgestellten Systems mit. Das können Figuren nicht. Sie bleiben Dinge, etwas Vorgestellt-Bildhaftes. (Figuren muß man nicht bitten, aus der Rolle wieder herauszugehen).

Nun kann man sich auf die Figurenaufstellung als Bilderarbeit beschränken. So war das bei mir die ersten Jahre. Die Figurenarbeit bildete dann eine visuelle Brücke, eine Anschaulichkeit für das, worüber geredet wurde, eine viele indirekte Suggestionen ermöglichende Methode. Und das ist oft schon sehr hilfreich. Aber die

Figurenaufstellung kann mehr leisten. Es ist erstaunlich, wie schnell sie für die Seele einen Raum herstellt, in dem die Gruppenseele „schwingt“, so daß Klient und Therapeut mitschwingen können. Aufstellungsarbeit ist ja keine bloße Bilderarbeit; sie wirkt so berührend und bewegend, weil sie Bildern „Raum“ gibt. „Raumbilder“ unterscheiden sich von „flachen Bildern“ nicht nur darin, daß sie für Beziehungen die richtige Dimension herstellen, sondern vor allem darin, daß aus ihnen etwas – schwer zu Beschreibendes – „aufsteigen“ kann, was sich dem bloßen Betrachten entzieht. Was sie herstellen, ist vielleicht so etwas wie ein „Schwingungsfeld“.

Und so kommen in der Figurenaufstellung nicht in, aber über die Figuren, Klient und Therapeut in ein Einschwingen mit der Gruppenseele und ihrer Dynamik. Gleichzeitig erleichtert die Figurenaufstellung einen therapeutischen Prozeß, der „außen“ abläuft und hinausführt aus der „Innerlichkeit“ von Gedanken und Vorstellungen. Sie ist näher an der Wirklichkeit als das bloße „Sprechen über“.

Die überraschend tiefe Berührung auch in der Arbeit mit Figuren ergibt sich freilich nicht nur über die Aufstellung. Das „Schwingende“ ist verbunden mit dem Wort: mit Worten, die etwas stimmig wiedergeben, mit Worten, die Klarheit schaffen, mit Worten der Bindung und Worten der Lösung, mit Worten der Liebe und der Kraft. Und die tiefe Berührung ergibt sich in Gesten, dem körperlichen Ausdruck der Bewegung in der Seele.

Figurenarbeit wirkt in der Tiefe nur, wenn sie sich über das Bildhafte hinaus auf „Beziehungsfelder“ und deren Kräfte einläßt und sich lösenden und heilsamen Dialogen und Gesten öffnet.

Vom Wert der Figurenaufstellung als Methode

Wer Verständnis hat für die tiefgreifenden Prozesse in Familiensystemen und in der Seele, der kann im Grunde auch ohne Aufstellung, sei es in der Gruppe oder mit Figuren, auf Lösung hin arbeiten, allein vom Wissen um die wesentlichen Ereignisse und Schicksale her, im tiefen Mitschwingen mit der Seele dessen, der Hilfe sucht, und im Suchen von „Einsicht“. (Einsicht ist eigentlich ein das Bewußtsein klärender Tranceprozeß.)

Normalerweise erleichtert aber eine Methode sowohl dem Therapeuten, als auch dem Klienten die Wahrnehmung dessen, was wesentlich und wichtig ist. Sie bündelt Informationen, strukturiert das Vorgehen und konzentriert die Aufmerksamkeit. Über die Methode der Aufstellung können sich Klient und Therapeut leichter als auf einem gemeinsamen Weg befindlich erfahren, auf dem sie sich dem öffnen, was sich aus der Verborgenheit heraus zeigen möchte. Sie wirken zusammen, am „Ort“ der Seele des Klienten, und nur so lange, wie es für die Lösung nötig ist. Mit dem Erlebnis der Figurenaufstellung und über das Lösungsbild nimmt der Klient etwas „nach Hause“ mit, das weiter in seiner Seele wirkt und oft erst mit der Zeit seine eigentliche Wirkung entfaltet.

Vielleicht ist es wie bei einem Theaterstück. Es kann mich schon beim Lesen fesseln. Und doch ist die Aufführung im Theater meist die tiefere und eindrücklichere Erfahrung, solange sie dem Wesentlichen des Stückes und der Wirklichkeit und der Läuterung des Zuschauers dient und „stimmig“ gespielt wird.

Stellen Sie sich vor, Sie stehen vor Ihrem Vater und schauen ihn an ...

Systemische Interventionen in der Imagination

Ursula Franke

Einzelaufstellungen sind eine Möglichkeit, die Klienten in systemisches Denken einzuführen und zu Beginn der Therapie oder vor einer Aufstellungsgruppe die Dynamik oder später einzelne Aspekte genauer zu untersuchen. Sie stellt auch ein hilfreiches Vorgehen dar, wenn Klienten nicht an einer Gruppe teilnehmen wollen.

Lange schon wird mit der Umsetzung von systemischen Gruppenmethoden in die Einzeltherapie experimentiert. Verschiedene Möglichkeiten wie das Familienbrett, die Aufstellung mit Stühlen oder Kissen, mit Papierblättern auf dem Boden, mit Figuren jeglicher Größe sind ja bereits dokumentiert oder werden im kollegialen Kreis beschrieben. Seit mehreren Jahren untersuche ich das Thema Einzelaufstellung. Denn was kann man tun, wenn eine Gruppe für eine Aufstellung nicht zur Verfügung steht? Und wie kann man die Erfahrungen und den Nutzen aus der Aufstellung in das Einzelsetting übertragen? Hier möchte ich die Arbeit mit Aufstellungen in der Imagination vorstellen, die im Laufe der letzten Jahre entstanden ist und die sich in der täglichen Praxis gut bewährt.

Finden des Themas

Der eigentlichen Aufstellung geht stets ein Vorgespräch voran. Manchmal sind die Fakten aus der vorhergegangenen Anamnese bereits bekannt. Dennoch ist es sinnvoll, noch einmal die wichtigen Personen vom Klienten benennen und das Anliegen selbst formulieren zu lassen. Dabei ist es hilfreich, wenn der Klient eine einfache und lösungsorientierte Frage formuliert, zum Beispiel: „Wo ist mein Platz?" oder: „Was kann ich tun?", als Kurzfassung der Frage: „Was kann ich tun, um die Beziehung zu meiner Mutter zu verbessern?" Durch diese Präzisierung und Einschränkung auf ein konkretes Anliegen wird oft deutlich, wo die Problematik angesiedelt ist, und damit, wo die Interventionen ansetzen können. An einem Fallbeispiel möchte ich das Vorgehen demonstrieren.

Ein Beispiel:

Eine 30jährige Klientin kommt wegen depressiver Zustände. Sie hat ihr Studium abgeschlossen und möchte gerne im Ausland eine Fachausbildung beginnen. Als sie ihrem Vater, einem Italiener, davon erzählt, reagiert dieser empört, und droht ihr, wenn sie ins Ausland geht und ihn verläßt, sie als Tochter zu verstoßen. Sie weiß nicht, was sie tun soll, weint und ist verzweifelt. Die Beziehung zu ihrer deutschen Mutter ist gut, freundschaftlich und herzlich. Mit dem Vater war es immer schwierig, er wollte über sie bestimmen, klagte, daß sie keine gute Tochter sei, sich zuwenig um ihn kümmere etc. Die Klientin beschreibt einerseits Schuldgefühle dem Vater gegenüber, andererseits wolle sie ihren Lebensweg gehen. Die Klientin ist das einzige Kind ihrer Eltern. Der Vater ist das zweite von vier Geschwistern. Zwei leben, seine nächstjüngere Schwester ist als Kind ertrunken. Die Mutter hat eine Schwester. Aus der Anamnese entsteht die erste Hypothese: Die Tochter vertritt die ertrunkene Schwester des Vaters. Diese Hypothese wird in der Aufstellung überprüft.

Einführung und Vorbereitung des Klienten

Zu Beginn gebe ich eine kurze Einführung. Dann bitte ich den Klienten, sich bequem hinzusetzen und die Augen zu schließen. Für manche ist es einfacher, den Prozeß mit geöffneten Augen zu durchleben. Über Atmung und eine Entspannungsübung kann der Klient seine Körperwahrnehmung verstärken und die Aufmerksamkeit leichter nach innen richten. Meine Instruktionen lauten etwa: „Atmen Sie tief aus. Spüren Sie Ihre Füße auf dem Boden, nehmen Sie das Gewicht Ihres Körpers auf der Sitzfläche wahr." Dann folgt eine „Reise durch den Körper". Ist der Klient gesammelt, gebe ich die erste Anweisung, sich ein innerliches Bild vorzustellen.

Aufstellung

„Stellen Sie sich vor, Sie stehen vor Ihrer Mutter ... Wie sieht sie Sie an? Wie sehen Sie sie an?"

„Hier geht es mir gut. Ich bin ein bißchen traurig, aber meine Mutter tut mir gut."

„Wie sieht Ihre Mutter Sie an?"

„Liebevoll, zärtlich, doch sie ist irgendwie auf dem Sprung."

„Was passiert, wenn Sie Ihren Vater neben die Mutter stellen?"

Die Klientin beginnt zu weinen. „Ich will weg. Ich halte es da nicht aus."

„Wie schaut Ihr Vater Sie an?"

„Er schaut mich gar nicht an. Ich kann ihn gar nicht sehen."

„Wo ist Ihr Vater?"

„Ich weiß nicht."

„Was passiert, wenn Sie ihn ganz in der Ferne aufstellen?“

„Ja, dann wird es ein bißchen ruhiger.“

„Wie geht es ihm dort?“

„Er ist traurig und ratlos. Er ist gar nicht richtig da. Er schaut auch nicht zu uns her.“

„Wie geht es Ihnen, wenn Sie ihn sehen?“

„Es tut hier so weh.“ Sie deutet auf die Brust. „Es ist so schwer.“

„Was passiert, wenn Sie ein Stück zurückgehen?“

„Ja, dann ist es besser.“ Sie atmet auf. „Jetzt kann ich meine Mutter auch wieder sehen.“

„Wie geht es ihr?“

„Sie schaut immer zwischen meinem Vater und mir hin und her. Ich habe das Gefühl, ich bin ihr gar nicht so wichtig.“

„Wie schaut sie Ihren Vater an?“

„Sie ist traurig, betrübt. Sie kann nichts tun.“

„Was passiert, wenn links neben den Vater seine verstorbene Schwester tritt?“

Die Klientin schweigt. Dann sagt sie: „Erst hat er sich nicht getraut hinzuschauen. Und jetzt zieht es ihn hin und her. Ich glaube, er will wegrennen.“

„Was passiert, wenn er zu ihr sagt: ‚Du bist meine kleine Schwester, und ich bin dein großer Bruder?‘“

Die Klientin beginnt heftig zu weinen. „Beide weinen. Sie möchten zueinander.“

„Lassen Sie beide sich umarmen.“

Nach einer Weile atmet sie mit einem Seufzer aus und sagt: „Ja, jetzt geht es ihm gut.“

„Wie ist es jetzt für Sie, wenn Sie die beiden vor sich sehen?“

„Ich möchte auch da hin. Sie schauen mich so liebevoll an.“

„Was passiert, wenn Ihr Vater sich jetzt mit der Schwester neben seine Frau stellt?“

Sie atmet tief aus. „Da ist es gut.“

„Wie schaut Ihr Vater Ihre Mutter an?“

„Schön, sehr freundlich.“

„Wie schaut die Mutter den Vater an?“

„Ach, sie ist froh, daß er jetzt endlich da ist.“

„Wie schaut die Tante die Mutter an?“

„Sie freut sich, daß mein Vater sie zur Frau hat.“

„Wie schaut die Mutter die Tante an?“

„Warm und herzlich.“

„Was passiert, wenn Ihr Vater zu seiner Frau sagt: ‚Schau, das ist meine Schwester‘?“

Die Klientin lacht. „Alle freuen sich.“

„Was passiert, wenn Ihr Vater zu Ihnen sagt: „Schau, das ist meine Schwester?“

Sie atmet tief aus. „Schön, er sieht ganz jung und rosig aus.“

„Wie schaut die Tante auf Sie?“

„Freundlich. Sie lächelt mich an.“

„Was passiert, wenn Sie zur Tante sagen: ‚Es ist gut, daß du da bist'?"

„Ach, das tut gut. Das nimmt mir eine Last von meinen Schultern."

„Legen Sie Ihre Hand auf Ihr Herz und verneigen Sie sich vor ihr mit Achtung."

Sie verneigt sich. Dann nickt sie und sagt: „Jetzt ist es gut. Ein großer Friede."

Danach können weitere lösende Sätze zwischen Vater und Tochter folgen.

Diskussion

Die Aufstellung in der Imagination beginnt mit zwei Personen, dem Klienten und einem Gegenüber. Beide schauen sich an, wobei ich die Art des Anschauens genau beschreiben lasse. Dies fördert die Vorstellung des Bildes und macht zugleich die Dynamik deutlich. Wenn eine Beziehung klar benannt ist, nehme ich eine weitere Person hinzu. Damit kann schrittweise überprüft werden, wo genau die Verstrickung liegt, wem es gut geht und wer noch Stärkung durch andere oder durch lösende Sätze braucht.

Gleich im ersten Bild stellt sich der Klient nach der systemischen Ordnung an seinen richtigen Platz, zum Beispiel als Kind vor einen Elternteil. Dieser kann die thematisch wichtige Person sein, was meist heftige Gefühle zur Folge hat. Oder er geht den indirekten Weg über denjenigen Elternteil oder eine andere Person, zu der die Beziehung besser ist. So konnte zum Beispiel die Klientin für sich erst die Mutter als eine Stütze und Sicherheit erfahren, ehe sie sich der schwierigen Begegnung mit dem Vater stellte.

Die Interventionen, die in realen Aufstellungen eingesetzt werden, sind auch in der Imagination möglich und zeigen beim Klienten eine ähnliche Wirkung wie die „echten" Handlungen. Die Vorstellung, daß der Klient oder seine Familienmitglieder sich anlehnen, umarmen, den Kopf auf die Schulter legen, atmen, Sätze sagen oder auch gesagt bekommen, kann eine tiefe Erfahrung bewirken, die von starken Gefühlen begleitet wird. Neben den Aussagen und Gefühlsregungen geben die Klienten zahlreiche subtile, körperliche Signale, die zur Orientierung des Therapeuten dienen. Atmung, Haltung, Gesichtsausdruck, Hautfarbe und Spannung im Körper vermitteln die Zustimmung oder Ablehnung des jeweiligen Vorschlags.

Alle Schwierigkeiten des Klienten, sich das vorzustellen, was ich vorschlage, nehme ich als Hinweise für den weiteren Verlauf. Läßt zum Beispiel der Vater sich nicht neben die Mutter stellen, ist sein Gesicht nicht deutlich erkennbar, sind nur Teile des Körpers zu sehen oder ist er gar nicht sichtbar, so stellt sich die Frage: Was oder wer fehlt? Die zuerst Unsichtbaren lassen sich meist in weiter Ferne aufstellen. Die Anwesenheit der Ausgeschlossenen oder Toten ermöglicht es, daß sie näher kommen. Ist aus der Dynamik keine Person eindeutig zu bestimmen, so hilft oft eine Stärkung durch die Eltern. Oder ich vervollständige das Bild und stelle Vater, Mutter oder die Geschwister hinzu, so daß der Klient seinen ihm in der Ordnung gemäßen Platz bekommt.

Die Dauer einer Sitzung beträgt im üblichen Rahmen 50 Minuten. Der Therapeut sollte zum Wohle des Klienten dafür Sorge tragen, den Prozeß innerhalb dieser Zeit zu einem guten Abschluß zu bringen. Dies muß nicht notwendigerweise eine Lösung der Verstrikkung bedeuten. Doch ist es hilfreich, wenn dem Klienten bis zur nächsten Stunde ein stärkendes Bild zur Verfügung steht.

In der Einzeltherapie wie auch in der Supervision läßt sich mit Aufstellungen in der Imagination erfolgreich arbeiten. Die Fälle können mit Grundinformationen über die Familienkonstellation auf ihre Dynamik hin untersucht werden. Wie die bisherige Erfahrung zeigt, scheint die Vorstellung ein ebenso präzises Bild zu ermöglichen wie die Wahrnehmungen und Aussagen der Darsteller in einer Gruppe.

Aufstellungsarbeit mit einzelnen und Hypnotherapie

Wolfgang Lenk

Es gibt sehr viele Varianten der systembezogenen Aufstellungsarbeit mit einzelnen: beispielsweise mit Figuren für die einzelnen Familienmitglieder auf einem Brett, mit Schuhen oder anderen „Platzhaltern" im Therapieraum, indem der Klient sich selbst spielt und der Therapeut auf die Plätze der anderen Familienmitglieder geht oder indem der Klient alle Rollen nacheinander exploriert.

Die Metapher „Weisheit des Unbewußten"

M. H. Erickson war der Überzeugung, daß die Menschen von sich aus mit den natürlichen Fähigkeiten ausgestattet sind, Schwierigkeiten zu überwinden, Probleme zu lösen, in Trance zu gehen und alle damit verbundenen Phänomene zu erleben (vgl. auch O'Hanlon 1991). In diesem Sinn hat Erickson gesagt oder soll gesagt haben: „Dein bewußtes Denken ist klug, aber dein Unbewußtes ist sehr viel weiser als dein bewußtes Denken." Er hat seine Form der therapeutischen Anwendung dieses Ansatzes in vielen seiner therapeutischen Fallgeschichten illustriert. D. Cheek und E. Rossi (1988) haben dieses Konzept in ihrem Buch „Mind Body Healing" für viele sehr verschiedene Symptomatiken und Krankheiten konsequent ausgearbeitet. Dabei werden die unbewußten Potentiale wie eine wissende Instanz mit großer Gestaltungskraft *(homunculus)* aufgefaßt, und auf der Basis des ideomotorischen Signalisierens wird so etwas wie ein innerer Dialog mit dem „weisen Unbewußten" zur Lösung der anstehenden Probleme gestaltet und entfaltet. Teilweise muß der Klient sich bewußt mit manchen Lebensaspekten neu auseinandersetzen und „selbst" etwas tun, teilweise ist das „Unbewußte" bereit, neue Lösungen für anstehende Probleme, gleich welcher Art, zu entwickeln. Es geht also um Kooperation zwischen bewußtem Wollen und unbewußten Potentialen (vgl. auch Lenk 1988, 1995).

Dieses hypnotherapeutische Konzept nutze ich gelegentlich in der Aufstellungsarbeit mit einzelnen in der Form der „sprachlichen Kommunikation mit dem Unbewußten", um Klienten zu helfen, die

Schwierigkeiten haben, „gesammelt" die Aufstellung zu machen, oder unsicher sind, ob es „stimmt oder nicht"; ich nutze es gelegentlich auch, um Lösungsschritte zu entdecken oder Unstimmigkeiten aufzulösen.

Posthypnotische Suggestionen

In der Hypnotherapie geht man davon aus, daß wesentliche therapeutische Veränderungsprozesse zwischen den Sitzungen geschehen, so daß „posthypnotische Suggestionen" (Erickson, Rossi u. Rossi 1978) im Sinne einer weiteren Verarbeitung der Therapieerfahrungen aus der Sitzung, im Sinne der Abrundung angestoßener Prozesse aus der Sitzung – zum Beispiel nachts in den Träumen –, im Sinne von bewußten und unbewußten Lernprozessen und eines ganz allgemein persönlichen weiteren Wachstums in unterschiedlichsten Variationen zum Repertoire der Hypnotherapie gehören. (Nach meinem Verständnis gibt es hier also gewisse Parallelen zu Hellingers Auffassung, daß das gefundene Lösungsbild – gerade wenn die Aufstellungsarbeit nicht ganz bis zum stimmigen Ende geführt werden kann – oft eine Weile in der Seele wirken muß, bis eine stimmige Veränderung im Leben aktiv gestaltet werden kann oder bis die Zeit dafür reif geworden ist.)

Dieses Konzept der posthypnotischen Suggestionen nutze ich gelegentlich, um Klienten zu helfen, ihren „Prozeß" aus der Aufstellungsarbeit in „guter Weise" weiter wirken und sich entfalten zu lassen.

Ein Beispiel:

Eine Klientin war zu mir in Therapie gekommen wegen starker Angstgefühle, Unsicherheit in der beruflichen Arbeit, ihrem ständigen Beziehungs-Clinch, einer schwierig verlaufenden Netzhautentzündung und – wie sich später herausstellte – vor allem wegen der bedrängenden Frage, ob ihre Mißbrauchsphantasien wirklich Erinnerungen an eine schwierige Kindheit oder lediglich Phantasien sind. In der Therapie konnte sie die Mißbrauchserfahrungen verarbeiten und wieder in eine freundlich-liebevolle Beziehung zu ihrem Vater kommen, verlor fast ganz die Angst und Unsicherheit, und in Kooperation mit dem „Unbewußten" nahm die Krankheit einen guten Verlauf. Am Ende dieser Therapie wollte sie gern „mehr Ordnung in ihre Familienbeziehungen und in ihre Gefühle hineinbekommen", so machten wir dann eine Familienaufstellung in dieser Einzeltherapie.

Aufstellung:

Ich bat die Klientin, ihre inneres Symbolbild ihres „Unbewußten" (mit dem sie schon soviel gute Erfahrungen im Verlauf der Therapie gemacht hatte) zu fragen, wie die Herkunftsfamilie aufzustellen sei, da sie wieder etwas unsicher und nicht „gesammelt" war. Sie stellte unter Anleitung des Unbewußten auf, das heißt, sie markierte die Bodenplätze für ihre Großeltern, Eltern, den Bruder und auch ein abgetriebenes Kind der Eltern (obwohl ich es von Hellinger anders gelernt hatte). Es ist so etwas wie ein Aufstellungsbild von „zersplitterten Paaren und verstreuten Familienmitgliedern"; der Großvater mütterlicherseits strebte aus dem System hinaus. Nachdem sie diese Problemaufstellung von außen betrachtend in sich aufgenommen hatte, ging sie rein in die jeweilige Person, um die Gefühle und Erlebnisweisen zu explorieren.

Das Unbewußte sagte, sie solle zuerst dem abgetriebenen Fötus – er ist männlich – helfen, was wir taten. Nachdem die Eltern ihre Schuld anerkannt hatten, sollte sie dann ihre Beziehung zu ihren beiden Geschwistern klären und die Rangfolge-Positionen anerkennen. Wieder von außen betrachtend, kamen vor ihrem inneren Auge, in ihrer Phantasie, alle drei Geschwister zusammen, setzten sich an einen runden Tisch und freuten sich aneinander, als seien sie „eine Mannschaft". Sie hatte des befreiende Gefühl, daß „eine schmerzliche Lücke geschlossen" wurde. Das Unbewußte sagte dazu, sie möchte dieses (Partial-) Lösungsbild so intensiv aufnehmen, daß sie sich in vielen anderen (Problem-) Situationen leicht daran erinnern kann. Als Trancevertiefung und im Sinne posthypnotischer Suggestionen sagte ich ihr (ausführlich mit hypnotherapeutischen Sprachmustern), daß sie die Fähigkeit habe, dieses Bild und diese Erfahrung in ihr Herz aufzunehmen und wirken zu lassen, und daß sie ebenso die Fähigkeit habe, diese Kraft aus der Geschwister-„Mannschaft" mit Haut und Haaren, mit allen Poren mehr und mehr zu spüren, jetzt und in vielen anderen wichtigen Situationen.

Als sie danach in die Mutter hineinging, spürte sie einen neuen Impuls: Die Mutter sieht, daß alle drei Kinder gut zusammen sind und möchte an die Seite ihres Ehemanns. Nachdem die Eltern sich gewürdigt und als den jeweils richtigen Partner anerkannt haben, konnten wir die Herkunftsfamilie in einer Lösungskonstellation neu aufstellen. Mit den Eltern im Rücken und neben ihren Geschwistern fühlte die Klientin sich sehr sicher, klar und stark. Und es entstand in ihr die Überzeugung, daß wirklich *jedes* Familienmitglied in dieser „Ordnung der Liebe" wachsen und sich weiterentwickeln kann.

Als sie wieder von außen das Aufstellungsbild auf sich wirken ließ, organisierte sich das System vor ihrem geistigen Auge von allein weiter um, so als habe es nur einer Art Initialzündung bedurft. Die Großeltern väterlicherseits werden nach einem schnell ablaufenden Gespräch zu einem Paar, dann werden die Eltern auch zu einem „wirklichen Paar". Und die Männer gewinnen in dieser neuen Systemaufstellung an Kraft und Bedeutung, sie werden zu „richtigen Männern, stark und zuverlässig", eine Erfahrung, die ihr sehr gut tat. Nur mit den Großeltern mütterlicherseits geschieht nichts. Es war einen Moment unklar, was es mit den Großeltern mütterlicherseits auf sich hatte. Das Unbewußte sagte: Der Großvater gehört nicht zum System! Deshalb ließ sie ihn auf respektvolle Weise gehen. Niemand im System war traurig darüber. Ihr fiel dann wieder ein, daß es immer Gerüchte in der Verwandtschaft gegeben hatte, der Großvater habe seine Ehe-Frau umgebracht. Er war ein Jahr nach dem Tod der Großmutter gestorben.

Aber vor ihrem geistigen Auge war es jetzt so, daß die Großmutter mütterlicherseits, nun ohne Ehemann, unbedingt, mit einem ärgerlichen Gesicht, an die Seite ihrer Enkelin wollte. Das Unbewußte wies ihr einen Platz neben den anderen Großeltern zu und sagte, das sei vorübergehend ihr Platz, da sei noch etwas zu klären zwischen ihr und der Enkelin (Klientin), aber nicht heute.

Die Klientin selbst hatte auch das Gefühl, daß es für heute emotional genug war und ihre Energie und Aufnahmefähigkeit am Ende war.

Die folgende Sitzung, 6 Wochen später:

Der Klientin war es in der Zwischenzeit sehr gut gegangen, und sie wollte gern die Aufstellung zu Ende bringen! Unsere therapeutische Arbeitsweise wechselte jetzt etwas mehr zu dem, was man den hypnotherapeutischen Dialog mit der inneren Familie nennen könnte (obwohl Hellingers Konzept auch hier die Grundlage blieb).

Ich bat die Klientin, sich in Trance in die Großmutter hineinzuversetzen und zu explorieren, wie es ihr geht und was sie möchte. Die Großmutter will nicht einfach auf dem Platz für die ältere Generation abgestellt werden. Sie will eigentlich Rache, weil ihr soviel Schlechtes im Leben angetan worden war und weil sie nie einen eigenen Platz im Leben finden konnte.

Ich bat die Klientin, ihr Unbewußtes zu fragen, was zu tun sei. Die Antwort:

1. Sie solle der Großmutter sagen: Es tut mir leid, daß ich dein Andenken nicht gewürdigt habe.
2. Sie solle dann der Großmutter von ihrem eigenen Werdegang, ihren Lebenserfahrungen, Erfolgen und Niederlagen erzählen.
3. Sie solle dann die anderen Mitglieder der Familie bewegen, die Großmutter wahrzunehmen und ihr schweres Schicksal zu würdigen.
4. Sie solle zum Schluß der Großmutter (und hier paßt die Metapher der inneren Familie sehr deutlich) die Erfahrung geben, wie es ist, wie es sich anfühlt, zur Familie, ganz sicher und selbstverständlich dazuzugehören. Dann würde sie den richtigen Platz für sich im System von allein finden.

In meinen Augen waren diese „Interventionsvorschläge des Unbewußten" hervorragend, denn indem die Klientin der Großmutter von ihrem Werdegang erzählte, strukturierte sie auch ihre Lebenserfahrungen durch die „Brille der letzten sechs Wochen" auf der bewußten Ebene neu (etwas, was sie auch nach der Sitzung fortsetzte); und mit Schritt vier lernte sie (im Anschluß an das vor der Aufstellung erreichte Therapieresultat), das Gefühl, „ganz sicher und selbstverständlich dazuzugehören", zu vertiefen.

Mit diesen Schritten hatten am Ende dieser Sitzung nun alle Familienmitglieder in der Lösungsaufstellung ihren stimmigen Platz in diesem Familiensystem gefunden.

Ist nach dem Familien-Stellen eine Nacharbeit notwendig?

Heidi Baitinger

Der kontextuelle Rahmen einzeltherapeutischer Nacharbeit

Klienten kommen mit unterschiedlichem Anliegen in meine Praxis. Die meisten melden sich zu einem Aufstellungsseminar an, das ich einmal im Monat anbiete, und ich sehe diese Klienten danach nicht mehr wieder. Gelegentlich meldet sich ein Seminarteilnehmer später zu einer Einzelstunde, weil das bereits Gewirkte eine Unterstützung braucht oder eine weitere bisher verborgene Verstrickung aus einer noch dahinter liegenden bindungsdynamischen Schicht aufgetaucht ist.

Zum anderen kommen Klienten gezielt zur Einzeltherapie, oft ohne Kenntnis von und ohne speziellen Wunsch nach Familienaufstellungen.

In der Einzeltherapie ist das „Familiensystemische" für mich immer die tragende Basis. Ich integriere jedoch auch andere lösungsorientierte Kurztherapiemethoden, besonders die Hypnotherapie nach Milton Erickson.

Die meisten meiner Einzeltherapieklienten nehmen an einem stimmigen Punkt ihres therapeutischen Prozesses an einem Aufstellungsseminar teil, oder wenn eine Schablonenaufstellung die Komplexität der Verstrickung nicht lösen kann. Die Erfahrung zeigt, daß in dem Großteil der Fälle das Familien-Stellen das organische Ende der Therapie ist und danach in der Regel höchstens noch ein bis fünf Sitzungen stattfinden, in der die gefundenen Lösungen nachgespürt werden.

Inhaltliche Aspekte einzeltherapeutischer Nacharbeit

Wie bereits beschrieben, gehe ich mit Nacharbeitsstunden sehr sparsam um. Ich habe aber die Erfahrung gemacht, daß unter manchen Umständen eine gezielte Nacharbeit den therapeutischen Prozeß fördert und notwendig ist.

Klienten erleben gelegentlich als Erstreaktion nach dem Familien-Stellen eine Verschlimmerung der Symptomatik und einen heftigen inneren Aufruhr und Konfusionszustand. Eine Nacharbeitsstunde oder oft auch nur ein telefonischer Kontakt helfen dem Klienten, diese Innenbewegung als Neuorientierung und innere Umstrukturierung seiner Seele zu verstehen, so daß er sie ungestörter und ohne Besorgnis eher geschehen lassen kann.

Anhaltende Identifizierungen

Wenn jemand mit einer anderen Person des Systems identifiziert ist und dort noch „hängt", kann eine Nacharbeit helfen, das Fremde und verstärkt auch das Eigene nochmals zu sortieren, *den Vollzug des Zurückgebens des Übernommenen noch einmal, symbolisch verlangsamt und verdeutlicht, zu wiederholen* und das Eigene als leibliches Spüren der inneren Befindlichkeit bei diesem Vollzug wahrzunehmen. Trance bietet sich hier als gute Methode an, um nochmals mit der energetischen Kraft dieser blinden Bindungsliebe spürbar in Kontakt zu kommen und dann diese Kraft der „Lösungsperson" zuzuwenden, zum Beispiel der Mutter, wenn eine frühere Frau des Vaters vertreten wurde.

Manchmal braucht die für ihn wichtige Person seines Familiensystems eine Anreicherung mit fehlenden Ressourcen, zum Beispiel, damit der Vater als Vater wirklich da sein kann, braucht er häufig seinen Vater. Visualisiert der Klient in Trance, wie die Hinbewegung seines Vaters beim Opa ankommt, erscheint ihm der Vater danach meist voller präsent und für die eigene Sehnsucht erreichbarer.

Das Ankommen der bisher unterbrochenen Hinbewegung

Den größten und wichtigsten Raum der Nacharbeit nimmt immer das *Ankommen der unterbrochenen Hinbewegung* ein. Oft brauchen Klienten hier über die in der Aufstellung manchmal zähe und stockende Erfahrung hinaus weiterführende Hilfestellung, damit eine unterbrochene Hinbewegung fließen kann, besonders wenn ein Elternteil dem Kind gegenüber den anderen Elternteil massiv verachtete.

Ein Beispiel:

Eine Frau verlor ihren Vater durch dessen selbstverschuldeten Autounfall unter Alkoholeinfluß, als sie acht Monate alt war. Sie redete über ihren Vater extrem abfällig und von oben herab. In der Aufstellung war hier keinerlei Hinbewegung möglich. Erst als in der Nacharbeit das von der Mutter übernommene Vaterbild provokativ in Frage gestellt und dann in einer Trance ein inneres Bild vermittelt wurde, daß sie ja in jeder Zelle den Vater in sich habe, und diesem verkümmerten eigenen Vaterteil in ihr Suggestionen gegeben wurden, damit er lebendig wurde und sich füllte, erlebte sie einige Tage später folgenden Wachtraum: Sie sah ein Bild von ihren Zellen, die aussahen wie kleine, leere, aneinandergereihte Töpfchen, in denen innen ein winziger Zellkernpunkt herumkugelte. Plötzlich wurde der Vater in diesen Zellkernen lebendig, sie begannen zu wachsen, füllten die gesamte Zelle aus, und sie hatte „überall volle Töpfchen". Nach dieser Erfahrung fühlte sie sich bleibend in tiefstem Kontakt mit ihrem Vater, hatte ihn in sich und blühte auf. Diese Nacharbeit (fünf Stunden) war unentbehrlich für die Lösung und machte ihre Erfahrung des Familien-Stellens rund.

Wenn sich jemand hierbei heftig verbal sträubt, verwende ich auch gern die Dissoziation bewußt-unbewußt, arbeite ausdrücklich nur noch mit seinem Unbewußten und ermögliche ihm, in Trance zurückzugehen, um wieder in Kontakt zu kommen mit frühen Bindungssituationen und -gefühlen, oder, falls jemand keine erinnern kann oder will, arbeite ich mit „Als-ob-Realitäten", „als ob" die Mutter zum Beispiel auf die richtige Art und Weise das Kind nimmt und die tiefe Sehnsucht im Inneren des Kindes bei der Mutter ankommen kann. Schildere ich in Trance metaphorisch Situationen, wo und wie eine Hinwendung stimmig ankommt, reagiert der Klient meist mit einem bewegten Gefühl, das ich dann unmittelbar aufgreifen kann, entweder in der Imagination oder konkret mit mir, indem ich ihn als Stellvertreterin halte.

Fremdidentifizierung *und* schwere persönliche Schicksale gleichzeitig

Wichtige Erfahrungen notwendiger Nacharbeit habe ich gemacht, wenn Klienten eine Mischung von Fremdidentifizierung und persönlichem schweren Schicksal oder Trauma erlebten.

Ein Beispiel:

Ein Mann war mit einem Bruder seines Vaters identifiziert, der von seinem Vater, einem Viehhändler, als Baby verkauft wurde.

In der persönlichen Geschichte des Klienten erhängte sich seine Mutter an seinem fünften Geburtstag. Der Klient war vollständig von seinem Inneren abgeschnitten, er wirkte wie ein Automat. Hier mußte auf beiden Ebenen (den Onkel ehren und ihm sein Schicksal lassen und die Mutter nehmen und ziehen lassen) nachgearbeitet werden, um ihn erst einmal in Spürkontakt mit sich selbst zu bringen. Das waren für diesen Mann vollkommen neue Erfahrungen. Hier half die Aufstellung, Licht in die Dynamik zu bringen; die inneren Vollzüge bedurften jedoch weiterer nachfolgender Unterstützung.

Auch bei schweren sexuellen Mißbrauchserlebnissen habe ich die Erfahrung gemacht, daß der Vollzug: „Ich habe es (gern) für dich getan", Wiederholung in der Einzelsituation braucht, damit die tief darunter fließende „verstellte" Liebe wirklich lösend erreicht wird. Hier sind ergänzend Traumadissoziationsmethoden und Heilungstrancen und -rituale hilfreich, damit das Eigene wieder seine Würde findet, heilen und in Ordnung kommen kann.

Nacharbeit bei doppelter Identifizierung und bei körperlich Kranken

Wenn ein Klient doppelt identifiziert ist, bleibt er oft in anhaltender Konfusion, und es bedarf eines gesonderten Ordnens und Zurückgebens des mehrfach Fremden in einer visualisierten Wiederholung der Aufstellungserfahrung, um zu sortieren und sich in sein Eigenes zurückzunehmen.

Auch körperlich Kranke, die wegen ihres Schmerzzustandes kommen, brauchen oft eine etwas längere Behandlungszeit. Hier bemühe ich mich, *einen symbolisch-analogen Raum* zu schaffen, einen Erfahrungsrahmen, in dem sich die Innenwahrnehmung beim Hinspüren zu der kranken oder schmerzhaften Körperregion mit der in einer Familienaufstellung gefundenen Lösungskraft oder Lösungsperson verbinden kann. In diese leiblich-visuelle Wahrnehmung baue ich oft das Bild einer heilenden imaginierten Szene ein: wie es gut und richtig zum Beispiel mit der Mutter gewesen wäre, oder ankere das konkret spürbare gute Gefühl der angekommenen Hinbewegung hinein. Besonders das „History-change-Modell" und die Imagination eines „neuen Films" habe ich heilsam gefunden. Assoziierte Bilder, Einfälle, Veränderungen der Körperempfindungen und der Kontakt mit der autonomen inneren Eigenbewegung spielen dabei eine wichtige Rolle.

Ein Beispiel:

Eine Frau hatte seit vielen Jahren eine extrem schmerzhafte Darmschlappheit, sie konnte kaum noch etwas essen. Ihr Vater war gestorben, als sie sieben Jahre alt war. Sie visualisierte ihren Darm als toten, karstigen Hohlraum. In Trance füllten wir diesen Hohlraum mit Erinnerungen an den Vater, imaginierten die wichtigen Situationen ihres Lebensweges nach dem Tod des Vaters, als ob er dabei gewesen wäre, und füllten gleichsam den Vater in ihr. Der emotionale Vollzug der unterbrochenen Hinbewegung nahm dabei einen wichtigen Raum ein. Der Darm regenerierte sich überraschend schnell. Diese Arbeit dauerte eine Stunde.

Ein Jahr nach der Aufstellung

In den Jahren meiner Erfahrung mit den inneren Prozessen, die das Familien-Stellen bewirkt, ist mir häufig aufgefallen, daß etwa genau ein Jahr nach einer Aufstellung eine „Krise" auftritt und die in der Aufstellung erfahrene Dynamik „noch einmal vorbeikommt" und sich zeigt. Wird sie dann wahrgenommen und gewürdigt als etwas, das war und auch dazugehört, kann sie wieder abklingen und vorbeiziehen. Oft zeigt sich auch ein noch nicht vollzogener oder neuer Aspekt, der energetisch jetzt „dran" ist.

Ein Klient von mir, dem Bert Hellinger in einem Seminar sagte, er müsse sich vor seiner Krankheit verneigen, nahm diesen Satz ein Jahr lang so auf, um sich ganz in neue medizinische, operative Behandlungsformen zu stürzen. Er kam ein Jahr später mit einer schweren suizidalen Symptomatik wieder zu einigen Einzelstunden. Jetzt erst war sein Inneres empfänglich für ein Verneigen, und dieser innere Vollzug konnte als lösend erfahren werden.

Es bleibt dem Nachspüren und Ermessen des Therapeuten überlassen, ob er den Wunsch des Klienten nach Nacharbeit erfüllt und vielleicht durch einige der genannten Aspekte weitere Lösungsschritte fördert oder ob er diesem Wunsch widersteht, weil sich dahinter eher eine Legitimierung des Problems und ein Vermeiden der Lösung verbirgt.

Ausgehend von den Erfahrungen in meiner psychotherapeutischen Praxis kann ich die Frage, ob eine Nacharbeit nach einer Aufstellung notwendig ist, jeweils nur differenziert im Hinblick auf die jeweilige therapeutische Situation entscheiden.

Familien-Stellen im Rahmen von Paar-Gruppentherapie

Margarete Kohaus-Jellouschek und Hans Jellouschek

Seit mehr als zwanzig Jahren führen wir mit verschiedenen Themen und in unterschiedlichem Rahmen mehrtägige therapeutische Workshops für Paare durch. Diese Form der Paar-Gruppentherapie hat sich – wie unsere Erfahrung zeigt und eine Nachbefragung auch bestätigt hat – als eine effektive Form von Paar-Kurztherapie erwiesen (Jellouschek und Kohaus-Jellouscheck 1993). In den letzten Jahren sind wir dazu übergegangen, im Rahmen dieser Gruppen auch die Methode des Familien-Stellens, wie wir sie bei Bert Hellinger gelernt haben, anzuwenden. In welcher Weise wir dies tun, darüber möchten wir in diesem Beitrag Auskunft geben. In einem ersten Teil werden wir unser Workshopkonzept und seine Weiterentwicklung zu einer zusammenhängenden Workshopreihe kurz darstellen. Ein zweiter Teil soll dann zeigen, wie wir in dieses Konzept das Familien-Stellen integrieren.

1. Das Seminardesign

Wir schreiben – hauptsächlich im Rahmen unserer eigenen therapeutischen Praxis in Entringen (Kreis Tübingen) – jährlich etwa sieben viertägige therapeutische Seminare für jeweils acht bis neun Paare aus. Die Gruppengröße beläuft sich also auf sechzehn bis achtzehn Personen, und wir leiten die Seminare zu zweit, entweder wir als Paar, oder einer von uns mit jeweils einem/einer anderen Kollegen/

Kollegin. Die Gruppen sind altersmäßig sehr gemischt. Der Schwerpunkt liegt auf den 35–45jährigen, es finden sich aber immer wieder auch ganz junge Paare ein, und – am anderen Ende des Altersspektrums – auch über sechzig- und siebzigjährige. Gesellschaftlich gehören sie meist der Mittelschicht an, der Familienstand ist denkbar vielfältig: befreundete, verheiratete, zusammenlebende oder auch getrennte Paare lassen uns die lebendige Vielfalt heute gängiger Beziehungsformen erleben.

Für den Verlauf der Gruppen geben wir eine sehr klare Struktur vor. Wir fokussieren in der Regel nicht den Gruppenprozeß, sondern den Prozeß der einzelnen Paare. Deshalb haben wir als Grundform der Arbeit das Gespräch der Partner miteinander vorgesehen. Die Partner, die jeweils arbeiten wollen, gehen in die Mitte der Gruppe, setzen sich einander gegenüber und bearbeiten miteinander ein selbstgewähltes Thema. Dafür haben sie eine halbe Stunde zur Verfügung. Jedes Paar kommt in dieser Weise durchschnittlich einmal pro Tag zum Zug. Während der ersten zwanzig Minuten sprechen die beiden miteinander. Die Gruppe hat lediglich die Möglichkeit, über die Psychodrama-Technik des Doppelns einzugreifen, um halb oder nicht Ausgedrücktes zu verdeutlichen. Wir als Leiter intervenieren auch direkt. In den restlichen zehn Minuten schweigen die beiden Partner und hören die Mitteilungen der Gruppe darüber, wie sie bei ihrem Gespräch miteinander erlebt wurden. Geschieht dies in einer einfühlsamen und achtungsvollen Haltung, wird die Gruppe sehr bald eine Art tragender Grund und auch ein sensibler Resonanzboden, der manches eindringlicher und deutlicher zum Klingen bringt, als es in einer Einzelsituation geschehen kann.

Über eine kreative Einstiegsübung, in der die einzelnen Partner jeweils die individuelle Sicht ihrer Beziehung zum anderen in einem Bild malerisch darstellen, versuchen wir gleich zu Beginn, ein wesentliches Thema des Paares als Arbeitsfokus in den Blick zu bekommen. Fast immer geht es um dysfunktionale Verstrickungen hinsichtlich so zentraler Lebensthemen wie Autonomie/Bindung, Dominanz/Unterordnung, Geben/Nehmen und ähnliche Polaritäten. Solche Polaritäten in eine dynamische Balance zu bringen, macht wohl wesentlich „die Kunst, als Paar zu leben“ (Jellouscheck 1992), aus. Paare, die therapeutische Hilfe suchen, haben sich meist an einem dieser Pole festgefahren oder sich an den entgegengesetzten Enden der Polarität fixiert. Der Prozeß im Workshop setzt beim

Bewußtmachen der dysfunktionalen Verstrickung der Partner an und verläuft – idealtypisch gesehen – über eine Phase der „Entwirrung" zu einer „Neustrukturierung" der Partnerbeziehung.

Methodisch dienen diesem Prozeß nicht nur die erwähnten Partnergespräche. Wir setzen auch nonverbale Partnerübungen, geleitete Phantasien und dergleichen ein, die denselben Anliegen dienen. Auch Kurzvorträge zu Beziehungsfragen, die im Verlauf des Prozesses als Gruppenthemen aufkommen, werden zur Klärung und Bewußtwerdung von uns „eingestreut". Schließlich ist die Gruppe als solche schon eine machtvolle Intervention: Die Anwesenheit von anderen Paaren, die in ähnlicher Weise betroffen sind, im einzelnen aber vielleicht ganz unterschiedlich mit den Problemen umgehen, schafft einerseits Solidarität und „verstört" andererseits die eigenen Systemregeln auf eine nachhaltige Weise. Wir nutzen die Gruppe auch dazu, daß Männer mit Männern und Frauen mit Frauen in intensiven Austausch kommen, indem wir sie zwischendurch immer wieder in gleichgeschlechtlichen Gruppen arbeiten lassen. Dies wird fast immer als hilfreiche Unterstützung und effektive Konfrontation erlebt.

Verglichen mit dem „knappen" Setting ist der Veränderungseffekt dieser Workshops überraschend stark. Trotzdem kamen wir zu der Meinung, daß eine gewisse Kontinuität über einen längeren Zeitraum hin dem Wandlungsprozeß der Paare noch mehr Nachhaltigkeit verleihen könnte. Darum konzipierten wir eine über das Jahr hin verteilte Reihe von drei viertägigen Workshops für ein und dieselbe Paargruppe und bieten diese seit fünf Jahren regelmäßig an. Als gemeinsames Thema wählten wir „Frei sein und gebunden sein", also die Polarität „Autonomie/Bindung", deren Bewältigung wohl die grundlegendste Aufgabe heutiger Paare darstellt. Außerdem lag es nahe, für die drei Seminare unterschiedliche Schwerpunkte zu wählen. In unserer Programmbroschüre formulieren wir: „Es geht in dieser Seminarreihe darum, einen Ausgleich zwischen den beiden Polen Freiheit und Bindung zu finden. Wir fassen dabei jeweils die drei Zeitdimensionen Gegenwart – Vergangenheit – Zukunft ins Auge: Wie kann das gegenwärtige Zusammenleben des Paares befriedigender gestaltet werden? Welchen Einfluß haben die Paargeschichte und die Herkunftsfamilien der Partner auf deren Beziehungsmuster? Welche Perspektiven für das künftige Leben können entwickelt werden?"

Wir setzen also in der beschriebenen Weise bei dem gegenwärtigen Beziehungsmuster an, das das Paar präsentiert. Im zweiten Seminar richten wir unser Hauptaugenmerk darauf, wie die Vergangenheit der Partner, vor allem ihre Rollen in den Herkunftsfamilien, das gegenwärtige Zusammenspiel beeinflußt. Im dritten Seminar soll der Blick in die Zukunft gehen, um das bisher Gewonnene dafür fruchtbar zu machen. Diese Schwerpunktsetzungen bedeuten keine Ausschließlichkeit. Wir gehen jeweils mit dem, was beim einzelnen Paar aktuell wird. Es wird aber dadurch – bei den Teilnehmern wie bei uns – eine Aufmerksamkeitsfokussierung geschaffen, die sich immer wieder als ertragreich erweist.

2. Familien-Stellen im Kontext des Paarprozesses

Daß wir das zweite Seminar unter das Stichwort „Vergangenheit" gestellt haben, verdanken wir vor allem der Methode des Familien-Stellens, wie wir sie bei Bert Hellinger gelernt haben. Denn damit hatten wir ein Vorgehen, das wegen seiner zeitlichen Knappheit sehr gut in den Rahmen unserer Workshops paßte. Wir haben nämlich immer wieder die Erfahrung gemacht, daß es wichtig ist, die beschriebene Struktur der Zwiegespräche beizubehalten. Dieses Setting hat eine gewisse Strenge und Monotonie, aber gerade dadurch auch eine gewisse Unausweichlichkeit, auf die wesentlichen Themen zu kommen und sich dabei der Begegnung mit dem anderen zu stellen. Fast immer, wenn wir – veranlaßt durch entsprechende Wünsche – davon abgingen, erwies sich das als Zugeständnis an veränderungsunwillige Tendenzen unserer Teilnehmer. Dies ist auch der Grund, daß wir im ersten Seminar meist ziemlich „stur" in der vorgegebenen Struktur bleiben und höchstens gegen Ende den einen oder anderen kurzen Blick auf das „Jetzt-System" der Paare im Sinne Bert Hellingers werfen, indem wir es mit den Gruppenteilnehmern stellen lassen.

Das Stellen der Herkunftsfamilien der Partner, wie wir es im zweiten Seminar praktizieren, macht es zwar öfter nötig, von der beschriebenen Halbstunden-Struktur etwas abzugehen. Außerdem ist die Aufmerksamkeit dann nicht in erster Linie auf das Paar, sondern auf einen der Partner gerichtet. Dennoch bleiben in der Regel die Prozesse in einem zeitlichen Rahmen, so daß wir immer wieder zum Paargesprächs-Setting zurückkehren können und die

Einzelprozesse in den Kontext des gemeinsamen Prozesses eingebettet bleiben. Wir haben uns auch zur Regel gemacht, immer mit dem Paargespräch zu beginnen. Vergegenwärtigt sich unserem Eindruck nach dabei bei einem der beiden ein Beziehungsmuster aus der Vergangenheit, schlagen wir vor, in das Familien-Stellen einzusteigen. Der Partner „darf" dann in die „Zuschauerposition" gehen und erlebt das Geschehen – jedenfalls zunächst – von außen mit.

Dazu ein Beispiel

(Video-Transkript, leicht gekürzt, Namen geändert): Johannes und Birgit gehen zum Zwiegespräch in die Mitte. Johannes wendet sich an Birgit.

Johannes: Ich hab' gemerkt, daß da ein Teil ist, wo ich mich sehr abhängig mache von dir, hochgehe und verletzt bin ... und ich auch nicht auf dich reagieren kann mit all dem, was da bei mir im Kopf ist. Ich möchte da eine Lösung für mich finden ... daß ich dann bei mir bleiben kann und mich mehr spüre ... Ich glaube, ich reagiere da auf etwas anderes, unabhängig von dir. Daß ich gar net auf dich reagiere, sondern ...

Therapeutin Margarete: ... daß da ein eigener Prozeß bei dir abläuft?

Johannes: Ja, daß eine alte Geschichte mich in dieses Fahrwasser bringt und dann könnte, egal wer, in dieser Situation ... Man muß nur einen Drücker betätigen, und ich bin nicht mehr ...

Birgit: Und ich muß aufpassen, daß ich dann nicht in das Fahrwasser komme: Ich muß auf mich aufpassen, und ich muß noch auf dich aufpassen, muß noch aufpassen, daß es nicht dann hochgeht oder du dich furchtbar aufregst ... daß ich die Situation unter Kontrolle hab'.

Therapeut Hans (zu Johannes): Hast du eine Idee, was da abläuft bei dir? Was das konkret ist, worauf du reagierst?

Johannes: Daß ich extrem verletzlich bin. Daß ich das Gefühl hab', wenn ich mich attackiert fühle im konkreten Fall, daß ich dann eine Riesenmauer um mich aufbau', ... daß ich mich enorm schützen muß, sonst verlier' ich mich ganz ...

Birgit: Du sagst, du hast das Gefühl, ich bestimme dich dann so ... Und ich werde ärgerlich und sag': Ich hab doch nur das und das gesagt!

Johannes: Es kam gestern bei mir irgendwann hoch, als ihr beide (anderes Paar) gearbeitet habt und ihr (wir Therapeuten) da die (leeren) Stühle hingestellt habt, die Frage: Wer sitzt denn bei mir da drauf? Und da kam als erstes: Auf dem Stuhl sitzt mein Vater, mit dem ich mich zehn Jahre gekracht habe. Aber eigentlich sitzt meine Mutter da drauf. Und dann dacht' ich: Nein, das war es nicht, da waren ja noch andere Leute. Bei mir zu Haus' waren es mindestens drei, vier Leute, die enorm in mich hineingepfuscht haben, und mein Vater hat mich nicht geschützt vor diesen drei Frauen ...

Therapeutin Margarete: Stell das doch mal!

An dieser Stelle beginnt Johannes, seine Familie aufzustellen. Es wird deutlich, daß er von vielen Frauen, Oma und mehrere Tanten, umgeben war, die alle um die Elternrolle konkurrierten. Seine Eltern, zumal sein Vater, ließen sich von dieser Übermacht gänzlich an den Rand drängen. Interessant ist, daß während dieser Aufstellung trotz klarer Instruktion von seiten Johannes' immer wieder Unklarheit aufkommt, wer eigentlich wer ist. Unser Eindruck ist, daß sich darin auch im Prozeß selbst widerspiegelt, worum es geht: um die Klärung der Positionen im System, vor allem um die Klärung, wer hier eigentlich Vater und Mutter für Johannes ist. Im Prozeß des Aufstellens des Endbildes legen wir also darauf das Hauptaugenmerk. Wir lassen Johannes, der zuerst in diesem von Frauen dominierten System männliche Unterstützung in Anspruch nimmt, indem er den Vater und die beiden Großväter in seinem Rücken erlebt, vor den ganzen „Frauenreigen" hintreten und Sätze sagen, wie: „Dorothea, du bist meine Tante, und ich achte dich als meine Tante. Und hier steht meine Mutter, und hier steht mein Vater!" Dies wiederholt und variiert er entsprechend der Anzahl der betreffenden Familienangehörigen mehrere Male.

Nun steht aber noch an, die Schritte, die er damit gemacht hat, an das im Paargespräch von ihm eingebrachte Problem rückzubinden. Es geht darum, daß er seine Frau Birgit von den Frauen seiner Herkunftsfamilie „unterscheidet", damit er jene Mischung aus Anpassung und Rebellion, die er sich hier angeeignet hat, nicht immer wieder auf sie überträgt. Damit er diesen Unterschied existentiell realisiert, holen wir nun Birgit in das Familienbild herein. Sie stellt sich an seine Seite – als ebenbürtige Partnerin –, und wir lassen Johannes nun seine Frau den Eltern, der Oma und den Tanten „vorstellen": „Das ist meine Frau Birgit, und du bist ..."

Nach diesem Prozeß, in dem Johannes mehr und mehr vom „angepaßten Jungen" zum erwachsenen Mann „wird", setzen sich die beiden im Kreis der Gruppe nochmals kurz gegenüber. Wir holen das Feedback von Birgit und das der übrigen Gruppenmitglieder ein, und der Prozeß ist beendet. Er hat kaum mehr als die für das Paar „vorgesehene" halbe Stunde in Anspruch genommen. Dennoch hat Johannes einen intensiven persönlichen Prozeß durchgemacht, im Laufe dessen

- für ihn erstens erlebbar wurde, welche konkrete Familiensituation den geschilderten Konflikt mit seiner Frau „speiste",
- er zweitens sein inneres Bild der Herkunftsfamilie neu ordnete

- und er drittens eine existentielle Unterscheidung seiner Vergangenheit von seiner Gegenwart im Hinblick auf seine Partnerin vollzog.

Damit blieb die Vergangenheitsarbeit von Johannes unmittelbar eingebunden in seine Arbeit an der gegenwärtigen Paarbeziehung. Dies gelingt natürlich nicht immer in so prägnanter Form, aber wir streben es an, weil nach unserer Erfahrung die Gefahr besteht, beim Familien-Stellen zwar intensive individuelle Prozesse zu erleben, aber dann den Transfer in die gegenwärtigen Beziehungsstrukturen nicht zu schaffen.

Nicht immer ergibt es sich, den Partner – wie in Johannes' Fall – direkt in die Familienarbeit einzubeziehen. Aber auch, wenn er oder sie den Prozeß „von außen" miterlebt, ist dies für die Beziehung von großem Nutzen. Wir achten darauf, daß in der kurzen Feedbackrunde am Ende der Arbeit der Partner immer zu Wort kommt und die Verbindung zum Hier und Jetzt ihres Zusammenspiels hergestellt wird.

Häufig haben in diesem zweiten Seminar der Workshopreihe auch beide Partner Gelegenheit, ihre Familienbilder zu stellen. Dabei wird oft deutlich, wie in ihrem dysfunktionalen Beziehungsmuster tatsächlich zentrale Skriptmuster aus der Vergangenheit „ineinanderhaken", so daß durch das Zusammenleben der Partner diese immer wieder neu „inszeniert" werden und gleichzeitig ihrerseits das dysfunktionale Paarmuster neu in Gang setzen (s. a. Gurtner 1996). Weil beide Partner anwesend sind und beide die Möglichkeit haben, ihre Familienbilder neu zu strukturieren, kann dieser „Teufelskreis" nachhaltig unterbrochen werden, so daß die bislang unvollendete Gestalt geschlossen wird und in der Vergangenheit versinkt. Der Partner kommt als der, der er wirklich ist, in den Blick, und echte Begegnung wird möglich.

Es ist freilich keineswegs die Regel, daß beide Partner ihre Familien aufstellen. Nicht selten trägt einer der beiden „mehr" aus der Vergangenheit in die heutige Beziehung hinein, so daß es als Initialzündung für eine Entwirrung und positive Weiterentwicklung genügt, wenn dieser durch das Aufstellen sein inneres Beziehungsbild neu strukturiert.

Selbst wenn diese Neustrukturierung nicht optimal gelingt und die „alten" Muster weiterhin das Zusammenleben beeinflussen, wird durch diese Arbeit fast immer erreicht, daß beide Partner das Verhalten des anderen besser verstehen, nicht mehr so ausschließlich als gegen sich gerichtet erleben, damit relativieren können und der aktuelle Konflikt so entschärft wird. Möglicherweise entsteht sogar ein tiefes Mitgefühl für den anderen, weil „der kleine Junge in ihm", „das kleine Mädchen in ihr" mit seiner Liebe und seinem Leid in der schicksalhaften Bindung an seine Ursprungsfamilie so deutlich erlebbar wird, wie es im bisherigen Beziehungsgerangel kaum möglich war.

Wir erleben es als einen großen Vorteil, daß wir beim Familien-Stellen das Grundsetting unseres Gruppenkonzepts aufrechterhalten können, weil schon dadurch allein der Fokus „Paarbeziehung" im Vordergrund bleibt. Dadurch – und das halten wir für einen weiteren Vorteil – entsteht wiederum nicht ein von uns manchmal beobachteter und problematischer Automatismus, nach dem jeder in der Gruppe seine Familie gestellt haben „muß", gleichgültig ob es innerlich auch wirklich „an der Zeit" ist oder nicht.

Das Einbinden der Familienarbeit in den Paarprozeß bringt es mit sich, daß wir immer häufiger auch nur Teilaspekte der vergangenen Beziehungsstrukturen im Rahmen der Paararbeit vergegenwärtigen. Zum Beispiel: Andrea leidet darunter, wie sehr sich Thomas von seiner Mutter jederzeit beanspruchen läßt und sie dieser gegenüber immer den kürzeren zieht. Seine Geschichte ist, daß sich seine Eltern scheiden ließen, als er noch klein war. Er durfte nicht zum Vater und „muß" auch jetzt noch seine Kontakte zu diesem vor der Mutter geheimhalten. Wir lassen – im Rahmen der Halbstunden-Paararbeit – Thomas zwischen zwei Gruppenmitglieder treten, die Vater und Mutter repräsentieren. Nach längerem Hin und Her tritt er schließlich an die Seite des Vaters, und wir lassen ihn zur Mutter sagen: „Mama, ich mute dir zu, daß ich auch zum Papa gehe!" Andrea äußert daraufhin, daß die Annäherung des Mannes an seinen Vater sie unglaublich erleichtert hat, und wir machen deutlich, daß es nicht um die Alternative „entweder meine Mutter oder meine Frau" geht, sondern daß Thomas in dem Maße frei wird für die Beziehung zu seiner Frau, in dem er sich erlaubt, an die Seite seines Vaters zu treten.

Wenn wir mit dem einzelnen Partner in der Paartherapie in dieser oder jener Weise in die Vergangenheit gehen, ist es unser Ziel nicht, diese Vergangenheit in einem langwierigen Prozeß „durchzuarbeiten". Es geht uns darum, ihn in der aktuellen Beziehungssituation in einen lebendigen, affektiven Kontakt damit zu bringen und ihm – wenn er dazu bereit ist – zugleich einen Schritt aus der Verstrickung in diese Vergangenheit heraus zu ermöglichen. Was damit erreicht werden kann, läßt sich zusammenfassend folgendermaßen formulieren:

1. Beide Partner verstehen das Muster besser, das sie miteinander kreieren, und übernehmen auf diesem Weg mehr Verantwortung für ihren Anteil, weil sie sehen, was sie aus ihrer Vergangenheit in ihre Beziehung „hineintragen".
2. Mitgefühl mit sich selbst und mit dem Partner wird ermöglicht, statt Selbstabwertung und Beschuldigung.
3. Dadurch kommt es oft zu einer neuen „skriptfreien" Begegnung zwischen den beiden, und eine Nähe entsteht, die schon seit langem nicht mehr möglich war.
4. Die Vergangenheit wird von der Gegenwart „existentiell" unterschieden und dadurch die Übertragung des alten Musters in die heutige Beziehungssituation durchkreuzt.
5. In der Vergangenheit „unerledigte" Angelegenheiten (zum Beispiel die Annäherung des Mannes an seinen Vater) werden zu einem guten Ende geführt. Dadurch wird die Paarbeziehung entlastet und zugleich bereichert.

Diese Ziele zu erreichen, eignet sich Bert Hellingers Aufstellmethode hervorragend, weil sie auf eine ganz einfache Weise, zeitlich knapp und in großer emotionaler Dichte, die Vergangenheit präsent werden läßt. In dieser Weise in die Vergangenheit einzutauchen, soll die Partner frei machen für ihre eigene Zukunft, der im dritten Seminar der Reihe unser Augenmerk gilt. Das heißt freilich nicht, daß diese sich in jedem Fall als Wunschzukunft herausstellt. Manchmal trägt gerade die Vergangenheitsarbeit dazu bei, daß der Partner viel realistischer gesehen wird und darum vom Wunschziel Abstriche gemacht werden müssen oder sogar eine Trennung als der angemessene Weg in den Blick kommt. Oft erleben wir aber auch die Freude, daß der Blick in die Vergangenheit den Boden für eine bessere gemeinsame Zukunft bereitet hat.

Wie Liebe gelingt

Bert Hellingers Rundenarbeit mit Paaren

Johannes Neuhauser

Einführung

Während der intensiven Zusammenarbeit mit Bert Hellinger an dem Video „Familien-Stellen mit Kranken" wurde mir bewußt, welche große Erfahrung Bert Hellinger auch in der Paartherapie hat. Diesen Schatz galt es zu heben. Bert Hellinger arbeitete damals ausschließlich mit schwerkranken Frauen und Männern, und so hieß es, den richtigen Zeitpunkt abzuwarten. Nach dem erfolgreichen Abschluß einiger gemeinsamer Projekte machte ich ihm im Frühjahr 1995 den Vorschlag, seine reichen Erfahrungen mit Paaren in einigen Seminaren und vor allem in einem Buch- und Videoprojekt weiterzugeben. Spontan sagte er zu, und innerhalb weniger Stunden entwickelten wir während einer Zugfahrt von Heidelberg nach München das Projekt *„Wie Liebe gelingt"*.

Ab Herbst 1995 hielt Bert Hellinger einige Seminare für Paare und jeweils für fünfhundert teilnehmende Beobachter, die seine therapeutische Arbeit mitverfolgen konnten. Die Kurse in Nürnberg, Linz und Köln wurden von professionellen Kamerateams auf Video dokumentiert.

Bei der Auswertung der Videoaufnahmen zeigte sich, daß bei diesen Großseminaren ein wesentliches Element seiner fünfundzwanzigjährigen Erfahrung mit Paaren fehlte. Das war Bert Hellingers besondere Art der Rundenarbeit. Im Verlauf eines mehrtägigen Seminars geben die Partner mehrmals am Tag Rückmeldung, wie es ihnen geht, was sie beschäftigt, wo sie weiterkommen oder Widerstände haben. Bert Hellinger ist ein Meister im Unterbrechen von entwicklungshemmenden Mustern. Schlagfertig bringt er sie ans Licht. Mit größter Konsequenz unterbindet er im Verlauf eines mehrtägigen Seminars jede Form von Problemerhaltung oder Destruktion. Mit seinen präzisen Interventionen fordert er die Partner zu sofortigen Veränderungen auf. In der Paartherapie ist seine Rundenarbeit in Verbindung mit den Aufstellungen der Gegenwarts- und Herkunftsfamilie besonders nachhaltig.

Obwohl Bert Hellinger seit mehreren Jahren nicht mehr mit Kleingruppen gearbeitet hatte, gab er für das Buch- und Videoprojekt *„Wie Liebe gelingt"* seine Einwilligung, noch einmal einen Paarkurs zu leiten und seine Rundenarbeit einzubauen. Im März 1997 fand dieses dreitägige Seminar für fünfzehn Paare aus Deutschland und Österreich statt. Der folgende Beitrag ermöglicht einen ersten Einblick in Bert Hellingers lösungsorientierte Rundenarbeit mit den Paaren.

Das Buch *„Wie Liebe gelingt"* wird 1998 erscheinen und neben den Runden auch Paaraufstellungen beinhalten. Im Zentrum der ausführlichen Erläuterungen und der Gespräche mit Bert Hellinger steht der Lebenszyklus in Paarbeziehungen: das erste Verliebtsein, die Bindung, gemeinsame Elternschaft oder Kinderlosigkeit, schmerzhafte Paarkrisen, das Scheitern der Beziehung und die klare Trennung, das gemeinsame Altwerden und der Tod. Bert Hellingers und mein besonderer Dank gilt den Paaren, die der Veröffentlichung in diesem Kongreßbericht und später als Buch und Video zugestimmt haben. Damit zeigen sie auch anderen Paaren Möglichkeiten der Lösung und machen ihnen Mut, der Kraft der Liebe zu trauen.

Auszüge aus Bert Hellingers Rundenarbeit mit Paaren

Eröffnungsrunde und erster Vormittag eines dreitägigen Seminars

BERT HELLINGER Ich kenne euch gar nicht. Ihr habt zwar Briefe geschrieben, aber ich habe sie nicht gelesen. *Mehrere Paare lachen.*

Johannes Neuhauser brauchte diese Informationen, um zu schauen, welche Paare er nimmt. Ich lese das nicht, weil ich völlig unvoreingenommen mit euch arbeite. Also, ihr dürft euch auf nichts berufen, was in den Briefen steht. Ich weiß gar nichts von euch. Ich sehe nur eure Gesichter.

Die Paarbeziehung ist die „Hoch-Zeit" des Lebens

Unser Ziel ist, Lösungen zu finden für die Paarbeziehung.

Ich möchte zu Beginn etwas sagen über die Paarbeziehung. Die Paarbeziehung ist die Vollendung des Lebens. Das Kind und der Jugendliche entwickeln sich auf die Paarbeziehung hin. Das ist das Ziel. Manche entwickeln sich mit einer großen Erwartung auf die

Paarbeziehung hin. Diese hohe Erwartung ist berechtigt. Denn die Paarbeziehung, wenn sie gelingt, ist die „Hoch-Zeit" des Lebens. Daraufhin entwickelt sich alles.

Nun ist es aber so, daß der Übergang zur Paarbeziehung und dann später, damit verbunden, zur Elternschaft einen Verzicht beinhaltet, nämlich auf die Kindheit und Jugend. Mit der Paarbeziehung geht man über eine Schwelle und kann nicht mehr zurück. Die Kindheit und die Jugend sind vorbei. Eine der Schwierigkeiten in der Paarbeziehung besteht darin, daß man die Jugend in die Paarbeziehung hinüberretten möchte. Das geht nicht, das ist vorbei. Menschliche Entwicklung geht immer so vor sich, daß wir über eine Schwelle gehen. Wenn wir über diese Schwelle sind, ist alles anders, und wir können nicht mehr zurück. Das Grundbeispiel dafür ist die Geburt. Im Mutterschoß ist es schön für das Kind. Aber auf einmal hält es das Kind nicht mehr aus. Es muß über die Schwelle. Dort ist alles anders. Es kann nicht mehr zurück.

Die nächste große Schwelle ist dann die Heirat und die Elternschaft. Die Jugend ist vorbei. Man kann nicht mehr zurück. Die Paarbeziehung gelingt, wenn wir über diese Schwelle gehen und nach vorne schauen, statt zurück.

Soweit mal eine erste Einführung. Jetzt möchte ich eine Runde machen. Das heißt, wir gehen so reihum und jeder kann seinen Vornamen sagen und kurz in ein, zwei Sätzen, was sein Anliegen ist. Was für ihn oder sie ein gutes Ergebnis dieses Seminars wäre. *Zu Holger*: Fängst du mal an?

Kindheitstraumata spiegeln sich in der Paarbeziehung

HOLGER Meine Sehnsucht ist, die Atmosphäre, in der ich meine Frau kennengelernt habe, wieder in den Alltag reinzubringen. Im Moment gelingt uns das nicht so richtig. Das wäre meine Sehnsucht.

Holger hat Tränen in den Augen.

BERT HELLINGER Ich möchte auf dich gleich eingehen. Du bist ja sehr bewegt.

Holger nickt zustimmend.

Deine Bewegung ist die Bewegung eines Kindes. Was ist mit deiner Mutter passiert?

HOLGER Da kommt mir so eine Situation in den Sinn. Ich war mit zweieinhalb Jahren im Krankenhaus, der Blinddarm kam raus. Die Mutter war nicht da.

BERT HELLINGER Ja, genau. Das ist das Gefühl. Das ist ein altes Erlebnis, das jetzt in der Paarbeziehung wiederholt wird. Damit ist die Frau überfordert. Wir müssen das auf der Ebene lösen, wo es hingehört. Das machen wir auch später. Dann ist die Seele freier und kann sich der Frau in einer anderen Weise zuwenden. Dadurch wird auch die Frau entlastet.

ELKE Für mich wäre eine gute Lösung, wenn ich mich ganz geben könnte. Wenn ich mich nicht mehr zurückhalten würde.

BERT HELLINGER Weißt du, wie man sich ganz hingeben kann? Man schaut dem Partner in die Augen. Wenn man ihm in die Augen schaut, dann geht das. Schau deinem Mann in die Augen – bis du ihn siehst.

Elke wendet sich Holger zu und blickt ihn an.

Nein, du siehst ihn nicht. Du bist weg mit dem Blick.

Es scheint, als würde Elke durch Holger hindurchschauen.

Okay, es genügt. Ich hab' einen ersten Test gemacht. Du siehst etwas anderes. Ich weiß nicht, was es ist, das du siehst. Wenn wir das dort lösen können, wo du wirklich hinschaust, dann kannst du dich deinem Mann frei zuwenden und ihm in die Augen schauen.

Elke seufzt tief und beginnt zu lächeln.

Das war ein schöner Seufzer. Jetzt kommt der andere Blick. Das ist der Blick. So mußt du ihm in die Augen schauen.

Elke lacht Holger an und legt ihre Hand in seine.

Geben und Nehmen in der Paarbeziehung

ALEXANDRA Mein Wunsch ist, einfach loszulassen und zufriedener zu werden.

MARKUS Ich erhoffe mir einen Schritt in die Richtung, daß ich das Gleichgewicht finde zwischen Alexandra und mir. Ein Gleichgewicht zwischen Geben und Nehmen. Auch zwischen Loslassen und Festhalten.

BERT HELLINGER Wer gibt mehr und wer nimmt mehr bei euch?

MARKUS Ich glaube nicht, daß der eine mehr und der andere weniger gibt. Sondern, daß wir das oft zum falschen Zeitpunkt machen.

BERT HELLINGER Ich bleibe bei meiner Frage. Wer gibt mehr, wer nimmt mehr? Alexandra, was sagst du?

ALEXANDRA Ich gebe mehr.

BERT HELLINGER Der Ausgleich von Geben und Nehmen ist eine Voraussetzung für die gelungene Partnerschaft. Dabei ist zu beachten, daß nicht jeder alles geben kann, und auch nicht jeder alles nehmen kann. Jeder ist beschränkt in dem, was er geben kann, und in dem, was er nehmen kann. Dadurch wird dem Geben und Nehmen von vorneherein eine Grenze gesetzt. Zur gelungenen Partnerschaft gehört auch, daß man nur soviel gibt, als der andere nehmen kann. Und nur soviel nimmt oder will, als der andere geben kann. Das ist von vorneherein eine Begrenzung. Aber das Merkwürdige ist, wenn man sich einmal darauf einstellt, kann das Geben und Nehmen später noch wachsen. Eine Möglichkeit wäre, daß du ihm einmal ganz heimlich sagst, was du dir wünschst. Markus, sagt sie dir das manchmal, was sie sich wünscht?

MARKUS *überlegt kurz* Ja, schon.

BERT HELLINGER Sagt sie es konkret, so daß du es erfüllen kannst?

MARKUS Ja.

BERT HELLINGER Ich gebe dir ein Beispiel, was konkret ist. Mancher Partner sagt dem anderen: Ich möchte, daß du mich mehr liebst. Dann weiß er aber nie, wann das erfüllt ist. Wenn er aber sagt: Gehe mit mir eine halbe Stunde spazieren. Dann weiß er genau, wann es erfüllt ist. Es ist wichtig, das konkret zu sagen. Sonst wird der andere unter einen Druck gesetzt, den er nicht erfüllen kann. Dann gibt er gar nichts, weil es ihm zuviel ist. Die konkrete Beschreibung dessen, was man will, ist wichtig für beide. Wir werden das später im Detail sehen.

Wertschätzung in der Paarbeziehung

DETLEV Ich wünsche mir eine innige Beziehung zur Silvia. Ich möchte wirklich ja sagen zu ihr und eine Familie gründen.

BERT HELLINGER Seid ihr schon verheiratet?

DETLEV Nein.

SILVIA Ich wünsche mir für meinen Partner und für mich mehr Wertschätzung. Daß ich ihn mehr wertschätzen kann und mich auch. Ich glaube, das hängt sehr eng zusammen.

BERT HELLINGER Ich möchte etwas sagen über die Wertschätzung. Männer und Frauen sind verschieden, wie ihr ja merkt. Und zwar nicht nur körperlich, sondern in jeder Hinsicht. Wenn sich jemand auf eine Paarbeziehung einläßt, dann läßt er sich auf etwas ein, was ihm fremd ist. Der Mann läßt sich auf eine Frau ein, und die Frau ist ihm ein Rätsel. Umgekehrt ist für die Frau der Mann ein Rätsel. Manche Partner meinen, sie seien richtig und der andere sei noch nicht ganz so richtig. Vor allem Frauen halten sich in der Regel für besser als die Männer. Aber die Männer sind genau so gut. Sie sind nur anders.

Silvia lächelt.

Zur Wertschätzung gehört, daß man anerkennt, daß der andere gleichviel wert ist, obwohl er anders ist. Das ist die Grundlage der Wertschätzung. Der Partner ist anders, aber richtig. Jeder Versuch, den Partner anders zu machen, als er ist, ihn sozusagen mir mehr anzugleichen, ist zum Scheitern verurteilt und zerstört die Beziehung. Wenn man das anerkennt, daß der Mann auch richtig ist, oder daß die Frau auch richtig ist, dann gibt man etwas von sich selber auf. Man ist plötzlich damit konfrontiert, daß Verschiedenes gleich richtig ist, obwohl es verschieden ist. Das ist die Grundlage der Wertschätzung. So, wie du bist, obwohl du ein Mann bist und ich eine Frau, bist du richtig. Und umgekehrt, obwohl du eine Frau bist und ich ein Mann und du ganz anders bist als ich, bist du richtig. Damit gibt jeder etwas von sich selber auf, und es entsteht die Wertschätzung. Der andere wird dann zu einer Bereicherung. Es kommt etwas hinzu. Zum Weiblichen kommt etwas hinzu. Zum Männlichen kommt etwas hinzu. Das ist dann die größere Einheit.

Silvia und Detlev nicken und lächeln.

Trennung

STEFFEN Meine Erwartung an das Seminar ist, mehr Klarheit zu bekommen, ob es für mich allein oder zu zweit weitergeht.

BERT HELLINGER Seid ihr verheiratet?

STEFFEN Nein, aber es geht im Moment sehr um Trennung.

BERT HELLINGER Wie lange seid ihr schon zusammen?

STEFFEN Seit fünf Jahren.

BERT HELLINGER Du hast dich schon entschieden.

Während einer längeren Stille nicken Steffen und seine Partnerin leicht.

Ist dir das klar?

STEFFEN Nicht wirklich.

BERT HELLINGER Du hast dich entschieden.

SABINE Für mich geht es im Grunde genommen auch darum. Ich finde kein klares Ja, und ich finde kein klares Nein. Das wünsche ich mir.

BERT HELLINGER Mir scheint, du hast dich auch entschieden.

SABINE Aber ich habe das …

BERT HELLINGER Ist etwas Besonderes passiert zwischen euch?

Sabine beginnt zu weinen.

Hellinger nach einer längeren Pause

Ich lasse es da. Okay?

Sabine nickt.

Ich komme später darauf zurück.

Nach einer weiteren Runde

Wenn ein Partner den Kinderwunsch des anderen zurückweist

STEFFEN Ich bin nur äußerlich gelassen, innerlich arbeitet es.

SABINE Mich beschäftigt deine Frage von vorher, ob etwas passiert ist. Vorhin wußte ich im ersten Moment überhaupt nichts. Es gibt kein spezielles dramatisches Ereignis. Ich denke, es ist eine Summe von vielen Verletzungen.

BERT HELLINGER Es ist ein entscheidendes Ereignis.

SABINE Ich komme nicht recht ran. Es begann im Grunde genommen da, wo ich angefangen habe, mir ein Kind zu wünschen.

BERT HELLINGER Wie hat er reagiert?

SABINE Sehr abwehrend.

BERT HELLINGER Ja, das ist das Ende der Beziehung. Das ist das Ergebnis. Das ist genau der Punkt. Das ist die Verletzung.

Sabine nickt zustimmend. Später nickt auch Steffen.

Langes Zusammenleben ohne Heirat ist eine dauernde Verletzung

MARTIN Ich erhoffe mir von diesem Seminar, eine neue Perspektive für unsere Beziehung zu finden. Wir sind jetzt seit sieben Jahren zusammen. Ich möchte wieder dieses Gefühl vom Anfang in unseren Alltag reintragen können.

BERT HELLINGER Seid ihr verheiratet?

MARTIN Nein.

BERT HELLINGER Wie lange lebt ihr schon zusammen?

MARTIN Über sieben Jahre.

BERT HELLINGER Wieso habt ihr nicht geheiratet?

MARTIN Muß man denn heiraten?

BERT HELLINGER Die Heirat ist der Abschied von der Jugend. Die Paarbeziehung ohne Heirat ist die Fortsetzung der Jugend. Wenn ein

Paar lange zusammenlebt und nicht heiratet, sagt jeder dem anderen: Ich suche noch etwas Besseres. Das ist eine dauernde Verletzung.

MARTIN Wir haben ein gemeinsames Kind. Vielleicht war das wichtiger, als zu heiraten. Vielleicht hat sich da doch etwas anderes manifestiert. Außerdem ist unser Lebenswandel schon etwas unkonventionell. Es geht halt auch darum, etwas zu probieren.

BERT HELLINGER Das ist Jugend.

MARTIN Ja.

BERT HELLINGER Und wie stellst du dir vor, wie es dem Kind dabei geht, wenn die Eltern „probieren"?

BERT HELLINGER *zu Martins Partnerin* Willst du noch etwas sagen?

KAROLA Ich wollte nur sagen, daß ich Karola heiße.

Das Haupthindernis für die Versöhnung ist jener Partner, der sich im Recht fühlt

GEORG Ich bin elf Jahre mit Katharina verheiratet. Wir sind seit fünf Monaten getrennt. Ich möchte herausfinden, ob die Gefühlsbasis, von der ich denke, daß sie bei mir derzeit abhanden gekommen ist, für meine Frau noch da ist. Ob es für uns eine gemeinsame Zukunft gibt.

BERT HELLINGER Bei dir ist sie noch da. Aber bei ihr ist die Frage, ob sie noch da ist.

Zu Georgs Frau Bist du ihm böse?

Sie nickt.

Ist es ein schönes Gefühl?

Sie schüttelt leicht den Kopf.

Es ist ein schönes Gefühl, böse zu sein. Besonders, wenn man im Recht ist.

Sie nickt.

Das Haupthindernis für die Versöhnung ist immer der, der sich im Recht fühlt.

Ich habe dir einen Tip gegeben?

Katharina nickt.

KATHARINA Ich möchte sehen, ob es wirklich eine echte Trennung ist.

Bert Hellinger nickt.

KARIN Ich wünsche mir von dem Seminar, daß ich ihm mehr vertraue. Also, daß ich überhaupt vertrauen kann. So richtig tief. Und daß ich verzeihen kann.

BERT HELLINGER Was willst du ihm verzeihen?

KARIN Da war eine andere Frau. Da werde ich bös. Das liegt bei mir vielleicht auch in meiner Kindheit begründet. Ich war mit drei Jahren lange Zeit im Krankenhaus. Die Krankheit wurde immer schlimmer. Innerhalb von einem Jahr hat sie sich gesteigert.

BERT HELLINGER Was war das für eine Krankheit?

KARIN Ich hatte zuerst Probleme mit dem Blinddarm. Der war auf der falschen Seite. Drei Tage später mußte ich wieder ins Krankenhaus, weil ich einen Darmverschluß hatte. Danach habe ich mich mit heißer Fleischbrühe verbrüht und mußte wieder ein paar Wochen ins Krankenhaus. Danach hatte ich Herzmuskelentzündung. Ich bin sozusagen gestorben, kam dann aber wieder zurück. Das war alles in einem Jahr. Ich glaube, ich fühlte mich damals ziemlich verlassen. Dieser Schmerz, den ich von meiner Kindheit kenne, der kam jetzt wieder hoch mit dieser anderen Frau. Es war genauso ein furchtbares Gefühl.

BERT HELLINGER Willst du leben?

KARIN Ich habe lange damit gehadert, daß ich wiedergekommen bin.

BERT HELLINGER Genau, du bist nicht zurückgekommen.

KARIN Ja. *Seufzt tief.*

BERT HELLINGER Du bist für den Mann noch nicht verfügbar, wenn du nicht zurückgekommen bist. Dann würde ich mir auch eine andere Frau suchen.

Karin und ihr Mann lachen auf.

KARIN Ja, ich wünsche mir, daß ich mal hier ankomme.

BERT HELLINGER Jetzt geht es schon besser.

Karin lacht.

BERND Ich wünsche mir von diesem Seminar, daß ich meine Kraft als Mann annehmen und auch leben kann. Am besten mit Karin zusammen.

BERT HELLINGER Gut, einverstanden.

Die Lösung liegt in der eigenen Seele

Nach einer Familienaufstellung

MARGIT Ich habe bei den Aufstellungen oft Bauchschmerzen. Wenn es bei den Aufstellungen um die erste Frau geht, dann merke ich, daß das mein Thema sein könnte. Ob ich der ersten Frau meines Partners den Platz geben kann, der ihr gebührt.

DIETER Auch mich hat das Thema „erste Frau, zweite Frau“ sehr angesprochen. Wobei ich meine erste Frau herbeiwünschen würde. Daß sie mindestens einmal eine Familienaufstellung sieht oder mitmacht.

BERT HELLINGER Die Lösung liegt immer in der eigenen Seele. Die erste Frau braucht nicht hier zu sein. Aber wenn sich in dir etwas verändert, dann hast du ein anderes Bild. Dann wirst du sie völlig anders sehen. Sie wird sich auch verändern, ohne daß du etwas sagst. Das ist das Merkwürdige dabei.

DIETER Ich habe die Situation schon einmal in einer Gruppe aufgestellt. Das hat schon viel bewegt.

BERT HELLINGER Es ist noch nicht gelöst.

DIETER Ja, es ist nicht gelöst.

BERT HELLINGER Du hast gegen sie noch einen Groll.

DIETER Allerdings. Das stimmt.

BERT HELLINGER Ein Hintergrund für Groll läßt sich in einem schönen Satz zusammenfassen. Dieser Satz lautet: „Was habe ich dir nur angetan, daß ich so böse auf dich bin?“ Der Wandel fängt an, wenn man sieht, daß man jemand weh getan hat und das anerkennt. Dann ist der Partner gewürdigt und versöhnt.

Wenn etwas hilft, dann nur die Wirklichkeit

Nachdem ein anderes Paar seine Familie aufgestellt hat

STEFFEN *zu Bert Hellinger* Als du zu ihr und zu ihm sagtest: Das läßt sich nicht lösen. Er muß sie gehen lassen und soll die Kinder zu sich nehmen, da schnürte sich in mir etwas zu. Ich bin total sauer auf dich! Daß du die Frechheit hast, zu sagen: Das läßt sich nicht lösen.

BERT HELLINGER Was hast denn du gesehen? Hast du etwas anderes gesehen als ich? Hast du hingeschaut?

STEFFEN Ich habe schon das Gefühl, daß das stimmt. Aber ich identifiziere mich sehr mit ihr. Ich kann das schwer aushalten.

BERT HELLINGER Das ist die Wirklichkeit. Ich habe keine Angst davor. Denn wenn etwas hilft, hilft nur die Wirklichkeit. Ihr ins Auge zu schauen, wie sie ist. Sonst ist man im Wolkenkuckucksheim. Da gibt es sowieso keine Lösungen. Aber auf der Erde gibt es sie manchmal. Einverstanden?

Steffen nickt.

SABINE Ich bin noch ganz aufgewühlt von der Aufstellung. Für mich ist es ganz neu, daß ich hier im Oberkörper viel spüre. Sonst ist das mehr immer so in der Mitte und unten.
BERT HELLINGER Das ist schön, wenn es da oben weit wird.
SABINE Ja.

Ich gebe dir eine Chance

Unmittelbar nachdem die Frau ihre Familie aufgestellt hat
BERT HELLINGER *zu Rathin* Gibst du ihr eine Chance?
RATHIN Ich bin mit mir beschäftigt. Mit meinen Gefühlen.
BERT HELLINGER Meine Frage war: Gibst du ihr eine Chance?
RATHIN Ich gebe ihr jede Chance.
BERT HELLINGER Jede Chance ist zuviel.
RATHIN Die Chance, die sie braucht.
BERT HELLINGER Das ist zu hochmütig. Schaue sie an und sage: Ich gebe dir eine Chance.
Rathin wendet sich seiner Frau zu und schaut ihr in die Augen.
RATHIN Ich gebe dir eine Chance.
BERT HELLINGER Mit Liebe.
RATHIN Ich gebe dir eine Chance.
BERT HELLINGER Sage: Mit Liebe.
RATHIN Mit Liebe.
BERT HELLINGER *zu Sibylle* Sage es ihm auch: Ich gebe dir eine Chance mit Liebe.
Sibylle schaut Rathin in die Augen. Ihre Arme sind dabei verschränkt.
BERT HELLINGER Geht noch nicht. Okay, macht nichts.
Sibylle schaut kurz weg.
Hellinger, als würde er mit sich selbst reden Es ist noch nicht entschieden.

Im Spannungsfeld zwischen Kind und Partner

ELKE Wir haben einen gemeinsamen Sohn, und für mich ist es immer ganz schwierig, mich aufzuteilen. Daß die Partnerbeziehung zuerst kommt, ist für mich schwer. Der erste Impuls geht zum Kind, denn wenn der Sohn etwas von mir will, dann bin ich Mama. Ich habe oft das Gefühl, unsere Paarbeziehung leidet darunter. Sobald wir miteinander wegfahren, so wie jetzt, ist das ein ganz anderes Gefühl. Dann sind wir zusammen. Unser Sohn Janis ist sehr anspruchsvoll, und ich bin dann nur für ihn da.

BERT HELLINGER Ich gebe dir einen kleinen Tip.

Wenn du dich dem Sohn zuwendest, wende dich im Sohn seinem Vater zu.

ELKE Mh.

BERT HELLINGER Gleichzeitig.

ELKE Ja.

Mama, ich mache das für dich

Nach der Mittagspause

SABINE Ich habe die letzte Stunde für einen Streit genützt. Es geht mir nicht gut dabei. Ich denke mir immer, das bin nicht ich, das ist meine Mutter, die so verächtlich reagiert.

BERT HELLINGER Das könnte sein.

SABINE Obwohl es mir bewußt ist, tue ich es.

BERT HELLINGER Ich mache dir einen Vorschlag. Stelle dir vor, du willst jetzt wieder streiten wie gerade vorhin. Dann läßt du deine Mutter sozusagen aus dir hinausgehen. Deine Mutter stellt sich vor dich hin, aber abgewandt, mit dem Blick nach vorne. Du schaust ihr nach. Und dann delegierst du ihr das Streiten.

SABINE Ich denke mir einfach, ich muß ihr helfen.

BERT HELLINGER Stelle dir vor, sie steht jetzt vor dir. Wie redest du deine Mutter an?

SABINE Mama.

BERT HELLINGER Sage ihr: Mama.

SABINE Mama.

BERT HELLINGER Du bist die Kleine.

SABINE Du bist die Kleine.

BERT HELLINGER Ich bin die Große.

SABINE Ich bin die Große.

BERT HELLINGER Ich mache das für dich.

SABINE Ich mache das für dich.

BERT HELLINGER Wie geht es dir dabei?

SABINE *nach einer Stille* Das ist so unwirklich.

BERT HELLINGER Finde ich auch.

Sabine lacht.

HANS Der Streit, den Sabine angesprochen hat, war für mich eigentlich nur eine kleine Meinungsverschiedenheit. Ich habe das nicht als großen Konflikt empfunden.

BERT HELLINGER Ist er nicht nett zu dir?

SABINE Er ist das Streiten schon gewohnt.

BERT HELLINGER Sage es ihm. Ich freue mich, daß du so nett zu mir bist.

SABINE Ich freue mich, daß du so nett zu mir bist.

Sabine und Hans schauen sich in die Augen und lächeln dabei.

Sieg oder Niederlage zerstören die Paarbeziehung

HARALD In der Mittagspause habe ich versucht, einiges zu glätten und in Bahnen zu bringen. Ich habe von neuem einige Niederlagen erlebt.

BERT HELLINGER Niederlagen?

HARALD Ja, weil ich versucht habe, das mit meiner Frau zu glätten. Das ist nicht gegangen.

BERT HELLINGER Worte wie Niederlage oder Sieg …

HARALD … oder Demütigung, ich weiß nicht, wie man da sagen soll.

BERT HELLINGER Worte wie Demütigung zerstören die Beziehung. Diese Worte haben etwas Giftiges für die Seele.

HARALD Das merkt man, ja.

BERT HELLINGER Die Seele wartet auf ihre Gelegenheit. Das ist ein anderes Bild.

HARALD Die Seele wartet sehr oft auf die Gelegenheit und kriegt immer wieder ein gewisses Hoch und dann wieder den gewissen Tiefschlag.

BERT HELLINGER Das sind alles Bilder von Kampf, die du hast. Diese Kampfbilder zerstören die Beziehung. Schaue deine Frau an und sage ihr: Auf mich ist Verlaß.

HARALD *leise zu seiner Frau* Auf mich ist Verlaß.

BERT HELLINGER Wie ist das bei dir angekommen?

ERNA Gut.

BERT HELLINGER Schaue ihn an und sage ihm: danke.

ERNA Danke.

BERT HELLINGER Ich nehme es von dir.

ERNA Ich nehme es von dir.

BERT HELLINGER Als ein Geschenk.

ERNA Als ein Geschenk.

HARALD *nickt und sagt leise* Danke.

BERT HELLINGER Das sind jetzt andere Bilder. Merkst du das?

Harald nickt.

om Paar zur Familie – wenn sich ein Kind ankündigt

Systemische Arbeit und Familien-Stellen mit „schwangeren Paaren"

Marianne Franke-Griksch

Wenn „ein Paar schwanger wird", dann beginnt eine Zeit der Verschmelzung zweier Herkunftsfamilien im werdenden Kind. Die Einbettung eines neugeborenen Kindes in eine Familie wird von den unbewußten Bedürfnissen beider Familiensysteme gesteuert. Wie sehr sich die jungen Eltern auch bemühen, der Wille des Systems ist stärker und zieht oft alle Beteiligten in seinen unsichtbaren Bann. Die Betrachtung beider Systeme – und ihre Anerkennung – kann Paaren Beruhigung und Zuversicht geben in der Zeit der Schwangerschaft und auch Kraft spenden für die Geburt. Dabei geht es, wie in Bert Hellingers Arbeiten vielfach beschrieben, um das Aufsuchen einer seelischen Wirklichkeit, einer Tiefe also, die jenseits der rationalen oder emotionalen Ebene liegt. Die Eltern sollen die Möglichkeit bekommen, sich eine Vorstellung zu erarbeiten, an welcher Stelle das Kind seinen guten und geschützten Platz haben wird, und bestehende Verstrickungen selbst lösen, indem sie ihrer Herkunft zustimmen.

Systemische Schwangerschaftsberatung

In meiner Praxis habe ich den Bereich „Arbeit mit schwangeren Paaren" bewußt als „systemische Schwangerschaftsberatung" deklariert, manchmal nenne ich es auch systemischen Nestbau. Schließlich geschieht ja gerade ein Wunder, wenn ein Kind sich angekündigt hat. Dafür braucht man keine Therapie!

Die Beratung gliedert sich in zwei Phasen

Die erste Phase ist der systemischen Betrachtung und Arbeit gewidmet, die zweite Phase umfaßt Trancearbeit für die Geburt selbst. Sie beginnt erst in den späteren Schwangerschaftswochen und bezieht ebenso wie der erste Teil, wenn möglich, den werdenden Vater mit ein.

Systemische Betrachtung: Als ich mit der systemischen Schwangerschaftsberatung begann, hatte ich zunächst Bedenken, daß die Konfrontation mit all den ungelösten Verstrickungen, wie wir sie aus der Arbeit Bert Hellingers kennen, eine zu große Erschütterung für die Schwangere und das Kind bewirken könnte, aber auch, daß die Darstellung eines Platzes für das ungeborene Kind ein unerlaubter Vorgriff sei. Im Laufe meiner Arbeit habe ich erkannt, daß gerade schwangere Paare/schwangere Frauen in vielen Fällen sehr viel sensibler sind für die seelische Wirklichkeit innerhalb ihrer Familien. Sie sind sehr offen für die Arbeit an einem heilenden Bild, das dem Kind in ihrer neuen, jungen Familie einen schützenden Platz gibt und die Liebe der Partner zum Fließen bringt. Dabei stoße ich bei der Nachfrage nach allzu früh verstorbenen oder ausgeklammerten Personen, nach schwer Erkrankten oder Mißachteten, meist auf großes Verständnis, so daß ich annehme, daß gerade die Schwangerschaft die Sensibilität für das Erkennen von Verstrickung, aber auch die Offenheit für Heilung erhöht. Die Angst vor der Geburt mindert sich bei den meisten Frauen deutlich. Die bei der Arbeit auftretenden Erschütterungen lösen Spannungen im Körper und können im Leib der Mutter für die Entwicklung des Kindes, seine Nahrungs- und Sauerstoffversorgung nur positiv sein. Auch fühlen sich nach der systemischen Arbeit die werdenden Mütter stets ihrem Kinde näher.

Wenn ein Paar zur Beratung kommt, ist es meistens für die Teilnahme an einer Gruppe mit Familien-Stellen zu spät. So bin ich auf die Übertragung meiner Erfahrungen im Familien-Stellen auf die Einzel- bzw. Paararbeit angewiesen. Ich beginne mit einer Anamnese, die ich bewußt knapp halte. Das Problem soll deutlich werden, das Paar/die Schwangere oder der Vater soll eine Frage formulieren.

Vor allem in den ersten Schwangerschaftsmonaten gibt es bei vielen Paaren eine wachsende Unsicherheit, ob sie zusammenbleiben können. Viele Männer entfernen sich, weil sie glauben, den Anforderungen nicht gewachsen zu sein, oder weil sie glauben, daß sie letztlich nicht genügend Liebe von ihrer Partnerin bekommen, oder sich zu sehr gebunden fühlen. Frauen können in diffuse Ängste verfallen, manchmal auch in Depressionen. Andere Paare erleben, daß sich seit Eintreten der Schwangerschaft die Eltern-/Schwiegereltern zu sehr einmischen.

Wenn das Thema gefunden ist, mache ich die beiden mit der Methode vertraut. Die Familie – also das Paar und das ungeborene Kind – wird mit Hilfe von gekennzeichneten DIN-A4-Blättern, die man auf dem Boden verteilt, dargestellt. Falls die Anamnese ergibt, daß die Eltern/Schwiegereltern mit hineinspielen, lasse ich auch für sie Blätter kennzeichnen und auslegen. Natürlich gilt das auch für fehlende Personen, so wie es ja in den Arbeiten Bert Hellingers bereits ausführlich beschrieben ist. Nun folgt die Arbeit ganz ähnlichen Gesetzen wie das Familien-Stellen mit Personen. Dabei erweist es sich in der Praxis durchaus als Vorteil, wenn die Klienten hier die Möglichkeit haben, sich auf jedes einzelne Blatt zu stellen und mit den Augen aller Familienmitglieder auf die Familie und das ungeborene Kind sehen.

Dabei achte ich streng darauf, daß sich ihre Aussagen, während sie zum Beispiel in der Position ihres Partners oder eines Elternteils stehen, ausschließlich auf ihre *veränderte Körperwahrnehmung* beziehen. Vor allem das Stehen auf der Position des ungeborenen Kindes ruft bei beiden Partnern mitunter eine tiefe Erschütterung hervor. Sie bekommen ein spontanes Bedürfnis danach, ihre Beziehung mit den eigenen Eltern zu ordnen, Achtung und Dank auszusprechen, allzu früh Verstorbene mit einzubeziehen. In kaum einer Position werden die Bedürfnisse eines Familiensystems nach Ordnung so deutlich, wie in der des ungeborenen Kindes. Ich bin immer wieder erstaunt, mitunter selbst erschüttert, wenn ich mich auf ein solches Blatt stelle.

Ein Beispiel:

Eine Schwangere im fünften Monat und ihr dazugehöriger mürrischer Freund kamen. Die junge Frau weinte. Ihr Freund hatte sich während der Schwangerschaft von ihr entfernt, hatte sich in eine andere Frau verliebt und wollte sich von ihr trennen. Er sagte, er sei nur um des Kindes willen mit in die Beratung gekommen, wisse jedoch im übrigen nicht, was er hier solle. Seine Freundin habe ihn während der letzten Monate vernachlässigt, sei nur mit sich und ihren Körperzuständen beschäftigt gewesen. Er habe nicht den Eindruck gehabt, sie wolle ihn als werdenden Vater mit einbeziehen. Er jedoch habe verspürt, daß er mehr Liebe brauche. Die sei bei seiner Freundin seit der Schwangerschaft versiegt.

Nach seinem Verhältnis zu seiner Mutter befragt, meinte der junge Mann, sie würde ihn sehr lieben, sicher mehr als seine Freundin. Des weiteren erfuhr ich, daß sein Vater sehr früh gestorben war und er mit der Mutter allein gelebt hatte, bis eben seine Freundin schwanger geworden war.

Wir haben nicht viel gesprochen. Ich bin der Ansicht, daß Handlungsvorschläge wirksamer sind als Erklärungen. Also sagte ich zu dem jungen Mann: „Haben Sie Mut? Wollen Sie wissen, ob in Ihrer Partnerschaft noch was drin ist?", und dann schlug ich ihm vor, mit seiner Mutter ans Grab seines Vaters zu gehen, ihr dort, im Angesicht des Vaters sozusagen, zu danken, was sie alles für ihn, ihren Sohn, getan habe, ihr sein Bedauern auszudrücken, daß der Platz an ihrer Seite leer sei, und ihr zu sagen, wie froh er sei, daß er noch eine Mutter habe; und daß er als Mann seine Freundin liebe und achte und mit ihr ein Kind bekomme.

Das klang sehr pathetisch für die Ohren des jungen Mannes. In der Praxis haben wir dann ein paar Tage später, ohne seine Freundin, drei Blätter auf den

Boden gelegt und diese Situation am Grab so dargestellt, daß er es einmal laut mit meiner Anleitung aussprechen konnte und auch spürte, wie wichtig jeder der vorgeschlagenen Sätze war. Diese Stunde hatte den Mann sehr erschüttert, denn er erkannte zum ersten Mal, wie sehr er seiner Mutter geholfen hatte, ihr Schicksal zu tragen, und wie sehr er dabei in Gefahr war, die Stelle seines eigenen Vaters einzunehmen. Nach dieser Stunde erschien für ihn die gesamte Situation in einem neuen Licht. Es gelang ihm, diesen Gang mit seiner Mutter zu tun und die Worte am Grab zu finden. Drei Wochen später waren sie wieder da, die beiden. Vergessen war die Liebschaft. Beide freuten sich auf das Kind, man sprach sogar von Heirat.

Wie konnte das geschehen, so „ganz ohne Therapie" ? Heilsam war wohl die Auseinandersetzung mit der unumstößlichen Ordnung: beide Eltern am Grab anzuerkennen, ihnen für das eigene Leben zu danken; aber auch die schwere Lage der Mutter, als einsame Witwe, anzuerkennen und sich eindeutig auf sie als ihren Sohn zu beziehen. Erst dann war es ihm von Herzen möglich, sich angesichts beider Eltern zu seiner Partnerin und ihrer Schwangerschaft zu bekennen.

Ein zweites Beispiel:

Ein junges Paar kam: Die Frau war im siebten Monat schwanger und in heller Aufregung. Sie hätten das ganze Wochenende über gestritten, der Mann sei sehr aggressiv gewesen, hätte keine Rücksicht auf sie genommen, und nun sei ihre Bauchdecke ganz angespannt. Das Kind rühre sich nicht, und sie habe Angst, daß es sterbe oder zu einer Frühgeburt käme.

Bei der Anamnese ergab sich folgendes: Der junge Mann hatte das Gefühl, sie wolle sich nichts von ihm sagen lassen. Er war besorgt um sie und hatte ihr immer wieder Ratschläge gegeben, wie sie sich verhalten solle. Er war auch gegen den Ultraschall gewesen, zu dem sie dann trotzdem ging. Zunehmend zog sich der junge Mann aus dem Geschehen der Schwangerschaft heraus. Seine Aggression jedoch war zunehmend gestiegen, bis sie sich an besagtem Wochenende entladen hatte.

Ich gab ihm drei Blätter, er solle sie einmal auf den Boden legen, so wie er sich, seine Frau und das Kind sehe. Da zögerte er auf einmal und sagte: „Ich brauche noch ein viertes Blatt. Wir haben ein Kind abgetrieben." Da legten wir das vierte Blatt dazu. Beide Eheleute fingen an zu weinen. Ich riet ihnen, sich auf ihre Blätter zu stellen und zu dem abgetriebenen Kind zu sagen: „Du hast einen Platz in unserem Herzen." Beide spürten ihre Trauer über die Abtreibung und ihre Liebe zu diesem ungeborenen Kind. Ich riet ihnen auch noch, dem Kind, das jetzt drei Jahre alt gewesen wäre, für ein Jahr lang ihre Welt zu zeigen und an einem guten Ort einen Gedenkstein oder Strauch in die Natur zu setzen. In Österreich, so sagte ich ihnen, hätte ich von einer Bäuerin gehört, die ihr abgetriebenes Kind betrauert habe, und seitdem verspüre sie, daß sie einen Fürsprecher im Himmel habe. Da erhellte sich das Gesicht der jungen Frau, sie spürte eine Schuld von sich abfallen, und das Kind bewegte sich im Mutterleib. Nun waren beide Eheleute in der Lage, auch dem ungeborenen Kind bewußt seinen Platz zu geben. In der Woche danach kam die Frau noch mal alleine und erzählte, wie sehr es ihr jetzt ein Bedürfnis sei, die Ratschläge ihres Mannes zu hören, darüber nachzudenken, ihn mit einzubeziehen.

Was mir jedoch vor allem im Gedächtnis haften blieb, war ihre Bemerkung, daß sie spüre, wie schwer es ein Mann in der Schwangerschaft habe. Nichts an seinem Körper würde darüber Zeugnis geben, daß er fruchtbar geworden sei. Sie würde jetzt täglich mit seiner Hand über ihren Leib streichen und ihm sagen: „Schau, du hast das gezeugt."

Die Trancearbeit

Die zweite Phase meiner Arbeit mit schwangeren Paaren ist Trancearbeit. Die Trancebilder, die ich den Schwangeren sprachlich ausmale, sind Bilder, die in verschlüsselter Form den Geburtsvorgang wiedergeben, vor allem das muskuläre Zusammenspiel in der Austreibungsphase, wobei ich den Fokus auf diese Bewegung in Spiralenform lege, die das Kind im Geburtskanal macht – ein gemeinsamer Tanz von Mutter und Kind. Die Defokussierung von Atmung und Wehenbewältigung ermöglicht den Gebärenden erfahrungsgemäß einen ganz natürlichen Wehenatem und eine Dehnung des Geburtskanals. Ich sage ihnen, ihre Beschäftigung damit in der Schwangerschaftsgymnastik vorher genüge vollauf, um ordentlich zu gebären. Bei der Geburt selber ginge es nur um den gemeinsamen Spiralentanz von Mutter und Kind.

Auf die Gestaltung der Trancen bin ich gekommen, als ich mich mit dem Phänomen der Kuvade beschäftigt habe, das man in Afrika und Brasilien kennt, das Männerkindbett. Dabei legen sich, wenn die Zeit der Wehen für die Frau gekommen ist, die Männer ins Bett, schreien und klagen. Ethnologen haben erkannt, daß den Gebärenden damit viel seelischer und auch körperlicher Druck genommen wird und die Geburten leichter werden. Das erzähle ich den Paaren, und auch, daß die Männer hier in Europa während der Geburt ihrer Frauen auf die äußerlich sichtbaren Vorgänge achten, die Wehen, den Atem, das Hecheln. So können sich die Gebärenden auf den gemeinsamen inneren Spiralentanz mit ihrem Kind konzentrieren und teilen sich mit den Vätern die Geburtsarbeit.

Die Trance dazu lautet etwa so:

Erinnere dich an die Wiese, die du als Kind so gerne mochtest. Wie schon so oft streifen die Gräser an deinen Beinen, der Wind spielt mit deinen Haaren, du gehst barfuß, und der Boden ist federnd, weich und warm.

Dann kommst du an den Waldrand, am Fuß des Berges. du verweilst ein wenig auf dieser Bank, nahe dem rauschenden Bergbach, ziehst dir gute Bergschuhe an, nimmst deinen Rucksack, gehst über die Brücke und folgst dem Gebirgsbach bergauf. Langsam wanderst du durch die schattige, kühle Waldzone, gelangst auf die Höhe der Almen, weite Matten findest du dort, und einzelne ausladende Fichten. Höher und höher, an den Bergkiefern vorbei, gehst du langsam in der zunehmenden Vormittagswärme. Der Weg führt dich bis hinauf in die Geröllzone, durch die stehende Hitze der Latschenwälder bis vor eine Felswand.

Hier findest du einen Eingang, gehst hinein, wartest, bis deine Augen sich adaptieren, findest dich in einer Vorhöhle und entdeckst in der rückwärtigen Felswand einen weiteren Eingang in eine riesige Höhle. Es ist deine Höhle, angenehm kühl und es gibt Licht aus unbekannter Quelle. In der Mitte ist ein Quellbecken.

Schau, aus welchem Material es ist, Edelsteine oder natürlicher Fels, poliert, aus Naturstein oder mit Kieselsteinen ausgelegt. Erkenne die Größe, mach das Becken weiter oder auch tiefer, damit du gut tauchen kannst. Gestalte die Farbe des Beckens. Ist sein Rand hochgezogen oder ebenerdig? Schau die Farbe des Wassers an, du kannst sie so verändern, daß sie genau zu dir paßt. Schau auch, woher das Becken seinen Zufluß bekommt: etwa ständig rieselnd über die Felswand oder von der Tiefe aus unterirdischer Quelle. Betrachte den Abfluß und beobachte, ob Zu- und Abfluß sich die Waage halten. Falls der Abfluß zu groß ist, und das Becken droht, zuviel Wasser zu verlieren, verkleinere ihn. Falls er zu klein ist, und das Becken in Gefahr ist, überzufließen, dann vergrößere den Abfluß.

Dann kannst du dir das Wasser angenehm temperieren, deine Kleider ablegen und hineinspringen. Tauch jetzt, tauche bis auf den Grund, tauche dich gesund. Wann immer du auf diesen Grund hinabtauchst, wandelt sich dein Körper in einen Zustand absoluter Gesundheit.

Sei aufmerksam, wenn du am Grund angekommen bist. Spüre deine Wende und laß dich jetzt vom Auftrieb in dieser natürlichen Spirale nach oben ziehen und wisse, daß du dein Kind dabei im Arm hältst und daß du gleichzeitig auch das Kind bist und ihr beide in eins diese Spirale miteinander genießt, bis du an die Oberfläche kommst. Und du kannst diesen Vorgang mehrmals wiederholen, bis du dieses Gefühl für die Spirale in Bewußtsein verwandelst und ihr du und dein Kind, genau wißt, worauf es bei diesem Tanz ankommt. Und du weißt, daß in dieser Zeit der Vater deines Kindes über dich wacht und über all die physiologischen Vorgänge, die gleichzeitig automatisch in dir vor sich gehen. Und dann kannst du das Wasser verlassen, dich abtrocknen, ausruhen und diesen Quellraum, auf einer weichen Liege ruhend, noch genießen und nach deinem Willen umgestalten. Du kannst hierherkommen und tauchen, sooft du möchtest.

Später verläßt du diesen Raum und stehst wieder im hellen Sonnenlicht.

Langsam beginnst du bergab zu steigen. Immer schneller werdend, springst du trittsicher in Serpentinen, tiefer und tiefer hinab, vorbei an den Bergkiefern, den Almen, du tauchst in die Waldzone ein, neben dir der rauschende Gebirgsbach. Kühl ist es hier und schattig, du überquerst die Brücke und ruhst dich wieder aus auf deiner Bank. Bleib solang dort, bis du wieder zurückfindest in diese Zeit, in diesen Raum, und du wirst dich ganz frisch und gesund fühlen. Zähl leise zurück von fünf bis null.

Meist spreche ich der Schwangeren diese Trance zwei- bis dreimal in Abständen von ungefähr zwei Wochen. Wenn die Männer mitkommen, so hören sie genau ihre Aufgabe und erklären sich meist mit diesem Arbeitsauftrag und vor allem mit der Arbeitsteilung einverstanden. Es ist erstaunlich, daß Frauen, die von ihren Männern während der Schwangerschaft verlassen wurden oder deren Männer nicht zur Trance mitkommen wollen, sich trotzdem innerlich von den Vätern begleitet fühlen und sich ganz auf den Spiraltanz konzentrieren. Wegbereitend dafür ist sicher die vorangegangene systemische Arbeit, die den werdenden Müttern klar werden läßt, wie wichtig selbst ein weggelaufener Vater für das Kind ist.

Wie in den allgemeinen systemischen Beratungen gibt es soviele unterschiedliche Fälle, wie Paare erscheinen. Ich kann von Frauen erzählen, die aufgrund von Neurodermitis und der damit verbundenen Kortisoneinnahme über zehn und zwanzig Jahre kein Kind bekamen und, nachdem sie es wagten, sich die Identifizierung mit der vorehelichen Geliebten des Vaters zu betrachten, den Mut hatten, das Kortison abzusetzen und glückliche Mütter wurden. Auch kann ich erzählen von „klinisch nachgewiesen unfruchtbaren" Männern, die es wagten, ihre Frauen freizugeben, weil sie glaubten, kein Kind zeugen zu können. Mehrmals habe ich erlebt, daß die Frauen sich noch einmal für ihren Mann entschieden, ihren Kinderwunsch preisgebend, und in der Zeit danach schwanger wurden. So vielfältig die guten Erfahrungen auch sind, sie bleiben für mich stets ein Wunder. Das einzige, was wir alle dafür tun können, daß sich diese Wunder immer wieder ereignen können, ist: den Mut aufbringen – die Wahrheit sehen.

Ich füge abschließend noch ein Blatt mit Fragen an, das ich den schwangeren Paaren vor der Beratung gebe:

Vorbereitungsblatt für die Schwangerschaftsberatung

Zum Familiensystem gehört die Familie, die Sie jetzt zusammen mit Ihrem Mann/Ihrer Frau und Ihren Kindern bilden. Es zählen auch die Herkunftsfamilien beider Ehepartner und die jeweiligen Großeltern dazu. Alles, was im Rahmen dieser Familien passierte, kann Sie und Ihr/e Kind/er wesentlich beeinflussen, stärken oder auch verstricken.

Bitte beantworten Sie sich selbst noch vor der Beratung diese Fragen genau:

Gibt es voreheliche Partner, bei Ihnen, Ihrem Mann/Ihrer Frau, bei einem Ihrer Eltern?
Gibt es vorehelich gezeugte/geborene Kinder von Ihnen/Ihrem Partner? Wo leben die Kinder? Haben Sie Kontakt mit Ihnen? Wissen Ihre Kinder über eine frühere Ehe von Ihnen/Ihrem Partner Bescheid/Wissen Sie, daß Sie Halbgeschwister haben?
Hatten Ihre Eltern/haben Sie ein Kind adoptiert?/Sind Sie selbst Adoptivkind? Wurde der Kontakt mit den leiblichen Eltern wiederhergestellt?

Ist Ihnen ein Kind gestorben? Ihren Eltern? Den Eltern Ihres Mannes/Ihrer Frau? Wissen alle um das Kind? Ist getrauert worden?
Haben Sie/Ihre Frau (frühere Partnerin) abgetrieben?

Haben Sie/Ihre Frau/Ihr Mann/Ihr Vater/Ihre Mutter/Vater oder Mutter Ihrer Frau/Ihres Mannes früh einen oder beide Elternteile verloren?
Sind jedem der oben angeführten Personen beide Elternteile bekannt? (Auch wenn sie sie nie gesehen hätten!)
Ist eine Frau im Kindbett gestorben?

Hat sich ein Familienmitglied ausgeschlossen/wurde es ausgeschlossen?
Wer hat mit diesem Familienmitglied noch Kontakt?
Gibt es für Ihre Kinder/für Sie Trennungen von einem oder beiden Elternteilen? (z. B. früher Krankenhausaufenthalt/Krankheit der Mutter mit Trennung vom Kind/Aufwachsen bei den Großeltern/Tanten, so daß ein Kind diese Person der Mutter zeitweise vorzog/noch vorzieht?

Gibt es eine schwere körperliche oder geistige Krankheit in der Familie?
Gibt es Selbstmordtendenzen bei Ihnen innerhalb der Familie?
Gab es Schicksalsschläge? (Flucht/Verlust von Hab und Gut/Verlust der Arbeit?/Schlecht verteiltes Erbe?/Ist jemand um sein Erbe betrogen worden?/Hat sich jemand sein Erbe erschlichen?
Wurde jemand straffällig?

War jemand im KZ? Gibt es Kriegsopfer oder Opfer von Kriegsverbrechen? Ist jemand gefallen? War der Vater/Großvater lange in Kriegsgefangenschaft? Gibt es NS-Täter in Ihrer Familie? Gibt es Selbstmord in der Familie? Gibt es Mord in der Familie?

Gibt es starke religiöse Prägungen?/Ging jemand ins Kloster? Wurde jemand Priester?

Liegt bei Ihnen/Ihrer/m PartnerIn Mißbrauch vor?
Gibt es Alkohol-Kranke oder andere Suchttendenzen?
Bulimie/Magersucht/Migräne/Kreuzschmerzen/Rheuma/Kreislauferkrankung oder andere schwere Krankheiten (MS, Parkinson, Epilepsie)?

Kennen Sie die Gräber Ihrer Eltern/Großeltern? Besuchen Sie die Gräber?
Sind Gefallene in die Grabinschrift mit aufgenommen?

Es ist gut, wenn Sie vor der Beratung diese Fragen für sich weitgehend abklären und eventuell auch bei Verwandten nachfragen.

Familien-Stellen mit speziellen Klientengruppen und bei bestimmten Symptomen

Die Wirkungen der Erkenntnisse und Methoden Bert Hellingers in der therapeutischen Arbeit mit Kindern und Jugendlichen

Michael J. W. Angermaier

Nachstehend sollen drei kleine kommentierte Fallvignetten illustrieren, welche fruchtbaren Wirkungen von Bert Hellingers Sichtweisen für die Arbeit mit Kindern und Jugendlichen ausgehen.

1. Kollisionen der Ursprungsordnung

Freitag nachmittag klingelte das Telefon und Dr. Tinschmann war dran. Da wäre eine 16jährige Patientin von ihm von zu Hause ausgerissen und habe sich seit Tagen nicht mehr gemeldet. Die Mutter habe zwar eine Ahnung, mit wem ihre Tochter ‚ausgebüchst' sei, mache sich aber trotzdem große Sorgen. Was ich denn raten würde?

Ich würde der Mutter raten, das Zimmer der Tochter anderweitig zu verwenden, entfuhr es mir spontan. Damit würden die Machtverhältnisse, wer jetzt wen unter Druck setzt, wieder umgekehrt! So etwas hätte sich bei

Jugendliche versuchen nicht selten, Eltern durch Weglaufen und Ausreißen unter Druck zu setzen. Selbstverständlich hat dies immer die Qualität, auf einen zugrundeliegenden Kon-

manchen erziehungsschwierigen Kindern schon oft bewährt. Der Fall liege hier wohl anders, entgegnete der Kinderarzt. Verena sei bisher eher ein sehr liebes Mädchen gewesen. Wir schlagen der Mutter deshalb für den Samstagmorgen ein Krisengespräch bei mir vor.

Anderntags erscheint Frau Z., eine gestandene Frau, ruhig, intelligent – eine gute Mutter. Sie macht aber keinen Hehl aus ihrer Abneigung gegen den 20jährigen Freund der Tochter. Er sei ein gescheiterter DJ (Diskjockey), der es nicht einmal geschafft habe, seinen Führerschein zu machen. Ihr Mann und sie seien in ihrer Ablehnung dieser verkrachten Existenz einig, und sie können es nicht fassen, daß ihre Tochter zusehe, wie sich die Eltern – insbesondere der Vater – von diesem Typ beschimpfen lassen. Einmal habe er den Vater weit nach Mitternacht mit seinem Handy aus dem Bett geklingelt und sofort übel bedroht. Außerdem sei ihr Haus bereits mit Wurfgeschossen in Gestalt von Joghurtbechern, Tomaten und faulen Eiern bombardiert und der Briefkasten mit einem Sprengsatz demoliert worden. Ihre Tochter werde von ihrem sauberen Freund aufgehetzt. Sie solle ihren Eltern endlich mal Manieren beibringen. Er selber habe die seinen ja auch richtig erzogen, so daß die allmählich wüßten, wo es langgehe.

flikt aufmerksam zu machen und ist eine Art ‚Hilfeschrei'.

Dennoch ist die Position der Eltern dadurch geschwächt und sie tun gut daran, zunächst einmal ihre Position zu stärken, indem sie den Spieß wieder umdrehen und nach dem Motto handeln ‚Aufgestanden – Platz vergangen!' Das Kind aus seinem bisher gewohnten Platz auszusperren, ist dann auch für den Jugendlichen ein heilsamer Schock.

Damit sind Eltern und Kinder wieder gleichgestellt und sollten nach der Lösung für den Grundkonflikt schauen, damit der Jugendliche wieder an seinen alten Platz zurückkehren kann!

Frau Z. berichtet, sie hätten ihrer Tochter schon bittere Vorwürfe seinetwegen gemacht und sie nachdrücklich gewarnt, den Umgang mit ihm weiter fortzusetzen. Einmal hätte der Vater sie sogar mit der Polizei aus einer Party herausgeholt, weil sie dort bis weit nach Mitternacht mit ihm zusammengewesen sei und nicht mehr auf die Aufforderung reagiert habe nach Hause zu kommen.

Zunächst versuche ich, der Mutter Verenas ein anderes Bild dieses jungen Mannes zu vermitteln, damit es ihr möglich wird, ihn mit verständnisvolleren Augen als bisher anzusehen.

Oft verhalten sich junge Männer aggressiv, ja ausgesprochen rechtsradikal, wenn sie die Erfahrung gemacht haben, daß ihre Mütter verachtungsvoll mit den Vätern umgegangen sind oder wenn den Vätern durch die Gesellschaft großes Unrecht angetan wurde, gegen das sie sich nicht wehren konnten. Indem der Sohn seine ‚Stärke' im Übermaß demonstriert, versucht er, das zu verwirklichen, was dem Vater gefehlt hat, nämlich Überlegenheit.

Auch wenn es auf den ersten Blick nicht zu verstehen sei, so sage ich, steckt doch meist hinter der Boshaftigkeit ein anerkennenswertes Motiv. Wenn dieses liebevolle Motiv in den Blick kommt, würden sich die Beziehungen untereinander manchmal ganz schnell verbessern!

Das heiße aber nicht, daß man alles gut finden müsse, was ein solcher Mensch tut oder daß man sich dagegen nicht zu wehren habe. Wenn man jedoch ein verständnisvolleres Bild von den Motiven des anderen hätte, würden viele Aggressionen erst gar nicht mehr zustande kommen. Im übrigen würde ich sowohl ihr als Mutter wie vor allem dem Vater raten, den jungen Mann nicht dadurch aufzuwerten, daß man auf seine Beleidigungen gekränkt reagiere. Wenn sich die Eltern nicht belei-

Eine Beleidigung ist ja immer auf Wirkung aus. Wenn diese Wirkung ausbleibt, hat gar keine Beleidigung stattgefunden. Derjenige hat also Kontrolle über die Situation, der sich nicht beleidigen läßt – und der andere ist der Verlierer!

digt verhalten würden, dann hätte er auch keine Macht mehr, sie zu beleidigen und ihre Tochter würde die Eltern stärker erleben als ihn, was im Augenblick vermutlich nicht der Fall sei!

Frau Z. erzählt weiter, daß sie gestern noch einen Anruf aus einem städtischen Mädchenheim für Obdachlose bekommen habe. Dort sei ihre Tochter jetzt, nachdem sie die letzten Tage mit ihrem Freund in Hamburg verbracht hatte. Am Montag wolle sie wieder in die Schule, obwohl sie ohnehin damit rechnen müsse, daß sie das 10. Schuljahr diesmal noch nicht schafft! Aha, erkläre ich der Mutter, weil sie schlecht in der Schule ist und ihr Selbstbewußtsein angeknackst ist, wird sie anfällig für den Einfluß und die Schmeicheleien des Jungen!

Frau Z. bestätigt das und wir stimmen darin überein, daß es doch im Grunde anerkennenswert sei, daß die Tochter trotz ihres schlechten Leistungsstandes wieder hier sei, um ihren schulischen Pflichten nachzugehen.

Ja, aber sie hätte ihr nun ausrichten lassen, daß sie seit Tagen nichts mehr zum Wechseln habe, und die Mutter möge ihr Kleidung vorbeibringen. Das, empört sich die Mutter, wäre ja wohl das Letzte! In all den zurückliegenden Jahren hätte ich alles für mein Kind getan! Aber, was sie uns nun angetan hat, ist einfach zu viel! Und leise beginnt sie zu weinen.

Anstatt auf ihre Tränen einzugehen und sie zu trösten, frage ich Frau Z., ob sie nicht einmal überlegt habe, daß sie und ihr Mann vielleicht einen großen Fehler gemacht hätten, so wie sie beide in dieser Angelegenheit mit ihrer Tochter umgegangen seien. Augenblicklich ist Frau Z. wieder gefaßt, setzt sich auf und fragt mich: Welcher wäre das denn gewesen?

Sie haben die Tatsache nicht angemessen gewürdigt, daß Ihre Tochter eine Frau geworden ist, die Ihnen gegenüber ihren ersten Mann verteidigt, antworte ich ihr. Und wenn Sie meinem Rat folgen, dann packen Sie ein paar Sachen zusammen, die Ihre Tochter jetzt braucht, besuchen sie und bedauern ihr gegenüber, daß Sie ihrem ersten Lebenspartner nicht den nötigen Respekt entgegenbrachten, den er verdient! Und bedauern Sie ihr gegenüber, daß Sie als Eltern auch der Tochter gegenüber die Tatsache nicht genügend gewürdigt haben, daß Sie jetzt eine junge Frau geworden sei. Versichern Sie ihr, so sage ich, daß Sie dies jetzt erst verstanden hätten und daß Ihre Tochter immer auf Ihre Unterstützung rechnen dürfe, was ihr auch mit diesem oder anderen zukünftigen Partnern widerfahren werde. Sie würden immer ihre Eltern sein, und Ihre Tochter hätte immer einen Platz in ihrem Elternhaus. Sie als Eltern hätten zwar große Sorgen bezüglich des jetzigen Partners, die sie nicht verheimlichen wollten. Sie würden Ihrer Tochter aber das Recht zuge-

Ein Kind wird in die Herkunftsordnung der eigenen Familie hineingeboren. Dort hat es seinen Platz und seine Sicherheit. Dieses Herkunftssystem reagiert mit dem sogenannten ‚Sippengewissen' sehr empflindlich auf alles, was die Zugehörigkeit zur Sippe bedroht. Wird ein Mitglied der Familie ausgeschlossen, zum Beispiel weil es homosexuell ist, beginnt ein anderes Familienmitglied dafür zu leiden, weil es sich mit dem Ausgeschlossenen identifiziert. Die Kinder sind die schwächsten Mitglieder dieses Systems und deshalb die loyalsten, so wie die kleinsten Arbeitnehmer in einem Konzern oft mehr Loyalität zeigen als die Vorstandsmitglieder.

Durch den ersten sexuellen Kontakt entsteht eine neue Ordnung, die sogenannte Ursprungsordnung. Durch den sexuellen Vollzug beginnt der oder die Heranwachsende damit, sein Leben in einer eigenen Familie zu planen. Nunmehr kennen er oder sie zwei Loyalitäten. Die Loyalität zu den Eltern wird zwar nicht aufgehoben, aber ergänzt um die Loyalität zum Partner und später die zu den eigenen Kindern.

stehen, im Hinblick auf ihre Partner ihre eigenen Erfahrungen zu machen und darauf vertrauen, daß sie dabei lernen werde, den zu finden, der ihr guttäte!

Ich erkläre der Mutter das Wesen der Ursprungsordnungen und die Gesetze der Zugehörigkeit und erläutere ihr, daß ihre Tochter in einem verzweifelten Konflikt stehe. Der erste Mann, den sie erkannt hat, fordert ihre Loyalität in der Konfrontation mit ihren Eltern. Durch die sexuelle Begegnung mit ihm steht sie an der Schwelle eines neuen eigenen Lebens mit einer eigenen Familie. Als Kind ihrer Eltern ist sie in ihrer Herkunftsordnung verankert und insofern diesen gegenüber loyal. Nur wenn beide Ordnungen sich gegenseitig anerkennen, gibt es eine Lösung und eine Basis für eine gesunde Weiterentwicklung. Stehen sich beide Ordnungen im Kampf gegenüber, gibt es einen Loyalitätskonflikt, in dem immer das Herkunftssystem verliert, der Schaden jedoch später in der neuen Familie wirksam wird!

Da diese partnerschaftliche Loyalität zukunftsorientiert ist, gibt sie von nun an den Ausschlag, wenn es zu Loyalitätskonflikten kommen sollte. Eltern müssen dies wissen! Für ein gesundes Weiterleben des alten und für eine gute Entwicklung des neuen Systems ist die wechselseitige Anerkennung der bestehenden Loyalitäten trotz aller Konflikte grundsätzliche Voraussetzung!

Frau Z. verstand schlagartig, wovon ich redete. Sie war jetzt ganz ruhig und stabil. Fast schien sie erleichtert, einsehen zu können, was sie in den zurückliegenden Monaten falsch gemacht hatte, weil der Weg, der ihr nun aufgezeigt worden war, so klar vor ihr lag. Sie hatte verstanden, was Respekt bedeutet. Und sie war entschlossen, ihrer Tochter gegenüber respektvoll zu handeln und gleichzeitig Respekt für sich selber und ihren Mann zu fordern.

Sie würde ihrer Tochter die Sachen bringen, die sie brauchte. Sie würde ihr vermitteln, daß sie ihren jetzigen Lebenspartner zu respektieren bereit wäre, und auf dieser Basis konnte sie auch Respekt für ihre eigenen Sorgen als Mutter verlangen und ihre Skepsis zum Ausdruck bringen, ob diese Partnerschaft der Tochter guttun würde. Ihre Tochter und ihr Partner könnten ihre Skepsis ja im Lauf der Zeit widerlegen. Jedoch würde jeder den anderen an seinem Platz lassen und ihm diesen nicht streitig machen. Darauf käme es an. Und die Tochter durfte wissen, daß sie immer einen Platz im Hause und im Herzen ihrer Eltern haben werde, mit welchem Partner auch immer!

Bert Hellinger sagte einmal zu einer jungen Frau, die sich darüber beschwert hatte, daß ihre Eltern sich immer in ihr Leben und in ihre Partnerschaft einmischten: „Eltern dürfen sich immer einmischen – und Kinder dürfen dann trotzdem tun, was sie für richtig halten!"

Sonntag abend ruft der Vater noch an und bittet dringend um ein Gespräch, so daß ich ihn zu später Stunde noch empfange, und wir sitzen noch lange zusammen. Sichtlich betroffen, bekennt er, daß er einmal so aufgebracht gewesen sei, daß er Verena erklärt habe, sie sei nicht länger seine Tochter, wenn sie weiter mit diesem Mann zusammen sein wolle. Außerdem sei er wütend darüber gewesen, daß Verena nicht einmal bereit war, ein paar Stunden auf ihren 10jährigen Bruder aufzupassen. Dazu sei sie auch nicht verpflichtet, habe sie ihm da erklärt! Er wisse jetzt, daß das alles falsch gewesen sei, ihm seien die Nerven durchge-

Ich bin sehr froh darüber, in Herrn Z. einen Gesprächspartner erleben zu dürfen, der in hohem Maße bereit ist, Ratschläge anzunehmen, und der selbstkritisch sein kann.

Oft ist es ein falscher Stolz, der den möglichen und notwendigen Veränderungen im Weg ist. Nicht wenige ziehen es vor, ihrem Stolz die Treue zu halten, und nehmen dafür – gegen besseres Wissen – Unglück, Krankheit und Stagnation in Kauf!

gangen. Und jetzt müsse er zähneknirschend mit ansehen, daß man behaupte, er bedrohe seine Tochter. Dabei sei das Gegenteil viel eher wahr. Er erkenne, daß er viel zu nachgiebig gewesen sei. Seine Tochter habe so gut wie alles gedurft und jede Unterstützung gehabt. Bis vier Uhr morgens sei sie in der Disco gewesen, wenn auch in Begleitung einer Bekannten. Und das nicht nur einmal!

In dem Gespräch macht Herr Z. immer neue Vorschläge, was man denn tun könne, um Verena wieder auf den richtigen Weg zu bringen. Vereinbarungsgemäß sei die Mutter mit der Wäsche in dem Übergangsheim gewesen. Dort habe man ihr ein Gespräch mit ihr verwehrt. Sie habe mitbekommen, daß Verena ‚eigentlich' keinen Kontakt wolle. „Dann ist es in deiner jetzigen Lage sicher besser für dich, wenn wir das jetzt erst einmal lassen", habe die Sozialarbeiterin schließlich entschieden! Die müssen ja ein schönes Bild von uns als Eltern haben, klagt Herr Z.

Ob man mit dem Hinweis, daß eine Familientherapie stattfinden könne, sie dort herausbekäme, will er wissen. Das sei alles verfrüht, meine ich. Erst müsse Verena verstanden haben, daß die Eltern bereit sind, die Tatsache ihrer Partnerschaft zu respektieren, damit sie aus ihrem derzeitigen Zweifrontenkrieg herauskommt. Vorher würde sie nie ein Problembewußtsein hinsichtlich ihrer Partnersituation bekommen.

Es fällt Herrn Z. sichtlich schwer, zu einer Haltung des geduldigen Abwartens zu kommen, einem Mann wie ihm, der es gewohnt ist, die Dinge zu bewegen. Abwarten ist normalerweise nicht seine Sache. Das muß er jetzt lernen. Nur meine Frage, was er denn mit seinen bisherigen Versuchen, Einfluß zu nehmen, erreicht hat, bringt ihn zu der Erkenntnis, daß er nichts damit bewirkt hat! Er erkennt, daß die Zeiten vorbei sind, wo er seiner Tochter noch etwas anordnen konnte. Jetzt sind allenfalls ‚Verhandlungen' und Ratschläge angesagt, und dafür müssen die Eltern warten, bis auf seiten ihrer Tochter Bedürfnisse angemeldet werden, über die dann gesprochen werden kann.

Hier sei an den Grundsatz der lösungsorientierten Therapie erinnert:

– *Wenn etwas nicht funktioniert, mach (sofort!) etwas anderes (was besser funktioniert).*

Es gebe aber noch einen Punkt. Der Freund seiner Tochter habe sich bereits so viel ‚geleistet', daß er ihm jetzt ein Hausverbot erteilt habe. Wie ich darüber dächte? Meine Antwort war: *„Es ist Ihr gutes Recht zu entscheiden, wer in Ihrem Haus aus- und eingeht! Für Ihre Tochter ist dies eine Strafe. Sie wird zur Folge haben, daß sie sich öfter außerhalb mit ihm trifft, und dieser Konsequenz müßten Sie zustimmen. Mit Strafen aber ist es so: Liebevolle Eltern sind zwar konsequent. Sie geben aber immer auch ein wenig nach, damit die Liebe wieder eine Chance hat! Überlegen Sie einfach mit Ihrer Frau, bei welcher Gelegenheit in der Zukunft es sinnvoll und gut wäre, an diesem Punkt ein wenig nachzugeben!"*

2. Bis an die Grenzen!

Chrishanty ist 16, ein schlankes Mädchen und ein dunkler, fremdländischer Typ mit eindringlichen, tiefbraunen Augen, das einzige Kind ihrer ceylonesischen Eltern, die schon vor langer Zeit aus Sri Lanka nach Deutschland ausgewandert waren. Der Vater ist Techniker, und die Mutter arbeitet als Krankenschwester.

Während der Vater aus einer sehr kinderreichen Ehe stammt, die aber gut war, kommt die Mutter aus einer Familie, in der es nicht nur viel Unglück gab, sondern noch mehr Streit. Eine Schwester der Mutter war mit 38 an Brustkrebs gestorben, ein älterer Bruder sei spurlos verschwunden, weil er sich mit allen Leuten angelegt habe und nirgends zurechtgekommen sei. Der Vater der Mutter habe diese immer verdächtigt fremdzugehen und selber ‚wie ein Heiliger' gelebt.

Chrishanty besucht das hiesige Gymnasium und macht sich dort prima. Trotzdem klagen die Eltern über ihre unkontrollierbaren Wutausbrüche. Sie würde sich aus nichtigsten Anlässen heraus mit den Eltern streiten, herumschreien, die Türen schlagen, ja sich vor Wut sogar auf dem Boden wälzen. Bei diesen Klagen der Eltern wirkt Chrishanty merkwürdig gelassen, so als wisse sie um ein Geheimnis. Sie bestätigt die Vorwürfe der Eltern. Ja, sie sei manchmal so wütend, daß sie die Eltern sogar schlagen könnte!

Es wird ihr vorgeschlagen, auf kleine Karteikarten mit einem roten Stift alles aufzuschreiben, was sie geärgert hat. Bei passender Gelegenheit soll sie sich dann überlegen, was sie in dieser Situation am besten getan oder gesagt hätte. Mit einem grünen Stift soll sie diese ‚Lösung' unter die Problemsituation schreiben.

Mit dieser Methode des Niederschreibens und der Ver-

Ich vereinbare einige Gespräche mit ihr und helfe ihr, sich selber besser verstehen zu lernen. Sie entwickelt daraufhin schnell Techniken, sich besser zu artikulieren und in Konflikten genauer zum Ausdruck zu bringen, was sie will, und andernfalls erst einmal nachzudenken, bis sie in der Lage ist, einen Kompromiß einzugehen! Schon bald ist aus dem Teenager, der unter unkontrollierten Aggressionen litt, ein diszipliniertes Mädchen geworden.

Die Sitzungen werden zunächst beendet. Einige Wochen später ruft Chrishanty mich an. Sie ist völlig aufgelöst. Sie halte es zu Hause nicht mehr aus! Ihre Mutter terrorisiere die ganze Familie, vor allem den Vater, der sich gegen sie nicht durchsetzen könne, weil er viel zu gutmütig sei. Wegen ihrer ‚Depressionen' sei die Mutter sogar schon in der Klinik gewesen, dort jedoch nach ein paar Tagen wieder gegangen, weil sie es nicht ausgehalten habe. Schließlich sei sie nicht ‚verrückt', aber die Familie müsse wenigstens ein bißchen Rücksicht auf sie nehmen. Man könne nicht alles von ihr verlangen. Auch ihre Kraft sei einmal zu Ende. So berichtet Chrishanty. Sie fügt hinzu, daß tatsächlich kein Mensch es ihrer Mutter recht machen könne, vor allem der Vater nicht. Ich bitte sie, den Eltern auszurichten, daß alle noch einmal zusammen einen Termin machen sollten. Aber nichts geschieht. Da greife ich nach ein paar Tagen selber zum Telefon und habe auch gleich die Mutter am Apparat.

besserung des eigenen ‚inneren Dialogs', gewinnt sie ein zunehmendes Verständnis für ihre inneren Prozesse und findet zunehmend schnellere Lösungen.

Oft ist es nicht leicht, wichtige Familienmitglieder zur Mitarbeit zu bewegen. Es kommt darauf an, die richtige, das heißt die einzig wirksame ‚Einladung' auszusprechen. Dabei hilft die Frage, worauf der Betreffende insgeheim stolz ist oder die Überlegung, was bereits früher die Basis der Zusammenarbeit gewesen ist. Eltern sind fast immer insgeheim stolz, etwas

Wie konnte ich die Mutter motivieren, nun das erforderliche Gespräch zu führen? Ich greife zu einem kleinen Trick und sage zu ihr, daß ich in der Arbeit mit Chrishanty im Augenblick nicht mehr weiterkäme, denn diese würde nur der Mutter alle Schuld zuschieben, so daß ich um ihre Hilfe in dieser Situation bitte. Daraufhin erklärt sich die Mutter sofort bereit zu kommen!

für ihre Kinder tun zu können, auch wenn sie sich noch so sehr über sie beschweren. Da Chrishanty das Musterbeispiel einer ‚designierten' Patientin ist, wie sich jetzt herausstellt, wirkt sich der ursprüngliche Behandlungsauftrag der Eltern zumindest so aus, daß sie sich einer entsprechenden Einladung zu einem Familiengespräch jetzt nicht entziehen können!

Die Familie erscheint. Die Mutter ist total geladen, der Vater blaß, die Tochter nervös. Die Mutter beginnt sofort mit wütenden Vorwürfen an die Adresse der Tochter und ihres Mannes. Die beiden kommen kaum zu Wort. Ich selber kann mich auch nur mühsam bemerkbar machen. Es lohnt nicht, die Vorwürfe hier im einzelnen zu wiederholen.

Schließlich mache ich mit sehr ernstem Ausdruck einen Vorschlag: Chrishanty soll die Eltern im Raum so aufstellen, wie sie erlebt, daß beide zueinander stehen.

Ohne auch nur eine Sekunde zu zögern, greift Chrishanty die Hand ihrer Mutter und stellt sie in den Raum. Sie nimmt die Hand ihres Vaters und stellt ihn der Mutter genau gegenüber. Sich selbst stellt sie dann zwischen beide Eltern in genau gleichem Abstand zu jedem von ihnen!

Es herrscht ein belastendes Schweigen. Die Eltern schauen sich stumm an. Kei-

Diese Methode des Familien-Stellens verzichtet auf jede Interpretation der Haltung oder der Gestik. Entscheidend ist allein, wer an welcher Stelle steht und in welcher Relation zu den anderen Familienmitgliedern. Wird eine Aufstellung ermittelt, der alle zustimmen könner spricht. Ich warte eine ganze Weile und frage den Vater: „Stimmt die Aufstellung so für Sie?“ Er bejaht das. Dann frage ich die Mutter: „Stimmt die Aufstellung so auch für Sie?“ Auch sie bejaht die Frage. Dann sage ich: „Wollen Sie wissen, was diese Aufstellung denn bedeutet?“ Ich ernte ein stummes Nicken. Ich sage: „Ihre Ehe ist zu Ende. Es hat keinen Sinn, sich noch länger über diese Tatsache hinwegzutäuschen!“ Trotz des Protestes der Eltern, die noch weitere Fragen stellen wollen, beende ich die Sitzung und schicke die Familie nach Hause. Kurz bevor sie den Raum verlassen, mache ich aber noch die etwas geheimnisvolle Bemerkung: „Ich habe in dieser Situation nur festgestellt, was ich gesehen habe und was jeder von Ihnen auch gesehen hat. Das ist die augenblickliche Wahrheit. Ob das immer die Wahrheit bleibt, werden wir sehen!“

Zwei Wochen später treffe ich Chrishanty mit ihrem Fahrrad vor dem Zoogeschäft. Sie strahlt über das ganze Gesicht, als sie mich sieht. Die Eltern hätten sich völlig verändert. Es sei ein richtiges Wunder geschehen. Die Harmonie sei wieder eingekehrt. Beide würden sich sehr anstrengen, sich miteinander zu vertragen.

nen, dann ist das innere Bild deutlich, an dem sich die Familie im Moment orientiert und das ihr Handeln bestimmt.

In unserem Fall wird allen schlagartig klar, daß die Eltern keine Beziehung mehr miteinander haben, sondern sich bereits voneinander getrennt haben. Sie stehen sich kämpferisch gegenüber, wobei der Vater – im Einklang mit der überkommenen Geschichte der beiden Familien – die Rolle des ‚Heiligen‘ übernommen hat und die Mutter die der ‚bösen Frau‘.

All das braucht den Eltern aber gar nicht vermittelt zu werden. In dieser Situation muß man den Mut haben, an die Grenze des Denkbaren zu gehen. Es ist nicht die Aufgabe des Therapeuten, den Eltern einen Rat zu geben, etwa den, sich zu trennen. Es genügt, wenn er sagt, was er sieht, und wenn alle Beteiligten erkennen, daß das stimmt.

Manchmal vollzieht sich an dieser äußersten Grenze eine Wendung, und die Beteiligten entscheiden sich neu. Die Eltern Chrishantys entschieden sich im Angesicht dieser Grenze neu und wieder füreinander.

3. Die Angst der Lebenden als Folge der Liebe zu den Toten

Irritiert und sehr nachdenklich schaut die junge Mutter, die ihre modische Kurzhaarfrisur blond gefärbt hat, auf den Tisch mit den Playmobilfiguren vor ihr. Bei einigen Figürchen hat der Therapeut die Haarteile abgeknipst, so daß man sie als Männer leichter von den Frauen unterscheiden kann. Drei weibliche Figuren stehen mit dem Rükken zu den anderen und symbolisieren so die drei Toten, von denen die Patientin berichtet hat. Es sind ihre beiden toten Zwillingsschwestern und die im Kindbett gestorbene Großmutter.

Mit leuchtenden Augen hatte die Frau von ihrer seit sieben Jahren bestehenden Ehe erzählt und davon, wie sie und ihr Mann eine schwere Krise gemeinsam bewältigt hatten. Der gemeinsame Sohn und ihr Wunschkind Sascha sei jetzt fünf und entwickle sich gut. Er besucht den Kindergarten. Es gibt im Grunde keinen konkreten Anlaß zur Sorge. Dennoch sei sie vor Angst um ihn manchmal wie außer sich. Sie kann nicht zusehen, wenn er auf einer Schaukel sitzt, und hat dann die Vision, daß er stürzen und sich tödlich verletzen könnte. Dabei liebe sie ihn doch über alles! Mit merkwürdig veränderter Stimme versichert sie, daß ihr wohl bewußt sei, daß ihre Ängste irrational seien. Sie komme aber einfach nicht dagegen an. Ihrem Vater hat sie verboten, mit Sascha in den Tennisclub zu fahren. Dort gibt es ein Schwimmbekken, und sie würde der Angst nicht

Einzeltherapie – eine Form der Feigheit?

Therapeuten, die mit der Methode des Familien-Stellens arbeiten, erleben dabei eine Schwellensituation, die nicht ganz einfach zu überwinden ist. Das Aufstellen eines Familiensystems geht mit einem völlig anderen Energiezustand einher als dem, der in einer ‚normalen' Einzel- oder auch Gruppentherapie erlebt wird. Beim Familien-Stellen spürt der Therapeut den Kontakt mit dem, was *Hellinger* ‚die große Seele' eines Familiensystems genannt hat. Selbst für die Zuschauer einer solchen Arbeit wird dieses besondere Energiefeld spürbar, und es wird immer deutlicher erlebt, je näher der Kontakt mit den aufgestellten Familienmitgliedern ist.

Bei entsprechender Sensibilität spüren sowohl der Therapeut wie auch die an Stelle der Familienmitglieder aufgestellten Protagonisten die Wirkung der Geschichte dieser Familie. Sie spüren die dort waltenden Kräfte der Zugehörigkeit und

Herr, daß Sascha darin ertrinke. Alles völlig unsinnige Befürchtungen! Sie wisse genau, ihr Vater würde gut auf ihn aufpassen. Seit der Geburt des Kindes ist sie auch nicht mehr in der Lage, über den Friedhof zu gehen, wo sie früher sehr gerne spazierengegangen ist. Die Visionen vom Tod und vom Sterben sind dort unerträglich.

Vor allem ihre auffällig veränderte Stimme weist auf Gründe ihrer irrationalen Angst hin, die über einen aktuellen Anlaß hinausgehen. Ihre Stimme klingt dann so, als ob sie von ganz weit her komme, wie aus einer anderen Zeit. Deshalb wird sie gebeten, ihre Familiengeschichte ausführlich zu erzählen. Parallel dazu stellt der Therapeut ihre Familienmitglieder mit Hilfe der Playmobilfiguren auf. Sie selber, ihr Mann und der kleine Sohn stehen eng zusammen. Etwas weiter rechts steht der Bruder der Patientin. Wiederum rechts neben diesem steht ihr Vater mit seiner neuen Frau. Links neben ihrer Familie steht die Mutter, die sich schon sehr lange vom Vater der Patientin getrennt hatte. Die ganze Gruppe schaut geschlossen in eine bestimmte Richtung auf die andere Seite, und der Therapeut fragt: „Wer mag denn dort wohl sein? Gibt es denn Familienmitglieder, die dahin gehören und von denen wir bisher noch nicht gesprochen haben?“ Zunächst verneint die Patientin das. Erst auf die weitere Nachfrage, ob es denn tote Geschwister gibt, die vielleicht schon sehr früh gestorben sind oder andere Verwandte, die unerwartet

des Ausgleichs oder den Sog der Verstrickungen regelrecht am eigenen Leib. Der so vorgehende Therapeut erfährt sich dann nicht länger als einflußnehmend und das Geschehen gestaltend, sondern er verspürt unmittelbar einen Druck, sich den Gesetzmäßigkeiten des Familiensystems unterzuordnen.

Dieser Druck wird manchmal so stark erfahren, daß er mit einer gewissen Angst einhergeht, und es bedarf einer veränderten inneren Haltung und der Übung, mit diesem ungewohnten therapeutischen Energiezustand umzugehen.

In der gewöhnlichen Einzeltherapie sieht der Therapeut sich keinem vergleichbaren Energiefeld gegenüber, es sei denn, er benutzt – wie in dem hier dokumentierten Fall – alternative Techniken des Familien-Stellens. *Hellinger* hat deshalb einmal die Einzeltherapie als eine ‚gewisse Form der Feigheit‘ bezeichnet.

Bei dem hier beschriebenen Vorgehen sind Playmobilfiguren benutzt worden, um die Familienmitglieder zu symbolisieren. Dies ist zwar eine Ersatzmethodik, die nicht die gleiche energetische Wucht entfaltet wie das Familien-Stellen mit Menschen, sie hat sich aber ebenfalls gut bewährt.

starben, beginnt die Frau die Zusammenhänge zu erkennen: „Aber ich habe meine schon so jung gestorbenen Zwillingsschwestern doch überhaupt nie kennengelernt!“, wendet sie ein. „Wieso soll das denn jetzt wegen meinem Sohn überhaupt eine Rolle spielen? Und die Mutter meines Vaters, die im Kindbett gestorben ist, was hat das denn heute noch zu sagen?“ Anstelle einer Erklärung schlage ich ihr vor, die toten Mitglieder ihrer Sippe mit aufzustellen, jedoch mit dem Rücken zu den Lebenden. Jetzt wirkt das Bild vollständig und ausgewogen, und es ist deutlich, warum die Lebenden alle in dieselbe Richtung schauen. Die innere Verbundenheit der Lebenden mit den Toten wird in der Aufstellung sichtbar. Die Patientin beginnt zu ahnen, welche Auswirkungen der Tod der Großmutter im Kindbett und das unerwartet frühe Ende der als Kinder gestorbenen Zwillingsschwestern für ihre Sippe und damit für sie selber haben. Sie beginnt zu spüren, woher ihre Angst um das Leben ihres Sohnes kommt und daß sich in dieser Angst die Trauer um den viel zu frühen Verlust der Großmutter und der Schwestern widerspiegelt, obwohl sie alle drei nie kennengelernt hat. Ihre von ihr selbst mit den kleinen Playmobilfiguren vorgenommene Familienaufstellung hat ihr deutlich gemacht, daß die Sorge um das Leben ihres Sohnes nichts anderes ist als eine Form der Trauer um diese drei Familienmitglieder, die nicht länger leben durften.

Die systembezogene Psychotherapie Bert Hellingers hat uns zu verstehen gelehrt, daß das oberste Gesetz des menschlichen Seelenlebens die Zugehörigkeit des einzelnen zu seiner Sippe als Folge der Ursprungsordnung ist. Das sogenannte ‚Sippengewissen' wacht über dieses Recht auf Zugehörigkeit zur Sippe, und es ahndet Verstöße dagegen, während das individuelle Gewissen auf die Einhaltung der Regeln achtet, die in einer Sippe herrschen.

Wenn Familienmitglieder zu früh verstorben sind oder wenn eine Mutter bei der Geburt des Kindes oder an den Folgen der Geburt stirbt, wird dies vom Sippengewissen wie ein Verstoß gegen das Recht auf Zugehörigkeit zu den Lebenden erlebt. Dies hat Folgen für die späteren Generationen, die nicht immer sofort den auslösenden Ereignissen zuzuordnen sind. Früh gestorbene Geschwister können einen Schatten auf das Leben der Nachfolgenden werfen, selbst dann, wenn diese sie nie kennengelernt haben. Es kann sein, daß die Nachgeborenen sich ihres eigenen Lebens nicht mehr so recht erfreuen können, ja sogar krank werden oder – wie in unserem Beispiel – irrational erscheinende Ängste um ein Kind auftauchen. Erst das Wissen um die mit diesen Ängsten und Depressionen einhergehenden liebevollen Verstrickungen in die Sippengeschichte macht die Heilung möglich. Der heilende innere Satz ist dann: „Ihr seid schon tot. Wir aber leben noch ein Weilchen, und wir tun es für euch mit!“

Der Therapeut schlägt ihr vor, immer dann, wenn die Angst um das Leben ihres Kindes sie wieder einmal befällt, sich vorzustellen, daß ihre toten Schwestern und die Großmutter beschützend und anteilnehmend hinter ihrem Sohn stünden. Sie selber solle sich dann mit dem Wissen um den frühen Tod dieser drei verbinden und sich zusammen mit ihrem Sohn die Erlaubnis geben, „noch ein Weilchen sich ihres Lebens erfreuen zu dürfen".

Bereits in der folgenden Sitzung berichtet die junge Mutter von einer umfassenden und von ihr nicht für möglich gehaltenen Veränderung in ihrem Leben. Sie habe ihrem Mann, ihrem Bruder und ihrem Vater von ihren neuen Erkenntnissen erzählt und sei sehr verwundert gewesen, daß alle diese Zusammenhänge sofort für überzeugend hielten. Wann immer sie jetzt Angst um den Sohn spüre, gebe sie sich einen Ruck und verbinde sich, wie ihr vorgeschlagen wurde, mit dem inneren Bild der Toten. Sie habe ihren Sascha in Begleitung ihres Vaters in den Tennisclub geschickt und sich dabei ertappt, daß sie wieder durch den Friedhof geschlendert sei, als ob es nie anders gewesen wäre. „Plötzlich sehe ich wieder die Farben in der Welt!", erzählt sie voller Staunen.

Von der geglückten Verbindung des systembezogenen Ansatzes mit der Festhaltetherapie

Jirina Prekop

Den Lesern dieses Bandes ist der systembezogene Ansatz bestens vertraut. Der Bräutigam ist also bekannt. Die Braut – die Festhaltetherapie (FH) – erscheint aber manchen noch verschleiert. Was will sie eigentlich? Sie gibt zwei einander gehörenden Menschen, deren Bindung so schwer verletzt ist, daß man sie sprachlich nicht versöhnen kann, die Chance zur Konfrontation in enger Umarmung, bis beide ihren Schmerz von Herz zu Herz und von Antlitz zu Antlitz ausgedrückt haben und bis ihre Liebe wieder fließt.

Gemeinsamkeiten und Unterschiede

Die wesentliche Gemeinsamkeit der beiden Methoden ist

- die Rehabilitation der abgebrochenen Hinbewegung, sprich der Aussöhnung,
- wobei dieses Ziel möglichst schnell und wirksam zu erreichen ist, und
- indem das, was krank macht, in Liebe verwandelt wird.

Die unwesentlichen Unterschiede sind:

- Es treffen sich nicht Stellvertreter, wie dies beim Familien-Stellen üblich ist, sondern vom Anfang des FH-Prozesses bis zur Aussöhnung hin sind reale Personen beteiligt.
- Bei der FH-Therapie bewältigen die Betroffenen den Prozeß nicht in der vertikalen Körperlage, wie beim Familien-Stellen typisch, sondern in der horizontalen Körperlage, das heißt liegend. Das Kind liegt dabei grundsätzlich auf dem Rücken und nimmt die untere Position ein, die Mutter (der Vater) umarmt das Kind von oben. Diese Position entspricht der systemischen Ordnung „die Eltern sind groß, die Kinder sind klein". Bei Ehepaaren bewährt sich aus Gründen der Beziehungsdynamik, wenn der Mann oben und die Frau unten liegt.

- Wenn während des systemischen Verfahrens beim Aufsteller ein überwältigender Schmerz ausbricht, kann er wegen der Gruppensituation nicht immer in der notwendigen Intensität zugelassen werden, um ihn in voller Tragweite in die Freude der Aussöhnung zu verwandeln. Manchmal sperrt sich der Betroffene gegen die Verneigung, obwohl sein Herz dazu schon halb bereit wäre. Nicht selten hindert ihn daran das Gefühl des Beobachtetwerdens von Außenstehenden. Im Unterschied dazu gewährleistet die intime, zeitlich uneingeschränkte Situation bei der Festhaltetherapie, daß der volle Schmerz ausgedrückt und der Prozeß bis hin zur Versöhnung geführt werden kann.

Die Gemeinsamkeiten sind also auf Ziele bezogen, nur im Setting ergeben sich Unterschiede.

Die *Crux* der Festhaltetherapie ist die massive Fluchtbereitschaft des Gegenübers, wenn im Rahmen der affektiven Ambivalenz die aversiven Gefühle viel mächtiger sind als die Liebe. Diese Tendenz zur Flucht ist übrigens bedingt durch uns angeborene Fluchtinstinkte. Sie sind uns mit allen Säugetieren, Fischen, Vögeln und Insekten gemeinsam. Der Mensch sollte aber aufgrund seines Gewissens und seiner Verantwortung für das Aufrechterhalten der familiären Beziehungen dafür sorgen, seine Fluchttendenz zu überwinden und sich für die Aussöhnung einsetzen. Von einem kleinen Kind jedoch läßt sich diese Reife noch nicht erwarten. Wo ihm die Vernunft noch fehlt, muß es mit dem Festhalten an der Flucht gehindert werden. Eine derartige Bestimmung des Kindes wurde den Kritikern der Festhaltetherapie zum Anstoß. Man befürchtet, daß man den Willen des Kindes bricht. Die Angriffe waren sehr schmerzhaft. Zugleich wurde der Schmerz zum Segen. Denn als Bert Hellinger einen solchen Artikel in „Psychologie heute" (Mai 1989) mit einem Leserbrief beantwortete, in dem er die Festhaltetherapie eindeutig bejahte, kam die Begegnung der beiden Therapeuten und danach die Verbindung der beiden Therapien zustande.

Der erste gemeinsame Workshop war für mich wie eine Offenbarung. Aufgrund von Bert Hellingers Interventionen, die gegen systemische Unterordnungen gerichtet waren, erkannte ich, warum bis dahin in bestimmten Fällen meine Versuche mit der Festhaltetherapie scheitern mußten. Mir ging ein Licht auf. Da war ein fünfjähriger

Bub, der mit offensichtlicher Verachtung im Arme seines Vaters jegliche Äußerung verweigerte. Solange ihn sein Vater flehentlich um eine Äußerung bat, schwieg der Bub verbissen. „Wer bist du? Bist du ein Kind, daß du ihn anflehst, als wäre er dein Vater? Stell dich als Mann!" Und erst als der Vater seine infantile Haltung aufgab und sich dem Bub als Vater darstellte, hat ihn dieser für würdig befunden, sich mit ihm zu konfrontieren. In demselben Workshop hat Bert Hellinger eine doppelte Verschiebung aufgedeckt. Ein Ehepaar hielt sich fest, die Frau schrie in großer Wut, aber irgendwie an dem Mann vorbei. „Wem gehören die Schreie? Wessen Stimme ist es?", fragte Bert die Frau. „Meiner Oma", antwortete die Frau und erkannte, daß sie die Wut ihrer Oma übernahm, die sich gegen die wüsten Erniedrigungen seitens ihres Mannes nie aufgebäumt hatte. Der ersten Verschiebung folgte die zweite. Nicht gegen ihren Opa als wahren Täter richtete die Frau ihre Wut, sondern sie verschob sie auf ihren unschuldigen Mann. Übrigens hat auch Bert Hellinger diesen Fall als bedeutsam empfunden und beschrieb ihn in Gunthard Webers Buch „Zweierlei Glück". Die Festhaltetherapeuten begriffen, daß sie ohne die systemische Sichtweise oftmals im dunkeln tappen, den wahren Kern des Beziehungskonflikts nicht treffen, und daß die Liebe nicht fließen kann, solange ihr ein geordnetes Flußbett fehlt, zum Beispiel

- solange der Sohn den ersten Geliebten seiner Mutter vertritt und sie ihn deshalb nicht als Kind sehen kann;
- wenn die Tochter ihre Mutter halten muß, damit sie nicht geht, und dadurch parentisiert wird und sich nicht loslösen kann;
- weil der Sohn sich auf die Seite seines geschiedenen Vaters stellt und für ihn, der sich gegen die abwertenden Anschuldigungen seiner Frau nicht wehren kann, diese abwertet und somit zu einem scheinbaren kleinen Tyrannen wird;
- weil sich das Adoptivkind seinen Adoptiveltern nicht öffnen kann, solange diese ihm verhindern, seine leiblichen Eltern als die ersten Lebensspender zu ehren, u. ä.

Die Verbindung mit dem systemischen Denken verhalf der Festhaltetherapie zu einer Art Quantensprung. Die Sichtweise bezüglich der Bedingungen von Bindungsstörungen hat sich verfeinert, das Verständnis für das Verlangen jedes einzelnen Familienmitglieds nach einer ihm gehörenden Stelle, an der es sich selbst, wie auch die anderen, achten kann, an der es auch geachtet wird und, nur durch diese Ordnung bedingt, sich selbst und die anderen lieben und sich frei fühlen kann, aber auch das Verständnis für die notwendige Einbindung in höhere morphogenetische Ordnungen, eröffnete neue Dimensionen für die ganzheitliche Erfassung des Problems, für die therapeutischen Ziele und für das Setting.

Auch die *Kontraindikationen* haben sich herauskristallisiert. Dazu zählen:

- die Absicht, die Festhaltetherapie als Erziehungsmittel zum Gehorsam zu benutzen,
- eine schwere chronische Ambivalenz beim Haltenden (im Sinne eines therapieresistenten „Wischiwaschi"-Elternteils),
- eine Psychose des Halten-Wollenden,
- ein sexueller Mißbrauch seitens des Elternteils, der festhalten möchte,
- wenn der Halten-Wollende die Ordnung im familiären System verweigert (z. B. wenn die Mutter auf der Mißachtung des Vaters ihres Kindes besteht).

Aufgrund dieser ethischen Haltungen (in Abgrenzung zu anderen Haltungen) entstand das Konzept der Festhaltetherapie nach Prekop. Ihre spezifischen *Ziele* über das mit Bert Hellinger gemeinsame Ziel der Erneuerung der Bindung und der Liebe hinaus sind:

- die offene Konfrontation mit und das Ausdrücken im Dienste der Gefühle der Aussöhnung;
- das Erleben der Empathie zwischen Ich und Du;
- das Zulassen und das Kultivieren der Aggressivität;
- ein emotionaler Nachvollzug des systemischen Ordnens.

Das Setting

Ein Gruppenverfahren ist von Vorteil, denn ein Familien-Stellen in einer individuellen, ambulanten Sprechstunde mittels Gegenständen (Schuhen, Puppen) ist nicht so günstig wie mit Menschen. Und ohne das Familien-Stellen bzw. mit anderen Formen der Familientherapie arbeitet kein Festhaltetherapeut mehr. Das Festhalten selbst braucht allerdings keine Gruppe, es findet grundsätzlich in einem intimen Raum statt. Den beiden Betroffenen und dem begleitenden Therapeuten genügt eine Matte oder eine Decke.

Es werden Familien eingeladen, die unter schweren Beziehungskonflikten leiden. Familien mit kleinen Kindern haben Vorrang. In der ersten Runde stellen die Familien ihren Konflikt vor. Hier werden auch wichtige anamnestische Daten ermittelt, die Hinweise auf die Art der Bindungsstörung und somit auch auf die Art der festhaltetherapeutischen Vorgehensweisen geben. Wird zum Beispiel von einer Frühgeburt oder vom Kaiserschnitt berichtet, ist der Abbruch der Bindung primär hier und erst zweitrangig in systemischen Verstrickungen zu suchen. (Die Art der Festhaltetherapie ähnelt dann der Primärtherapie als Wiedererleben des Geburtstraumas, allerdings mit dem großen Unterschied, daß das Kind diesmal glücklich am Herzen der wirklichen Mutter landet.)

Das Familien-Stellen gilt als Voraussetzung für die Festhaltetherapie. Bei jeder Familie wird grundsätzlich das Gegenwartssystem aufgestellt und je nach der Notwendigkeit auch das Ursprungssystem. Wo möglich oder wenn notwendig, stellt auch das reifere Kind seine Familie auf und nimmt in dem Auflösungsbild den ihm gemäßen Platz ein. Die Aufstellung stellt Weichen für die festhaltetherapeutischen Prozesse. Sie zeigt

- wer mit wem im Konflikt ist und durch welche Verstrickung das System der Familie gestört ist.
- das Thema des Festhaltens (z. B. daß das Ehepaar sein totgeborenes Kind miteinander betrauern muß oder daß ein erstgeborenes Kind, welches seine Stelle an das nächste Kind verlor, den Schmerz ausdrücken kann und als „unser einmaliges, erstes Kind" gefeiert wird).
- die Reihenfolge der festhaltetherapeutischen Prozesse. Sie richtet sich nach der Chronologie der Generationen. Zeigt es sich zum Beispiel, daß die Mutter sich mit ihrer Mutter aussöhnen sollte, wird diese Oma telefonisch bestellt. So ähnlich lädt der junge Vater seinen alten Vater zum Workshop ein. Erst dann hat auch das Ehepaarfesthalten Aussicht auf einen guten Verlauf, denn der Schmerz wurde schon dort abgeladen, wohin er auch gehörte, und wird nicht übertragen von der Ursprungsverbindung auf die Gegenwartsbindung.

- daß selbst dann, wenn die Problematik nicht systemisch, sondern rein somatisch bedingt ist (z. B. durch eine schwere Behinderung des Kindes), kann das Aufhellen systemischer Verstrickungen neue Kräfte zum gemeinsamen Tragen des schweren Schicksals mobilisieren.

Jede Familie wird von einem bestimmten Therapeuten vom Anfang bis zum Schluß betreut, um sich in jeden einzelnen einzufühlen und um den Prozeß der Verwandlung von Schmerz in die Freude zu unterstützen. Während eines Workshops betreut ein Therapeut höchstens zwei Familien. Der Schmerz der verletzten Bindung wird ausgeschrien, ausgeweint, konkretisiert und auch verbalisiert. Der Vorwurf macht nur dann einen Sinn, wenn er das verletzte Gefühl auftauchen und abfließen läßt. Auch die Wut ist beim Festhalten angebracht. Jedoch führt die Wut nicht zur Auflösung der Krise. Die Wut ist oft blind. Erst die Trauer baut dann die Brücke zur Liebe. Denn die Trauer trägt die Sehnsucht nach der Liebe und gibt ihr die erneuernde Kraft. Der Schmerz und auch die Lösung werden womöglich in die gleichen Sätze verschlüsselt, die bei der Aufstellung gesprochen wurden. Einige Kostproben:

Beim Festhalten der erwachsenen Kinder mit ihren schon alt gewordenen Eltern: „Mutti, Mutti, Mutti … Du hast mir so gefehlt! Ich hätte dich so gebraucht! … Das tat so weh! … Mutti, du hast mich geboren und hast dich um mich gesorgt, wie du nur konntest. Ich danke dir für mein Leben und für die Kraft, die ich von dir bekommen habe. Mehr brauchst du mir nicht geben. Es reicht. Den Rest mache ich selber … Halte mich bitte ganz fest … ich liebe dich so!" „Oh Vater, ich hatte solche Angst vor dir, vor deinen Schlägen, ich fürchte, daß du mich nicht liebst … ich fühlte mich so alleine, so aufgeschmissen. Ich danke dir aus vollem Herzen für alles, was du mir gegeben hast. Ich mache daraus das Beste. Vater, lieber Vater, drück mich ganz fest in deinem Arme, damit ich deine Liebe spüre …"

Beim Festhalten zwischen Mann und Frau wird der Beziehungskonflikt, der während der Aufstellung manifest wurde, in voller affektiver Kraft konfrontiert. „Du hast das Kind nicht gewollt!" „Du hast mich zur Abtreibung gezwungen!" „Ich war so alleine mit meiner Trauer, als unser Baby starb." „Du hast mich im Stich gelassen!" „Du verweigerst mir die Sexualität." „Es verletzt mich zutiefst, wenn du mich für einen Schwächling hälst." „Als du fremdgegangen bist, tat es so weh!" u. ä. Häufig wird unter der festhaltenden Nähe die Angst der Frau vor ihrer inzestuösen Verstrickung aktualisiert. Dies bietet die Chance, den beiden die Verschiebungsmechanismen und eine klare Trennungslinie bewußt zu machen. Aus dem Grunde bewährt es sich, das Inzesttrauma und die Aussöhnung mit dem visualisierten Vater in den festhaltenden Armen des Ehemannes auszutragen. „Das war dein Vater. Aber der da ist dein Mann", macht der Therapeut die krank machende Verschiebung bewußt.

Beim Festhalten der Kinder durch die Eltern: „Papa, ich habe solche Angst, wenn du mit der Mama streitest!" „Es tut so weh, Mama, wenn du von meinem Papi als vom Erzeuger sprichst. Ich bin sauer auf dich." „Ich darf meinen Vater so selten besuchen! Ich bin so traurig!" „Ich habe Angst vor deinem Schimpfen, wenn ich schlechte Schulnoten bekomme." „Du magst meinen Bruder mehr als mich. Wenn du mit ihm schmust und mich siehst du nicht, bin ich so wütend und so traurig!"

Für die erwachsenen Kinder, deren Eltern zu einem Workshop nicht kommen wollen oder nicht können, weil sie pflegebedürftig sind oder schon gestorben sind, entstand eine besondere Art der Festhaltetherapie.

Die Aussöhnungstherapie

Der Prozeß kann nur unter Visualisierung stattfinden. Damit der Betroffene in die Tiefe seines Schmerzes eintauchen kann, wird er von einem Freund festgehalten. Es bewährte sich, daß diesen freundlichen Dienst der Ehepartner leistet, denn so bekommen die Eheleute eine Chance zum Hineinfühlen und mit Hilfe des Therapeuten auch ein Verständnis für die bisherigen Übertragungen von der Ursprungsbeziehung auf die Ehebeziehung. Die Konfrontation mit dem imaginierten Elternteil leitet der Therapeut in drei Schritten. Sie müssen aufeinanderfolgen, ohne daß ein Schritt ausgelassen oder vertauscht wird: So, als wenn du eine Türe nach der anderen aufmachen mußt, bis du im Freien bist.

1. Schritt: Unter leichter hypnotherapeutischer Unterstützung wird der Betroffene in seine Kindheit geführt, wo ihm die Mutter oder der Vater den größten Schmerz zugemutet hat. Je konkreter das Bild aus der Erinnerung auftaucht, um so wirksamer. (Hilfen des Therapeuten: „Wie alt bist du? ... Wo bist du? ... Was trägst du? ... Was hat dir die Mutti angetan?") Der Therapeut feuert den Klienten an, sich das Gesicht der Mutter vorzustellen und den Schmerz zu äußern. Erst wenn dieser abgeflossen ist, erfolgt der nächste Schritt.

2. Schritt: Nun soll sich der Betroffene vorstellen, daß auch seine Mutter (Vater) eine ähnlich schmerzhafte Lage als Kind erlitten hat. Je mehr man von dem Ursprungssystem und dem Lebenslauf der Mutter weiß, um so besser gelingt das Verständnis für die Mutter. Eine vorherige Aufstellung ist daher günstig, jedoch nicht unabdingbar. Unabdingbar aber ist das geübte systemische Denken des Therapeuten. Unter Visualisierung soll nun der Klient zu dem leidenden Kind gehen und es tröstend festhalten. „Ich kenne deinen Schmerz. Ich bin bei dir. Weine dich aus." Diese Sequenz gilt als abgeschlossen, wenn es dem visualisierten Kind gut geht. In den meisten Fällen bietet sich die Chance, die erlittenen Verstrickungen und Übertragungen dem Klienten verständlich zu machen.

3. Schritt: Nun ist der Weg zur Aussöhnung vorbereitet. Die Mutter darf dabei allerdings nicht klein bleiben und ihr Kind nicht groß, sondern umgekehrt, wie es der systemischen Größenordnung entspricht. Nun soll sich der Klient vorstellen, daß er bei seiner Mutter (Vater) einen kurzen Besuch im Himmel macht, um sich auszusöhnen. Er entscheidet sich für die Art des Weges (über einen Fluß, an Sternenkaskaden vorbeifliegen ...) und geht unter Visualisierung hin. Sobald er seine Mutter (Vater) ganz konkret sieht (unter helfenden Fragen des Therapeuten: „Wie sieht sie aus? Sitzt sie? ...") soll er sich zu ihren Füßen hinsetzen, den Kopf auf ihren Schoß legen und sagen: „Meine liebe Mutti, du hattest es so schwer im Leben. Ich verstehe dich heute und ehre dein schweres Schicksal. Du hast mir dein Bestes gegeben. Ich brauche von dir nichts mehr bekommen. Es hat gereicht. Denn ich habe auch Kraft von dir bekommen, und mit der Kraft mache ich aus meinem Leben das Beste, so wie du. Ich danke dir. Liebe Mutti, laß mich nun in Liebe und mit deinem Segen zu meinen Leuten auf der Erde ziehen ..."

Der systemische Ansatz Hellingers ist eher patriarchalisch, Kopf und Herz. Die Festhaltetherapie Prekops ist eher matriarchalisch, Bauch und Herz. Im Herzen treffen sich die beiden, runden sich ab und werden zum Ganzen, das wirkt.

Der eigentliche Sinn der Festhaltetherapie, so wie sie sich Hand in Hand mit dem systemischen Ansatz Hellingers entfaltet, ist das *Einbinden* („religo") des Menschen auf die ihm zugehörende Stelle im Leben, damit er sich selbst und die anderen achten und lieben kann. Es geht also um die ganzheitliche, leiblich-seelische Menschenwerdung im Bindungsgefüge der jetzigen Familie, auch in den Vernetzungen quer durch die Generationen von gestern und morgen, sowie um die Einbindung in höhere Schöpfungskräfte, von denen die Menschen die Liebe als oberstes Gesetz bekommen haben.

Familien-Stellen in der Kinderpsychiatrie – eine Bereicherung für die therapeutische Arbeit

Thomas von Stosch

Im teilstationären Bereich der Abteilung für Kinder- und Jugendpsychiatrie werden Kinder im Alter zwischen drei und sieben Jahren aufgenommen. Ihre Beeinträchtigungen sind in der Regel mit vielfältigen Entwicklungsstörungen der Wahrnehmung, der Sprache und der Motorik verbunden. Das Ausmaß ihrer Probleme ist so erheblich, daß sie eine soziale Anpassung in Kindergarten oder Vorschule nicht leisten können.

Im Rahmen der Behandlung nehmen Eltern und Mitarbeiter des teilstationären Bereichs an einer Gruppe teil, in der Eltern die Möglichkeit haben, ihr Gegenwarts- und, wenn nötig, auch ihr Herkunftssystem zu stellen. Diese Familienaufstellungen sind in einen umfassenden therapeutischen und diagnostischen Prozeß integriert, der für jede Familie entwickelt wird. Sie beeinflussen die Familiengespräche und die Arbeit mit dem Kind, sie geben auch Hinweise, welche weitergehenden therapeutischen Verfahren indiziert sind.

Anhand ausgewählter Falldarstellungen möchte ich die oben angeführten Themen verdeutlichen:

- Wie wirkt sich die Lösung der Aufstellung auf die Psychotherapie mit dem Kind und seinen Eltern aus?
- Wie kann man aus der Lösung ableiten, welche therapeutischen Interventionen sinnvoll eingesetzt werden können?
- Wie verändert die Teilnahme der Mitarbeiter an den Aufstellungen ihren Zugang zu den Familien?

1. Vorbemerkung

Im Rahmen eines Treffens von Festhaltetherapeuten bin ich Bert Hellinger 1991 zum ersten Mal begegnet. In kleinem Kreis habe ich miterlebt, wie er Familien stellt und therapeutisch arbeitet. Ich habe seine Ansichten gehört und selber Therapie durch ihn erfahren. Dies hat mein Leben sowohl in privater als auch in beruflicher Hinsicht verändert. Ich habe diese Begegnung als großes Glück empfunden und bin dankbar für das, was ich bekommen habe.

Damals habe ich etwas erlebt, hinter das ich nicht mehr zurückkonnte; so als hätte ich begonnen, die Bedeutung von Buchstaben zu erkennen und das Lesen zu lernen. Wenn man es beherrscht, kann man nicht mehr nicht lesen. Man kann einfach nicht mehr anders, wenn Buchstaben erscheinen, selbst wenn man sich noch so anstrengt.

Wenn mir Familien heute in meiner Arbeit begegnen, so kann ich auch hinter die Erfahrungen mit Familien-Stellen nicht mehr zurück, und ich beginne mich in jedem „Fall" mit den Kräften der systemischen Dynamik zu beschäftigen.

Die Begegnung mit Bert Hellinger bedeutete nicht, meine bisherige Arbeit über Bord zu werfen oder nur noch Familien-Stellen zu praktizieren, sondern es bedeutete, einen neuen Blick aus anderer Perspektive hinzuzunehmen und ein erweitertes Verständnis für Beeinträchtigungen zu bekommen. Nach der ersten Begegnung begann ich mit Jirina Prekop in Stuttgart Familienaufstellungen zu machen. Ein weiteres Jahr verging, ein erneuter Workshop mit Bert Hellinger und weitere Familienaufstellungen in anderem Rahmen ermutigten mich, auch in meiner Arbeit Familien-Stellen zu praktizieren.

2. Die Abteilung für Kinder- und Jugendpsychiatrie und ihr teilstationärer Bereich für Kinder zwischen drei und sieben Jahren

Im Zentrum für Psychiatrie in Weinsberg (früher Psychiatrisches Landeskrankenhaus) gibt es eine Abteilung für Kinder- und Jugendpsychiatrie. Zu ihr gehören drei Stationen, deren Klientel sich vom Alter her unterscheidet: eine Station mit Jugendlichen, eine mit Schulkindern und eine mit Kindergartenkindern.

Ich arbeite als Psychologe auf der Station für die kleinen Kinder im Alter zwischen drei und sieben Jahren. Die Kinder werden morgens um 9.00 Uhr mit einem Taxi von zu Hause abgeholt und um 16.00 Uhr wieder zurückgebracht. Wir behandeln neun Kinder mit ihren Familien.

Zur Therapie werden die Kinder überwiegend aufgenommen wegen:

- emotionalen Störungen,
- Störungen des Sozialverhaltens,
- hyperkinetischen Störungen,
- autistischen Störungen.

Der familiäre Hintergrund ist häufig belastend: Alleinerziehende mit neuem Partner, Adoptivfamilien, Kinder in Pflegefamilien oder sogenannte Patchworkfamilien. Die Familie wird in den therapeutischen Prozeß einbezogen; es finden Familien- und Elterngespräche, Eltern-Kind-Arbeit und eine Elterngruppe in regelmäßigen Abständen statt.

Die Kinder werden zwischen vier und zehn Monaten (Durchschnitt: sechs Monate) behandelt. Zum therapeutischen Team gehören drei Betreuer und Betreuerinnen, ein Erzieher, eine Heilpädagogin, ein Heilerziehungspfleger, eine Motopädagogin, eine Logopädin, ein Arzt und ein Psychologe. Auf der Station hat jedes Kind eine Betreuerin oder einen Betreuer, der über den gesamten Zeitraum der Therapie Bezugsperson des Kindes ist.

Wir verstehen unsere Arbeit als Psychotherapie und Förderung der kindlichen Entwicklung. Neben heilpädagogischen Aktivitäten, personzentrierter Gruppen- und Einzeltherapie (von Stosch 1988) und Festhaltetherapie (von Stosch 1989) hat jetzt auch das Familien-Stellen seinen Platz.

3. Das therapeutische Konzept

Die Behandlung unterteilt sich in Diagnostik, Aufstellung der Therapieziele, Therapie und Nachsorge. Wir erarbeiten mit den Eltern die Therapieziele gemeinsam. Sie sind das Ergebnis aus unseren Befunden und den elterlichen Erwartungen und Wünschen. Vielfältige therapeutische Maßnahmen schließen sich an. Die Trennlinie zwischen Diagnostik und Therapie ist im Alltag nicht so scharf gezogen; jede diagnostische Maßnahme hat auch eine bestimmte therapeutische Auswirkung, jede therapeutische Intervention führt zu neuer diagnostischer Information. Auch die Ziele können sich im Verlauf der Behandlung verändern (s. Abb. 1).

4. Das Familien-Stellen

Auf die Bedeutung von systemischer Verstrickung und Verschiebung für die Probleme von Kindern und ihren Eltern brauche ich an dieser Stelle nicht näher einzugehen. Die Symptomatik eines Kindes ist nach meinen bisherigen Erfahrungen eher zu verstehen, wenn der Therapeut auch die familiäre Dynamik kennt.

Schema des Therapieverlaufs im teilstationären Bereich
Abb. 1: Therapieverlauf

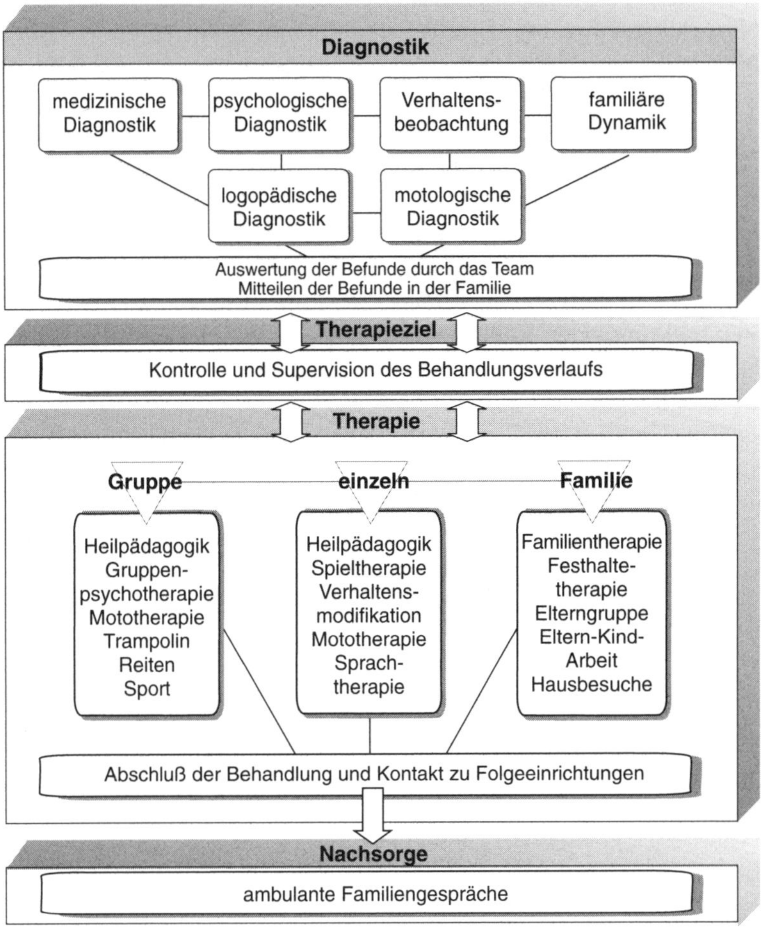

4.1 Diagnostik des familiären Systems

Nicht alle Kinder, die im teilstationären Bereich behandelt werden, haben eine schwierige Dynamik. Manche kommen zur heilpädagogischen Förderung, und die Eltern brauchen Hilfe, die Behinderung ihres Kindes anzunehmen. Bei anderen geht es um die Bearbeitung einer frühen Traumatisierung durch Trennung von Eltern und Kind. Deshalb gehört die Klärung des familiären Systems zur Diagnostik.

4.1.1 Das Genogramm

Mit allen Eltern erarbeite ich zunächst in dieser diagnostischen Phase ihr Genogramm. Damit verschaffe ich mir gleichsam einen Überblick. Ich zeichne den Familienstammbaum und interessiere mich für die Wurzeln von Mutter und Vater. So erfahre ich auch etwas über familiäre Traditionen.

Der Stammbaum reicht bis zur Generation der Urgroßeltern (Großeltern der Eltern) zurück und umfaßt alle zum System gehörenden Personen. Ich zeichne also das Herkunftssystem beider Eltern. Nachdem das Genogramm erstellt ist, berät das Team, ob wir den Eltern eine Familienaufstellung empfehlen oder nicht. Wir halten das Familien-Stellen immer dann für indiziert, wenn wir an Verstrickung oder Verschiebung denken, wenn Personen in der Familie ausgeklammert oder abgewertet werden oder wenn wir die Dynamik nicht verstehen können.

Im Gespräch mit den Eltern über Therapieziele und therapeutische Maßnahmen sprechen wir dann zum ersten Mal über Familienaufstellungen und wie wir sie durchführen. Dabei ergeben sich manchmal Schwierigkeiten in der Vermittlung. Eltern, die noch nie etwas vom Familien-Stellen gehört oder die auch sonst keine Vorstellungen über Psychotherapie haben, brauchen Zeit, um zu verstehen, wie Kinder unbewußt für ausgeklammerte Personen oder ausgeklammerte Situationen einstehen können oder wie sie für ungelöste Probleme innerhalb der Familie eintreten und stellvertretend Vergessene oder Vergessenes wieder ins Spiel bringen.

4.2 Das Stellen mit Puppen

Wenn eine Person in der Gegenwart ausgeschlossen worden ist, zum Beispiel bei alleinerziehenden Müttern oder Halbgeschwistern, lasse ich in einem nächsten Schritt die Kinder im Familiengespräch das System mit Puppen stellen, damit die ausgeklammerten Personen in die Therapie mit einbezogen werden.

Dazu verwende ich die Puppen aus dem Familiensystemtest FAST von *Thomas M. Gehring*. Es sind Püppchen, die keinen emotionalen Ausdruck haben. Es gibt Männer und Frauen und Paare. Die Paare sind farbig, die Männer und Frauen farblos. Durch dieselbe Farbe eines Paares wird die Zugehörigkeit von Mann und Frau gut symbolisiert.

Das Stellen mit Puppen ist für die jungen Kinder eine gute Möglichkeit, ihre Sicht der Familie zu zeigen. Andererseits erfahren sie auch, wer dazugehört. Die Kinder begreifen sehr schnell, wie Stellen mit Puppen geht, und stellen die Figuren intuitiv zueinander. Ich frage dann das Kind, wie sich jede Person fühlt. Das Bild und die Aussagen des Kindes werden darauf Thema im weiteren Gespräch.

Ein Beispiel:

Marco (5) lebt mit seiner Mutter und ihrem Freund zusammen. Er kam zu uns, nachdem er in der Kindertagesstätte wegen Entwicklungsstörungen und Störungen im Sozialverhalten gescheitert war. Sein Vater war Italiener. Die Eltern hatten sich getrennt, nachdem die Mutter erkannt hatte, daß der Mann nicht für sie und das gemeinsame Kind sorgen wollte. Sie hatte ihn sehr geliebt und sich nie Raum genommen, den Schmerz und die Trauer über diese Trennung auszudrücken. Die Mutter sah in ihrem Kind eine tiefe Traurigkeit, die sie sich nicht erklären konnte.

In dem Gespräch holte ich mir von ihr die Erlaubnis, mit Marco etwas zu machen, was ihr zum Verständnis des Kindes helfen könne. Marco stellte seine Familie mit Püppchen auf. Er wählte den Freund der Mutter, sich selbst und die Mutter aus. Auf die Frage, wer fehlt, gab er keine Antwort. Ich wandte mich an die Mutter, damit sie ihrem Sohn erklären konnte, wer fehlt. Sie war sehr bewegt, hatte Tränen in den Augen und sagte: „Dein Papa!“ Marco nahm dann den Vater dazu und stellte die Figuren auf. Vater und Mutter schauten sich aus großer Distanz an, das Kind und der Freund der Mutter standen abgewendet. Auf die Frage, was die Personen fühlen, sagte er: „Mama ist traurig.“ Zu sich selbst: „Der auch.“ „Der fühlt nichts, und mein Papa ist tot“ (s. Abb. 2).

Die Mutter nahm das Kind zu sich, sie war sehr bewegt. Ich half ihr, dem Kind gegenüber die Wahrheit auszusprechen und ihm die vergangene Liebe zum Vater zu zeigen. Sie kam an ihren Schmerz über die unglückliche Beziehung. Auch Marco weinte.

Nachdem er verstanden hatte, daß sein Vater nicht tot ist, sagte er zu seiner Mutter: „Wenn ich zaubern könnte, dann würde ich ihn herzaubern, und dann säßen wir gemütlich auf dem Sofa und würden uns unterhalten.“ Die Mutter erkannte nach dieser Sitzung die Bedeutung des Vaters für den Jungen an.

Abb. 2: Marcos Familienaufstellung

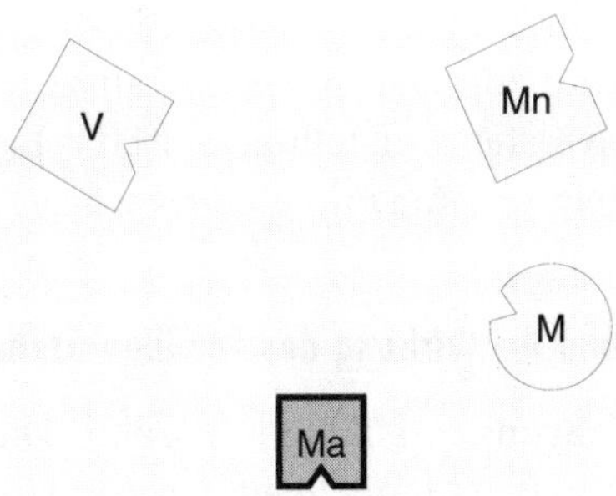

M = Mutter
V = Vater
Mn = jetziger Mann der Mutter
Ma = Marco

Ich stelle mit den Kindern keine Lösungen auf, da mir die Rückmeldungen nicht authentisch genug sind. Die Eltern verweise ich dann auf die bevorstehende Gruppe, wo sie Gelegenheit bekommen, selber aufzustellen. Wenn Eltern für die Aufstellung in der Gruppe noch Vorbereitung brauchen, weil ihnen die systemische Denkweise sehr fremd und die Bedeutung für die Symptomatik ihres Kindes unzugänglich ist, dann lasse ich auch sie das System mit Puppen stellen.

4.3 Familien-Stellen in der Gruppe mit Eltern, Therapeuten und Betreuern

Die Familienaufstellungen finden in einer Gruppe mit Eltern und dem therapeutischen Team statt (die Betreuerinnen und Betreuer der Kinder, Bewegungs- und Sprachtherapeutin, der ärztliche Kollege und ich). Die Kinder nehmen nicht an der Gruppe teil, manchmal sind noch ältere Geschwister dabei. In der Regel findet die Gruppe abends statt. Der Termin ergibt sich im Verlauf der therapeutischen Prozesse. Die Eltern können Gegenwarts- oder Herkunftssysteme stellen. Meistens beginnen sie mit dem Gegenwartssystem.

Wir fangen mit einer Runde an, in der jede und jeder sein Anliegen nennt, dann beginnt das Stellen. Die Durchführung entspricht dem, was wir von Bert Hellinger kennen. Die Familienaufstellungen werden auch mit „lösenden" Sätzen begleitet.

Für den Gruppenprozeß hat es sich als günstig herausgestellt, wenn jemand beginnt, der schon „Erfahrungen" mit Aufstellungen hat. Das sind Eltern, die zum zweiten Mal stellen wollen; jetzt meist ihr Herkunftssystem. Wenn alle Eltern unerfahren sind, gestalten sich die ersten Aufstellungen schwierig. Die Aufstellenden versuchen häufig, es richtig zu machen oder herauszufinden, worauf es ankommt. Nach den ersten Aufstellungen ist das Eis gebrochen. Die Gruppe spürt die gemeinsame Energie und wächst zusammen.

5. Erfahrungen und Auswirkung des Familien-Stellens

Die generellen Erfahrungen sind ermutigend. Die Aufstellungen haben die therapeutischen Möglichkeiten besonders im Bereich von „schwierigen" familiären Problemen bereichert und ergänzt. Jede Aufstellung gibt ein Therapieziel in Form eines Bildes, das aus den

Kräften der Dynamik entsteht und die Therapieziele ergänzt, die in den Familiengesprächen entstanden sind.

Beeinträchtigungen, die durch Verstrickungen oder Verschiebungen entstanden sind, sind therapeutisch zugänglicher geworden. Manche kindlichen Beeinträchtigungen lassen sich auf unzureichende Bedürfnisbefriedigung oder unzureichende Erziehung zurückführen. Die Eltern sind in ihrem eigenen Herkunftssystem verstrickt, es wird verständlich, wieso sie sich so und nicht anders verhalten. Wenn diese Verstrickungen oder Verschiebungen gelöst werden, sind sie frei, die kindlichen Bedürfnisse wahrzunehmen und zu befriedigen. Sie können besser ihre erzieherische Verantwortung übernehmen.

5.1 Psychische Erkrankungen als Symptom von Verstrickung und Verschiebung

Familienaufstellungen helfen den Eltern und den Therapeuten, eine erweiterte Sicht von der psychischen Erkrankung ihres Kindes zu bekommen. Wenn ich es einfach formuliere, komme ich zu dem Satz: „Das Kind ist nicht krank, es ist verstrickt." In der Aufstellung wird das sichtbar und erfahrbar. Damit ändert sich der gesamte Kontext des bisherigen Denkens in der Familie. Die Eltern fühlen sich nicht mehr „unfähig", „verantwortungslos" oder „schuldig", ihre Kinder sind nicht mehr „böse", „dumm", „egoistisch". Die Attribute verändern sich, Schuldgefühle lösen sich auf. Der Satz „Ich habe es nicht gewußt", hilft, den Schmerz zu fühlen, und er stärkt jetzt, da ich weiß, was zu tun ist. Das Bild gibt ihnen eine Richtung.

Elterngespräche:

Daniel (5) leidet an einem autistischen Syndrom. Die Eltern sind verheiratet. Die Familienaufstellung zeigt folgendes Bild: Das Kind steht zwischen Vater und Mutter. Es gibt keinen guten Platz für Daniel (s. Abb. 3).

Der Vater der Mutter ist Alkoholiker gewesen. Ihre Mutter war bei dem Mann geblieben, der Kinder zuliebe, hatte aber die Kinder gegen den Vater aufgehetzt. Sie ließ sich scheiden, als die Kinder aus dem Haus waren. Die Kinder klammerten den Vater aus ihrem Leben aus. Der Vater lebte völlig zurückgezogen und versank im Alkohol. Als er in der Aufstellung hinzukam, wurde der Junge ruhiger und die besondere Verbindung zwischen ihm und seinem Großvater wurde sichtbar (s. Abb. 4). Im Lösungsbild stellte die Mutter dem Großvater seinen Enkel vor (s. Abb. 5).

Abb. 3: Familienaufstellung Daniel (1. Schritt)

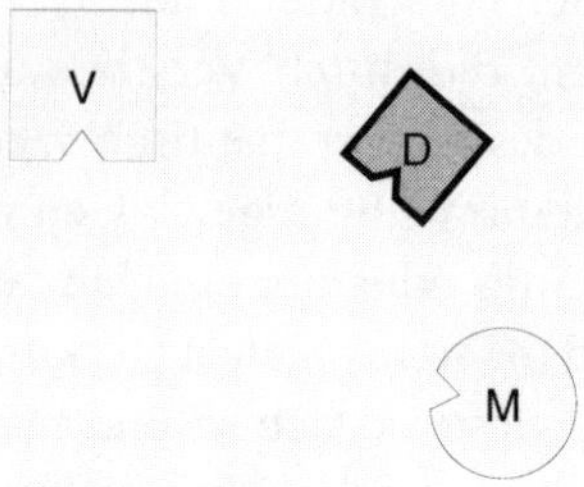

V = Vater M = Mutter **D = Daniel**

Abb. 4: Familienaufstellung Daniel (2. Schritt)

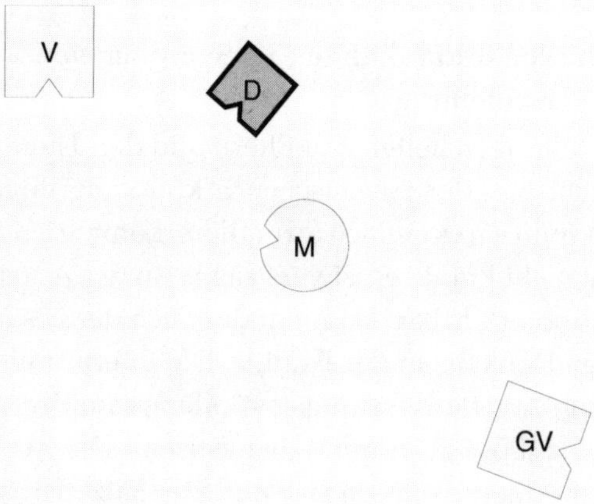

GV = Großvater (Vater der Mutter)

5.2.1 Psychotherapie als Begleitung auf dem Weg zur Lösung

Das weitere therapeutische Geschehen ist an der Lösung der Aufstellung orientiert. Ich versuche in den darauffolgenden Gesprächen, die Familie darin zu begleiten, die Kraft des Bildes zu entfalten. Bei manchen Eltern treten nach der Aufstellung Zweifel über das Gesehene und Erlebte auf. Sie entwickeln Einwände gegen die Lösung, sie schwanken, ob sie sich an dem Bild orientieren oder nicht doch besser ihren alten Leitsätzen folgen sollen. Sie brauchen weitere Gespräche, um das Bild anzunehmen und die Erfahrung zu verarbeiten. Der Therapeut führt ihnen nochmals das Lösungsbild vor Augen. Manche Eltern brauchen eine Wiederholung der Lösungssätze,

Abb. 5: Familienaufstellung Daniel (3. Schritt)

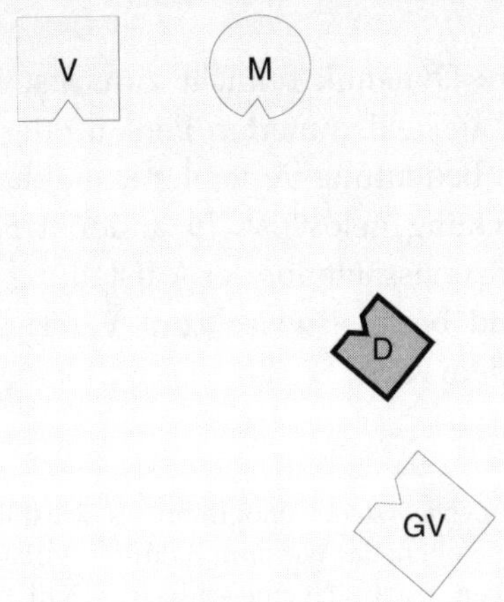

gleichsam als Auffrischung der gemachten Erfahrungen. Das in der Aufstellung Gesagte bahnt sich nur langsam den Weg, es braucht Erneuerung.

Bei manchen Eltern entfalten sich Kräfte, ihre Verantwortung zum Beispiel in der Erziehung wahrzunehmen. Sie möchten eine Erziehungsberatung.

5.2.2 Hilfen bei der Indikationsstellung für weiterführende Therapien

Die Symptomatik eines Kindes weist noch nicht auf den Ort des Konflikts in der Familie oder auf die Dynamik hin. Durch das Stellen wird die Dynamik und ihre Lösung sichtbar, es ergeben sich auch Hinweise für das weitere therapeutische Vorgehen.

5.2.2.1 Festhaltetherapie

Eine Festhaltetherapie kann nur dann erfolgreich angewandt werden, wenn das Kind und seine Eltern nicht verstrickt sind oder die Identifikation aufgelöst worden ist. Sie ist ein psychotherapeutisches Verfahren, das die Qualität der Bindung und der Beziehung zwischen Eltern und Kindern, zwischen Mann und Frau oder anderen Familienmitgliedern verbessert. Ihre Wirksamkeit wird durch die

Bedeutung des Haltens und Gehaltenwerdens für die Entwicklung einer Person verständlich. Sie ermöglicht auch Konfliktlösung und Aussöhnung.

Die familiäre Dynamik braucht zunächst Klärung, damit ein Kind, das einer ausgeklammerten Person oder einem ausgeklammerten Problem Bedeutung verleiht, nicht gehalten wird, bevor es aus der Verstrickung gelöst ist. In anderen Fällen können beim Festhalten die Lösungssätze aus der Aufstellung wiederholt werden. So sagt das Kind beispielsweise zum Vater: „Ich bin nicht dein Bruder, ich bin dein Kind."

Ein Beispiel:

Bei Tobias ergaben sich aus dem Genogramm zunächst keine Hinweise für eine Verstrickung. Beim Halten, das wir zum Bindungsaufbau zwischen Eltern und Kind eingesetzt haben, ergab sich eine schwierige Situation. Der Junge tobte in den Armen seines Vaters, der Vater weinte. Für mich war die Situation nicht zu verstehen. Das Halten endete ohne Auflösung in Erschöpfung. Am nächsten Tag erzählte der Vater, daß er einen Sohn aus einer ersten Verbindung habe, den er zur Adoption freigegeben habe. Dadurch wurde die Haltesituation im nachhinein verständlich. Der Junge vertrat seinen Bruder, der Vater hatte das falsche Kind im Arm. In der Familienaufstellung wurde die Identifikation von Tobias sichtbar und gelöst. Der Vater konnte die Lösung nur zum Teil in Handeln umsetzen. Er erzählte Tobias von seinem älteren Bruder, traute sich aber nicht, die beiden miteinander bekannt zu machen.

5.3 Familienaufstellungen und das therapeutische Team

Das gemeinsame Erleben der Aufstellungen von Eltern und therapeutischem Team erzeugt Respekt und Achtung. Das Sich-gegenseitig-zur-Verfügung-Stellen schafft ein Klima von Wertschätzung und Vertrauen, das den Eltern Kraft gibt, sich ihrem Schicksal zu stellen. Sie erleben, daß sie nicht allein sind. Es ist eine gute Form von menschlichem Anteilnehmen. Achtung und Respekt vor den Familien sind also eine wesentliche Folge der Teilnahme des Teams. Die Beteiligung des gesamten Teams ermöglicht allen, die Dynamik zu sehen und nachzuvollziehen. Die Lösung ist gleichsam das symbolisierte Therapieziel. Das Bild gibt die Richtung der Therapie an. Schwierigkeiten während den Aufstellungen können entstehen, wenn ein Betreuer eines Kindes eine Absicht verfolgt oder in der Aufstellung etwas beweisen möchte. Dies ist die Ausnahme, bedarf aber der Aufmerksamkeit des Therapeuten.

5.3.1 Der Therapeut nimmt die ausgeklammerten Personen in sein Herz

Die Aufstellung ermöglicht auch mir, einen tiefen Einblick in das System zu bekommen. Zu Beginn meiner Aufstellungsarbeit konnte ich Bert Hellinger anrufen, wenn ich Hilfe brauchte. Ich hatte damals ein kleines Mädchen in Therapie, das während eines sexuellen Übergriffs vom Stiefvater auf seine behinderte Stieftochter gezeugt wurde. Dem Kind ging es schlecht. Als ich ihn anrief, um Hilfe im systemischen Verständnis zu bekommen, war sein wichtigster Satz: „Du mußt den Vater in dein Herz nehmen." In dieser Therapie ist mir das nur unvollständig gelungen. Die Wirkung dieses Satzes hat mich aber weiter begleitet.

6. Ausblick

Als ich mit der Festhaltetherapie in der Klinik anfing und auch später mit dem Familien-Stellen, war die Skepsis und Kritik ziemlich groß. Inzwischen sind beide in meinem Arbeitsbereich mehr anerkannt. Daß psychische Erkrankungen ein Symptom von Verstrickung und Verschiebung sein können, eröffnet der Psychiatrie einen neuen Zugang zu schwer beeinträchtigten Menschen. Die Familienaufstellungen können dieser Zugang sein.

Erfahrungen mit dem Familien-Stellen in einer psychosomatischen Rehabilitationsklinik

Dagmar Ingwersen und Friedrich Ingwersen

Die Klientel der Klinik Rastede setzt sich aus Patienten zusammen, die alle typischen neurotischen oder psychosomatischen Symptome beklagen, darunter Krebs-, Diabetes- und Multiple-Sklerose-Kranke. Ferner suchen uns PatientInnen mit Eßstörungen und Suchtproblemen aller Art auf, darunter auch zwanghafte Glücksspieler.

Das Konzept der Kleeblatt Klinik Rastede (Ingwersen 1997), welches das „Bad Herrenalber Modell“ nach Walther H. Lechler (Lair und Lechler, 1983, Lechler 1994) mit den Ansätzen der „Neuen Heidelberger Schule“ (von Schlippe u. Schweitzer 1996) und denen von Bert Hellinger (Weber 1993, Hellinger 1994) integriert, beinhaltet eine wöchentliche Veranstaltung mit Familien-Stellen. In diesem Beitrag stellen wir dar, welche Erfordernisse und Bedingungen gefunden worden sind und entwickelt wurden, die die Integration dieser Methode in eine Rehaklinik mit sich bringt. Das klinische Setting zeigt deutliche Unterschiede zum Workshopsetting, die hier aufgezeigt und reflektiert werden. Schließlich werden Rückmeldungen referiert, die einige Patienten uns ein paar Monate nach der stationären Behandlung gegeben haben.

Was unterscheidet Familien-Stellen in Workshops und in einer Klinik?

Anfang 1996 wurde die Kleeblatt Klinik Rastede, eine Fachklinik für sozio-psychosomatische Medizin, eröffnet, und wir haben von Anfang an Familienaufstellungen zu einem festen Bestandteil des Wochenstundenplanes gemacht.

Während wir also bis jetzt über ein Jahr in diesem stationären Setting Aufstellungen anbieten, haben wir gleichzeitig weiter wie zuvor mit anderen Klienten in Wochenendworkshops mit dem Familien-Stellen gearbeitet. Auf diese Weise können wir beide Arbeitsweisen vergleichen, und wir glauben, einige relevante Unterschiede gefunden zu haben, die wir im Folgenden darstellen wollen.

Unsere Erfahrungen mit Workshopteilnehmern in Wochenendgruppen dürften denen sehr ähnlich sein, die andere Kolleginnen und Kollegen gemacht haben, die nach Bert Hellingers Methode arbeiten. Das wird daran liegen, daß die Teilnehmergruppe und die Settings wohl weitgehend identisch sind. Wir haben beide vor etwa 12 Jahren unsere Selbsterfahrung und Weiterbildung bei Bert Hellinger begonnen, und seit etwa sieben Jahren haben wir als Nebentätigkeit zu unserer Arbeit in einer psychosomatischen Klinik außerhalb einige Wochenend-Selbsterfahrungsseminare angeboten. Einen Teil der Seminare haben wir einzeln geleitet, einen anderen als Paar. Im letzten Jahr haben wir auch zwei spezielle Weiterbildungsseminare nur für psychosozial Tätige angeboten.

Unterschiedliche Vorkenntnisse

Wir möchten nun vorsichtig den Eindruck formulieren, daß sich zwischen den Workshops für Laien und denen für Fachleute ein Unterschied abzeichnet: Die Fachleute – zumindest diejenigen, die uns im letzten Jahr aufgesucht haben – haben fast ausschließlich die gesamte Literatur von Bert Hellinger gelesen, beziehungsweise seine Videos angeschaut. Entsprechend ist unter diesen Teilnehmern etwas früher die Bereitschaft zu erkennen als bei den Laien, sich in gesammelter und wohlwollender Weise in die Gruppe einzubringen, so daß man unter Umständen schon am ersten Abend mit dem Aufstellen anfangen kann.

Bei den Laienworkshops war nach unserem Eindruck die Vorinformation über Bert Hellingers Ansatz geringer, und gleichzeitig war die Anzahl derjenigen Teilnehmer deutlich größer, die zunächst einmal den oder die Seminarleiter durch subtiles Infragestellen oder Gegenübertragungsangebote herausforderten. Erst wenn die Leiter diese „Tests" bestanden haben, ist unserer Erfahrung nach am Nachmittag des zweiten Seminartages genug Sammlung und Wohlwollen in der Gruppe vorhanden, um mit dem Aufstellen beginnen zu können.

Eine andere Klientel: Klienten oder Besucher? (de Shazer 1989)

Die Situation ist in einer psychosomatischen Klinik nun wieder deutlich anders: Zum einen findet eine sehr andere Klientel den Weg dorthin. Natürlich ist diese im Prinzip so inhomogen wie die Klientel der Workshops. Aber wir glauben, zusammenfassend durchaus Unterschiede beschreiben zu können.

Insgesamt kann man sagen, daß Klinikpatienten generell „kränker" oder „schwerere Fälle" sind als Workshopteilnehmer – zumindest die Teilnehmer, die in unsere Workshops finden, das heißt, die Schwere oder die Lebensbedrohlichkeit der Krankheiten ist generell bei Klinikpatienten höher als bei den Workshopteilnehmern. Weitere wichtige Unterschiede sehen wir darin, wie die beiden Gruppen zur Therapie finden. Aus Zeitgründen wollen wir nur einige davon nennen.

Workshopklienten auf der einen Seite suchen nach einer Lösung und erwarten, diese durch die Teilnahme an einem oder auch mehreren Seminaren zu finden. Die meisten Klinikpatienten dagegen erleben sich in einer Lebenskrise – häufig im Sinne von „Ich kann nicht mehr". Sie haben weniger eine Problemlösung im Auge als – zunächst einmal – eine Problementlastung.

Ein Workshopteilnehmer nimmt für ein Wochenende oder einen Kurzurlaub an einem Seminar teil, um danach wieder sein normales Arbeitsleben fortzusetzen. Ein Klinikpatient wendet in der Regel viel mehr Zeit auf, nicht nur einige Tage, sondern einige Wochen, für einen Rehabilitationsaufenthalt, außerdem verspricht er sich auch eine gute Wirkung von dem Milieuwechsel. Zusätzlich erwarten vielleicht seine Angehörigen Entlastung für sich selbst, indem der Symptomträger der Familie für einige Wochen in der Klinik weilt.

Ein Workshopklient zahlt in der Regel einen überschaubaren Preis für die Teilnahme an einer Veranstaltung über einen überschaubaren Zeitraum. In einer psychosomatischen Rehaklinik sind die Kosten für einen stationären Aufenthalt zwar wesentlich günstiger als in jedem anderen Krankenhaus, sie werden jedoch in der Regel von der Solidargemeinschaft durch die Kranken- oder Rentenversicherungen getragen

Einige der Patienten kommen nicht einmal, weil ihnen eine Problemlösung vorschwebt, sondern sie haben einen Antrag auf vorzeitige Berentung aus psychischen Gründen gestellt, und die Rentenversicherung hat dann die Klinikbehandlung mit dem Ziel veranlaßt, daß hier geprüft werden soll, ob es eine Aussicht auf Wiederherstellung der Arbeitsfähigkeit gibt. Diese Art von Patienten haben wir in der Kleeblattklinik allerdings nur in ganz geringer Zahl.

Vereinfacht kann man vielleicht sagen, daß der Workshopteilnehmer in die Therapie kommt, um einer Krise rechtzeitig vorzubeugen, in der er sein Leben nicht mehr selber meistern könnte. Der Klinikpatient dagegen erlebt sich bereits mitten in einer solchen Krise, und diese Auffassung wird von seinem Einweiser und seinem Kostenträger geteilt.

Die Test- und die Beobachtungsphase

Entsprechend kritisch ist dann auch zunächst einmal der Verlauf einer solchen stationären Behandlung. Zusammenfassend kann man sagen, daß der Patient den Schonraum Klinik dankbar in Anspruch nimmt, um endlich einmal davon absehen zu können, seine Symptome wie bisher unterdrücken und niederringen zu müssen – Schlaflosigkeit, Ängste, Zwänge oder was auch immer. Entsprechend ist es nicht selten so, daß das Symptom in den ersten Tagen (und eventuell auch Wochen) im übertragenen Sinne versucht, das Gesetz des Handelns an sich zu reißen. In dieser oft dramatischen Phase ist an Familienaufstellen nur in Ausnahmen zu denken. Vielmehr muß das therapeutische Team diese Herausforderung als eine Bewährungsprobe bestehen oder als einen unbewußten Test des Patienten und nicht selten auch seiner von zu Hause aus mitwirkenden Familie.

Die wichtigste Leitlinie für diese „Testphase" ist der Hinweis von Bert Hellinger und anderen, daß man das Symptom wie eine noch nicht identifizierte ausgeklammerte Person des Systems betrachtet und entsprechend respektvoll damit umgeht. Das irritiert die Patienten zwar zunächst nicht wenig, führt aber schließlich zu einer Beruhigung. Das Symptom läßt nach, die Patienten werden weniger auffällig. Man könnte jetzt von einer „Beobachtungsphase" sprechen. Carl Whittaker (1988) beschreibt zwei entsprechende Vorphasen der Psychotherapie; er nennt sie „struggle for structure" und „struggle for initiative".

Nachdem also der Patient – oder besser gesagt: sein Symptom – die Klinik und ihr Team mit positivem Ergebnis auf Glaubwürdigkeit getestet hat, geht er dazu über, in der ruhigeren „Beobachtungsphase" zu studieren, was eigentlich in der Klinik geschieht, was die Therapie bei den anderen Patienten eventuell bewirkt. Nach dieser zweiten Phase hat er genug Vertrauen gefaßt, um den Mut aufzubringen, sich in der zweiten Hälfte der Behandlungszeit gesammelt und wohlwollend in unsere Aufstellungsgruppe einzubringen.

In dieser zweiten Phase, also der „Beobachtungsphase", entdeckt der Patient, daß es eine therapeutische Gemeinschaft in der Klinik gibt, eine teaching-learning-community, wie Walther H. Lechler, der Gründer des Bad Herrenalber Modells, es genannt hat. Es handelt sich um eine „Peer Group", also eine Gemeinschaft von Ebenbürtigen, die durch ähnliches Schicksal und ähnliche Betroffenheit Patienten dieser Klinik geworden sind. Sie sind unterschiedlich lange dabei – eine Behandlung dauert im Durchschnitt sieben Wochen, keine länger als zwölf Wochen. Es gibt keine nach Symptomen geordneten Stationen, die Gruppen werden per Zufall als „slow-opengroups" zusammengewürfelt. Es entsteht ein solidarisches Miteinander der Menschen – allerdings ist die Qualität dieses Zusammenlebens sehr instabil, weil es immer wieder von allen Patienten aufs Neue gewagt und belebt werden muß.

In den abends stattfindenden anonymen Selbsthilfegruppen, die ihr 12-Schritte-Programm von den Anonymen Alkoholikern entliehen haben, berichten einige von ihnen den anderen offen von ihrem eigenen Leid, und sie vernehmen teilnehmend deren Kummer, sie stützen und stärken andere in deren Krisen, und sie nehmen dankbar die Stützung und die Stärkung durch andere an, wenn es ihnen selbst einmal schlecht geht. Die jüngeren Patienten beobachten diejenigen, die schon länger da sind.

Die Aufstellungsgruppen

Nach einiger Zeit nehmen sie an den zweimal wöchentlich stattfindenden „Aufstellungsgruppen" teil. Die meisten von ihnen wirken bald als Vertreter von Familienmitgliedern bei den Aufstellungen anderer Patienten mit. Einige zeigen sich davon beeindruckt, daß sie als Vertreter von völlig fremden Gefühlen erfaßt werden, die nichts mit ihnen und ihrem Leben zu tun haben. Auffällig ist, daß einzelne Patienten, die sonst in der Gemeinschaft durch ihr störanfälliges, bizarres und verrücktes Verhalten als problematisch erlebt werden, als Mitwirkende der Aufstellungen sich sehr konstruktiv gesammelt zeigen und eine gute Wahrnehmung haben.

Viele sind jetzt intensiv mit dem inneren Prozeß im Sinne eines Paradigmenwechsels beschäftigt, des Inhalts, daß ihre Symptome selten mit der schlechten Qualität ihrer Eltern oder deren Versagen, sondern mit systemischen Schicksalszusammenhängen verknüpft sind, und daß ein Ausweg aus Symptomen weniger in einer „Aufarbeitung“ des Versagens der Eltern oder einer schmerzhaften Konfrontation mit eigenen Charaktermängeln zu tun hat. Statt dessen lernen sie durch Beobachtung, daß in den meisten Fällen der nachholende Vollzug von Liebe und Achtung im System zu guten Lösungen führt. Entsprechend besorgen sich nicht wenige von ihnen jetzt durch Kauf oder Ausleihen die Literatur von Bert Hellinger, nachdem zuvor ein großer Teil von ihnen mitgeteilt hat, daß Bücher nach dem Muster von Alice Millers „Drama des begabten Kindes“ (1979) ihr psychologisches Weltbild bestimmt hatten.

In der letzten oder vorletzten Behandlungswoche macht die Patientin oder der Patient dann ihre oder seine eigene Aufstellung. Nicht jeder erreicht diese letzte Stufe. Einigen erscheint der Verzicht auf die Symptomatik, wie bei anderen Patienten beobachtet, als durchaus nicht wünschenswert, zum Beispiel, weil das ihre Hoffnung auf Rente bedrohen würde, weil eine Besserung der eigenen Symptomatik auch die Position eines abgelehnten Familienmitgliedes stärken oder entlasten würde oder weil die Person schlicht noch nicht zu einer Veränderung bereit ist.

In einigen Fällen sind die Patienten offensichtlich auch ohne daß es zur Aufstellung kam, mit dem Neuen, das sie erfahren haben, völlig zufrieden und „ausgelastet“. Dies scheint uns besonders häufig der Fall, wenn jemand zum ersten Mal erfährt, daß der ausgeklammerte und bislang nicht oder kaum bekannte eigene Vater und/oder sein Clan die entscheidende Ressource ist (einige Male war auch die Mutter ausgeklammert) und daß als nächstes die Suche nach dieser ausgeklammerten Person ansteht. Ob es am Schluß zur Aufstellung gekommen ist oder nicht – alle Patienten werden von uns mit dem gleichen Respekt aus der Behandlung entlassen.

Die Aufstellungen

Wir glauben nun als wesentlichen Unterschied gefunden zu haben, daß wir bei Klinikpatienten länger brauchen, eine Systemaufstellung zu leiten, als bei Workshopteilnehmern. Dies wurde uns erst vor kurzem auf folgende Weise deutlich: Dagmar Ingwersen hatte gerade ein Wochenendseminar mit Laien als Teilnehmern geleitet. Am folgenden Tag leitete sie eine Aufstellungsgruppe in der Klinik: Sie erlebte es als einen erheblichen Kontrast, daß die einzelne Aufstellung statt 20 Minuten jetzt 50 Minuten dauerte und daß danach alle Teilnehmer, auch die Zuschauer, sichtlich erschöpft waren, jedenfalls erschöpfter als am Tag zuvor im Workshop.

Wir fragten uns zunächst, ob irgend etwas in unserem Setting der Klinik nicht stimmte, bevor wir den Schluß wagen wollten, daß die beiden Klientele unterschiedlich sind. Wir überprüften sorgfältig, ob in der organisatorischen Struktur unserer Klinik-Aufstellungsgruppe etwas nicht stimmte und was solche verborgenen Faktoren sein könnten, daß uns diese Arbeit hier soviel Zeit und auch Kraft kostete. Dann gelangen uns jedoch beim nächsten Mal wieder einige leichte Aufstellungen von 20 Minuten Dauer mit geringerem Kräfteverbrauch, so daß wir nun zu der Auffassung gekommen sind, daß es weniger an Systemfehlern unseres Therapiekonzeptes liegen dürfte, sondern daß bei der Klientel unserer Klinik eine gewisse Häufung von Patienten vorliegen muß, deren Systemdynamiken – jedenfalls nach unserem bisherigen Eindruck – besonders komplex sind in dem Sinne, daß in den Ursprungsfamilien auffallend oft sehr schwere Schicksale in den Herkunftsfamilien beider Eltern vorliegen.

Ein Beispiel:

Eine schwer depressive Patientin mit 100 kg Übergewicht und Polyarthritis hatte schon einige Suizidversuche unternommen. Bei ihr fanden sich mehrere Nachfolge- und Stellvertreterdynamiken und eine Identifikation nebeneinander: Ein älterer Bruder war, zweijährig, an Meningitis gestorben, bevor sie geboren wurde. Ihre Mutter war Alkoholikerin. Vor ihrer Geburt war eines ihrer Geschwister verstorben, und ihr Vater war gestorben, als sie noch ein kleines Kind war. Ein Großvater auf der mütterlichen Seite war Bigamist: Als nach dem Krieg von seiner früheren Familie eine Suchmeldung vorlag, unterschlug die zweite Frau dieses Dokument. Mit dieser Frau war die Patientin identifiziert. Auf der väterlichen Seite heiratete ein Großvater dreimal und ließ eine seiner Familien auf der Flucht im Stich. Ein Bruder des Vaters mißbrauchte später die Patientin als kleines Mädchen sexuell. Danach – auch noch als Mädchen – wurde sie von einem

Nachbarn vergewaltigt und zur Anfertigung von pornographischen Photos gezwungen. Es ist klar, daß eine solche Aufstellung mit all den notwendigen Vollzügen fast eine ganze Stunde dauerte.

Nicht selten sind die Eltern dieser Klinikpatienten dermaßen in den schweren Schicksalszusammenhängen ihrer eigenen Ursprungsfamilien gebunden, daß ihre Vertreter in der Aufstellung bei ihren Ursprungsfamilien stehen bleiben. Für die Kinder muß dann ein eigener guter Platz ohne einen Platz an der Seite des Elternpaares gefunden werden.

Diese Häufung schwerer Schicksalsschläge auf den Seiten beider Eltern scheint uns also – in aller Vorsicht und Vorläufigkeit – der Grund dafür zu sein, warum wir bei den Aufstellungen unserer Klinikpatienten so deutlich länger braucht als noch am Tag zuvor bei unseren Workshopteilnehmern.

In solchen Situationen hat es sich als sehr günstig erwiesen, wenn wir als Paar eine Gruppe leiten. Gewöhnlich wechseln wir uns bei der Arbeit mit einzelnen Patienten ab. Wenn sich dann eine Systemaufstellung als besonders zeitaufwendig und anstrengend erweist, nutzen wir gern die Möglichkeit, einfach mittendrin die Leitung an den Partner weiterzugeben, der eventuell aus der bisherigen Beobachterrolle den besseren Überblick hat und die Arbeit dann unter Umständen mit frischeren Kräften zu Ende führen kann.

Zwei weitere Besonderheiten meinen wir bei den Klinikpatienten gegenüber den Workshopteilnehmern bis jetzt ausgemacht zu haben. Zum einen: Unter den Klinikpatienten finden sich möglicherweise etwas häufiger solche, die gefährdet sind, den Prozeß der Aufstellung unbewußt, magisch, entsprechend ihren Wünschen manipulieren zu wollen, und es braucht bei ihnen vielleicht eine längere Vorbereitungszeit, bis sie ihr inneres Bild gesammelt in den Raum stellen können.

So hatten wir einen Patienten, der jedem Vertreter, nachdem er ihn aufgestellt hatte, in einer merkwürdigen und bedeutungsvollen Weise leicht mit der flachen Hand auf das Brustbein schlug. Es zeigte sich sofort, daß die Vertreter nicht mehr zu einer gesammelten Wahrnehmung in der Lage waren, und wir haben die Aufstellung abgebrochen. Am Tag darauf suchte der verzweifelte Patient mich auf: Erst jetzt brachte er eine neue Information über sein System ein, die es ermöglichte, in dieser Einzelsitzung doch noch zu einer guten Lösung abseits von seinen magischen Wünschen zu kommen.

Der Einfluß früherer oder gleichzeitiger Psychotherapien

Als weitere Besonderheit haben wir den Eindruck, daß in der Klinik häufiger Patienten auftauchen, die in Loyalitäten zu verschiedenen mehr oder weniger prominenten Psychotherapeuten verfangen sind, deren Aussagen nach Auffassung dieser Patienten miteinander in Konkurrenz und unversöhnlichem Widerspruch stehen. Hier kam es zu einer leichten und schnellen Auflösung der therapeutischen Verstrickungen, indem wir den Patienten anboten, die verschiedenen Therapeuten, manchmal bis zu vier, darunter nicht selten Bert Hellinger und Walther Lechler, und sich selbst aufzustellen. Die Lösungskonstellation fand sich in der Regel dann, wenn wir noch ein Familienmitglied der Patientin oder des Patienten als Ressource hinzunahmen – häufig den Vater.

Rückmeldungen von Patienten

Zum Schluß möchten wir noch etwas über die Rückmeldungen unserer Patienten berichten: Für systematische katamnestische Nachbefragungen war bisher – mitten in der Reha-Krise – noch nicht das Geld da. Wir kommen aber auf eine andere, weniger systematische Weise zu vorläufig brauchbaren Rückmeldungen. Die meisten unserer Patienten kommen aus relativ nahen Gebieten, aus Niedersachsen und angrenzenden Bundesländern, und sie suchen nach ihrem stationären Aufenthalt gerne unsere regelmäßigen halböffentlichen Veranstaltungen auf, bei denen wir über die verschiedensten Themen unserer Arbeit referieren; sie nutzen diese Veranstaltungen wie ein Treffen von Ehemaligen. So haben wir die Möglichkeit, etwa zwei Drittel bis drei Viertel unserer Patienten nach einigen Wochen bis Monaten in einem recht offenen Rahmen wiederzusehen. Die größere Zahl von ihnen signalisiert uns, daß es ihnen besser geht. Sie berichten über alles Mögliche, einige wenige wünschen auch noch ein Nachgespräch, um noch offengebliebene Fragen im nachhinein zu klären. Was hierbei insgesamt auffällt, ist, daß kaum über die Aufstellungen gesprochen wird, und wenn überhaupt, dann wird auf keinen Fall über den Teil der Aufstellung gesprochen, in welchem die sogenannten Vollzüge gemacht worden sind. Auch haben wir den Eindruck, daß die Patienten während ihrer Klinikzeit nicht oder kaum über diesen zentralen Teil der Therapie miteinander sprechen.

Wir werten dieses Schweigen über die Vollzüge, also über Intimstes des jeweiligen Systems, als ein gutes Zeichen dafür, daß in der Klinik eine Atmosphäre gegenseitigen Vertrauens herrscht. So fühlt sich jeder frei, das Allerpersönlichste der eigenen Familie zu schützen und das der Familien der Mitpatienten zu achten.

Erfahrungen mit der Nutzung der Konzepte Bert Hellingers als Psychotherapeutin in einer Arztpraxis mit onkologischem Schwerpunkt

Freda Eidmann

Die Schwerpunkte meiner Arbeit als Psychotherapeutin umfassen systemische Familientherapie und Supervision, Hypnotherapie nach Milton H. Erickson sowie in der Psychoonkologie entwickelte Vorgehensweisen (nach Simonton 1982, 1993; Achterberg 1990, 1996; LeShan 1993, 1995 u. a). Meine Tätigkeit verteilt sich auf zwei Bereiche: Zur einen Hälfte arbeite ich in freier Praxis, wo ich seit 1995 auch regelmäßig Familienaufstellungskurse durchführe, zur anderen Hälfte bin ich in einer naturheilkundlich ausgerichteten Allgemeinarztpraxis mit onkologischem Schwerpunkt im Bereich Psychosomatik und Psychoonkologie angestellt. Die folgenden Ausführungen beziehen sich auf den zweiten Bereich.

Seit einem Jahr bin ich dort mit der Aufgabe betraut, ein Konzept ambulanter psychoonkologischer Behandlung zu entwickeln, in dem verschiedene, in diesem Feld bereits erfolgreich erprobte Ansätze integriert werden sollen, und diese dann umzusetzen: Neben der naturheilkundlich-medizinischen Informationsvermittlung kommen klassische psychoonkologische Methoden wie Tiefenentspannung und Imagination innerer Heilungsbilder zum Einsatz, weiterhin Formen der Familien-, Körper- und kreativen Psychotherapie nach dem Prinzip Hilfe zur Selbsthilfe und, last not least, auch die systemorientierte Arbeit nach Bert Hellinger – wobei im Rahmen dieser Tätigkeit in der Arztpraxis bisher das „klassische" Familienaufstellungssetting mit großen Gruppen über mehrere Tage hinweg bisher von mir noch nicht angewendet wurde.

So war und bin ich gefordert (wie so viele andere), aus dem vielschichtigen Gewebe der Arbeit Hellingers grundlegende Prinzipien zu abstrahieren und entsprechend der Bedingungen meines ambulanten psychoonkologischen Arbeitskontextes von Einzel-, Familien- und 90-Minuten-Gruppensettings zu modifizieren. Ich konzentriere mich dabei auf vier Prinzipien, die in den therapeutischen Prozessen natürlich eng miteinander verwoben sind:

1. das In-den-Blick-Bringen von Ausgeklammerten,
2. die Arbeit mit und in Trance,
3. die kraftvolle Einführung alternativer Konstrukte von Wirklichkeit,
4. die therapeutische Haltung der „barmherzigen Unbarmherzigkeit".

1. Das In-den-Blick-Bringen von Ausgeklammerten

Das In-den-Blick-Bringen von Ausgeklammerten kann in ersten Schritten durch die *Arbeit mit dem Genogramm* vollzogen werden – einem gängigen Handwerkszeug der Familientherapeuten, das zum einen als Informationsquelle bei Anamnese, Systemerkennung und erster Hypothesenbildung dient, zum anderen als Intervention zur Reflexion für die Patienten selbst. Schweren Schicksalen, Ausklammerungen und bislang unbeachteten Belastungen und Mystifizierungen, die zu Verstrickungen auf den nachfolgenden Generationsebenen führen können, kann man auch auf diese Weise auf die Spur kommen. Unterstützt wird diese Form der Informationsgewinnung für Patienten und Therapeutin durch die aufmerksame Wahrnehmung von begleitenden paraverbalen Signalen, wie etwa wertenden Untertönen bei Kommentaren, Körperhaltungen, Affektausdruck etc., und den spontan dazu auftretenden Assoziationen der Therapeutin.

2. Die Arbeit mit und in Trance

Aus hypnotherapeutischer Sicht handelt es sich bei Familienaufstellungen natürlich um Trancephänomene. Die Veräußerlichung innerer Bilder über die Positionen der Familienmitglieder zueinander, die Tatsache, daß Aufstellende und Aufgestellte sich gleichermaßen so verhalten, als handle es sich um die realen Personen, erfüllt alle Bedingungen einer kollektiven Halluzination, wie sie in der hypnotherapeutischen Arbeit zu Zwecken der seelischen Heilung bewußt induziert wird. Auch wenn die Qualität der direkten kinästhetischen, auditiven und visuellen Wahrnehmung sowie die wertvollen direkten Rückmeldungen der Stellvertreter wegfallen, lassen sich durch den hypnotherapeutischen *Zugang zu inneren Wirklichkeiten und Dialogen und deren Veräußerlichung* diese Phänomene auch in diesem Setting ohne Stellvertreter mit ähnlich positivem Effekt nutzen. Erste Hypothesen über die Bedeutung von bei der Genogrammerstellung aufgefallenen Familienmitgliedern lassen sich auf diese Weise überprüfen und gegebenenfalls ausweiten.

3. Die kraftvolle Einführung alternativer Konstrukte von Wirklichkeit

Die kraftvolle Einführung alternativer Konstrukte von Wirklichkeit möchte ich als das meines Erachtens wichtigste Prinzip der Arbeit Hellingers nennen. Der Effekt von *Konfrontationen mit verstörenden Hypothesen* wie etwa „Gut und Böse verhalten sich in bezug auf das Familiensystem meist umgekehrt" oder „Frauen mit Brustkrebs verweigern die Verbeugung vor der Mutter" oder „Eltern haben keine Schattenseiten" bewirken einen seelischen Suchprozeß der Erweiterung von Wahlmöglichkeiten im Verständnis der eigenen Erkrankung sowie im sich daraus ergebenden Handlungsfeld.

Besonders in der Arbeit mit so lebensbedrohlich Erkrankten wie Krebspatienten ist das *Reframing der Bedeutung von Leben und Sterben* oft hilfreich bei der in der Psychoonkologie so oft angestrebten Neuorientierung des Lebensplans. Die *radikal ressourcenorientierte Sichtweise* Hellingers, daß die Weitergabe des Lebens durch die Eltern an die Kinder das grundlegendste Geschenk ist, auf dessen Boden letztere „den Rest selber machen" können, kann alle das Denken und Fühlen der bislang bestimmenden subjektiven Wahrnehmungen von Defiziten in den Hintergrund treten lassen.

Wo immer die ressourcenorientierte Sichtweise sich nicht durchsetzen kann, ermöglichen Einstellungen wie „Das Leben ist für die Seele nicht immer das höchste Gut" bei Patienten und Therapeuten eine manchmal befreiend zustimmende Haltung gegenüber dem tödlichen Ausgang der Krankheit – ganz im Sinne von J. Achterberg (1996), die in ihrer Auflistung von Unterstützungspersonen für Schwerkranke unter anderem „jemanden, der mir die Erlaubnis gibt, aufzugeben und zu sterben", nennt.

4. Die therapeutische Haltung der „barmherzigen Unbarmherzigkeit"

Die therapeutische Haltung der „barmherzigen Unbarmherzigkeit" auf dem Boden einer über das Individuell-Persönliche hinausgehenden Empathie erscheint mir als die Voraussetzung, beide Aspekte seelisch-körperlichen Leidens im Blick zu halten, nämlich die Wechselwirkung von *überindividueller Systembindung* mit *individueller Selbstverantwortung*. Verstehe ich die Krebserkrankung meiner Patienten einseitig als Auswirkung einer quasi übermächtigen systemischen Verstrickung, so greift mein Ansatz zu kurz, wenn ich nicht die aktive Beteiligung der Patienten innerhalb des Familiengeschehens und auch davon unabhängige körperliche Prozesse mit einbeziehe. Über die oft als Härte erscheinende Zumutung der Konfrontation der Patienten mit ihrer Mitverantwortung und ihrem Einfluß im Familien- und Krankheitsgeschehen erschließe ich ihnen den Zugang zu ihrem Entscheidungs- und Handlungspotential. Beschränke ich mich wie in einigen gängigen psychoonkologischen Ansätzen allerdings nur auf diesen Selbstverantwortungsaspekt und die persönliche Machbarkeit von Heilung und übersehe dabei den mächtigen Sog der primären Bindungsliebe und der systemischen Regelgebundenheit, so gerate ich in Gefahr, als Komplizin der anmaßenden Ausklammerungstendenzen im Familiensystem den möglichen Weg zur Lösung in Demut zu verstellen.

Von der Therapeutin wird also eine paradoxe Vorgehensweise verlangt, die beiden Aspekten in gleicher Weise Rechnung trägt: der Liebe der Patienten zu ihrem Familiensystem und der zu sich selbst. Die paradoxe Lösungsmöglichkeit dabei ist, daß Sichtbarmachen und Anerkennen der hierarchischen Eingebundenheit gleichzeitig den fruchtbaren Boden für die Entfaltung des Individuums darstellen. Das bedeutet, daß es notwendig sein kann, als Therapeutin phasenweise eine unpopuläre, aber unerschütterlich deutliche Stellung zum Beispiel auch *für* die *krankmachende und todbringende* Seite von Liebe zu beziehen, um den Patienten den Zugang zu Alternativen des Ausdrucks von Liebe als *lebenserhaltender* Kraft zu ermöglichen.

5. Fallbeispiele

An Hand der Arbeit mit vier Brustkrebspatientinnen will ich einige Aspekte des Gesagten hervorheben und beschreiben.

Beispiel 1:

Frau A. ist 38 Jahre alt und verheiratet. Sie hat 2 Kinder und insgesamt fünf Abtreibungen unternommen. Sie kommt einige Wochen nach einer brusterhaltenden Operation zu mir in Behandlung und zeigt phasenweise borderlineartige Züge.

Die Erstellung des Genogramms ergibt, daß sie die einzige „Überlebende" von sieben Abtreibungen der Mutter ist. Außerdem war sie im Alter von fünf Jahren Zeugin der blutigen Fehl- oder Frühgeburt eines Bruders, der dann ganz kurz nach der Geburt starb. Nach und nach kommt ans Licht, daß auch schon ihre Mutter als Kind die blutigen Umstände einer Abtreibung bei ihrer Mutter miterlebt hatte und daß sowohl die Mutter als auch die Großmutter mütterlicherseits beide Unterleibskrebs haben beziehungsweise hatten. Die Gefühle, die Frau A. während der Genogrammerstellung äußert, reichen von Wut und Haß bis zu tiefster Verachtung, und bei all dem schwingt ein Unterton von Anmaßung und Verurteilung, aber auch von Schmerz und Selbstgefährdung mit.

Im Vordergrund der Arbeit, die sich in den nächsten Sitzungen anschließt, steht erst einmal die Stabilisierung über den Zugang zur Ressource der männlichen Systemmitglieder:

- Einbeziehung des Ehemanns in die Therapie. In der Folge kommt es recht rasch zur Heirat nach der zehn Jahre währenden „Beziehung".
- Aufhebung der mystifizierten Vorstellung, sie sei ein einsames Einzelkind durch die Konfrontation mit der Existenz ihres Bruders, dem sie sich in einer sehr berührenden und beglückenden Trancebegegnung annähert.
- Versuch einer Differenzierung in der Beziehung zum in seiner Unstetigkeit etwas verrückt wirkenden Vater.

Als nächster Schritt schließt sich die Würdigung der Mutter als Lebensspenderin an – es ist ja gut ausgegangen mit ihrem In-die-Welt-kommen, trotz allem. Frau A. empfindet die Setzung der Therapeutin, die Heilung ginge über die Mutter und die Anerkennung der Liebe, die sie verbände, als ungeheure Zumutung, als „den Knüller der Woche". Die therapeutische Beziehung wird an diesem Punkt bis aufs Äußerste belastet. Doch offenbar dringt der barmherzige Aspekt der unbarmherzigen Beharrlichkeit an dieser Stelle zur Patientin durch – die innere Verbeugung vor der Mutter gelingt schließlich. Mit der, zusammen mit dem Ehemann, vollzogenen imaginierten Würdigung des abgetriebenen gemeinsamen Kindes beginnt ein Prozeß der Auflösung der feindlichen Haltung gegenüber der Mutter. Die Wertschätzung ihres eigenen Lebens, des Lebens ihrer Kinder und der Beiträge ihres Mannes steigt deutlich.

Beispiel 2:

Frau B. ist 43 Jahre alt und alleinstehend. Bei ihr wurde eine Brustamputation nach Mammakarzinom vorgenommen. Sie gerät durch den Tod einer älteren behinderten Schwester in eine akute Krise. Im Genogramm werden emotionale Querverbindungen zum frühen Tod einer ersten Schwester und dem bald darauf eingetretenen Suizid des Vaters deutlich – gemeinsame Nenner sind nicht vollzogene Würdigung und Abschied. In Trance imaginiert Frau B. ein Wiedersehen mit all diesen Toten und vollzieht unter großer affektiver Betroffenheit die aus Hellingers Arbeit bekannten Würdigungs- und Ablösungsrituale – bis hin zu deutlich kinästhetisch wahrgenommenen langen Umarmungen. Als posthypnotische Suggestion wird die Möglichkeit wiederholter Kontaktaufnahme je nach Bedarf nahegelegt. In den folgenden Sitzungen kann ich beobachten, wie sich Frau B. aus der unbewußten Identifizierung mit ihrem Vater und seiner Nachfolge in den Tod in kleinen Schritten zurückziehen kann. Sie reduziert ihre Aufgaben als Ersatzpartner und seelischer wie ökonomischer Versorger ihrer Mutter auf ein Maß, das ihr selber mehr Bewegungsfreiheit läßt, hinterfragt ihre homosexuellen Neigungen und macht lieber mal früher Feierabend, als mit männlichen Kollegen zu konkurrieren.

Beispiel 3:

Als besonders gelungene Integration von Genogrammarbeit, Trance und gängigen psychoonkologischen Entspannungs- und Imaginationstechniken möchte ich hier noch folgendes Beispiel nennen:

Frau C. ist 50 Jahre alt , verheiratet und hat zwei erwachsene Töchter. Nach der Operation eines Mammakarzinoms, das zwei Jahre nach Erkrankung ihrer Tochter an Anorexie diagnostiziert wird, hat sie in unserer sog. Entspannungsgruppe Tiefenentspannung und Imaginationstechniken nach Simonton gelernt und kommt nun zu Einzelgesprächen mit dem Wunsch, ihre seit der Chemotherapie extrem niedrigen Leukozytenwerte zum Besseren zu wenden. Bei der anfänglichen Arbeit mit dem Genogramm tritt eine Tante ins Licht, die sich mit 20 Jahren aus unbekannten Gründen das Leben nahm. Da Frau C. bald nach diesem Ereignis geboren wurde, hieß es, mit ihrer Geburt wäre das Leben wieder in den elterlichen Hof eingezogen. Weiter wurde nicht mehr über diese Tante gesprochen. Bei ihrer Taufe trug Frau C. das Taufkleid eben dieser Tante (das sie in der nächsten Generation auch an die Tochter weitergab, die später anorektisch wurde). Da über diese Tante keinerlei Informationen mehr zu bekommen waren, arbeiteten wir mit Fotos und hypnotischer Trance. Frau C. trat in Kontakt mit ihr, würdigte sie und bat sie um den Segen für sich und ihre Töchter. Aus einem darauffolgenden spontanen Imaginationsbild, in dem sie zwischen Entspannungsphase und symbolischen Bildern von sich vermehrenden Leukozyten all ihre Ahnen sehen konnte und wieder in innigen Kontakt mit der Tante trat, entwickelten wir eine Tonband-Imaginationsanleitung, die sie seitdem als tägliche Meditation nutzt.

Beispiel 4:

Als Frau D., 50 Jahre alt, alleinstehend und nach Brustkrebsoperation vorübergehend berentet, nach etwa einem Jahr Einzeltherapie ihrer eigenen Einschätzung nach immer noch keine befriedigende dauerhafte Veränderung ihrer depressiven Zustände erlebt, die Bindung zwischen ihr und ihrer Tochter als immer noch quälend eng und abhängig empfindet, deute ich all das als liebende Treue zur eigenen früh verstorbenen Schwester um. Daraufhin gestattet sie es sich erstmalig, die Frage zu stellen, ob es sich für sie überhaupt noch lohne zu leben, und sie nimmt sich die Freiheit, die Frage „Will ich leben oder nicht?“ eventuell auch mit „Nein“ zu beantworten. Beide, Patientin und Therapeutin, erleben diesen Moment als entlastende Klärung des therapeutischen Kontrakts.

Dieses waren einige Beispiele, an Hand derer ich darzulegen versuchte, wie ich in der psychotherapeutischen Arbeit mit Schwerkranken die Einsichten Bert Hellingers für die Klienten und mich gewinnbringend nutze.

Lernen von Bert Hellinger für das Leben mit der Alzheimer-Krankheit

Barbara Romero

Das Alter

Unsere menschliche Gemeinschaft altert. Nicht nur einzelne Menschen, wie bisher, sondern ganze Gesellschaften werden alt. Diese Entwicklung bringt Probleme ans Licht, von denen wir in den Medien täglich unterrichtet werden. Für die Alten fehlen Aufgaben, Gelder, Sinnesgefüge, fehlt ein guter Platz.

Jede Lebensphase hat die ihr eigenen Ziele und ihre eigene Bedeutung. So trivial klar sie für Kindheit, Jugend und mittleres Erwachsenenalter erscheinen, so ratlos stehen wir vor dem letzten Lebensabschnitt. Das Defizitmodell des Alters wird zwar in der Forschung nicht mehr vertreten, die Überlegungen zum „erfolgreichen Altern" bleiben jedoch nach wie vor sehr auf Funktionen bezogen. Man empfiehlt Gedächtnistraining, und der Stellenwert und Markterfolg dieses Ansatzes zeugen von der Verwirrung darüber, was im Alter von Bedeutung und was zu tun ist. Das Bild von Alten, die sich mit Puzzles und Kreuzworträtseln geistig fit halten, berührt mich vor allem deswegen peinlich, da hier offensichtlich die am Lebensanfang angebrachten Übungen die Sinnleere der letzten Jahre füllen sollen.

Die Alzheimer-Krankheit trifft meistens die Älteren. So ist den Überlegungen zu Hilfsmaßnahmen für Betroffene eine Reflexion zum Verständnis des Weges, der von jung zu alt führt, voranzustellen. Ich wüßte keinen schöneren Einblick hierzu, als die „Fülle" von Bert Hellinger (Weber 1994, S. 123):

> Ein Junger fragte einen Alten: „Was unterscheidet dich, der fast schon war, von mir, der ich noch werde?"
> Der Alte sagte: „Ich bin mehr gewesen."
> Zwar scheint ein junger Tag, der kommt, mehr als der alte, weil der alte vor ihm schon gewesen.
> Doch kann auch er, obwohl er kommt, nur sein, was er schon war, und er wird mehr, je mehr auch er gewesen (...).

Die Alzheimer-Krankheit

Die Alzheimer-Krankheit ist die am weitesten verbreitete und wohl die schwerwiegendste unter allen organisch bedingten psychischen Störungen. In den industriellen Ländern stellt sie ein besonderes Problem nicht nur für die Medizin, sondern für die ganze alternde Gesellschaft dar.

Durch degenerative Prozesse, die sich „kaskadenartig" fortsetzen, verliert das kranke Gehirn in einem jahrelangen Prozeß seine Substanz und seine Funktionsfähigkeit. Die Betroffenen erleiden in zunehmendem Maße einen Verlust ihres Wissens und Könnens, ihrer Merkfähigkeit sowie ihres Denk- und Erfassungsvermögens. Es ist bedauerlicherweise zur Zeit noch keine medikamentöse Behandlung verfügbar, die das Fortschreiten der Symptome zum Stillstand bringen könnte. Den Kranken und den Angehörigen steht ein Leben mit der Krankheit bevor; ein schweres Schicksal, bei dem sich eine psychotherapeutische Hilfe wie auch Hinweise zur Lebensgestaltung unterstützend auswirken können.

Die Selbsterhaltung

Die Betroffenen nehmen den fortschreitenden Verlust ihrer geistigen Fähigkeiten wahr und empfinden ihn als selbstbedrohlich: *Jeden Moment fühle ich – schrieb ein Alzheimer-Kranker in sein Tagebuch – daß ein anderer Teil von mir verlorengeht. Mein Leben ... mein Selbst ... fallen auseinander (...). Die meisten Menschen erwarten eines Tages den Tod, aber wer hätte je erwartet, zuvor das Selbst zu verlieren* (Cohen u. Eisdorfer 1986, S. 22).

Dieser bedrohliche Verlust von vertrautem Selbstverständnis, von personaler Kontinuität und Identität ist von schmerzhaften Gefühlen wie Angst, Scham, Schuld, Trauer, Depression und Aggression begleitet. Damit das System „Selbst" zu immer neuem Gleichgewicht finden kann, sind die Kranken weitgehend auf gezielte Unterstützung durch die soziale Umgebung angewiesen (Fuhrmann et al. 1996, Romero 1997). Das Selbstverständnis unter dem Druck von unvermeidbaren Veränderungen neu zu organisieren fällt sehr schwer.

Zu den wichtigen Aspekten des sich erneuernden Selbst gehört das Erhalten des Sinngefühls beziehungsweise das Erkennen eines

Sinns in den veränderten Lebensumständen, trotz der äußerst ungünstigen Prognose. Die Sinnfrage stellt sich unter anderem in bezug auf den Umgang mit der Krankheit.

Die folgende Perspektive – bei der wir uns auf die Sichtweise von Bert Hellinger beziehen – kann den Kranken helfen, dem Leben mit der Krankheit einen Sinn abzugewinnen:

- Die Krankheit stellt eine schicksalhafte, also nicht vermeidbare Entwicklung dar („Ich kann nichts dafür, es liegt nicht in meiner Hand").
- Es ist weise und angemessen, sich dem Schicksal zu beugen („Was ich nicht ändern kann, muß ich hinnehmen").
- Es ist nicht leicht, diese weise Haltung einzunehmen, und man braucht Zeit und Unterstützung, um sie zu entwickeln („Ich kann eine weise Haltung entwickeln, ich muß Geduld mit mir haben, aber ich kann mich dahin entwickeln; ich baue nicht nur ab, ich bin auch entwicklungsfähig").
- Ich kann den anderen meinen weisen Umgang mit der Krankheit vorleben. Sie werden durch mich erfahren können, daß man trotz des schweren Schicksals versöhnt und dem Leben zugewandt bleiben kann.

Ein Beispiel:

Zu Beginn der Therapie litt eine 55jährige Alzheimer-Kranke so stark unter ihren kognitiven Beeinträchtigungen, daß sie wegen Depressionen stationär behandelt werden mußte.

Im Rahmen der im Anschluß ambulant durchgeführten SET wurde die Patientin dazu ermutigt, ihre Gedächtnisschwierigkeiten als die Realität, die nicht verschuldet, aber auch nicht veränderbar ist, anzuerkennen. Gleichzeitig wurde ihr Verständnis dafür vermittelt, daß dieses Anerkennen der Unveränderbarkeit der Lebenssituation eine schwierige Aufgabe sei, die viel personale Reife erfordere und nur allmählich bewältigt werden könne. Die Bedeutung des Gedächtnisverlusts wurde durch die Möglichkeit, personale Entwicklung anzustreben und Reife und Weisheit gewinnen zu können, relativiert.

Diese therapeutischen Interventionen wirkten sich als unterstützend aus. Die Patientin lernt auf die Wahrnehmung der Defizite gelassener und versöhnter zu reagieren. Darauf war sie gleichzeitig stolz und betrachtete es als ein personales Wachstum. Sie zeigte sich auch für Hinweise offen, daß sie ihren weisen Umgang mit den Beeinträchtigungen anderen, insbesondere ihren Kindern, vorleben könne. Damit konnten Schwierigkeiten, dem Sohn einen Knopf anzunähen oder andere praktische Hilfe zu leisten, relativiert werden.

Betreuende Angehörige

Daß die große Mehrheit der Kranken in ihrer gewohnten, familiären Umgebung bleiben kann, ist dadurch möglich, daß ein Angehöriger – meist ist es eine Frau – die Betreuung übernimmt.

Das bedeutet für den Betreuenden eine enorme Belastung, auf die zum Beispiel mit dem Buchtitel „36-Stunden-Tag" (Mace u. Rabins 1988) hingewiesen wurde. Zu der körperlichen Pflege und der notwendigen Beaufsichtigung kommt, daß es sich bei den Kranken um eine nahestehende Person handelt und der lange Abschied von Trauer, Verzweiflung, seelischen Konflikten und Schmerz begleitet ist.

Zur Unterstützung der betreuenden Angehörigen werden seit etwa 15 Jahren Angehörigengruppen organisiert. Sie bieten einerseits ein Forum für Begegnungen von Gleich-Betroffenen, andererseits die Vermittlung von hilfreichem Wissen und praktischen Lösungen. Die Erfahrung zeigt, daß diese Angehörigengruppen wenig Raum für psychotherapeutische Interventionen zulassen. Für Angehörige, die psychotherapeutische Hilfe suchen, sollte deshalb eine zusätzliche Möglichkeit angeboten werden.

Wir haben eine psychotherapeutisch orientierte Gruppe mit Angehörigen Alzheimer-Kranker durchgeführt (Romero 1991). Individuelle Probleme der Teilnehmer hingen zum Teil direkt mit der schweren Krankheit des nahestehenden Angehörigen und mit der belastenden Betreuungsaufgabe zusammen. Die Methode des Familien-Stellens erwies sich als hilfreich, was anhand eines Beispiels im Folgenden kurz dargestellt wird. Weiterhin wirkten sich die dem Konzept von Bert Hellinger entnommenen Hinweise zum Umgang mit dem Schicksal unterstützend aus.

1. Beispiel: Schuldgefühl

Der Ehemann von Frau A. ist schon im Alter von 50 Jahren krank geworden. Seine damals etwa 40jährige Frau sorgte weiter allein für die 11jährige Tochter, fing beruflich zu arbeiten an und übernahm die Betreuung des Ehemannes. Sie trug diese mehrfache Belastung, solange der Kranke keine Dauerbeaufsichtigung benötigte. Diese konnte sie nicht leisten, ohne ihren Beruf aufzugeben, und die Familie war auf ihr Einkommen angewiesen. Unter dem Druck dieser Entwicklung hat sie den Kranken in ein Altersheim gegeben. Sie besuchte ihn dort täglich, half bei der Pflege und verbrachte mit dem Mann auch dann noch viele Stunden, als kein Kontakt mehr möglich schien. „Bei mir ißt er besser", führte sie zur Begründung der Vorstellung an, daß der Mann sie immer noch irgendwie erkenne und brauche.

Von außen betrachtet, hatte Frau A. sich nichts vorzuwerfen. Dennoch fühlte sie sich sehr von Schuldgefühlen belastet. Die inzwischen mehrere Jahre zurückliegende Entscheidung, den kranken Mann ins Heim abzugeben, ließ ein schmerzhaftes Schuldgefühl zurück. Derartige Schuldgefühle treten bei pflegenden Angehörigen häufiger auf. Typischerweise lassen sie sich mit vernünftigen Argumenten nicht auflösen. Auch bei Frau A. haben wir zuerst in der allgemeinen Angehörigengruppe versucht, ihre Schuldgefühle als unbegründet herauszustellen. Dies war genauso leicht wie unwirksam.

Erst im Rahmen der psychotherapeutisch orientierten Gruppenarbeit fand sich eine Möglichkeit, Frau A. zu entlasten. Auf eine Art, die ich von Bert Hellinger gelernt habe, zeigte ich ihr, daß die Krankheit des Mannes, wie auch die Folgen, zu schicksalhaften Entwicklungen gehören. Frau A. konnte sich vor dem Schicksal verbeugen, und die Kraft der rituellen Handlung drang tiefer in ihre Seele hinein als früheres gutes Zureden von anderen Angehörigen und von der Therapeutin.

2. Beispiel: Bedeutung der Ursprungsfamilie auch bei Älteren

Eine 72 Jahre alte Frau – sagen wir Frau Taunus – pflegte ihre Alzheimer-kranke ältere Schwester. Sie beschwerte sich, daß sie schon als Kind ihre zu Depressionen neigende Mutter unterstützen mußte. Die Eltern lebten getrennt, die Aufstellung der Ursprungsfamilie zeigte, daß der Vater als schuldig angesehen und ausgeschlossen war. Frau Taunus nahm in der Familie einen ihr nicht zustehenden übergeordneten Platz ein. Wir haben Ordnung in das System gebracht, und die alte Dame fand in den Armen ihrer Eltern das Gefühl wieder, ein Kind sein zu dürfen. Mit der Unterstützung der beiden Eltern konnte sie freier und versöhnter ihrer Schwester helfen.

Am Anfang dieser Gruppenerfahrungen war ich überrascht zu erleben, wie wichtig auch für die älteren Teilnehmer die Beschäftigung mit der Ursprungsfamilie war, wie intensiv die Kindheitsgefühle erlebt wurden, wieviel Bereitschaft sich zeigte, die Dinge zu verändern.

Insgesamt sprechen unsere Erfahrungen dafür,
(1) daß auch bei älteren Personen (die Gruppenteilnehmer waren zum Teil über 70 Jahre alt) Interesse an einer Auseinandersetzung mit der familiären Prägung besteht und
(2) daß sich dem Konzept und den Vorgehensweisen, die Bert Hellinger entwickelt hat, psychologische Hilfsmaßnahmen sowohl für Alzheimer-Kranke als auch für betreuende Angehörige ableiten lassen.

Diagnose und Therapie bei depressiven und suizidalen Klienten mit dem Familien-Stellen

Otto Brink

Bei depressiven und suizidalen Klienten mit den Diagnosen neurotische oder endogene Depression hat sich beim Familien-Stellen gezeigt, daß Klienten mit depressiven und suizidalen Verhaltensweisen mit einer Person der letzten drei Generationen ihrer Familie, die ein schweres Schicksal hatte oder aus der Familie ausgeschlossen war, identifiziert waren.

Ich nehme an, daß dieser Zusammenhang zwischen Symptomatik und identifikatorischer Verstrickung bei sehr vielen Klienten mit depressiver und suizidaler Symptomatik zu finden ist. Das Familien-Stellen eignet sich hervorragend dafür, diese Zusammenhänge herzustellen, zu überprüfen und therapeutisch zu lösen. Das Ergebnis ist in vielen bisherigen Fällen eine Beendigung der unheilvollen Identifizierung, eine Befreiung aus der systemischen Verstrikkung und die Heilung von der depressiven und suizidalen Symptomatik beziehungsweise der Beginn eines Heilungsprozesses. Es ist sehr zu wünschen, daß diese Zusammenhänge in psychiatrischen Kliniken und Praxen überprüft und die therapeutischen Möglichkeiten genutzt werden.

Ich habe eine vertraute Beziehung zu Menschen mit depressiven Verhaltensweisen, da meine Mutter oft depressiv war und wir uns schon in meiner Kindheit in einem feinfühligen Umgang miteinander zurechtfanden. Ich fühlte mich zeitweise belastet, bedrückt und schuldig wie sie, und meine Phantasien kreisten oft um Sterben und Tod. Später, als ich Arzt war, waren depressive und suizidale Klienten mir vertraut wie alte Bekannte, und ich meine, daß diese verständnisvolle und bestätigende Beziehung eine gute Voraussetzung für neue Lebensmöglichkeiten war.

Abgesehen von dieser besonderen Erfahrung und Vertrautheit sind depressive und suizidale Klienten in psychiatrischen Kliniken und ärztlichen und psychologischen Praxen sowie in Beratungsstellen ein großer Teil der Klientel, mit der die Arbeit wegen der oft lang dauernden und bezüglich Besserung und Heilung unzureichenden Therapie schwierig und unbefriedigend blieb.

Nach einem Bericht der Weltgesundheitsorganisation rücken Herzkrankheiten, Depressionen und Verkehrsunfälle weltweit immer stärker als die größten Gesundheitsrisiken für den Menschen in den Vordergrund.[1] Dem statistischen Bundesamt Wiesbaden zufolge betrug die absolute Anzahl der Selbstmorde 1995 in Deutschland männlich 9 222, weiblich 3 666, gesamt 12 880.

Das heißt, in jedem Monat starben über 1000 Menschen durch Suizid, täglich etwa 35.[2] Die Anzahl der Selbsttötungsversuche wird in Deutschland auf 500 000 jährlich geschätzt, davon geschehen 90 % mit Medikamenten. Das Verhältnis von Männern zu Frauen ist etwa 1 zu 2,5. Die Dunkelziffer bei Suiziden und Suizidversuchen ist groß. Viele Verkehrsunfälle enthalten unbewußte oder offensichtliche Suizidwünsche. Auch bei Alkoholismus und anderen destruktiven Süchten und Verhaltensweisen ist der selbstzerstörerische Anteil wesentlich.

Die Hypothese der „endogenen" Depression der herkömmlichen deutschen Psychiatrie war mir nie plausibel. Für mich sind frühere oder aktuelle traumatische Lebenserfahrungen die Voraussetzung für das Entstehen eines depressiven oder suizidalen Verhaltens, so daß ich mich zunehmend mit den Arbeiten der Psychoanalyse auf diesen Gebieten beschäftigt habe.

1 Die Welt, 17.9.1996

2 Statistisches Bundesamt Wiesbaden (Hrsg.) 1996. Gesundheitswesen. Fachserie 12, Reihe 4: Todesursachen in Deutschland, Stuttgart (Metzler-Poeschel).

Xenia Muscat

Eine neue Dimension therapeutischer Möglichkeiten

Durch die Forschungen von Bert Hellinger ist eine neue Dimension für das Verständnis und die Therapie von Depression und Suizidalität hinzugekommen, nämlich die Annahme und vielfältige Erfahrung, daß depressive und suizidale Klienten innerhalb ihres drei oder vier Generationen umfassenden Familiensystems mit einer Person meistens unbewußt verbunden sind, die ein schweres Schicksal hatte oder ausgeschlossen wurde, und daß der Klient nach dem Muster „Ich folge dir nach" oder „Lieber gehe ich als du" dieser Person in Leid oder Tod folgt oder vorausgeht. Diese Zusammenhänge lassen sich beim Familien-Stellen erkennen und therapeutisch nutzen, so daß in dem einen Vorgang des Familien-Stellens Diagnose und Therapie des depressiven Verhaltens integriert sind (Hellinger 1994, 1995, 1996). In den Familienaufstellungen werden oft auch andere Dynamiken in Zusammenhang mit depressivem Verhalten deutlich. Zum Beispiel führt das Ablehnen und Nicht-Nehmen der Eltern oft zu kraftlosem Verhalten und depressiven Verstimmungen. Nicht angenommene persönliche Schuld ist ebenfalls oft mit Energielosigkeit, Bedrückung und Desorientierung verknüpft. Auch kann es sich bei depressiven Gefühlen um von einem Familienmitglied übernommene Gefühle handeln. Angesichts des begrenzten Raumes, der mir zur Verfügung steht, konzentriere ich mich hier auf die wohl am häufigsten mit Depressionen und Suizidalität verbundene Dynamik der Identifikation.

Aus der Fülle der Familienaufstellungen wähle ich ein Beispiel aus einem Konstellationsseminar: Lenette ist 32 Jahre und leidet unter einer depressiven Symptomatik mit Todeswünschen. Sie sucht aus der Gruppe zwei Männer und zwei Frauen als StellvertreterInnen für ihre Eltern, für sich und ihren zwei Jahre jüngeren Bruder aus und stellt sie auf.

1. Bild

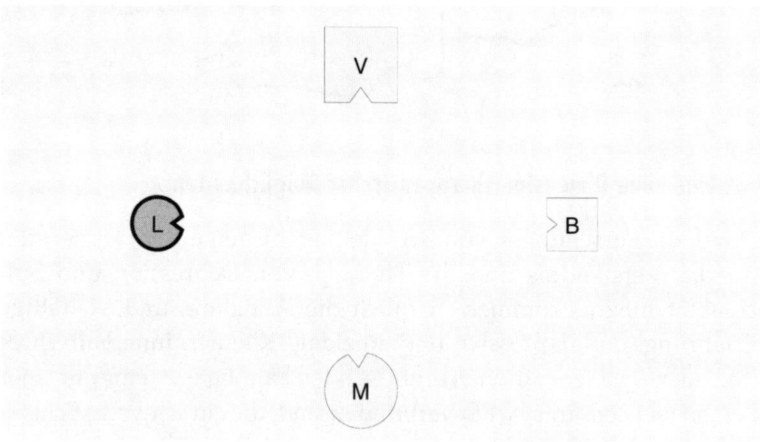

V Vater
M Mutter
L **Lenette**
B Bruder, zwei Jahre jünger
TdV Tante des Vaters, Schwester seiner Mutter, mit 15 Jahren gestorben
TdM Tante der Mutter, Schwester ihrer Mutter, mit 22 Jahren bei der Geburt eines totgeborenen Mädchens gestorben.
TdTdM Tochter der Tante der Mutter, tot geboren

Die aufgestellten Personen berichten:

V: Ich habe zu niemand Kontakt, fühle mich isoliert.

M: Mir geht es genauso, meine Kinder sehe ich nicht.

L: Ich habe Sehnsucht nach meinem Bruder, er ist so weit weg, ich möchte zu ihm. Zu meinen Eltern habe ich keinen Kontakt.

B: Ich möchte näher zu Lenette. Meine Eltern sind für mich nicht da.

Ich ändere die Aufstellung:

2. Bild

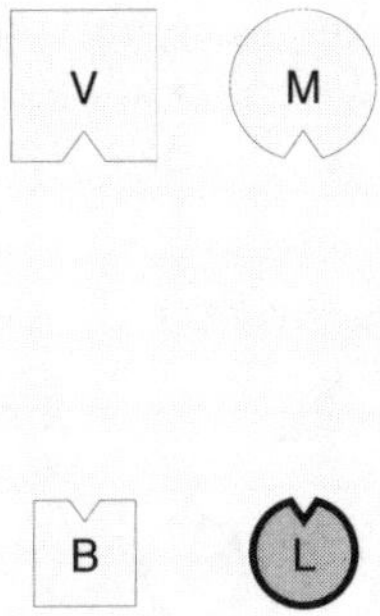

Die Geschwister fühlen sich nebeneinander wohl, die Kontaktarmut zwischen den Eltern und zwischen Eltern und Kindern ist wie beim ersten Bild.

Ich frage Lenette: „Gab es noch andere Kinder, die früh gestorben oder tot geboren sind? – Hatten die Eltern andere wichtige Partner vor oder während der Ehe? – Gab es schwere Schicksale bei den Geschwistern der Eltern, bei den Großeltern und deren Geschwistern?" Es ist nichts bekannt.

Die Aufstellung wird unterbrochen. Ich äußere die Vermutung, daß Lenette mit einer Frau identifiziert ist, die ein besonders schweres Schicksal hatte, zum Beispiel bei der Geburt eines Kindes gestorben ist. Die telefonische Befragung der Mutter von Lenette ergibt, daß eine Schwester der Mutter des Vaters von Lenette mit 15 Jahren an einer Hirnkrankheit gestorben ist. Ich habe den Eindruck, daß Lenettes Verhaltensweisen durch dieses Schicksal ihrer Großtante nicht hinreichend verständlich werden.

Am nächsten Morgen bekam ich einen Telefaxbrief der Mutter, in dem sie schrieb, sie habe sich in der Nacht an ihre Lieblingstante, die jüngere Schwester ihrer Mutter, erinnert. Diese Tante Hermine hatte während des Krieges eine Liebesbeziehung mit einem Soldaten und erwartete von ihm ein Kind. 1945, in den Wirren des Kriegsendes, versuchte sie zu einer Schwester ihres Freundes zu flüchten, erkrankte unterwegs an Typhus, kam in ein Lazarett, in dem die Geburt ihres Kindes begann. Das Kind, ein Mädchen, wurde tot geboren, die Mutter starb während der Geburt.

Lenettes Familienaufstellung kann jetzt ergänzt werden.

3. Bild

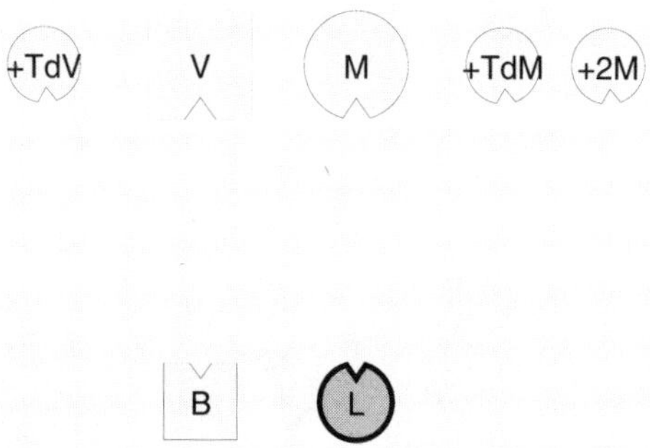

Es besteht sofort eine ganz starke, liebevolle Beziehung zwischen Lenette und ihrer Großtante Hermine und deren Tochter. Tante Hermine und Lenette umarmen sich in Freude und Trauer. Die verstorbene Tante des Vaters ist für Lenette weniger bedeutsam. Die Eltern fühlen sich nah und verbunden, und es besteht eine liebevolle Beziehung zwischen Eltern und Kindern. Der therapeutische Prozeß wird durch kurze Dialoge zwischen Lenette und den toten Verwandten abgerundet.

Im Laufe der vergangenen zehn Jahre sind mehrere hundert Familienaufstellungen bei depressiven und suizidalen Klienten von verschiedenen Kolleginnen und Kollegen gemacht worden, die in überraschender Eindeutigkeit und Klarheit die genannten Muster der Identifizierung mit einer Person der Familie, die ein schweres Schicksal hatte oder ausgeschlossen war, bestätigen. Es ist sehr zu wünschen, daß diese Erfahrungen in psychiatrischen Kliniken und Praxen überprüft und diagnostisch und therapeutisch genutzt werden.

Aufstellungen bei Angstsymptomatik und Panikattacken

Christine Essen

Als meine Kolleginnen Margarete Fehlinger, Guni Baxa und ich gerade eine Arbeitsgruppe gebildet hatten, um uns mit Fragen zur therapeutischen Arbeit mit Angst- und Paniksymptomen auseinanderzusetzen, kamen plötzlich vermehrt Leute zu uns in die Praxis, die unter solchen Zuständen litten.

Es fiel uns dabei auf,

1. daß unsere KlientInnen einzeltherapeutische Behandlungen bevorzugten. Einladungen zu Familiensitzungen oder zu therapeutischen Gruppen schlugen sie zunächst aus;
2. daß sich die Symptomatik häufig verschlimmerte, wenn wir uns zu früh mit der Herkunftsfamilie unserer Klienten beschäftigten, auch wenn (oder vielleicht weil) da Zusammenhänge offensichtlich waren;
3. daß die Beschäftigung mit den Gegenwartssystemen unseren Klienten neue und überraschende Einsichten zum Zusammenhang ihrer Probleme mit ihrem Lebenskontext eröffnete, so daß sie dadurch meist eine gewisse Symptomlinderung erlebten.

Die Aufstellung der inneren Teile

Nennenswerte Besserungen traten aber eher dann ein, wenn wir uns in der Therapie einem konsequent lösungsorientierten Vorgehen (de Shazer 1996) *und* dem internen, also dem psychischen Geschehen der Klienten zuwandten; wenn wir mit ihnen ein System „innerer Teile" oder auch „innerer Mitspieler" oder „innerer Wesen" (Schmidt 1993) inszenierten und in diesem Zusammenspiel Lösungen erforschten. Das heißt, wir erarbeiteten im Gespräch zuerst die inneren „Teile" oder „Stimmen", die dabei mitspielen, daß das Phänomen Angst überhaupt entstehen und aufrechterhalten werden kann.[1]

In einem nächsten Schritt stellten wir diese Teile auf (eine Vorgangsweise, die sich auch bei anderen Problemen und Leiden bewährt hat).

Und beinahe immer kristallisieren sich dabei einige „idealtypische" Mitspieler heraus, wie sie metaphorisch in der Geschichte ‚Robin Hood' vorkommen.[2]

… das ist diese Geschichte von König Richard, der das Herz eines Löwen hat. Das stellt er nur leider nicht seinem Volk und Land zur Verfügung, sondern stürzt sich in die Außenpolitik. Er begibt sich auf Kreuzzug und nimmt seine besten und tapfersten Leute mit. Die Regierungsgeschäfte überträgt er seinem Bruder John. Der ist ein richtiger „Macher", hat Sinn fürs Geschäft und beginnt bald, sich unberechtigte Macht anzumaßen. Er braucht dafür natürlich ein stärkeres Heer, plündert und preßt mit Unterstützung des Sheriffs durch überzogene Steuern das Volk aus, so daß es verarmt.

Da tritt Robin Hood mit seinen Gefährten auf und versetzt seinerseits, im Interesse des darbenden Volks, die Mächtigen und Reichen des Landes in Angst und Schrecken. – Auch versucht er, mit Hilfe seiner Herzensgeliebten, König Richard zur Rückkehr in sein Land zu bewegen. Aber seine Botschaften und Briefe kommen nicht durch.

Schließlich geht dank seines Muts und seiner Liebe zu König, Volk und Land die Sache doch noch gut aus. Der König kehrt heim, schlägt Robin zum Ritter, nimmt seinen Platz wieder ein und lenkt hinfort die Geschicke seines Landes mit Tatkraft, aber auch mit Weisheit und Bedacht.

Die „Stammtruppe" der Aufstellungen

Die folgende Beschreibung zeigt, wie diese Mitspieler im internen System aussehen können. Je nach Situation und Vorliebe finden die

1 Die Arbeit mit „inneren Systemen" ist keineswegs einzigartig oder neu: Auch andere Therapierichtungen fühlen sich ähnlichen Ansätzen verbunden (z. B. das Psychodrama, die Gestalttherapie, das NLP u. a.). Innerhalb der Familientherapie bzw. systemischen Therapie seien beispielhaft erwähnt: Virginia Satirs „Part's Party" (Satir/Baldwin 1988), Michael Whites Technik der „Externalisierung" (White 1989, 1992) oder Gunther Schmidts Modell der „inneren Konferenz" (Schmidt 1993). Seit der 1. Arbeitstagung „Familien-Stellen" sind zwei Publikationen systemischer Therapeuten erschienen (Schwartz 1997; Greitemeyer 1997), die sich mit Konzepten und Arbeitsweisen zu diesem Thema befassen.

2 Eine Teilnehmerin an einer Supervisionsgruppe machte mich darauf aufmerksam, als wir über dieses Konzept sprachen.

Betroffenen natürlich ganz unterschiedliche Bezeichnungen für die einzelnen Instanzen.

Als Hauptperson gibt es da das sog. ICH, das auch Namen wie „Mitte" oder „Fokus der Aufmerksamkeit" bekommen kann, oder „ParlamentspräsidentIn" oder „ChoreografIn" oder „König" (wie in der Geschichte).

Das *innere* KIND steht für den oder die „Kleine(n)", die/der mit der Herkunftsfamilie verbunden ist, aber auch für die „Stimme des Körpers" oder die vitalen Bedürfnisse des Organismus, wie zum Beispiel Sicherheit, Geborgenheit, Ruhe, Lebendigkeit, Spaß und Kreativität. In unserer Geschichte ist es das Volk.

Der ANTREIBER wird oft auch „Perfektionist" genannt, nach analytischer Tradition Über-Ich. Ein Klient hat ihn einmal den „Peitschenknaller" getauft. Er repräsentiert Prinzipien wie Disziplin, Verantwortung, Leistung und Handlungsbereitschaft. Im Bühnenstück der Angst-Inszenierung bekommt er meist eine übertriebene Powerposition wie der Sheriff und des Königs Bruder in der Geschichte. Daran ist er aber nicht alleine schuld, wie wir noch sehen werden. Im Zuge der Lösungsentwicklungen beim Aufstellen wandelt er sich oft zu einer Kraft, die Namen wie „Motor", „Impulsgeber", „Anwalt für Autonomie" oder auch „Tatkraft" verdient.

Die ANGST oder Panik wird manchmal auch nach ihren heftigen körperlichen Begleiterscheinungen wie Herzrasen, Durchfall, Erstickungsgefühl usw. benannt. Sie wird in der Geschichte durch Robin Hood vertreten und verwandelt sich im Laufe der Arbeit oft in eine Wächterin über die Interessen des Kindes beziehungsweise des Organismus, also zur Anwältin für kreatürliche Bedürfnisse wie Zugehörigkeit, Verbundenheit, Teilhabe an einem größeren Ganzen. Sie steht in gewisser Weise für Innerlichkeit.

Mit dieser „Stammtruppe" haben wir gute Erfahrungen gemacht. Natürlich können sich aber auch ganz andere oder zusätzliche Variationen von Mitspielern im Gespräch ergeben. Etwa solche, die auf zeitliche und transzendierende Aspekte von möglichen Lösungen hinweisen: zum Beispiel das ZIEL, die KÜNFTIGE AUFGABE beziehungsweise „der weitere Kontext" des Geschehens oder „Das-was-kommt-wenn-das-Ziel-erreicht-ist" (Varga v. Kibéd 1995) und eventuell Repräsentanten für einen oder mehrere FÜRSORGLICHE ODER WOHLWOLLENDE ERWACHSENENTEILE, die Vater und Mutter vertreten beziehungsweise sind.

Abb. 1: Bedeutung der Angst als Beziehungsregulativ in innerer und äußerer Welt (Fehlinger u. Essen 1994)

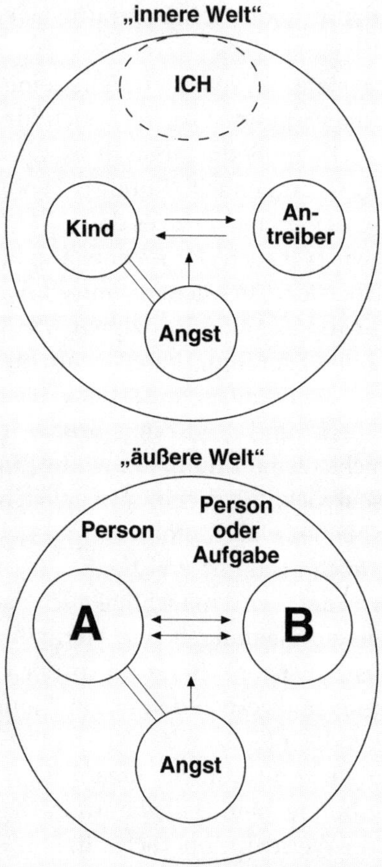

Welche Beziehungsdynamik sich rund um den Auftritt von Angst- und Panikzuständen beschreiben läßt, sollen diese beiden Zeichnungen verdeutlichen: Es zeigt sich oft schon im Gespräch, daß unbewußt, also sozusagen hinter dem Rücken des ICH, zwei Teile miteinander eine interessante Beziehungsdynamik entwickeln: Das KIND steckt seine eigenen Bedürfnisse zugunsten anderer zurück, weil es deren Not sieht. Es stellt dann seine Vitalität zur Erhaltung der

Harmonie und des Zusammenhaltes des „Ganzen“ zur Verfügung (das „Ganze“ kann die Person sein, die Familie, ein Arbeitsteam oder was immer). Auf diese Weise läuft es Gefahr, gegenüber dem ANTREIBER ins Hintertreffen zu geraten. Da springt die ANGST ein und unterbricht die Interaktion zwischen den beiden, indem sie quasi sagt: „Also, jetzt komme ich und dann ist Feierabend!“ So entlastet und schützt sie das KIND. Die Auswirkungen sind Erlaubnis zu Rückzug, Ruhe, Erholung, ... aber auch Passivität, Lähmung, Ohnmacht und Sich-Ausgeliefert-fühlen. *Es geht nichts mehr.*

Analog dazu läßt sich in der sog. „äußeren Welt“ der Klienten etwas Ähnliches beschreiben: Es entwickelt sich eine Dreiecksbeziehung zwischen dem betroffenen Klienten A und einer anderen Instanz B. Das kann eine Person sein oder auch eine Aufgabe oder eine Herausforderung, die als bedrohlich oder überfordernd erlebt wird. Wobei die Person oder Aufgabe B mit den Zuschreibungen versehen wird, die in der „inneren Welt“ dem ANTREIBER entsprechen.

Man kann den Vorgang so sehen, daß sich sogenannte „innere“ Instanzen als Internalisierungen „äußerer“ Instanzen gebildet haben und immer wieder bilden. Es besteht also eine ständige zirkuläre Bezogenheit und Nichtunterschiedenheit zwischen inneren und äußeren Systemen.

Kommen wir auf die Beschreibung des Prozesses zurück: Die ANGST ist die dritte im Bunde. Sie wirkt, besonders in Form der Panikattacke, wie ein sozial erlaubter STOP in dieser symmetrisch eskalierenden Beziehung von A und B.

Eine Klientin drückte das so aus: „Nur wenn ich Angst kriege und es mir schlecht geht, kapiert meine Familie, daß ich nicht mehr kann!“

Ein Beispiel:

Bei Pauline, einer 45jährigen Frau, sah das erste Bild, das sie zum System ihrer „inneren Teile“ gestellt hatte, so aus:

Sie hatte für das ICH einen leeren Platz auf dem Sofa gewählt, für den ANTREIBER und das ZIEL jeweils ein Kissen, für die ANGST einen Stuhl und für das KIND, das sie den KÖRPER nannte, einen großen Teddybären.

... Und da zeigt sich eine Dynamik, die wir so ähnlich immer wieder bei diesen Aufstellungen gesehen haben: das KIND fällt aus dem Blick des ICH heraus und fühlt sich wie ein ausgeschlossenes oder vernachlässigtes Familienmitglied. Der ANTREIBER sitzt dem ICH im Nacken, spielt den Chef im Haus und hat das Gefühl, viel Verantwortung zu tragen, damit in diesem Laden etwas funktioniert.

Das ZIEL fühlt sich vom ICH weder gesehen noch genützt und erwägt Kooperationen mit dem ANTREIBER. Die ANGST setzt sich dem ICH so dicht vor die Nase, daß es gezwungen wird, innezuhalten. – Eine für das ICH sehr unangenehme Position und gleichzeitig eine Chance: Es entwickelt eine Sehnsucht nach heilenderen Bildern, die Bereitschaft für eine Neuordnung des inneren Systems, ein neues Gleichgewicht der Kräfte.

Es ist nicht immer möglich, in einer Sitzung eine ganze Aufstellung durchzuführen. Manchmal ist es ein erster, für die betroffenen Leute aber großer Schritt, nur die ANGST aufzustellen. Kontakt mit ihr aufzunehmen, ihren Platz einmal einzunehmen und ihre gute Absicht für das ICH zu entdecken, bringt oft schon ein erhebliches Aha-Erlebnis.

Jedenfalls geht es, ähnlich wie im England der Richard-Löwenherz-Geschichte, auch im therapeutischen Prozeß darum, daß das ICH wieder die Regierungsgeschäfte im inneren System übernimmt und aktiv dafür sorgt, daß alle ihre angemessenen Plätze bekommen, an denen sie ihre jeweils gute Kraft entfalten können.

Das Lösungsbild:

Bei Pauline sah das in ihrem Lösungsbild so aus: Sie hatte ihr inneres KIND zu sich auf den Schoß genommen, und Tränen rannen ihr übers Gesicht. Sie konnte hören und sehen, was die Angst ihr hatte zeigen wollen: nämlich, daß ihr KÖRPER beziehungsweise ihr inneres KIND es braucht, von ihr wahrgenommen und gehalten zu werden mit der Zusicherung: „Du gehörst zu mir und ich sorge für dich!“ Der ehemalige ANTREIBER stellte sich ihr jetzt gern als rechte Hand beziehungsweise als MANAGER, mit seiner ganzen Tatkraft dienend, zur Seite. Sie selbst, das ICH, übernimmt als „Vorsitzende dieses Vereins von inneren Teilen“ (Schmidt 1993) aktiv Einfluß und Verantwortung für eine gute Lösung. Sie hat nun klar ihr Ziel vor Augen und einen Weg. – Dann wandelt sich die ANGST, tritt etwas zurück und steht als WÄCHTERIN dem inneren KIND zur Verfügung, sowie als Beraterin des ICH: mit ihrem Wissen um Bezogenheit, um das rechte Maß und das Eingefügtsein in ein größeres Ganzes. (Wenn nämlich eine Balance zwischen Leistungsbereitschaft einerseits und den Grenzen der organismischen Möglichkeiten andererseits zur Diskussion steht. Oder wenn Interessen des sozialen Umfeldes in Harmonie gebracht werden wollen mit den vitalen Bedürfnissen ihres eigenen Lebensraums und ihrer eigenen Lebensrhythmen.)

Unserer Erfahrung nach bessert sich der Zustand von Klienten zusehends, wenn der hier beschriebene Schritt vollzogen werden kann: wenn der ANGST also eine veränderte Bedeutung zugeschrieben wird und die Betroffenen es selbst in die Hand nehmen, liebevoll und bestimmt für das Wohlergehen ihres „inneren Vereins“ zu sorgen.

Die Angst als Freundin

Die akuten Angstzustände hören so gut wie immer auf oder werden zumindest wesentlich seltener. Der Umgang mit ihrem Wiederauftreten kann in eigene Regie genommen werden, was eine sehr stärkende Erfahrung ist.

Eine Klientin, die ich zum Abschluß unserer Sitzungen fragte, was ihr denn geholfen hätte, mit ihren Panikattacken fertig zu werden, antwortete: „Das Wichtigste war, das ich kapiert habe, daß die Angst meine Freundin ist und nicht meine Feindin. Der Rest war Selbstbeobachtung im Alltag und die Erfahrung über den Körper, daß das Leben und der Boden mich tragen."

Die meisten Klienten beenden die Therapie, sobald die Symptome sich verabschiedet haben oder so zahm geworden sind, daß sie gelegentlichen Ehrenrunden gleichkommen. Diese Klienten kommen nur noch einige Male quasi zur „Supervision", um die neuerrungenen Möglichkeiten in ihre Lebens- und Beziehungszusammenhänge zu integrieren. An dieser Stelle wird es manchmal sinnvoll, Partner oder andere Angehörige zum Gespräch miteinzuladen. Außerdem sehen wir, daß körpertherapeutische Sitzungen, zum Beispiel Feldenkrais-Behandlungen, für Betroffene hier hilfreiche Ergänzungen sein können.

Andere kommen nach einer Pause wieder, oft in eine Gruppe, wo mit Familienaufstellungen gearbeitet wird. Sie sind dann bereit, sich der familiären Dynamik, familiären Ereignissen und dem vielleicht damit verbundenen Schmerz auszusetzen und zusätzliche Lösungsbilder auf dieser Ebene anzunehmen.

Einige Angstmuster

Zum Schluß seien noch einige Ereignisse und Muster genannt, die im Zusammenhang mit der Angstdynamik zu stehen scheinen, weil sie uns in der erzählten Familiengeschichte und bei der Aufstellung von Familiensystemen betroffener Klienten begegneten:

- frühe oder dramatische Verluste im eigenen Leben oder in der Herkunftsfamilie: zum Beispiel Heimatverlust, früher Tod naher Angehöriger oder Ereignisse, die mit Gewalt verbunden sind;

- Familiensituationen, die frühes Erwachsenwerden nötig machten – was ja häufig mit einer inneren oder äußeren Überforderung verbunden ist;
- starke Loyalitäten zu beiden Elternteilen, die als tiefe Verbundenheit und gleichzeitig als widersprüchliche Anforderungen erlebt werden.

Vielleicht ist hier auch eine Antwort auf die Frage zu finden, wieso es am Anfang einer Therapie bei Angst- und Panikzuständen hilfreich ist, das interne System zu fokussieren und Aufstellungen auf dieser Metaphernebene anzubieten.

Identitätsprobleme erwachsener Adoptierter – die Suche nach den Wurzeln

Anna Lee Scholz

Einleitend möchte ich von mir erzählen: Ich bin selbst adoptiert, bin Psychologin und Therapeutin und habe vor zehn Jahren die erste Selbsthilfegruppe in Deutschland gegründet, jetzt „Wurzeln und Flügel – Adoptionsforum e.V."

Viele Menschen haben sich um Rat und Unterstützung an mich gewandt, oft habe ich sie bei der Suche nach ihrer Herkunft begleitet. Auch persönlich habe ich mich sehr intensiv mit meinem Schicksal Adoption beschäftigt, gesucht, gefunden, Tiefen und Höhen erlebt.

Identität – was heißt das eigentlich?

Es bedeutet: „vollständige Übereinstimmung in allen Einzelheiten". Sie ist nichts Festes, nichts, was man „hat", sie bildet sich analog unseres Entwicklungsstandes, unserer seelischen Befindlichkeit und unseres äußeren Umfeldes immer wieder neu.

Die Frage „Wer bin ich?" hat sich der Mensch in Philosophie, in Religion und Kultur immer wieder gestellt. Für Adoptierte jedoch hat diese Frage, die sich wohl jeder Mensch in seinem Leben stellt, eine andere existentielle Dimension. Denn für andere Menschen ist immer klar, egal wohin ich gehe, mich entwickle, ob Kontakt besteht oder auch ob ich damit zufrieden bin, daß ich immer das Kind meiner Eltern bin.

Das Adoptivkind aber hat zwei Elternpaare, und seine Geschichte beginnt nicht erst nach der Adoption.

Zur Entwicklung des Menschen gehören Identitätskrisen und neue Identitätsfindungen. Erik H. Erikson (1966) teilt sie ein in acht „phasenspezifische Krisen", die jeweils eine neue Entwicklungsphase einleiten. Diese Krisen liegen altersmäßig

- im ersten Lebensjahr,
- im zweiten/dritten Lebensjahr,
- im fünften/sechsten Lebensjahr,
- in der Latenzphase,
- in der Pubertät und Adoleszenz,
- im frühen Erwachsenenalter,
- im Erwachsenenalter,
- im Alter der Reife.

Störungen in der Entwicklung wirken sich in späteren psychosozialen Krisen verschärfend aus. Für Adoptierte, die alle das Trauma der Trennung von der leiblichen Mutter gemeinsam haben, bedeutet dies eine massive Störung, meist im ersten Lebensjahr. Umstände, die zur Adoption führen, sind meist dramatisch.

Dieses Trennungstrauma, diese gewaltsame und unnatürliche Trennung, geschieht überwiegend in der ersten psychosozialen Krise – „Vertrauen gegen Ur-Mißtrauen". Trennung ist für einen Säugling gleichbedeutend mit Sterben. Was der Erwachsene vielleicht verstehen kann, das innere Kind kann es nie begreifen, daß es weggegeben worden ist. Das tiefe Trauma bleibt, man kann damit leben lernen, sich daran auch weiterentwickeln. Es wirkt sich aus, egal in welchem Alter, wenn es ausgelöst wird, und wird sehr dramatisch erlebt, „der Boden tut sich auf", Leere, Lähmung, Verzweiflung …

Die entscheidenden Fragen

Für die weitere Entwicklung des Kindes spielt nun eine entscheidende Rolle, wie die neuen Eltern sind, ob sie ihren Platz als *Adoptiveltern* einnehmen oder ob sie die „richtigen Eltern" sein wollen. Die Motive für die Adoption können eine Rolle spielen und wie sie mit ihrer eventuellen unfreiwilligen Kinderlosigkeit umgehen. Wieweit Menschen gehen können, wissen wir – man denke an Retortenbabys,

In-vitro-Fertilisation, Leihmütter, Samenbanken, an Kinderhandel etc.

Kürzlich stand ein Artikel in einer Berliner Tageszeitung über ein Ehepaar, das ein Baby aus Litauen nach Berlin brachte für (als Geschenke deklariert) eine Kuh, ein Schwein, einen Fernseher.

Ist es möglich oder ausgeschlossen, daß die Herkunftsfamilie des adoptierten Kindes einen Platz hat in der Adoptivfamilie? Wie hoch wird der Grad der Tabuisierung sein?

Das adoptierte Kleinkind paßt sich an

Das Kind, das das Weggegeben-Werden überlebt hat, paßt sich den Gegebenheiten an. Mit sensiblen Seismographen ausgestattet, reagiert es oft noch sensibler als andere Kinder auf die nonverbalen Wünsche und Botschaften seiner neuen Familie. Es versucht, Erwartungen zu entsprechen, stellt auch nicht die es beschäftigenden Fragen, wenn es spürt, daß diese nicht erwünscht sind oder die Adoptiveltern in die Klemme bringen könnten.

Die Folgen der Tabuisierung

Der Grad der Tabuisierung kann vom völligen Verschweigen der Adoption bis zum Auslassen von Informationen reichen. Das Tabu wirkt sich natürlich aus aufs Kind, es spürt, daß etwas anders ist als bei anderen. Bert Hellinger hat einmal gesagt, daß Adoptierte sehr viel häufiger psychotisch werden, amerikanische Untersuchungen haben ergeben, daß sie sich prozentual häufiger in Behandlung, ob in Beratungsstellen oder Kliniken, befinden, als es ihrem Anteil an der Gesamtbevölkerung entspricht.

Auf ein adoptiertes Kind wirkt sich systemisch die Geschichte seiner Herkunftsfamilie aus und in seiner Sozialisation die seiner Adoptiveltern, auch die Gründe für die Adoption und die Ängste. Je stärker die Tabuisierung, desto größer ist in der Regel die Angst. Wenn Adoptivmütter zum Beispiel unbewußt das Gefühl haben, sie hätten einer anderen Frau das Kind „weggenommen", ist die Angst besonders groß. Wenn sie ihr danken und sie würdigen können, verschwindet sie. Und wenn sie sich kennenlernen können, ebenfalls, denn man hat immer mehr Angst vor Phantomen. Tabuisierung und Angst wirken sich natürlich auch auf die Erziehung aus.

Der Schock für das Kind, wenn die Adoption ans Licht kommt

Wenn die Adoption spät ans Licht kommt, kommt es zu einem Schock, unabhängig davon, ob der Adoptierte in Papieren „rumgeschnüffelt" hat, andere es ausgeplaudert haben, er es aus der Abstammungsurkunde erfährt. Dieser Schock kann gravierende Auswirkungen haben, zu heftigen Krisen führen. Gerade in der Pubertät und Adoleszenz, die ja eine starke Identitätskrise ist für jeden, kann es zum Beispiel zu Weglaufen, Suchtverhalten, sehr frühen Partnerbeziehungen, Auszug oder auch zu Depression, übergroßen Leistungstendenzen, Überangepaßtheit und psychosomatischen Leiden kommen. Dieser Schock ist verbunden mit einem Vertrauensbruch in der Beziehung zu den Adoptiveltern, der manchmal eine unüberwindbare Kluft bleibt.

Auswirkungen einer Adoption auf die Lebensgestaltung

Zusammenfassend kann man sagen, daß die Betroffenen es nicht leicht haben, zur eigenen Identität als Adoptierte/r zu finden und ihr Schicksal anzunehmen, das sich eben unterscheidet von anderen. Sie sind immer wieder, wie ich es auch aus eigener Erfahrung kenne, konfrontiert mit alten Gefühlen der Verlassenheit, mit Zweifeln, ob sie das Recht haben zu leben, und Ängsten, zum Beispiel der Angst, alleine gelassen zu werden, der Angst, den Erwartungen nicht zu entsprechen etc. Auch haben viele das Gefühl, „zweite Wahl" zu sein.

Die gesamte, hier nur grob umrissene Problematik wirkt sich bei den Erwachsenen am stärksten im Beziehungsbereich aus. Trennungen vom oder Tod des Partners können schwerste Erschütterungen auslösen. Oft können sie sich aus unglücklichen Beziehungen nicht lösen, oder es kann soweit führen, daß sie sich deshalb gar nicht erst fest binden.

Auswirkungen hat dies alles natürlich auch auf andere Lebensbereiche wie zum Beispiel auf die Lebensorientierung schlechthin. Alle Adoptierten, von denen ich mehr weiß, kennen das Gefühl, „auf der Suche" zu sein – ob im persönlichen, spirituellen, psychologischen, künstlerischen oder religiösen Sinne. Es ist – ausgehend von den vielen mir bekannten Biographien – so, daß in der Regel der Lebensweg nicht gerade, sondern gewunden und oft beschwerlich ist. Durch diese besondere Geschichte andererseits werden auch

Energien freigesetzt: der Mut, neue Wege zu gehen, Phantasie und Kreativität zu entwickeln – eine gewisse Freiheit zu haben.

Die Suche nach den leiblichen Eltern

Wenn Adoptierte sich mit ihrem Leben auseinandersetzen, machen sie sich meist auf die Suche nach ihrer leiblichen Familie, was kein leichtes Unterfangen ist. Nicht nur mit ihrer Unsicherheit und inneren Schwankungen haben sie zu kämpfen, oft legen ihnen die Behörden und Vorurteile anderer Steine in den Weg. Viele geben auf, wenn sie alleine sind, deshalb ist es gut, wenn es Selbsthilfegruppen gibt, die sie unterstützen.

Als ich die allererste Selbsthilfegruppe gründete, kannte ich keine anderen Betroffenen und traf dann auf Menschen, die ein gleiches Erleben wie ich hatten, ein Verständnis, wie es sonst nicht möglich ist. In den nachfolgenden Jahren lernte ich viele Schicksale kennen und begleitete den Prozeß der Identitätsfindung. Ich habe es nie erlebt, daß jemand bereut hat, sich auf die Suche gemacht zu haben, egal, was sich daraus entwickelt hat, ob zum Beispiel bleibende Kontakte entstanden sind.

Ich kann jedenfalls sagen, daß jegliches Wissen, auch wenn es schrecklich ist, besser ist als Nichtwissen. Vieles in der eigenen Geschichte oder der Persönlichkeit klärt sich dann auf. Schon durch Information tritt eine Entspannung ein. Es stellten sich Parallelitäten heraus in der Lebensgeschichte und Ähnlichkeiten in der Physis, den Begabungen, den Gefährdungen, des Charakters. Es wurde auch immer jemand gefunden; auch wenn zum Beispiel die Mutter sich weigerte, entstand guter Kontakt zu Halbgeschwistern, zu einer Tante oder zum Vater.

Viele wagen das Abenteuer der Suche erst nach dem Tod der Adoptiveltern oder heimlich oder wenn der Kontakt zu ihnen abgebrochen ist. Selten kam es vor, daß sie unterstützt wurden von der Adoptivfamilie.

Wenn die Mutter versucht, ihr Kind zu finden – juristisch hat sie dazu kein Recht –, ist sie angewiesen auf die Unterstützung der Ämter. Ebenso ist es bei Geschwistern.

Ich habe jedenfalls festgestellt, daß sich immer mehr Menschen auf die Suche machen, und – im Einklang mit dem Urteil des Bundesverfassungsgerichts, wo es heißt: „Es ist ein Grundrecht, seine eigene Herkunft zu kennen.", meine ich, daß es auch ein Grundbedürfnis ist.

Inkognito- oder offene Adoption?

Inzwischen bin ich dazu gekommen, die Inkognitoadoption völlig in Frage zu stellen. Die eigene Geschichte kann und darf nicht „gelöscht“ werden, Bindungen können durch Gesetze nicht außer Kraft gesetzt werden. Die Folgen, systemisch und überhaupt, sind schlimm. Die meisten Frauen, die ein Kind weggegeben haben, sagen, sie würden es nicht wieder tun. Viele sind im Stich gelassen worden, von ihrem Freund, den Eltern, oft mehr oder weniger dazu gezwungen worden. Mit mehr Unterstützung hätten sie meist das Kind behalten. Auch sie leiden an einem Trauma, das bleibt. Die systemischen Auswirkungen beziehen sich auf die Familien aller am Geschehen Beteiligten.

Alle Adoptierten, die ich kenne, hätten sich mehr Offenheit gewünscht. Wenn alle am Adoptionskreis Beteiligten zum „Wohle des Kindes“ handeln würden, wie es in unseren Gesetzen so schön heißt, wäre Angst nicht mehr nötig. Kinder sind liebes- und integrationsfähig in hohem Maße, sie sind in der Lage, vieles zu verstehen. Außer mehr Unterstützung für die in Not geratenen Frauen oder Familien sind Lösungen wie offene Adoption, Pflegefamilien etc. gut, bis andere, auch gesetzliche Lösungen gefunden werden.

Die Arbeit mit Aufstellungen bei Adoption

In meiner Praxis habe ich bisher ganz überwiegend in Einzeltherapien mit Aufstellungen gearbeitet. Stellvertretend für viele andere erzähle ich kurz ein Beispiel:

Eine Adoptivmutter kam zu mir, weil sie große Probleme damit hatte, für welches Leben sich ihr inzwischen erwachsener Adoptivsohn entschieden hatte. Seit zwei Jahren war er überwiegend obdachlos oder lebte in wechselnden Einrichtungen. Er arbeitete nicht, bettelte Passanten an, und sie war sich nicht sicher, ob nicht auch Drogen im Spiel waren.

In der Aufstellung mit Steinen in der Einzeltherapie wurde ein starker Sog sowohl bei seiner leiblichen Mutter, die in Heimen aufgewachsen und als Jugendliche drogenabhängig war, als auch beim Vater, der nichtseßhaft und Alkoholiker gewesen sein soll, deutlich. Die Aufstellung zeigte, daß sein sicherer Platz bei der Adoptivmutter war, er aber dem Vater folgte.

Für die Adoptivmutter wurde in den folgenden Gesprächen klar, daß er bei ihr immer einen Platz hat, sie ihn aber im Augenblick nicht halten konnte und ihn vielleicht auch mit Liebe zu seinem Vater ziehen lassen muß.

Im Juni 1997 leitete Bert Hellinger in Berlin ein Seminar, in dem erwachsene Adoptierte ihre Familien aufstellten. In diesem Seminar konnte man eindrucksvoll erleben, wie schnell das Aufstellen der Familien die Verstrickungen ans Licht brachte, wie groß die Bandbreite der Dynamiken in diesen Familien ist und wie verschieden die Lösungen sein können. Von diesem Seminar gibt es inzwischen ein Video*.

In dem nächsten Beitrag folgt eine Aufstellung von Bert Hellinger selbst mit einer Adoptionsfamilie aus einem anderen Seminar, die viele entscheidende Elemente und Schritte exemplarisch aufzeigt.

* Das siebenstündige Video „Haltet mich, daß ich am Leben bleibe" ist im Carl-Auer-Systeme Verlag erschienen. Die Niederschrift des Seminars ist ab Januar 1998 als Buch unter dem gleichen Titel vom selben Verlag erhältlich.

Ein weggegebenes Kind stellt seine Familie

Bert Hellinger

Friederike

Suchen und Finden

HELLINGER *zu Friederike* Was ist bei dir?

FRIEDERIKE Ich denke, daß alle meine Beziehungsprobleme, auch Krankheiten, die ich hatte, damit zusammenhängen, daß ich auf ständiger Heimatsuche bin. Ich bin adoptiert worden und wurde mit vierzehn Tagen vom Spital abgeholt. Ich suche eigentlich immer noch nach diesem Urkontakt.

HELLINGER Was für Krankheiten hast du?

FRIEDERIKE Physisch haben sich die in sehr vielen Mandelaffekten während der Kindheit geäußert. Jetzt im Moment somatisiert sich das auf sehr verschiedene Weise. Das ist nicht eine Krankheit, aber ich würde es als „selbst verlieren" bezeichnen.

HELLINGER Und was soll ich jetzt machen mit dir?

FRIEDERIKE Ich habe das Buch gelesen „Zweierlei Glück", und ich hab' es zugemacht und gedacht: Das ist es, das muß ich machen. Ich sitze jetzt hier mit sehr viel Hoffnung, daß ich da einen Punkt klären könnte oder daß ich da eine neue Sicht erhalten könnte.

HELLINGER Bist du verheiratet?

FRIEDERIKE Ja, aber ich lebe getrennt von meinem Mann.

HELLINGER Hast du Kinder?

FRIEDERIKE Ja, einen Sohn. Dreizehn.

HELLINGER Bei wem lebt er?

FRIEDERIKE Teils, teils, je nach Zeit.

HELLINGER Was weißt du über deine Eltern?

FRIEDERIKE Gar nichts. Ich kenne den Namen. Es wäre mir wahrscheinlich möglich, die Adresse ausfindig zu machen, aber ich wollte nicht.

HELLINGER Was wurde erzählt über die Adoption? Wer hat das Kind freigegeben?

FRIEDERIKE Soviel ich von meinen Adoptiveltern weiß, geschah es aus finanziellen Nöten. Die Mutter wollte das Kind weggeben.

HELLINGER Und der Vater?

FRIEDERIKE Das weiß ich nicht. Also, so wurde es mir geschildert.
HELLINGER Ich stelle jetzt mal dieses System auf, und zwar deinen Vater, deine Mutter, dich und die Adoptiveltern. Du weißt, wie es geht?
FRIEDERIKE Ungefähr, ich bin im Moment etwas verwirrt.
HELLINGER Du wählst jetzt jemand aus, wen immer du auswählen willst, für deinen Vater, für deine Mutter, für dich und für deine Adoptiveltern. Hatten die Adoptiveltern Kinder?
FRIEDERIKE Nein. Sie konnte keine bekommen.
HELLINGER *zu Friederike, nachdem sie die Stellvertreter ausgewählt hat* Jetzt nimmst du die Stellvertreter bei den Schultern und stellst sie an einen Platz in Beziehung zueinander. Mache es ganz gesammelt. Das Bild entwickelt sich, während du das machst.
zu den Stellvertretern Und ihr bleibt gesammelt und nehmt nur wahr, was in euch vorgeht, während sie euch aufstellt.

Bild 1

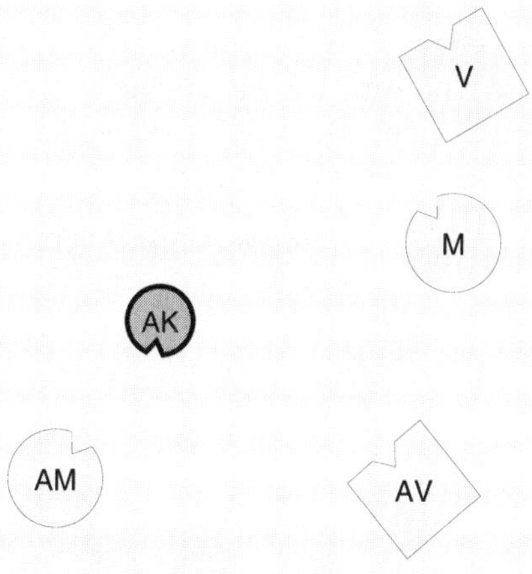

V Vater
M Mutter
AK Adoptivkind (= Friederike)
AV Adoptivvater
AM Adoptivmutter

HELLINGER *zu den Stellvertretern, als sie aufgestellt sind* Ich frag euch jetzt, wie es euch geht, und ihr sagt genau, wie ihr das innerlich wahrnehmt.

Wie geht es der Mutter?

MUTTER Ich fühle mich so, als gibt der Vater die Richtung rückwärts an. So raus. Jetzt müßt ich da dann hinterher. Ich hab erst gedacht, die Tochter geht näher ran. Und sie hat gestoppt.

HELLINGER Dem Vater?

VATER Ich fühle mich sehr traurig. Ich hab eine sehr große Schwere im Magen. Ich fühle mich sehr verloren auf dem Platz und fühle mich sehr traurig.

HELLINGER *zur Stellvertreterin von Friederike* Wie geht es dem Kind?

ADOPTIVKIND Es geht mir jetzt besser, seit die Adoptiveltern dazu gekommen sind. Aber ich bin noch verwirrt.

HELLINGER Wie geht es der Adoptivmutter?

ADOPTIVMUTTER Ich habe Herzklopfen gehabt, bevor ich an diesen Platz gekommen bin; und spüre, daß ich da stehe und das Adoptivkind wahrnehmen kann. Ich spüre auch die Distanz zwischen ihm und mir. Und bin beruhigt, daß der Adoptivvater auch da ist, obwohl ich ihn zur Zeit nicht wahrnehme. Ich sehe ihn nicht im Moment.

HELLINGER Also deinen Mann.

ADOPTIVMUTTER Ja.

HELLINGER Wie geht es dem Adoptivvater?

ADOPTIVVATER Ich fühle mich etwas alleine hier; ein bißchen traurig auch. Ich habe etwas wenig Kontakt zu meiner Familie, in einer Ecke auch, so etwas Sicherheit für mich allein.

Hellinger stellt die Adoptivmutter neben ihren Mann.

Bild 2

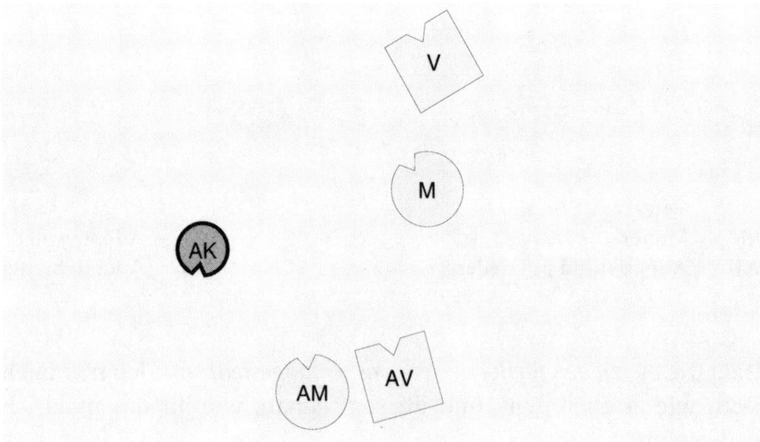

HELLINGER Wie ist das?

ADOPTIVMUTTER Das ist besser.

ADOPTIVVATER Das unangenehme Gefühl von Alleinsein und Einsamkeit ist verschwunden. Es ist besser jetzt. Ich spüre so was wie Hilfe, wie Unterstützung.

HELLINGER *zur Stellvertreterin von Friederike* Was ist bei dir verändert?

ADOPTIVKIND Es ist schwieriger geworden, weil, vorher war so viel Leere rechts und links, und jetzt ist wieder ein Teil dieser Leere da rechts vor mir. Also, bevor die Adoptiveltern gekommen sind, war alles leer, und jetzt ist wieder viel leer.

Hellinger stellt sie so, daß sie alle sehen kann.

Bild 3

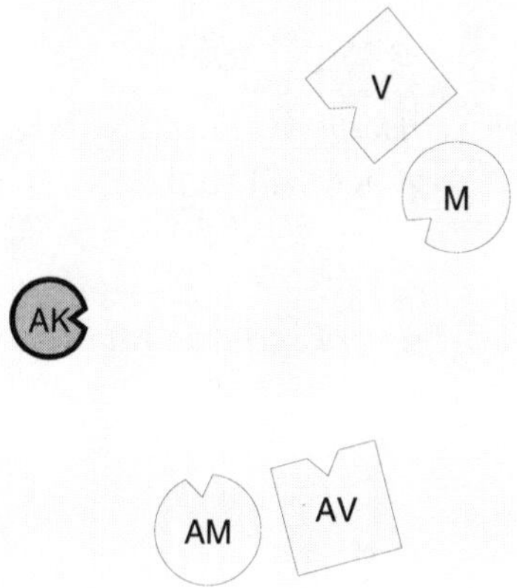

HELLINGER Was ist jetzt?

ADOPTIVKIND Das ist besser. Zu den Eltern hin habe ich gar nichts gespürt. Jetzt sehe ich da mehr.

HELLINGER Was ist bei der Mutter verändert?

MUTTER Ich habe, je länger ich stand, immer mehr gemerkt, ich möchte mich zu dem Kind umdrehen, möchte das sehen. Jetzt ist es näher im Blick, aber weiter weg. Ich möchte da näher ran und möchte mich umdrehen.

HELLINGER Dreh dich um. Wie geht es dem Vater?

VATER Ich fühle einfach so eine große Schwere, und ich fühle mich sehr verlassen.

HELLINGER Dreh dich auch um und stelle dich neben die Frau.

Bild 4

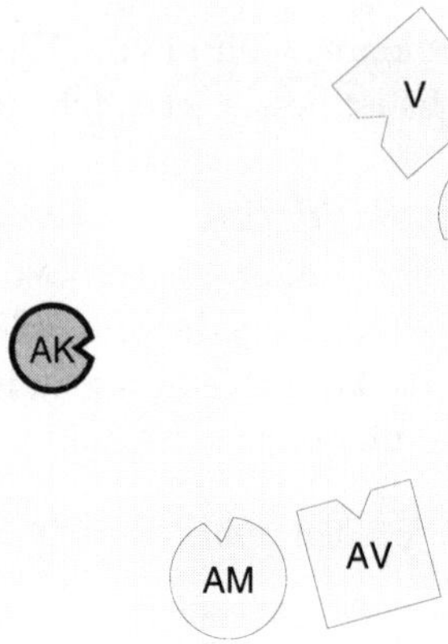

HELLINGER *zur Stellvertreterin von Friederike* Was ist?
ADOPTIVKIND *tief bewegt* Ich will zu ihr.
HELLINGER Geh.

Die Stellvertreterin von Friederike geht zur Mutter, umarmt sie innig und schluchzt laut.

Bild 5

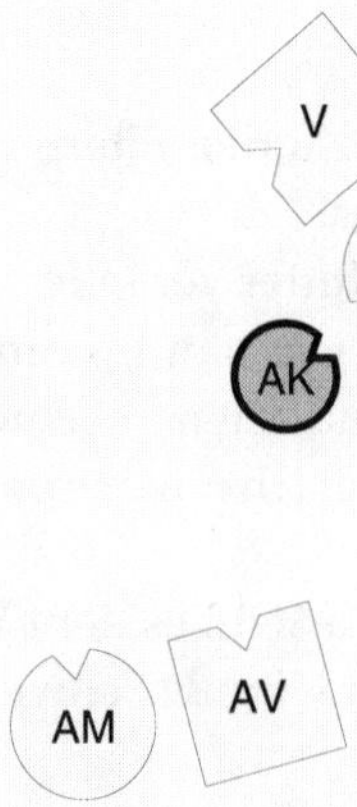

HELLINGER *nach einer Weile, als sie sich löst* Ich nehme jetzt gleich die richtige Person herein.
zu Friederike Geh du zu deiner Mutter hin.

Friederike geht zu ihrer Mutter und umarmt sie innig.

HELLINGER, *während Friederike ihre Mutter umarmt, zum Vater* Was ist bei dir?
VATER Ich fühle mich immer noch allein und verlassen. Ich möchte am liebsten weg. Ich hab das Gefühl, ich gehöre nicht dazu.
HELLINGER Dreh dich um. Geh einen Schritt vor.

Bild 6

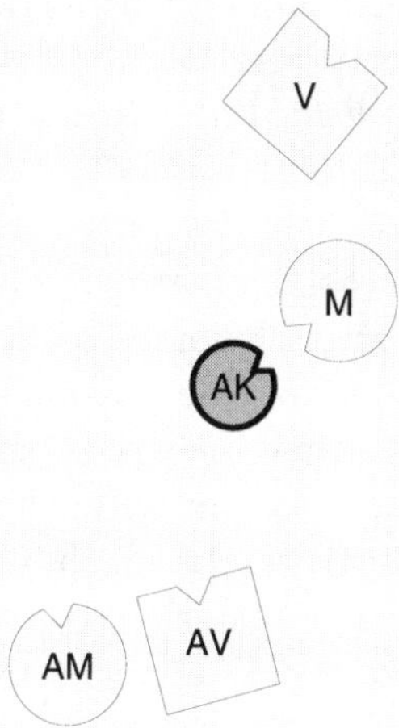

HELLINGER Wie ist das?
VATER Ich fühle mich leichter an dem Platz.
HELLINGER *nach einer Weile zu Friederike* Schau der Mutter in die Augen. Sag: „Mama."
FRIEDERIKE *schluchzend* Mama.
HELLINGER Schau sie an.
FRIEDERIKE Mama.
HELLINGER „Bitte, Mama."
FRIEDERIKE Bitte, Mama.
HELLINGER Was ist bei der Mutter?

MUTTER Ich versteh' es gut. Es geht mir zu schnell. Es geht mir auf der einen Seite zu schnell, und ich kann sie annehmen so. Ich bin überwältigt.

HELLINGER Sag ihr: „Es tut mir leid."

MUTTER Es tut mir leid.

HELLINGER *zu Friederike* Sag ihr: „Schau mich an als dein Kind. Bitte."

FRIEDERIKE Schau mich an als dein Kind. Bitte.

HELLINGER „Bitte, Mama."

FRIEDERIKE Bitte, Mama.

Mutter und Tochter umarmen sich innig. Friederike weint laut.

HELLINGER „Bitte, Mama. Bitte, Mama."

FRIEDERIKE Bitte.

HELLINGER *als Friederike ruhiger wird* Tief einatmen. Das ist wie Nehmen der Mutter ins Herz. Ganz tief einatmen.

Zur Adoptivmutter, während Friederike und ihre Mutter sich noch umarmen Was ist bei der Adoptivmutter?

ADOPTIVMUTTER Ich habe gespürt zu Beginn, daß ich meine Adoptivtochter am liebsten umarmen möchte. Ich habe mich zu ihr hingezogen gefühlt, aber ich konnte nicht, weil sie an einem andern Ort stand. Ich spürte gleichzeitig aber auch einen leisen Tuchkontakt mit meinem Mann. Der hat mich sehr beruhigt. Und jetzt stelle ich fest, daß meine Adoptivtochter wirklich ihre Mutter gefunden hat und glücklich damit ist, und das macht mich auch glücklich.

HELLINGER Beim Adoptivvater?

ADOPTIVVATER Ich kann das gut mit ansehen. Ich merke, daß da was richtig geworden ist. Das beruhigt mich. Es gibt noch ein Gefühl ihrem Vater gegenüber, das nicht ganz klar ist. Ich habe das Gefühl, daß ich da irgend etwas trage und eine Verantwortung habe, die nicht mir gehört.

HELLINGER Wie geht es der Mutter jetzt?

MUTTER Mir geht es gut.

HELLINGER *zu Friederike, als sie sich löst* Schau sie an und sag ihr: „Ich nehme dich als meine Mutter."

FRIEDERIKE *sehr bewegt* Ich nehme dich als meine Mutter.

HELLINGER Wiederhole es: „Ich nehme dich als meine Mutter."

FRIEDERIKE Ich nehme dich als meine Mutter.

Mutter und Tochter umarmen sich liebevoll und gelöst.

HELLINGER *zur Mutter* Jetzt nimm sie bei der Hand und geh mit ihr zu den Adoptiveltern. Verneige dich vor ihnen so, wie du es spürst, und sag ihnen: „Danke."

Bild 7

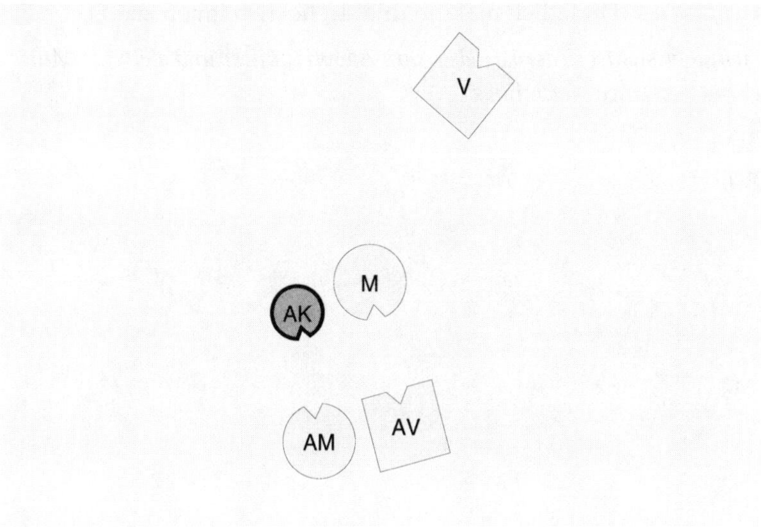

MUTTER *indem sie sich tief verneigt* Danke.
HELLINGER „Danke, daß ihr mein Kind aufgenommen habt."
MUTTER Danke, daß ihr mein Kind aufgenommen habt.
HELLINGER „Und ihm das gegeben habt, was es braucht."
MUTTER Und ihm das gegeben habt, was es braucht.
HELLINGER „Ich achte euch dafür."
MUTTER Ich achte euch dafür.
HELLINGER *zu Friederike* Wie ist das für dich?
FRIEDERIKE Sehr gut. Denn ich habe sehr viel bekommen.
HELLINGER Schau sie auch an und sag: „Danke."
FRIEDERIKE *indem auch sie sich verneigt* Danke. Danke.
HELLINGER *zur Adoptivmutter* Wie ist das?
ADOPTIVMUTTER Gut. Ich möchte sie trotzdem kurz umarmen, meine Adoptivtochter.
HELLINGER Ich glaub nicht, daß dem etwas im Wege steht.

Friederike und ihre Adoptivmutter umarmen sich innig. Dann geht sie auch zum Adoptivvater und umarmt ihn.

HELLINGER *zum Vater, während sich Friederike und ihre Adoptivmutter umarmen* Wie geht es dir?
VATER Mir geht es nicht gut. Ich spüre immer noch eine schwere Last auf meinen Schultern, auf meinem Magen. Und ich kann da keine Verbindung haben.
HELLINGER Dreh dich mal um und drehe dich ihnen zu.

Hellinger stellt Friederike neben ihre Adoptivmutter und stellt die Mutter etwas weiter weg nach links.

Bild 8

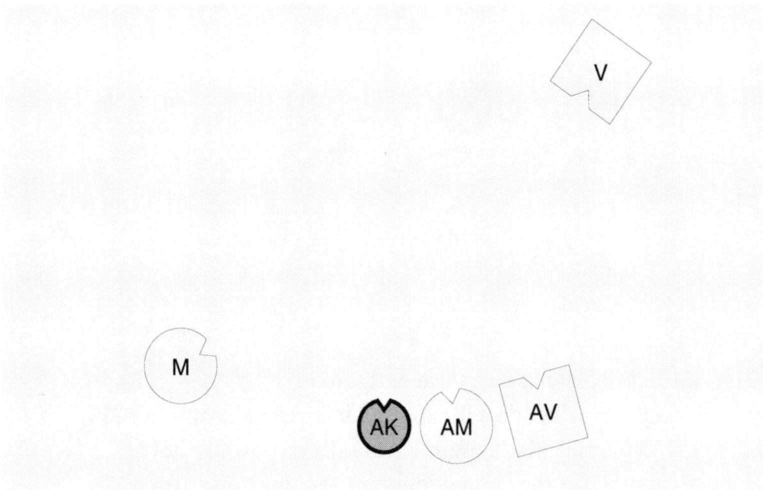

HELLINGER *zu Friederike* Schau deinen Vater an und sag: „Ich nehme dich als meinen Vater."
FRIEDERIKE Da hab ich Mühe.
HELLINGER Das ist der erste Schritt. Sag ihm: „Ich nehme dich als meinen Vater." Schau ihn an.

Die Adoptivmutter streichelt ihr ermutigend über den Rücken.

FRIEDERIKE *schluchzt, der Vater neigt den Kopf* Ich nehme dich als meinen Vater.
HELLINGER „Bitte segne mich als dein Kind."
FRIEDERIKE Bitte, segne mich als dein Kind.
HELLINGER Wie ist das für den Vater?

VATER Ich möcht am liebsten weg. Ich kann das nicht.
HELLINGER *zu Friederike* Wiederhole das noch einmal: „Ich nehme dich als meinen Vater."
FRIEDERIKE Ich nehme dich als meinen Vater.
HELLINGER „Und ich halt in Ehren, was ich von dir habe."
FRIEDERIKE Und ich halt in Ehren, was ich von dir habe.
HELLINGER „Und ich laß dich ziehen mit Liebe."
FRIEDERIKE Und ich laß dich ziehen mit Liebe.

Sie weint, und auch der Vater weint und neigt den Kopf.

HELLINGER Geh hin zu ihm.
Friederike geht zu ihrem Vater, und beide umarmen sich innig und lange. Der Vater schluchzt laut.

Bild 9

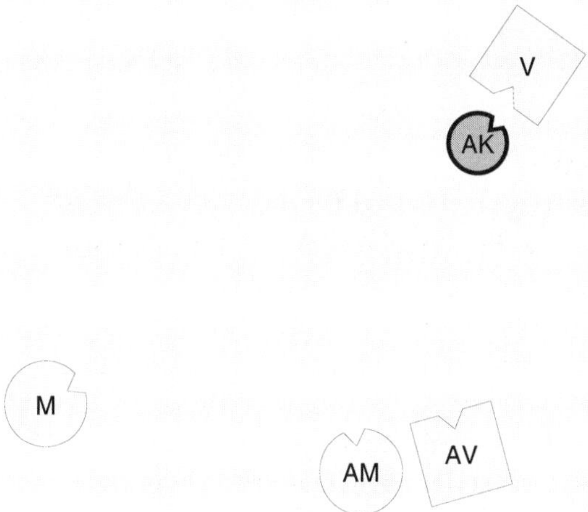

HELLINGER *zum Vater* Tief ein- und ausatmen, dann fließt der Schmerz ab. Tief ein- und ausatmen.
HELLINGER *zu Friederike* Wie geht es dir beim Vater?
FRIEDERIKE Ich fühle, als müßte ich hier die Stärkere sein.
HELLINGER Ja. So ist es auch. Geh wieder zurück neben die Adoptivmutter.

Sie stellt sich neben die Adoptivmutter. Beide halten sich bei der Hand.

HELLINGER *zum Vater* Jetzt nimm deine Frau bei der Hand und geh mit ihr zusammen vor die Adoptiveltern.

Bild 10

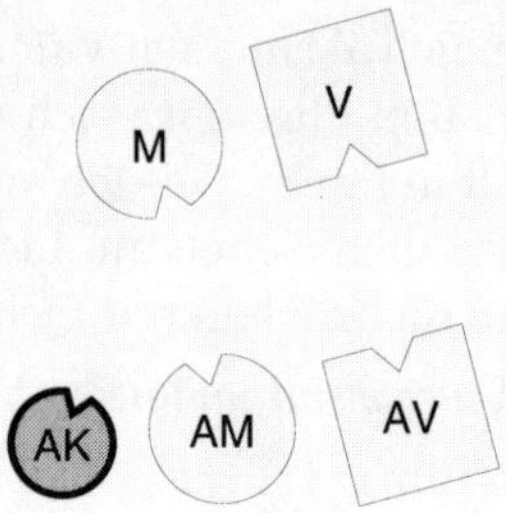

HELLINGER *zu den Eltern* Verneigt euch und sagt: „Danke."

Beide verneigen sich, richten sich auf und schauen die Adoptiveltern an.

MUTTER Danke
VATER Danke.
HELLINGER Wie ist das jetzt für den Adoptivvater?
ADOPTIVVATER Es ist viel besser jetzt für mich. Ich kann das annehmen.
ADOPTIVMUTTER Für mich ist es auch gut. Ich bin froh, daß ich meine Adoptivtochter noch bei mir in meiner Nähe habe.
HELLINGER *zu Friederike* Wie geht es dir?
FRIEDERIKE Ich such noch meine Geschwister.
HELLINGER Das ist der nächste Schritt. Du mußt sie aufsuchen, jetzt und alle, die dazugehören. Und die Großeltern. Alle, die dazugehören. Und wird die Adoptivmutter das unterstützen? – Was ist dein Gefühl?
FRIEDERIKE Nicht total. Mit Mühe.
HELLINGER *zur Adoptivmutter* Sag ihr: „Du darfst das."
ADOPTIVMUTTER Du darfst das.
HELLINGER „Und ich helfe dir dabei."
ADOPTIVMUTTER Und ich helfe dir dabei.
HELLINGER *zur Gruppe* Ohne die Erlaubnis macht das Kind das nicht. Ja. Es braucht die Erlaubnis und die Zustimmung und die Hilfe der Adoptiveltern für so etwas. O.K. Das war es dann? Gut.

*

HELLINGER Das war jetzt eine erste Aufstellung, bei der wir sehen konnten, welch tiefe Kräfte von Liebe wirken in einer Familie, und wie das oft überdeckt ist. Und was für Lösungen möglich sind und was für heilende Kräfte zum Zuge kommen, wenn das ans Licht kommt. Und wie einfach das ans Licht gebracht werden kann.

Wenn man dann hinschaut: Wen kann man verurteilen von den Fünfen? Wer würde das wagen, irgend jemanden zu verurteilen? Es geht nicht. Sie sind alle in einer seltsamen Weise verstrickt. So wie das ablief, von den Rückmeldungen, die ich bekommen habe, ist es so, daß die Initiative für die Freigabe des Kindes hier offensichtlich vom Vater ausging. Er hat sich am meisten schuldig gefühlt und wollte weg, als Sühne dafür. Deswegen war der Zugang des Kindes zur Mutter leichter, viel leichter, als der zum Vater. Das konnte man hier sehen.

Wenn ich so eine Aufstellung mache, und es wird dann so gesammelt gemacht, wie die das hier gemacht haben, dann kann man davon ausgehen, daß die, die hier das sagen, die Gefühle der wirklichen Personen widerspiegeln. Daß die fühlen, was bei denen ist. Nicht, daß man das jetzt wissenschaftlich überprüfen könnte. Wozu auch? Mit Hilfe dieser Äußerungen finden wir eine Lösung. Für sie ist es jetzt eine Lösung. Sie hat jetzt ein ganz anderes Bild in ihrem Herzen von ihrer Mutter, auch von ihrem Vater, von ihren Adoptiveltern und von sich. Weil sie dieses andere Bild jetzt im Herzen trägt, ist sie verändert. Und die Personen, mit denen sie jetzt in Bezug tritt, zum Beispiel mit der Adoptivmutter oder mit dem Adoptivvater, oder wenn sie zu ihren leiblichen Eltern kommt, werden verändert sein. Es ist ein Gesamtsystem, in dem alles zusammenhängt, und wenn einer nur verändert ist, werden sie alle mitverändert auf liebevolle Weise. Sie können sich gar nicht dagegen wehren.

*

Gut. Wenn ihr jetzt Fragen habt, könnt ihr sie stellen.

TEILNEHMERIN Ich wäre sehr dankbar, wenn wir die Rolle des leiblichen Vaters noch ein bißchen detaillierter anschauen könnten. Zum einen habe ich akustisch nicht alles verstanden. Zum anderen scheint da bei mir was zu sein. Ich komm da nicht mit. Da ging es mir zu schnell an dieser Stelle, und ich möchte es so gern verstehen.

HELLINGER Ich habe aus der Dynamik, wie sie hier ablief, den Eindruck gehabt, daß er nichts damit zu tun haben wollte, weil er sich schuldig fühlt. Deswegen wollte er auch weggehen. Denn das wird ihn sehr belasten. Ich hatte ihn abgeschrieben. Ich hatte ihn innerlich abgeschrieben im Sinne von: Der hat seine Rechte verspielt als Vater.

Wenn jemand ein Kind weggibt, hat er eigentlich seine Rechte verspielt als Vater oder Mutter. Doch manchmal gibt es dann doch noch eine Lösung. Die Mutter hat sich auch nicht getraut, sich dem Kind zuzuwenden, weil sie sich schuldig gefühlt hat.

TEILNEHMERIN Das ging ja auch so schnell.

HELLINGER Bei so was kann man nicht schnell genug sein. Erst als das Kind gesagt hat: „Ich nehme dich als meine Mutter", hat die Mutter sich gewürdigt gefühlt und konnte ihre Schuld überwinden und sich dem Kind zuwenden.

Beim Vater hatte ich nicht die Hoffnung, daß es gelingt. Aber als sie ihn dann um den Segen gebeten hat, ist sein Herz geschmolzen, und dann war eine Verbindung möglich. Denn dann ist die Schuld sozusagen weg. Immer wenn die Liebe kommt, ist die Schuld weg. Dann konnte sie hingehen, und ich konnte ihn auch herführen. Also, das war die Dynamik dahinter.

*

TEILNEHMER Ich habe auch eine Frage zum Vater. Sie sagten, daß er eventuell sich abwendet wegen der Schuld, weil er das Kind eventuell freigegeben hat oder weggegeben hat. Könnte es nicht auch sein, daß er sich abwendet, weil er gebunden ist in seiner Herkunftsfamilie und das Kind das dann akzeptieren muß. Und daß das dann eher der Wirklichkeit entspricht, wenn er am Ende abgewendet bleibt, als wenn er dabei steht und man die Wirklichkeit nicht sieht, daß er vielleicht wegen etwas anderem gehen möchte, was man hier nicht sehen kann, aber was man vielleicht als Wirklichkeit akzeptieren muß.

HELLINGER Ich schaue es nur vordergründig an. Denn was immer die Verstrickung des Vaters wäre, die Verantwortung für das Handeln muß er tragen. Er wird durch eine Verstrickung nicht von der Schuld, von der Verantwortung für sein Tun entlastet. Wir können das verstehen, aber entlastet wird er nicht. Deswegen darf man in so einer Situation nicht ihn zu entlasten suchen. Denn wenn man das täte, würde man ihn entwürdigen. Er war ja auch ein Kind hier im Grunde. Sein Gefühl war ja ein Kindergefühl. Trotzdem muß er als Vater für sein Tun geradestehen, und ich darf ihm da nicht entgegenkommen.

Wenn der jetzt aber bei mir wäre, dann würde ich mit ihm die Dynamik durchgehen. Aber das hier zu machen, würde ablenken von der Hauptperson. Dann würde er in den Mittelpunkt kommen, und das Kind, um das es eigentlich geht, würde an den Rand gedrückt. Deswegen ist hier eine Hierarchie der Vorgehensweisen notwendig.

TEILNEHMER Ich habe nicht gedacht, daß man hier etwas an der Verstrickung in seiner Herkunftsfamilie macht, weil man ja mit der Klientin arbeitet. Aber daß es eventuell doch der Wirklichkeit mehr entspräche, daß er sich abwendet, weil er nicht dazu fähig ist, die Rolle als Vater und die Verantwortung zu übernehmen, als wenn man ihn hereinnimmt in das Bild.

HELLINGER Ich stelle an Sie auch eine Frage. Wer hat in Ihrem Herzen mehr Platz? Der Vater oder die Tochter? – Das ist eine wichtige Frage. Für die Therapie ist es wichtig, daß ich vor allem dem am schwersten Betroffenen einen Platz gebe; also meistens dem Kind. Dem Kind gebe ich den Platz, und die Erwachsenen ziehe ich zur Rechenschaft, sozusagen, was immer deren Verstrickung auch ist. Wenn die aber zu mir kommen, einzeln, dann nehme ich sie wie ein Kind auch. Aber hier, in der Situation, mute ich dem Vater zu, daß er Vater sein muß, was immer seine Verstrickung ist, und der Mutter mute ich zu, daß sie Mutter sein muß, was immer ihre Verstrickung ist.

Diese Haltung ist sehr verbreitet, auch unter Therapeuten und bei den Jugendämtern, daß sie eher Partei nehmen für den Großen. Sie fragen: „Wie geht es der Mutter? Wie kann man ihr helfen? Ach, die arme Mutter kann das Kind jetzt nicht großziehen.“ Dann wird die Mutter behandelt wie ein Kind, und das Kind wird wie eine Dispositionsmasse behandelt.

Ich mach' es anders. Ich stehe zum Kind und mute jedem die Verantwortung zu, die er hat. Ich suche eine Lösung, wo die Last auf die Großen geschoben wird und das Kind entlastet wird.

TEILNEHMER Der Punkt ist mir im Grunde klar. Vielleicht hab' ich mich nicht gut ausgedrückt. Ich habe schon das Kind im Blick. Vielleicht kann ich meine Frage anders formulieren. Ist es für das Kind nicht besser, die Wirklichkeit zu sehen, daß sich der Vater eigentlich abwendet, weil er zu verstrickt ist?

HELLINGER Nein. Sonst wird das Kind zu Eltern. Dann muß das Kind verstehen, muß sich wie ein Großer verhalten, und der Vater darf sich verhalten wie ein Kind. Das ist eine Störung der Ordnung.

Wie wird aus unserer Familie eine Pflegefamilie?

Familienaufstellungen mit Pflegeelternbewerbern

Achim Kowalczyk

Pflege und Erziehung sind das natürliche Recht der Eltern und die zuvorderst ihnen obliegende Pflicht.
(KJHG 1, Abs. 2)

Wenn es Grundrechte gibt, dann … [das] des Kindes … auf seine Eltern und auf seine Sippe.
Bert Hellinger (1994, S. 343)

Öffentliche Jugendhilfe und das Pflegekinderwesen

Eine in den letzten Jahren zu beobachtende Zunahme der Fremdplazierungen von Kindern in Pflegefamilien gegenüber den stationären sozialpädagogischen Einrichtungen ist nicht das Ergebnis empirischer Sozialforschung, sondern eher eine Reaktion auf die Finanzknappheit öffentlicher Haushalte, insbesondere im Bereich der Jugendhilfe. Von den Jugendämtern werden immer mehr Pflegeeltern gesucht, um bei notwendiger Plazierung entweder keine Heimunterbringung durchführen zu müssen oder auch, um Kinder und Jugendliche aus Heimen in Pflegefamilien vermitteln zu können. So akquirieren die Pflegekinderdienste zunehmend mehr Eltern, die ein Pflegekind kurz-, mittel- oder langfristig aufnehmen wollen, und werben vermehrt für ihr Anliegen, beispielsweise das Amt für Jugend und Familie der Stadt Wien, auch schon im Internet.

Das Dilemma der Vereinbarkeit von leiblicher und sozialer Elternschaft

Ein sich immer wieder in der Arbeit mit Pflegefamilien stellendes Thema ist das Spannungsfeld „leibliche Eltern" auf der einen und „Pflegeeltern" auf der anderen Seite. In der Regel ist das Scheitern in seiner Funktion für die leiblichen Eltern eine kränkende Niederlage, die verarbeitet werden muß. Auf der Seite der Pflegeeltern ist häufig ein Kompetenzmangel festzustellen, mit der Realität leiblicher Eltern umzugehen. Diese werden vielfach tabuisiert, entwertet und als feindlich angesehen, könnten sie ihnen doch möglicherweise durch das Zurückholen des Kindes einen schmerzlichen Verlust zufügen. Um diese meist unabdinglicherweise entstehenden belastenden Gefühle zu vermeiden oder abzuwehren, gibt es dieses so häufig in der Praxis anzutreffende Phänomen, daß viele Pflegeeltern die leiblichen Eltern ihrer Pflegekinder abwerten und ausgrenzen und wiederum leibliche Eltern negative Einstellungen gegenüber den Pflegeeltern ihrer Kinder hegen. Beide Seiten sind meistens nicht vor solchen offenen oder verdeckten Rivalitäten gefeit und brauchen professionelle Unterstützung, um die ihnen gestellten Aufgaben angemessen zu bewältigen. Mitten in der Schnittmenge dieser beiden Seiten befindet sich nun das Kind, das durch die wechselseitige Entwertung aus unterschiedlichsten Motiven in einen massiven Loyalitätskonflikt gerät und nicht selten das Entweder-oder-Dilemma zugunsten eines Elternpaares entscheiden soll (Roth 1990, Kaiser et al. 1990, Schumann 1987, Kinzinger 1982). Im Wettkampf der Erwachsenen um die bessere Position ist es dann meist der Verlierer, und ob es nun mitspielt oder nicht, es muß immer den höchsten Preis zahlen.

Wer als Dritter beruflich mit beiden Seiten zu tun hat, spürt leicht – ähnlich wie das Kind – eine gewisse Ambivalenz und Unsicherheit, die es schwer macht, sich mit beiden Seiten gut und einvernehmlich zu verstehen und zu kooperieren.

Welche Aufgaben und Funktionen Pflegeeltern zukommen, wird in der Literatur sehr kontrovers diskutiert. Die derzeit vielerorts anzutreffende Kontroverse zwischen den konkurrierenden „Kontakt-nur-so-viel-wie-nötig"- (Nienstedt u. Westermann 1989) und „Kontakt-so-viel-wie-möglich"-Vertretern (Kötter 1994, Gudat 1987) im Pflegekinderwesen scheint nichts anderes als die Auseinandersetzung zwischen den psychodynamisch und systemisch orientierten Vertretern zu sein. Erstere wollen dem Kind in einer „Ersatzfamilie" eine neue Objektbeziehung zu den Pflegeeltern ermöglichen, die es vor den Intrusionen der leiblichen Eltern weitestgehend zu schützen gilt. Letztere geben der Bindung des Kindes an seine leiblichen Eltern den Vorrang und verstehen Pflegefamilien als „Ergänzungsfamilien", deren soziale Eltern als die Stellvertreter der leiblichen fungieren, zu denen die Kinder einen so gut wie möglichen Kontakt behalten sollen, zu dem alle Beteiligten beitragen können.

Vorbereitung auf Pflegeelternschaft – Stand der Forschung

Notwendigerweise geht es bei der Vorbereitung von Pflegeeltern und auch in der professionellen Begleitung um die Weiterentwicklung von Wissen, Klarifizierung von Haltungen und die Vergrößerung von Fähigkeiten. Heinze (1995) beispielsweise setzt eine Orientierungsanalyse und Gestalttherapie bei der Durchführung eines eintägigen Vorbereitungsseminars ein, um eine Problemlösekompetenz zu erwartender künftiger Schwierigkeiten zu fördern, und Hermes und Singer (1995) berichten über eine systemisch orientierte Auswahl und Betreuung von Pflegefamilien. In den Ergebnissen einer Befragung von 105 Pflegeeltern hat Textor (1995) ermittelt, daß die Arbeit von Pflegekinderdiensten generell schlecht abschnitt und eine bessere Vorbereitung durch Abend- und Wochenendkurse, ausführliche Einzelgespräche, eine gründliche Untersuchung des Kindes, eine Abklärung der Beziehung zwischen Herkunftsfamilie und Pflegeeltern vor der Inpflegegabe und schließlich eine längere Kontaktanbahnung zwischen Pflegekind und Pflegefamilie gewünscht wurde. Textor plädiert, wie viele andere mit ihm auch (zum Beispiel Kaiser 1995, Büch 1995), für eine vermehrte Professionalisierung der Pflegeeltern sowie auch der beteiligten Fachkräfte. Leider wird diese Forderung in der Praxis kaum erfüllt. Der Landkreis, in dem ich in einer Familienberatungsstelle arbeite und von dort aus den einzigen Mitarbeiter des Pflegekinderdienstes unterstütze, ist mit ca. 300 000 Einwohnern der flächengrößte in der Bundesrepublik. Aufgrund von Einsparungen ist dieser Fachdienst mit nur einer Fachkraft besetzt. Andere Unterstützungssysteme für Pflegefamilien wie Erziehungsberatungsstellen, der allgemeine Sozialdienst der Jugendämter und einige wenige Selbsthilfeinitiativen sind überlastet und können kaum oder gar nicht präventiv tätig werden.

Zum Profil von Pflegefamilien

Zwar gab es lange Zeit keine gesicherten Erkenntnisse über förderliche Merkmale von Pflegefamilien (Jena u. Wohlert 1990), doch mittlerweile existieren einige empirische Ergebnisse, die erste Anhaltspunkte liefern. So hat Kötter (1994) in ihrer empirischen Studie über Besuchskontakte in Pflegefamilien herausgefunden, daß diejenigen Pflegefamilien sich am ehesten für eine funktionierende Besuchsregelung eignen, die

1. über leibliche Kinder verfügen,
2. ein höheres Alter des Pflegekindes und der Pflegemutter zum Zeitpunkt der Aufnahme aufweisen,
3. nicht unbedingt einen späteren Adoptionswunsch hegen,
4. ein eher offen-karitatives Motiv haben,
5. sich eine deutlich positive Einstellung gegenüber den leiblichen Eltern zu eigen machen und
6. die Bereitschaft für die Einbettung in ein unterstützendes soziales Netzwerk mitbringen (um nur die wichtigsten Merkmale zu nennen).

Das obengenannte erste Item von Kötter wird auch durch eine österreichische Stichprobe von Kienast (1994) bestätigt, anhand derer die Autorin aufzeigt, daß Pflegeeltern ohne leibliche Kinder in der Auswertung von 146 befragten Eltern insgesamt eine deutlich ungünstigere Einstellung zu den leiblichen Eltern haben als Pflegeeltern mit eigenen Kindern. Ray und Horner (1990) stellten in einer Vergleichsstudie zwischen weniger und mehr effektiven Pflegeelternpaaren fest, daß das Profil von erfolgreicheren Pflegeelternpaaren durch eine gewisse Normalität und Mittelschichtzugehörigkeit gekennzeichnet ist und Faktoren wie Selbstdisziplin, Reife, Realitätsbezogenheit, Enthusiasmus und die Fähigkeit, logische Entscheidungen zu treffen, zum besseren Gelingen beitragen.

Die Ergänzungsfamilie und ihre bindungstheoretischen Aspekte

Gerade in jüngster Zeit werden vermehrt Ergebnisse aus der Bindungsforschung publiziert (Grossmann u. Grossmann 1995) und im Bereich der Psychotherapie rezipiert. Psychodynamiker (Schmidt u. Strauß 1996), aber auch Systemiker (Scheuerer-Englisch 1995, Stierlin 1995) nehmen aus ihren speziellen Blickwinkeln dazu Stellung. Dennoch ist bislang kaum etwas zur Situation von Pflegefamilien veröffentlicht worden.

Die Idee der Ergänzungsfamilie, auf die ich mich hier beziehe, ist ein Praxismodell, das den leiblichen Eltern vielfach einen äußeren, aber immer einen inneren Platz für ihre Kinder zur Repräsentation der frühen Bindung einräumt und der kindlichen Fähigkeit, mehrere Bindungen gleichzeitig einzugehen, entgegenkommt. Die Erkenntnis, daß Kinder eine tiefgreifende Bindung zu ihren Eltern haben und beibehalten wollen, auch wenn sie früh von ihnen getrennt, abgelehnt, vernachlässigt oder mißhandelt worden sind (Ziegenhain 1996, Crittenden 1995), setzt sich immer mehr durch. Das Ergänzungsfamilienkonzept soll des weiteren zur Schaffung eines günstigen emotionalen Klimas bezüglich der Bedeutung der leiblichen Eltern beitragen und ihnen „Rest"-Funktionen einräumen, um den Kindern typische Triangulationen und Verlusterfahrungen zu ersparen. Auch kann es zur Stärkung der Position des Pflegekindes beitragen und Bindungsunsicherheit mit den daraus resultierenden typischen Schwierigkeiten in der Persönlichkeits- und Identitätsentwicklung von Pflegekindern entgegenwirken. Die ausgleichende Sowohl-als-auch-Wirkung des Ergänzungsfamilienkonzepts ist anfangs theoretisch eher schwer zu vermitteln, nimmt aber während der Pflegefamilienaufstellungen rasch Gestalt an, wenn auf einmal der ganz und gar überraschende Schritt gewagt wird, sich mit den leiblichen Eltern (beziehungsweise ihren Stellvertretern) gemeinsam in einer Familienaufstellung zu erleben.

So kann das Feld frühzeitig bereitet werden, bereits vor Inpflegenahme eines Kindes die Voraussetzungen für einen gelingenden und respektvollen Umgang beider Elternpaare zu schaffen, die die Rechte und Verdienste der jeweils anderen Seite anerkennen können. Entscheidend dabei ist, daß das Pflegekind seine beiden Elternpaare lieben darf, ohne dabei gegenüber einem illoyal zu werden. Die Kinder sollten mit „zwei Elternpaaren" leben lernen, deren Beziehungen untereinander ausreichend abgeklärt und geregelt sind (Gauly u. Knobbe 1995, Kinzinger 1982). Weber (1995, S. 206) vertritt in diesem Zusammenhang den Gedanken einer „doppelten Staatsbürgerschaft", bei der sich die Kinder am besten entwikkeln können. Die Grundlegung einer künftigen zweifachen Mitgliedschaft dieser Kinder im Ursprungssystem und im Pflegesystem wird in den Vorbereitungsseminaren auf den Weg gebracht und zu einem sanfteren Wechsel der Bezugspersonen beitragen.

Die Vorbereitung der Pflegefamilien-Aufstellungen im Tagesseminar

Ich möchte meinen Ausführungen vorwegschicken, daß es sich hier um Paare handelt, die, bis auf eine Ausnahme, keinerlei psychotherapeutische Vorerfahrungen hatten, auch nichts dergleichen von den

Vorbereitungsseminaren erwarteten und in der Regel nicht im psychosozialen Bereich berufstätig waren. Insofern unterscheidet sich der Kontext der Pflegeelternseminare deutlich von einem therapeutischen. Das von Hellinger (1994) begründete und erstmals von Weber (1993) einer breiten Öffentlichkeit bekannt gemachte Familien-Stellen wurde in der im folgenden beschriebenen Form modifiziert, um Menschen ohne einen therapeutischen Auftrag, aber mit einem sehr speziellen Anliegen, die individuellen und systemischen Konsequenzen einer sozialen Elternschaft durch die Inpflegenahme eines Kindes im Vorfeld erfahrbar machen zu können.

Nach einer ersten Kontaktaufnahme mit dem Mitarbeiter des Pflegekinderdienstes, bei der die wenigen basalen Voraussetzungen einer Inpflegenahme geklärt werden, kommen die Interessenten bzw. Interessentinnen zu zwei eintägigen Informationsseminaren zusammen. Im ersten Tagesseminar werden mehrheitlich administrative und juristische Aspekte der Inpflegenahme behandelt, und im zweiten, das von mir gestaltet wird, stehen die psychosozialen und familiendynamischen Themen im Vordergrund. Seinem eigentlichen Charakter nach dienen die Informationsseminare der Vorbereitung auf die kommende Aufgabe, sind aber auch in gewisser Weise indirekt Auswahlseminare, da sich für die teilnehmenden Paare gelegentlich erst hier zeigt, daß sie die Anforderungen falsch eingeschätzt hatten und zuwenig von den erforderlichen Bedingungen mitbrachten, ohne daß es ihnen explizit gesagt werden mußte. Diese Bewerber springen meist nach den Vorbereitungsseminaren ab, und von seiten des Veranstalters wird ihnen auf diese Weise ein würdiger Rückzug ermöglicht.

Die Aufstellungen

Nach einer theoretischen Einführung in die spezielle Familiendynamik von Pflegefamilien werden den Bewerberpaaren erste Informationen über den Ablauf von Familienaufstellungen gegeben, um sie so an die Arbeitsweise heranzuführen. Daran schließt sich das Angebot an, nun selbst diese Form der Veranschaulichung komplexer Systemkräfte in Familien kennenzulernen und so das zukünftige Pflegekind vielleicht etwas besser in ihre Familie integrieren zu können. Im ersten Schritt stellt einer der Partner das aktuelle System ohne Pflegekind auf. Anfänglich habe ich die Eindrücke der Stellvertreter auf ihren jeweiligen Plätzen nicht besprochen und sie lediglich bewußt wahrnehmen lassen, um dann nur die Veränderungen herauszustellen, wenn im zweiten Schritt ein Pflegekind dazu aufgestellt wurde. Anlaß dazu war mein Gefühl, daß ich ohne Auftrag nicht die Dynamik der Familie beleuchten darf; war doch so manches Mal auch ein Paarproblem durch das Bild selbst oder auch in dem, was hier bereits von den Stellvertretern geäußert wurde, sichtbar geworden. So stellte ein Vater von zwei Kindern diese zuerst zur Stellvertreterin seiner Frau, dann seinen Stellvertreter weiter entfernt und abgewandt und anschließend ein Pflegekind auch noch zur Mutter. In den Äußerungen der aufgestellten Mutter, der Kinder und des Pflegekindes kam dann Unmut und Sorge über den Vater zur Sprache. Mittlerweile befrage ich die Stellvertreter bereits nach dem ersten Schritt (Aufstellung ohne Pflegekind) und versuche, mit konstruktiven und ressourcevollen Kommentaren die sich abzeichnenden Schwierigkeiten in der Familie aufzufangen. Die nächsten beiden Schritte sind dann das Mitaufstellen eines Pflegekindes und schließlich auch eines oder beider leiblichen Eltern des Kindes.

Die ersten Erfahrungen aus diesen Seminaren zeigen, daß Bewerberpaare vielfach die Stellvertreter künftiger Pflegekinder auf wenig funktionale Plätze stellen, die insbesondere dadurch gekennzeichnet sind, daß

1. häufig eine übermäßige Nähe zu einem der beiden Pflegeelternteile forciert wird,
2. die leiblichen Kinder ohne Berücksichtigung ihrer bisherigen Rangfolgen und Allianzen Platz machen sollen und
3. die leiblichen Eltern der Pflegekinder nicht im Blick sind.

1. Beispiel:

Von einem jungen Paar mit zwei eigenen Kindern entscheidet sich der Mann, die Familie aufzustellen. Am Ende steht die Familie im Halbkreis, und alle Aufgestellten fühlen sich wohl. Anschließend stellt er eine Pflegetochter neben die Mutter und rückt dafür eines der leiblichen Kinder etwas zur Seite. Nun schlägt die Stimmung um; insbesondere das umgestellte Kind protestiert, und auch die Stellvertreterin der Pflegetochter äußert Beklemmungen. Die Suche nach einem guten Platz für sie endet in einem gewissen Abstand zum Halbkreis ihrer Pflegefamilie, und auch hier fehlt ihr noch etwas, das sie nicht benennen kann. Ich stelle ihre leibliche Mutter hinter ihr auf, und nun spricht sie von einem Gefühl der Ruhe und einer deutlichen Verbesserung. Auch die Stellvertreter der Pflegeeltern äußern sich positiv über diese Konstellation, in der sie hinter ihrer Pflegetochter die leibliche Mutter des Mädchens sehen. Die tatsächlichen Pflegeeltern, die diesem Prozeß vom Stuhlkreis aus zugesehen haben, drücken zurückhaltende Überraschung und Verwunderung aus. Auch die Stellvertreterinnen der Pflegetochter und einer Pflegeschwester sind über diesen Ausgang überrascht, äußerten doch beide Frauen noch zu Beginn des Seminars eine deutliche Ablehnung gegenüber der Idee, „nur" Stellvertreter der leiblichen Eltern zu sein. Hier, wie in vielen anderen Aufstellungen auch, hätten die eigentlichen Personen nicht annähernd so nützliche Beiträge geliefert, wie ihre Stellvertreter es getan haben.

2. Beispiel:

Eine ca. 50jährige Mutter von vier Kindern, Frau B., von denen eines bereits einen eigenen Haushalt hat, stellt ihre Familie auf. Sie nimmt allein am Seminar teil, auch beim vorangegangenen war ihr Mann nicht anwesend. Sie beteuert, daß er genauso an einer Inpflegenahme eines Kindes interessiert sei wie sie, aber leider, wenn die Seminare stattfinden, beruflich verhindert ist (die Seminare fanden samstags statt, um beiden Partnern die Gelegenheit der Teilnahme zu ermöglichen). Von den im Haushalt lebenden Kindern ist das jüngste ein 17jähriges Mädchen mit einer geistigen Behinderung. Frau B. bittet Stellvertreter in ihre Rollen und vergißt dabei zunächst sich selbst. Sie stellt ihre Familie im Halbkreis auf und die behinderte Tochter mit dem Rücken zu den anderen in die Mitte, wie der Fokus eines Brennglases. Im nächsten Schritt bittet die Mutter eine weitere Teilnehmerin, eine Pflegetochter stellzuvertreten, die sie dann neben die behinderte Tochter stellt. Die aufgestellten Personen äußern sich zu ihren Empfindungen und Eindrücken: Die Stellvertreterin der Mutter erlebt die behinderte Tochter wie einen Block vor sich, verspürt eine Tendenz, nach hinten umzufallen, und nimmt einen mangelnden Kontakt zu ihrem Mann wahr. An dieser Stelle wurde deutlich, daß sich Frau B. von ihrem Mann allein gelassen fühlte (es war auch ihre Idee, sich um ein Pflegekind zu bemühen) und für ihre behinderte Tochter eine im Entwicklungsalter ebenbürtige Spielgefährtin suchte. Sie saß im Außenkreis und nickte zustimmend während vieler Äußerungen ihrer Stellvertreterin. Der Versuch, ein für alle Beteiligten akzeptableres Bild zu stellen, endete mit einem Bild, wo das Paar mehr Kontakt hatte, die behinderte Tochter sich mit dem Gesicht der Familie zuwandte und das Pflegekind mehr Kontakt zu den übrigen Pflegegeschwistern bekam. Abschließend nahm Frau B. selbst ihren Platz ein und versuchte, die veränderte Aufstellung in sich aufzunehmen. Sie bekam die Aufgabe mit, ihrem Mann ausführlich zu berichten.

3. Beispiel:

Ein kinderloses Paar, Anfang vierzig, lebt mit der Mutter des Mannes in zwei getrennten Haushalten unter einem Dach. Da seiner Mutter so etwas wie die Funktion einer miterziehenden Großmutter zukommen wird, stellt er auch sie mit auf. Bei der Wahl einer Stellvertreterin der erwarteten Pflegetochter entscheidet er sich für eine junge und sehr dünne Frau, von der ich im Vorfeld hörte, daß sie sich aufgrund von Eßstörungen in psychotherapeutischer Behandlung befindet. Bei der Befragung äußert die Pflegetochterstellvertreterin großes Unwohlsein, und als ich sie bat, dieser Empfindung auch räumlich Ausdruck zu verleihen, läuft sie aus der Aufstellung hinaus und findet erst weit außerhalb des Stuhlkreises zur Ruhe. Da dies meinem Eindruck nach nichts mit der Dynamik der aufgestellten Familie zu tun hat, sondern eher mit ihrer eigenen Situation, bitte ich eine andere Frau, die Pflegetochter stellzuvertreten, was problemlos und auch ohne eine vergleichbare Reaktion auf den Pflegevater vonstatten ging. In einem späteren Austausch mit der herausgelaufenen Stellvertreterin sprach sie von einer spontanen Reaktivierung von Ängsten ihrem eigenen Vater gegenüber. Auf Anraten des Pflegekinderdienstmitarbeiters nahm das Paar anschließend vorläufig erst einmal Abstand von seinem Wunsch nach einem Pflegekind, was beiden nicht schwerfiel, hatten sie doch einen entsprechenden Anstoß bereits erhalten.

Gerade die Gestaltung des Familien-Stellens bietet hier große Vorteile, da

- sie für das jeweils aufstellende Elternpaar und auch für die anderen Teilnehmerinnen und Teilnehmer oft von hohem Informationsgehalt bezüglich der Veränderung von familiären Beziehungen ist,
- so die kommende Inpflegenahme ansatzweise erfahrbar gemacht werden kann, was zu einer angemessenen Integration des Pflegekindes beitragen kann,
- eine etwas realistischere Erwartung an die künftige soziale Elternschaft erzeugt wird, die, einmal deutlich wahrgenommen, später auch leichter im Alltag reproduziert wird,
- die zu erwartenden Hürden und eventuellen Krisen im Einzelfall vorsichtig angesprochen werden können und
- sich die Konsequenzen einer Pflegeelternschaft für viele beteiligte Paare, auch die nicht aufgestellt haben, in vielerlei Hinsicht antizipieren lassen.

Zusammenfassung

Aufstellungen mit Pflegeeltern(-bewerbern) verstehe ich als präventive und informierende Arbeit. Den Beteiligten werden die inneren Landkarten der Dynamik der eigenen Familie sowie auch der des Pflegekindes symbolisch vor Augen geführt, und ihnen wird eine gewisse Ortskundigkeit bezüglich der durch Wechselwirkungen erzeugten Einstellungen, Gefühle und Verhaltensweisen andeutungsweise vermittelt. Damit wird eine Haltung gefördert, die nicht so sehr die Schwierigkeiten im Prozeß der Inpflegenahme betont, sondern den Blick für Lösungen schärft. Das Knüpfen eines emotionalen

Bandes zwischen den sozialen und biologischen Eltern wird vorbereitet und eine Öffnung des Pflegefamiliensystems hin zur Ursprungsfamilie des Pflegekindes bereitgelegt. Dies, scheint mir, wird insbesondere durch das Ausbalancieren von Positionen und Äußerungen von Stellvertretern in den Aufstellungen ermöglicht und durch ein entsprechendes Feedback der Seminarteilnehmer unterstrichen. Schließlich kann die Anerkennung aller Zugehörigen zum System des Pflegekindes anhand der Aufstellungen dem in der Praxis häufig vorzufindenden Verlorenheitsgefühl dieser Kinder entgegenwirken und zu einer gelingenden Auseinandersetzung mit seiner Geschichte beitragen. Eine Überprüfung der hier gemachten Erfahrungen und Behauptungen anhand von Methoden qualitativer Sozialforschung, ähnlich wie es Franke (1996) unternommen hat, könnte die Entwicklung geeigneter Modelle im Pflegekinderwesen voranbringen.

Familien-Stellen und andere Psychotherapiemethoden

Aufstellungsarbeit und NLP-Prinzipien

Wolfgang Lenk

Die Aufstellung des Familiensystems beziehungsweise des Familienbildes, wie sie Bert Hellinger entwickelt hat, findet in einer Gruppe statt. Dabei wird das Bild der Ursprungs- oder Gegenwartsfamilie mit Hilfe von Gruppenteilnehmern dargestellt. Hellingers Aufstellungsarbeit ist minimalistischer als familientherapeutische Skulpturarbeit oder Familienrekonstruktion, denn in diesem Ansatz wird lediglich nach Zugehörigkeit zum System, nach einschneidenden Ereignissen wie Tod, Scheidung, vorangegangenen Partnerschaften oder schwerwiegendem schuldhaften Verhalten gefragt. Die Aufstellung wird solange mit Hilfe von unterschiedlichen Interventionen wie zum Beispiel Lösungssätzen verändert, bis alle Mitglieder ihren Platz in einer Lösungsaufstellung gefunden haben und die stabile, Sicherheit und Freiheit gebende Ordnung dieses Beziehungszusammenhangs sichtbar und spürbar wird. Gelegentlich findet man jedoch auch keine für alle stimmigen Lösungen.

Da man nicht immer gleich eine Therapiegruppe für die Aufstellung zur Verfügung hat, haben viele KollegInnen (stellvertretend für viele: Otto Brink, Eva Madelung und Jakob Schneider) Wege gesucht, in der Einzeltherapie Bert Hellingers Konzepte über die Familiendynamiken anzuwenden, und haben dabei verschiedene Varianten entwickelt. Ich selbst habe das NLP-Konzept des Reimprintings genutzt, um Familienaufstellungen mit einzelnen machen zu können.

Das Konzept des Reimprintings

Wenn Einzelklienten die Fähigkeit besitzen, in die verschiedenen Rollen oder Positionen im System nacheinander reinzugehen, sie nacheinander einzunehmen, dann läßt sich die Aufstellungsarbeit auch in der Einzeltherapie machen. Das ist etwas, was normalerweise im NLP beim sogenannten Reimprinting (Dilts 1993) gemacht wird. Der Klient, der sich selbst in die Positionen hineinbegibt, die er den beteiligten Familienmitgliedern zugeteilt hat, erlebt in diesem Hin- und Hergehen sehr deutlich die unterschiedlichen „Perspektiven“: die Gefühle, Einstellungen und Wahrnehmungen. Zwar fehlt hier die Übersicht über das ganze System in Form einer Aufstellung von Rollenspielern und auch die Rückmeldung anderer systemfremder, sozusagen neutraler Personen, aber wenn jemand die Fähigkeit hat, vor seinem inneren Auge die Anwesenden im System „zu sehen", dann werden auch auf diese Weise alle relevanten Informationen des Problemsystems zusammengetragen. Dabei lernt der Klient gleichzeitig sehr viel über systemisches Denken und Verstehen.

Ein Beispiel:

Eine Familienhelferin wollte durch eine Aufstellung klären, was aus der Familiengeschichte möglicherweise dazu beiträgt, daß ihr ältester Sohn nach der DDR-Wende in die „Drehtür-Psychiatrie" geriet, das heißt immer wieder in psychiatrische Einrichtungen eingewiesen wurde. Und sie wollte klären, was es mit den immer wieder auftretenden Schuldgefühlen auf sich hat, unter denen sie leidet, die sie aber als irgendwie fremd erlebt.

Die Klientin explorierte also die Positionen der Eltern, Großeltern mütterlicherseits und Geschwister und konnte dabei die Schuldgefühle, die sie oft erlebte, sich aber wie fremd anfühlten, als die der Mutter identifizieren, was sie sehr erleichterte. Als die Klientin dann in der Rolle der Mutter zum Großvater sagte: „Ich habe es nur aus Liebe für dich getan" – und es hat mich wie so oft sehr berührt, wie aus der Verzweiflung über die Erkenntnis der Schuld erst Trauer, dann Hoffnung und dann schließlich Lösung oder Erlösung wurde –, verstand die Klientin, daß ihre Mutter den in der Familie abgewerteten Vater aus Liebe heraus dadurch aufwerten wollte, daß sie sich gegen die eigene Mutter stellte. Die Schuldgefühle lösten sich langsam auf, und die Klientin sagte (noch immer in der Rolle der Mutter) zum Großvater: „Ich bin nur das Kind." Und sie verstand auch, daß sie in dieser Generationenfolge von Frauen stand, die den eigenen Ehemann abwerteten (sie hatte sich auch vom Vater ihrer Kinder getrennt), und konnte das dann auch „in ihrem Herzen" auflösen.

Das Einbringen von Ressourcen in ein System

Beim klassischen Reimprinting wird allerdings eine Problemkonstellation dadurch verändert, daß den beteiligten Familienmitgliedern „Ressourcen" gegeben werden, um sich „angemessen" im System fühlen und verhalten zu können. Man identifiziert die fehlenden Ressourcen (wie beispielsweise Selbstwertgefühl, Liebe zu sich und den Familienmitgliedern, Hoffnung oder die Fähigkeit, sich abzugrenzen etc.), „trägt sie hinein" und verändert auf diese Weise ein System, indem man in der Aufstellung die einzelnen verändert und dann über die Auswirkungen auf die anderen Familienmitglieder die Systemkonstellation und die Beziehungen im System verändert.

Ein Beispiel:

Die Familienhelferin kam ein knappes halbes Jahr nach einem Gespräch wieder zu mir, erzählte, daß sich viel verändert habe (unter anderem habe sich ihre Beziehung zu ihren eigenen Geschwistern sehr gut entwickelt, die Beziehung zu dem getrennten Ehemann geklärt, der Sohn habe wieder eine gute Beziehung zu seinem Vater, er sei auch in der Lage, seine Gefühle wieder direkt auszudrücken), aber sie sei unglücklich, weil der Sohn noch immer diese Art Drehtür-Psychiatrie mache und „über die Diagnosen und Therapievorschläge der Ärzte" in der Psychiatrie nur lache. Neben einer weiteren Aufstellungs- und Lösungsarbeit, die zu einer anderen Konstellation und damit zur Veränderung anderer Aspekte im System führte, trug sie im Sinne des Reimprinting die Ressourcen „Hoffnung" und „Liebe" (was ihr aus anderen Kontexten vertraut war) in ihre eigene Position in der Aufstellung, wodurch sich ihre Beziehung zu ihrem Sohn sehr veränderte. In tiefer akzeptierender Liebe konnte sie ihn jetzt auch angesichts seines Verhaltens und seiner privaten und beruflichen Perspektiven „freigeben".

Nach meiner Erfahrung entstehen auch auf diese Weise Lösungsbilder. Natürlich dauert es mit der Therapiesitzung (von der Problem- zur Lösungsaufstellung) meistens länger, weil sehr viel mehr innere „Integrations"prozesse verarbeitet werden müssen (vgl. auch Lenk 1994).

Das Konzept der state-Abhängigkeit

Zu den Grundbegriffen des NLP gehört der Erlebenszustand (kurz „state" genannt), denn je nach Zustand ändern sich die Funktionen von Wahrnehmen, Fühlen, Denken und Handeln. Insofern ist es nach NLP-Verständnis wichtig, den Problemzustand festzulegen, aus dem heraus „gesammelt" das Familiensystem aufgestellt werden soll, denn es könnte unterschiedliche Konstellationen geben, was ich hier illustrieren möchte.

Ein Beispiel:

Ein Kollege, Ende 40, kam zu mir, um verschiedene Symptome therapeutisch zu bearbeiten: Obwohl erfolgreich in seinem Beruf, leide er an einer Unruhe, die sich oft zu panischen Angstzuständen steigere; und er leide daran, daß er etliche abgebrochene, aber keine feste Beziehung habe.

Er war mit einem Stiefvater aufgewachsen, der eine Tochter mit in die zweite Ehe der Mutter gebracht hatte; seine leibliche Schwester hatte sich vor einigen Jahren umgebracht. Da der Kollege über eine NLP-Ausbildung verfügte, im NLP-Denken trainiert war und manche NLP-Elemente in seinem Beruf anwandte, ergab sich in beiderseitigem Einverständnis die Möglichkeit, mit den Lösungsprozessen etwas zu experimentieren. Es war eine Einzelarbeit.

1. Aufstellung zum Symptom Unruhe und Angst

Ich bat den Klienten, auf sein Symptom zu fokussieren (sich zu erinnern, wie es sich anfühlt) und aus diesem Zustand heraus gesammelt die Familie aufzustellen. Es ergab sich folgende Aufstellung:

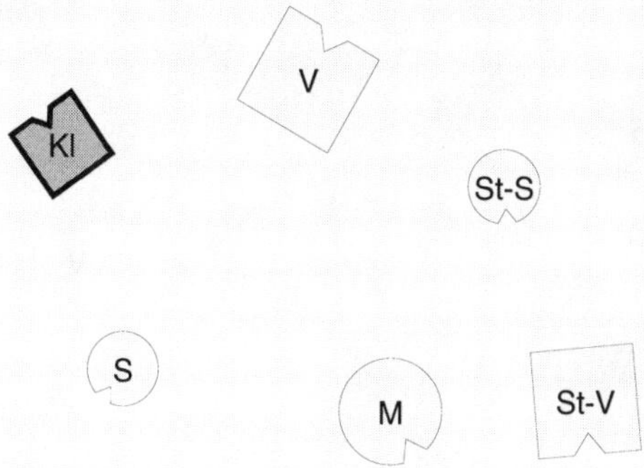

Im Prozeß der Lösungssuche war ein wichtiger Satz der Mutter zu ihrem ersten Mann: „Es tut mir leid! Ich stehe zu meinem Teil der Verantwortung und trage die Folgen!“ Und ein wichtiger Satz des zweiten Mannes zum ersten Mann: „Du bist der erste Mann meiner Frau, ich verneige mich vor deinem schweren Schicksal.“ Für den Klienten war ein wichtiger Satz zu seinem Vater: „Du bist mein Vater, und du bist genau richtig für mich; bitte gib mir deinen Segen!“

Folgende Lösungsaufstellung fühlte sich dann schließlich „für alle“ – der Klient ging nochmals durch alle Positionen – stimmig an:

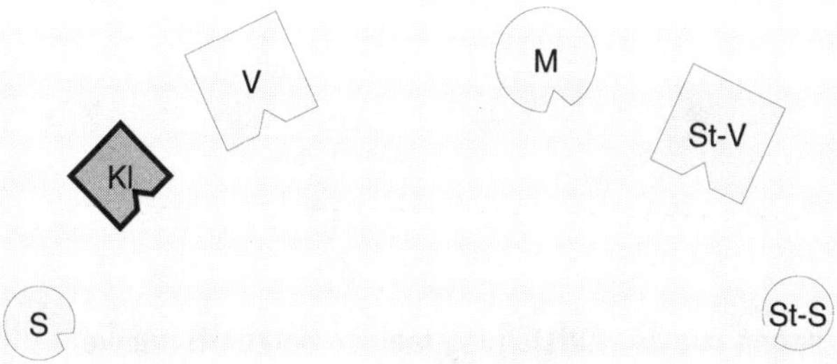

2. Aufstellung zum Problem, keine Beziehung zu haben

Bevor wir die erste Problemaufstellung lösten, bat ich den Klienten, sich auf das andere Problem innerlich einzustellen und aus diesem Zustand heraus gesammelt das Familiensystem aufzustellen. Es ergab sich folgende Aufstellung:

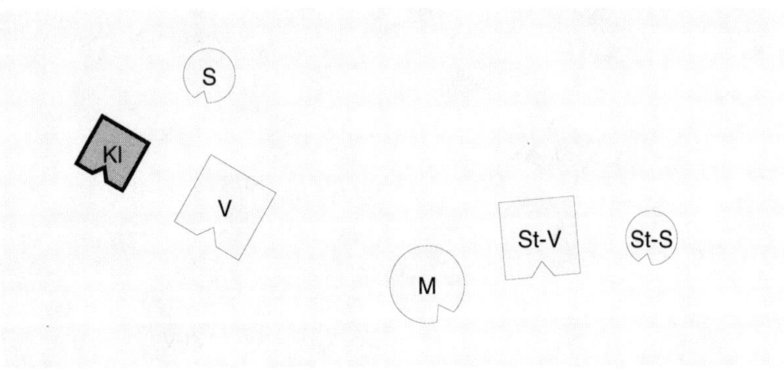

Als wir später dieses Problemsystem umstellten, lautete ein wichtiger Lösungssatz der Mutter: „Du bist mein erster Mann, und das sind unsere Kinder. Mein Platz ist an deiner Seite." Der zweite Ehemann sagte diesmal nichts zum ersten. Es wurden also zum Teil andere „Realitäten" anerkannt und entsprechend gewürdigt.

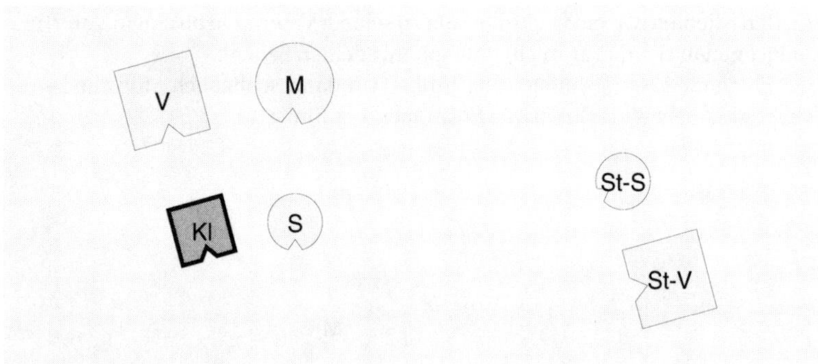

KL	**Klient**	S	Schwester
V	Vater	St-S	Stiefschwester
M	Mutter	St-V	Stiefvater

Erfahrungen mit der Aufstellung meiner Herkunftsfamilie

Ich selbst hatte die Gelegenheit bei Bert Hellinger meine Ursprungsfamilie aufstellen zu können (wofür ich ihm sehr dankbar bin). Es hat mir geholfen, einige wichtige Einstellungen zu korrigieren und ein sehr kraftvolles Lösungsbild zu entwickeln. Dazu gehörte allerdings ein für mich tiefgehender Prozeß, meinen Großvater aus meinem Herzen zu entlassen. Aufgrund seiner Vergangenheit gehörte er in der Aufstellung nicht mehr zum System. Als ich die Lösungssätze gesprochen hatte und er gegangen war, fühlten sich alle sehr wohl im System. Es war für mich ein gutes, kraftvolles Bild von einer Gemeinschaft, die von Liebe, Verständnis und Geborgenheit geprägt ist.

Ein Jahr später hatte ich Gelegenheit, mit amerikanischen Kollegen, die wie ich an systemischen NLP-Anwendungen interessiert sind, diese Geschichte zu besprechen und zu experimentieren. Ausgehend von der Problemaufstellung (die ich bei Bert Hellinger aufgestellt hatte) wendete ich mich meinem Großvater zu und versuchte im Sinne des Reimprinting zu identifizieren, welche Ressourcen ihm gefehlt hatten, um in kritischen Situationen angemessene (andere) Entscheidungen finden und durchsetzen zu können. Es ging um die Fähigkeit, sich selbst wirklich lieben zu können. Vor meinem geistigen Auge ließ ich ihn mit dieser Ressource durch sein eigenes Leben gehen, was er wie eine Befreiung empfand und was zu einer anderen Entscheidung in der kritischen Situation führte. Mir ging es sehr gut damit, und auch für die anderen Familienmitglieder stimmte es, wenn jetzt der Großvater im System blieb. Damit war nach meinem Verständnis ein anderes kraftvolles Lösungsbild entstanden, was meinem Großvater nun einen Platz innerhalb des Systems gab. Auch dieses Bild gibt mir sehr viel Ordnung, Liebe, Klarheit und Kraft, so daß ich gut in und mit beiden Bildern leben kann.

Familienaufstellung und Psychodrama

Matthias Lauterbach und Elisabeth Pfäfflin

Als Aktionsmethode haben das Psychodrama und die Soziometrie eine lange Tradition, die seit ihrer Entwicklung durch *Moreno* zahlreiche Ausgestaltungen erfahren hat. Ein Wesensmerkmal der Methode ist es, neben der Sprache die szenische Darstellung von Fragen und Problemen zu nutzen, um zu Lösungen zu kommen. Dabei ist die räumliche Darstellung von Beziehungen ein wesentlicher Teil des methodischen Instrumentariums, das sowohl in dem sogenannten „protagonistenzentrierten Spiel" – also der Arbeit auf einer Bühne – als auch in der Soziometrie – also der Darstellung von Beziehungen durch Rangfolgen und unterschiedliche Abstände – zur Anwendung kommt. Eine besondere Form der psychodramatischen Arbeit ist die Familienskulptur, die auch in das familientherapeutische Feld Eingang gefunden hatte (s. Schweitzer u. Weber 1982).

Das Familien-Stellen als Herausforderung für das Psychodrama

Familienaufstellungen in der von Bert Hellinger vorgeschlagenen Form bieten für die Aktionsmethoden deutliche Neuerungen an, die Psychodramatiker herausfordern müßten, bislang aber wenig Niederschlag in den entsprechenden Diskursen gefunden haben. Die Herausforderungen bestehen insbesondere darin, daß die psychodramatische Methodik, wie sie sich zum Beispiel in der Familienskulptur mit ihren oft zahlreichen Rollenwechseln und der notwendigen „Anwärmung" der Stellvertreter („Hilfs-Ichs" in der psychodramatischen Sprache) zeigt, sehr zeitaufwendig ist. Zudem richtet die Familienskulptur die Aufmerksamkeit oft auf eine Wiederholung der Problemmuster („Woher kennst du das in deinem Leben?") und weniger auf die Entwicklung von Lösungen. Die psychodramatische Methode ist also zumindest mit Blick auf die zu entwickelnden Lösungen aufwendiger, aber nicht unbedingt ergiebiger.

Familienaufstellungen wirken fokussierter, sind eine Art „lean Psychodrama". Darin liegt eine Provokation, die dadurch verstärkt wird, daß die psychodramatische Methode als Referenzkriterium die Evidenz des Erlebens kennt. Aufstellungen erzeugen ebenfalls eindrucksvolle emotionale, kognitive und körperliche Stimmigkeiten, die auf den Weg zu den gesuchten Lösungen verweisen.

Doch damit nicht genug der Herausforderungen: Psychodramatische und soziometrische Methoden benutzen als eines ihrer wesentlichen Elemente räumliche Zuordnungen als Darstellungen. Erst durch den sparsamsten Einsatz inszenatorischer Mittel in den Familienaufstellungen wurde die zentrale kommunikative Bedeutung räumlicher Zuordnungen deutlich. Man kann diese Ebene jetzt als eigene Kommunikationsform beschreiben, als eine Form von Sprache, die durch Ähnlichkeiten der räumlichen Muster – bezogen auf einen Kontext – der Informationserzeugung über andere Systeme dienen kann. Dies wäre analog zu den anderen Kommunikationsebenen zu verstehen (Mimik, Gestik, Stimme, Sprache), die ebenfalls über die Wahrnehmung von Ähnlichkeiten und Unterschieden in den Mustern und Regeln informationserzeugend wirken. Das Bewußtsein für die Bedeutung von Orten/Räumen/Beziehungsräumen war allerdings schon immer Teil der psychodramatischen Methodik.

Offensichtlich unterschätzt wurde die hohe strukturierende Kraft (sowohl affektiv als auch kognitiv) der Kommunikation über räumliche Strukturen. Dieser Aspekt muß deshalb ergänzend eingeführt oder stärker gewichtet werden. Bei Berücksichtigung der kommunikativen Potenz räumlicher Zuordnungen sind wesentliche Vereinfachungen und thematische Bündelungen in der psychodramatischen Arbeit möglich.

Die Beschreibung räumlicher Zuordnungen als eine abgrenzbare Form der Kommunikation ist ein Erklärungsprinzip für die bei den Familienaufstellungen beobachteten Auswirkungen. Dies würde aber auch sehr weitreichende Auswirkungen auf die Theoriebildung im Psychodrama haben, wenn man dieses Modell dorthin übertrüge.

Die gegenseitige Befruchtung der beiden Ansätze

Wir wollen hier zusammentragen, wie sich die beiden Ansätze in unserer konkreten Arbeit in Ausbildungsseminaren und in Seminaren mit Menschen mit verschiedenen Diagnosen gegenseitig befruchtet haben.

Die Methodik der Aufstellung ist nach unserer Erfahrung grundsätzlich kompatibel mit psychodramatischen Methoden. Die Rollenverteilung der Beteiligten (Protagonist, Leiter, Stellvertreter/Hilfs-Ichs), die Raum- und Zeitstruktur („Bühne“, definierter Zeitrahmen im Kontext einer Gruppenveranstaltung) sind ähnlich. Psychodrama versteht sich allerdings als eine Gruppenmethode, was darin seinen Ausdruck findet, daß für die in der Einzelarbeit aufgegriffenen Themen sinnstiftende Verknüpfungen entwickelt werden, die sich auf den Verlauf des Gruppenprozesses und die darin emergierenden Themen beziehen.

Im Vergleich zu Bert Hellingers Arbeitsweise wirken die psychodramatischen Methoden, wie zum Beispiel die Familienskulpturen, wie barock überfrachtete Werke. Bei der Erarbeitung von Körperhaltungen, Gesten, Mimiken, Geräuschen und Sätzen in den Skulpturen scheint viel Energie verlorenzugehen, die die Familienaufstellung zur Fokussierung auf die Entwicklung von Lösungen nutzen kann. Die konkrete Umsetzung psychodramatischer Arbeit haben wir deshalb nach der Beschäftigung mit der Aufstellungsmethodik von Bert Hellinger verändert. Hier hatten die Einflüsse systemischer Therapie den Boden allerdings schon vorbereitet. In der Auseinandersetzung mit systemischen Methoden waren Aspekte wie die Lösungs- und Ressourcenorientierung zu einem festen Bestandteil der Arbeit geworden. Zirkuläre Fragen hatten die psychodramatische Arbeit erleichtert, da dadurch sprachliche Alternativen möglich waren, die vorher eher durch „aufwendigere“ Inszenierungen (Rollenwechsel, Spiegeltechnik etc.) durchgeführt wurden. Die Arbeit auf der psychodramatischen Bühne hatte aber nicht an Bedeutung verloren, da die räumliche Gestaltung von Gesprochenem und mimisch-gestisch Gezeigtem weiterhin als wichtiges Medium zur Erzeugung von Informationen und zur Erarbeitung von „leibseelisch stimmigen“ Lösungen geschätzt wurde. Es hatte das Bemühen gegeben, den vergangenheitsorientierten Aspekt der psychodramatischen Arbeit durch eine zukunftsorientierte Dynamik zu ergänzen. Es gab inhaltlich ein Verlassen der Dynamik „Befreiung von ...“ und eine Zuwendung zu der Dynamik „Versöhnung mit ...“.

Diese Entwicklungen können an diesem Ort nicht weiter ausgeführt werden. Wichtig ist jedoch, daß die Arbeit Bert Hellingers diesen Weiterentwicklungen der Methode zusätzliche Impulse gab. Das hing auch damit zusammen, daß die Hellingersche Methode eine Lösung für etwas bot, was sich wie ein roter Faden durch unsere Suche der letzten Jahre zog: wie die unterschiedlichen Dynamiken einer Familie, die Dramatiken und Schicksale, die Balance von ambivalent erlebten Wünschen und Sehnsüchten, die Fragen von Verantwortung und Schuld, der Ausgleich von Geben und Nehmen usw. in ein lösungsorientiertes Gleichgewicht gebracht werden können. Die Entwicklung der Methode führte dazu, daß wir inzwischen Familienaufstellungen in die psychodramatische Arbeit aufgenommen haben, daß wir dabei aber bestimmte psychodramatische Methoden beibehalten haben.

Die Unterschiede zwischen der Familienskulptur und dem Familien-Stellen

In der ursprünglichen Form wies zum Beispiel die psychodramatische Methode der Familienskulptur folgende Unterschiede zu einer Familienaufstellung auf:

- Die Skulptur bezog sich in der Regel auf ein konkretes Thema, eine zeitlich eingrenzbare Situation der Familie.
- Es wurden für die Stellvertreter (Hilfs-Ichs) konkrete Vorgaben erarbeitet (Körperhaltungen, Blickrichtungen, Sätze etc.).
- Die einzelnen Veränderungsschritte wurden mit Hilfe von Rollenwechseln, Spiegeltechnik, Technik des Doppelgängers gemeinsam mit dem Protagonisten erarbeitet: Dem Protagonisten kam bei diesen Arbeitsschritten eine handlungsleitende Funktion zu, der Leiter blieb in der Rolle eines Moderators, der Arbeitsschritte vorschlug.

Familienskulpturen in dieser klassischen psychodramatischen Form haben wir fast aufgegeben. Hierfür nutzen wir jetzt die psychodramatisch ergänzten Familienaufstellungen. Allerdings schätzen wir die Arbeit mit Skulpturen weiterhin zur Darstellung von abstrakten Begriffen (Nähe/Distanz, Selbstwertgefühl …) oder Metaphern („Ich habe 30 Schlösser um meine Mutter gelegt.“), um sie mit Personen zu beleben und um eine Anknüpfung an die individuelle und familiäre Bedeutung zu erleichtern. Wir experimentieren aber auch hier mit einer Ausdehnung der Aufstellungsmethode auf abstraktere Zusammenhänge, zumal die Tradition des Psychodramas die aktionsmethodische Umsetzung aller denkbaren Fragestellungen zu ihrem besonderen Schatz zählt.

Die Familienaufstellung im psychodramatischen Kontext

Für die konkrete Umsetzung der Familienaufstellung im psychodramatischen Kontext wählen wir derzeit folgendes Vorgehen:

- Wir lassen nach einer Präzisierung des Anliegens der Protagonisten (so nennen wir die, die aufstellen in der psychodramatischen Tradition) das innere Beziehungsbild der Gegenwarts- oder Ursprungsfamilie aufstellen.
- Wir fragen nach besonderen Schicksalen in der Familie und lassen die Aufstellung gegebenenfalls ergänzen.
- Wir bitten die Stellvertreter um Rückmeldung über ihre Befindlichkeiten, Ideen, Impulse.
- Wir schlagen Veränderungen der Aufstellungen vor, zum Teil als Test bezüglich der sich verändernden Dynamiken, zum Teil als Lösungsvorschläge.
- Wir beziehen den Protagonisten in die folgenden Veränderungsschritte ein, indem wir ihn seine eigene Position einnehmen lassen und dann mit ihm in seiner Rolle weitere Veränderungsschritte erarbeiten und indem wir ihn Rollenwechsel ausführen lassen mit anderen Positionen.
- Wir schlagen Rituale vor (Gesten, Sätze), die die Protagonisten ausführen und die sie im Rollenwechsel aus der Position der anderen betroffenen Person erleben.

Während der einzelnen Schritte, die der Protagonist in der Aufstellung macht, besteht zusätzlich die Möglichkeit, ihm die Technik des Doppelns zur Verfügung zu stellen. (Ein Doppel erzeugt zusätzliche Informationen für den Protagonisten dadurch, daß es aus einer analogen Körperhaltung heraus Teile eines vermuteten inneren Dialogs ausspricht.)

Die Nutzung des Doppelns

Wir haben die Erfahrung gemacht, daß die beiden psychodramatischen Methoden des Rollenwechsels und des Doppelns einen zusätzlichen Gewinn für den Protagonisten ermöglichen. Insbesondere der Rollenwechsel mit dem in ein Ritual einbezogenen Gegenüber erleichtert das Erleben der Stimmigkeit der „Lösungskatharsis", der Versöhnungsrituale. Dies wird offenbar dadurch ermöglicht, daß die Zustimmung zu dem entwickelten Lösungsbild aus dem Erleben der anderen Positionen gegeben werden kann und das Bild sich so abrundet. Zudem ermöglicht die Hinzuziehung des Rollenwechsels, die Protagonisten stärker in die Entwicklung eines Lösungsbildes einbeziehen zu können, wodurch ihnen ein angemessener Teil der Verantwortung belassen wird.

Das Doppeln hat eher seine Bedeutung in der Anregung und inhaltlichen Fokussierung des Prozesses in der Arbeit mit einer Aufstellung und damit eine den Protagonisten unterstützende Funktion.

Wir haben zudem die Vorstellung, daß der Prozeß des Lernens der Methode durch den Einsatz psychodramatischer Elemente erleichtert werden kann. Die bislang noch wenig entwickelte Lehrbarkeit der Methodik steht in einem heiklen Kontrast zu dem zunehmend häufigen Angebot auf dem „Markt". Die Lehre von Aktionsmethoden kann aber auf langjährige Erfahrung im Psychodrama zurückgreifen und sich der dort entwickelten Didaktik bedienen.

Soziometrie und Aufstellungen

Während auf dem einen Pol psychodramatischer Arbeit die *Skulptur* in ihren vielfältigen Ausgestaltungen steht, findet sich am anderen Pol die *Soziometrie*, die ebenfalls als Aktionsmethode konzipiert wurde. Dabei geht es – verkürzt gesagt – um die Erzeugung von Unterschieden in sozialen Systemen. Diese werden dadurch angeregt, daß um ein definiertes Kriterium herum (zum Beispiel „Wer möchte mit wem … machen?") auf der Basis von Anziehung und Ablehnung Rangfolgen und Beziehungsunterschiede in einer Gruppe konstruiert werden. Die aktionsmethodische Umsetzung dieser soziometrischen Interventionen ähnelt vom äußeren Aspekt sehr den Aufstellungen, da es hier um eine räumliche Zuordnung der Personen zueinander ohne skulpturelle Ausgestaltung geht.

Es ist vor dem Hintergrund der Annahme einer eigenen Wirksamkeit der „räumlichen Sprache" zu fragen, welche Wechselwirkungen hier zwischen den übergeordnet wirksamen, durch die räumlichen Zuordnungen angeregten Informationen und den auf das soziometrisch angezielte Kriterium erzeugten Unterschieden anzunehmen sind. Zumindest sind solche Wechselwirkungen in der Soziometrie bislang nicht gezielt beachtet worden.

Die Weiterentwicklung der soziometrischen Methodik (s. Hale 1994) hat auch die den soziometrischen Wahlen innewohnende Ambivalenz darstellbar gemacht. Sie hat zudem soziometrische Wahlen verbunden mit Konzepten von Lebens- und Entwicklungszyklen. Hier sind die deutlichsten Ähnlichkeiten mit Aufstellungen, da die räumliche Zuordnung von Menschen zueinander im Vordergrund steht und diese Zuordnung mit lebenszyklischen Dynamiken in Verbindung gebracht wird. Wir haben gefunden, daß sich Familienaufstellungen aus diesem soziometrischen Ansatz heraus in der konkreten Arbeit mit Gewinn entwickeln lassen.

Die unterschiedlichen Vorannahmen von Psychodrama und Familien-Stellen

Die hinter den beiden aktionsmethodischen Zugängen Psychodrama/Soziometrie und Familienaufstellung stehenden Denkmodelle, Bilder und Vorannahmen über Menschen und Familien und über die Wirksamkeit der Methodik sind unterschiedlich.

Im Psychodrama dominiert ein eher ambivalentes Verhältnis zur Familie. Wie Lauterbach kürzlich gezeigt hat, war die Orientierung auf einen achtungsvollen Umgang mit Familienmitgliedern und Familiendynamiken dem Psychodrama teilweise verlorengegangen, was in Zusammenhang mit einem verkürzten Verständnis der von Moreno (1957, 1974) beschriebenen Grundlagen des Psychodramas beruht. (Dieses Schicksal teilt diese Methode übrigens auch mit bestimmten Entwicklungsschritten der Familientherapie, man denke nur an das Konstrukt der „schizophrenogenen Mutter"). Die Befreiung von Fesseln der Ursprungsfamilie und die Orientierung von Menschen auf eher globale und kosmische Dimensionen ist in den Schriften Morenos angelegt. Durch tiefenpsychologische Theorieeinflüsse ist eine Orientierung an den Defiziten von Familien weiter gefördert worden. Lauterbach (1995) hat abgeleitet, daß dies eine – auch zeitgeschichtlich motivierte – einseitige Aufnahme von Morenos Theorien war. Dieser hatte zwar in bezug auf seine eigene Geschichte diese aus der Familie hinausweisende Dynamik propagiert, jedoch gleichzeitig in hoher symbolischer Verdichtung seine Verbundenheit mit seiner Ursprungsfamilie verdeutlicht. Dieser Aspekt scheint aber lange übersehen worden zu sein. Die daraus abzuleitende Ausgestaltung des Psychodramas ist von uns „familienorientiert" genannt worden. Sie fokussiert auf die Integration der Familiendynamiken und auf die Achtung vor den handelnden Personen zur Anregung auch emanzipatorischer Entwicklungen. Die *„Hinwendung zu …"* ist deshalb oft ein wichtigerer Schritt als die *„Befreiung von …"*.

Diese Entwicklungen zu einem familienorientierten Psychodrama waren angeregt durch die systemische Familientherapie (Mailand, Heidelberg). Sie haben durch die Aufstellung nach Bert Hellinger einen weiteren wichtigen methodischen Impuls bekommen.

Die Rolle des Leiters

Das Verständnis der Rolle des Leiters scheint uns in den beiden Ansätzen unterschiedlich zu sein: Das obengenannte Konzept des Leiters einer psychodramatischen Sitzung ist das eines in einer besonderen Methode ausgebildeten Moderators. Das Beziehungsangebot des Leiters einer Familienaufstellung ist eher das eines Heilers, eines Arztes, der ein heilendes Bild dem Protagonisten mitgeben kann. Dieser Unterschied spricht aus unserer Sicht dafür, die wirksamen Teile der Aufstellungsmethodik aufzunehmen und die Ausgestaltung der Methode entsprechend dem psychodramatischen Leitungsmodell zu verändern.

Fazit

Insgesamt hat das Aufstellen nach Bert Hellinger unser methodisches Spektrum erweitert. Die „Indikation" für die Wahl der methodischen Zugänge zu einem Anliegen treffen wir derzeit nach folgendem Muster: Wir begreifen psychodramatische und soziometrische Ansätze ebenso wie das Aufstellen als verschiedene Formen und Grundmuster von Ritualen, die im Kontext „künstlicher" Situationen (Seminare, Workshops) für die verschiedenen Anliegen entwikkelt und durchgeführt werden. Uns leitet bei der Wahl der Methode die Frage, welches der Grundmuster von Ritualen für das vorgetragene Anliegen angemessen und nützlich ist.

Lösungsaufstellung, Neunfelderaufstellung und Zielannäherungsaufstellung

Drei Formen der Verbindung von systemischer Strukturaufstellungsarbeit und de Shazers lösungsorientierter Kurztherapie

Insa Sparrer

Systemische Familienaufstellungen und lösungsorientierte Kurztherapie erscheinen auf den ersten Blick als vollkommen gegensätzliche Therapieverfahren: Während erstere mehrere Generationen berücksichtigen, braucht die KlientIn das Problem beim lösungsorientierten Vorgehen im Prinzip nicht einmal zu nennen. Im Aufstellungsverfahren werden Verstrickungen entdeckt und nach Möglichkeit aufgelöst; die lösungsorientierte Kurztherapie beschäftigt sich mit der Konstruktion von Lösungen in der Zukunft. Eine Möglichkeit des Vergleichs dieser beiden höchst unterschiedlichen Therapieformen bieten die folgenden, von mir entwickelten drei Arten systemischer Strukturaufstellungen, die Prinzipien beider Richtungen verbinden.

1. Lösungsaufstellungen

Die Lösungsaufstellung ist eine Form systemischer Strukturaufstellung, in der die Strukturaspekte des lösungsorientierten Interviews, repräsentiert durch Personen, aufgestellt werden.

Dabei werden folgende fünf Teile verwendet: der Fokus (KlientIn), das Ziel der KlientIn, die Ausnahmen (bereits erreichte Zielaspekte), das „Wunder" (die Antwort auf die Frage, woran die KlientIn erkennt, daß ihr Problem gelöst ist) und dessen Kontext. Da alle diese Teile unentbehrliche Aspekte einer Lösung sind, nenne ich diese Form einer systemischen Strukturaufstellung eine Lösungsaufstellung. Entwickelt habe ich diese Form in der Experimentalgruppe des SySt, um einen Vergleich von Aufstellungsverfahren und lösungsorientierter Kurztherapie zu ermöglichen. Hierzu führte ich lösungsorientierte Kurzinterviews mit anschließender Aufstellung durch.

Es zeigte sich dabei, daß in den bislang durchgeführten Aufstellungen regelmäßig, im Gegensatz zum lösungsorientierten Kurzinterview, das Thema „Ausschluß" auftrat. Betrachten wir dazu drei Fallbeispiele. Im ersten Beispiel repräsentierte der Kontext ein ausgeschlossenes Teammitglied, im zweiten Beispiel repräsentierte der Kontext den verschwiegenen leiblichen Vater, und im dritten Beispiel repräsentierten die Ausnahmen den älteren Bruder und mit ihm ein traumatisches Kindheitsereignis. Die Aufstellungen führten auf der Ebene des Anliegens zur Integration des ausgeschlossenen Teils und auf der Familienebene zu einer Versöhnung und neuen Sicht. Bei jeder dieser drei Aufstellungen war implizit ein Strukturebenenwechsel eingetreten (Wechsel von der Ebene des Anliegens zur Familienebene). Dieser Wechsel war insofern implizit, als er sich in den Antworten der aufgestellten RepräsentantInnen zeigte und nicht explizit von der Therapeutin eingeführt wurde. Es wurde also gleichzeitig auf zwei Ebenen gearbeitet. Dieser Aspekt ist ein zentrales Merkmal der systemischen Strukturaufstellungen (vgl. Sparrer u. Varga von Kibéd 1998 a).

Im Kurzinterview wurde hingegen deutlicher, was in der Lösung an die Stelle des Problems tritt. Die zuvor in der Aufstellung erwähnten ausgeschlossenen Personen traten nicht auf. Die Perspektive ist hier eine andere: Es zeigt sich, was sein wird, wenn die KlientIn die Vergangenheit ganz hinter sich lassen kann. Wir finden so also eher das, was an Neuem auftaucht, sobald das Problem verschwindet. Die Vergangenheit hinter sich lassen zu können, ist auch Ziel der Aufstellungsarbeit, doch liegt hier der Schwerpunkt auf der Versöhnungsarbeit. In der lösungsorientierten Kurztherapie wird der Aspekt der Förderung dessen, was bereits gut läuft, betont. Es wird gewissermaßen der Fortschritt im „Guten" gefördert.

Dieser Unterschied der beiden systemischen Vorgehensweisen dürfte ein „Unterschied, der einen Unterschied macht", im Sinne von Bateson sein: Er zeigt, wie die lösungsorientierte Kurztherapie und die systemischen Familienaufstellungen mittels systemischer Strukturaufstellungen, die Elemente beider Formen verbinden, als komplementäre systemische Vorgehensweisen erkannt werden können. Dies führt letztlich zu einem erweiterten Verständnis des Systemischen.

Es bleibt die Frage, wann wir etwas Vergangenes vergangen sein lassen können, beziehungsweise wann die Folgen vergangener hemmender Taten die Gegenwart nicht mehr erreichen. In der lösungsorientierten Kurztherapie treten an diese Stelle Aufgaben, die die

TherapeutIn den KlientInnen gibt, um die „konstruierte" Lösung aufrechtzuerhalten, damit die Konsequenzen vergangenen Handelns nicht zu Rückfällen führen. Bei der Aufstellungsarbeit wird die Lücke zwischen Lösung und Verstrickung durch die Versöhnungsarbeit geschlossen. Hierbei wird das symptomatische Verhalten aus einer anderen Perspektive gesehen, in der es nun Sinn macht. Wir suchen mit den KlientInnen nach einer neuen Weise, die alten Loyalitäten in neuer Weise aufrechtzuerhalten und dennoch den eigenen Weg zu gehen. Indem die KlientInnen die eigentliche Absicht hinter ihrem früheren Verhalten entdecken und einen geeigneten neuen Rahmen zum Verständnis ihres alten Verhaltens in der Therapie (er-)finden, können sie das alte Verhalten leichter aufgeben.

2. Neunfelderaufstellung

Bei der Neunfelderaufstellung wird das Interview durch Bezugnahme auf eine räumliche Anordnung ergänzt. Die neun Felder werden durch zwei Achsen bestimmt: die Zeitachse mit den Bereichen Vergangenheit, Gegenwart und Zukunft und die Kontextachse mit den Bereichen innerer Kontext, Grenze und äußerer Kontext. (Ein ähnliches Schema wird bei der Zeitlinienarbeit im NLP verwendet; vgl. z. B. James u. Woodsmall 1992.)

Wir erhalten dann folgendes Schema:

Zukunft			
Gegenwart			
Vergangenheit			
	innerer Kontext	Grenze	äußerer Kontext

Der innere Kontext kann dabei verstanden werden als der Raum für innere Berater, innere Dialoge und für die Wahrnehmung von inneren Reizen. Der äußere Kontext steht für äußere BeraterInnen, Gespräche mit anderen Personen und die Wahrnehmung von Außenreizen. Die Grenze ist der Ort, an dem die Person ganz bei sich ist und wo wir vorübergehend von externen Reizen und internen Aufträgen absehen können.

Alle Fragen des lösungsorientierten Interviews können diesen neun Feldern zugeordnet werden. Die neun Felder können zum Beispiel durch Markierungen auf dem Fußboden festgelegt werden. Während des Interviews führt die TherapeutIn die KlientIn auf die zu den Fragen gehörigen Felder. Dieses Verfahren hat vor allem dann Vorteile gegenüber der reinen Fragetechnik, wenn die KlientIn sich Aspekte ihres Anliegens schwer vorstellen kann oder ihr ihre für das Anliegen relevanten Erinnerungen schwer zugänglich sind. In derartigen Fällen dient das Aufstellen als Vorstellungs- und Erinnerungshilfe.

Bei dieser Vorgehensweise wird das Aufstellungsverfahren unterstützend für die lösungsorientierte Kurztherapie eingesetzt. Beim Aufstellungsverfahren unterscheiden wir Orte, Repräsentanten und freie Elemente. Während erstere einen festen Platz während der ganzen Aufstellung haben, können Repräsentanten von Bild zu Bild räumlich verschoben werden, bis sie auf einem günstigen Platz stehen. Freie Elemente können nach eigenem Empfinden ihren Platz selbst verändern. Die neun Felder wirken hier als feste Orte. Repräsentanten werden bei diesem Aufstellungsverfahren nicht eingesetzt (es sei denn, für die KlientIn selbst).

3. Zielannäherungsaufstellung

Diese Aufstellungsform verwendet zusätzlich zu Orten noch Bewegung als Unterscheidungsmerkmal. Die Zeitachse, die wieder auf dem Boden festgelegt wird, wird (statt mit den diskontinuierlichen Bereichen von Vergangenheit, Gegenwart und Zukunft) kontinuierlich aufgefaßt. Die KlientIn kann sich auf dieser Zeitachse bewegen und auf ihr Ziel, dem sie einen Ort in der Zukunft auf der Achse zuweist (symbolisiert durch einen Gegenstand oder eine andere Person als Repräsentant), zugehen. Dabei kann sie selbst bestimmen, wie weit sie sich annähern möchte, beziehungsweise wo der im Moment passende Platz für sie ist.

Eine andere Möglichkeit ist, die KlientInnen auf dem Weg zum Ziel auftretende Schwierigkeiten in der Aufstellung durchleben und überwinden zu lassen, so daß die Umsetzung in die Realität vorgebahnt wird. Analog dazu werden die KlientInnen in der lösungsorientierten Kurztherapie nach den Reaktionen der Umwelt auf das Eintreten des Wunders gefragt sowie danach, wie sie selbst auf diese Reaktionen reagieren werden.

Die Zeitachse gibt auch die Möglichkeit einer räumlichen Abbildung der Skalierung der Zielerreichung sowie der Realisierung des Wunders. Der Platz des Wunders wird auf der Zeitachse nach dem Ort des Ziels festgelegt, liegt also vom anfänglichen Standpunkt der KlientInnen (in der Gegenwart) weiter entfernt als das Ziel.

Die Zielannäherungsaufstellung kann auch mit der Neunfelderarbeit kombiniert werden, indem die kontinuierliche Zeitachse erweitert wird um die Bereiche innerer Kontext, äußerer Kontext und Grenze (siehe Schema zu Beginn der Neunfelderaufstellung).

Alle drei Aufstellungsformen zeigen Möglichkeiten der Verbindung des Aufstellungsverfahrens mit der lösungsorientierten Kurztherapie auf. Wenn KlientInnen in der lösungsorientierten Kurztherapie ihre Vergangenheit nicht genug lassen können, hilft eine Aufstellung eventuell zu diesem Schritt. Wenn nach einer Aufstellung die Umsetzung in die Realität schwerfällt, können lösungsorientierte Aufgaben diesen Schritt unterstützen. Wenn das Vorstellungsvermögen und die Erinnerungsfähigkeit der KlientInnen nicht ausreichen, kann die Verwendung von räumlichen Anordnungen neue Möglichkeiten aufzeigen, zu diesen Ressourcen Verbindung zu halten. Auf diese Weise kann die Versöhnungsarbeit phänomenologisch-systemischer Schulen mit der Konstruktion von Lösungen in konstruktivistisch-systemischen Schulen in Verbindung gebracht werden.

Die Übertragung der Aufstellungsarbeit auf andere Systeme

Supervision mit Hilfe von Aufstellungen

Jakob R. Schneider

Familien- und Systemaufstellungen sind für die Supervisionstätigkeiten eine große Bereicherung. Ich möchte dazu im folgenden einige Anmerkungen machen. Dabei verwende ich hier das Wort „Supervision“ unkritisch so, wie es meist im psychosozialen Raum benutzt wird. Im Vorgang der Supervision berät eine kompetente Person einen oder mehrere Therapeuten (Berater, Sozialarbeiter, Ärzte usw. – ich werde im weiteren der Einfachheit halber nur von Therapeuten und ihren Klienten sprechen –) zu ihrer Arbeit mit Klienten oder ihrer Zusammenarbeit im Team, zum Beispiel in einer Klinik. Manchmal ist Supervision von Trägern einer sozialen Einrichtung verpflichtend vorgeschrieben, manchmal ist sie freiwillig und gewünscht für eine bestimmte Zeit. Auf die Supervision von Einzelpersonen gehe ich hier nicht ein. Auch setze ich eine gewisse Vertrautheit mit der Aufstellungsarbeit, methodisch und inhaltlich, voraus.

Ich unterscheide in der Supervisionsarbeit drei Bereiche:

- die Fallsupervision,
- die Supervision der Therapeut-Klient-Beziehung und
- die Teamsupervision.

1. Aufstellungen in der Fallsupervision

Die Fallsupervision dient dazu, daß ein Therapeut ein neues oder tieferes Verständnis für das Problem seines Klienten und die Richtung einer Lösung erhält, so daß er dort, wo er mit seinem Klienten „steckt“, öffnend und lösend weiterarbeiten kann. Die Fallsupervision ist ganz klientenbezogen, das heißt, der Therapeut schaut nicht auf sich und seine Beziehung zum Klienten, sondern nur auf den Klienten in seinem Verhalten, seinen Problemen, seinem Schicksal. Der Therapeut stellt sich mit seiner Supervisionsfrage in den Dienst an seinem Klienten, ebenso die Supervisionsgruppe oder das Team mit seiner unterstützenden Aufmerksamkeit und der Supervisor mit seiner Wahrnehmung, seinem Wissen und seiner Klarheit.

Die Ausgangsfrage des Supervisors klärt das Anliegen, mit dem der Klient zum Therapeuten kommt, und die Frage des Therapeuten, die er dazu in der Supervision stellen möchte. Es ist sehr hilfreich und erleichternd, wenn Therapeut und Supervisor und Supervisionsgruppe einen klaren Fokus haben. Wie die Therapie selbst, lebt auch die Supervision von der möglichst raschen Konzentration auf das Wesentliche.

Über die Antwort auf die Ausgangsfrage ergibt sich meist schon, ob eine Lösung eher im systemischen oder eher im traumatischen Bereich zu finden ist und ob somit eine Aufstellung in der Supervision und eine systemische, das heißt eine auf die Dynamik des Familienzusammenhangs bezogene Arbeit in der Therapie (ob mit oder ohne Aufstellung) Sinn macht.

Der Supervisor achtet als erstes darauf, ob die Frage des Therapeuten in der Supervision und auch die Frage seines Klienten in der Therapie Kraft haben. Ohne diese Energie, welche die Arbeit mit einer Aufstellung trägt, verbliebe die Supervision im mehr oder weniger beliebigen Suchen und Ausprobieren, ohne wirklichen Kontakt zum Therapeuten und seinem Klienten.

Der Therapeut stellt die Familie seines Klienten auf

Die für eine Aufstellung notwendigen Informationen zum Familiensystem des Klienten und die Aufstellung selbst erübrigen sehr schnell das oft langwierige und lähmende Reden über den Klienten und über das zurückliegende und künftige Verhalten des Therapeuten in der Therapie und führen sofort zur Seele des Klienten und seines Beziehungssystems.

Dadurch, daß der Supervisor mit der Aufstellung des Therapeuten arbeitet, kann der Therapeut sich, ohne selbst handeln zu müssen, ganz dem Geschehen in der Aufstellung öffnen, bis sich in ihr eine Bewegung für seinen Klienten zeigt, die eine Lösung ermöglicht.

Kann nun ein Therapeut für seinen Klienten aufstellen, der ja in der Regel während der Supervision nicht anwesend ist? Und hat das System, das der Therapeut aufstellt und mit dem der Supervisor dann arbeitet, wirklich etwas mit dem Klientensystem zu tun?

Die Antwort auf diese Grundfrage entscheidet natürlich über Sinn und Unsinn von Aufstellungen in der Supervision. Die Antwort ist ganz klar: ja. Für gewöhnlich „spürt" ein Therapeut, auch wenn er nicht gewohnt ist, systemisch zu denken und zu arbeiten, die Dynamik in der Familie seines Klienten sehr genau. Er nimmt, wenn auch meist unterschwellig, das Klientensystem genügend wahr. Es geht dabei nicht darum, daß der Therapeut die Familie seines Klienten so aufstellt, wie es der Klient selber tun würde. Die „Bilder" unterscheiden sich mehr oder weniger. Aber indem sich der Therapeut der Seele seines Klienten öffnet, kommt im Ungefähren ans Licht, was wichtig ist.

Manchmal tut sich ein Therapeut sogar leichter, das System seines Klienten aufzustellen, als dieser selbst, weil er nicht so sehr abgelenkt ist durch die Vielfalt des Erlebten und das auf unterschiedliche Zeiten bezogene Erinnern.

Immer wieder bestätigen Therapeuten aus der nachfolgenden Arbeit mit ihrem Klienten, daß in den Supervisionsaufstellungen etwas Richtiges und Lösendes für den Klienten ans Licht gekommen ist, manchmal so, als hätte über die Aufstellung etwas „aus der Ferne" gewirkt.

Ein Beispiel:

Es zeigt zugleich, wie über das Sicheinlassen auf das Schicksal eines Klienten sich auch die Therapeut-Klient-Beziehung verändert. Während der Supervision mit einem Team in der Rehabilitationsklinik suchte eine Psychologin Rat, wie sie mit einer Patientin umgehen solle, die für alle auf der Station ein großes Problem darstelle. Sie kleide sich äußerst auffällig, mache alle Männer an und verhalte sich so, daß sowohl das Personal als auch die Mitpatienten sie völlig ablehnten. Die in der Supervision anwesenden Ärzte und Schwestern, die diese Patientin kannten, stöhnten ebenso auf wie die Psychologin, und die Klagen schwirrten durcheinander wie in einem großen Palaver.

Die Patientin war mehrmals verheiratet und geschieden, hatte aus erster Ehe eine Tochter, die bei ihrer Großmutter aufwuchs, und lebte in Beziehungen zu mehreren Männern. Die Aufstellung des Gegenwartssystems der Patientin durch die Therapeutin ergab ein großes Beziehungschaos, ohne daß man ein Gefühl für die Patientin bekam. Auf Nachfrage gab die Psychologin noch eine entscheidende Information: Die Patientin sei vor ihrer ersten Ehe schon einmal verlobt gewesen, und der Verlobte sei wenige Tage vor der Hochzeit mit dem Motorrad tödlich verunglückt. Als die Therapeutin diesen Verlobten mit in die Aufstellung hineinnahm, wurde deutlich, daß es die Patientin zu diesem geliebten Mann in den Tod zog. Alle Personen in der Aufstellung schauten ihr plötzlich nach und waren tief berührt. Die zusehende Therapeutin bekam feuchte Augen, und die ganze Supervisionsgruppe wirkte betroffen. Plötzlich gab es ein Gefühl für diese Patientin, und ihr Verhalten, ihr Auftreten und ihre Geschichte erschienen in einem anderen Licht.

Zum nächsten Supervisionstermin teilte die Psychologin mit, daß sich die Patientin wie durch ein Wunder völlig verändert hätte und daß sie mit ihr nach der Aufstellung zum ersten Mal ein tiefes Gespräch geführt habe. Sie sei auf die Aufstellung in der Supervision und die Thematik gar nicht mehr eingegangen. Wegen der unmittelbar bevorstehenden Entlassung aus der Klinik habe sie ihr eine Psychotherapie vorgeschlagen, was die Patientin bereitwillig aufgegriffen habe.

Die gute Wirkung der Unvollständigkeit

Häufig geht es bei Aufstellungen in der Supervision nicht um vollständige Lösungsaufstellungen. Es reicht, wenn die seelische Dynamik des Klienten sich in wesentlichen Wirklichkeitsbereichen zeigt. Der Therapeut kann dann mit seinen Mitteln in der Therapie das Gemäße tun.

Es ist auch nicht nötig, daß der Therapeut selber in seinen Therapien mit Aufstellungen arbeitet. Es reicht, wenn er in der Supervision ein Gefühl dafür bekommt, welche Informationen wichtig sind, welche seelische Dynamik im Problem des Klienten wirkt und in welche Richtung eine Lösung führt.

Wenn ein Supervisor mit Aufstellungen arbeitet, muß er nicht auf alle Details einer therapeutischen Arbeit eingehen. Er ist nur ein kurzzeitiger Begleiter für den Therapeuten, mit dessen Hilfe etwas aufblitzen kann, was sich für den Klienten und die Therapie als hilfreich erweist. Er braucht kaum Ratschläge geben, wie der Therapeut mit seinen Klienten arbeiten muß, und er ist nutzbringend für Therapeuten unterschiedlicher Ausbildungen und Schulrichtungen. Es ist für ihn nicht wichtig, was der Therapeut vorher in der Therapie mit seinem Klienten gemacht hat und was er später tun wird. Der Therapeut muß sich für nichts rechtfertigen und muß auch keine Pläne darlegen. Die Verantwortung für die Therapie und die Mittel bleiben ganz bei ihm.

Vor allem wenn dem Therapeuten die systemische Arbeit eher fremd ist, fehlen die nötigen Informationen aus dem Familiensystem des Klienten. Fehlende Informationen beziehen sich oft auf frühere Bindungen der Eltern und auf die Sippe, besonders die Ausgeklammerten (zum Beispiel früh gestorbene Geschwister der Eltern). Das ist für eine Aufstellung nicht unbedingt ein Hindernis. Ist das Anliegen kraftvoll, kann man die Aufstellung so weit führen, bis deutlich wird, daß da jemand im System fehlt oder daß in die Dynamik im System etwas aus der Vorfamilie hineinwirkt und vielleicht auch, wo genau. Auf diese Weise wird für den Therapeuten anschaulich, welche Informationen vielleicht auch der Klient selbst in seiner Familie erfragen muß.

Läßt sich eine Supervisionsaufstellung bis zu einer guten Lösung durchführen, kann man auch über die Stellvertreter mit den hilfreichen Bindungs- und Lösungssätzen arbeiten. Können die Stellvertreter mit diesen Sätzen mitgehen – immer wieder auch mit tiefer Berührung – sind sie meist auch stimmig für den Klienten, und der Therapeut kann unmittelbar erleben, wie er mit seinen Klienten weiterarbeiten kann.

Im Vordergrund stehen die Anliegen des Supervisanden und des Klienten

Die Aufstellung in der Supervision dient in erster Linie dem Therapeuten, der um Rat fragt. Für ihn muß sie einen Sinn ergeben und ausreichen. Die Diskussionswünsche oder Fragen aus der Supervisionsgruppe müssen sich dem unterordnen, was für den verantwortlichen Therapeuten wichtig ist. Meist ist das kein Problem, wenn alle Mitglieder der Supervisionsgruppe immer wieder auf die Wirksamkeit aufmerksam gemacht werden, die ihre Fragen auf den Therapeuten, seinen Klienten, auf die Gruppe und auch auf sie selbst haben. Aufstellungen erleichtern diesen Supervisionsprozeß, weil es hier um grundlegende seelische Prozesse geht, die normalerweise für alle einsehbar und mitvollziehbar sind.

Die Grundhaltung für alle an der Supervision beteiligten Personen ist die, als wäre der Klient selbst zugegen, so daß alle sich nur auf die gute Wirkung für ihn konzentrieren. Die Fallsupervision, die auf diese Weise arbeitet, führt ein Team zusammen in seinem gemeinsamen Dienst. Sie hat ein hohes Energieniveau, es geht um Wesentliches, und persönliche Schwächen der Teammitglieder und die Wünsche, etwas besser zu wissen und recht zu haben (auch beim Supervisor), werden unbedeutend. Und indirekt erhalten viele über das Gestelltwerden und Mitverfolgen der lösungsorientierten Prozesse bei Aufstellungen und dem Erleben der „Ordnungen der Liebe" selbst etwas Persönliches geschenkt.

2. Die Supervision der Therapeut-Klient-Beziehung

Sie bezieht sich auf persönliche Schwierigkeiten, die ein Therapeut im Umgang mit einem Klienten hat. Die Supervision dient dazu, daß der Therapeut eine gute arbeitsfähige Beziehung zum Klienten entwickelt oder sie wiedergewinnt.

In der Supervision der Therapeut-Klienten-Beziehung unterscheide ich die Vorgehensweisen, die auf eine Lösung des Rapport-Problems des Therapeuten mit einem bestimmten Klienten zielen, und zwar unabhängig von generellen gewohnheitsmäßigen Verhaltensweisen des Therapeuten im Umgang mit anderen Menschen, und die Selbsterfahrung für den Therapeuten, in der dieser sich um die Veränderung seiner wiederkehrenden und ihn störenden Beziehungsmuster bemüht.

Die Selbsterfahrungsarbeit biete ich nur in freien Supervisionsgruppen an, nicht in institutionellen Gruppen und Teams. In letzteren hat jeder Therapeut das Recht auf Schutz seiner persönlichen Sphäre. Ein Team hat auch keinen Anspruch, wie in einer Familie Anteil an seelischen Prozessen eines Teammitglieds zu nehmen und mitzuwirken. Das würde häufig nur die Illusion vom Team als Familie nähren und die Arbeitsatmosphäre lähmen oder vergiften. Auch von „Einblicken" eines Arbeitgebers oder Vorgesetzten in die persönlichen Angelegenheiten eines Therapeuten muß die Supervision frei bleiben.

Für die jeweiligen „kleinen" und in erster Linie kontextabhängigen Rapportprobleme eines Therapeuten gibt es eine Fülle einfacher Interventionstechniken, die auf einfachen Vorstellungs- und Verhaltensänderungen und einem Wandel der inneren Bilder von dem Klienten durch den Therapeuten beruhen, ohne diesen bloßzustellen. Ich will darauf hier nicht eingehen (Interventionstechniken aus der systemischen Psychotherapie wie zum Beispiel das zirkuläre Fragen oder Prozeßmuster aus dem NLP sind häufig sehr hilfreich).

Eine Aufstellung zur Lösung von Rapport-Problemen des Therapeuten ist vor allem dann sinnvoll, wenn der Therapeut in den therapeutischen Gesprächen parteiisch geworden ist und die Beziehungsneutralität verloren hat. Dabei spielt es keine Rolle, ob der Therapeut nur mit einem Klienten oder seiner ganzen Familie arbeitet.

Das Aufstellen des Klientensystems einschließlich des Therapeuten

Der Therapeut stellt in der Supervision als erstes das System des Klienten auf. Nachdem die Stellvertreter ihre Gefühle auf ihrem Platz mitgeteilt haben, holt der Therapeut einen Stellvertreter für sich selbst in das Klientensystem hinein auf den Platz, den er mit seinem Helfen-Wollen einnimmt.

Die Veränderungen der Gefühle der Stellvertreter für die Familie des Klienten ergeben wertvolle Hinweise, wieweit dieser Platz des Therapeuten für seine Bemühungen hilfreich ist und vom System des Klienten angenommen wird oder nicht. Sehr häufig stellt sich der

Therapeut neben seinen Klienten oder ein anderes Familienmitglied als das „Opfer" im System. Dort wird er aber meist nicht wahrgenommen oder angenommen. Man kann nur herausfinden, von welchem Platz im System aus der Therapeut wirkungsvoll helfen kann und sich im Einklang mit dem System, seiner Not, seiner Kraft und der richtigen Lösung für alle befindet. (Häufig ist das zum Beispiel ein Platz in der Nähe eines „Täters").

Ein tiefer Rapport ist weniger ein Ergebnis von Anstrengungen des Therapeuten und entsprechenden Techniken, auch wenn diese im Bereich „kleiner" Gesten und Denkgewohnheiten sehr hilfreich sind, sondern das Ergebnis der tiefen Zustimmung des Therapeuten zum Denken und Handeln des Klientensystems als gleich gültig. Er bekommt aus dem Einklang die Art und Weise mit, wie dort die Liebe fließt und wirkt.

Aufstellungen dienen dazu, daß Therapeut und Klient gleichermaßen sich den in der Familie des Klienten wirkenden Kräften und der ihnen innewohnenden Lösung aussetzen und sich von der Gruppenseele leiten lassen. Nicht immer ist die gute Lösung die gewünschte oder die sozial anerkannte Lösung. Der Therapeut hat zwar ein Wissen um die mögliche Dynamik in Familien und kann den Klienten zur „Mitte" seines Systems führen, aber dort ist er genauso „Hörer" wie sein Klient. Das gleiche gilt natürlich für den Supervisor.

Hat ein Therapeut dauerhaft Schwierigkeiten mit dieser Art der Neutralität, nämlich urteilslos die unterschiedlichsten Klientensysteme als gleich gültig zu nehmen und die oft seltsamen Wege zu würdigen, welche die Liebe geht, dann ist er vielleicht zuwenig im Einklang mit seiner eigenen Familie; und gerade deshalb nicht von ihr gelöst und frei von einengenden Loyalitäten. Dann ist vielleicht eine Selbsterfahrung für ihn hilfreich, die dem Nehmen der eigenen Eltern und Familie dient und sein Beziehungs- und Sippengewissen öffnet für eine Art „Meta-Gewissen", dem sich die engen Familiengrenzen öffnen zur Weite und Vielfalt und Ebenbürtigkeit verschiedenster Lebensformen. Das ist aber nicht eigentlich Aufgabe von Supervision.

3. Die Teamsupervision

Die Teamsupervision zielt auf die Veränderungen in der Struktur und Arbeitsweise von Teams, und zwar dort, wo die Zusammenarbeit im Team Probleme bereitet.

Die meisten Schwierigkeiten in Teams ergeben sich, wenn die strukturelle Ordnung in Teams nicht wahrgenommen und anerkannt wird, wenn das Team oder einzelne im Team die Sache, der sie dienen, aus dem Auge verlieren und wenn persönliche Querelen einzelner miteinander die Teamarbeit belasten und lähmen. In den ersten beiden Fällen sind Systemaufstellungen ein hervorragendes Mittel zur Klärung, Ordnung und Neuorientierung der Teamzusammenarbeit.

Will eine Einzelperson Supervision für das Team, zu dem sie gehört – das ist häufig nur sinnvoll, wenn sie der Leiter oder die Verantwortliche des Teams ist –, oder will ein Teamsupervisor oder Coach einen Rat für seine Teamsupervision, ist das Verfahren der Aufstellung im Grunde das gleiche wie bei der Fallsupervision, nur daß die Ordnungen in Teams nicht die gleichen sind wie in Familien.

Arbeitet der Supervisor mit einem Team, ist das Aufstellungsverfahren ein etwas anderes, weil normalerweise nicht mit Stellvertretern gearbeitet werden kann.

Ein häufig nützliches Verfahren ist folgendes: Der Supervisor stellt einen Stuhl oder sonstigen Gegenstand in die Mitte des Raumes. Der Stuhl repräsentiert die Sache oder Aufgabe, für die das Team sich zusammengefunden hat oder für die es beauftragt wurde. Die Teammitglieder werden dann gebeten, sich zueinander und zur Sache in Beziehung zu stellen, bis jeder den Platz einnimmt, der irgendwie der von jedem wahrgenommenen Wirklichkeit entspricht. Das braucht eine gewisse Zeit, bis es für jeden, jeweils auf die Bewegungen der anderen reagierend, stimmt. Dann kann jeder mitteilen, wie es ihm auf dem eingenommenen Platz geht und was er im Prozeß des Platzfindens empfunden hat.

Der Supervisor kann sich dann in die „Sache" einfühlen und mitteilen, wie es ihm mit dem Prozeß und dem Ergebnis geht. Kommt somit die Dynamik im Team zum Vorschein, kann sie der Supervisor noch mal verdeutlichen und dann die Teammitglieder in ihrer Position so verändern, daß eine neue tragfähige Ordnung deutlich und erlebbar wird, mit der es nach Möglichkeit allen Teammitgliedern gutgeht und die als richtig angesehen werden kann.

Kernpunkte

Dabei sind verschiedene Gesichtspunkte bedeutsam: Nimmt der Teamleiter seine Position ein und seine Verantwortung wahr? Erkennen die Teammitglieder seine Leistungsfunktion an? Fehlt vielleicht eine Führungsstruktur, und muß sie geschaffen werden? Welche unterschiedlichen Positionen gibt es im Team, zum Beispiel Arzt, Psychologe, Krankenschwester, Sozialarbeiter? Welche Positionen sind gleichrangig zugeordnet? Welche haben Vorrang? (Weil zum Beispiel ein Arzt Entscheidungen über Leben und Tod treffen muß, hat er in einem Kontext, in dem es um schwerwiegende Krankheiten geht, meist Vorrang vor einem Psychologen.)

Es gibt in Teams meist drei Ordnungen, die zusammenwirken:

- Erstens wirkt die hierarchische Ordnung gemäß der Verantwortung und Beauftragung. Innerhalb dieser Ordnung gibt es häufig einen gewissen Vorrang der Verwaltung, soweit sie die Basis und die Mittel für die Arbeit eines Teams bereitstellt.
- Zweitens wirkt die Ursprungsordnung. Sie gibt unter Gleichrangigen in der Position demjenigen einen Vorrang, der schon länger Mitglied des Teams ist.
- Drittens wirkt eine Kompetenzordnung. Sie gibt dem einen Vorrang in der sachlichen Arbeit, der die entsprechende Kompetenz hat. Hier dient zum Beispiel auch ein Chef einem Mitarbeiter und arbeitet ihm in der Sache zu, auch wenn er in der Verantwortung und Führung einen übergeordneten Platz einnimmt. Diese Ordnung wirkt darauf hin, daß jeder entsprechend seinen Fähigkeiten arbeiten kann.

Eine Struktur-Aufstellung kann auch deutlich machen, wenn es Mitglieder aus einem Team wegzieht, und vielleicht auch, was sie wegzieht, und ob das unausweichlich ist, weil zum Beispiel einer Chef werden möchte, was aber in diesem Team nicht möglich oder gemäß ist. Oder es wird deutlich, wer wirklich an der Sacharbeit interessiert ist und wer dafür genügend Kraft mitbringt.

Ein Beispiel:

In der Teamaufstellung eines freien Psychotherapeutenteams, das gemeinsam eine große Praxis benützte und ein gemeinsames Therapie- und Fortbildungsprogramm herausgab, wurde deutlich, daß nur ein Therapeutenehepaar und eine weitere Psychologin ihre Kurse aus eigener Kraft voll bekamen, während drei andere Therapeuten sehr stark darauf angewiesen waren, über das gemeinsame Haus und Programm Klienten zu bekommen. In der Aufstellung hatten sie sich immer weiter in unterschiedlicher Richtung vom „Stuhl" entfernt. Zunächst erhöhte das die Spannung zwischen den Teammitgliedern, bis sie zur Türe hinausgingen und plötzlich alle erleichtert waren. Kurze Zeit später stiegen diese drei Therapeuten aus dem gemeinsamen Vertrag und dem Team aus, und das tatkräftige Ehepaar und die Psychologin übernahmen Haus und Programm in alleiniger Regie. Die Supervision machte nur etwas schon lange Schwelendes und Unausweichliches offensichtlich, so daß die Scheingefechte aufhörten und statt dessen gehandelt werden konnte.

Eine Teamsupervision ist für gewöhnlich nur als einmalige Supervision sinnvoll. Eine Aufstellung kann dabei rasch die strukturelle Dynamik offenlegen und notwendige Ordnungsgesichtspunkte einbringen. Das reicht und überläßt gerade durch die Einmaligkeit dem Team die Handlungsenergie.

Bei persönlichen Streitereien einzelner Teammitglieder ist eine Aufstellung wenig ratsam. Hier geht es meist um Dinge, die nicht in das Team und vor das Team gehören, sondern von den beteiligten Personen selbst und, wenn nötig, mit Hilfe ihres Vorgesetzten oder Teamleiters zu lösen sind. Ein Supervisor arbeitet dabei allenfalls mit den unmittelbar Betroffenen. Hier spielen dann häufig familienbezogene Muster eine große Rolle, und die Lösungen müssen vielleicht diese Ebene miteinbeziehen.

Die Supervision von Familien-Aufstellern

Zum Schluß möchte ich noch auf die Supervision von Therapeuten eingehen, die selbst mit Familienaufstellungen in Gruppen arbeiten oder dies vorhaben zu tun.

Die beste Supervision für das Familien-Stellen ist die eigene Arbeit und das Lernen aus der eigenen Arbeit. Natürlich macht es Sinn, sich manchmal Rat bei einem erfahrenen anderen Therapeuten zu holen, der mit Aufstellungen arbeitet. Folgendes erscheint mir dabei aber beachtenswert: Eine abgeschlossene Therapie – es wird für den Therapeuten keinen Kontakt mehr mit dem Klienten geben – ist eben eine abgeschlossene Therapie. Nachträglich das Klientensystem aufzustellen, erreicht nicht mehr die Seele des Klienten, hat wenig Kraft und führt meist in die Irre. Neugierde allein reicht ebenso wenig, wie der Wunsch zu lernen.

Das Aufstellen eines Klientensystems – sei es nachgestellt oder neu gestellt – und das Arbeiten mit der Aufstellung durch den Therapeuten selbst oder einem anderen Therapeuten aus der Supervisionsgruppe unter Anleitung oder „Aufsicht" des Supervisors unterliegt der Gefahr, daß der Therapeut durch den Blick auf die Supervisionsgruppe und den Supervisor von dem vollen Sich-Einlassen auf das Klientensystem abgelenkt wird. Ein Lernen unter „Ausschluß des Ernstfalles" rückt oft Fragen, Analysen, technische Details und Kritik in den Vordergrund, die den Therapeuten eher schwächen und den Klienten nicht mehr unmittelbar im Auge und in der Zuwendung haben. Die Achtung vor dem Klienten tritt zu sehr in den Hintergrund.

Es lassen sich zwar gewisse Gesetzmäßigkeiten für Aufstellungen wahrnehmen und formulieren. Dennoch ist es immer wieder erstaunlich, welch unterschiedliche Familiendynamiken sich aus ähnlichen Aufstellungsbildern ergeben. Sowohl bei der Supervision wie beim Lernen muß, wenn es um ernsthafte Fragen bei einem Klienten geht, das „Phänomenologische" im Vordergrund stehen, nämlich das Sich-Anspringen-Lassen von einer seelischen Wirklichkeit im Augenblick der Aufstellungsarbeit.

Nicht der Therapeut sieht auf das Klientensystem, sondern das Klientensystem nimmt gewissermaßen die Stellvertreter und den Therapeuten in den Blick und ergreift sie mit seiner jeweiligen Wahrheit. Das ist für mich der springende Punkt für jede Supervision, die sich nicht nur einer systemischen, sondern auch phänomenologischen Methode verpflichtet weiß.

Etwas von dem, wie ich Lernen in der Supervision verstehe, wird vielleicht in der folgenden Zen-Geschichte deutlich, mit der ich schließen möchte:

Der wahre Weg

Dschau-dschou fragte seinen Lehrer Nan-tjuan: „Was ist der wahre Weg?"
Nan-tjuan erwiderte: „Der alltägliche Weg ist der wahre Weg."
Wiederum fragte Dschau-dschou: „Kann man den Weg erlernen?"
Nan-tjuan sagte: „Je mehr du lernst, desto weiter kommst du vom Weg ab."
Darauf fragte Dschau-dschou: „Wenn man dem Weg nicht durch Lernen näherkommen kann, wie kann man ihn erkennen?"
Nan-tjuan sprach: „Der Weg ist kein sichtbares Ding, er ist auch kein unsichtbares Ding. Er ist nichts Erkennbares und auch nichts Unerkennbares. Suche ihn nicht, lerne ihn nicht, nenne ihn nicht! Sei weit und offen wie der Himmel, und du bist auf dem Weg!"
(Aus: „Zen-Aussprüche und Verse der Zen-Meister", Insel-Bücherei Nr. 798, 1982)

Hilfe! Was ist Hilfe?

Zur Anwendung systemischer Aufstellungsarbeit bei Supervisionen und Konsultationen größerer (Helfer-)Systeme

Christine Essen, Guni-Leila Baxa

Bedingt durch ein seit ca. 20 Jahren zunehmend differenziertes und spezialisiertes Angebot medizinischer und psychosozialer Dienstleistungen, sehen sich Menschen, die in diesen Bereichen tätig sind, häufig sehr komplexen Situationen gegenüber. Ihre Klienten und Kunden auch. Ein Segen, der neue Herausforderungen mit sich brachte! Es sind vielfältige Hilfsansätze mit unterschiedlichen Funktionen und sich zum Teil widersprechenden Aufträgen zu koordinieren, wenn Angehörige größerer (Helfer-)Systeme zur Lösung von ihnen gestellten Problemen beitragen wollen, statt zu deren Verschärfung (vgl. auch Imber-Black 1990, Schweitzer 1989, Selig 1976).

Ein Beispiel:[1]

Waltraud, Mitarbeiterin einer Kriseninterventionsstelle, spricht in der Supervisionsgruppe über eine 19jährige Klientin, deren Beratung sie übernommen hat. Frau Hukic ist mit ihrem 5jährigen Sohn aus Bosnien geflüchtet. Ihr Mann blieb zurück. Frau Hukic ging hier in Österreich eine Liebesbeziehung mit Herrn Ferhatovic ein, der auch aus Bosnien stammt und dort eine Familie mit sechs Kindern hat. Nach einer von ihr angekündigten Trennung meldete Herr Ferhatovic dem Jugendamt, sie würde ihren Sohn „für sexuelle Mißbrauchshandlungen verkaufen". Das Kind wurde ihr daraufhin unvermittelt, auf offener Straße, unter Polizeieinsatz weggenommen und an einen ihr zunächst unbekannten Ort gebracht. Sie äußerte Selbstmordabsichten, falls sie ihr Kind nicht zurückbekommen sollte. Das Jugendamt mit der zuständigen Sozialarbeiterin, das Pflegschaftsgericht, das Flüchtlingsheim, in dem sie wohnte, der Kinderkrisenpflegeplatz, die Leiterin einer Flüchtlingsbetreuungsstelle für Frauen, Waltraud im Kriseninterventionszentrum – sie alle waren binnen kurzer Zeit in das Geschehen rund um diese Geschichte involviert und um Lösungen bemüht.

Professionelle Helfer befinden sich als Angehörige größerer Systeme oft in einer zwiespältigen, wenn nicht „mehrspältigen" Situation (vgl. Brandl-Nebehay u. Russinger 1995, Conen 1996).

1 Zwei der in diesem Artikel beschriebenen Fallbeispiele mit Aufstellungen größerer Helfersysteme entstanden aus der Zusammenarbeit mit unseren Kollegen Paul Eichinger und Margarete Fehlinger, IFS Linz.

Uns scheint das im Wesen professioneller Hilfe selbst begründet zu liegen. Ist Hilfe noch Hilfe, wenn ich Anspruch darauf habe? Oder umgekehrt, wenn ich sie annehmen muß? Wenn Gebende und Nehmende begrenzt oder nicht mehr unmittelbar auf der Basis von Freiwilligkeit kooperieren? Zu solchen Zwischensituationen kommt es aus unserer Sicht vor allem dort, wo das Leben, der Besitz oder andere von der Gesellschaft für grundlegend gehaltene Werte bedroht sind und wo diese es für nötig hält einzugreifen.

Die zu diesem Zweck geschaffenen Institutionen geben mit ihren Aufgaben den Helfern ihren Handlungsrahmen und ihren Handlungsspielraum vor. Der Transport dieser „Güter" entwickelt sich zu einem Prozeß, in den die Institutionen, die Helfer und die Klienten eingebunden sind. Klienten etwa wollen diese Güter gar nicht, stehen ihnen ambivalent gegenüber, erwarten ganz anderes oder viel mehr etc. Ein „Seiltanz" zwischen bisweilen ungemein gegensätzlichen Kräften, die am Helfer ziehen, und ein Tanz zudem, den es mit anderen Tänzern, Helfern, abzustimmen gilt. Wir sehen, daß Helfer angesichts zu lösender Probleme oft zu sehr in die eine Richtung (die Institutionsebene) oder in die andere Richtung (Klientenebene) geraten. Was sich in unterschiedlichen Arten unangemessener, überfordernder oder belastender Verantwortungsübernahme ausdrückt.

Schon andere Autoren (Imber-Black 1990, Schweitzer 1989, Selig 1976) haben darauf hingewiesen, daß sich dabei häufig isomorphe Interaktionsmuster in den verschiedenen Systemebenen wiederfinden lassen. Z. B. können sich symptomstabilisierende Beziehungsmuster einer Familie im Helfersystem widerspiegeln. Oder institutionelle Strukturprobleme werden über die Beziehungsangebote der bei ihnen beschäftigten Helfer „zu den Familien transportiert", etwa durch unklare Zielvorstellungen oder widersprüchliche Aufforderungen an Familienmitglieder.

Welche Voraussetzungen sind notwendig, damit ein Orchesterkonzert, ein Heilungsritual, eine Tanzaufführung oder ein Schauspiel gelingen kann? Wie weiß der einzelne um seinen Einsatz, seinen stimmigen Auftritt, seinen rechten Platz? Der Dirigent hat den Gesamtklang im Ohr. Er liest die Partitur und gibt die Einsätze, während die Musiker auf ihre Stimme achten, an den Tönen feilen, die Technik ihres Instrumentes üben und verfeinern.

Wie kann ein „Zusammenspiel" so gestaltet werden, daß jeder Helfer seinen guten Platz erkennt und findet? Daß nicht alle glauben, das Gleiche oder „einzig Richtige" tun zu müssen? Auf welches Maß muß jeder sich bescheiden? Wer schweigt, während andere sprechen? Welche Handlungen sind für die Patienten, Klienten oder Kunden noch kraftgebend? Wie können so verschiedene Hilfsangebote als zusammenpassend erfahren werden? Wer führt Regie?

Aufstellungsarbeit stellt ein Medium dar, mit dem sich viele in diesem Zusammenhang auftauchende Fragen klären lassen. Das Stellen eines Helfersystems bedeutet dabei eine kraftvolle Intervention von nachhaltiger Wirkung. Die innere Orientierung, viele Leitlinien und die Haltung, wie wir sie für das Familien-Stellen kennen, bleiben dieselben, die unterschiedlichen Anliegen und die Komplexität solcher Systeme verlangen jedoch nach einem erweiterten Rahmen und ergänzenden Schritten, auf die wir hier näher eingehen wollen.

Unsere Erfahrungen damit sammelten wir als Supervisorinnen in verschiedensten Einrichtungen der Jugendwohlfahrt, des Gesundheitswesens und anderer psychosozialer Organisationen. Dabei waren *Settings*, in denen sich das Stellen größerer Helfersysteme bewährte: *Fallsupervisionen in Teams und Gruppen, Fort- bzw. Ausbildungsveranstaltungen* sowie *Konsultationen mit Helfern größerer Systeme.*

Wesentlich für Aufstellungen scheint uns der Platz zu sein, den die FragestellerIn im Geschehen einnimmt. Hat sie ihr (verinnerlichtes) Bild des Systems gestellt, nimmt sie am weiteren Prozeß größtenteils in einer dissoziierten Position teil. Um dies zu gewährleisten, setzen wir bei *Fallsupervisionen mit einzelnen Helfern, bei Teamkonflikten oder Teamfragen in Teamsupervisionen und bei Familie-Helfer-Konsultationen nur Teilaspekte der Aufstellungsarbeit ein.*

Wir verwenden hier entweder Medien (d. h. Symbole wie Stühle, Kissen, Schuhe, Puppen, das Familienbrett etc.) oder laden außenstehende Personen als Rollenspieler ein. Auch Strukturaufstellungen und die Ratsversammlung im Medizinkreis (ein Ritual, das verschiedene indianische Völker bei Entscheidungsprozessen einsetzen) haben sich in diesen Situationen bewährt (Essen 1990).

Ein systemisches Interview

steht am Anfang jeder Supervision, Konsultation oder Beratung.
Es dient:

- der Kreation eines Arbeitskontraktes, der die Interessen und Ziele aller Beteiligten berücksichtigt (Kunden *und* Berater-

Innen) und geeignet ist, einen Beitrag zum Gelingen eines Hilfeprojektes zu leisten;
- der Abklärung, ob eine Aufstellung oder eher andere Interventionen für das vorliegende Anliegen passend erscheinen;
- der Vorbereitung einer Aufstellung.

Das Interview beinhaltet sowohl fokussierende als auch zirkuläre bzw. reflexive Fragen, die Informationen erheben, zu Perspektivenwechsel anregen und dem Gespräch eine ressourcen- und lösungsorientierte Richtung geben (Andersen 1989, de Shazer 1989, Schlippe/Schweitzer 1996, Schmid 1985, Tomm 1994).[2] Es ist überdies von der Ausrichtung und der inneren Haltung der Aufstellungsarbeit geleitet: z.B. im Beachten bisher „vergessener" bzw. ausgeschlossener Systemmitglieder oder in der (innerlich gestellten) Frage, inwiefern diejenigen, die sich problematisch oder symptomatisch verhalten, „lieben" bzw. „dem Ganzen dienen". Reframingangebote, Metaphern und Geschichten fließen in das Gespräch ein.

Fragen zur Kontextklärung

Wie kommt es, daß wir jetzt hier beisammen sind? Wer ist an dem Hilfeprojekt beteiligt? In welchen Funktionen? Mit welchen Aufträgen? An wen stellte die Familie/das Klientensystem ein Hilfeersuchen? Welches? Welche Helfer sind in einer Fürsorge-, Kontroll-, Erziehungsposition oder haben gesetzlich festgelegte Entscheidungskompetenzen? (Ludewig 1992, S. 121 f.). Wann sind welche Helfer bzw. ihre beauftragenden Institutionen in das Hilfeprojekt eingetreten?

Fragen zur Problemsicht und Problemdefinition

Wo bzw. zwischen wem sieht jeder das Problem? Wie wird es von wem beschrieben, eingeschätzt und etikettiert? Gibt es Koalitionen, Konflikte etc. im Helfersystem, die als isomorphe Strukturen mit Mustern im Klientensystem korrespondieren? Oder mit Mustern in und zwischen Institutionen? (Diese beiden letzten Fragen werden kaum explizit gestellt, sondern werden stets von den BeraterInnen mit bedacht.)

Fragen zu bisherigen Lösungsversuchen, Ausnahmen vom Problem und zur Auswirkung schon erfolgter Hilfsangebote

Welche Lösungen wurden bisher schon erprobt? Was war bisher hilfreich? Wann traten welche Kooperationsprobleme eher nicht auf?

2 Eine Auswahl möglicher Fragen, u. a. angeregt durch diese Autoren, finden Sie im folgenden Text.

Fragen, die Zukunftsprojektionen und Zielvisionen anregen – und als Kontrast: Verschlimmerungsfragen

Wofür würden Sie unsere Sitzung hier gern verwenden? Was wäre ein gutes Ergebnis für jeden? Angenommen, es würde über Nacht ein Wunder geschehen, sie hätten geschlafen und wachen nun am Morgen auf – woran würden Sie merken, daß Ihre (Kooperations-)Probleme gelöst sind? Was soll sich verändern? Was soll so bleiben, wie es ist? Was würde passieren, wenn bestimmte Hilfsangebote wegfallen oder sich bestimmte Helfer zurückziehen? Wer könnte wie dazu beitragen, daß das gesamte Hilfeprojekt mit Sicherheit scheitert? Oder zumindest noch komplizierter und verfahrener wird?

Fragen zum Auftrag an die Beratung

Welche Erwartungen hat wer an die BeraterIn/SupervisorIn? Welche Auswirkungen hätte ihre Bereitschaft, diese Erwartungen zu erfüllen? Würde dies den gesteckten Zielen dienen oder eher nicht? Könnten die Erwartungen auch modifiziert werden, um einen neuen Auftrag zu finden, der zieldienlicher für die Sache und alle Beteiligten ist? (Das ist auch für die BeraterIn von Bedeutung, um von einem beziehungs- und lösungsneutralen Standpunkt aus handeln zu können – was besonders wichtig ist, wenn es kontroverse Erwartungen an sie gibt.)

Es empfiehlt sich, während des Interviews eine *Systemzeichnung* anzufertigen. Sie verschafft BeraterInnen wie Klienten Überblick, macht Systemebenen deutlich und bringt ausgeschlossene bzw. nichtbeachtete Systemmitglieder in den Blick. Die Systemzeichnung enthält eines oder mehrere *Genogramme* zum Klientensystem sowie Aufzeichnungen zu den beteiligten größeren (Helfer-)Systemen. *Organigramme* sind ebenfalls manchmal hilfreich.

Systemzeichnung im Fall von Waltraud

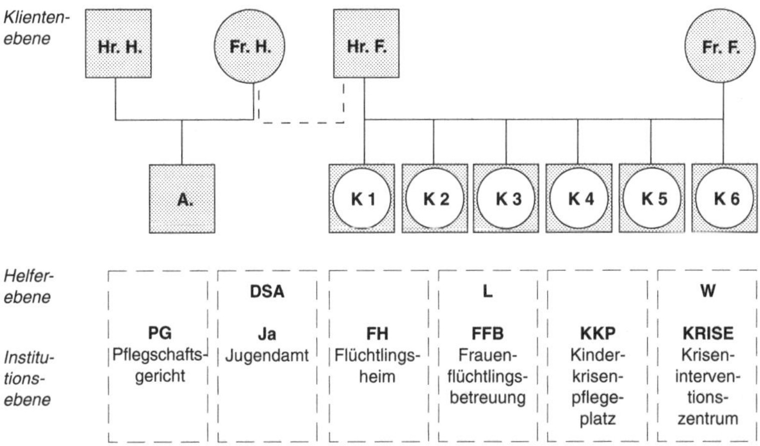

Weitere Systemebenen, z. B. Ebene der Träger von Institutionen, Ebene der Budgetgeber, Ebene der politischen Entscheidungsträger, waren für Waltrauds Anliegen nicht von Bedeutung, können aber in anderen Situationen für die Beratung relevant sein.

Zeichenerklärung:

Fr. H., Hr. H.	Frau und Herr Hukic	DSA	Sozialarbeiterin
A.	Alen, ihr Sohn	L	Leiterin der FFB
Hr. F., Fr. F.	Herr und Frau Ferhatovic	W	Waltraud
K 1–6	ihre sechs Kinder		

Das *Interview* kann – je nach Kontext – sehr kurz ausfallen (etwa um das Ziel einer Aufstellung zu ermitteln) oder auch ausgedehnter sein. Hat es für den/die Fragesteller genug neue Informationen oder Impulse für den nächsten Handlungsschritt ergeben, wird eine Aufstellung überflüssig. Um diesen Punkt zu erreichen, genügen oft einige Fragen, eventuell die Anfertigung einer Systemzeichnung, oder das Entwickeln von Metaphern und weiterführenden Ideen im Kreis der TeilnehmerInnen.

Aufstellungen sind vor allem dort zielführend, wo im Interview Anliegen zu etwa folgenden Themen herausgearbeitet werden:

- neue, veränderte Sichtweisen, Ideen und Handlungsmöglichkeiten für die Zusammenarbeit mit dem Klientensystem;
- konstruktive Formen der Kooperation mit anderen Helfern des größeren Systems;
- stimmige Funktion und angemessener Platz im System, sowie in der damit übereinstimmenden, gemäßen Verantwortungsübernahme und Entscheidungskompetenz;
- Auswirkung geplanter Handlungsschritte;
- nicht wahrgenommene oder gar abgelehnte Ressourcen (bei sich selbst, bei Klienten, in der Helfer- oder Institutionsebene);
- unklare bzw. widersprüchliche Auftragslage für den/die Helfer.

Im folgenden gehen wir auf das *Stellen größerer Helfersysteme* ein. Bei bestimmten Fragen machen wir *Organisationsaufstellungen,* wenn es etwa vorwiegend um institutionsinterne Strukturprobleme geht, oder *Strukturaufstellungen*, zum Beispiel bei Entscheidungsfragen, „heißen" Themen in Teams etc. (siehe dazu G. Weber/B. Groß u. I. Sparrer/M. Varga von Kibéd in diesem Band).

Das Stellen größerer Systeme

Wer und was wird gestellt?

Die naturgemäß meist große Zahl beteiligter Personen und Einrichtungen erfordert ein besonderes Augenmerk auf die Frage, wer oder was gestellt wird. Die Versuchung eines „Zuviel" ist hier besonders groß. Um die *Komplexität einzugrenzen,* können ganze Einrichtungen, Instanzen oder Gruppierungen durch einen einzelnen Repräsentanten verkörpert werden.

In einer Schulklasse beispielsweise kommt es wiederholt zu Kaufhausdiebstählen vieler SchülerInnen. Eine erste Krisensitzung von Schule und Eltern endet mit heftigen gegenseitigen Beschuldigungen. Zu einer daraufhin in Anspruch genommenen Konsultation kommen etwa 30 Personen: Eltern und LehrerInnen. Im Interview werden dann aus einer Vielzahl von Vorschlägen je ein Repräsentant für jede der folgenden Systemkräfte ausgewählt: *Schulbehörde, Schulleiterin, alle LehrerInnen, sehr besorgte Eltern, gelassene Eltern, unauffällige SchülerInnen, in der Schule auffällige SchülerInnen, nach außen auffällige SchülerInnen, das, worum es geht.*

Begonnen wird eine Aufstellung mit den für die Fragestellung relevanten Systemmitgliedern und relevanten Systemebenen. Aus der Vielzahl möglicher Personen oder Instanzen, die in Frage kommen, aufgestellt zu werden, wählen wir diejenigen aus, die vermutlich etwas zur *Lösung der Fragestellung* beitragen können.
Das sind:

- (zumeist) alle bei der Beratung anwesenden Personen oder vertretenen Instanzen;
- in irgendeiner Weise ausgeschlossene, abgewertete, nichtbeachtete und nichtgewürdigte Personen bzw. Funktionen im System. Also häufig leibliche Eltern, ausgeschlossene Mütter oder Väter, erste (Ehe-)Partner, verstorbene oder weggegebene Kinder u. a.; im Helfersystem z. B. MitarbeiterInnen mit Kontroll-, Verwaltungs- bzw. Führungsaufgaben usw.
- Personen aus dem Herkunftssystem von Helfern als Ressource Wir haben z. B. beobachtet, daß es Frauen mit Schwierigkeiten in ihren beruflichen Entscheidungs- und Führungskompetenzen sehr oft der „*Vater* im Rücken" ermöglicht, ihren Platz ganz auszufüllen.
- nichtpersonale Strukturelemente, wie etwa Schicksalskräfte, Werte oder andere Bedeutungsgebungen, etwa: *Symptome, Sätze,* ein *Geheimnis,* das *Schicksal,* die *Heimat, das, worum es geht* etc.
  Ein Beispiel: Im Fall einer suizidgefährdeten jungen Frau, um deren Problem sich ein riesiges Helfersystem gebildet hatte, fiel in der Aufstellung bei der Befragung immer wieder der Satz *„Die muß hier weg!"* (Gemeint waren jeweils verschiedene Personen.) Als der Satz durch einen Repräsentanten verkörpert wird und seinen „Ursprung" suchen geht, findet er ihn in einem dramatischen Ereignis im Leben der *Großmutter* dieser Frau.

Erstes Aufstellungsbild, Lösungsschritte und Lösungsbilder

Schließen wir an das Bild eines Orchesterkonzerts, einer Tanzaufführung, eines Heilungsrituals an: Aufstellungen bringen den Stand der Choreographie zum Ausdruck. Sie geben auf Metapherebene Auskunft darüber, wie ein größeres System problemstabilisierende Muster aufrechterhält (z. B. wo und wie sich isomorphe Strukturen durchsetzen), wie jeder „Mitspieler" dazu beiträgt und welchen Spielraum für Veränderung ihm die Situation erlaubt.

In der Reduktion von Komplexität werden wesentliche Aspekte des *Problemsystems* (Anderson et al. 1986) einsichtig, sinnlich erfahrbar und nachvollziehbar. Die Fragesteller sehen ein Stück, in dem sie selbst mitspielen, aus einer dissoziierten Position, was einen einschneidenden Perspektivenwechsel ermöglicht. Die Aufstellung fügt so dem Denken in gewohnten Bahnen die Offenheit des staunenden Wahrnehmens und Sich-Anmuten-Lassens hinzu. Verbinde ich mich als Leiterin einer Aufstellung mit der Lösungsenergie des Systems, kann es vielleicht gelingen, problemerhaltende Muster zu verwandeln und ihre Kraft für eine Lösung zu nützen.

Wo man in der Aufstellung beginnen kann Lösungsschritte anzusetzen, hängt davon ab, wo sich bei den Fragestellern das größte Anliegen und die stärkste Lösungsenergie zeigen und wo das System lösende Veränderungen erlaubt. Dieser zweite Punkt eröffnet sich durch die Rückmeldungen der Stellvertreter und in dem, was das System dem Leiter einer Aufstellung sonst noch zeigen mag, wenn er sich lauschend darauf einläßt – mit all seiner Erfahrung und doch in der Haltung des Nichtwissens und Empfänglichseins.

Wenden wir uns wieder Waltrauds Anliegen zu

Von der Supervision erwartet sich Waltraud Klarheit über ihre Rolle und ihre angemessene Aufgabe im System.

Frau Hukic wurde von der Leiterin der Frauenflüchlingsbetreuung an die *Krise* bzw. Waltraud überwiesen, nachdem das Jugendamt ihr die Auflage erteilt hatte, sich einer Beratung zu unterziehen. Andernfalls bekäme sie ihren Sohn nicht wieder. Die zuständige Sozialarbeiterin des Jugendamtes ist eher – jedoch noch nicht ganz sicher – für die Rückgabe Alens an seine Mutter. Sie deutet an, daß sie sich von der Beratung Bestätigungen für ihre Einschätzung erhofft. Frau Hukic wünscht sich, Waltraud möge ihr helfen, ihren Sohn wiederzubekommen, und wiederholt ihre Suizidabsichten, falls dies nicht gelingen sollte.

Die Supervision findet in einer Ausbildungsgruppe statt und soll für theoretische Reflexionen genützt werden, daher fallen die Stellvertreterauswahl und die Befragung etwas ausführlicher aus. Bild 1 zeigt die ausgewälten Personen bzw. Gruppierungen.

1. Bild

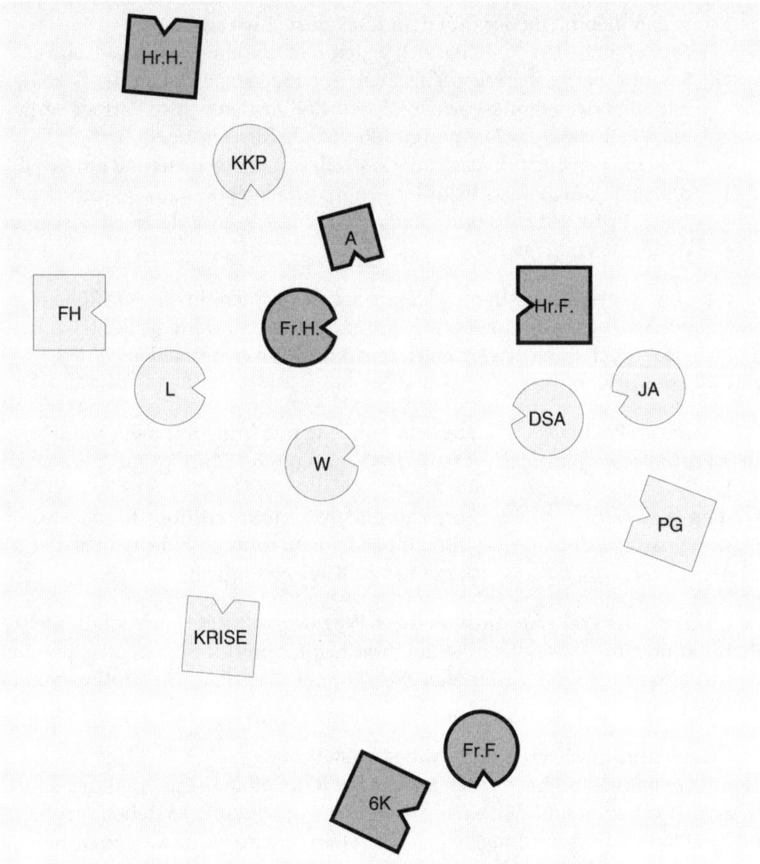

Klientenebene:

Fr. H., Hr. H.	Frau und Herr Hukic
A.	Alen Hukic
Hr. F., Fr. F.	Herrn u. Frau Ferhatovic
6 K.	ihre sechs Kinder

Helferebene:

W	Waltraud
DSA	Sozialarbeiterin
L	Leiterin der Frauenflüchtlingsbetreung
FH	MitarbeiterInnen des Flüchtlingsheims
KKP	MitarbeiterInnen des Kinderkrisenpflegeplatzes
PG	Mitarbeiter des Pflegschaftsgerichtes

Institutionsebene:

JA	Jugendamt
KRISE	Kriseninterventionszentrum

Beobachtungen, die durch die Rückmeldungen der Rollenspieler bestärkt werden:[3]

1) Alle *in Bosnien verbliebenen Familienangehörigen* stehen wie ausgeklammerte Familienmitglieder (mit dem Rücken zu allen anderen).
2) *Frau H.* und *Herr F.* stehen sich gegenüber wie ein getrenntes Paar.
3) Sowohl die *Sozialarbeiterin* als auch *Waltraud* stehen so an der Seite der Auseinandersetzungspartner, als würden sie deren erste Partner vertreten. Die *Leiterin der FFB* nimmt Elternstelle für *Frau H.* ein.
4) Die *Helfer* und *Institutionen* mit Kontrollaufträgen stehen rund um *Herr F.*, der sie ja durch seine Handlungen ins Spiel geholt hat. Die *Helfer* bzw. *Institutionen* mit Hilfs- und. Versorgungsaufträgen andererseits stehen in der Nähe von *Frau H.*

Um die implizite *Auftragslage* zu klären und zu sichten, inwieweit Rollenvermischungen zwischen der DSA und Waltraud vorliegen, werden alle Stellvertreter im System nach ihren Erwartungen und Aufträgen an die beiden befragt. Hier eine kleine Auswahl:

Frau Hukic an *Waltraud:*	„Steh mir zur Seite und bring mir mein Kind!“
Herr Ferhatovic an *Waltraud*:	„Trenn das Kind von der Mutter und führe sie zu mir!“
DSA an *Waltraud*:	„Sorg dafür, daß die Mutter zu ihrem Kind kommt!“
Jugendamt an *Waltraud:*	„Hilf mir bei der Beurteilung, ob die Frau imstande ist, gut für ihr Kind zu sorgen!“

Der Auftrag, der Waltraud am besten den Weg weist (er stößt auch auf die meiste Zustimmung im *Helfersystem*), ist der ihrer Institution *(KRISE)*: „Stütze Frau H., damit sie und ihr Kind zusammenleben können und dieses Institutionsdrama endet!“

Umstellungsschritte und Lösungsaufstellung

Die *Helfer* werden weiter zurück und in die Reihenfolge gestellt, in der sie ins System gekommen sind. Mit einer Ausnahme: *PG, DSA* und *JA* stehen vorgeordnet. Sie haben Entscheidungsbefugnisse wahrzunehmen und ermöglichen so allen anderen im Helfersystem, Hirn, Herz und Hände für Hilfskontakte freizuhaben, die dann unter der Bedingung von Freiwilligkeit (und Klientenorientierung) stattfinden können. – So fühlen sich die einen gewürdigt (Personen mit Kontrollauftrag) und die anderen entlastet (Personen mit Hilfsauftrag). Helfer mit Versorgungsaufträgen (*FH, L, KKP*) stehen in der Mitte.

Waltraud, die jetzt an die Stelle ihrer *Repräsentantin* getreten ist, fühlt sich erleichtert und nimmt von ihrem Platz aus wahr, daß sie *Frau H.* den Partner nicht ersetzen kann und, daß sie den verdeckten Auftrag, „Detektiv zu spielen“, nicht übernehmen und diese Rolle an das Jugendamt zurückgeben möchte. Sie ist entlastet, wenn sie anerkennt, daß sie die „Jüngste“ im Helfersystem ist und in ihrer Rolle als Beraterin den geringsten Spielraum auf einer „äußeren Ebene“ (im Sinn von Positions- oder Ordnungsmacht; vgl. Staub-Bernasconi 1991) und den

3 Im folgenden Text werden bei den Beschreibungen von Aufstellungen die entsprechenden *Stellvertreter* immer durch *Kursivschrift* gekennzeichnet.

größten Spielraum auf einer „inneren Ebene" hat (im Sinn von problemlösender Rollenerlaubnis; vgl. Lüssi 1991).

- *Herr F.* wird gebeten, aus der Tür zu gehen. – Alle Anwesenden sind erleichtert.
- *Herr H.* wird hereingeholt und steht jetzt neben seiner Frau.
- *Frau F.* und die *6 Kinder* werden ebenfalls hereingeholt.
- Wieder in den Raum gebeten, kann sich *Herr F.* erst dann seiner Familie bzw. seine Familie kann sich ihm zuwenden, als ein Repräsentant für seine *Heimat* hinter ihm steht. Er wird ruhig und fühlt sich einer Trennung von *Frau H.*, sowie einer Konfrontation mit seiner Familie in Bosnien gewachsen.
- *Frau H.* fühlt sich gestärkt und kann sich ihrem Mann ganz zuwenden, als ihre *Mutter (M. Fr.)* mit ins Bild kommt.

  Von den *Mitgliedern der Familien F. und H.* hören wir noch, sie hätten bis zu diesen beiden letzten Schritten ein Bild gehabt, daß diejenigen, die (aus Bosnien) weggehen, ihre Würde und Zugehörigkeit verlieren würden.

Das Lösungsbild

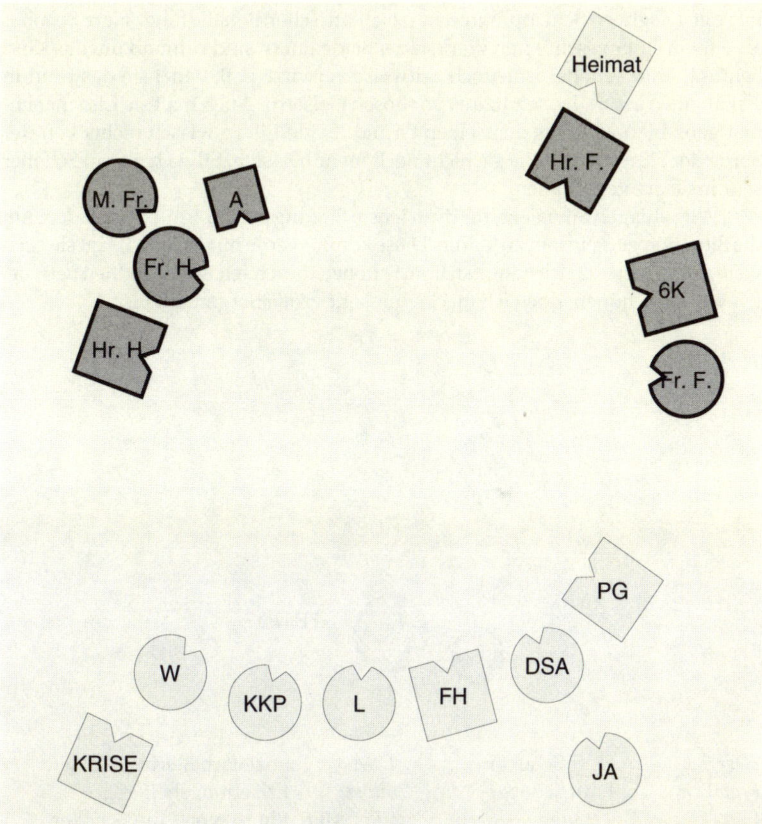

Ein halbes Jahr später erfahren wir:
Im Anschluß an die Supervision bat Waltraud die Sozialarbeiterin, auf Informationen von ihr zu verzichten, da dies ihren Beratungsrahmen sprenge. Die Sozialarbeiterin zeigte Verständnis und stimmte zu. Ein Detail: Wir erleben nach Aufstellungen größerer Systeme oft, daß sich auch die Anliegen von Klienten ändern. Hier zum Beispiel bei Frau Hukic, die sich von Waltraud nun wünschte, sie solle ihr dabei helfen, „sich Ruhe von all diesen Leuten und Institutionen zu verschaffen" und ihr Leben zufriedenstellend zu organisieren. Alen kam nach einiger Zeit, durch eine gut abgestimmte Zusammenarbeit der beteiligten Helfer (DSA, PG und KKP), zu seiner Mutter zurück.

Noch ein Beispiel: Die doppelte Adoption

„Ich weiß nicht weiter. Ich bin völlig überfordert! Was soll ich tun?", fragt Silvia, eine Erziehungshelferin, in der Supervisionsgruppe.

Auf die Bitte einer befreundeten Sozialarbeiterin (DSA) besucht Silvia mehrmals wöchentlich Frau Schober und die acht Monate alte Lisa. Es geht um die Frage, ob das Kind in der Familie bleiben kann. Silvia soll das einschätzen und überprüfen. Lisas Eltern sind beide jung (21 und 19 Jahre alt) und seit einiger Zeit mit der Diagnose Schizophrenie in psychiatrischer Behandlung. Herr Schober arbeitet in einer geschützten Werkstätte. Beide Eltern sind rührend um das Kind bemüht. Frau Schober ist jedoch zeitweise verwirrt, z. B. badet sie das Kind in eiskaltem Wasser, das schütze es vor bösen Geistern. Auch malt sie Lisa manchmal ganz blau an – aus demselben Grund. Beide Eltern wissen nichts von der Sorge der DSA, man wolle sie nicht noch mehr belasten. Silvia hat Frau Schober sehr ins Herz geschlossen.

Wir schlagen Silvia vor, für die nächste Sitzung die DSA mit einzuladen, um die Situation gemeinsam zu klären. Diese kommt gerne mit. „Denn", sagt sie, „ich weiß mir keinen Rat. Ich hänge an Frau Schober, die ich seit ihrer Kindheit betreue. Ich will sie schonen, doch ich mache mir sehr große Sorgen um Lisa."

1. Bild

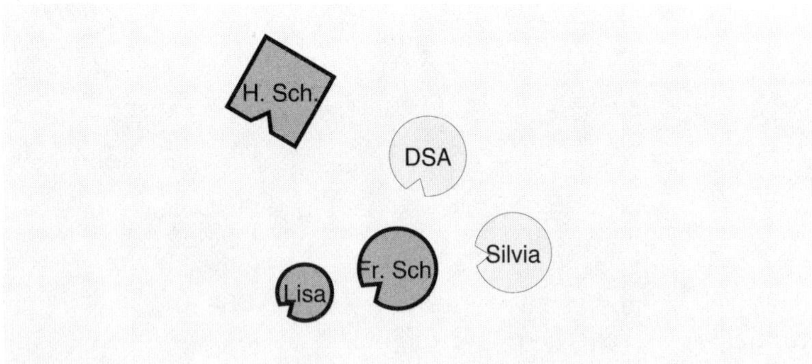

Herr Sch.	Herr Schober	*DSA*	Sozialarbeiterin
Frau Sch.	Frau Schober	*Silvia*	Erziehungshelferin
Lisa	Tochter	*VFr., MFr.*	Eltern von Frau Schober

Die *DSA* und *Silvia* stehen wie ein „Elternpaar" hinter *Frau Sch. Lisa* fühlt sich bedroht und will weg. *Herr Sch.* möchte mehr Kontakt zu Lisa und verstehen, wer die Leute hinter seiner Frau seien. *Frau Sch.* fühlt die beiden hinter sich, warm, und nichts anderes zähle.

2. *Bild*

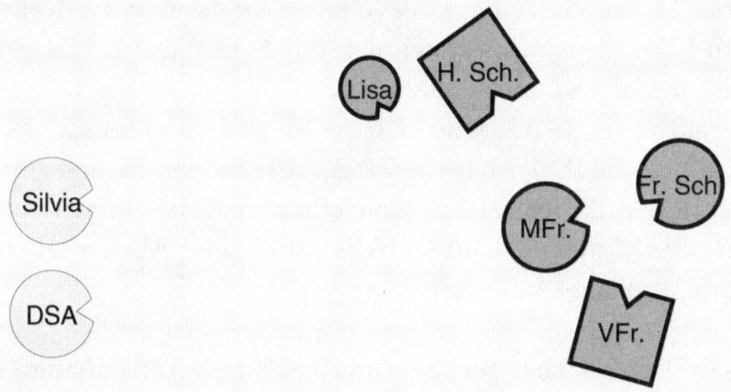

Die Umstellung

Die *DSA* und *Silvia* stehen jetzt vorne, relativ weit entfernt von *Frau Sch. Lisa* steht näher bei ihrem Vater, es zieht sie aber zu den Frauen „da drüben" (*DSA* und *Silvia*). Wir bringen die Eltern (*VFr.* und *MFr.*) von *Fr. Sch.* ins Bild. Sobald diese stehen, brechen alle Anwesenden in Schluchzen aus. *Fr. Sch.* fällt richtig zu ihren Eltern, weint bitterlich und sagt immer: „Endlich, endlich." Die *Eltern* sind sehr erschüttert und halten sie lange fest.

Noch immer weinend erzählt dann die DSA, Frau Schober sei, wenige Tage alt, auf der Straße gefunden worden, mit einem kleinen Brief dabei: „Ich kann nicht weiter. Bitte seid lieb zu ihr." Sie lebte dann in Heimen, bis sie, dreijährig, adoptiert wurde. Sie wisse das alles aber nicht. Mit den Adoptiveltern habe sie, nach heftigen Auseinandersetzungen, jetzt keinen Kontakt. Wir beenden die Aufstellung hier und sprechen nach einer Pause noch kurz mit den beiden Helferinnen. Sie beschließen, gemeinsam mit den Eltern über ihre Sorge um Lisa zu sprechen und nach Lösungen zu suchen.

Beim Stellen von Helfersystemen beenden wir die Aufstellung dann, wenn sich die Lösung für das Anliegen der Fragesteller zeigt. Das läßt vieles offen, scheinbar ungelöst. Entscheidend scheint uns jedoch der wesentliche Impuls und nicht die Vollständigkeit. Ein Zuviel verwirrt und nimmt dem Impuls die Kraft.

Einige Wochen später berichtet Silvia, das Gespräch mit Lisas Eltern hätte stattgefunden und diese wären sehr aufmerksam gewesen. Daraufhin habe die

Sozialarbeiterin Frau Schober ihre Geschichte erzählt. Frau Schober habe – wie ihre Stellvertreterin in der Aufstellung – sehr geweint, und sie hätten sie, zusammen mit Herrn Schober, lange gehalten. Danach habe Frau Schober „geleuchtet". Für Lisa habe sich in der Nähe der Eltern ein guter Pflegeplatz gefunden. Lisa sei oft bei ihren Eltern. Ein Jahr später hat Frau Schober Arbeit gefunden. Eltern und Pflegeeltern lösen sich in der Betreuung Lisas ab.

Oft „stehen", wie wir in den Beispielen sehen können, HelferInnen mitten im *Klientensystem* und nehmen dabei häufig den Platz eines Mitglieds aus dem Klientensystem ein.

Unterstützt werden solche „Übertritte" durch gesellschaftliche und institutionelle Bilder bzw. Aufträge, die Helfern nahelegen, sie hätten Kindern die Eltern zu ersetzen, könnten die besseren, richtigeren Väter oder Mütter sein, müßten der Mutter eine Mutter sein oder den „Mann im Haus" vertreten usw.

Lösungsansätze bestehen hier also im Zurücktreten aus unangemessener Verantwortung, im Hereinnehmen ausgeschlossener, abgewerteter Mitglieder des Klientensystems, im Anerkennen von Schicksalskräften, in der Hinwendung zur gemäßen Aufgabe und dem Ausloten ihrer Grenzen und Spielräume.

Auf der *Helferebene* werden Identifizierungen mit dem Klientensystem oder Konfliktübernahmen aus dem Institutionsbereich oft in Form gegenseitiger Einmischung, von Konkurrenz, einem Nicht-Anerkennen und Abwerten anderer Funktionen im System (z. B. Hilfsaufgaben gegen Kontroll- und Versorgungsfunktionen, traditionelle Medizin gegen alternative Heilmethoden und umgekehrt) ausgetragen. Die Kampfparteien versuchen dann, in diesen Auseinandersetzungen widersprüchliche, aus dem Klientensystem stammende oder gesellschaftliche Aufträge und sich widersprechende politische Tendenzen auf ihrer Ebene zu lösen.

Beispiel:

Martina arbeitet als Psychologin in einem psychiatrischen Krankenhaus und führt dort Beratungsgespräche mit Frau Dörfler, die akut suizidgefährdet ist und deren Mutter vor Jahren durch Selbstmord gestorben ist. Sie findet sich von den anderen Mitarbeitern der Abteilung dabei nicht gerade unterstützt. Bei einer Aufstellung des größeren Systems (*Frau Dörfler* und die Mitglieder ihrer *Gegenwartsfamilie, Martina,* der *Oberarzt* und *das Pflegepersonal* der psychiatrischen Station) zeigt sich, daß *Martina* den Platz von Frau Dörflers Mutter eingenommen hat (sie steht ganz nah hinter ihr in Opposition zu den anderen Stationsmitarbeitern) und sich in Konkurrenz zu den übrigen Mitarbeitern der Station fühlt. Wir stellen Frau Dörfler *ihre Mutter* zur Seite. Als *Martina* ihren Platz verändert und sich in die Reihe der *Stationsmitarbeiter* einfügt, kann sie die Arbeit des *Oberarztes* und der *Schwestern* anerkennen und ihnen danken, daß sie dafür sorgen, daß Frau Dörfler am Leben bleibt, indem sie auf sie aufpassen. Das gibt ihr als Psychologin erst den Freiraum, mit Frau Dörfler therapeutisch zu arbeiten und mit ihr die Frage von Leben und Tod zu besprechen. Und es wird für sie möglich, mit dem Arzt angemessene Arbeitsteilungen und Kooperationsmöglichkeiten auszuhandeln.

Lösungen auf dieser Ebene können sein: Vorrang und Anerkennung für die Entscheidungs- und Verantwortungsträger (= oft die „sozialen Kontrolleure"), Beachten der Reihenfolge des Hereinkommens ins System, respektvolles Wahrnehmen der anderen Helfer, ihrer Sichtweisen, Handlungsspielräume und Begrenzungen, Loslassen einengender Loyalitäten an Ideen und Ideologien etc.

Verstrickungen von Helfern in Strukturprobleme der *Institutions-Ebene* (z. B. Unklarheiten über Programme und Konzepte einer Einrichtung, ungelöste Konflikte oder ein Nichteinnehmen wichtiger Positionen in der Führungsebene) lassen sich in Aufstellungen oft durch entsprechende Rückgaberituale lösen (siehe auch S. Essen, S. 135 f. in diesem Band).

Beispiel: Die Nadel

Im Stationsteam eines psychiatrischen Krankenhauses kommt es häufig zu Uneinigkeiten über die Frage, ob an Patienten eher Anforderungen gestellt werden sollen (z. B. bestimmte Regeln ein halten) oder ob eher Rücksicht auf die psychische Belastbarkeit der betreffenden Patienten angebracht wäre (z. B. Ausnahmen machen). Besonders heftig geraten die Stationsschwester und ein neu hinzugekommener Krankenpfleger aneinander.

Als wir die Situation in einer Supervisionssitzung – der stationsleitende Arzt war an diesem Tag abwesend – aufstellen (ein P*atient,* seine *Angehörigen,* die *Krankenschwester* und der *Pfleger),* wird deutlich, daß der *Patient* und seine Familie wenig mit der Sache zu tun zu haben scheinen. Als die *beiden Mitarbeiter* eingeladen werden, ein Symbol für ihren Konflikt zu suchen, wählen sie eine kleine Sicherheitsnadel, nehmen sie gemeinsam in die Hände, schütteln den Kopf und drängen darauf, sie wieder loszuwerden. Es entwickelt sich ein Rückgaberitual, und die Nadel wandert über den *stationsleitenden Arzt* zum *ärztlichen Direktor* des Krankenhauses, der sich seinerseits dem *Verwaltungsdirektor* derselben Einrichtung zuwendet. Indem beide zustimmend nicken, nehmen sie die Konflikt-Nadel gemeinsam in Empfang. Sie scheint in rechten Händen gelandet zu sein.

Bei der nächsten Supervisionssitzung erzählen die beiden Mitarbeiter, sie hätten die Nadel heimlich an die Tür des Stationsarztes gehängt, neugierig gewartet, ob er sie bemerkt, und sich seitdem manchmal, wenn sich ein Konflikt anbahnte, dorthin umgesehen und mit einer gewissen Lust zu einer guten Kooperation zurückgefunden. Der leitende Arzt hatte von der Nadel nichts bemerkt, erzählte aber schmunzelnd, daß er inzwischen einmal beim ärztlichen Direktor zur Besprechung einiger grundlegender Strukturprobleme rund um den Stationsbetrieb gewesen wäre.

Hat ein Helfer in seiner Funktion Entscheidungskompetenzen oder einen gewissen Einfluß auf das organisatorische Geschehen im Betrieb, kann er sich auf Dauer keine ambivalente Haltung in bezug auf seine Zugehörigkeit zu der Einrichtung leisten, ohne dadurch in seiner Kraft und in seinem Handlungsspielraum eingeschränkt zu sein. Lösend und stärkend wirkt hier, das Gute dieses Platzes zu nehmen und die damit verbundenen Spielräume zu nützen.

Beispiel: Ein Projekt auf beiden Beinen

Martin, Mitarbeiter einer öffentlichen Wohlfahrtseinrichtung, war beauftragt worden, ein neues Organisationskonzept für alle Kinderheime der Region zu entwerfen. In einer Beratung, bei der es darum ging, wie Schwankungen und Behinderungen in der Planungsarbeit aufgelöst werden könnten, stellte er sein ganzes „Werk" samt Auftrags- und Geldgebern und einigen anderen wichtigen Instanzen des Projektsystems auf. Es zeigte sich, daß zwei Personen durch das Projekt an Einfluß, eine sogar ihre Funktion im Betrieb verlieren würden. Nachdem er das gesehen und anerkannt hatte, wendete er sich der Reihe nach jedem seiner (hinter ihm stehenden) Auftrag- und Geldgeber zu, würdigte sie über Blickkontakt und Kopfneigung und nahm ihre Zustimmung und ihre Unterstützung entgegen. Als er sich wieder umdrehte, konnte man sehen, daß jeder ihm seinen Platz gönnte. Und als er nach vorn schaute, standen da jetzt die pädagogischen Mitarbei-terInnen, die Kinder und deren Eltern als Adressaten des Projekts und meinten: „Ja, der wird das gut für uns machen."

Er stand jetzt mit beiden Beinen fest auf dem Boden, Kraft floß ihm von allen Seiten zu, und er fühlte sich bereit, sie an das Unternehmen weiterzugeben.

Nacharbeit

Hier geht es um die Übersetzung der Einsichten und Schritte aus der Aufstellung in die Handlungsebene.

– *Reflexionen:* Vor allem, wenn Mitarbeiter größerer Systeme zum ersten Mal mit Aufstellungen in Kontakt kommen, ist es wichtig darauf hinzuweisen, daß Aufstellungen Metaphern sind, die sich in Geist und Seele auswirken und in Handlungen einfließen können (vgl. Bert Hellinger: „Trag es im Herzen und laß es wirken!"). Sie sind keine direkten Handlungsanweisungen für die Welt „außen" (vgl. Wilber 1988, zur Unterscheidung zwischen phänomenologischen und empirischen Erkenntnisbereichen). Aufstellungen sind Interventionen auf der Ebene der Bedeutungsgebungen, auch wenn dabei soziale Systeme sehr lebendig repräsentiert sein mögen.

- *Empfehlungen und Rituale* für „zu Hause", bzw. für den Arbeitsalltag: Hier gibt es eine Fülle von Möglichkeiten, die wir aus Platzgründen nicht behandeln können. (Der interessierte Leser sei verwiesen auf: Imber-Black 1990, S. 184–218 und Imber-Black/Roberts/Whiting 1993, S. 323 ff.)

Schlußbemerkungen

Die Haltung des Nichtwissens und der Empfänglichkeit für das, was sich zeigt – Aspekte einer phänomenologischen Herangehensweise – leiten uns beim Stellen von Systemen. Gleichzeitig stützen wir uns dabei auf die konstruktivistische These, daß unser Geist *(mind)* dem, was gegeben ist, seine eigenen Bedeutungen auferlegt. Jede (heilsame) Veränderung von Haltungen, Bildern und Gefühlen zu etwas Gegebenem (und damit oft nicht Änderbarem, wie bestimmten Lebensereignissen, Schicksal oder Tod) ist eine Veränderung der Bedeutungsgebung des Geistes.

Was uns und auch Angehörige größerer Systeme bei unserer gemeinsamen Arbeit so berührt: zu sehen, daß ein *kleiner* Impuls oder ein Schritt in eine neue Richtung eine lösungsanregende Kraft in Gang setzt, die sich über mehrere Ebenen fortpflanzen und auswirken kann. Wir hoffen, daß wir dies mit einigen Beispielen zeigen konnten.

Vom Familienstellen zur systemischen Strukturaufstellungsarbeit

Insa Sparrer und Matthias Varga von Kibéd

1. Grundideen der systemischen Strukturaufstellungsarbeit

Die von uns entwickelte systemische Strukturaufstellungsarbeit hat ihre Grundlagen im Familien-Stellen nach Bert Hellinger. Sie stellt eine Erweiterung des Aufstellungsverfahrens vom Familiensystem auf andere Kontexte dar. Die Grundidee des Vorgehens bei systemischen Strukturaufstellungen besteht in der Annahme, daß wir innere Modelle anderer für uns wichtiger Systeme in Analogie zu den Familienstrukturen bilden. Diese Annahme führt zu der Suche nach geeigneten Übertragungen der Prinzipien für Familienaufstellungen (FA) auf andere Systemkontexte. Dabei erweisen sich die von Bert Hellinger entdeckten Prinzipien der Zugehörigkeit, der zeitlichen Reihenfolge und des Vorrangs erhöhten Einsatzes auch im nichtfamiliären Kontext, wenn auch in teilweise abstrakterer Form, als wesentlich.

Für andere Kontexte muß zunächst geklärt werden:

a) wer zum System gehört,
b) was im neuen System Ausschluß heißt,
c) in welcher Form es eine zeitliche Reihenfolge bei welchen Teilen des neuen Systems gibt,
d) was Einsatz in diesem Kontext heißt, und
e} welche weiteren Gesetzmäßigkeiten für den entsprechenden Kontext spezifisch sind.

Mit der systemischen Strukturaufstellungsarbeit versuchen wir, einen solchen allgemeinen Rahmen für syntaktische und semantische Gesetzmäßigkeiten des Systemischen zu geben. Dieses Metamodell der Aufstellungsarbeit macht es möglich, zwischen den verschiedenen Kontexten zu wechseln. Als die Systemebene, auf der wir am meisten grundlegende persönliche Erfahrungen haben, bildet dabei das Familiensystem (in einem generalisierten Sinne) die Basis. Systeme anderer Kontexte können als simultane Ebenen gesehen werden, die dazu und miteinander in Resonanz treten.

Auf diese Weise kann man von einer Aufstellungsform in eine andere wechseln. Wir fordern dabei die RollenspielerInnen in erster Linie zu Mitteilungen über ihre körperliche Selbstwahrnehmung auf. Dieses Vorgehen erlaubt, die Muster der dargestellten Strukturen (von Problemen, Entscheidungssituationen usw.) mit einem möglichst geringen Anteil an Deutungen von seiten der RepräsentantInnen zu klären. Die darstellende Gruppe fungiert dabei selbst wie ein wahrnehmungsfähiger Organismus, der das repräsentierte System beobachtet und nachbildet. Die derart gefundenen Lösungen lassen sich von einem Kontext auf andere übertragen. Wir können die Strukturebene der Aufstellung so wählen, daß sie dem Kontext, in dem die KlientInnen ihr Anliegen nennen, möglichst genau entspricht. Auf diese Weise können wir besonders nah an der Sprache und dem Weltbild der KlientInnen bleiben (erleichtertes Pacing).

Die Methode der systemischen Strukturaufstellungen kann aus unserer Sicht als die Praxis eines Metamodells der verschiedenen Formen der systemischen Aufstellungsarbeit angesehen werden. Durch systematische Betrachtung der Übergänge zwischen Aufstellungen zu gegenwärtigen Problemen, psychosomatischen Abläufen und Familienstrukturen werden Gemeinsamkeiten der verschiedenen Systemebenen zugänglich, die ein allgemeineres Verständnis der Prinzipien der systemischen Therapie ermöglichen und das Verhältnis der systemischen zu anderen Therapieformen klären helfen können. Die durch die Überführung einer systemischen Aufstellungsart in eine andere sichtbar werdenden übergeordneten Prozeßmuster sind unserer Erfahrung nach oft keiner der beiden Aufstellungsarten separat zu entnehmen.

2. Arten systemischer Strukturaufstellungen

Im folgenden geben wir einen Überblick über die bisher von uns entwickelten unterschiedlichen Arten systemischer Strukturaufstellungen in verschiedenen Kontexten.

In *Problemaufstellungen* (PA) geht es um die Aufstellung einer Struktur, bei der ein gewünschtes Ziel bisher nicht erreicht wurde. Eine Problemstruktur ist dadurch gekennzeichnet, daß Ziele erreicht werden sollen, die durch Hindernisse verstellt sind. Der Wunsch nach Überwindung der Hindernisse gibt den Anstoß zur Veränderung. In einer PA werden die Strukturaspekte eines Problems (Fokus, Ziel, ein bis drei Hindernisse, ein bis zwei ungenützte Ressourcen, (verdeckter) Gewinn, zukünftige Aufgabe aufgestellt und durch Stellungs- und Prozeßarbeit in ein Lösungsbild überführt, das alle Teile integriert. Während der Aufstellung geschieht ein impliziter Umdeutungsprozeß, in dem alle ehemals problematischen Teile, zum Beispiel die Hindernisse, zu produktiven Teilaspekten („Schutzwällen" oder „Helfern") umgedeutet werden. Die PA zeigt, wie Veränderung überhaupt zustande kommt, während die Tetralemmaarbeit (siehe unten) verdeutlicht, wie das vorhandene Motiv Unterscheidungen wirksam werden läßt. Als Beispiel einer häufigen Regularität beim Strukturebenenwechsel zum Familienbild sei die Tendenz einer Analogie von Ziel und Elternloyalität sowie von künftiger Aufgabe und Großelternloyalität erwähnt.

Bei *Körperaufstellungen* (KA) werden Körperteile, Organe, Funktionskreise und äußere Hilfsmittel und Einflüsse (zum Beispiel Medikamente, Suchtmittel, Umweltbelastungen u. a.) aufgestellt. Im ersten aufgestellten Bild zeigen sich die Beziehungen der aufgestellten Teile zueinander und verdeutlichen, was verändert werden muß. Es wird zum Beispiel sichtbar, welche Körperorgane mehr „Kontakt" brauchen, wie ein Medikament in die Beziehungsstruktur eingreift und am besten wirksam werden kann, beziehungsweise welcher Platz angemessener ist und welche äußeren Einflüsse wann und in welcher Form auftreten, und wie schließlich ungünstige Auswirkungen möglicherweise gelindert oder aufgehoben werden können. Häufig zeigte sich in diesen Aufstellungen ein Strukturebenenwechsel zur Familienaufstellung.

Eine andere Art der KA stellt die Aufstellung von medizinischen Körpermodellen dar. Hier haben wir im Gegensatz zur gewöhnlichen Körperaufstellung ein in sich geschlossenes System vor uns. Wenn wir etwa in *Funktionskreisaufstellungen* mit den fünf Funktionskreisen der TCM arbeiten, ist die Auswahl der Bestandteile und ihre Vollzähligkeit klar vorgegeben, während die Auswahl der Teile bei einer gewöhnlichen KA natürlich variiert. Mit den KA verwandt sind die *homöopathischen Systemaufstellungen* (vgl. F. Wiest u. M. Varga v. Kibéd 1997 in diesem Band, S. 444) und die in ihnen enthaltenen *Arzneimittelbild-* und *Patientensymptomsystem-Aufstellungen.*

Sprachliche Oberflächenstrukturaufstellungen (SOA) verbinden Elemente der hypnotherapeutischen Metaphernarbeit mit der Aufstellungsmethode. Zentrale Sätze aus der Problembeschreibung oder Schlüsselzeilen aus Lieblingsmärchen oder -liedern werden nach linguistischen Gesichtspunkten analysiert und durch Rollenspieler dargestellt. Auch hier wird der Übergang zu Problem- und Familienstrukturen oft schnell sichtbar. Wir betrachten die PA als geeignete Tiefenstruktur zum Verständnis der SOA; die Struktur der PA liefert hier eine Matrix zur Bildung von Hypothesen darüber, welcher Teil des aufgestellten Satzes welchem Teilaspekt eines Problems zuzuordnen ist. Dadurch kann auch ein Fehlen relevanter Teilaspekte in einer SOA bemerkt werden, wobei der in einer SOA am häufigsten getilgte Teil (aus der Sicht der PA als Tiefenstruktur der SOA) der verdeckte Gewinn (der zugrundeliegenden PA) ist. Dieser Teil wird daher häufig von uns während des Umstellungsprozesses ergänzt, zum Beispiel unter der Bezeichnung „das, was dabei vergessen wurde".

Die *Tetralemmaarbeit* (TLA) dient zur Entdeckung von sprachlich oft kaum zugänglichen übersehenen Alternativen, ausgeblendeten Problemkontexten und ausgeschlossenen Möglichkeiten der Verbindung der Gegensätze in Dilemmasituationen. *Tetralemmaaufstellungen* arbeiten mit einer Struktur aus der indischen Logik, dem Tetralemma (Sanskrit: catuskoti) und dessen Erweiterung in der buddhistischen Logik (dem negierten Tetralemma, der sogenannten vierfachen Verneinung der Madhyamikas). Dabei werden die inneren Prozesse, die der Klient bei seinem Dilemma bisher durchlief, externalisiert und (in einer vorsichtigen Form des „future pacing") erweitert. Als aufgestellte Teile werden, neben dem Fokus als der KlientInnenperspektive, die beiden Seiten des Dilemmas („das Eine", „das andere") und zwei weitere Positionen („beides", „keines von beiden") sowie eine fünfte „(Nicht-)Position" („All dies nicht – und nicht einmal ich") verwendet.

Die DarstellerInnen des fünften Aspekts bilden „freie Elemente", was besagt, daß sie ihre Stellung nach eigenem Gutdünken verändern können. Dieser fünfte Aspekt beliebiger Entscheidungssituationen weist auf die Nichtabschließbarkeit der übergeordneten Einsichten hin und verhindert durch seine Selbstanwendung, das heißt indem er sich selbst den Charakter einer endgültigen Einsicht abspricht, seine dogmatisierende Verwendung. Diese sogenannte Negation des Tetralemmas führt zu tieferen Prinzipien der Musterunterbrechung und weist Verbindungen zu Vorgehensweisen der Ericksonschen Hypnotherapie auf.

Welche Art von therapeutischem oder kognitivem Gewinn können bei den übrigen Positionen erwartet werden? Zunächst einmal vermittelt der Rahmen der TLA die implizite Annahme, daß jede problematische Entscheidungssituation, die zu einer Entweder-Oder-Haltung geführt hat, mindestens drei relevante Standpunkte unzureichend berücksichtigt. Diese Standpunkte können nun von den KlientInnen bei Tetralemma-Aufstellungen körperlich erfahrbar gemacht werden, indem ein geeigneter Bezug des Fokus, der Perspektive der KlientInnen, mit der dritten bis fünften Position hergestellt wird.

Der Übergang zu „beides“ ist aus unserer Sicht eine Form des internen Reframings und dient der Entdeckung einer von fünf Arten übersehener Vereinbarkeits- oder Verbindungsmöglichkeiten zwischen den beiden Positionen im ursprünglichen Dilemma. Diese fünf Verbindungsmöglichkeiten sind:

a) Kompromiß (also zum Beispiel jeder der beiden ersten Positionen teilweise recht zu geben oder sie in einem bestimmten Verhältnis zu berücksichtigen, wie bei der Verteilung von Zuständigkeitsbereichen in einem Team);
b) Iteration (also die zeitlich abwechselnde Bevorzugung bestimmter Alternativen, wie zum Beispiel bei der Besuchsregelung für Kinder nach Scheidungen);
c) Scheingegensatz (also die Einsicht, daß die bisher als Dilemma gesehenen Alternativen der ersten und zweiten Position sich nicht wirklich, sondern nur in unserer bisherigen Wirklichkeitskonstruktion ausschlossen; also etwa, wenn etwas die Annahme unwirksam werden läßt, die Treue zu einem Elternteil sei automatisch eine Form der Untreue gegen den anderen);
d) Thesenverschiebung (also der Übergang von den bisher als Dilemma gesehenen Alternativen zu einer anderen, verwandten, aber nunmehr miteinander verträglichen Auffassung, wie etwa die Anerkennung des hohen Preises einer geopferten Alternative als etwas, das die gewählte Alternative für uns noch kostbarer macht; dies entspricht Hellingers „den Wert des Nichtgewählten in das Gewählte hineinfließen lassen“;
e) paradoxe Verbindung (also etwa eine Form, zwei einander widersprechende Prinzipien zugleich aufrechtzuerhalten,

etwa wenn die Forderungen der Ursprungs- und der Gegenwartsfamilie sich widersprechen und dennoch beide als gerechtfertigte Forderungen beibehalten werden durch die Haltung der Bereitschaft, schuldig zu werden).

Der Übergang von der dritten zur vierten Position, also von „beides" zu „keines von beiden" stellt eine Form des externen Reframings dar; hier wird der bisher nicht oder unzureichend gesehene Kontext des bisherigen Dilemmas deutlich; in dieser Position erleben die KlientInnen, wie es überhaupt dazu kam, daß das Dilemma ihre Sicht und ihre Energien bislang derart bannen konnte.

Nach der vierten Position unterscheiden wir drei Arten von Prozessen:

a) Ehrenrunden (um Gunther Schmidts lösungsorientierte und daher angemessenere Bezeichnung von angeblichen Rückfällen zu verwenden),
b) Symptomverschiebungen und
c) kreative Schritte.

Es gibt beim negierten Tetralemma, wie wir es für die TLA verwenden, keine absolut richtige und keine letzte Position; es stellt ein Schema eines im Prinzip unendlichen Prozesses neuartiger Entwicklungen dar. Jeder der fünf Aspekte kann als Übergang von einer vorher blockierten Situation einen lokalen Lösungsschritt darstellen, jede dieser Positionen kann aber auch eine pathogene oder erstarrte Form annehmen. Das Schema des negierten Tetralemmas bildet dann eine Art Landkarte für die Struktur innerer Klärungsprozesse bei Gegensätzen, die zu einer blockierten Situation stets Hinweise für die Entdeckung einer angemessenen Haltung für eine lösungsorientierte Veränderung bietet. (Zur TLA vgl. Varga v. Kibéd 1995, 1997b, sowie Sparrer u. Varga v. Kibéd im Druck a.)

Da viele Dilemmata mit der Verteilung der offenen und verdeckten Elternloyalitäten verbunden zu sein scheinen, ergibt sich oft ein natürlicher Wechsel zur Auffassung der beiden ersten Positionen als Elternrepräsentanzen; analog dazu taucht bei einem geglückten Übergang zu „beides" die Analogie zum Nehmen beider Eltern und damit zur Ursprungsfamilie auf, und „keines von beiden" wird so zur Gegenwartsfamilie. Beim Übergang von einer TLA zur PA erweist sich der übersehene Dilemmakontext in der vierten Position oft als Analogie zum verdeckten Gewinn oder der künftigen Aufgabe der PA.

Die *Aufstellung des eigentlichen Themas* (AET) erfordert nur drei Repräsentanten (und ist mit geeigneten Dissoziationsformen auch verhältnismäßig leicht in den einzeltherapeutischen Kontext integrierbar). Sie kann als eine partielle Tetralemma- oder Problemaufstellung verstanden werden; folgende schematische Analogie verdeutlicht die Grundidee:

AET	TLA	PA
Fokus	Fokus	Fokus
offizielles Thema	das Eine	Ziel
eigentliches Thema	keines von beiden	künftige Aufgabe *oder* (verdeckter) Gewinn

Häufig erweist sich hier das offizielle Thema der KlientInnen als analog zur offenen Elternloyalität, das eigentliche Thema dagegen eher als analog zur verdeckten Loyalität zum jeweils anderen Elternteil (Strukturebenenwechsel zur FA!).

Glaubenspolaritäten-Aufstellungen (GPA) klären den Status von Grundüberzeugungen und „belief systems" in Abhängigkeit von durch Traumatisierungen eingeschränkten Zugängen zu religiösen Grundhaltungen. Wir verwenden dazu eine in der französischen Religionsphilosophie entstandene Einteilung der Grundüberzeugungen nach den drei Polaritäten von Liebe, Erkenntnis und Pflicht (beziehungsweise Ordnung).

Diese Aufstellungsform erweist sich ebenso wie die *Core-Transformation-Aufstellungen* (CTA, eine Aufstellungsform, die wir zu der auf C. und S. Andreae zurückgehenden und von Siegfried Essen wesentlich modifizierten Methode der Core-Transformation im NLP entwickelten) als besonders geeignet, um von den sprachlich formulierbaren zu den vorsprachlichen, eher vom Körperempfinden her zugänglichen Grundlagen unserer Haltungen vorzudringen.

Bei *Organisationsaufstellungen* (OA) in der von uns verwendeten Form von Strukturaufstellungen werden Analogien zu Familienbildern, PA, GPA und Aspekte der TLA zur systemischen Unternehmensberatung und Supervision eingesetzt. Dabei werden sowohl Einzelpersonen wie Teams, Projektgruppen, hierarchische Ebenen des Betriebs, wie auch Werte und Ziele des Unternehmens durch Repräsentanten dargestellt.

Organisationsaufstellungen im engeren Sinne, bei denen Teilaspekte des Unternehmens repräsentiert werden, können Hinweise auf vergessene Perspektiven und Systemelemente geben, Fehlauffassungen von Reihenfolgen und Zugehörigkeit aufheben und die Nichtwürdigung von Einsatz und Leistung verdeutlichen. Die Verwendung von PA bei der Arbeit mit Organisationen dient der Ressourcensuche und Integration, während die TLA hier eher zur Konfliktklärung und Entdeckung kreativer Kontextbedingungen für neuartige Lösungen eingesetzt werden kann. Eine GPA schließlich kann im Rahmen der OA zur Konstruktion neuer Visionen für die Firma und zur Aufhebung von Blockaden, die durch eine problematische Sicht der Grundwerte der Organisation entstanden sind, dienen.

Organisationsaufstellungen sind ein Spezialfall der *gemischten symbolischen Aufstellungen*, die als eine Verallgemeinerung der Verbindung abstrakterer Familienbilder mit Aspekten der PA, SOA und TLA zu verstehen sind.

In der *Zeichenklassenaufstellung* werden für ein Thema des Klienten die neun Zeichenklassen nach Charles Sanders Peirce aufgestellt und zu einem Lösungsbild, in dem die verschiedenen Zeichen in gutem Kontakt stehen, verändert. Hierbei ergeben sich interessante Analogien von Zeichenklassen, Problemanteilen und Familienstrukturen.

Syllogistische Aufstellungen basieren auf dem syllogistischen Quadrat der aristotelischen Logik, verwenden also im Gegensatz zur TLA eine standardlogische Grundstruktur. Sie dienen besonders der Erarbeitung eines erlebnisnahen Zugangs zu positiven und negativen Ausnahmen und Generalisierungen.

Politische Aufstellungen, die schon seit etwa 1990 von Siegfried Essen verwendet wurden, sind von uns beispielsweise (1994) zur Betrachtung des Jugoslawienkonfliktes eingesetzt worden (siehe auch Scheucher und Szyszkowitz in diesem Band, S. 510). Diese Aufstellungen finden Anwendung im sozialpsychologischen und pädagogischen Bereich.

Supervisionsaufstellungen verwenden einen Repräsentanten für die Therapeutin oder den Berater, dessen Perspektive des Anliegens seiner Klienten hier das Thema wird; gesucht wird nach einer geeigneten Haltung der Berater zu der Problemstruktur der KlientInnen. Für die Aufstellung ist der Berater selbst als der Klient anzusehen.

In *mehrperspektivischen Aufstellungen* verwenden wir mehrere „Foki"; so wird zum Beispiel eine Familie simultan aus der Perspektive des Kindes und eines der Elternteile aufgestellt, oder ein Problem wird simultan aus der Sicht von zwei Konfliktparteien gestellt, etwa in Form einer simultanen doppelten Tetralemmaaufstellung. Hier gibt es Ähnlichkeiten zu einer Paar-Parts-Party im Sinne von Virginia Satir.

Lösungsaufstellungen, Neunfelderaufstellungen und *Zielannäherungsaufstellungen* verbinden Methoden der Aufstellungsarbeit mit Ideen aus der lösungsorientierten Kurztherapie nach de Shazer; Näheres dazu im vorliegenden Band in Sparrer 1997 b.

Konfliktaufstellungen basieren auf dem Konzept der *versehentlichen Aufstellungen*, das wir verwenden, um die Frage zu beantworten, weshalb aufstellungsähnliche Effekte nicht im Alltag ständig auftreten. Unsere Antwort auf diese Frage lautet: Diese Effekte treten zwar ständig auf, löschen sich aber durch das simultane Auftreten und das Fehlen eines einheitlichen Fokus in der Regel („Rauschen"). Gelegentlich werden aber Kontextbedingungen eine Person auch in einem alltäglichen Zusammenhang an den Platz eines wichtigen Mitglieds eines anderen Systems geraten lassen, was zu einem anschließend für alle Beteiligten unerklärlichen (und daher in der Regel schnell verdrängten) Verhalten mehrerer Personen führen kann. Als Konfliktaufstellung bezeichnen wir dann eine Aufstellung als absichtliche Rekonstruktion der Bedingungen einer solchen versehentlichen Aufstellung; dieses Vorgehen bewährt sich in derartigen Fällen als wirksames Konfliktklärungsmittel.

Unser Konzept der versehentlichen Aufstellungen führt zu einer systemisch modifizierten Auffassung der Projektion: Statt „die Struktur A wird auf die Person B projiziert" sollte es demgemäß eher heißen: „Andere, insbesondere nahestehende Personen werden in Leerstellen für wichtige, oft für ausgeschlossene Personen eines anderen Systems hineingezogen und beginnen diese zu repräsentieren."

Bei *Drehbuchaufstellungen* und dem Kreativitätstraining mit Aufstellungen erfolgen die Umstellungen nicht primär lösungsorientiert; vielmehr soll die Vielzahl stimmiger Komplikationen eines Geschichtenexposés oder einer Konfliktdynamik verdeutlicht werden (vgl. Varga v. Kibéd 1997b).

Ein besonderer Vorzug der Arbeitsmöglichkeit mit systemischen Strukturaufstellungen zeigt sich bei den *Aufstellungen mit Strukturebenenwechsel.* Sie wurden oben an mehreren Beispielen erläutert; zentral ist hier die Idee, daß Strukturähnlichkeiten des Beziehungsgefüges unterschiedlicher Systeme den Wechsel der intendierten Bedeutungsebene der Repräsentation erlauben *(systemische Resonanz).* So kann man etwa von einem problematischen Handlungsmuster ausgehen und von dort zur Struktur der psychosomatischen Symptome oder der Ursprungsfamilie überleiten, oder die Analogien von beruflichen und privaten Problemmustern deutlich werden lassen. Dadurch wird eine Vielzahl von übersehenen Möglichkeiten, von sich selbst zu lernen, sichtbar.

3. Interventionen, das Systemische und das Menschenbild

Innerhalb der Aufstellungsarbeit unterscheiden wir als Interventionsformen zwischen *Stellungsarbeit* (Hinzufügen vergessener Teile, Veränderung der Anordnung der Teile), *diagnostischen Tests* (Umstellungen zur Verdeutlichung von im System wirksamen destruktiven Dynamiken) und *Energie-, Informations- oder Prozeßarbeit* (Stärken von Verbindungen zwischen Teilen durch Berührung oder Augenkontakt; Trauerarbeit, Rückgaben von übernommenen Gefühlen, Schuld oder Verdiensten; angeleiteter ritueller Dialog). Die Grammatik der Schritte dieser Interventionsformen muß deutlich unterschieden werden (Näheres dazu wie auch zu den obengenannten Aufstellungsformen findet sich in Sparrer u. Varga v. Kibéd 1996, 1997, im Druck a). Die Hierarchie der Grundprinzipien der Familienaufstellungen, von deren Übertragung auf nichtfamiliäre Kontexte eingangs die Rede war, läßt sich durch die Betrachtung allgemeiner Systemeigenschaften rechtfertigen; so ist das Primat des gleichwertigen Rechts auf Zugehörigkeit für ein System existenzsichernd, da Ausschluß die Systemgrenzen unklar werden läßt. Analog dazu sichert der Vorrang des späteren Systems gegenüber dem früheren die Fortpflanzungsmöglichkeit dieser Systemart. Die Anerkennung des höheren Einsatzes ist zur Sicherung der „Immunkräfte“ des Systems unter Krisenbedingungen relevant (vgl. auch Sparrer u. Varga v. Kibéd im Druck a, Sparrer 1997a, Varga v. Kibéd 1997).

In die Aufstellungsarbeit können hypnotherapeutische und systemische Ansätze verschiedener Schulen integriert werden (vgl.

dazu auch I. Sparrer im vorliegenden Band über die Verbindungen zur lösungsorientierten Kurztherapie). Die angeblich scharfe Trennung der unterschiedlichen therapeutischen Schulen, die sich heute systemisch nennen, kann unseres Erachtens überwunden werden, indem einerseits nützliche Verbindungen der Formen der verschiedenen Schulen erprobt werden und andererseits ein geeigneter übergeordneter Begriff des Systemischen an die Stelle der vielen unvereinbaren Charakterisierungen gesetzt wird. Wir schlagen vor, das Systemische als *Aspektwechselprädikat* aufzufassen; als „systemischer" sollte demnach der Übergang zu einer Sichtweise bezeichnet werden, in der ein größerer Phänomenbereich als zuvor über Züge der Gesamtdynamik des Systemkontexts statt aufgrund von Eigenschaften von Systemelementen erklärt wird (vgl. Varga v. Kibéd 1997a).

Die systemische Strukturaufstellungsarbeit führt noch über die Erfordernisse aus den Einsichten des Familien-Stellens hinaus zu einem veränderten Menschenbild. Sie zeigt, wie verschiedenste Ebenen des menschlichen Erfahrens und Verhaltens in Resonanz zu familiären Beziehungsmustern verstanden werden können, aber auch, wie über den Rahmen der familienbezogenen Sicht hinaus andere Arten von Beziehungsmustern zu derartigen Resonanzen führen können. Zudem verdeutlicht sie die Art und Weise in der, mit Buber gesprochen, das Unbewußte nicht in, sondern zwischen uns ist. Wir sehen systemische Strukturaufstellungen als einen Ansatz, der auf dem achtungsvollen Umgang mit der systemischen Wahrnehmung beruht und diese Wahrnehmungsart als Bezugnahme auf das Unbewußte zwischen uns begreift.

Organisationsaufstellungen

Gunthard Weber und Brigitte Gross

Dieser Beitrag handelt von ersten Erfahrungen, die Aufstellungsarbeit Bert Hellingers (Weber 1993; Hellinger 1994) auf größere soziale Systeme und Organisationen zu übertragen.

Es mutet schon waghalsig an, wenn wir, nachdem ein Mensch sein inneres Bild einer Organisation im Raum aufstellte, anhand der Aussagen der stehenden Stellvertreter Rückschlüsse auf ein System, seine Geschichte und seinen Zustand treffen und daraus dann Folgerungen ableiten und Lösungsideen entwickeln.

Es scheint – denn wie sollten wir uns sonst solche Phänomene erklären –, daß Menschen nicht nur einzelne Elemente, Fakten und Zustände wahrnehmen können, sondern auch Beziehungsmuster und -strukturen, also vernetzte Beziehungsgefüge und Systemkonstellationen. Diese komplexen Informationen müssen „gespeichert" werden können und dienen als handlungsleitende affektiv-kognitive Schemata (s. auch Ciompi 1997). Die unbewußten Abbildungen lassen sich beim Aufstellen offensichtlich in Raumbilder zurücktransponieren, also wieder externalisieren, und bestimmte systemische Zusammenhänge können so reinszeniert werden.

Das zweite Geheimnis ist, daß die Stellvertreter (der Mitglieder des Systems, das aufgestellt wird) die wieder externalisierte Systemkonstellation dann ebenfalls wieder repräsentativ erfassen und die Befindlichkeit dessen, den sie vertreten, sowie die Gesamtsituation hautnah wahrnehmen und nachempfinden können. Unsere Erfahrungen der letzten drei Jahre mit Organisationsaufstellungen und die Rückmeldungen vieler Gruppenteilnehmer bestätigten uns bisher jedenfalls in der Annahme, daß durch gesammeltes Aufstellen von Organisationsbildern so stimmige Informationen über die Strukturen, Dynamiken und Wechselwirkungen in einem System ans Licht kommen, daß sich daraus kraftvolle Lösungsbilder und -einsichten entwickeln lassen.

Ihre Einprägsamkeit gewinnen dieses Raumbilder einerseits dadurch, daß der Aufstellende das Geschehen zuerst als außenstehender Beobachter und dann später, selbst im Lösungsbild stehend, direkt an sich erfahren kann. Die Stellvertreter, die teilnehmenden Beobachter und der Aufstellende sind, sobald das ganze System aufgestellt ist, den Systemkräften unmittelbar und *gleichzeitig* ausgesetzt. So entsteht ein synergetisches Feld, in dem alte Wirklichkeiten und neue Möglichkeiten kurz aufeinanderfolgend von allen erlebt werden können. Das ganze System Aufstellungsgruppe wird also jeweils erst von der Dynamik der Problemkonstellation wie später auch von der Lösungsatmosphäre „infiziert".

Sprache kann Geschehnisse nur nacheinander beleuchten. Um dasselbe Ausmaß von Informationen zu bekommen wie durch eine Aufstellung, müßte man lange nachfragen. Die Bildsprache einer Aufstellung prägt sich wie eine Metapher viel intensiver ein als beschreibende Sätze, es sei denn, Sprache wird, zu sich an die Seele richtenden und ritualhaft hervorgehobenen Formeln verdichtet, aus dem Alltäglichen herausgehoben, wie es bei den „Sätzen der Kraft" der Fall ist. Wenn dann die Stellvertreter am Ende einer Aufstellung in einem Lösungsbild ihre Erleichterung ausdrücken und an dem für sie richtigen Platz Kraft gewinnen, zuversichtlich nach vorne schauen und der Aufstellende schließlich seinen Platz einnimmt, ist es für alle Beteiligten schwer, sich dieser ansteckenden Ermutigung und Lösungsorientierung zu entziehen. Das immunisiert zwar keinesfalls dagegen, später noch einmal alte Problembeschreibungen und Problemgefühle zu aktivieren. Ein gut verankertes Lösungsbild, so lehrt die Erfahrung, taucht aber in den Monaten nach einer Aufstellung immer wieder vor dem inneren Auge auf und aktiviert den Möglichkeitssinn sowie neue Lösungswege.

Noch eine Bemerkung vorweg:

Das Hervorgehen der Organisationsaufstellungen (OA) aus dem Familien-Stellen, wie Bert Hellinger es entwickelte, könnte nahelegen, daß Familien und Organisationen viele Gemeinsamkeiten haben oder vielleicht sogar haben sollten. Viele verwenden in ihren Beschreibungen von Organisationen auch Metaphern aus dem Familienbereich, und besonders psychosoziale Teams neigen gelegentlich dazu, familienähnlich zu werden und dann auch Schwierigkeiten zu bekommen, die denen in Familien ähneln. Umgekehrt verhalten sich die Mitglieder mancher Familien auch so, als wäre ihre Familie ein Betrieb. Beides führt zu Störungen.

Wir möchten hier vor vereinfachenden Gleichsetzungen warnen und plädieren für eine getrennte Betrachtung, weil die beiden sozialen Systeme in weiten Bereichen unterschiedlichen Gesetzmäßigkeiten und Organisationsprinzipien folgen. Organisationen sind keine

Schicksalsgemeinschaften wie Familien. Der Bereich bezahlter Arbeit ist zwar besonders in den Industriestaaten für viele ein identitätsstiftender Bereich geworden, der stark in den familiären Bereich hineinragt und dort auch weitreichende existentielle Auswirkungen haben kann (s. Arbeitslosigkeit), der große Unterschied ist jedoch, daß man – ob man will oder nicht – solange man lebt und darüber hinaus Mitglied einer Familie bleibt, die Zugehörigkeit zu einer Organisation hingegen kann von beiden Seiten aufgekündigt werden. Zwar haben einige Prinzipien des Familien-Stellens auch beim Aufstellen von Organisationen Gültigkeit, es ist aber mindestens ebenso wichtig, die sich davon unterscheidenden Gesetzmäßigkeiten von Organisationen nicht aus dem Blick zu verlieren.

I. Was kann man mit Organisationsaufstellungen (OA) erreichen?

Organisationsaufstellungen eignen sich dazu, in erstaunlich kurzer Zeit relevante Informationen über ein System zu gewinnen. Die Systemgröße spielt dabei keine wesentliche Rolle. Es kann zum Beispiel bei einer Aufstellung um die Zusammenarbeit mehrerer Firmen einer Holding oder um die Frage gehen, warum ein kleines Team über längere Zeit eine hohe Fluktuation seiner Mitglieder zu verkraften hat.

- Organisationsaufstellungen können von dem Aufstellenden genutzt werden, um sich über den eigenen Platz und die eigene Rolle in dem System klar zu werden, in dem er arbeitet, das er führt, supervidiert oder berät.
- Die teilnehmenden Beobachter können als Stellvertreter in Organisationsaufstellungen in unterschiedlichste Rollen schlüpfen, die Prozesse aus der Innen- und Außenperspektive erleben und so Wichtiges über Organisationen lernen und auch, wenn es paßt, „Trittbrettfahren".
- Organisationsaufstellungen können Hilfestellungen für anstehende Entscheidungen geben (z. B. bei Nachfolgefragen, bei der Besetzung von Stellen und anderen personellen oder wirtschaftlichen Veränderungen),
- sie geben Hinweise auf Beziehungsverhältnisse und -strukturen (Koalitionen, Konkurrenz, Ablehnung, Ausbeutung, Machtmißbrauch, Sündenbockdynamik) und

- auf Hypotheken aus der Vergangenheit (z. B. durch die Nichtwürdigung der Verdienste eines Mitgründers oder das Vergessen herausgedrängter oder ausgeklammerter Mitarbeiter).
- Sie sagen etwas darüber aus, wie die Leitungsfunktionen in einem System wahrgenommen werden, und
- zeigen Kontextvermischungen (z. B. zwischen privaten und dienstlichen Beziehungen oder Koalitionen über Hierarchieebenen) an.
- Besonders gut eignen sich Aufstellungen für Familienunternehmen, weil dadurch deutlich werden kann, ob die Lösung eines Problems eher in der Besitzerfamilie oder im Management der Firma zu suchen ist oder in beiden Bereichen etwas verändert werden muß.
- Organisationsaufstellungen geben Auskunft über fehlende Unterstützung und Ressourcen,
- über gesundheitliche Gefährdungen,
- über die Aufgaben- und Kunden- oder Zielorientierung einer Organisation und
- die Energie und die Atmosphäre, die in einer Arbeitsgruppe vorhanden ist. Und
- mit Hilfe von OAs können bestimmte Szenarien (z. B. Verschlimmerungen oder unterschiedliche Lösungsmöglichkeiten) durchgespielt werden.

Dieses sind nur einige exemplarische Situationen oder Fragestellungen, bei denen sich Organisationsaufstellungen als nützlich erwiesen haben. Eine OA-Gruppe ist schon für sich ein gutes Modell für den Umgang und die Kooperation in einer wertschätzenden und sich gegenseitig unterstützenden und fördernden Atmosphäre.

II. Mit wem kann man wann Organisationsaufstellungen machen?

OAs eignen sich nicht für zufällig zusammengesetzte und vorübergehend existierende Systeme. Sie sind auch nur mit größter Vorsicht mit Mitarbeitern aus nur einer Firma oder einer Institution anzuwenden. Das Sich-gegenseitig-Beäugen ist hier viel stärker, und die Konsequenzen des jeweils Gesagten werden von den Aufgestellten viel vorsichtiger oder strategischer abgewogen. Die Systemmitglieder haben oft auch zu viele Vorinformationen, die die Wahrnehmung der zu einem Aufstellungsplatz gehörenden Empfindungen verfälschen können. Unterschiedliche hierarchische Positionen und die momentan belasteten Beziehungen können die Äußerungen zusätzlich ablenkend modifizieren.

OAs können sich auch dann als nützlich erweisen, wenn die Kultur eines Unternehmens durch gegenseitige Achtung, ein gutes, kooperatives Klima und ein innovatives und experimentierfreudiges Engagement gekennzeichnet ist.

Wir haben solche Seminare kürzlich durchgeführt. Unsere ersten Erfahrungen in solchen Kontexten sind ermutigend, die längerfristigen Rückmeldungen müssen aber noch abgewartet werden. Man muß in diesem Fall mit großer Wach- und Achtsamkeit arbeiten und die vielfältig möglichen intersystemischen Wechsel-, Aus- und Nebenwirkungen mitbedenken und eventuell ansprechen. Organisationsskulpturen, in denen ein Mitglied einer Organisation seine Mitarbeiter selbst so aufstellt, wie er sie zueinander wahrnimmt, kann man dort ohne Schwierigkeiten machen. Diese geben dann aber eher Hinweise auf die augenblicklichen Beziehungen (z. B zu Nähe/ Abstand oder Zuneigung/Ablehnung) und entwickeln nach unserer Erfahrung meist nicht dieselbe konfrontierende und erleichternde Wirkung wie OAs.

Die besten Erfahrungen haben wir mit OA-Gruppen gemacht, wo 15 bis 20 Mitglieder aus unterschiedlichsten Arbeitsbereichen und Organisationen kamen und sich vorher nicht kannten. Hier ist jeder geschützt und frei, und jeder ist gleich gültig. Alle erleben eine große Bandbreite von Konstellationen und damit auch ein weites Spektrum von Lösungsmöglichkeiten. Für solche OA-Seminare scheint uns ein Zeitrahmen von zwei bis drei Tagen am besten.

III. Prinzipien der Organisationsaufstellungsarbeit

Im folgenden werden wir einige grundsätzliche Prinzipien beschreiben, die uns bei dieser Arbeit leiten.

1. Das Recht auf Zugehörigkeit

In Organisationen ist jeder ebenbürtig im Recht dazuzugehören. Dieses Recht enthält aber auf der anderen Seite auch die Verpflichtung, den der Position im System gemäßen Beitrag und Einsatz zur Erhaltung und Erneuerung der Organisation zu leisten (s. u.). Im guten Fall sorgt eine Organisation für ihre Mitarbeiter und fördert sie, und die Mitarbeiter ihrerseits verhalten sich loyal zur Organisation und engagieren sich für deren Ziele. Wird mit dem Recht auf

Zugehörigkeit von einer der beiden Seiten leichtfertig umgegangen (z. B. durch liebloses „outsourcing" oder durch eine Versorgungsmentalität), wirkt das in der Organisation wie eine Hypothek besonders auf das Vertrauensverhältnis der Mitarbeiter zur Organisation und auf deren Engagement und umgekehrt.

2. Geben und Nehmen

Auch in Organisationen gibt es also so etwas wie eine innere Kontenführung (Boszormenyi-Nagy 1981), wer wem was gegeben oder vorenthalten hat. Unausgeglichene Bilanzen fördern Unzufriedenheit und Schuldgefühle und verlangen nach Ausgleich. Der, dem Unrecht geschehen ist, bekommt Macht, und der, der dauerhaft mehr gibt, als er nimmt, fördert Beziehungsabbrüche. Überversorgung wie Ausbeutung haben ihre Folgen.

Durch den Austausch von Nehmen und Geben entstehen auch in diesen Systemen gegenseitige Bindungen und Verpflichtungen von Mitarbeitern zur Organisation und umgekehrt („Mein Großvater war die Nummer 143 bei Bosch, und ich arbeite auch dort"). In traditionsreichen Unternehmen konnte man sich zum Beispiel, wenn man sich loyal zum Unternehmen verhielt, bis vor einigen Jahren sehr viel leisten, ehe einem gekündigt wurde. Diese Bindung ist jedoch nicht so stark wie die in Familien. Je unübersichtlicher und unpersönlicher die Organisationen jedoch werden (siehe international operierende Konzerne) und je mehr Mobilität erforderlich erscheint, desto weniger finden diese Vorgänge auf beiden Seiten noch Beachtung.

3. Wer länger da ist, hat Vorrang

Bei Gleichgestellten hat der, der früher da war, die älteren Rechte. Diese müssen von später Dazukommenden anerkannt werden. Das gilt in besonderem Maße für die Initiatoren und Gründer von Organisationen. Aber auch wenn an hierarchisch höheren Positionen Stehende Vorrang haben, lohnt es sich für diese, die Mitarbeiter, die früher da waren, in ihrer Erfahrung und für ihre Verdienste zu schätzen. Sonst kehren neue Besen schlecht.

Beispiel:

Der Sohn des Gründers (gleichzeitig einer der Geschäftsführer) eines größeren Familienunternehmens stellt auf mit der Frage, ob er als Geschäftsführer in der Firma genügend Einfluß und Kraft hat oder besser geht. In der Aufstellung wird deutlich, daß der beinahe 80jährige Vater nicht loslassen kann und daß außerdem eine schwächende Konkurrenz zum älteren Bruder besteht, der ebenfalls in der Geschäftsführung tätig ist. Wir fragen nach der Geschichte des Betriebes und erfahren, daß dieser von dem Vater und einem Freund gegründet und 20 Jahre lang geführt wurde. Dieser Freund wurde völlig vergessen und taucht auch nicht mehr im Firmennamen auf. Er stieg aus dem Betrieb aus, als der Vater in den 70er Jahren größere Investitionen tätigen wollte und ihm das zu riskant erschien. Zwei Jahre später starb er. Seine Frau zeigt sich noch heute ärgerlich und fühlt sich schlecht behandelt. Als dieser Freund neben dem Vater aufgestellt wurde, trat schlagartig Ruhe im System ein, und der Freund zog den Vater liebevoll in den Hintergrund. Dort standen sie beide gut. Die Aufstellung ergab außerdem, daß das Management besser Fachleuten übergeben werden sollte. Dem Sohn rieten wir, an einem prominenten Platz im Betrieb ein größeres Foto der beiden aufzuhängen mit der Unterschrift: X und Y, die Gründer der Firma.

4. Leitung hat Vorrang

Eine Organisation hat ein Bedürfnis nach Führung. Leitung muß durch Leistung und dadurch, daß diese Funktion adäquat ausgefüllt wird, gerechtfertigt werden. Dann besitzt der Leitende Autorität und wird in seiner Position geschätzt. Mythen wie „Wir sind alle gleich" fördern Unsicherheit und Beziehungskonflikte. Dann muß das Team zum Beispiel ahnen, was und wie der Chef gerne entscheiden möchte, oder es kommt in Entscheidungssituationen zu langwierigen und unfruchtbaren Diskussionen. In einer Gruppe Gleichberechtigter hat der Initiator Vorrang. Wer in einer Organisation zuständig ist für die Finanzen, also für das wirtschaftliche Überleben des Systems sorgt, hat Vorrang vor anderen Leitenden. In einem Krankenhaus hat zum Beispiel der Geschäftsführer oder der Betriebsdirektor Vorrang vor den Chefärzten.

5. Leistung muß anerkannt werden

Haben bei gleichgestellten und gleichbezahlten Mitarbeitern einige besondere Kompetenzen oder bringen sie besondere Fähigkeiten ein, die den Erfolg und die Weiterentwicklung der Organisation garantieren, brauchen diese, um bleiben zu können, besondere Anerkennung und Förderung für ihre Beiträge.

In Aufstellungen kommt das meist nicht durch besondere Plätze, sondern durch anerkennende Sätze seitens eines Leitenden zum Ausdruck (z. B. „Ich anerkenne Ihren Einsatz und das, was Sie zu unserem Erfolg beigetragen haben, sehr und freue mich, weiter mit Ihnen zusammenzuarbeiten."). Wenn Mitarbeiter sich für die Organisation aufopferten und dadurch früh starben, ist es gut, für ihr Andenken zu sorgen.

6. Gehen und Bleiben

Auch in Organisationsaufstellungen stellt sich oft die Frage: Muß jemand gehen oder kann jemand bleiben? Bleiben kann jemand, der die Organisation braucht und der seinen Platz und seine Funktion ausfüllt. Wer die Organisation nicht mehr braucht, kann etwas verfehlen, wenn er bleibt. Gehen muß manchmal auch jemand, der andere im System nachhaltig oder rücksichtslos geschädigt hat. Tut er das nicht oder wird ihm nicht gekündigt, führt das zu Kämpfen, Beziehungsproblemen, Demotivierung und Vertrauensverlust. Ausgeklammerte, ungut Gekündigte, Herausgedrängte und aus nichtfachlichen Gründen Übergangene wirken sich oft lähmend oder konfliktinduzierend auf das Betriebsklima aus und werden manchmal von Nachkommenden vertreten und nachgeahmt.

Gelegentlich wird auch deutlich, daß in einer Organisation eine Hierarchieebene überflüssig ist oder daß zu viele Mitarbeiter für die tatsächlich vorhandene Arbeit vorgehalten werden. Dann kann man zum Beispiel feststellen, daß das betreffende Team die kreative, aber unproduktive Lösung findet, daß sich immer abwechselnd einer krank zeigt. In Aufstellungen wird jedoch auch deutlich, wenn Positionen mit zu vielen Aufgaben überfrachtet wurden.

Bei Trennungen in und von Organisationen ist es sowohl für die Organisation als auch für den Betreffenden wichtig, daß die Trennung in gutem Einvernehmen und in gegenseitiger Achtung vollzogen wird, damit es in der Organisation gut weitergehen und der Betreffende an der nächsten Stelle gut ankommen kann. Wer in eine Organisation zurückkehrt, schwächt sich oft.

Gute Begrüßungs- und Verabschiedungsrituale in Organisationen fördern diese Prozesse. In Aufstellungen können diese Vorgänge zum Beispiel durch das Sprechen bestimmter Sätze nachvollzogen werden.

7. Organisationen sind aufgabenorientierte Systeme

Es gibt viele Arbeitsgruppen, die ihre Aufgabe weitgehend aus dem Blick verloren haben. Die Mitarbeiter beschäftigen sich dann vor allem mit sich selbst, mit Beziehungsproblemen oder klagen über „die oben" und die Zustände. Bekommt man als Leiter einer OA-Gruppe einen solchen Eindruck, ist es wichtig, jemanden für die Aufgabe, das Ziel oder die Kunden mit aufzustellen.

Beispiel:

Wir erinnern uns an ein aufgestelltes psychosoziales Team, daß zur Selbsterfahrungsgruppe zu werden drohte. Als wir jemanden für die Klienten aufstellen ließen, wurde eine kleine Person gewählt, die von dem Aufstellenden in den Rücken der Mitarbeiter gestellt wurde. Keiner der Mitarbeiter sah sie dort. Hier konnte man bildlich wahrnehmen, wie die Mitarbeiter die Klienten und so ihre Aufgabe aus den Augen verloren hatten.

8. Stärkung oder Schwächung?

Beim Aufstellen einer Organisation wird immer sofort deutlich, ob jemand mit guter, ruhiger Energie oder geschwächt an seinem Platz steht. Am richtigen, angemessenen Platz fühlt man sich sicher, gelassen und bei guter Energie. Deshalb ist es so wichtig, diesen zu finden. An angemaßten Plätzen hat man Größenphantasien und steht aufgeblasen mit geschwollener Brust. An schwächenden Plätzen ist man entweder nicht gewürdigt, würdigt sich selbst nicht, oder es fehlt einem die notwendige Unterstützung. Schwächende Gefühle, die von Aufgestellten in Organisationsaufstellungen gezeigt werden, haben oft auch mit alten Mustern zu tun und stehen in Zusammenhang mit Schicksalen aus den Herkunftsfamilien.

Ein leitender Angestellter einer großen Firma stellte einmal in einem OA-Kurs sein Arbeitssystem auf. Alle Repräsentanten seiner Mitarbeiter fühlten sich arbeitsfähig und gut und achteten ihn auch als Chef. Sein Stellvertreter jedoch fühlte sich tieftraurig und schwach. Als wir ihn selbst an seinen Platz treten ließen, begann er zu weinen. Gefragt, ob in seiner Herkunftsfamilie etwas Besonderes passiert sei, berichtete er, daß sein Vater gestorben sei, als er acht Jahre alt war. Hier war das Nehmen des Vaters notwendig und nicht eine Veränderung im Arbeitssystem, und das bestätigte sich auch in der späteren Aufstellung seiner Herkunftsfamilie.

9. Das Alte und das Neue

Neue Ideen sind in Organisationen schwerer durchzusetzen, wenn das Vorhandene, das sich ja oft über lange Zeit bewährte, nicht gewürdigt wird. Besser ist es, erst das Vorhandene zu bestätigen und anzuerkennen und seine Vorstellungen und Pläne nicht missionarisch gegen das Alte zu setzen und durchsetzen zu wollen. Als Neuer macht man sich erst einmal ortskundig, schaut, was in diesem System Gültigkeit hat, und fädelt sich ein. Dasselbe gilt zum Beispiel für Projektgruppen. Das Würdigen des Alten muß aber nicht dauernd gezeigt werden. Es geht eher um die innere Haltung. Besserwisser machen sich und anderen das Leben in Organisationen schwer und bleiben meistens nicht lange. Auch Kompetenz kann auf diese Weise mißbraucht werden und so zu Brüchen führen.

IV. Das Aufstellen von Organisationen

Wir möchten nun einige Hinweise geben, welche Vorgehensweisen sich für uns beim Aufstellen von Organisationen bewährt haben. Diese Methode ist jedoch so neu, daß wir diese in keiner Weise als gültige Erfahrungen, sondern als Anregungen verstanden wissen wollen.

1. Achtsamkeit, Absichtslosigkeit und Ressourcenorientierung

Auf die Haltung der Achtung und wohlwollender Achtsamkeit haben wir schon hingewiesen. In einem Klima gegenseitiger Abwertung oder Konkurrenz können Aufstellungen ihre Kraft nicht entfalten. Indem der Leiter negative Bewertungen und Interpretationen seitens der Gruppenmitglieder unterbindet oder konfrontiert, indem er sich auf langwierige Problembeschreibungen nicht einläßt, selbst grundsätzlich annehmend und ressourcenorientiert arbeitet und alle Gruppenmitglieder als gleich gültig betrachtet, schafft er eine Atmosphäre, in die diese sich einlassen und ihrerseits die anderen in ihrem Sosein achten können.

Je absichtsloser und zurückhaltender Aufstellungen angeleitet werden, desto klarer kommen die Wirklichkeiten ans Licht und um so freier können die Aufgestellten Lösungsmöglichkeiten prüfen.

2. Der erweiterte Arbeitskontext und das Anliegen des Aufstellenden

Die ersten Fragen, die man sich als Leiter stellen muß, lauten: Ist die Frage oder das Anliegen, für die der Aufstellende eine Lösung sucht, mit einer Aufstellung anzugehen und wenn ja, welche Art Aufstellung wähle ich? (Zu Aufstellungsarten siehe Sparrer u. Varga von Kibéd in diesem Band.) Und: Ist derjenige gesammelt, emotional beteiligt und bereit, eine Lösung anzugehen, oder will er, daß der Leiter seine Probleme löst? Sollen sich nur die anderen ändern, oder ist er nur neugierig und möchte auch endlich drankommen? Es ist also wichtig, den richtigen Zeitpunkt für eine Aufstellung zu finden. Die Frage ist: Brennt es dem, der aufstellen will, genügend unter den Nägeln oder in der Seele? Zu oft läßt man sich zu früh zu einer Aufstellung verführen und schwächt dadurch sich selbst und den Aufstellenden und wundert sich, wenn der Prozeß dann ins Stocken gerät.

Weiterhin ist es wichtig, etwas über den Kontext zu wissen, in dem der Aufstellende arbeitet. Wo arbeitet er, wie lange, in welcher Position und Funktion und mit wem arbeitet er zusammen? Hier können sich einige *Fragen zur Kontextklärung* anschließen, wie sie die Heidelberger Gruppe entwickelt hat (siehe Simon und Weber 1987, von Schlippe und Schweitzer 1996, Essen und Baxa, in diesem Band), um zu erfahren, in welchem Gebiet man sich bewegt, welche möglichen systemischen Wechselwirkungen man berücksichtigen muß, welche Rolle einem bei dem Ganzen zugedacht ist und welche Fettnäpfchen bereitstehen.

3. Die Wahl des geeigneten Systems

Das Anliegen bestimmt den Ausschnitt des Systems, der mit der Aufstellung zur Erkennung des Problems und zum Anstoßen von Lösungsmöglichkeiten hervorgehoben wird. Ein System wird ja nur dadurch zu einem System, daß ein Beobachter eine Grenze darum zieht.

In OA-Seminaren wird man oft eingeladen, ein zu großes und damit zu unübersichtliches System zu stellen. Der Leiter muß sich deshalb einerseits darüber klar werden, welches das „Problemsystem" (Goolishian und Anderson 1988, Ludewig 1988) sein könnte, das das Problem erzeugt hat und aufrechterhält, und andererseits, wen er noch zur Lösung braucht. Damit man die *Komplexität auf das Notwendigste reduziert*, kann man sich auch fragen: Wer kann ungestraft weggelassen werden? Lieber anfangs weniger aufstellen und dann merken, daß noch jemand fehlt, als umgekehrt! Es ist aber auch jederzeit möglich, daß man jemanden auffordert, sich wieder zu setzen, wenn man merkt, daß seine Anwesenheit überflüssig ist. Auch da weisen uns die Äußerungen der Stellvertreter den Weg.

Die Anzahl der Aufzustellenden kann man auch dadurch reduzieren, indem man mehrere gleichgestellte Ausführende in einem System in der Aufstellung durch eine Person vertreten läßt (z. B. mehrere Sachbearbeiter einer Gruppe, mehrere Krankenschwestern einer Station oder Klinik oder die Kunden eines Betriebes. Nach unserer Erfahrung ist es gut, die Anzahl der Aufzustellenden auf fünf bis sieben zu beschränken. Bei der Entwicklung des Lösungsbildes kommen sowieso manchmal noch einige Personen dazu. Werden zuviele aufgestellt, längt sich der Prozeß, die Aufgestellten strengt das lange Stehen unnötig an, und die teilnehmenden Beobachter werden unruhig. Der ganze Prozeß einer Aufstellung sollte sich unseres Erachtens nicht über 30 (bis maximal 40) Minuten ausdehnen. Uns erstaunte immer wieder, daß abgekürzte, unvollständig beendete und abgebrochene Organisationsaufstellungen oft zu ebenso eindrucksvollen und manchmal besonders kreativen Lösungen führten wie die, die alle als „rund" erlebten.

4. Das gesammelte Aufstellen und Stehen

Eine Aufstellung ist ein gemeinsames Werk. Die Gruppenleiter bzw. Gruppenleiterinnen haben zwar einen besonderen Einfluß auf den Verlauf, sie sind aber ganz auf die Hinweise der Aufgestellten angewiesen. Deshalb ist es so wichtig, daß die Aufstellenden die Repräsentanten freundlich bitten, jemanden aus ihrer Organisation zu vertreten, daß sie diese ihrem inneren Bild folgend gesammelt aufstellen und daß die Aufgestellten den mit ihrem systemischen Platz verbundenen Empfindungen nachspüren, sie wahrnehmen und konzentriert und kurz mitteilen. Es bestätigt sich immer wieder, daß die Leiter dann gut daran tun, das von den Stellvertretern Gesagte in jeder Phase ganz ernst und (fast) wörtlich zu nehmen. Natürlich kommt es vor, daß einige in den Aufstellungen auch eigene Anteile verstärkt mit einbringen und eigene Muster reinszenieren. Das merkt man aber meist bald daran, daß jemand in unterschiedlichen Aufstellungen stereotyp immer wieder ähnliche und oft etwas dramatisierte Gefühle zeigt.

Nach dem Aufstellen beginnen wir mit den Ranghöchsten und fragen dann alle nach ihren Empfindungen an ihrem Platz und eventuell danach, welche Tendenzen sie haben, sich woanders hin zu bewegen.

5. Die Übergänge zum Lösungsbild

Die formale Struktur und die Abläufe bei den Organisationsaufstellungen ähneln denen beim Familien-Stellen sehr. Im Prozeß der Aufstellung leitet uns vor allem das vorgebrachte Anliegen. Verbunden mit seinen Ressourcen und die nächstmöglichen Schritte des Aufstellenden im Visier, verändern wir das Bild mit Zwischenschritten, die auf sein Anliegen zugeschnitten sind, so, daß besonders er auf einem guten und kraftvollen Platz landet.

Dabei leiten uns Fragen wie: Welche Fähigkeiten sind vorhanden, welche werden nicht genutzt und welche fehlen? Wer ist ausgeklammert und muß einbezogen werden, und wer muß gehen? Auf welchen Hypotheken der Vergangenheit und welchen Deponien sitzt das System? Sind die mitgeteilten Gefühle eigene oder übernommene, primäre oder sekundäre (s. Weber 1993, S. 259–274)? Kann diese Ebene des Systems das Problem überhaupt lösen, oder muß es einer höheren Hierarchieebene zurückgegeben werden? Gibt es eine ausreichende Aufgaben- und Zielorientierung mit Zukunftsvisionen? Von wem könnte Unterstützung und Stärkung kommen? Steuert das System auf einen kritischen Zustand zu, und wenn, in welcher Geschwindigkeit? Zieht das System an einem Strang, oder gibt es Wasserträger und Träger bzw. Spaltungen? Sind die Schwierigkeiten Ausdruck von Beziehungs- oder strukturellen „Klemmen"? usw.

Welche der Pfade und Themen dann jeweils weiterverfolgt werden, richtet sich nach den Äußerungen des Aufgestellten und besonders nach der intuitiven Wahrnehmung des Leiters im Prozeß.

Wollen wir Betroffenheit erzeugen, stellen wir vielleicht einen möglichen schlimmen Ausgang auf, zum Beispiel den Tod durch einen Herzinfarkt oder das sukzessive Auseinandergehen eines Teams in alle Himmelsrichtungen. Oft geht es um Gehen und etwas Neues anfangen oder darum, einen besseren Platz im jetzigen System zu finden, und wir prüfen beide Möglichkeiten daraufhin, welche für den Stellvertreter besser ist. Angemaßte werden an angemessene Plätze gestellt, Ausgeklammerte einbezogen.

Die, die Vorrang vor anderen haben (siehe oben unter I.), stehen wie bei Familienaufstellungen im Lösungsbild weiter rechts. Ganz rechts in der Lösungsaufstellung oder den sonstigen Mitarbeitern gegenüber steht der Leiter oder das Leitungsteam. Die gleichrangigen Mitarbeiter stehen dann meist in der Reihenfolge, in der sie zeitlich in die Organisation gekommen sind. Untergruppen oder Abteilungen werden getrennt voneinander gestellt, die einflußreicheren weiter rechts. Fehlt die Unterstützung von oben, wird versucht, den nächsten Vorgesetzten so zu stellen (meist dahinter), daß die Leitung sich unterstützt und sicher fühlt. Wichtig ist jedoch, daß keiner dieser Hinweise als Regel starr angewendet werden darf und immer Gültigkeit besitzt.

Würdigungen lassen wir auch hier oft verbal (und durch Verneigungen) ausdrücken und die Übernahme von Verantwortung für ungute Handlungen („Es tut mit leid, ...") auch.

Beispiel:

Eine Mitarbeiterin eines großen Unternehmens, die kein gutes Haar an diesem ließ, sich aber zum Beispiel das Seminar von der Firma wie selbstverständlich bezahlen ließ, forderten wir auf, sich vor der Firma zu verneigen und ihr für das, was sie von ihr bekam, zu bedanken. Es fiel ihr schwer, tat ihr gut und ließ sie auf gute Weise gehen, wie sie später mitteilte.

Ein weiteres Beispiel: Ein Mitglied einer Beratungsfirma beschäftigte sich mit einem Arbeitsplatzwechsel. Die Aufstellung zeigte, daß der Mann einen guten Platz in der neuen Organisation bekommen könnte. Als er selbst aufgefordert wurde, diesen neuen Platz einzunehmen, zögerte er aber und zeigte Schuldgefühle gegenüber der Gruppe, in der er noch arbeitete. Erst als er dem alten System für das danken konnte, was er dort bekommen hatte, konnte er seinen neuen Platz selbstbewußt einnehmen.

In der Tendenz beenden wir Organisationsaufstellungen häufiger unvollständig und immer dann, wenn wir denken, daß der Aufstellende genügend Anregungen und Hinweise bekommen hat oder sich innere Suchprozesse für Lösungen bei ihm schon andeuten. Bei den einen stellen wir bestimmte Lösungen kräftig hin (z. B.: „Du hast keine Wahl, du mußt gehen!"). Anderen muten wir Offenbleibendes zu und beenden die Aufstellung ohne eine klare Lösung und lösen auf diese Weise Suchprozesse aus.

V. Spezielle Dynamiken und Bereiche

1. Organisationen wollen nicht sterben

Organisationen haben die Tendenz, sich selbst zu erhalten – koste es, was es wolle –, auch wenn sie überflüssig geworden sind. Die angebotenen Konflikte und Störungen sind dann manchmal ein Ausdruck dafür, daß eine Organisation ihre Daseinsberechtigung verloren hat und ihre noch vorhandene Energie ganz auf das Überleben ausrichtet. Hier intern etwas verändern zu wollen und damit das Vorhandene aufrecht erhalten zu wollen, würde an der falschen Stelle ansetzen.

2. Psychosoziale Einrichtungen

Psychosoziale Einrichtungen sind oft dadurch geschwächt, daß sie am Spendentropf Mildtätiger hängen und sich selbst nicht ausreichend für die finanzielle Seite verantwortlich fühlen. Für diese Funktion muß dann ein Platz gefunden werden.

Die Aufgabenorientierung wird in diesen Organisationen oft durch ideologische Grundsatzpositionen oder moralische Vorstellungen erschwert. Wir-sind-alle-gleich-Mythen oder parteiische Beratungskonzepte wie zum Beispiel in der Beratung sexuell mißbrauchter Frauen sind hier häufig anzutreffen. Auch bei den Organisationsaufstellungen bewährt es sich oft, sich als Berater etwas mehr auf die Seite der „Täter" oder „Bösen" zu stellen.

Oft mischen sich weniger Kompetente quer oder von oben in die fachlichen Angelegenheiten ein. Gerade in Vereinen, in denen die Vorstandsposten ehrenamtlich übernommen wurden, fehlen oft ein klares Führungsverhalten und eine kontinuierliche Unterstützung der ausführenden Mitarbeiter. Die in psychosozialen Organisationen häufig anzutreffende Mitarbeiterfluktuation ist meist ein Zeichen unklarer Zuständigkeiten und Führungsstrukturen.

Kontextvermischungen von privaten und dienstlichen Angelegenheiten sind dort an der Tagesordnung, sei es, daß Ehepaare in einem Team arbeiten oder mit einem Dritten ein Heim aufmachen. Arbeitsverhältnisse und private Beziehungen (oft noch über Hierarchiegrenzen hinweg) sind miteinander verquickt. Der Supervisor spielt mit dem Leiter der Einrichtung, die er berät, in der Freizeit Tennis. Der parteilose Oberbürgermeister ist mit zwei ebensolchen leitenden Angestellten Mitglied im Rotary Club. Hier werden Aufdeckungen, Entflechtungen und die Etablierung klarer Strukturen in Aufstellungen wichtig.

Psychosoziale Teams, die beraten oder Therapie anbieten, werden besonders gern zu Selbsterfahrungsgruppen. Hier hat sich das Aufstellen der Aufgabe, der Ziele oder der Klienten bewährt.

3. Führung

Bert Hellinger sagte einmal: „Führung ist eine Dienstleistung. Ein Hirte wird Hirte durch die Schafe, aber die Schafe werden keine Schafe durch den Hirten."

Führende müssen ein gewisses Maß an Einsamkeit oder Für-sich-Sein aushalten können. Oft sieht man in Organisationsaufstellungen, daß sie zu nah bei ihren Untergebenen stehen und so den Überblick verlieren. Unterstützung sollten sie sich in einer Gruppe Gleichrangiger oder von ihren Vorgesetzten holen.

Berater werden oft als Bundesgenossen eingeladen, oder es werden ihnen Führungsaufgaben delegiert, die die Leitenden nicht wahrnehmen. Das sieht man dann daran, daß die Berater an zu zentrale Positionen gestellt werden. Sie werden so zu oft dauerhaften Systemmitgliedern. Auch Teamsupervisionen werden oft dazu genutzt, fällige Entscheidungen dorthin zu verlagern.

Die Gründer einer Firma nehmen besser keine weiteren Gleichberechtigten in das Führungsteam auf, es sei denn, diese bringen wirklich Gleichwertiges ein. Hinzukommende werden also besser angestellt und ihre Leistungen auf andere Weise anerkannt.

Werden in Organisationen für eine Einheit zwei gleichrangige Leiter eingesetzt, kann man in Aufstellungen sehen, daß zwischen diesen ein Spannungsverhältnis entsteht und in der Gruppe oft Spaltungsprozesse ablaufen.

Einer muß dann meistens gehen. Wenn sich beide gegenseitig unterstützen und die Beziehung noch stimmt, ist es eventuell noch möglich, daß sich beide in den Leitungsfunktionen abwechseln. Dieses kann man in Aufstellungen als ein Nacheinander durchspielen und sehen, ob beide in der Leitungsfunktion genügend Kraft haben.

Steigen in einer Organisation Mitarbeiter in Leitungsfunktionen auf, verhalten sie sich oft in der Leitungsposition nicht gleichberechtigt. Der frühere Unterschied wirkt dort weiter. Deshalb hat man früher Lehrlinge wohl auch auf Wanderschaft geschickt.

4. Beratung

Nach dem Prinzip der Ursprungsordnung gebührt dem Berater der letzte Platz. Aus dieser Position der Bescheidenheit ist er am wirkungsvollsten. Unbedingt etwas aktiv verändern zu wollen ist da eine Anmaßung. Sobald man jemanden aus dieser Position belehren will, schuldet der es seiner Würde, es abzulehnen.

Aus den Aufstellungen sieht man, ob der Berater eine außenstehende und gleichzeitig einflußreiche Position hat, wie weit sein Einfluß reicht und ob er auf der Ebene, auf der er wirken will, wirken kann. Erfahrene Berater stehen in einer Organisation oft gut und unterstützend auf der höchsten Hierarchieebene rechts neben dem oder der Führenden.

Beratung gelingt nur, wenn sie die Unterstützung aller (oder mindestens der meisten) für den Auftrag Wichtigen gewinnt. Wenn der Berater diese nicht hat, hat er meist seine Neutralität verloren und fühlt sich in Aufstellungen immer geschwächt.

5. Das Aufstellen von Familienunternehmen

Mit Mitgliedern aus Familienunternehmen Aufstellungen zu machen, hat sich als besonders wirksam und befriedigend erwiesen, sowohl was Nachfolgefragen als auch Fragen zum Management und zu den Beziehungen betrifft (zur psychosozialen Dynamik von Familienunternehmen siehe auch Siefer 1996). Meist stellen wir dann den Familienbetrieb und die Familie nacheinander auf.

Anerkennung und Würdigung

Organisationsaufstellungen in Unternehmen, Familie und Beruf

Thomas Siefer

Zugehörigkeit

Wenn ich die vier Tage der ersten Arbeitstagung „Praxis des Familien-Stellens" Revue passieren lasse, so ist mir selbst die Erfahrung der *Zugehörigkeit* – zu Menschen, die in ihrer Arbeit das Familien-Stellen bzw. die systembezogenen Lösungen praktizieren – ebenso wichtig geworden wie die große Verbundenheit mit Bert Hellinger und untereinander.

Zwischen der Begrüßung durch Gunthard Weber und dem „Stehen im Dank" am Schluß mit Hunter Beaumont wurde für mich die Frage nach dem *eigenen Platz* in dem Maße unwichtiger, wie die „Praxis" von Seminar und Arbeitstagung eigene Anteilnahme, Beteiligung und Einbringung erforderte und darüber *Zugehörigkeit* herstellte.

Anerkennung

Die geschilderte Erfahrung machte mir die Bedeutung der Zugehörigkeit zu *sozialen Systemen* auf einer noch tieferen Ebene als bisher deutlich und erfahrbar. Auch in unseren *Organisationen* treten Bedürfnisse zutage, die eigene *Zugehörigkeit* als solche anerkennt und den eigenen Platz *sicher* zu wissen. Gerade in Zeiten hohen Veränderungsdrucks und hoher Arbeitslosigkeit tritt dies als Grundlegendes für eine lebensgemäße, sinnvolle und effektive Zusammenarbeit in Unternehmen und anderen Arbeitsorganisationen hervor.

In der Aufstellung eines Krankenhausteams (mit Stellvertretern) wird der Verwaltungschef weit entfernt im Raum zum Leitungsteam aufgestellt. Die Frage des Aufstellers, was mit dem Verwaltungschef passiert sei, ergibt: Der sei nach Einigung zwischen Team und Trägervertretern aus dem Leitungsteam entfernt worden, weil er dem Träger des öfteren von den „Zuständen im Krankenhaus und seiner Leitung" berichtet habe. Er nimmt seitdem auch an keiner Sitzung oder Besprechung mehr teil.

Dem Verwaltungschef geht es schlecht an seinem Platz: Dort fühlt er sich fremd, nicht dazugehörig und nicht gebraucht, er „macht seinen Job", geht auf

Distanz ... Es geht ihm erst besser, als er seinen Platz neben dem Leiter des Krankenhauses einnehmen kann.[1]

Würdigung von Führungspersönlichkeit

Zum Grundlegenden zählt die *Anerkennung* von Zugehörigkeit aufgrund von *Mitgliedschaft* bzw. *Teilnahme*, welche sich letztlich in Beiträgen zu Aufgaben, Zielen und Erfolg der jeweiligen Organisation niederschlägt. Es unterscheiden sich dabei nicht nur die Dauer der Zugehörigkeit und der Rang bzw. die Position, sondern auch die Bedeutung, welche der jeweilige Beitrag zur Sicherung der Außengrenze und zur Zukunfts- und Überlebensfähigkeit des Systems leistet.

Wer für die Sicherung der Außengrenze Verantwortung trägt, wie ChefIn, UnternehmerIn, VertreterIn von Trägern oder Eigentümern, dem kommt neben der Anerkennung des Ranges auch die Würdigung dieser existenzsichernden Funktion des Gesamtsystems zu.

Manchem Leser mag das einfach und plausibel erscheinen. Tatsache ist jedoch, daß in vielen Systemen – insbesondere im psychosozialen Bereich – die Beteiligten diese *tragenden* Rollen ebensowenig anerkennen können, wie sie die Persönlichkeit ihrer Träger respektieren. Auch hier gilt der Satz: „In bezug auf Gut und Böse ist es meistens anders als beschrieben!"

In einer Aufstellung (mit Stellvertretern) einer kirchlichen Bildungseinrichtung geht es um das Verhältnis eines Bildungsreferenten zu seinen Vorgesetzten. Seine Dienststelle, mehrere Kollegen und ein Leiter, ist dem Generalvikariat unterstellt. „Außerdem", so sagt der Klient, „würde ich mal gerne mit dem Bischof über die Situation der Einrichtung diskutieren."

In der Aufstellung stellt er seinen Stellvertreter dem Bischof gegenüber, mit einem Kollegen an seiner Seite. Letzterer fühlt sich dort gar nicht wohl. Als es dem Kollegen nach Verlassen dieser Position besser geht, wird die Illusion einer Kumpanei gegen den Bischof beendet.

Das Verhältnis und die Haltung des Klienten zum Bischof ändert sich mit seiner (!) veränderten Position, nachdem eine neue Ordnung gefunden wurde. Während die Gefühle seines Stellvertreters in der dem Bischof gegenüberstehenden Position noch von Herausforderung und Ablehnung gekennzeichnet waren,

1 Beispiel aus einem Führungskräfteseminar

geht es ihm an seinem „neuen Platz" gut. In einem Bogen von links nach rechts stehen: der Bischof, der Generalvikar, der Leiter, der Klient und sein Kollege.[2]

Die hier angesprochene Würdigung setzt auf der anderen Seite die Bereitschaft von Leitenden voraus, sich *in den Dienst* (eines Größeren, Ganzen) *nehmen zu lassen*: Die Führungsrollen erhöhen nämlich nicht nur den Einsatz (und das Einkommen), sondern auch die *Bindung*. In einer solchermaßen *dienenden* Haltung von Führungskräften wird auch deutlich, daß die Gestaltung der damit verbundenen Machtausübung sehr wohl persönliche (und persönlichkeitsbezogene) Züge annimmt. Für Führungskräfte der Zukunft wird es daher wie selbstverständlich zur eigenen Entwicklung gehören, sich diese Würdigung und das damit einhergehende Vertrauen ihrer (in einem gewissen Maße immer abhängig bleibenden) Mitarbeiter durch Anerkennung zu ver-„dienen".

Ursprungssystem

Besondere Aufmerksamkeit bei der *Würdigung* der *Zugehörigkeit* gebührt natürlich dem Ursprungssystem, insbesondere den GründerInnen, welche das System in die Welt gesetzt haben. Nur wer den „Segen" von dort her nimmt, wird zu segensreicher Tätigkeit in der Lage sein! Das ist in der organisationalen Welt ebensowenig eine Selbstverständlichkeit wie *Würdigung* und *Anerkennung* an sich: Hier kann – wie in den Familiensystemen – die entsprechende Informationsbeschaffung (z. B. wer denn die Gründer überhaupt sind) bereits eine eigene Intervention ins soziale System und seine Dynamik darstellen.

Praxis der Organisationsaufstellung

Seit ich 1994 mit Michael Wingenfeld den guten Augenblick und die gute Gelegenheit nutzen konnte, in Kufstein ein Seminar mit Bert Hellinger zu initiieren und durchzuführen, kenne ich keine effektivere Methode als die Organisationsaufstellungen, um Menschen die eigene Zugehörigkeit und den eigenen Platz in ihrem Unternehmen bzw. ihrer Organisation *erfahrbar* und *bewußt* zu machen.

2 Beispiel aus einer Beraterausbildung

Organisationsaufstellungen bringen als Methode – in Analogie zu den Familienaufstellungen – in kurzer Zeit eine erstaunliche Vielfalt an für die Problemstellung relevanten Informationen hervor (sowie in der einleitenden Systemdiagnose auch Informationsdefizite). Sie ermöglichen wichtige und nachhaltige Anstöße, welche, wenn es gelingt, zu guten *Lösungen* für die jeweiligen Systeme und für die in ihnen arbeitenden Menschen führen.

In einem Wirtschaftsinstitut hat eine neue Projektleiterin die Nachfolge eines an Krebs verstorbenen Kollegen, welchen sie nicht gekannt hat, angetreten. Ihre Frage lautet: „Wie kann ich einen Platz im Team einnehmen?" Sie fühlt sich dort auf eine Art in die Nachfolge des verstorbenen Kollegen gestellt, die ihrer Arbeit und der Zusammenarbeit nicht gut bekommt. Ihre Kollegen sind alle älter und schon langjährig in der Institution tätig. In der Aufstellung (mit Stellvertretern) wird deutlich, daß ihre Kollegen den Abschied von ihrem Vorgänger noch nicht vollzogen haben und daher die neue Kollegin nicht wahrnehmen können. Erst als der Vorgänger aufgestellt wird und geht, wird die Position der Klientin klarer.

Zugleich wird deutlich, daß die langandauernde Krankheit des Vorgängers den Kollegen dazu diente, ebensowenig Veränderungen in ihrem Arbeitsfeld wahrzunehmen wie die Tendenzen einzelner, das System zu verlassen. Es gibt (daher) in der Aufstellungsarbeit keine zufriedenstellende Lösung für alle Beteiligten: Die Zukunft des Teams ist nicht sicher. Die Projektleiterin ist mit dem Ergebnis dennoch zufrieden: Sie kann ihren Vorgänger in einem angemessenen Maße achten, sie versteht die Trauer ihrer Kollegen und kann besser ihre neue Rolle von dem Vorgänger unterscheiden.[3]

Unterstützung mit Hilfsmitteln

Ich setzte Aufstellungen in der Vergangenheit in Supervision bzw. Rollenberatung, in Beraterausbildung sowie in der Beratung von Familienunternehmen ein. (Es handelte sich dabei überwiegend um Einzelberatungen und die Arbeit mit kleinen Gruppen.)

In der bisherigen Aufstellungspraxis mit einzelnen Klienten/Kunden integrierte ich Facetten von Familien- und Organisationsaufstellungen sowie imaginative und meditative Anteile. Zuweilen erschien es mir für einen (Einzel-)Klienten nützlich, ihn zu stärken, indem ich z. B. – wie in Familienaufstellungen – das „Männliche" unterstützte oder den Klienten die „Länder" bzw. seine „Urahnen" aufnehmen ließ. Stühle und Schuhe waren mir dabei mangels Stellvertreter als Hilfsmittel recht.

3 Beispiel aus einer Supervisorenausbildung

Ein Geschäftsführer eines in Deutschland tätigen deutsch-französischen Gemeinschaftsunternehmens (Industrie) hatte Schwierigkeiten, den „französischen" Teil (seiner Firma) zu vertreten, ohne die berechtigten Interessen der „deutschen" Partner zu ignorieren bzw. die Interessen dieses „deutsch-französischen" Unternehmens wahrzunehmen, ohne damit den „französischen" Teil zu vernachlässigen oder zu „verraten". Sein Familienhintergrund: Er ist als Sohn eines Deutschen und einer Französin nach der Scheidung bei der Mutter in Frankreich aufgewachsen und hat dort den überwiegenden Teil seiner Berufsausbildung und -laufbahn verbracht.

In der Einzelarbeit lade ich ihn zu einer Imagination ein, die männliche Reihe seiner deutschen Vorfahren – also seinen Vater und seinen Großvater – (mit Stühlen) zu spüren. In der Aufstellung (mit Stühlen und Schuhen) kommen anschließend die französischen und deutschen Partner mit seinen „französischen" und „deutschen" Anteilen in Kontakt.

Ich habe leider vergessen, wie ich es genau gemacht habe, aber der Kunde war sehr zufrieden mit dem „Bild" des Partnerunternehmens …[4]

Bündelung der Kräfte

Aufstellungen von Familienunternehmen machen in besonderer Weise generationsübergreifende, systemische Zusammenhänge deutlich. Dabei bieten sich in der Einzelberatung Facetten aus Familienaufstellungen insbesondere dazu an, neben den Gründern auch *Ausgeklammerte* und *Abgefundene* wieder in den Blick zu bringen. Sie dienen aber auch dazu, den Kunden im Generationswechsel dadurch zu stärken, daß er seines Weges (in die bzw. in der Firma der Familie) sicher wird und führen ihn im Generationswechsel aus der Verstrickung heraus, damit er zu seiner vollen Kraft finden kann.[5]

Andererseits lassen sich über die betroffenen Familienangehörigen hinaus auch Lösungen für andere Problemstellungen des Unternehmens im Generationswechsel finden, wie die Besetzung von Beraterfunktionen, die Überantwortung der Leitung aus den Händen der Familie in die Dritter oder der Umgang mit wichtigen Führungskräften.

4 Beispiel aus einer Rollenberatung

5 In „Du kommst später mal in die Firma!" (1996) habe ich ein anschauliches Beispiel geschildert: *„Von einem, der auszog (s)einen Bruder zu finden"*.

In einem größeren Unternehmen der Konsumgüterindustrie, seit vier Generationen in Familienbesitz, geht es um die Vertragsverlängerung des Vertriebsvorstandes, welche den Familiengesellschaftern zur Entscheidung vorliegt. Er ist derzeit der mächtige Mann im Unternehmen, der von sich behauptet, das Unternehmen zu seiner heutigen Größe gebracht zu haben.

Die Aufstellungsarbeit (mit Stühlen) fördert allerhand Überraschungen zutage: Der Vertriebsvorstand muß gehen, er hatte damit gedroht, „seine" Kunden zum Wechsel zur Konkurrenz zu veranlassen, sollten die Gesellschafter seinen Wünschen nicht entsprechen! „Daneben" kommt eine ehemalige Gesellschafterin wieder in den Blick, die vor langer Zeit ihre Firmenanteile verkauft hatte und zu der seitdem kaum noch Kontakt besteht. Zudem gibt es eine Perspektive für den Sohn der Minderheitsgesellschafterin, wenn er den Finanzvorstand bittet, ihm bei seiner Nachfolge zu helfen.[6]

Beruf und Liebe

In wachsendem Maße führen berufliches Engagement und Verantwortung zu besonderen Schwierigkeiten und Problemen, welche Arbeit, Familie und Partnerschaft zuweilen bis an die Grenzen belasten. Derzeit erstellen Albrecht Mahr und ich den Rahmen für ein Seminar, bei dem wir durch die Verbindung von Familien-, Paar- und Organisationsaufstellungen anschauen wollen, was in *Familie, Partnerschaft* und *Beruf* belastet und (wenn es gelingt) was löst. So soll ein guter Ausgleich zwischen beiden dazu beitragen, daß am Ende „beide" gewinnen.

Lösendes

Im Vergleich zu den Fortschritten und zur Vielfalt der Angebote von Familien- und Paaraufstellungen befinden sich die Organisationsaufstellungen *in Gruppen*, d. h., die Arbeit mit Stellvertretern, derzeit noch in einem experimentellen Stadium. Das ist zugleich eine Ermutigung zum Handeln als auch eine besondere Herausforderung. Derzeit konzentrieren sich die Bemühungen auf die Aufstellungstechnik und die Erarbeitung von Lösungsbildern. Es mangelt noch an der Praxis, um den Schritt weiterzugehen, damit man finden kann, was *wirklich löst* … Ein erster Versuch:

6 Beispiel aus einer Beratung von Gesellschaftern eines Familienunternehmens

In einer psychosomatischen Klinik hat der Klient die Stelle des leitenden Mediziners inne. Seit längerem verläuft die Zusammenarbeit in der Klinikleitung konfliktreich und schwierig. Zudem hat die Heirat des Klienten mit der Leiterin der Physiotherapie viel Unruhe ausgelöst.

Bei der Aufstellungsarbeit (mit Stellvertretern) will sich zunächst nur eine teilweise zufriedenstellende Lösung anbieten. Klar ist: Einige Mitglieder der Klinikleitung bleiben unruhig; es ist nicht sicher, ob sie bleiben werden (bzw. können).

Als in einem „letzten Versuch" – der Klient steht bereits schon selbst in seiner Position – die Leiterin der Physiotherapie „geht", wird das System insgesamt ruhiger, insbesondere die Mitglieder der Klinikleitung. Jedoch ist der Stellvertreter der Ärzte nicht zufrieden: Er traut dem leitenden Mediziner nicht. Aufgrund der Hypothese, daß sich hier die Ärzte nicht angemessen von ihrem Vorgesetzten vertreten fühlen, suche ich nach einem Satz, der Kraft für den Klienten und seine Berufskollegen hat.

Die Teilnehmer beginnen unruhig zu werden, da fällt mir folgender Satz für den Klienten zu. „Sagen Sie Ihren Kollegen: ‚Ich halte die Fahne des Hippokrates aufrecht!'" – Er selbst und der Stellvertreter der Ärzte lachen lauthals los. Dann sagt er: „Ich vertrete das Anliegen der Ärzteschaft in der Leitung!" – Das war's …[7]

7 Beispiel aus einem Seminar für Führungskräfte

Systemische Aufstellungsarbeit und Homöopathie

Systemorientierte Familienaufstellungen nach Bert Hellinger und die Homöopathie

Zwei Ansätze phänomenologischer Heilkunst und ihre therapeutische Haltung

Hans Baitinger

In diesem Beitrag möchte ich die Gemeinsamkeiten meiner Erfahrungen in der zwölfjährigen praktischen Anwendung der klassischen Homöopathie in einer Allgemeinarztpraxis und der Wirkungen der systemorientierten Familienaufstellungen nach Bert Hellinger darstellen, die sich mir in dieser Zeit gezeigt haben. Dabei werden auch gewisse provokative Hinweise auf die Unterschiedlichkeit dieser Methoden aufscheinen. Ich wähle dazu die Form einer theoretischen Darstellung, um die wesentlichen phänomenologischen Elemente der Homöopathie prägnant herausstellen zu können, die in den Familienaufstellungen auf andere Weise aufleuchten. Folgende Elemente der Homöopathie sollen dabei näher beschrieben werden:

1. die Beobachtung natürlicher Erkrankungs- und Heilungsverläufe,
2. der arzneiliche Einfluß bei der Entwicklung und Heilung von Krankheiten,
3. die Darstellung der reinen Arzneiwirkung am Gesunden,
4. das Wesen der chronischen Krankheit,
5. die therapeutische Haltung, die diese Elemente zum Tragen kommen läßt, und diese werden folgenden Phänomenen der Aufstellungsarbeit gegenübergestellt:
6. was die Empfindungen der Stellvertreter in der Aufstellungsarbeit auslöst,
7. die therapeutischen Haltung bei der Aufstellungsarbeit,
8. die Verstrickung und Identifizierung als Ausdruck der Chronifizierung,
9. ein Vergleich zwischen Arzneimittelbild und Lösungsbild,
10. die phänomenologische Aufstellungsarbeit nach Hellinger als Beispiel dafür, wie „Religion, Philosophie und Herrschaft

über sich selbst“ (Hahnemann 1983) als therapeutische Notwendigkeiten in chronischen Krankheitsprozessen aufscheinen können.

Homöopathie ist bereits seit ihren Anfängen an Erfahrungen orientiert, die die Entwicklung von Krankheiten ausschließlich vor dem Hintergrund ihrer möglichen Heilung beschreiben. Die Beschreibung der inneren Dynamik von Krankheiten ist dergestalt immer am Prozeß der Heilung ausgerichtet. Im Fokus steht „das an der Krankheit zu Heilende“ (Organon der Heilkunst). Dabei besteht die Diagnose in einer Arzneidiagnose oder der Arzneimittelfindung. Die Heilung wird so vom gefundenen Arzneimittel begleitet, ohne diese in ihrer Gestalt und im letztlichen Ergebnis des Geheiltseins vorweg zu definieren.

1. Beobachtung natürlicher Erkrankungs- und Heilungsverläufe

Zunächst gehen wir dabei von der Beobachtung der Verläufe natürlicher Krankheiten und deren Heilung aus, das heißt von Krankheitsverläufen, die sich in der vorliegenden Form *ohne therapeutische Eingriffe* entwickeln konnten. Eine natürliche Krankheit entsteht zunächst aus der Natur des Menschen, alleine durch die Art der Entwicklung seines Lebens, alleine durch eine nicht näher erfaßbare Affinität seines Organismus für den jeweiligen krankmachenden Einfluß, ohne weiteres äußeres Zutun. Bleibt sie dergestalt unbehandelt, kann sie unter Umständen von alleine heilen, wie dies bei ausreichender Lebenskraft bei den meisten akuten Krankheiten der Fall ist; es sei denn, sie führen akut zum Tode. Oder der menschliche Organismus ist im andern Fall in der Lage, aus akuten Erkrankungen heraus Formen von Krankheiten zu entwickeln, die sein Leben nicht mehr direkt gefährden. Dadurch zeigen sich z. B. durch Konzentration der Pathologie auf bestimmte Teilbereiche des Organismus dauerhafte Symptome als Ausdruck dafür, daß andere, lebensnotwendigere Organe und Funktionen in einer primär lebenserhaltend orientierten Bewegung durch die gesunde Lebenskraft geschützt und stabilisiert werden. Auf diese Weise entsteht eine chronische Krankheit, die das Leben verändert und prägt. Sie begleitet einen Menschen möglicherweise bis zum Tode, würde diesen jedoch nur dann herbeiführen, wenn sie am Ende in einer bestimmten Form zusammen mit akuten Krankheiten auftreten würde.

Der natürliche Verlauf von Krankheiten bewahrt außerdem oftmals vor zusätzlichen, neuen Krankheiten. Sämtliche Theorien relativieren sich an dieser Erfahrung, die sich aus einer phänomenologischen Betrachtungsweise ergibt. Krankheit besteht in der Verstimmung der gesund bleiben wollenden Lebenskraft, der „gesunden Lebenskraft", wie dies in der Homöopathie bezeichnet wird.

Natürliche Heilung ohne spezifische therapeutische Eingriffe vollzieht sich gemäß dieser Erfahrung dadurch, daß eine vorbestehende natürliche Krankheit mit einer anderen, fremden und stärkeren, meist akuten natürlichen Krankheit in Beziehung tritt (z. B. ein Rheumakranker mit einer Grippeepidemie).

Der natürliche Kontakt dieser beiden Krankheiten ist dann heilsam, wenn die Symptome der hinzutretenden Krankheit den Symptomen der vorbestehenden Krankheit ähnlich sind, z. B. die endemischen Symptome der Grippe den Symptomen der rheumatoiden Arthritis eines einzelnen Patienten. Die Bedingungen oder Gesetzmäßigkeiten dieses Heilungsprozesses vollziehen sich letztlich ohne unser Zutun. Sie sind durch die Natur vorgegeben, das heißt, die Ähnlichkeitsbeziehung läßt sich durch die Beobachtung natürlicher Krankheitsverläufe ohne therapeutischen Eingriff als Naturphänomen erkennen. Wir sprechen vom Simile-Gesetz, wenn wir diese durch die Natur vorgegebene Ähnlichkeitsbeziehung von Krankheiten zueinander und die daraus folgende Heilungstendenz meinen. Das therapeutische Vorgehen der Homöopathie orientiert sich an dieser Erscheinung. Sie wird als maßgeblichste Bedingung bei der Anwendung der Arznei als Kunstkrankheit berücksichtigt.[1] Auch Menschen mit ähnlichem Schicksal können heilsame Kräfte aufeinander bewirken.

1 Die Homöopathie unterscheidet sich hier deutlich von anderen Auffassungen, die in der sogenannten Naturheilkunde oder anderen traditionellen Medizinsystemen vertreten werden, die von einem Zuviel oder Zuwenig an bestimmten Formen der Energie oder Materie ausgehen und diese durch Entzug oder Hinzufügen auszugleichen versuchen, so als ob die Krankheit sich in dem zuviel Vorhandenen befände und durch die Entfernung aus dem Organismus verschwände oder durch den Ausgleich eines Mangels, das heißt durch das Nichtvorhandensein bestimmter Energieformen oder von Materie.

2. Der arzneiliche Einfluß bei der Entwicklung und Heilung von Krankheiten

Die Arznei hat in der Homöopathie in dieser Hinsicht eine spezifische Bedeutung. Arzneimittel bezeichnet das Phänomen, daß es in der uns umgebenden Natur (auch wiederum ohne unser Zutun) vorgegebene Strukturen, Phänomene, Felder oder dergleichen gibt, die, für sich genommen, Krankheiten auslösen können, wenn sie mit uns in Kontakt treten. Zunächst sind sie uns fremd oder befinden sich außerhalb unseres Organismus, treten sie aber in Kontakt mit uns, verändern sie uns dergestalt, daß unser Organismus unter ihrem Einfluß krankhafte Erscheinungen entwickelt, die einer natürlichen Krankheit ähneln. Wir sprechen dann von einer Arzneikrankheit. Das zunächst Fremde ist eine wesentliche Voraussetzung ihrer heilkräftigen Potenz. Sie befindet sich als Seinsqualität zunächst außerhalb unseres Selbst und ist nur dadurch erfahrbar, daß man sich ihr in der Prüfung aussetzt. Auf diese Weise ist Pathogenes direkt wahrnehmbar. Wenn der natürliche Vorgang der Heilung sich letztlich nur durch den Kontakt zweier natürlicher Krankheiten zueinander vollziehen kann, kann eine therapeutische Intervention, z. B. durch Arzneiwahl oder eine Familienaufstellung, auch bei kunstgerechter Anwendung lediglich das entsprechende Umfeld oder eine äußere, quasi metaphorische Bedingung für diese innere Heilung schaffen, die folglich in Inhalt und Gestalt nicht unserem direkten Einfluß unterliegt.

3. Die Darstellung der reinen Arzneiwirkung am Gesunden

Um die ähnlichste Wirkung eines Arzneimittels zu erkennen, bedarf es zunächst deren Darstellung.

In der Arzneiprüfung am Gesunden treten Krankheitserscheinungen zutage, die der Betreffende zuvor in dieser Form nie hatte. Sie sind die unverfälschtesten Formen des Ausdrucks der zunächst nur latent angelegten Kraft einer Arznei. Sie verändert die prüfende Person nicht in ihrer Integrität, sondern vermittelt lediglich die allgemeine Erfahrung des Prozesses von Krank- und Heilwerden, als allgemeine Tendenz in der Natur, ähnlich dem Vorgang einer akuten Erkrankung. Spezifisch wird sie alleine durch die von einem Arzneimittel zum andern sich unterscheidende Gestalt. Die Prüfsymptome entstehen jenseits jeglicher Absicht, Vermutung oder Theorie der prüfenden Person, vollkommen ohne Bezug zur bisherigen Wahrnehmung eigener Symptome, jeweils spezifisch für das geprüfte Arzneimittel. Die allein klinischen, also nur am Kranken gewonnenen Prüfungserfahrungen treten an Authentizität dahinter zurück, da bei ihrem Hervortreten immer eine Verfälschung durch die vorbestehende Krankheit vorliegen kann. Die Summe dieser Erscheinungen nennen wir Arzneimittelbild und beschreiben damit die Spezifität der durch das jeweilige Arzneimittel ausgelösten Arzneikrankheit als Kunstkrankheit.

Die Entstehungsbedingungen einer natürlichen Krankheit unterscheiden sich sehr wahrscheinlich von denjenigen einer Arzneikrankheit. Die oben beschriebene natürlichste Bedingung der Entstehung von Krankheiten und ihrer Heilung durch den Kontakt zweier ähnlicher, in der Natur vorgegebener Krankheiten oder Miasmen erfährt durch die Einführung eines Arzneimittels als Kunstkrankheit eine Manipulation, die dieser natürlichsten Bedingung wohl sehr nahe kommt, diese zu imitieren versucht, aber nicht ersetzen kann. Der Auffassung, Heilung bedürfe als unablässige Bedingung eines Arzneimittels, liegt, so betrachtet, eine Anmaßung oder Manipulation zugrunde, die den in der Natur ohne unser Zutun sich vollziehenden Heilungsvorgang imitieren möchte, diesen aber letztlich nicht nachvollziehen kann.

Eine Arzneikrankheit ist im Gegensatz zur natürlichen Krankheit dosierbar. Auch darin drückt sich ihre manipulierbare Wirkung aus. Bei nicht geeigneter Dosierung wiederum erzeugen die Arzneimittel unter Umständen dauerhafte oder gar tödliche Krankheiten oder, besser gesagt, Vergiftungen. Die Arzneimittelsymptome einer kunstgerechten Prüfung entsprechen dem natürlichen Vorgang einer wohldosierten Vergiftung. Trifft also eine Quasivergiftung als Arzneikrankheit auf einen Organismus, dessen natürliche Krankheit dieser Vergiftung ähnlich ist, kann seine Krankheit dadurch in ähnlicher Weise wie beim oben beschriebenen Kontakt zweier natürlicher Krankheiten heilen.

4. Das Wesen der chronischen Krankheit

Die weiteren Bedingungen natürlicher Krankheiten sind komplexer Natur. Es ist durch das Simile-Gesetz nicht ausgeschlossen, daß sich Krankheiten im Kontakt zueinander auch auf andere Weise entwikkeln und gegenseitig beeinflussen, also nicht im Sinne von Heilung, sondern von Chronifizierung. Diese vollzieht sich dann, wenn keine Ähnlichkeitsbeziehung zwischen Krankheiten, aber dennoch eine gewisse Affinität des Organismus für die entsprechenden Krankheiten besteht. Die Bedingungen dieser Affinität bleiben im dunkeln und werden in der Homöopathie mit dem Begriff Miasma umschrieben. Sie wird als eine dauerhafte Verstimmung der Lebenskraft weitergetragen. Dieser Vorgang ist auch ohne das Hinzutreten einer Arzneikrankheit unter natürlichen Bedingungen beobachtbar. Immer dann, wenn nach Auftreten einer Krankheit vor oder durch einen erneuten Kontakt mit einer anderen Krankheit Heilung nicht möglich ist, kann Chronifizierung eintreten. Diese wird durch eine andersartige Beziehung von Krankheiten zueinander bewirkt, z. B. im Sinne von vorübergehender oder dauerhafter Aufhebung bzw. Verdrängung der einen durch eine andere Krankheit, durch Unterdrückung, Verlagerung usw. (s. Hahnemann § 34 ff. 1996). Ein solcher Vorgang kann sich auch in einem psychotherapeutischen Setting vollziehen. Chronifizierung bedeutet, daß eine Krankheit sich auf der Zeitachse weiterentwickelt und sich dabei in der Regel in ihrer Gestalt verändert.

Therapeutisches Handeln kann auch dergestalt in einen natürlichen Heilungsverlauf eingreifen, daß die daraus resultierenden Veränderungen zu einer zunehmenden Verschlimmerung von Krankheiten führen und sie geradezu unheilbar machen. Eine solche Konsequenz des therapeutischen Handelns resultiert meist aus Theorien, die sich in ihrer letzten Konsequenz nicht an der Erfahrung von Heilung orientieren. Diese Theorien sind bei genauerem Hinsehen oftmals Ausdruck der Pathologie des Therapeuten. Wirkt sich ein solcher „Therapie"einfluß aus, ist dies vergleichbar mit dem Einfluß einer Arzneikrankheit als Faktor der Chronifizierung. Manipulierte Krankheit kann dadurch zu einer chronischen Krankheit werden, wenn das Arzneimittel nicht ähnlich der vorbestehenden Krankheit ist. Es entsteht ein Komplex aus der Arzneikrankheit bei vorhandener Affinität zum Organismus und der natürlichen Krankheit. Sie ist nach der Erfahrung der Homöopathie die stärkste, quasi natürliche Bedingung der Unheilbarkeit. Manche Konstellation, die in der Aufstellungsarbeit nicht lösbar erscheint, mag auf solchen chronischen arzneilich oder anderweitig iatrogen bedingten Krankheiten beruhen.

6. oder Analogie 1: Die Empfindungen als Stellvertreter entsprechen den Arzneisymptomen bei der Prüfung am Gesunden

In der phänomenologischen Psychotherapie nach Bert Hellinger lassen sich Erscheinungen beobachten, die der Homöopathie sehr vertraut sind. So ist das Phänomen, daß Stellvertreter die Stimmungen und die körperlichen Wahrnehmungen der vertretenen Person empfinden können, die selbst nicht Protagonist oder aufstellende Person sein muß, als Parallele zur homöopathischen Arzneimittelprüfung anzusehen. Der Patient kann sein inneres Bild in der Familienaufstellung auf diese Weise nach draußen bringen. Wenn er dann dieses äußere Bild wahrnimmt, kann dies ebenso wie ein Arzneimittel Wirkungen erzeugen.

Nimmt der Klient wahr, daß die Stellvertreter ähnliche Empfindungen haben, wie sie der Seele der vertretenen Personen vertraut sind, dann ist dies aus der Sicht der Homöopathie bereits ein heilsamer Impuls, der im Sinne von Similia similibus curentur keiner weiteren Ergänzung bedarf, möglicherweise sogar nicht einmal des Lösungsbildes. Daß sich durch den Kontakt zweier Menschen mit ähnlichem Schicksal Heilung vollziehen kann, wurde bereits unter anderem von Hahnemann beschrieben. Das Zustandekommen eines solchen Kontaktes ist letztlich nicht manipulierbar.

Das Phänomenale daran ist derselbe Vorgang wie bei der Aufstellungsarbeit, daß eine völlig fremde Person die Symptome einer ihr wiederum nicht bekannten und möglicherweise nicht einmal im Raum anwesenden Person empfinden kann. Die Frage, warum das so ist, ist genauso unbeantwortbar wie diejenige, warum der Mensch sich z. B. so verletzt, daß die in der Natur vorkommende Heilkraft von Arnika zu seiner Verletzung als Heilmittel paßt.

7. oder Analogie 2: Menschen können sich gegenseitig durch die Ähnlichkeit ihrer Empfindungen heilen, der Therapeut läßt bei der Aufstellungsarbeit das Lösungsbild als Mittel der Gesunderhaltung zum Vollzug kommen

Hat die Erfahrung eines Fremden, also nicht in das Eigene Verstrickten oder eines nicht Betroffenen in der Aufstellungsarbeit Ähnlichkeit mit dem Eigenen oder besser Eigenheitlichen, Charakteristischen des Patienten, kann Heilung gelingen. Es könnte aber auch ein ähnlich Verstrickter einen anderen alleine durch die Ähnlichkeitsbeziehung heilen ohne weitere Intervention, allein durch Kontakt zueinander.

Der Aspekt des wirklich Fremden spiegelt sich analog im Inhalt der Absichtslosigkeit in der Haltung des Therapeuten wider. Je absichtsloser der Therapeut, desto potentiell homöopathischer im Sinne von Simile ist der Impuls der Wahrnehmung dann, wenn die Intervention durch die Stellvertreter in ihrer Ähnlichkeit mit der aufstellenden Person zur Wirkung kommen kann. Der Therapeut als fremde Person setzt sich dem System absichtslos aus und erlebt Wirkungen der Aufstellung an sich selbst in einem dialogischen Prozeß; dabei blitzt das Lösungsbild auf aus einer „gesunden" Instanz heraus, „wie aus dem Nichts". Die wichtigste Instanz einer gesunden Lebenskraft ist die primäre Liebe mit ihren Bewegungen. Sie steht im Fokus des Therapeuten.

Das sich so ergebende Lösungsbild hat keine direkte Entsprechung in der klassisch-homöopathischen Arbeitsweise, seine Notwendigkeit als Anker wurde jedoch bereits von Hahnemann gesehen und indirekt postuliert.[2]

Die qualitative Tatsache, daß es zunächst ein vom kranken Organismus relativ fremder Ort ist, der z. B. in der Pflanze Arnika keiner systemischen Kraft des Familiensystems unterworfen ist und an dem sich die Kraft des Arzneimittels erzeugt, bedingt die Qualität des Stärkeren. Je betroffener der Ort ist, von dem die Intervention ihren Ausgang nimmt, desto wirkungsloser oder gar pathogener ist die Intervention. Diese Problematik der Isopathie, die Arzneimittel unmittelbar vom kranken Organismus entnimmt, zeigt sich auch in der Psychotherapie. Dieser Gefahr entgeht der Therapeut durch entsprechende Selbsterfahrungen, indem er sich in die „leere Mitte" zu stellen lernt. Er befindet sich quasi auf dem äußersten, gesunden Pol der Lebenskraft, die mit dem übrigen Ganzen vollkommen verbunden ist.[3]

2 Hahnemann, Chronische Krankheiten, Einführung, S. 140 f.

3 Hahnemann, Organon der Heilkunst

„§ 141: ... Prüfungen ..., welche der gesunde, vorurtheillose, gewissenhafte, feinfühlige Arzt an sich selbst mit aller ihn hier gelehrten Vorsicht und Behutsamkeit anstellt, (sind) die vorzüglichsten. ... (150) ... (Er wird durch das) Verständnis seiner eignen Empfindungen, seiner Denk- und Gemüthsart (dem Grundwesen aller wahren Weisheit ...), was keinem Arzte fehlen darf, zum Beobachter gebildet. Alle unsere Beobachtungen an andern haben das Anziehende bei weitem nicht, als die an uns selbst angestellten."

8. Verstrickung und Identifizierung als Ausdruck der Chronifizierung

Bei den systemischen Verstrickungen, Identifizierungen, Parentifizierungen u. a. liegen chronifizierte Prozesse vor, die durch die Beziehung nichtähnlicher pathogener Konstellationen zueinander entstanden sind. Aus primärer Liebe entstehen Bindungen, es handelt sich meist um Konzentrationen der verschobenen oder übernommenen pathogenen Kräfte. Sie werden durch Unterdrückung oder Überlagerung durch Krankheiten sichtbar. So treten Impulse der primären Hinbewegung, einer Dynamik der zunächst akut verstimmten Lebenskraft, in pathologischer Form dort deutlich zutage, wo wir zunächst Krankheit wahrnehmen. Die pathologische Dynamik tritt an einer anderen Stelle hervor als dort, wo sie entstanden ist. Die so entstandene Konstellation kann durch eigenes Zutun nicht mehr heilen. Sie ist nicht allein im eigenen Selbst, sondern im zugeordneten System der Familie primär verankert. Dieser Aspekt der genuinen Nichtheilbarkeit des Individuums ist ein wesentliches Charakteristikum des Chronischen. Wir bedürfen wirklich fremder Hilfe, fremder Krankheiten auch im Sinne der ähnlichsten und damit homöopathischen Arznei, um gesünder werden zu können. Diese Art von Fremdheit ist ein notwendiger Aspekt sowohl des Arzneimittels als auch der Intervention in der phänomenologischen Psychotherapie. Der Impuls zur Heilung entspringt aus dem zunächst Fremden. Dadurch, daß in der Familienaufstellung völlig fremde Personen das Eigene darstellen, uns auf diese Weise die Dynamik der Krankheit an die Wirklichkeit zu bringen helfen, kommen ähnliche Kraftmomente zur Wirkung, wie sie in Arzneimitteln repräsentiert sind. Das Bild und die Symptomatik bekommen in der Darstellung und durch den anderen Menschen auf dialogische Weise ihre besondere Wirkung. Es setzt zunächst fremde Wahrnehmung des Therapeuten oder von Stellvertretern in der Gruppe voraus und erfüllt damit diese Bedingung der Ähnlichkeit, um auf seiten des Patienten heilsame Impulse zu ermöglichen.

Im Prozeß der Chronifizierung gesellen sich neue zu alten Krankheiten, auch vorangegangener Generationen. In der Homöopathie erkennen wir an diesem Vorgang ein Miasma. Identifizierungen, Verstrickungen etc. sind die phänomenologischen Entsprechungen der Psychotherapie. Beiden Methoden ist der generationsübergreifende Zusammenhang vertraut. Krankheit besteht über den Tod eines Menschen hinaus. In dieser Hinsicht stehen wir durch die

Krankheit in einer eigenheitlichen, charakteristischen Verbindung zueinander. Das Miasma der Homöopathie beinhaltet neben dem individuellen auch den sozialen, kulturellen, politischen und gesellschaftlichen Aspekt der Krankheit. Das miasmatisch Chronische einer Krankheit wird durch die Bindungskräfte im Familiensystem geprägt. Sie beinhalten Einflüsse, die sich über den Aspekt des Akuten hinaus in einem Bereich auswirken, in dem sie nicht mehr so stringent nachvollziehbar sind, wie dies bei akuten Krankheiten oder bei Arzneikrankheiten bzw. Arzneimittelprüfungen der Fall zu sein scheint.

In der Familienaufstellung kommt der psycho-sozio-kulturelle Aspekt durch das menschliche Gegenüber deutlicher auf bestimmbare Personen gerichtet ans Licht, als es durch eine Arzneimittelprüfung oder ein Arzneimittelbild und die Beschäftigung damit möglich ist, wiewohl auch in einer Arzneimittelprüfung Symptome entstehen können, die auf andere Personen gerichtet sind. Die imaginative Fähigkeit des Patienten zeigt in der äußeren Aufstellung des inneren Bildes die Verbindung mit Gewesenem, den Verstorbenen und ihrer Kraft. Sie sind in seiner Person präsent, er repräsentiert Transpersonales.

Durch Identifikation und die anderen in der Aufstellungsarbeit wahrnehmbaren Mechanismen wird ebenfalls Krankheit manipuliert, so daß sich keine Heilung vollziehen kann.

9. Vergleich zwischen Arzneimittelbild und Lösungsbild

Das Lösungsbild formuliert die allgemeinen Bedürfnisse der primären Liebe oder der gesunden Lebenskraft vor oder nach der Krankheit. In der Homöopathie dagegen überlassen wir dieses prozessuale Geschehen, das zur Herausbildung des Lösungsbildes führt, der Arzneiwirkung, delegieren in dieser Form Wahrnehmung und Handlung ganz an das Arzneimittel und seine Wirkung; das Lösungsbild tritt allenfalls mittelbar zutage. Die Instanz des Therapeuten, der das Lösungsbild findet, indem er sich dem Ganzen aussetzt und der Kraft der primären Liebe und ihrer Hinbewegung folgt, hat in der Homöopathie keine direkte Entsprechung. Die Instanz der gesunden Lebenskraft, die der primären Liebe entspricht, bildet keinen unmittelbaren Gegenstand in der Homöopathie. Es findet eher eine Hinbewegung auf die Krankheit statt, die sich in der bekannten Erstreaktion (Erstverschlimmerung) bei der homöopathischen Mittelwirkung äußert. Die gesunde Lebenskraft als Motor des Lösungsbildes erlebt der Homöopath nur mittelbar dadurch, daß die Prüfsymptome im Laufe der Prüfung wieder verschwinden. Die Wahl des Arzneimittels in der Homöopathie erfolgt nach den Symptomen oder, anders ausgedrückt, problemorientiert. Das Lösungsbild ist die Entsprechung der gesunden Lebenskraft (Hinbewegung). Der therapeutische Prozeß zwischen Arzt und Patient gelingt dann auf heilsame Weise, wenn Liebe zum Vollzug kommen kann. Das Lösungsbild der Aufstellungsarbeit dient als Anker für die gesunde Lebenskraft und kann in der weiteren homöopathischen Begleitung des Patienten der Klärung der wirklich charakteristischen Symptomatik bei relativer Symptomarmut und seiner psychischen Klärung und Stabilisierung dienen.

Die gesunde Lebenskraft ist dergestalt in der Aufstellungsarbeit als primäre Liebe sichtbar. Im *Arzneimittelbild* ist die Zeitachse der Entwicklung von Krankheiten brennpunktartig verkürzt, in der Wirkung des Arzneimittels auf den Kranken wiederum wird sie auf einer auseinandergezogenen Zeitachse sichtbar, während die Wirkung der therapeutischen Intervention des Lösungsbildes in der Aufstellungsarbeit im unmittelbaren therapeutischen Prozeß in der Aufstellung sichtbar werden kann, um dann in der Nachwirkung nach dem Impuls der Aufstellungsarbeit monatelang nachwirken zu können, bis sich die eigentliche Lösung manifestiert.

Die Mechanismen von Schuld und Gewissen finden in der Homöopathie eine direkte Entsprechung in der Symptomatologie von Krankheiten und im Arzneisymptom. Unter der direkten Einwirkung bestimmter Arzneimittel in der Arzneiprüfung am Gesunden erleben wir unter anderem Schuld und Unschuld auf eine andere Weise, als dies in einer Aufstellung möglich ist, nämlich als Arzneisymptom. Sie entstehen als Gefühl eines einzelnen unter der Wirkung eines Arzneimittels, so z. B. als Gefühl, am Schicksal eines anderen Menschen beteiligt oder gar schuld zu sein, oder als Gefühl, die eigene Krankheit aufgrund einer Verletzung entwickelt zu haben oder als Verwirrung der eigenen Identität und dabei eine andere Person darzustellen. Das Arzneimittel wirkt in erster Linie, ohne die direkte sinnliche Erfahrung eines Gegenüber, scheinbar ausschließlich intrapersonal und nicht dialogisch. Verstimmung, die sich ausschließlich durch das Arzneimittel, ohne spezifische personale Interaktion entwickelt, kommt und geht ohne weiteres Zutun.

Die Kraft eines Arzneimittels scheint in der Natur vorgegeben zu sein, ohne an die Gegenwart von Schuld, Gewissen, Identifizierung oder Verstrickung und ähnliche Bedingungen geknüpft zu sein, sie erscheinen aber unter der Einwirkung bestimmter Arzneimitteln als Gefühl in der Arzneimittelprüfung, z. B. mit dem in der Prüfung entstehenden Gefühl, verschwinden zu wollen, gar mit den toten Verwandten zu sprechen oder sich an einem anderen Ort zu befinden. Das Arzneimittel hat seine Kraft scheinbar per se, wird aber erst am Gesunden sichtbar, so wie erst in der Familienaufstellung die Dynamik der Störung der aufgestellten Familie aufleuchtet, der wir uns als Stellvertreter oder Therapeuten ebenso aussetzen können wie einer Arzneimittelprüfung. Auch hier treten Symptome oder eine Dynamik zutage, die ansonsten latent oder unsichtbar im Familiensystem schlummern, vermittelt durch die Aufstellung analog einem Arzneimittel.

10. Die phänomenologische Aufstellungsarbeit nach Hellinger als Beispiel dafür, wie „Religion, Philosophie und Herrschaft über sich selbst" als therapeutische Notwendigkeit in chronischen Krankheitsprozessen aufscheinen können

Bereits Hahnemann hat darauf hingewiesen, daß durch Einflüsse, die nicht in der Person des Patienten begründet sind, sondern durch fremdes Schicksal bedingt sind, „alle Leiden und Schicksale, woran er nicht schuld ist, und die zu ändern nicht in seiner Macht steht", die Behandlung so stören können, daß auch das bestgewählte Arzneimittel den Zustand nicht bessern kann. Er sieht die Notwendigkeit, daß der Patient genügend „Philosophie, Religion und Herrschaft über sich selbst"[4] entwickeln muß, um dennoch geheilt werden zu können. Hier bietet die Methode der Aufstellungsarbeit nach Bert Hellinger mit ihren systembezogenen Lösungen einen genialen Ansatz, dem Patienten zur Mobilisierung der in ihm wohnenden Kräfte zu verhelfen, um so eine Arzneiwirkung zu ermöglichen, die nicht durch ein in obiger Weise beschriebenes systembedingtes Heilungshindernis gestört wird. Der Behandler kommt dadurch auch seiner Aufgabe als „Gesunderhalter"[5] in vorzüglicher Weise nach. In den

4 s. Fußnote 2

5 § 4 des Organon der Heilkunst, 6. Auflage.

Aufstellungen läßt sich oftmals ein direkter Bezug der systemisch wirkenden Kräfte auf die Symptomatik des Patienten ausmachen und dergestalt isolieren. Dadurch wird der eigentliche Fokus der Arzneiwirkung deutlicher davon abgegrenzt und die Prognose erkennbarer. Dies ließe sich an zahlreichen Beispielen meiner praktischen Erfahrung erläutern. Leider wäre aber dann der Rahmen des vorliegenden Bandes gesprengt.

Auslösen eines psychischen Ausnahmezustandes durch eine Familienaufstellung und seine Auflösung durch psychotherapeutische und klassisch-homöopathische Hilfe

Heidi Baitinger

An einem Aufstellungsseminar nahm ein vierunddreißigjähriger Mann teil, der als sein Anliegen schilderte, „daß es ihn so wegziehe". Er berichtete folgende systemische Ereignisse: Er ist das dritte Kind, vor ihm gibt es zwei Schwestern. Sein Vater hatte vier Geschwister. Im Krieg fielen zwei Brüder des Vaters, der eine davon war der Lieblingssohn des Großvaters. Zu dem Zeitpunkt war der Vater vierzehn Jahre alt. Kurz darauf, es war Kriegsende, starb der Vater des Vaters plötzlich an Herzversagen und folgte so seinen Söhnen nach.

Als der Klient seine Ursprungsfamilie aufstellte, wurde sofort sichtbar, daß es eine „geschönte Aufstellung" war, er stellte alle in der Idealursprungsordnung auf, und ich brach diese Arbeit sofort ab. Am nächsten Tag wirkte er in sich gekehrt und schaute häufig aus dem Fenster. Vor der Mittagspause nahm ich ihn nochmals dran. Er wählte Stellvertreter aus, die lediglich von ihren Plätzen aufstanden und in die Mitte kamen. Um ihm vor dem Stellen bei der inneren Sammlung zu helfen, trat ich seitlich neben ihn, legte eine Hand an seine Schulterblätter, die andere auf seine obere Brust und sagte: „Geh hin zu dem Gefühl."

Im selben Moment schrie er urplötzlich laut und markerschütternd auf, seine Beine sackten ihm wie auf einen Schlag hin völlig weg, er bäumte seinen Oberkörper auf und fuhr fort, laut und wie vor Entsetzen zu schreien. Ich fing ihn auf, hielt ihn fest und aufrecht. Mein unmittelbares Erleben wie auch das der anderen Teilnehmer war: wie der gefallene Onkel beim Todesschrei, wie auf dem Schlachtfeld von einer Kugel oder Granate getroffen. Ich bat den Stellvertreter seines Vaters hinzu und bat ihn, ihn zu halten, worauf es den Klienten noch mehr schüttelte und er weiter laut und vor Entsetzen schrie. Ich holte den Opa und Stellvertreter für die beiden gefallenen Onkel hinzu, die ihn alle festhielten. Er klammerte sich an

Vater- und Opa-Stellvertreter mit einer enormen Kraft (beide hatten am anderen Tag blaue Flecken) und wollte dem Opa-Stellvertreter an die Kehle gehen. Dabei war deutlich, daß er die Stellvertreter nicht als solche wahrnahm, sondern eher wie auf dem Schlachtfeld im Todeskampf noch jemandem an die Kehle ging.

Ich versuchte, ihn in Beziehung und Kontakt mit seinem Vater, den Onkeln und dem Opa zu bringen, und ließ die Stellvertreter lösende Sätze sagen wie: „Es ist mein Schmerz, nicht deiner. Ich bin der Große, du nur der Kleine, das Kind. Ich trage es allein.“ All diese Sätze erreichten ihn nicht. Er war und wirkte völlig irre, seine Augen waren starr, wächsern; sie waren weit aufgerissen und ohne jegliche Reaktion. Die vier Männer, eine Frau, die ich für die Mutter hinzunahm, und ich hielten ihn mit aller Kraft fest, er schrie, konnte nicht auf seinen Beinen stehen und bekam einen Würgreflex. Mein Bild war: wie ein Erschossener, dem noch das Blut hochkam. Jetzt begann er weiterhin mit starrem Blick und irrer, extrem ausgeformter und betont formulierter Stimme zu reden. Als erstes sagte er: „Ich schaff das doch gar nicht. Ich habe nicht genug Kraft. Ich mach das alles für euch.“ Dann sagte er über lange Zeit: „Ich bin ein Engel. Ich will doch gar kein Engel sein. Aber ich bin ein Engel.“ Ihm war kalt, er zitterte. Ich schickte die anderen Gruppenteilnehmer in die Mittagspause und blieb mit ihm allein im Raum zurück. Ich verhielt mich ruhig, redete kontinuierlich mit fester Stimme, begleitete seinen Prozeß und versuchte, ihn im Hier und Jetzt zu orientieren. Mittlerweile war etwa eine Stunde seit seinem Ausbruch vergangen. Da keine meiner Interventionen halfen, ihn aus diesem entrückten und verrückten Zustand herauszubekommen, rief ich meinen Mann an, der als homöopathischer Arzt nach genauer Schilderung des Zustandes die Gabe von Aconitum nap. C 200 vorschlug.

Als ich ihm das Globuli in den Mund schob, zeigte sich innerhalb der nächsten fünf Minuten eine deutliche Entkrampfung des muskulären Spannungszustandes, und als erstes begannen seine Augen die Starrheit langsam zu verlieren. Nach und nach kam er wieder in einen normalen Muskeltonus, doch klang seine Verwirrtheit nur langsam ab. Der verwirrte Zustand dauerte etwa eineinhalb Stunden, nach den zwei Stunden Mittagspause war er wieder weitgehend normal orientiert. Es war faszinierend zu beobachten, wie er plastisch, bis in die konkrete Physiologie hinein, die „Symptome“ des gefallenen Onkels zeigte. Man sah und erlebte förmlich einen plötzlich tödlich getroffenen Menschen in seiner Todesstunde vor sich im Raum.

Ich bin sehr dankbar und erleichtert, mit ihm einen Weg wieder heraus gefunden zu haben und sehe in der Gabe des homöopathischen Arzneimittels die lösende Kraft. Aconitum nap. hat als Charakteristikum: „Jemand sagt die Stunde seines Todes voraus." Es ist eines der Mittel für extreme Angstzustände mit Todesgefühlen.

Jedoch darf dieses Mittel nicht als Standardhilfe für ähnliche Ausnahmezustände mißverstanden werden. Homöopathische Mittel orientieren sich immer an der konkreten individuellen Phänomenologie und müssen jeweils von neuem gesucht werden.

Wie ich nach Berichten der überweisenden Ärztin am nächsten Tag erfahren habe, kam er ganz erlöst und kraftvoll zu seiner Familie heim. Sie berichtete weiter, daß über seinem Kinderbett Porträts von diesem gefallenen Onkel hingen, aber niemand darüber gesprochen habe.

Homöopathische Systemaufstellungen

Friedrich Wiest und Matthias Varga von Kibéd

1. Vorbemerkung

Im Folgenden berichten wir über die Anwendung von systemischen Aufstellungen im Grenzbereich familientherapeutischer und homöopathischer Fragestellungen. Wir betrachten die Grundlagen homöopathischer Systemaufstellungen (F. Wiest u. M. Varga v. Kibéd), ein Fallbeispiel und mögliche Nutzanwendungen.

2. Grundlagen der Homöopathie

2.1 Die vier Säulen der Homöopathie

2.1.1 Das Simile-Prinzip

Der aus Meißen stammende Arzt Friedrich Samuel Hahnemann (1755–1843) stellte bei der Übersetzung der „Materia Medica" von William Cullen fest, daß entgegen Cullens Erklärung die Wirkung von Chinarinde bei Malariakranken sich nur bei einem Teil seiner Patienten zeigte. Hahnemann erprobte die Einnahme von Chinarinde im Selbstversuch, um die Frage zu klären: Was ist eigentlich die Wirkung von Chinarinde beim Gesunden? Es stellten sich bei ihm die Symptome eines malariaartigen Wechselfiebers ein, die nach kurzem wieder abklangen und bei jeder erneuten Einnahme einer Dosis erneut auftraten. Dadurch gelangte Hahnemann zu der Hypothese, daß Chinarinde Malaria gerade in jenen Fällen heilt, bei denen die Symptome des Kranken ähnlich wie diejenigen Symptome sind, die sich beim Gesunden nach Einnahme von Chinarinde zeigen.

Hahnemann generalisierte diese Ähnlichkeitshypothese auf andere Substanzen durch den Kernsatz: Ähnliches heilt Ähnliches und nannte seine Methode „Homöopathie" (*homoios* = gleichartig, ähnlich).

2.1.2 Arzneimittelprüfungen

Hahnemann führte in den folgenden Jahren eine Vielzahl weiterer Selbstversuche mit anderen Substanzen durch und beteiligte seine Angehörigen, Freunde und Schüler an diesen ersten Arzneimittelprüfungen. Durch die so bei verschiedenen gesunden Menschen unter Einwirkung desselben Mittels gehäuft auftretenden Symptome fand er die entsprechenden Vergiftungs- oder Arzneimittelbilder.

2.1.3 *Potenzierung*

Bei den Prüfungen und Verordnungen von Arzneimitteln erwiesen sich deren Wirkungen immer wieder als zu stark, insbesondere da Hahnemann auch hochtoxische Arzneisubstanzen wie Aconit (Fingerhut) und Arsen verwandte. Um deren Wirkungen zu mildern, ging Hahnemann dazu über, die Mittel zu verdünnen und zu verschütteln und diesen Vorgang mehrfach zu wiederholen. Es stellte sich heraus, daß die Heilungswirkung so grundsätzlich sanfter und gleichzeitig durchschlagender war. Auf der Grundlage dieser Beobachtungen nahm Hahnemann die „Potenzierung", das iterierte Verfahren des Verdünnens und Verschüttelns mit bestimmten Proportionen und Häufigkeiten, als Kernbestandteil in die Homöopathie auf.

2.1.4 *Miasmen*

Durch ihre glänzenden Heilerfolge breitete sich die Homöopathie schnell über die Grenzen Deutschlands hinaus aus. Selbst während der Choleraepidemie 1831/32 setzten Hahnemann und andere Homöopathen mit großem Erfolg homöopathische Arzneien ein. Hahnemann hatte nun längst eine für ihn ausreichende Bestätigung der Gültigkeit des von ihm herausgearbeiteten Heilungsprinzips. Dennoch traten immer wieder Fälle auf, in denen die Mittelwirkung blockiert zu sein schien. Hahnemann entwickelte die Hypothese, daß es bei chronischen Krankheiten eine über das akute Krankheitsgeschehen hinausgehende Einwirkung gäbe: den „Erbzunder" oder die „Miasmen". Diese entstehen durch schwerwiegende Krankheiten bei unseren Vorfahren, wobei die Erbmasse geschädigt wird, was bei den Nachfahren zu chronischen Krankheiten führen kann. Zur Heilung des Erbzunders bedarf es der sog. konstitutionellen Mittel. Hier zeigt sich ein transgenerationeller Aspekt der homöopathischen Vorgehensweise.

2.2 Die Ursachen der Krankheit

Aus homöopathischer Sicht beruhen Erkrankungen auf einer Schwächung der „Dynamis", der Lebensenergie. Diese Schwächung kann aus der Lebensgeschichte des Patienten herrühren und z. B. durch Infektionen, medikamentöse Unterdrückung von Krankheitssymptomen oder natürliche Alterungsprozesse entstanden sein. Zu den Einflüssen aus der eigenen Geschichte zählen auch persönliche körperliche und seelische Traumata wie Schreck, Schock, Unfallverletzungen oder der Tod einer nahestehenden Person. Über die eigene Lebensgeschichte hinaus führen die miasmatischen Krankheiten der Vorfahren zu einer Schwächung der Dynamis.

2.3 Die Wirkung homöopathischer Arzneien

Die Wirksamkeit homöopathischer Arzneien hat sich in den letzten 200 Jahren in unzähligen Anwendungsfällen gezeigt. Die Grundsätze, nach denen homöopathische Arzneien angewendet werden, erschweren einen Wirksamkeitsvergleich mit dem schulmedizinischen Vorgehen. Die Zusammenfassung der Fälle nach den schulmedizinischen diagnostischen Kategorien ist nämlich mit den Unterscheidungen der homöopathischen Arzneimittelbilder partiell unverträglich. Da Hahnemann beim Potenzieren über die Loschmidtsche Zahl hinausging, also mit Verdünnungen arbeitete, bei denen praktisch kein Molekül der ursprünglichen Substanz mehr vorhanden war, setzt hier meist die Kritik der materiell-analytisch ausgerichteten Schulmedizin ein (vgl. dazu Wallach 1986; auch die Untersuchungen über physikalische Unterschiede hochpotenzierter Wasser-Alkohol-Gemische: Resch u. Gutmann 1986).

2.4 Die Vorgehensweise des Homöopathen

Der Homöopath macht eine ausführliche Anamnese im Gespräch mit dem Patienten. Durch den spontanen Bericht und die gezielte Befragung werden körperliche, seelische und geistige Beschwerden, Gewohnheiten und Vorlieben erfaßt, samt deren Modalitäten, d. h. den Bedingungen für Besserungen und Verschlechterungen. Fünf bis acht herausragende Symptome werden zur Beschreibung ausgewählt und einem „Simile", einem hinreichend ähnlichen Arzneimittel, zugeordnet. In den herausragenden Symptomen des Patienten und in den Leitsymptomen des Arzneimittelbildes vom Simile trifft aus homöopathischer Sicht Ähnliches mit Ähnlichem zusammen, was zur Heilung führt. Metaphorisch könnte von der Resonanz zweier ähnlicher Energiefelder gesprochen werden.

Auch in der anthroposophischen Medizin wird mit homöopathisch verarbeiteten Mitteln dem Patienten ein Bild gegenübergestellt, das sich heilsam auswirkt (Analogie zur Aufstellungsarbeit).

3. Grundlagen der systemischen Familien- und Strukturaufstellungen

3.1 Systemische Familienaufstellungen

Wir beschränken uns hier auf die Erwähnung von vier in unserem Zusammenhang wichtigen Grundprinzipien.

3.1.1 Zugehörigkeit und Bindung

Grundlegend ist das Prinzip des gleichen Rechts auf Zugehörigkeit für alle Mitglieder des Familiensystems. Die Zugehörigkeit erzeugt Bindungen aller an alle. Die Stärke der Bindung wird sichtbar bei Ausschluß eines Familienmitglieds. Das Verlangen nach Zugehörigkeit zur Familie ist unwiderstehlich und letztlich nur zu einem schlimmen Preis abweisbar. Auf der Höhe dieses Preises beruht das Ausmaß, in dem die Wiedereinbeziehung des Ausgeschlossenen heilendes Potential besitzt.

3.1.2 Ausgleich, Verstrickung und systemische Schuld

Ein ungewöhnliches und in der praktischen Anwendung besonders wirksames Element von Hellingers Arbeit sind Rituale des Ausgleichs systemischer Schuld. Dieser paradoxe Begriff einer Schuld ohne Handlungsfreiheit, der über Boszormenyi-Nagy und Buber auf chassidische Quellen zurückgeht, bildet das Kernstück von Hellingers Idee der systemischen Verstrickung. Hier wird der Schuldbegriff systemisch transformiert, indem er aus einer morali(sti)schen in eine „ökonomische" Form gebracht wird: Systemische Schuld ähnelt dem Begriff der Schulden, denn es geht nur noch um die Frage des angemessenen Ausgleichs. Diese Sicht erlaubt einen Ausgleich im Guten, indem etwa einem toten Geschwister zu Ehren etwas Gutes getan wird. Häufig verschwinden dann die Symptome.

3.1.3 Ordnung in und zwischen Systemen

Hellinger betont den Vorrang des zeitlich Früheren bei der Geschwister- und Partnerreihe als eine Rangordnung, deren Mißachtung pathogene Auswirkungen hat. Zugleich hat das spätere System Vorrang gegenüber dem früheren. (Zur Verallgemeinerung dieser beiden Systemprinzipien über den Familienrahmen hinaus auf andere Systemarten vgl. Sparrer 1997). Dadurch entstehen manchmal sich widersprechende Anordnungsforderungen, z. B. bei der Heirat mit einer Partnerin, die Kinder aus erster Ehe hat. Nur eine Haltung, die beide Ordnungen zu würdigen versucht, ohne daß es eine schematische Lösung gäbe, verspricht Frieden für das System.

3.1.4 Anerkennung dessen, was ist

Die Forderung, daß das Gegebene anzuerkennen sei, kann nicht nur als die grundlegendste Forderung Hellingers angesehen werden – aus ihr lassen sich sogar die übrigen Postulate für das systemische Arbeiten in seinem Sinne ableiten (vgl. Sparrer 1997). So kann die Aufhebung eines Ausschlusses als Anerkennung der Gegebenheit der Zugehörigkeit des Ausgeschlossenen verstanden werden. Systemische Konstruktion findet eben nicht im Vakuum statt (eher ist schon das Vakuum eine Konstruktion).

3.2 Grundideen der systemischen Strukturaufstellungen

Systemische Strukturaufstellungen sind ein Verfahren, das die Grundprinzipien von Hellingers Familienaufstellungen verallgemeinert und auf andere Systemkontexte überträgt. Die Grundprinzipien finden sich in diesem Band ausführlicher dargelegt (in: Sparrer u. Varga von Kibéd 1997a), weshalb wir uns hier mit wenigen Bemerkungen begnügen.

Die ungewöhnliche menschliche Fähigkeit der „repräsentierenden Wahrnehmung" – das heißt die Fähigkeit von Personen, als Mitglieder eines Systems, das ein anderes System repräsentiert, „fremde Gefühle" zu entwickeln, die sich regelmäßig als getreue, stimmige Repräsentationen von Zuständen des fremden Systems erweisen – ist nicht auf die Darstellung von Familiensystemen beschränkt. Werden die Beziehungen in der Geschwisterfolge zur zeitlichen Reihenfolge innerhalb einer Hierarchieebene und die der Generationenfolge zur Folge der Hierarchieebenen verallgemeinert, finden sich geeignete Prinzipien zur Übertragung und Modifikation der Grundprinzipien von Familienaufstellungen.

Eine zusätzliche Möglichkeit, die diese Vorgehensweise bietet, besteht in der Verwendung von Strukturebenenwechsel. So kann etwa mit der Struktur eines Problems am Arbeitsplatz oder einer körperlichen Symptomatik begonnen werden und dann ein offener oder verdeckter Wechsel zum Familienbild erfolgen. Die unten behandelten homöopathischen Systemaufstellungen arbeiten systematisch mit Strukturebenenwechseln.

3.3 Systemische Störfaktoren

Wir betrachten kurz die wichtigsten systemischen Störfaktoren:

3.3.1 Leugnung

Hier geht es um die Nichtanerkennung des Gegebenen, also insbesondere um:

- Ausschluß, d. h. Leugnung gegebener Zugehörigkeit; übertragen auf ein Symptomsystem, wie etwa die Symptome eines homöopathischen Arzneimittelbildes, führt dies zu einer lösungsorientierten Ergänzung der alten Sichtweise, da die Symptome als Systemelemente nicht ausgeschlossen, sondern in ihrer Funktion umgewandelt werden (vgl. dazu Teil 4);
- falsche Reihenfolge, wenn etwa ein jüngeres Geschwister sich wie ein älteres verhält oder ein totgeborenes Kind nicht mitgezählt wird; sowie
- fehlende Würdigung, also z. B. die Nichtanerkennung eines früheren Partners als desjenigen, dessen Platzmachen das gegenwärtige System verdankt, daß es entstehen konnte.

3.3.2 Nachfolge

Als Nachfolgedynamik sieht Hellinger die häufige Tendenz eines zeitlich späteren Familienmitglieds, das tragische Lebensmuster eines Vorhergehenden unbewußt nachzuahmen. Systemisch gute Lösungen beruhen auf der Idee, diese Musterähnlichkeit als Versuch der Ehrung des Früheren (Loyalität) zu deuten und nun nach einer weniger leidvollen Form dieser Ehrung zu suchen. Auch in den systemischen Strukturaufstellungen tauchen analoge Stellungsbilder auf, bei denen sich entsprechend generalisierte Lösungsmuster bewähren.

3.3.3 Übernahme

„Angemaßte" Übernahme als Störfaktor ist zu verstehen als – in der Regel unbewußtes – Aufsichnehmen von Last und Schuld aus einem fremden Schicksal – meist mit einem kompensativen Erleben des Größerseins; dieses Erleben wird häufig erst bei der Rückgabe des Angemaßten deutlich, indem diese nur zögernd und widerwillig erfolgt. Auch Hellingers „Lieber-ich-als-du"-Dynamik gehört zu dieser Art systemischer Störfaktoren.

3.3.4 Traumatische Ereignisse

Neben den zuvor aufgeführten systemischen Störfaktoren, die als Typen systemischer Verstrickung anzusehen sind, gibt es natürlich traumatische Ereignisse in der eigenen Biographie. Für das systemische Familien-Stellen stellen sie Grenzfälle dar, bei denen zwar manche Formen der Ritualarbeit (etwa bei unterbrochener Hinbewegung zu einem Elternteil) durchaus noch einschlägig wirksam sein können, jedoch häufig mit anderen therapeutischen Methoden weiterbearbeitet werden.

4. Homöopathische Systemaufstellungen

4.1 Homöopathische Systemaufstellungen (HSA) als Arbeit mit drei Strukturebenen

Seit mehreren Jahren untersuchen wir Möglichkeiten der Verbindung familientherapeutischer Verfahren mit Methoden aus anderen Bereichen, u. a. in einer fortlaufenden Experimentalgruppe. Seit zwei Jahren veranstalten wir dazu experimentelle Wochenendgruppen mit Homöopathen und Familientherapeuten. Die von uns entwickelten „homöopathischen Systemaufstellungen" verbinden methodisch drei Aufstellungsarten: Familienaufstellungen, Patientensystemaufstellungen und Arzneimittelbildaufstellungen. Dabei verwenden wir – je nach Anliegen – in der Regel zwei dieser Aufstellungsarten und betrachten ihre Strukturverwandtschaften, manchmal durch expliziten Strukturebenenwechsel, und gelegentlich beziehen wir alle drei Formen ein.

4.1.1 Familienaufstellungen (FA)

Oft beginnen wir mit Familienaufstellungen, wie wir sie von Hellinger kennen, und führen die Aufstellung zu einer guten Lösung für den Klienten. Nachdem dieser Teil der Arbeit abgeschlossen ist, sammeln wir unter den anwesenden Homöopathen Ideen zu homöopathischen Arzneimitteln aufgrund der Informationen, die wir durch die Familienaufstellung erhalten haben. Dabei gibt es Ideen zu Mitteln für den aufstellenden Klienten selbst, für andere Familienangehörige und für die Stimmung und Symptomatik der ganzen Familie.

Neben dem Impuls, den der Patient durch die Aufstellung bekommt, erhält der Homöopath Informationen, die sich aus der Verstrickung und Identifikation mit Personen aus der Familie ergeben. Zur bisherigen Idee der Krankheit setzt die Familienaufstellung ergänzende Akzente, die zu neuen Ideen zur Mittelfindung führen. Darüber hinaus berichten teilnehmende Homöopathen häufig, wie nach der Aufstellung von blockierten Fällen diese plötzlich wieder gut auf Mittel ansprechen.

4.1.2 Patientensystemaufstellungen (PSA)

Bei dieser Aufstellungsvariante, die genauer „Patientensymptomsystem-Aufstellung" heißen sollte, machen wir mit dem Patienten eine Kurzanamnese und wählen dabei sechs bis acht herausragende Symptome (im Sinne von Organon, § 153) aus. Für jedes der Symptome wählt der Patient unter den Teilnehmern eine Person aus; dazu kommt eine Person für den „Fokus" des Patienten. Der Patient stellt dann diese Repräsentanten auf, und es entsteht das innere Bild seiner Krankheitssymptome. Wir behandeln die Aufstellung in einer gewissen abstrakten Analogie zu Beziehungsmustern von Familienaufstellungen. Dabei ergeben sich interessante Analogien zu Familienbildern. Wir stellen dann die Repräsentanten aufgrund der strukturellen Analogien um, bis ein geeignetes Lösungsbild entsteht. Zum Abschluß lassen wir jede Person introspektiv erfassen, als welche geänderte Qualität sie sich jetzt fühlt. Das problemdefinierte Symptom läßt so die Botschaft der Krankheit aufscheinen. Schließlich lassen wir den Patienten an die Stelle des Fokus treten; dabei begegnet er seinen vom Symptom zur Aufgabe transformierten Teilen, was häufig mit Rührung und Einsichten verbunden ist. Nach Abschluß der Aufstellung sammeln wir wieder die daraus auftauchenden Arzneimittelideen.

In der Familienaufstellung wird das Beziehungsgeflecht der Familie als Energiefeld deutlich, das seine Ordnung und Lösung findet. In der Patientensystemaufstellung, der Aufstellung des Krankheitsbildes, behandeln wir die herausragenden Symptome ebenfalls wie ein Energiefeld, das wir ordnen und zur Lösung bringen. Der Patient kann sich an dem gesunden Bild, an der durch die Symptome nun aufscheinenden Aufgabe, orientieren. Wenn wir für den Patienten zuerst eine Familienaufstellung gemacht haben und anschließend eine Aufstellung des Krankheitsbildes durchführten, dann verblüffte uns oft die Ähnlichkeit der beiden Bilder. Wir lernen so innere Bilder von Symptomsystemen als eine Sprache über Beziehungsqualitäten auf mehreren Ebenen zu verstehen.

Wir verwenden Patientensystemaufstellungen nicht nur für die Patienten selbst, sondern auch für Fälle, die einer der Homöopathen einbringt. Dabei stellt der behandelnde Homöopath für den Patienten auf und, in der Regel, einen zusätzlichen Repräsentanten für sich als Behandler dazu. Dieses Vorgehen ist einerseits gut für systemische Fallsupervision von Behandlungsverläufen geeignet, andererseits trägt es zur Entwicklung eines familiensystemischen Verstehens von Arzneimittelbildern bei.

Die Betrachtung der Stellung des Repräsentanten des behandelnden Homöopathen macht bei dieser Arbeitsform dessen therapeutische Position sichtbar. Unter Umständen ist der Homöopath in das System des Patienten hineingeraten, und es fehlt dann die wirklich helfende Distanz.

4.1.3 Arzneimittelbildaufstellungen (AMBA)

Zur Arzneimittelbildaufstellung sammeln wir die charakteristischen Symptome des Mittels in der Gruppe. Wir versuchen die Idee des Mittels zu erfassen, gruppieren entsprechend und wählen sechs bis acht Leitsymptome aus. Diese besetzen wir wieder mit Repräsentanten, fügen eine Person als Fokus eines Klienten, für den dies das geeignete Mittel wäre, hinzu sowie gelegentlich auch eine Person, die für den Fokus des Interesses der Gruppe an diesem Mittel steht. Wieder wird aufgrund gewisser generalisierter Formen von Umstellungsprinzipien ein geeignetes Lösungsbild gesucht. Am Ende der Aufstellung werden alle nach dem Begriff gefragt, der in ihnen aus dem Lösungsbild heraus als eine angemessene Beschreibung ihrer Funktion auftaucht. So kann z. B. „Depression und Dunkelheit" zur „Erkenntnisfähigkeit", ein „Häßlichkeitsgefühl" zu einer „wohlwollend aufrührerischen Kraft" und „Wucherungen" zu einer „stützenden Wächterfunktion" werden, wie sich dies kürzlich bei uns bei einer Aufstellung des Arzneimittelbildes von Thuja (unter anderem) ergab.

Für die Gruppenmitglieder entsteht in dem Prozeß der Findung des Lösungsbildes ein sehr einprägsames Arzneimittelbild. Die Bedeutung des einzelnen Symptoms, aber auch des Symptomfeldes wird deutlich.

4.2 Ein Fallbeispiel: Aufstellung des Arzneimittelbildes von Ignatia

In einer Experimentalgruppe für homöopathische Systemaufstellungen wurde von uns, ausgehend vom Familienbild eines Klienten, bei dem Ignatia das Mittel der Wahl war, eine Symptomsammlung vorgenommen, und daraus wurden folgende Leitsymptome ausgewählt und hierarchisiert. Die meisten Symptome der Symptomsammlung wurden dabei um die Leitsymptome „geclustert".

Nummer in der Hierarchisierung	Abk.	Leitsymptom	weitere Symptome im Cluster (Beispiele)
1a	W	wechselhaft	labile Emotionalität
1b	PK	paradoxe Körperreaktionen	Unverträglichkeit von leichtem/Verträglichkeit von schwerem Essen
2a	R	romantisch	enttäuschte Liebe
2b	A	hohe Ansprüche	Ehrgeiz u. Ausblendung
3	K	Kummer	Depression
4a	BU	beziehungsunfähig	Starre
4b	KK	Körperbeschw. d. Kummer	Husten nach Kummer

Darüber hinaus verwendeten wir bei dieser Aufstellung nur noch einen Darsteller für den Fokus (F) des Klienten, für den Ignatia das Mittel der Wahl war. Als Anfangsbild ergab sich:

Erster Eindruck: F hat alle Teile außer BU im Rücken und sieht lediglich KK gerade noch. A wirkt im Hintergrund des Ganzen wie eine wichtige Familientradition, ein einflußreicher Vorfahr.

F wundert sich über seine Randposition und hat keine Körperempfindungen.

Ignatia-Anfangsbild:

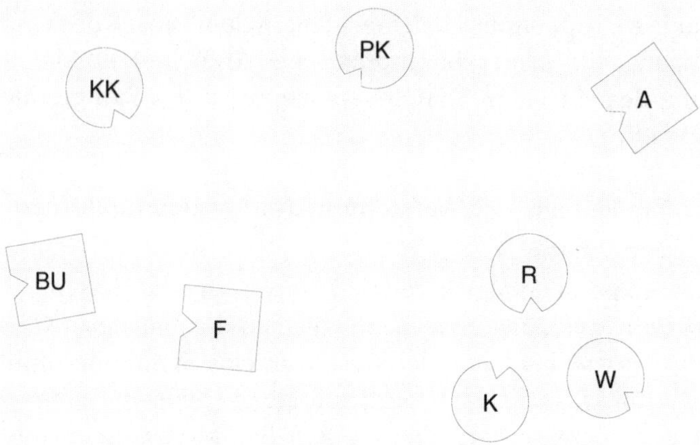

W abwechselnd eiskalte und heiße Schauer, Unruhe. Bin Gegenpol zu F. K ist sehr bedrohlich, A angenehm.

PK wie von vorn zugebaut, möchte mich abwenden, nur zu K Verbindung.

R empfindet W als Beschwernis, vorübergehendes Zittern als A kam. Frösteln.

A ich ertrage alles vor mir. Wichtig für mich die Gruppe W, R, K.

K ich stehe in der Mitte, aber mich mag keiner. Der Blick auf PK ist hilfreich.

KK findet A arrogant und hat keine Beziehung zu BU.

BU schwankt zwischen Bleiben und Gehen.

Dieses Bild wurde in insgesamt sechs Umstellungen in ein Lösungsbild überführt. Dabei spielten u. a. folgende Formen von Prozeßarbeit eine besondere Rolle (zur Unterscheidung von Stellungs- und Prozeßarbeit vgl. Sparrer u. Varga von Kibéd 1997a u. b):

(1) PK reagierte wie mit W identifiziert, und diese Identifikation wurde aufgelöst, indem PK auf W zuging und dann neben W trat. Dies wirkte auf PK erleichternd und wurde von PK zu W noch mit „auf andere Weise" bekräftigt.

(2) Links gegenüber von F stand R, rechts gegenüber A, und mit etwas Abstand rechts neben ihm K, alle mit Blick zu F; W stand weit hinter F mit Blick zu F. K war dabei sehr traurig. Wir ließen F zu K

sagen: „Du standest immer hinter mir. Jetzt sehe ich dich, vorher sah ich nur die Folgen." Daraufhin atmete K auf, und wir ließen F sich vor K verneigen mit den Worten: „Du behältst Raum in meinem Herzen, wo immer ich hinschaue." Dann ließen wir F zu R sagen: „Nun nehme ich auch von dir" und zu W: „Lange habe ich dich nicht gesehen, jetzt nehme ich dich wahr." Für W wurde es nun klarer, aber sie empfand noch Konkurrenz zu K.

(3) PK nimmt von F und F bekräftigt: „Ich stimme dir zu, so wie du bist, und gebe dir gern als das, was du bist." Dies bessert die Lage für PK.

(4) R reagiert eifersüchtig auf die Zuwendung von PK zu F; dies gibt sich, nachdem PK zu R sagt „Von dir nehm ich wie eh und je."

(5) F bekräftigt gegenüber K, W, A und R: „Ich nehme von euch und gebe es weiter." Darauf läßt das Rumoren in F langsam nach und er empfindet Wärme. W geht es besser, aber sie spürt noch Kälte und Sehnsucht nach Berührung und Wärme. Wir lassen A eine Hand zwischen die Schulterblätter von W legen und W sich etwas anlehnen. Danach ging es W gut und A empfand Verantwortung. In ähnlicher Weise ließen wir K sich bei R aufladen. Dies verbesserte die Lage für K. R fühlte sich in angenehmer Weise romantisch und auch PK war noch erleichterter.

Ignatia-Lösungsbild

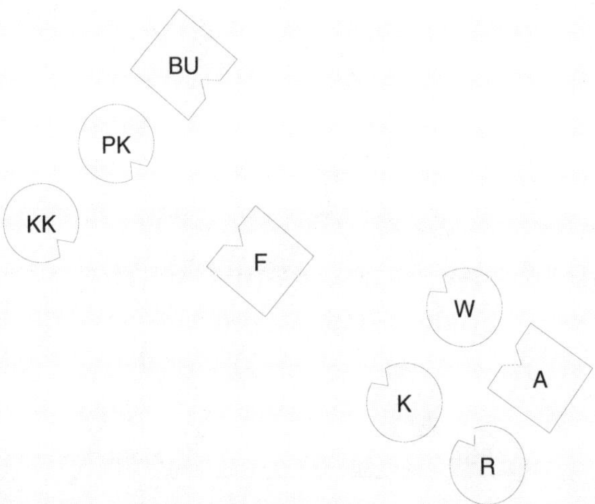

Im Lösungsbild beschrieben die Repräsentanten folgende Wandlungen ihrer ursprünglichen Qualitäten: Aus der Wechselhaftigkeit entstand Sehnsucht nach Berührung und Wärme und darüber hinaus der Auftrag zur Identitätsfindung. Die paradoxen Körperreaktionen wurden stimmiger und leichter erlebt, ohne daß der Gegensatz ganz aufgelöst war. Die Romantik hatte sich von der Eifersucht zum Vertrauen gewandelt und die hohen Ansprüche zur Verantwortung. Der frühere Kummer beschrieb sich nun als Wärme und die Beziehungsunfähigkeit als das Vermögen der Kontaktaufnahme. Die kummerbedingten Körperbeschwerden schließlich waren zu einem Sinn für Körperlichkeit geworden. In dieser Weise wurde die Problemstellung des Ignatia-Ausgangsbildes lösungsorientiert als Aufgabe oder Auftrag, zu dessen Erfüllung Analogien der oben erwähnten Prozesse im Familienbild hilfreich wären, verständlich.

4.3 Nutzanwendungen homöopathischer Systemaufstellungen

Betrachten wir die an einer homöopathischen Systemaufstellung (HSA) beteiligten Aufstellungsarten in folgendem Schema:

Jede Richtung der Pfeile in diesem Schema gibt eine der möglichen Reihenfolgen der Teile einer HSA wieder und dient einer unterschiedlichen Anwendung. So kann die Reihenfolge FA —> PSA —> AMBA zuerst eine familiensystemische Klärung einer Symptomlage

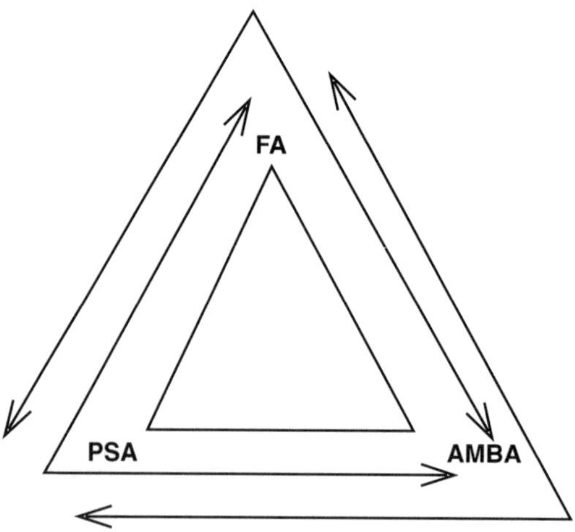

(FA —> PSA) ergeben und so zur Arzneimittelfindung beitragen. Anschließend wird der tiefere Auftrag der gewählten Arznei in Anwendung auf den speziellen Patienten betrachtet (AMBA). Eine partielle HSA der Form AMBA —> FA untersucht unterschiedliche Möglichkeiten familiensystemischer Hintergründe von Arzneimittelbildern.

So wie wir die Idee der Krankheit und die Person des Patienten erfassen müssen, um ein homöopathisches Mittel zu finden, so müssen wir auch das Wesen der Arznei kennenlernen, um ein Simile für den Patienten zu finden. Systemische Aufstellungen von Arzneimittelbildern lassen lebendige Bilder als Hilfsmittel zum Verständnis der Arzneien entstehen und könnten sich als ein über die eigene Körperwahrnehmung verlaufender Weg zu einem erweiterten Mittelverständnis erweisen.

Die Anamneseführung des Homöopathen ist für gewöhnlich problemorientiert. Durch die lösungsorientierte Vorgehensweise bei der systemischen Aufstellungsarbeit und der kurztherapeutischen Gesprächsführung können wir lernen, lösungsorientierte Anamnesen zu führen und lösungsorientierte Arzneimittelbilder zu beschreiben. Durch das lösungsorientierte Vorgehen wird die Botschaft des Arzneimittels deutlich, d. h., es zeigt sich, wie es den Patienten in seinem Prozeß unterstützt. (Bestrebungen auf diesem Wege gehen u. a. von der Boller Schule um Becker und Lang, von Shankaran und der Berliner Schule um Krüger und Achtzehn aus.)

Eine Fortführung der in diesem Text erläuterten Untersuchungen und Experimente über homöopathische Systemaufstellungen bietet unseres Erachtens gute Möglichkeiten, daß schließlich auch das Methodeninventar der systemischen Familienarbeit durch Erkenntnisse und Vorgehensweisen aus der Homöopathie erweitert werden kann.

Das Lernen und Lehren von Familien-Stellen

„Es kann ein Leben lang dauern, bis die Augen geöffnet sind, doch es genügt ein Blitz, um zu sehen."*

Angelika Glöckner

Bert Hellinger hat mich gelehrt, daß es zwecklos ist, unschuldig bleiben zu wollen. Deshalb wage ich es, meine Ansichten und Überlegungen zum Thema Lernen und Lehren des Familien-Stellens nicht nur den KollegInnen während der ersten Arbeitstagung, sondern hiermit auch den LeserInnen mitzuteilen.

Professionelle Entwicklung

Ich beginne mit einigen Worten zur professionellen Entwicklung: Sie kommt in Fluß, wo sich Kompetenz, Integrität und Individualität ein freundschaftliches Stelldichein geben, ihre Bündnisse miteinander eingehen und erneuern.

Mit *Kompetenz* meine ich jene gelingende Mixtur aus Können und Geschick, aus Wissen und Erfahrung, aus Intuition und Begabung. Verbindet sich dieses mit einem wachen Bewußtsein für unsere Aufgabe und Rolle und fügt sich das Ganze in ruhige Kontextbewußtheit, sind wir schon recht weit. Vollkommener noch wird Kompetenz, wenn sie mit Disziplin und Weitsicht gewürzt ist.

Integrität ist jene schöne Metapher, die uns schon allein durch den Gebrauch des Wortes runder fühlen läßt, und sie meint für mich jene Festigkeit des Wesens, die sich aus der Fülle des Herzens ergibt, gepaart mit Gewissenhaftigkeit, Verbindlichkeit und Verantwortungsbereitschaft. Unbestechlichkeit schließlich ist für mich die Würze der Integrität.

Individualität benennt jene persönliche Eigenart und Einzigartigkeit, die sich aus Lebenserfahrung und Lebensweisheit ergibt und die sich unabhängig und zugleich bezogen weiß. Die Würze der Individualität scheint mir in der Fähigkeit zur Unterschiedlichkeit und im Mut zum Anderssein zu liegen.

* Idries Shah

Zum Lehren und Lernen des Familien-Stellens

Lehren meint für mich jenen hoffentlich leisen, wachen und vielleicht tranceinduzierenden Prozeß, in dem eine Geschichte erzählt wird, wie etwas – oder auch nicht – verstanden, begriffen und behandelt werden kann.

Und Lehrende, denke ich, müssen lernen, etwas zu geben, ohne es ganz begreifbar machen zu wollen. Sie sollten faßbar machen und doch auch unangetastet lassen, fernbleiben und sich doch auch nähern können.

Drei Lehren für alle Lehrenden

- Wer mit dem Begriff begreifen will, vergreift sich. Wer aber die Leere lehrt, lernt!
- Hüte also das Geheimnis, während du dich ihm näherst und es nahebringst.
- Glaube nie, den Horizont endgültig ausgemessen zu haben, in den du andere blicken läßt.

Lernen ist nun jene wundersame mentale, emotionale und geistige Tätigkeit, die selten nimmt wie ihr bestimmt und selber handelnd ohnehin alles wandelt.

Drei Lehren für alle Lernenden

- Paul Dell sagt: Des Menschen größter Irrtum ist, wissen zu wollen, was stimmt, wo es doch reicht zu wissen, was hilft.
- Um mehr zu werden, müssen wir, was wir schon haben, erst *sein*. Ohne das haben wir und sind wir nichts.

Eine kleine Sufi-Geschichte: Ein Schüler fragte den Meister: „Meister, was soll ich tun, um das Ziel zu erreichen?“ – „Zwei Dinge“, sagte der Meister, „mußt du wissen. Alle Bemühungen, es zu erreichen, sind vergeblich, *und* du mußt handeln, als ob du das erste nicht wüßtest.“

Sowohl für das Lehren als auch für das Lernen dürfte dieser kleine Abschluß eines Gedichtes von Idries Shah gültig sein:

„... Komm laß dich nieder, wo die Rose blüht,
denn nichts vom Wissen weiß, der nicht auch nicht zu wissen weiß.“

Zu den Voraussetzungen des Familien-Stellens

Ich glaube nicht, daß wir umhin kommen, diesbezüglich ein paar Maßstäbe zu erfinden. Einige der möglichen messenden Stäbe möchte ich hier in den Raum legen. Es sollten vorhanden und gegeben sein:

- Ein Wissen und mehrjährige Erfahrungen in therapeutisch-pädagogischen oder anderen heilenden Ansätzen im Umgang mit Systemen, Gruppen und einzelnen.
- Eigenerfahrung durch das Stellen des eigenen Familiensystems (am besten des Ursprungs- und Gegenwartssystems).
- Teilnahme an einer ganzen Reihe von Seminaren unter der Leitung von erfahrenen „AufstellerInnen", in denen man anfangs aus der Innenperspektive lernt (durch Sich-aufstellen-Lassen als Stellvertreter) und dann aus der Außenperspektive, indem man aus der Position eines teilnehmenden, aber außenstehenden Beobachters die Aufstellungsarbeit aufmerksam begleitet.
- Teilnahme an Weiterbildungs- wie auch Supervisionsgruppen, in denen eigene Arbeitsstile reflektiert werden können und Klienten (mit und ohne Stellen) mitgebracht oder eingebracht werden können.
- Familien-Stellen sollte meines Erachtens im „Testlauf" in Weiterbildungen und Supervisionen geübt werden, damit wir uns und andere nicht gefährden oder ihnen schaden (und ich weiß, daß dieses im Feld unterschiedlich gesehen wird).

Eine hinreichende professionelle und persönliche Reife sollte gegeben sein. Beim zweiten denke ich zum Beispiel an das Ausgesöhntsein mit den eigenen Eltern und der eigenen Geschichte: Wer noch nachträgt, anklagt oder Ansprüche stellt, kann nicht freien Herzens sein. Ebenso ist es gut, das Thema Abschied, Vergänglichkeit und Tod angeschaut zu haben und zumindest im Ansatz im Frieden damit zu sein.

Gefahren und Risiken der Entwicklung

Zu diesem Thema stellen zur Zeit, wie ich weiß, viele Überlegungen an. Ich denke, es ist gut, diese Gedanken auszutauschen und zu

diskutieren, damit wir alle (und auch jeder einzelne), möglichen Anfälligkeiten gegenüber wachsam bleiben.
Ich sehe Risiken und Gefahren im Umgang mit dem Kostbaren, das uns gegeben ist,

- durch eine Mechanisierung und Vertechnisierung des Gedankengutes und der Methode (zum Beispiel durch ungute Verallgemeinerungen und routinemäßige, formelhafte Verwendungen der Lösungssätze);
- durch inflationären Gebrauch von Wissen und Technik. Die Folge könnte eine schleichende Entwertung der diesem Ansatz zugrundeliegendenWerte und Haltungen sein;
- durch eine Kommerzialisierung: Wie verkauft man sich und den Ansatz am besten und schnellsten an alle möglichen Klienten und Konsumenten?
- durch eine Idealisierung des Ansatzes als „allein selig machend".

Ich höre Bert Hellinger sagen: „Schau auf die Lösung!"
Deshalb füge ich ein paar „Gegensätze" hinzu. Solche Gegenkräfte könnten sein:

- keine Verschulung des Wissens und auch bei einer gewissen Systematisierung dennoch das Geheimnis hüten und bewahren;
- Achtung vor dem Wissen und ein flexibler Umgang mit ihm: sich damit zu erkennen geben, aber ohne theoretische mechanische Verfestigungen und unzulässige Verallgemeinerungen;
- Toleranz gegenüber anderen Methoden. (Auch bevor wir uns mit diesem Kraftfeld verbanden, müssen wir schon etwas richtig gemacht haben);
- auftauchende Konkurrenzthemen und Meinungsverschiedenheiten wagen und nicht tabuisieren (im Sinne von „Wir sind alle Freunde, und unsere Lehre ist unantastbar"), sondern diskutieren und austragen;
- Pflege des Kraftfeldes durch viel professionellen und persönlichen Austausch: an was wer wie reich geworden ist in Herz und Verstand, und wie wir einander an diesem Reichtum Anteil haben lassen können.

Und ich möchte Bert Hellinger zum Schluß ehren, indem ich ihn zitiere:

Das Problem mag ernst sein, die Lösung ist heiter.
Selbstbewußtsein ist Wissen um den eigenen Weg.
Nur was wir lieben, gibt uns frei.

Lernen des Nichtlernbaren

Erfahrungen mit einer Fortbildung in Aufstellungsarbeit

Guni-Leila Baxa

Die etwa einjährige Fortbildung in Aufstellungsarbeit, zu deren Struktur, Inhalt und Erfahrungen ich im folgenden einiges mitteile, wurde von Christine Essen und mir in Österreich angeboten. Sie bestand aus 16 Seminartagen, zusammengefaßt zu vier Seminareinheiten. Die TeilnehmerInnen trafen sich zusätzlich mehrmals zwischen den Seminaren in Peergruppen. Sie tauschten sich dort über Seminarinhalte aus, schauten Videos an, übten und setzten fort, was in den Seminaren erarbeitet worden war. Das Angebot richtete sich an PsychotherapeutInnen und SupervisorInnen. Alle brachten acht bis neun Tage Gruppenselbsterfahrung in Aufstellungsarbeit mit.

In der Frage des Lehrens und Lernens von Aufstellungsarbeit bewegen wir uns zur Zeit in recht kontroversen Bildern. Ist das Stellen von Systemen überhaupt lehrbar? Drohen Verschulung und Kontrolle? Verlassen wir dadurch vielleicht den Raum, aus dem heraus Aufstellungen geschehen? Andererseits: Wie gewinnt jemand das zweifellos erforderliche hohe Maß an Selbstreflexion, an Erfahrung, Reife, Handwerkszeug und Wissen?

Ein glücklicher Zufall ließ mich in meiner Studienzeit zur fast gleichen Zeit an zwei verschiedenen Veranstaltungen zum selben Thema teilnehmen. Es ging um die „Leiden des jungen Werther". Das Seminar im Rahmen meines Germanistikstudiums gestaltete Professor A. als eine von umfangreicher Kenntnis getragene, kritische Textanalyse. Wir untersuchten Goethes Gebrauch von Sprache, „zerlegten" einzelne Textstellen, wir arbeiteten häufig verwendete Motive heraus, verfolgten deren Auftauchen, Vorkommen und Variationen in der Literaturgeschichte und vieles andere mehr.

Ganz anders die zweite Veranstaltung: Nach einigen einführenden Sätzen begann Herr S., ein Philosoph, seine Vorlesung in etwa so: „Halten Sie bitte für einen Augenblick inne. Lassen Sie diese Worte direkt zu sich sprechen. Lassen Sie sich davon berühren, uns gemeinsam Sinn und Kraft des Werkes erfahren." – Zwei ganz verschiedene Vorgehensweisen, die sehr unterschiedliches Lernen ermöglichten.

Beim Stellen von Familien lassen wir uns von dem berühren, was sich in der Aufstellung zeigt. Was unmittelbar zutage tritt, was aus dem Dunkel ins Licht rückt.

Vor einigen Jahren ist das Schauen in 3D-Bildern recht bekannt geworden. Eine, für unseren Alltag ungewohnte, bestimmte Art des Schauens verwandelt einfache, zweidimensionale Bilder in etwas völlig anderes. Indem wir dieses Schauen zur Verfügung stellen, werden wir von „etwas" erfaßt. Der Blick wird in die Tiefe gezogen, eine neue Dimension – Tiefe – taucht auf und ordnet alles neu.

Theoretisches Wissen, persönliches Meinen, Denken und Wollen treten in den Hintergrund und stehen dem Leiter von Aufstellungen, dessen Handeln von einer Haltung des Nichtwissens, einem Sich-Anmuten- und Erfassen-Lassen getragen ist, als „Werkzeug" zur Verfügung. Vertraut werden wir damit durch direktes Erleben.

1. Lernen durch Teilhabe, Teilnehmen und teilnehmendes Beobachten

Aufstellungen – zu persönlichen Anliegen und zu Supervisionsfragen – bekamen daher in der Fortbildung viel Raum. Außer Familien stellten wir auch Organisationen, Helfersysteme, die „innere Familie" oder machten „Strukturaufstellungen" (das Tetralemma, Problem- oder Körperaufstellungen nach Sparrer und Varga von Kibéd).

Eigenerfahrung halten wir im Übergang zur Arbeit mit Aufstellungen für unumgänglich. Dabei erfahren *FragestellerInnen* die Auswirkungen von Aufstellungen am unmittelbarsten. Was verändert sich? Was löst sich (sofort oder im Laufe der Zeit) in bezug auf ihr Anliegen, auf ihren Platz und ihre Funktion im System? In bezug auf ihre Gefühle und ihre Handlungsspielräume? Im Übernehmen von Rollen lernt man unterschiedlichste Systeme kennen, erfährt Prozesse und Lösungsschritte von innen, und gleichzeitig ist es dabei kaum möglich, sich dem Staunen und dem Loslassen persönlichen Wollens zu entziehen. Gleichzeitig lernt man unterschiedlichste Systeme kennen, erfährt Prozesse und Lösungsschritte von innen. Die Position *teilnehmender Beobachtung* ermöglicht ein dissoziiertes Mitvollziehen des Gesamtverlaufes und regt oft zu weiterführenden Fragen und Reflexionen an.

Der Raum des Gewahrseins

Jede Art der Teilnahme an Aufstellungen fördert die Öffnung und Sensibilität für den Raum des Gewahrseins. Für mehrere TeilnehmerInnen war es vor allem das Erleben dieses Raumes, das sie berührte und zur Aufstellungsarbeit zog. Wir hören oft, wie unterstützend ihnen dieser „erweiterte oder tiefe" Blick, das staunende Wahrnehmen und ein gewisser, damit verbundener Abstand in ihrem täglichen Umgang mit Menschen geworden ist. Zu einem wichtigen Forum dafür entwickelten sich die Nachbesprechungen, die sich an jede Aufstellung anschlossen.

Im Fragen und im Antworten, im Vermitteln von Theorie und Methodik blieben wir häufig vom Raum des Gewahrseins umfangen. Die metaphorische Qualität wirklichkeitsschaffender Instanzen unseres Alltags (wie Zeit, Raum oder Sprache) trat deutlicher hervor. Wir alle wurden hellhöriger für ein Pendeln zwischen den Erkenntnisebenen. Einige Verfahren verschiedener therapeutischer Richtungen und spiritueller Praxis schulen diesen Zustand offener und gleichzeitig gesammelter Aufmerksamkeit.

Mit Körperarbeit und einigen Wahrnehmungsübungen wiesen wir im Rahmen der Fortbildung auf solche Möglichkeiten hin.

Wo und wie fließt die Liebe?

Meine Großmutter sagte oft „Wie du in den Wald hineinrufst, so tönt es zurück", das heißt, wir bekommen Antwort auf der Ebene, auf der wir fragen. Im Verzicht auf jede Art von Diagnose und andere Festschreibungen wie (gute oder böse) Eigenschaften etc. verbündet sich die Frage: „Wo und wie fließt die Liebe"? mit den Ressourcen und heilenden Kräften im System. In dieser konsequenten Ausrichtung auf Lösungen hin erscheint uns die Aufstellungsarbeit besonders innovativ; eine für viele TeilnehmerInnen ungewohnte Haltung, die intensive Prozesse innerer und äußerer Umorientierung nach sich zog.

2. Lernen durch Erproben, Üben und eigenes Handeln

Aufstellungen muten uns oft an wie ein Kunstwerk. Und ähnlich wie für Musiker das Instrument, für Maler Farbe und Pinsel, für Bildhauer Stein und Meißel die Medien sind, durch die sie „sprechen" (und die durch sie „sprechen"), ist die Aufstellung das Medium des Aufstellungsleiters, von dem er sich führen läßt und mit dem er arbeitet. Je vertrauter ihm sein Instrument ist, desto freier ist er für das, was sich ausdrücken will, was er (damit spielend) geben kann. „Meisterschaft" erleben wir dann auch oft in einer Verdichtung und Klarheit, die ganz einfach, schlicht und leicht wirkt.

In der Fortbildung richteten wir eine kleine „Werkstatt" ein und entwickelten eine Reihe von Übungsabfolgen, die den TeilnehmerInnen ein schrittweises Hineinwachsen in das Leiten von Aufstellungen ermöglichen soll.

Am Anfang stand das *Üben mit Medien*, das heißt von Aufstellungen mit Symbolen wie Schuhen, Kissen, Stühlen, Knöpfen, Plastilin, dem Familienbrett, dem Erstellen von Genogrammen. Solche Aufstellungen sind gewöhnlich weniger intensiv und dicht als die mit Rollenspielern, erlauben jedoch ein eher spielerisches Ausprobieren ihrer Einsatzmöglichkeiten.

In welchen Kontexten und bei welchen Fragen sind welche Symbole geeignet? Macht es einen Unterschied, ob ein System mit Stühlen gestellt, mit kleinen Gegenständen gelegt, in Plastilin geformt oder in einem Genogramm gezeichnet wird; und ob eine Aufstellung in einer einzeltherapeutischen Sitzung stattfindet, in einer Konsultation mit mehreren Helfern oder in einer Supervision. Varianten von Dissoziation und Assoziation mit einzelnen Systemteilen erwiesen sich bei der Arbeit mit Medien als fruchtbar.

Wir können KlientInnen zum Beispiel einladen, jeden Platz im gestellten System einzunehmen und aus der Perspektive dieser Mitglieder wahrzunehmen, nur an einige dieser Plätze, nur an ihren eigenen oder an überhaupt keinen. Wir lassen sie vielleicht nur ins Lösungsbild treten oder fordern sie auch zu Zwischenschritten auf, wie etwa zu einem Rückgaberitual oder einer Verneigung.

Das Stellen mit Medien ist in vielen Arbeitsfeldern (sozialpädagogischen Kontexten, einzeltherapeutischen Settings, Beratungsstellen, Kinderschutzzentren) der einzig mögliche und manchmal auch der einzig angemessene Einsatz der Aufstellungsarbeit. Die TeilnehmerInnen begannen in ihren Arbeitsbereichen schon bald damit zu experimentieren und es gab einen lebendigen Erfahrungsaustausch darüber.

In einem weiteren Schritt ging es um das *Üben der unmittelbaren Wahrnehmung* dessen, was sich in der Aufstellung zeigt und auf eine mögliche Lösung hinweist. Der Therapeut setzt sich dem gestellten Bild aus. Er läßt sich – unter Einbezug der Rückmeldungen der gestellten Systemmitglieder – davon führen. Für eine Übungsabfolge unterbrachen wir Aufstellungen (nur solche zu Supervisionsfragen) an bestimmten Punkten.

In Untergruppen sprachen die TeilnehmerInnen dann über ihre Wahrnehmungen, Beobachtungen, ihre Bilder und Hypothesen. Sie entwickelten mögliche Lösungsschritte und probierten sie aus. Jeder (auch unstimmige) Lösungsvorschlag enthielt soviel an Entdekkungspotential, daß sich binnen kurzer Zeit Kategorien wie richtig oder falsch, gut oder schlecht auflösten. Obwohl so ein Prozeß zwei bis drei Stunden dauern konnte und Einsatzbereitschaft (besonders von den RollenspielerInnen) verlangte, wurde er als Übungsform begeistert aufgenommen.

Der Übergang zum eigenständigen Leiten von Aufstellungen

Im Übergang zum eigenständigen Leiten von Aufstellungen durch TeilnehmerInnen setzten wir variierende Strukturen mit einer oder mehreren *„reflektierenden Positionen"* ein. Das heißt, die übende AufstellungsleiterIn konnte ihre Arbeit unterbrechen und um Unterstützung bitten. Art und Weise der Unterstützung wurde vor Beginn der Aufstellung abgesprochen. In einer dieser Strukturen bildeten drei oder vier KollegInnen ein sogenanntes „reflektierendes Team". Wenn von der übenden Aufstellungsleiterin darum gebeten, begannen sie untereinander über ihre Eindrücke, Beobachtungen und Lösungsideen zu sprechen. Die Leiterin hört nur zu und nahm aus dem Gehörten das, was ihr für die Fortsetzung ihrer Arbeit weiterhalf.

Der Prozeß selbst als Lernerfahrung

Der Werkstattcharakter solcher Aufstellungen war für uns ein Experiment. Inwieweit ist in einer solchen Situation die für Aufstellungen so charakteristische Intensität und Verdichtung aufrechtzuhalten? Selbstverständlich war das nicht immer möglich. Erstaunlich war jedoch, wie schnell für uns alle ein Weggleiten davon spürbar war und wie sich immer wieder der Zugang dahin auftat. So wurde der Prozeß selbst zu einer Lernerfahrung. Die relativ einfachen Strukturen waren die Wegweiser. Sie bildeten den Rahmen, in dem das Üben (ohne sein Ziel – die Aufstellung – aus den Augen zu verlieren und ohne auszuufern) gut aufgehoben war.

3. Begleitende Methodik und ergänzendes Handwerkszeug

Die guten Rahmenbedingungen

Aufstellungen sind in (äußere und innere) Prozesse der Klienten eingebunden, die es zu berücksichtigen und zu begleiten gilt. Um eine Aufstellung gut gewährleisten zu können, ist auf die entsprechenden, klaren Rahmenbedingungen zu achten: zum Beispiel die Indikation, das passende Setting und den stimmigen Zeitpunkt, auf den Umgang mit dem Überweisungskontext, das Beziehungsgefüge des Klienten, die innere Sammlung und Ausrichtung aller Beteiligten, ein angemessenes Anliegen und anderes mehr.

Der Schatz an möglichen Vorgehensweisen

Für die begleitenden therapeutischen Prozesse vor, während und nach dem Stellen eines Systems nahmen wir in die Fortbildung einiges an „Instrumentarium" mit hinein, das den Grundhaltungen der Aufstellungsarbeit entspricht. Das waren vor allem die lösenden und heilenden Sätze Bert Hellingers, die verschiedenen von ihm entwickelten Symbolhandlungen und der Wahrnehmungsrahmen der Grundordnungen. Hinzu kamen Ansätze aus unterschiedlichen psychotherapeutischen Richtungen: zum Beispiel das lösungsorientierte Vorgehen nach Steve de Shazer, Übungen aus dem NLP, Frageformen aus der systemischen Familientherapie, Arbeit mit Geschichten, Ritualen und Metaphern, Grundlagen der Systemtheorie.

Lernen: Sowohl-Als-auch

Diese kurze Darstellung der Fortbildung spiegelt einen Prozeß wider, den wir auch in der Gruppe mehrmals durchliefen. Wir kreisten um ein scheinbares Entweder-Oder: Nichtwissen, Intuition, Gewahrsein auf der einen Seite und Handwerk, Methodik, Erfahrungswissen auf der anderen Seite. Ein Sowohl-Als-auch zeigte sich uns in einer Metapher: Wir konnten sehen, wie beim Entstehen eines Kunstwerkes in all das Geschenkte, im Raum des Gewahrseins Geschaffene, auch alles Können, alles Bemühen und alles Erlernte einfließt.

Die Peergruppe als Marktplatz der Möglichkeiten

Vom Lernen, Lehren und Austauschen

Michael Knorr

Lieber Uwe,
Ihr wollt also eine Peergruppe für Familienaufstellungen gründen, ähnlich unserer in Wiesbaden. Ich kann gerne etwas zum Entstehen der Gruppe, über die Anfangsziele und was daraus geworden ist, sowie über unsere Schwierigkeiten erzählen.

Ich selbst hatte mich an dem Punkt entschlossen, eine Peergruppe zu gründen, als ich genügend Erfahrungen gesammelt hatte im Aufgestellt-*Werden*. Mehrere Jahre hatte ich aus den unterschiedlichsten Erlebniswinkeln (eines Vaters, eines Bruders, eines Großvaters, eines behinderten Sohnes, eines Großvaters, der tot ist und der in Ehre gehalten wird, eines Mannes, der im Koma liegt, eines Mannes, der gehen will, weil ihn etwas Stärkeres zieht als das Leben, eines Liebhabers, zu dem noch eine Bindung wirkt, und eines Adoptivvaters, der den leiblichen Eltern gegenübersteht, eines Vaters, der noch nie sein Kind sah, und eines Vaters, der seine Trauer über die zu Ende gegangene Beziehung zu seiner Frau spürt), die Verwicklungen, Bindungen und Loyalitäten als Stellvertreter gespürt und die gute Wirkung beim Hören und Sagen des „Lösungssatzes" erfahren und oft auch körperlich gespürt. Diese Erfahrungszeit aus dem Gestellt-Werden halte ich für die beste Übung, diese Arbeit zu lernen. Die Peergruppe kann diese Übungszeit und -möglichkeit sehr gut geben. Doch weiter im Verlauf, wie sich die Peergruppe konstituierte …

Nachdem ich die Haltung des Familien-Stellens mehr und mehr in meine therapeutische Arbeit mit Einzelklienten und Familien übernahm (mit leeren Stühlen und Schuhen), um so deutlicher wurde mir der Wert und die Bedeutung der Gruppe für diese Arbeit und den sich in ihr entwickelnden Kräfteverhältnissen zwischen Bindungen, Loyalitäten und Gefühlen.

Auf eine Anzeige einer systemischen Zeitschrift, einer Anfrage bei Gunthard Weber, dem Organisator vieler Seminare von B. Hellinger und einer Ausschreibung, in der ich nach „Gleichgesinnten" suchte und die ich in Konstellationsseminaren auslegte, meldeten sich zahlreiche interessierte TherapeutInnen. Mein anfängliches Anliegen mußte ich revidieren: Ich suchte ein Forum von geübten „Konstellationsarbeitern", die ähnlich, wie ich, in ihrer Arbeit die Gruppe vermißten.

Jetzt saßen mir, nach einer telefonischen Vorsortierung, 35 TherapeutInnen unterschiedlichsten Kenntnisstandes gegenüber – alle sehr interessiert an dieser Arbeit. Sie waren alle aus der Region; die durchschnittliche Fahrzeit betrug 45 Minuten – gerade soviel Entfernung, um eine kontinuierliche Teilnahme noch möglich zu machen.

„Das Viele ist maßlos: Fülle hat Maß" (Hellinger 1995a)

Im Laufe eines Jahres hatte sich die Gruppe so weit organisiert, daß sie mit den für sich selbst gestellten Regeln gut funktionierte. Du siehst, auch wir kommen ohne „Ordnungen" nicht aus! Die Regelungen habe ich dann aufgeschrieben, und jede/r neue TeilnehmerIn bekommt sie zur Orientierung beim Einstieg. Hier ein Auszug davon:

- Die Peergruppe ist ein selbstorganisiertes System, das für seinen Bestand seine Regeln selbst finden muß.
- Die Treffen finden am ersten Freitag des Monats statt. Die Teilnahme ist in der Art verbindlich, daß ein regelmäßiges Teilnehmen nicht erwartet wird; bei einem mehrmaligen Aussetzen soll jedoch zurückgemeldet werden, ob weiteres Interesse besteht. Die Gruppe ist für neue TeilnehmerInnen offen.
- Die Peergruppe ist sowohl eine Lerngruppe für TherapeutInnen, die bisher noch keine Erfahrung mit dieser Arbeit haben, als auch eine Supervisions- und Austauschgruppe, für in der Konstellationsarbeit erfahrene TherapeutInnen
- Zu Beginn übernimmt jeweils ein/e andere/r die Tagesleitung. Unerfahrene TherapeutInnen, die sich in der Konstellationsarbeit üben wollen, suchen sich einen „Supervisor", der Anleitung gibt und ungefragt ins Geschehen eingreifen kann. Lernende sollen eher Fallgeschichten stellen; Konstellationen von anwesenden Personen sollen eher von Erfahrenen

übernommen werden. Diese können sich einen „Co“ wählen und mit ihm die Art der Unterstützung vor der Arbeit besprechen.

- Eine Arbeit soll nicht länger als 45 Minuten dauern, die Tagesleitung erinnert daran.
- Zur Peergruppe können Klienten mit eingeladen werden. Sie haben die Möglichkeit, zu beobachten oder selbst zu stellen.
- Nach jeder Arbeit nimmt diejenige Person, die gestellt hat, nicht mehr an der nachfolgenden „Kurzauswertung“ teil, damit ihr innerer Prozeß durch Kommentare nicht gestört wird.

Ein Wort zu unseren Krisen

Als Organisator wollte ich, daß sich die Gruppe auf sich selbst bezieht, deshalb bat ich um einen regelmäßigen Wechsel der Tagesleitung, die durch die drei Stunden führt. Klar wurde uns allen, daß die Gruppe einer Leitung bedarf, die die Zeiten mit den TeilnehmerInnen koordiniert und abspricht, wer was „mitgebracht“ hat und in welcher Reihenfolge etwas behandelt wird. Der Gruppe hat das gutgetan, und jede/r TherapeutIn kann sich in der Beschränkung der Selbstdarstellung ihrer/seiner Redebeiträge üben. Wie Du in meinen Ausführungen sehen kannst, haben wir auch die Leitung der Aufstellungen genau geregelt. In den anfänglichen Arbeiten unerfahrener TherapeutInnen gab es oft Stopps und fehlende Orientiertheit. Und wir alle, als geübte Helfer, waren um Rat nicht verlegen, und jeder sagte (während der Aufstellungsarbeit) etwas dazu. Ein Gerangel entstand, Diskussionen entzündeten sich, und die Frage war bald gestellt, wie es wohl Bert Hellinger selbst gelöst hätte.

Ich spürte, wie das den Bestand der Gruppe gefährdete, und bat um die Einführung eines „Supervisors“, der als geübter Therapeut den ungeübten Leiter bei der Aufstellung begleitet und notfalls ins Geschehen eingreift. Damit haben wir ein selbstorganisiertes Lehr- und Lernverhältnis geschaffen. Jeder stuft sich selbst ein.

Dies ist hin und wieder ein weiterer Konfliktpunkt: Was tun, wenn sich manche/r TherapeutIn in ihrer/seiner Selbsteinstufung überschätzt und die Aufstellung an Energie verliert, da die Suche nach Lösung zu oft im Vordergrund steht? Nun, insofern ist die Peergruppe ein gutes Selbsterfahrungsfeld, sich in Demut zu üben und seinen Erfahrungsstand angemessener zu beurteilen. Ein weiterer Konfliktpunkt ist die Unterschiedlichkeit der Ausbildungen und die damit verbundenen Herangehensweisen an die Aufstellungen.

Manchem von uns fällt es gar schwer, Abweichungen von dem Gewohnten (so wie wir es bei den Seminaren bei Bert Hellinger gesehen haben) zuzulassen. Ich plädiere immer für Offenheit in der Gruppe und für das Klima einer „Werkstatt". Doch wo liegt die Grenze? Sollten die Stellvertreter selbst Sätze finden dürfen, die lösen, sollten sie sich selbst umstellen dürfen …? Einige Teilnehmer haben sich von uns getrennt, weil ihnen die anfängliche Offenheit zu weit ging. Gegenwärtig sind wir dabei, die Grenzen abzustecken, was die Grundprinzipien für diese Arbeit sind und was der Konsens der gemeinsamen geistigen Haltung ist. Eine Hilfe mag uns dabei das Wissen sein: „daß die Kraft, die die Welt voran bringt, in dem gründet, was wir schwer und böse nennen oder schlimm. Die Herausforderung zum Neuen kommt aus dem, was wir lieber weghaben oder ausklammern wollen" (Hellinger 1996). Doch es bleibt schwer für mich, damit gut umzugehen, weil ich überzeugt bin, daß man für diese Arbeit einerseits ein großes Erfahrungswissen braucht, wie Bindungen wirken, und auch technisches Wissen, wie Systeme funktionieren – vor allem aber den grundlegenden Geist dieser Arbeit, den es zu erkennen gilt und der mich in dieser Arbeit trägt.

Du merkst schon, lieber Freund, diese Gruppe und das Miteinander dort läßt mich prüfen, wie weit ich selbst bin mit mir in dieser Arbeit:

„Der Lehrer gab zur Antwort: Nicht am Wissen liegt es, wenn einer auf dem Weg stehenbleibt und nicht mehr weiter will. Denn er sucht Sicherheit, wo Mut verlangt wird, und Freiheit, wo das Richtige ihm keine Wahl mehr läßt …" (Hellinger 1996).

Perspektive

Angeregt durch die 1. Arbeitstagung in Wiesloch stellen wir derzeit soziale Organisationsformen auf. Es ist unglaublich, wie groß diese Wirkung im Transfer ist. Eine andere Teilnehmerin brachte von Wiesloch die Anregung mit, Homöopathie mit Familienaufstellungen zu verbinden, und findet in der Profession als Heilpraktikerin die Neugierde und Offenheit in der Gruppe, darin unterstützt zu werden. Hier wollen wir mit Videomitschnitt arbeiten. Eine weitere Teilnehmerin mit einer Ausbildung in funktioneller Entspannungstherapie will demnächst die Wirkung auf den Protagonisten erproben, wenn dieser vor dem Aufstellen Entspannungsübungen mit ihr macht. Ob es die Aufstellung in irgendeiner Weise „flüssiger" werden läßt?

Zu guter Letzt: „Der wahre Weg steht" (Hellinger 1995a)

Lieber Uwe, Du erinnerst Dich, damals war ich fasziniert von der Vorstellung, ohne zu zielen ins Schwarze zu treffen, nachdem ich das Buch von Herrigel über das japanische Bogenschießen las (Herrigel 1983). Dies wollte ich unbedingt lernen, ja erringen, und bald darauf fand ich auch einen Kyudo-Lehrer. Jetzt war ich mir sicher, auf einem guten, geistigen Weg zu sein. Der Bogen sollte mein Weg sein, ich selbst der Pfeil. Der Lehrer holte mich vom Himmel auf die Erde, gab mir eine Zwille (Schleuder). Er meinte, bevor ich den Bogen spanne, müsse ich zuerst die üblichen Grundbewegungen kennenlernen. Ein Jahr lang übte ich dann den Bewegungsablauf, das Ritual der Bewegungen mit dem Atem zu verbinden, sowie die Schrittfolgen und das Spannen des Gummis ohne Kraft. Und als ich den Bogen in die Hand bekam, sollte ich lernen zu zielen, damit ich wisse, wo der Pfeil hingehöre. „Du sollst zuerst die Technik lernen, und als Meister kannst du dir dann erlauben, sie nicht mehr zu benutzen." So kam es ganz anders, als ich es mir erdachte.

Die Peergruppe ist mittlerweile eine gute Lerngruppe geworden, um sich selbst zu üben, sein Wissen weiterzugeben und es zu erweitern, mit Mut Neues zu erproben. Sie ist auch eine gute Kontaktbörse geworden, und so manche Zusammenarbeit für andere Gruppen ist aus ihr erwachsen. Im Sommer werden wir ein kleines Fest feiern und eine Bilanz ziehen, wenn Du Lust hast, bist Du gerne eingeladen.

Ich grüße Dich herzlichst
Dein Michael

Familienaufstellen mit Bert Hellinger aus der Sicht teilnehmender KlientInnen und ihrer TherapeutInnen

Eine Einjahreskatamnese

Winfried Häuser, Rudolf Klein und Barbara Schmitt-Keller

In einer explorativen Untersuchung zu Nutzen, Ästhetik und Ethik der Arbeitsweise B. Hellingers wurden 20 IndexklientInnen mit seelischen, psychosomatischen und körperlichen Störungen und ihre neun TherapeutInnen ein Jahr nach Beendigung eines Drei-Tage-Seminars für KlientInnen und TherapeutInnen mit Bert Hellinger nachbefragt. Auf der Basis eines persönlichen Nachgespräches beurteilten KlientInnen und TherapeutInnen anhand eines Fragebogens Auswirkungen des Seminars auf die Störungen und den Therapieverlauf, Behandlungszufriedenheit sowie Arbeitsweise Bert Hellingers. Die Ergebnisse entsprechen den Resultaten von Studien aus dem systemischen Feld mit vergleichbarem Design: Systemorientierte Therapieverfahren bessern Beziehungsprobleme häufiger als seelische Störungen oder körperliche Erkrankungen. Trotz einiger kritischer Bemerkungen zur Arbeitsweise und zum Setting ist die Behandlungszufriedenheit von KlientInnen und TherapeutInnen hoch.

Das Hellinger-Phänomen

Die Person, Arbeitsweise und Theorien B. Hellingers, die Reaktionen von KlientInnen und TherapeutInnen und die Diskussion in der (systemischen) Psychoszene können als Bewährungsprobe für eine sich entwickelnde „Kultur des Streits“ (Ludewig 1996) innerhalb der systemischen Therapieszene angesehen werden. Bei der Kontroverse um das „Hellinger-Phänomen“ scheint es nicht leicht, zwischen Beschreibungen, Erklärungen und Bewertungen und den verschiedenen Systemebenen (Klient, Familiensystem, therapeutisches System, Psychoszene) zu unterscheiden (Simon u. Retzer 1995). KommentatorInnen des Hellinger-Phänomens (Breitenbach u. Marquardt 1995, Krüll 1995, Simon u. Retzer 1995, Ludewig 1996) können nach dem Ausmaß ihrer Involviertheit in die Arbeitsweise Bert Hellingers in ehemalige KlientInnen, teilnehmende TherapeutInnen, teilnehmende BeobachterInnen und BeobachterInnen von BeobachterInnen (zum Beispiel Gespräche über Seminare, Videoaufzeichnungen) unterschieden werden. Wir stellen im folgenden Beschreibungen und Bewertungen der Arbeitsweise Bert Hellingers aus der Sicht von KlientInnen und deren TherapeutInnen (Ebene Therapiesystem), die an einem Seminar mit ihm teilnahmen, dar.

Als OrganisatorInnen dieses Seminars fragten wir in Anbetracht der anhaltenden kontroversen Diskussion nach Respekt, Schönheit und Nutzen (Ludewig 1988) der Arbeitsweise Bert Hellingers. Durch die Nachbefragung wollen wir einen Beitrag zur Evaluation systemorientierter Therapie durch PraktikerInnen leisten.

Methode

Das Setting

Die AutorInnen organisierten zusammen mit Liz Lorenz-Wallacher (M.E.G. Regionalstelle Saarbrücken) im Februar 1995 ein Seminar „Familienkonstellationen bei körperlichen und seelischen Störungen“ für KlientInnen, deren TherapeutInnen und beobachtende TherapeutInnen. KlientInnen konnten an dem Seminar nur teilnehmen, wenn sie sich in einer laufenden Therapie befanden, die Indikation für Familienaufstellungen von der/dem behandelnden TherapeutIn mit den OrganisatorInnen abgesprochen und der/die TherapeutIn bei dem Seminar anwesend war. Die meisten KlientInnen hatten außer den Informationen ihrer TherapeutInnen keine Vorerfahrungen mit oder Vorinformationen über Bert Hellinger. Zahlreiche Anfragen von KlientInnen, welche die Voraussetzungen der Teilnahme nicht erfüllten, wurden abgelehnt (s. Diskussion). Die Veranstaltung fand in einem geschlossenen Theatersaal statt. Bert Hellinger arbeitete mit den KlientInnen auf einer Bühne. 120 TherapeutInnen konnten als BeobachterInnen in der Reihenfolge der Anmeldung teilnehmen. Das Seminar wurde audio- und videodokumentiert. Die Aufzeichnungen sind nur dem Seminarleiter und den OrganisatorInnen zugänglich.

Untersuchungsinstrumente

Mit Hilfe eines Fragebogens führten wir eine schriftliche Nachbefragung von teilnehmenden KlientInnen sowie ihrer TherapeutInnen ein Jahr nach Seminarende durch (Einpunktmessung). Die teilnehmenden TherapeutInnen wurden gebeten, ein Gespräch mit den KlientInnen durchzuführen und ihnen einen Fragebogen auszuhändigen (1). Der KlientInnenfragebogen enthielt Fragen zu Alter, Geschlecht, Familienstand und Beruf; zu den Anliegen/Problemen, welche zur Seminarteilnahme führten (bis zu drei Angaben möglich); zu Veränderungen (Verbesserung/Verschlechterung) der Probleme sowie zur Zufriedenheit (bipolare fünfstufige Skala) und Bereitschaft zur erneuten Teilnahme an einem solchen Seminar (ja/nein). Der TherapeutInnenfragebogen enthielt analog dem KlientInnenfragebogen Fragen zu den Anliegen/Problemen der KlientInnen, Veränderungen der Symptomatik, Einfluß auf Therapieverlauf (günstig/ungünstig) und Therapiedauer (verkürzt/verlängert) (jeweils bipolare fünfstufige Skala) und Empfehlung zur Seminarteilnahme in einem vergleichbaren Fall (ja/nein). Weiterhin wurden KlientInnen und TherapeutInnen gebeten, in freier Form zu äußern, was sie an der Arbeitsweise Bert Hellingers und an dem Ablauf des Seminars als nützlich bzw. nicht nützlich erlebt hatten. Außerdem bestand die Möglichkeit, in freier Form dem Seminarleiter und den OrganisatorInnen Rückmeldung zu geben. Qualitative Angaben von TherapeutInnen und KlientInnen wurden nach inhaltlichen Gesichtspunkten in Kategorien zusammengefaßt. Die quantitativen Angaben werden als Absolut- beziehungsweise Mittelwerte dargestellt.

Die Stichprobe

An dem Seminar nahmen 22 EinzelklientInnen (17 Frauen, 5 Männer), zwei Familien (Vater, Mutter und Tochter; verwitwete Frau mit drei Töchtern) und ein Geschwisterpaar (zwei Frauen) von neun anwesenden TherapeutInnen (drei Frauen, sechs Männer) teil. Bei der Auswertung bezüglich der Veränderungen werden die Familien und das Geschwistersystem als einzelne Person (IndexklientIn) zusammengefaßt. Die Adressen für eine Nachbefragung waren nicht für alle KlientInnen des Seminars verfügbar. Von 18 der 20 kontaktierten IndexklientInnen (16 Frauen, 2 Männer, Durchschnittsalter 38 Jahre, Spannweite 14 bis 63 Jahre) liegen die schriftlichen Anworten vor (Antwortrate 90 %). Zwei IndexklientInnen (eine Frau, eine Mann) verweigerten die schriftliche Beantwortung, konnten jedoch persönlich von ihrer/m jeweiligen TherapeutIn nachbefragt werden. Bei der Auswertung der KlientInnenantworten (Veränderungen auf Symptom- und Beziehungsebene) werden im Falle der beiden die schriftliche Nachbefragung verweigernden KlientInnen die von den TherapeutInnen aufgrund des persönlichen Gespräches getroffenen Einschätzungen (Wie hätte KlientIn vermutlich angekreuzt?) verwendet. Alle angesprochenen TherapeutInnen beteiligten sich an der Nachbefragung. Es liegen die Einschätzungen über 20/20 IndexklientInnen vor (Antwortrate 100 %). Von den IndexklientInnen sind acht ledig, sieben verheiratet, vier getrennt lebend beziehungsweise geschieden und eine verwitwet. Bei den Berufsgruppen überwiegt der Angestelltenstatus, 10 KlientInnen üben einen sogenannten helfenden Beruf (DiplomsozialpädagogIn, DiplompsychologIn, LehrerIn, SozialarbeiterIn, ErgotherapeutIn, AltenpflegerIn) aus. An Problemen und Anliegen werden (Mehrfachnennungen möglich) 13mal die Ursprungsfamilie, 10mal das Gegenwartssystem, 12mal psychische Symptome (fünfmal Depressionen, fünfmal Eßstörungen, einmal Ängste, einmal Psychose) und siebenmal körperliche Symptome (drei Krebserkrankungen, zweimal Neurodermitis, eine Endometriose und eine Epilepsie) genannt (gepoolte Aussagen von KlientInnen und TherapeutInnen).

Ergebnisse

Die Einschätzung der Veränderungen der körperlichen und seelischen Probleme sowie der Beziehungen im Gegenwartssystem und im Ursprungssystem durch KlientInnen und TherapeutInnen sind in Tabelle 1 aufgeführt. Verbesserungen auf der Beziehungsebene werden von KlientInnen als auch TherapeutInnen häufiger angegeben als Verbesserungen auf der Symptomebene, seelische Probleme werden etwas häufiger als gebessert beurteilt als körperliche Symptome.

11 von 20 KlientInnen geben an, positive Veränderungen bei Familienmitgliedern nach dem Seminar festgestellt zu haben (Beispiel: „Mein Partner war gesprächsbereiter. Meine Mutter beantwortete mir Fragen, vor denen sie lange ausgewichen war, zu meiner Überraschung sehr bereitwillig. Mein dreijähriger Sohn tobte."), 7 von 20 KlientInnen geben keine Veränderungen bei ihren Angehörigen an, 1 von 20 KlientInnen gibt negative Veränderungen (Trennung des Partners) an. 13 von 20 KlientInnen zeigen sich mit dem Seminar zufrieden (Mittelwert 3,8), 2 von 20 KlientInnen indifferent und 5 von 20 KlientInnen unzufrieden (Mittelwert 4,0). 15 von 20 KlientInnen würden an einem erneuten Seminar teilnehmen (gewünschter Abstand zum ersten Seminar zwischen einem und zwei Jahren), 5 von 20 KlientInnen würden nicht mehr teilnehmen. Die TherapeutInnen würden bei allen KlientInnen die Teilnahme an dem Seminar erneut empfehlen. Der Einfluß auf die laufende Therapie wird von den TherapeutInnen in 11 von15 Ratings als günstig eingeschätzt (Mittelwert 4,0), in 4 von15 Ratings wird der Einfluß auf die Therapie als indifferent beurteilt. In 9 von 15 TherapeutInnenratings hat das Seminar die Therapiedauer verkürzt (Mittelwert 4,0), in 6 von 15 Fällen hat das Seminar keinen Einfluß auf den Therapieverlauf gehabt.

Bezüglich der Arbeitsweise Bert Hellingers liegen von den KlientInnen 43 positive und 19 negative Rückmeldungen vor. Als nützlich werden beschrieben (in absteigender Häufigkeit): Einfühlungsvermögen, Lösungsorientierung, Klarheit/Strukturiertheit, Anbieten neuer Sichtweisen, Familienorientierung und Teilnahme an dem Schicksal anderer TeilnehmerInnen. Als nicht nützlich werden (in absteigender Reihenfolge) genannt: Gespräche mit den BeobachterInnen, konfrontative Arbeitsweise, Absolutheitsanspruch und katholisch-frauenfeindliche Theologie. 9 von 20 KlientInnen kritisieren das Setting (Bühne, zur Schau gestellt werden); die Anwesenheit der/s TherapeutIn wird in drei Fällen ausdrücklich als hilfreich bezeichnet. Von den TherapeutInnen liegen 23 positive und 10 negative Rückmeldungen vor. Als nützlich werden (in absteigender Reihenfolge) genannt: Lösungsorientierung, Familienorientierung, Präzision, Konfrontation, Musterunterbrechung, Beschränkung auf das Wesentliche. Als nicht nützlich werden (in absteigender Reihenfolge) genannt: einseitige Informationsgewinnung, mangelnde Auftragsklärung, Unvollständigkeit von Konstellationen sowie Sprachstil.

Das Auswertungsschema wird den teilweise mehrseitigen Kommentaren der KlientInnen zur Arbeitsweise B. Hellingers, zu ihrem Erleben des Seminars sowie den aufgetretenen Veränderungen nicht gerecht. Auch um die kontroverse Diskussion über die teilweise konfrontativ wirkende Arbeitsweise und komplementäre Beziehungsgestaltung B. Hellingers um die Ansichten unmittelbar Betroffener zu ergänzen, führen wir einige wörtliche Zitate an:

- „Damals empfand ich die Arbeitsweise und wie Bert Hellinger mit manchen Klienten umging, als eher negativ. Ich konnte vor allem die Unterschiede im Umgang mit den Klienten nicht so recht nachvollziehen. Heute stehe ich dem Ganzen neutral gegenüber, da ich mir sehr viel Gedanken darüber gemacht habe ... Ich habe nun zu beiden Eltern ein gutes Verhältnis. Selbst zu meinem Vater, den ich nie akzeptieren konnte, habe ich jetzt ein gutes Verhältnis."
- „Nachdem ich meine Herkunftsfamilie aufgestellt hatte, sprachen mich in der Pause Leute aus dem Außenkreis an und waren scheinbar schockiert, wie Bert Hellinger mit mir umgesprungen war. Zu meiner eigenen Überraschung hatte ich aber das sichere Gefühl, daß sein Vorgehen für mich genau das richtige zum richtigen Zeitpunkt war, und ich empfand ihr Mitleid und ihr Mitgefühl für mich als sehr störend und unangebracht. Ich muß aber auch sagen, daß es mir ähnlich ging, als ich zwischendurch als Zuschauerin im Außenkreis saß. Da war ich oft selbst geschockt und wütend über Bert Hellingers Härte."
- „Mit zum Teil faschistischer Grundhaltung, menschenverachtenden und zutiefst frauenfeindlichen Äußerungen macht er sich vor versammeltem Publikum über ihm mit großer Hochachtung anvertraute Klienten lächerlich, verletzt diese zutiefst in ihrer Würde, und das gesamte Publikum applaudiert."
- „Ich bin noch nie einem Menschen begegnet, den ich erst so absolut gemein fand, aber nur aus gekränkter Eitelkeit und verletztem Stolz. Nachdem ich diese Gefühle überwunden hatte, konnte ich ihm bedingungslos vertrauen, obwohl ich ihn fast gar nicht kannte."
- „Ich halte Bert Hellinger für einen sehr erfahrenen Menschen mit gutem Einfühlungsvermögen. Doch gerade aus diesem Grund verstehe ich nicht, weshalb er einige Klienten so vor den Kopf gestoßen hat und so kühne Behauptungen aufstellte wie zum Beispiel in meinem Fall".
- „Die Arbeitsweise Bert Hellingers wird mir für immer ein wundersames Rätsel bleiben."

Diskussion

Der Nutzen

Aufgrund fehlender Kontrollgruppe und Prä-post-Messungen erfüllt die Nachbefragung nicht die Kriterien einer wissenschaftlichen

Standards genügenden Therapieevaluation. Auch können die angegebenen Veränderungen nicht ausschließlich auf das Seminar mit Bert Hellinger zurückgeführt werden, da der überwiegende Teil der KlientInnen sich weiter in Therapie/Beratung befand und nicht bekannte andere Behandlungsmethoden in Anspruch nahm. Ebenso ist der Geltungsbereich der Aussagen von TherapeutInnen und KlientInnen eingeschränkt: Alle TherapeutInnen stehen dem Ansatz B. Hellingers aufgeschlossen gegenüber und hatten schon zuvor an seinen Seminaren teilgenommen. Die KlientInnen nahmen auf Empfehlung ihrer TherapeutInnen am Seminar teil. Die Arbeitsweise Bert Hellingers war ihnen nur aus den Informationen ihrer TherapeutInnen vertraut. Die KlientInnenantwortrate von 80 % ist vergleichbar der Rücklaufquote von Untersuchungen aus dem systemischen Bereich mit einem ähnlichen Design (Burr 1993, Ludewig 1993, Höger u. Temme 1995). Auch liegt die auf die Symptomentwicklung bezogene „Erfolgsquote" im Rahmen von „single group outcome"-Studien mit vergleichbarem Design aus dem systemischen Bereich (Burr 1993, Ludewig 1993, Höger u. Temme 1995).

Klientenzufriedenheit wird als zentrales Kriterium systemischer Therapieevaluation (Ludewig 1993) angesehen. Auch bei dieser Nachbefragung zeigt sich, daß die Zufriedenheit mit der Therapie (bei TherapeutInnen und KlientInnen) etwas höher ist als die Raten der Symptomverbesserung (Ludewig 1993). Weiterhin zeigt sich das Ergebnis von Metaanalysen (Bommert et al. 1990) reproduziert, daß familienorientierte Therapieverfahren – wozu wir Bert Hellingers Arbeitsweise zählen – vor allem bei Beziehungsproblemen erfolgreich sind. Symptombesserungen bei neurotischen, psychosomatischen und psychotischen Störungen sind abhängig vom Anteil der Beziehungsprobleme (Bommert et al. 1990). Symptomverbesserungen bei körperlichen Erkrankungen wurden in dieser Stichprobe nur angegeben, wenn bei den genannten Problemen/Anliegen, die zur Seminarteilnahme führten, sowohl körperliche Symptome als auch Beziehungsprobleme genannt wurden. Wurden nur körperliche Erkrankungen als Grund für die Teilnahme genannt, gaben die KlientInnen an, von dem Seminar wenig oder gar nicht profitiert zu haben. Auch folgt einer Verbesserung auf der Beziehungsebene nicht immer eine Verbesserung auf der Symptomebene: Im Falle der Familie mit der anorektischen Tochter gab der Vater an, daß er sich mit dem Schicksal seiner Ursprungsfamilie versöhnt habe und daß sich die Beziehungen in der Gegenwartsfamilie verbessert haben. Die anorektische Symptomatik der Tochter blieb unverändert. Andererseits zeigte sich in der Nachbefragung der verwitweten Mutter (Ehemann an Diabetes mellitus Typ I verstorben) mit drei Kindern, davon zwei mit schwer einstellbarem Diabetes mellitus Typ I, daß es zu einer deutlichen Verbesserung sowohl der Familienbeziehungen als auch der diabetischen Stoffwechsellage der Kinder gekommen war.

Bei allen methodischen Einschränkungen läßt sich sagen, daß die „Single-session-Therapie" Bert Hellingers der systemischen (Kurzzeit-)Therapie vergleichbare Effekte zeigt. Die meisten KlientInnen erachten eine Wiederholung des Seminars nach ein bis zwei Jahren zur Aufarbeitung unerledigter oder neu entstandener Themen für sinnvoll, was durch klinische Erfahrungen bestätigt werden kann (G. Weber, persönliche Mitteilung 1996).

Ästhetik und Ethik

Kriterien für den Nutzen von Psychotherapie sind leichter operationalisierbar als Kriterien für Ästhetik und Ethik (Ludewig 1993). Anhand der von uns gewählten Kriterien läßt sich sagen, daß selektionierte KlientInnen und TherapeutInnen die Nützlichkeit der Arbeitsweise Bert Hellingers kritisch zu würdigen wissen. Sie scheinen durchaus mehr zu differenzierter Betrachtung in der Lage zu sein, als manche KommentatorInnen ihnen zubilligen. Aus einigen Kommentaren zum „Hellinger-Phänomen" aus der systemischen Szene hatten wir den Eindruck, daß das Konzept der Kundigkeit (Hargens 1995) für TherapeutInnen und KlientInnen, die an Seminaren Bert Hellingers teilnehmen, nicht mehr gelten soll. Ludewig (1996) erklärt die Teilnahme von systemischen TherapeutInnen, die mit ihren KlientInnen zu Hellinger-Veranstaltungen „pilgern", mit ihren „Verunsicherungen durch die Subjektivität und Relativität des Denkens und die realistische Ernüchterung bezüglich des therapeutischen Hilfspotentials" (S. 110). Simon und Retzer (1995) überlassen es zuerst dezenterweise der Fantasie ihrer Leser, warum so viele TherapeutInnen als TeilnehmerInnen bei Selbsterfahrungsworkshops oder PatientInnenseminaren das asymmetrische Beziehungsangebot Hellingers akzeptieren. Später führen auch sie als Erklärungen für den Zuspruch Hellingers „die Suche nach einer Leitfigur" bei Überforderung durch die Verantwortungsübernahme für theoretische und praktische Modelle durch TherapeutInnen an.

Überwiegend fühlen sich die KlientInnen in dieser Nachbefragung von Hellinger respektiert (Ethik), trotz oder wegen seiner manchmal konfrontativen Arbeitsweise (siehe Zitate). Seine Interventionen werden überwiegend als angemessen erachtet (Ästhetik). Bezüglich der Atmosphäre der Sitzungen (Ästhetik) ist aufgrund der Kritik der KlientInnen am Setting (Bühne) und an den Gesprächen mit den BeobachterInnen zu schließen, daß die Beschränkung auf wenige BeobachterInnen (wie zum Beispiel die Seminare im Frühjahr 1994 in Heidelberg) oder der völlige Verzicht auf BeobachterInnen als Rahmen geeigneter ist.

Familienaufstellungen als Werkzeug systemischer Therapie?

Im folgenden wollen wir uns mit der Frage beschäftigen, ob sich die Methode der Familienaufstellungen nach Bert Hellinger als Werkzeug systemischer Therapie verwenden läßt. Dabei wollen wir zwischen therapeutischem Stil und theoretischen Konzepten unterscheiden.

Die von Bert Hellinger verwendeten Methoden der provokativen Therapie (Farrelly u. Brandsma 1974) wie provokativ-humorvolle Musterunterbrechung und Hypnotherapie wie Geschichtenerzählen werden im systemischen Feld seit vielen Jahren eingesetzt (Trenkle u. Schmidt 1985). Die von Moreno entwickelte Methode der Skulptur wird in Form der Familienskulptur als Technik in der analytischen und entwicklungsorientierten Familientherapie ebenfalls schon lange verwendet (Ritscher 1988). Ein bedeutsamer Unterschied zur bisherigen systemisch-konstruktivistischen therapeutischen Praxis kann im Umgang mit Affekten (mit der Einbeziehung körpertherapeutischer Elemente) gesehen werden. Die „schnoddrige" Umgangsweise von systemischen TherapeutInnen (z. B. Simon u. Weber 1989) mit Gefühlen und die geringe Beachtung affektiver Prozesse, zum Beispiel Bindungsdynamiken, in der systemisch-konstruktivistischen Theoriebildung ist bereits kritisiert worden (Levold 1993). So stellt Welter-Enderlin (1995) fest, daß die systemische Therapie in den vergangenen zehn Jahren mehr Wert auf sprachliche Akrobatik als auf emotionale Begegnung gelegt hat. Daher kann die Methode des Familien-Stellens nach Bert Hellinger durch ihre Fokussierung auf Bindungsdynamiken und Affekte unseres Erachtens als sinnvolle Ergänzung des systemischen Methodenrepertoires eingesetzt werden.

Systemische TherapeutInnen sollten neben Kenntnissen in Systemtheorie, Konstruktivismus und Konstruktionismus einen „Rucksack allgemeinen psychologischen und soziologischen Wissens" (Welter-Enderlin 1995) haben. Viele Ideen Bert Hellingers über Bindungen und Ordnungen können im Einzelfall im therapeutischen Kontext nützlich sein. Dabei geht es nicht um die Wahrheit dieser Ideen, sondern eher darum, ob diese Ideen für KlientInnen in ihrer spezifischen Lebenssituation Unterschiede machen, die es ihnen ermöglichen, Verhalten, Gefühle und Gedanken im Sinne ihrer Ziele zu ändern (Retzer u. Simon 1995). Warum auch sollten sich systemische TherapeutInnen nicht mit Neugier und Respektlosigkeit der Ideen Bert Hellingers bedienen können?

Tabelle 1: Veränderungen körperlicher und seelischer Probleme sowie Beziehungen im Gegenwartssystem (GS) und Ursprungssystem (US) in der Einschätzung von KlientInnen und TherapeutInnen ein Jahr nach Familienkonstellationsseminar (Angabe als Absolutwerte, Mittelwerte einer fünfstufigen Skala in Klammern)

	KlientInnen		
	verbessert	unverändert	verschlechtert
körperliche Symptome	3 (3,3)	4	0
seelische Symptome	7 (2,7)	5	0
Beziehungen GS	9 (3,4)	1	0
Beziehungen US	12 (3,2)	1	0
	TherapeutInnen		
	verbessert	unverändert	verschlechtert
körperliche Symptome	4 (2,8)	1	1 (1,0)
seelische Symptome	6 (3,2)	2	1 (3,0)
Beziehungen GS	9 (3,4)	0	1 (4,0)
Beziehungen US	8 (3,4)	1	0

Verneigung und innere Aufrichtung

Gila Rogers

Die Verneigung ist eine natürliche seelische und körperliche Bewegung. Der Vollzug dieser Bewegung als Ausdruck von Respekt, Wertschätzung, Ehrerbietung, Demut, als Zustimmung zu den Ordnungen der Liebe, als Zustimmung zur Größe von Schicksalen, als Zustimmung zu den Kräften, die in uns und auf uns wirken, als Hinbewegung oder Hingabe öffnet den inneren Raum für Erfahrung und Präsenz, Dazugehörigkeit, Ebenbürtigkeit, Dankbarkeit, Einheit und Ganzheit, für die Kraft und das Fließen der Liebe und unterstützt spürbar die menschliche Aufrichtung.

Es gibt verschiedene „Gründe", auf denen die Bewegung der Verneigung vielfältig angeboten und vollzogen werden kann:

1) auf der konkreten körperlichen Ebene als wohltuende und entlastende Bewegung, die die körperliche Präsenz fördern und die strukturelle Aufrichtung und das körperliche Aufgerichtetsein erleichtern kann;
2) als eine wesentliche Bewegung im systemischen und psychotherapeutischen Kontext, in dem es häufig um die Hinbewegung zur leiblichen Mutter oder zum leiblichen Vater, aber auch um die Anerkennung von ausgeklammerten oder verstorbenen Mitgliedern des Familiensystems, um Anerkennung von Rangordnungen oder Rangfolgen, von schweren Schicksalen und Wirklichkeiten geht, und

3) als seelische Bewegung auf dem Urgrund oder vor dem Urgrund, als Zustimmung oder Hinbewegung zum größeren Ganzen, als natürliche religiöse Bewegung.

Zahlreiche Beispiele in der systemischen Arbeit von Bert Hellinger zeigen, welche Bedeutung die Verneigung bei der Heilung unterbrochener Hinbewegungen hat. Es ist von ihm selber in seinem Buch „Ordnungen der Liebe" (1994, S. 126/127) wunderschön beschrieben, wann und wie der Vollzug dieser Bewegung vor den Eltern notwendig wird, bevor die unterbrochene Hinbewegung ans Ziel gebracht werden kann.

Am bekanntesten sind Familienkonstellationen, in denen ein erwachsenes Kind, zum Beispiel ein Sohn, seine Eltern verachtet oder gewaltsam gegen ein Elternteil, zum Beispiel den Vater, vorgegangen ist. Im Verlauf des Familien-Stellens werden die Verstrickungen sichtbar, und die Ordnung innerhalb der Familie kann wiederhergestellt werden. Der betroffene Sohn wagt es mit diesem Hintergrund in der Regel nicht, die Hinbewegung zu seinem Vater auf tiefer seelischer Ebene zu vollziehen. Erst die tiefe Verneigung vor dem Stellvertreter des Vaters, manchmal mit den bekannten lösenden Sätzen wie „Ich gebedir die Ehre" oder „Es tut mir leid" öffnet den seelischen Raum wieder und ermöglicht dem Sohn die innere Aufrichtung. Jetzt kann er sich mit Liebe zu seinem Vater hinbewegen und in der Umarmung mit ihm die männliche Kraft nehmen. Die systemische Ordnung, die vor dem Vollzug dieser Bewegung hergestellt werden konnte, hält diesen Prozeß, trägt die Intensität und schützt die Intimität des Betroffenen in diesem Verneigungsritual.

Der Vertreter eines Vaters beschrieb in einem Gespräch nach einer solchen Familienaufstellung sein Erleben in dieser Phase der systemischen Arbeit folgendermaßen: „Ich hatte die ganze Zeit (während der Sohn auf dem Boden kniete) in der Verneigung gespürt, daß es den Sohn stark macht und die Bewegung über eine persönliche Verneigung vor mir als Vater hinausgeht."

Die hier beschriebene Bewegung ist nicht zu verwechseln mit einer narzißtischen Bewegung oder mit einer Bewegung, deren Absicht die Unterdrückung und die Aufrechterhaltung von Unordnung und Unheil ist. Der vollständige Bewegungszyklus einer Verneigung umschließt die Verneigung selbst in der ihr eigenen seelischen

Zeit und die Aufrichtung, das „Nehmen“ der Unterstützung und Kraft, die aus der Zustimmung zu den Ordnungen der Liebe heraus spürbar werden kann.

Systemisches Denken und Handeln in der Schule

Marianne Franke-Griksch

Seit 1964 bin ich Lehrerin an Grund- und Hauptschulen. Meine Erfahrungen, die ich als Leiterin von Seminaren für Familien-Stellen nach der Methode Bert Hellingers in den letzten 12 Jahren sammelte, brachten mir Erkenntnisse, die ich auch in der Schule gut anwenden kann.

Wenn sich die Kinder um acht Uhr morgens in einer Klasse einfinden, so sitzen hier junge Menschen, jeder mit seinem spezifischen, verinnerlichten Familienbild; jeder lebt und agiert seine besondere Wirklichkeit, versucht sie in der Klasse umzusetzen, gewinnt unter Umständen Mitspieler für seine besondere Form der Beziehungsaufnahme, inszeniert seine Familie. In ständigen Erzählungen von Elternhaus und Familie gewähren vor allem die jüngeren Kinder zwischen sechs und zwölf Jahren tiefe Einblicke in ihre Familiendynamik. Als Familientherapeutin „juckt es mich oft in den Fingern."

Mein Arbeitsauftrag als Lehrerin beinhaltet jedoch nur: die verschiedenen Gegenstände fachgerecht zu unterrichten, die Klasse als Gemeinschaft zu lenken und dem einzelnen Schüler soweit als möglich eine individuelle Förderung zu ermöglichen. Damit ist mir als Therapeutin vollständige Abstinenz auferlegt; kein Auftrag – keine Arbeit!

Gerade diese auferlegte Abstinenz hat mich über die letzten Jahre findig werden lassen, systemisch zu sehen und, wo es geht, entsprechend zu handeln.

Dabei schaffe ich Gelegenheiten, daß in den Kindern Achtung geweckt wird vor dem Leben, vor ihren Familien, vor Vater und Mutter – und lege innerhalb der Klassengemeinschaft vor allem Wert darauf, den Konflikten und Ausschlußtendenzen, die sich in jeder Gemeinschaft konstellieren, auf völlig neue Art zu begegnen.

Schulung im systemischen Denken

Stufenweise schule ich die Kinder im systemischen Denken. Wenn eine der Mütter schwanger ist, wenn ein Familienmitglied krank oder gestorben ist, so nehme ich das als Anlaß zu einem Kreisgespräch. Wir machen uns Gedanken zu den verschiedenen Beziehungsqualitäten. Etwa wie Eltern ihre Kinder lieben, welche Haltung den Kindern ihren Eltern gegenüber gut tut. Wir setzen das in Bewegung und Gestik um, und die Kinder gelangen ganz spielerisch zu Haltungen und Sätzen, wie Bert Hellinger sie im Familien-Stellen den Stellvertretern vorgibt.

Natürlich sprechen wir dabei darüber, wie Kinder manchmal einen allzu früh Verstorbenen in der Familie repräsentieren, oft das Schicksal der Eltern übernehmen, und dafür haben bereits die Elfjährigen diese Rituale von sich aus neu erfunden, wie sie Tote achten oder sich nicht mehr ins Schicksal ihrer Eltern einmischen. Ich stelle manchmal ein Kind vor seinen Vater oder seine Mutter (das sind natürlich stellvertretende Klassenkameraden). Die anderen sehen selbst, ob es ganz Kind sein kann oder ein wenig „aufgeblasen" ist. Sie lieben inzwischen die gesamte Palette der möglichen Haltungen, schlagen einander Sätze vor, wie: „Papa, ich bin doch dein Kind", erfinden zunehmend Sätze, zum Teil ganz wundervolle. Sie verneigen sich vor Verstorbenen, bitten um Beistand und Segen.

Das alles mache ich eher exemplarisch. In meiner jetzigen Klasse zum Beispiel sind viele Kinder aus Serbien, Kroatien, dem Kosovo, aber auch aus Afghanistan und der Türkei. Einige haben ihre Väter im Kriegsgeschehen verloren, einige ihre Onkel. Darüber sprechen wir, wie traurig es für die Familien ist, aber auch, wieviel Kraft uns die Toten geben, wenn wir sie um ihren Segen bitten. Das erzählen die Kinder natürlich auch zu Hause. An der Stimmung bei den Elternabenden kann ich spüren, wie gut es allen Beteiligten tut, daß die Familien geachtet sind.

Familien-Stellen in der Schule kann wesentliche Beispiele herausgreifen, etwa um zu zeigen, wie anders es ist, wenn Vater und Mutter nebeneinander stehen und auf ihre Kinder schauen oder wenn sie in unterschiedliche Richtungen orientiert sind, weit auseinanderstehen, vielleicht zu einem Verstorbenen schauen. Es ist eine Frage des Fingerspitzengefühls, daß ich dabei die Intimschranke einer einzelnen Familie nicht durchbreche, Kinder und Familien nicht bloßstelle, alles im Bereich des Beispiels belasse.

Diese Arbeit und diese Gedanken lassen innerhalb einer Klasse in kurzer Zeit ein herzliches Klima entstehen, wie ich es früher nicht erlebt habe. Gegenwärtig bin ich dabei, einen Gesamtkatalog möglicher systemischer Spiele und Unterweisungen in Grund- und Hauptschulen zusammenzustellen und zu veröffentlichen.

Neue Wege der Konfliktbewältigung

Wie oben bereits erwähnt, gehe ich inzwischen auch völlig neue Wege in der Konfliktbewältigung. Wenn sich in der Pause ein Streit entspinnt, kommen die Kinder schon von selbst zu mir. Sie haben gelernt, daß es nicht wichtig ist zu erzählen, warum wer wem was angetan hat. Sie nennen einfach die Namen der Beteiligten. Wir stellen sie dann mit Stellvertretern auf, möglichst Kinder, die den Konflikt nicht mitbekommen haben. Die Stellvertreter sagen, wie sie sich fühlen. Wir suchen die entsprechenden guten Plätze und Sätze. Es ist so unendlich erleichternd zu sehen, daß die Kinder wirklich bereit sind, nicht mehr zu schauen, wer recht hat, sondern zu suchen, wie alles wieder ins Gleichgewicht gebracht werden kann, wer zu wem sagen sollte: „Es tut mir leid" oder „Ich will es wiedergutmachen." Meist ist es für die „Streithanseln" sehr verblüffend, daß ihre Stellvertreter alles richtig fühlen, obwohl sie die Inhalte dessen, was passiert ist, gar nicht kennen.

Zwei Beispiele systemischen Handelns:

In einer fünften Klasse (mit elfjährigen Kindern) hatte ich einen Schüler, Samir (Name geändert), der von Schuljahresbeginn an auffällig war. Er störte den Unterricht, konnte gute Stimmungen und Zusammenarbeit nicht ertragen und schuf durch Schreien, Stühlewerfen und körperliche Attacken auf Schulkameraden ein Klima, das viele Kinder gegen ihn aufbrachte, ja, manche fürchteten ihn sogar.

Nach acht Wochen war mir klar, daß dieses Verhalten in der Klasse nicht mehr tolerierbar war. Obwohl ich aus vielen in den Unterricht geworfenen Äußerungen erkennen konnte, daß der Junge überdurchschnittlich intelligent ist, über einen hervorragenden deutschen Wortschatz verfügt, klar denken und selbständig urteilen kann, brachte er sehr schlechte Leistungen. Mir war auch unbegreiflich, wie es zu diesen fast anfallartigen Zuständen kam, in denen er deutlich blaß wurde, hyperaktiv – einfach nicht zu bremsen. Der Schüppel Haare über seiner Stirn stand dann regelrecht zu Berge – oft brach der Junge nach seinen Aktionen zusammen, umfaßte mit den Händen seinen Kopf und klagte über entsetzliche Spannungen.

Ich bat seinen Vater in meine Sprechstunde. Er war sich über das Verhalten seines Sohnes voll im klaren und fühlte sich unglücklich. Samir tat ihm leid, und doch sah er ein, daß ich den Jungen so nicht mehr in der Klasse halten konnte. Wir sprachen über eine Förderklasse für sozial unangepaßte Schüler und ich spürte, daß eine solche Klasse für den Jungen auch nicht stimmte. „Etwas weiß er noch nicht, Ihr Sohn, vielleicht muß ich es erst wissen", sagte ich und war erstaunt darüber, was ich da gesagt hatte.

Der Vater meinte, seine Ehe sei in Ordnung, und ich versicherte ihm, daß das sein geschützter Privatbereich sei, der mich nichts anginge. „Dennoch", so meinte ich, „interessiert mich, wann und warum Sie nach Deutschland kamen." Da berichtete der Mann, daß er zunächst in der Türkei geheiratet habe. Nach fünf Jahren, da hatten sie schon zwei Kinder, seien zwei seiner Geschwister in einem Jahr gestorben, ein Bruder mit 23 während eines epileptischen Anfalls, eine Schwester mit 18 an einem Gehirnaneurysma. „Das ist nun 15 Jahre her, wir sind daraufhin nach Deutschland gegangen", meinte er, und seine Augenränder röteten sich, während er mir versicherte, daß er keine Trauer mehr darüber verspüre. Samir, der erst vier Jahre später in Deutschland geboren wurde, wußte davon nichts, ja nicht einmal, daß eine Tante und ein Onkel (an Epilepsie!) gestorben waren.

Es entstand diese Stille zwischen uns beiden, wie sie entsteht, wenn eine tiefe seelische Wirklichkeit aufscheint – da gibt es immer ein Leuchten. Ich sagte dem Vater, daß jetzt alles gut sei und klar. Er solle sich in der Arbeit für ein paar weitere Stunden frei nehmen, nach der Schule mit seinem Sohn spazierengehen und ihm in Ruhe über seine beiden verstorbenen Geschwister berichten. Dann solle er mit ihm alte Fotos heraussuchen, sie abziehen und vergrößern lassen, einrahmen und aufhängen.

Erstaunt war er schon, Samirs Vater, daß hier irgendwo eine Lösung für die Schwierigkeiten seines Sohnes sein könnte. Zwar gab ich ihm keine Erklärung, ließ ihm aber auch keinen Raum für Zweifel, sondern bat ihn, Samir aus der Klasse zu holen (der Junge wartete nämlich schon darauf, daß er, wie versprochen, zu dem Gespräch hinzugezogen würde) und ihm zu sagen, daß wir ihn nicht mehr bräuchten; daß wir vielmehr eine Lösung gefunden hätten und alles gut sei. Das tat der Mann, und ich war erstaunt, wie sehr er strahlte, als er die Treppe herunter kam, obwohl ich ihm ja nichts erklärt hatte.

Am nächsten Tag fehlte Samir – und auch am übernächsten, das war der Freitag. Die Eltern ließen ausrichten, der Junge habe über 40 Grad Fieber.

Am Montag darauf war er wieder da. Etwas blaß stand er an meinem Pult und berichtete mir eindringlich, sein Vater habe ihm alles erzählt, von seiner Tante und von seinem Onkel, der Epilepsie gehabt habe, und daß sie beide gestorben seien, und sein Vater habe geweint, als er es ihm erzählt habe, und sie hätten auch die Bilder herausgesucht.

O.k., sagte ich, dann ist ja jetzt alles gut. Samir stand noch etwas bei mir herum und setzte sich dann, was er bisher noch nie getan hatte, ohne Aufforderung an seinen Tisch. Von da ab änderte sich der Junge von Woche zu Woche.

Für ihn, der immer wieder von sich behauptet hatte: „Ich liebe das Chaos, Frau Franke", entwarf ich eine Strichleiste an der Seitentafel.

CH o______________________________o Ordn.

Täglich durfte er dort eintragen, wo er sich zwischen Chaos und Ordnung befand.

Nach drei Wochen kam die erste Rückmeldung aus der Klasse. Einer sagte: „Der Samir hat sich ja wirklich geändert. Das beste wäre, wenn er nicht mehr alleine sitzen würde." Bisher wollte nämlich niemand neben ihm sitzen, und auch er wollte allein sitzen. In der Woche darauf setzte sich dieser Schüler von selbst neben Samir, die beiden freundeten sich an und blieben bis auf wenige Unterbrechungen beieinander.

Nach zwei Monaten sagte Samir zu mir: „Ich finde es selber so komisch, Frau Franke, ich bin jetzt immer nahe bei der Ordnung." Damit meinte er seine Eintragungen auf der Strichleiste. Tatsächlich hatte er nicht nur sein Verhalten verändert, sondern auch seine Leistungen gesteigert. Er war inzwischen einer der besten Schüler geworden.

Als er einige Monate später noch einmal einen massiven Einbruch hatte, holte ich ihn zu mir. Ich fragte ihn, ob diese alten Zustände doch besser für ihn seien. Auch schlug ich ihm vor, Onkel und Tante einfach zu erzählen, daß er diesen Einbruch habe, und zu fragen, was die dazu sagten.

Da ging ein kleines Leuchten über sein Gesicht, und er sagte: „Wir sind noch nicht fertig, mein Vater und ich. Wir müssen die Bilder noch aufhängen, ich werde mich darum kümmern."

Von da an habe ich nicht mehr mit Samir über diese Dinge geredet. Er war bis zum Schuljahrsende der viertbeste Schüler und beliebt.

Die zweite Geschichte handelt von Elvir:

„Ich bin der Liebling von meiner Mutter", sagte der kleine Bosnier im Brustton der Überzeugung. Die Klasse saß im Kreis, 24 elf- bis zwölfjährige Schülerinnen und Schüler einer fünften Hauptschulklasse. Thema war: Ivica bekommt ein Geschwisterchen. Wir sprachen darüber, welchen Platz Kinder in ihrer Familie haben und wie unterschiedlich sich das für die einzelnen anfühlen kann.

„Ich zeige es euch", sagte Elvir, und schon suchte er sich Personen für Vater, Mutter, sich und seinen Bruder aus. Die Kinder hatten schon öfter „Familie gespielt" und kannten sich aus. Als alle vier standen, starrte die Stellvertreterin für die Mutter den Stellvertreter für Elvir unverwandt an. Ich fragte sie, ob sie ihren Mann und ihren anderen Sohn auch sehen könne. Sie verneinte es. Ihr Blick war sichtbar geweitet, so als sähe sie durch Elvir hindurch. Wen sieht sie nur?, dachte ich und fragte Elvir, ob seine Mutter jemanden verloren habe. Da röteten sich Elvirs Augen, doch er blieb tapfer und weinte nicht. Er erzählte: „Mein Onkel, der Bruder meiner Mutter, brachte in einem Geschirr Nahrung zu Gefangenen. Das Lager war hinter dem Feld. Auf diesem freien Feld haben sie ihn erschossen. Er war 19 Jahre alt." Da stellte ich einen Jungen aus der Klasse neben die Mutter und wechselte den Stellvertreter für Elvir aus. Als Elvir selbst auf seinem Platz vor Mutter und Onkel stand, begann er leise zu weinen. Verstohlen wischte er sich die Tränen ab.

Ich schlug ihm vor: „Sag deinem Onkel, er soll dich beschützen." (Ich dachte mir, wenn der so schutzlos übers Feld gegangen ist und dort sterben mußte, so ist das angemessen.) „Lieber Onkel beschütze mich", sagte Elvir. Der Junge, der für den Onkel stand, legte ganz spontan, ohne Aufforderung, seine Hand auf Elvirs Kopf und sagte: „Ich beschütze dich."

Jetzt bat ich Elvir, sich vor seine Mutter zu stellen und ihr zu sagen: „Liebe Mutter, ich bin nur dein Kind." Er sagte es auf jugoslawisch. Das Mädchen, das seine Mutter darstellte, nahm den Jungen ganz spontan in ihre Arme. Gleich ließ sie ihn wieder los. Ihr Impuls war so deutlich gewesen. Beide waren ein wenig verschämt. Ich beobachte sie manchmal, die beiden. Sie sind sehr herzlich miteinander seitdem. Natürlich bitte ich die Kinder, am Schluß ihre Rollen abzuschütteln. Es bleibt ihnen jedoch diese Verbundenheit im Alltag.

In den nachfolgenden Wochen und Monaten wurde der sonst so forsche und sichere Bub unsicher, ängstlich, er versagte schulisch. Etwas war ins Rutschen gekommen. Ich begleitete ihn in diesem Prozeß, sprach ihm Mut zu. Er war sechs Jahre alt gewesen, als er zusammen mit seiner Mutter am Küchenfenster Zeuge dieses Mordes geworden war. Langsam konnte er sich mit seiner neuen, kleinen Person abfinden. Heute ist er wieder lustig, aber anders – wie ein Elfjähriger eben.

Ein perspektivisches Blitzlicht zum Familien-Stellen mit bäuerlichen Familien

Inge Hartl

Mein Beitrag soll Erfahrungen mit bäuerlichen Familien innerhalb eines Gruppengeschehens sichtbar machen, die die Beziehungen zu den Einsichten Bert Hellingers und zu den Familienaufstellungen (Versöhnungsarbeit zwischen den Generationen) nahelegt.

Meine Voraussetzungen für diesen Aufgabenbereich sind: mein biographischer Hintergrund, die langjährige Tätigkeit in einer „Child guidance clinic" in Wien (Grundschule nach Sigmund Freud); das ressourcenorientierte, familientherapeutische Modell Virginia Satirs, Zenpraxis sowie, im Rahmen mehrjähriger Gestaltfortbildung in München, fortlaufender Kontakt zu der Familienaufstellungsarbeit nach Bert Hellinger.

Mein biographischer Hintergrund

Der Beruf meines Vaters als Leiter landwirtschaftlicher Genossenschaften brachte mich schon in früher Kindheit mit dem Alltag der bäuerlichen Familie in Kontakt. In vielen Gesprächen setzte er sich für erleichternde Arbeitsbedingungen ein und pflegte des öfteren „meine Bauern" zu sagen. Aus seinem Tätigkeitsbereich im Burgenland wurde er in das von Hitler annektierte Südmähren (heutiges Tschechien) versetzt. Dieses Gebiet, mit der Hauptstadt Znaim, galt als die Kornkammer der Ostmark. 1945 wurde Znaim bombardiert, mein Vater in den Krieg eingezogen.

Meine Mutter und wir Kinder wurden in das 50 km entfernte Dorf Neu Petrein (Novi Pecin) evakuiert. Einquartiert im Ausgedinge des Bauern, kochte meine Mutter für die bäuerliche Großfamilie, meine Schwester arbeitete auf dem Feld (Rüben vereinzeln), und ich hütete die Kühe. Die Verbundenheit der Bauern mit ihrer Arbeit, mit der Bestellung der Felder, der Versorgung der Tiere war so selbstverständlich, als gäbe es keine Wirrnisse des Krieges und keine stündlich näherrückende Front. Selbst als sie wußten, daß sie Haus und Hof würden verlassen müssen (und dies binnen einer halben Stunde), waren sie auf den Wiesen zur Heuernte. Die Natur zeigte sich im Spätfrühling in voller Pracht, so als überblühe sie das unermeßliche Leid dieses Krieges. Das Verwurzeltsein der Bauern in Grund und Boden, ihr selbstverständliches Tun und Teilen, das Mitarbeiten in ihrem Alltag (meine Verantwortung für die Kühe), gab mir in der Schutzlosigkeit und Ungewißheit dieser Zeit Geborgenheit.

Der Zugang zur bäuerlichen Familie

Parallel zu meiner therapeutischen Tätigkeit in einer „Child guidance clinic" in Wien (20 Jahre „Freudsche Grundschule") wurde mir Virginia Satirs (1996) Methodenvielfalt ihres familientherapeutischen Konzepts im Begleiten von bäuerlichen Familien ein unerschöpfliches Reservoir.

Die bäuerlichen Familien sind mit Grund und Boden und in der Mehrgenerationenfamilie verwurzelt. Sprachlosigkeit und Verschlossenheit gilt es behutsam wahrzunehmen und zu verstehen. Kürzlich sagte mir eine Bäuerin: „Worüber gredt wird, ist die Arbeit, die am Feld, je nach Jahreszeit, ansteht. Hat aner Selbstmord gmocht, so ist er gstorben, und beim Begräbnis tuschelt ma si bei vorghaltener Hand zua: Der oder die, waßt eh, hat si umbracht."

Die Arbeit mit bäuerlichen Familien beschränkt sich nicht auf jenen Teil der Menschen, die in ihren Dörfern und Gemeinden leben und den Bauernstand durch Feld-, Milch- und Viehwirtschaft aufrechterhalten – eingebunden in Brauchtum und Tradition –, sondern sie – diese Arbeit – sucht die Verbindung zu der Generation, die in die Stadt abgewandert ist, sich an städtischen Idealen orientiert und sich von ihrer bäuerlichen Herkunft entfremdet hat.

Zwischen 1982 und 1992 hielt ich vor allem im Raum Niederösterreich ungefähr 120 Seminare und Vorträge, die sich im wesentlichen mit Themen wie Lebensraum, Familie, meine Herkunftsfamilie, Selbstwert und Beziehung, Sexualität und Aufklärung, Partnerschaft, Elternschaft, frühkindliche Entwicklung, Geschwistersituation und Generationskonflikte befaßten.

Ich beschreibe hier blitzlichtartig einige Ausschnitte aus der Gruppenarbeit mit bäuerlichen Familien. Anfangs waren es vor allem Frauen und Mütter, die diese Veranstaltungen besuchten. Von den Männern, die teilnahmen, kamen viele nicht ganz „freiwillig", wie die folgenden Äußerungen aus Einführungsrunden bei Partnerschaftsseminaren zeigen: „So lang hat sie mi benzt, bis i jetzt mitgekommen bin". Ein anderer meint, er sei nur „als Geschenk zum Hochzeitstag" mitgekommen; wieder ein anderer erklärt seine Teilnahme damit, daß seine Frau „heut´ Geburtstag hat", und ein anderer Ehemann meint: „Ja, i muaß do a wissen, vo was da überhaupt gredt wird." Der gleiche Ehemann setzt daraufhin gleich fort: „I sag's glei zum Anfang: Du" (zu seiner Frau gewandt) „kannst mi überhaupt net gern ham, denn du tuast ni was i will." Darauf die Frau ganz spontan: „Toni, i sog dir wos, i steh zu dir – i hob oaba a mei eigenes Leben ..." Die Therapeutin unterbricht und meint: „Möchten Sie Ihrem Mann zeigen, wie sie zu ihm stehen?" Eva (seine Frau) steht auf, stellt sich voll in ihrer Kraft ihrem Mann gegenüber und sagt: „Toni, i steh zu dir!" Den Toni hat es förmlich aus dem Sessel gehoben – er nimmt die Eva in die Arme und drückt sie herzlich. Eva und Toni haben für sich und die Gruppe eine Öffnung in noch nicht vertraute Erfahrungen geschaffen.

Auch der 18jährige Thomas ist gemeinsam mit seinen Eltern in dieser Gruppe. In der Runde meint er, er fände es gut, Übungen zu machen und zu diskutieren, doch die Liebe dürfe nicht zu kurz kommen. Thomas wörtlich: „Die Liebe ist nicht erlernbar, die lebt man einfach, wie, weiß ich auch nicht genau, doch das ist doch etwas ganz Wichtiges, das Allerwichtigste, und darf auch hier nicht zu kurz kommen."

Zu Thomas' Beitrag erzähle ich eine chassidische Geschichte (gibt es auch im Chassidismus Festhaltetherapie?!):

Ein Elternpaar hat große Sorgen mit einem achtjährigen Bübele, welches überhaupt nicht folge, unruhig und störrisch sei. Sie bringen das Kind zu einem Rabbi und klagen ihr Leid. Der Rabbi erklärt sich bereit, das Bübele für eine gewisse Zeit zu behalten. Nach einiger Zeit (einigen Wochen) holen es die Eltern wieder ab, und der Knabe ist wie ausgewechselt. Daraufhin kehren die Eltern nochmals zum Rabbi zurück und fragen: „Was hast du denn mit unserem Buben gemacht?!" Der Rabbi antwortet: „Ich habe ihn gehalten, und er hat meinen Atem gespürt und ich den seinen; und ich vernahm seinen Herzschlag und er den meinen."

Elfi, eine Bäuerin aus dem Weinviertel, bricht das Schweigen. „Da fehlt's bei uns a, göl Heinz" (wendet sich zu ihrem Mann), „deswegen san ma ja herkemma, das ma do no a Stückerl füranhand kemman." Heinz blickt nicht zustimmend drein. (Die Gruppe ist mit gesammelter Energie dabei.) Ich frage, ob sie möchten, daß ich sie begleite. Elfi nickt, und Heinz meint: „Ja freili, mir wissen ja net wo anfangen, gspürn tua i's a, daß uns da was fehlt." Sie rücken einander zurecht, so daß jeder den anderen gut sehen kann. Sie leben in einem Dorf an der tschechischen Grenze, haben vier Buben (1, 5, 6 und 9 Jahre alt) und eine kleine Landwirtschaft. Heinz arbeitet noch bei der Bundesbahn im Verschub. Elfis Mutter ist bei einem Autounfall tödlich verunglückt, sie hat mit noch nicht 16 Jahren ihre sechs Geschwister großgezogen. Der Vater von Heinz ist im Zweiten Weltkrieg gefallen. Elfi blickt zu Heinz, weint und sagt: „Woaßt, Heinz, wannst dahoam bist, gehst imma zur Muatta umi, die gült vül bei dir; i kann toan was i wüll, i bin eifersüchtig und kränk mi."

(In diesen Dörfern ist alt und jung nah beisammen; übernehmen die Jungen den Bauernhof, leben die Eltern gegenüber, im Ausnahm [Ausgedinge].)

Heinz schaut auf, bekommt plötzlich ein pfiffiges Bubengesicht – „Ja", meint er, „mir gfallt's bei der Mutter", und strahlt. „Des gspür i", entgegnet Elfi.

Zu Elfi gewendet sage ich: „Elfi, Sie haben so viel gehalten in Ihrem Leben, mit noch nicht 16 Jahren sechs Geschwister und jetzt die eigenen Kinder. Wünschen Sie sich, daß Sie sich vom Heinz gehalten wissen?" – „Jo, Heinz, des möchte i, daß du mi amol haltest." Heinz, sichtlich betroffen, tastet sich zu Elfi hin, legt seine Hand auf ihren Schoß – scheu, zugleich ergriffen und zögernd, denn das tut man doch nicht vor anderen. „Ihr möchtet doch jetzt gerne unter euch sein?", frage ich nach geraumer Zeit. Da hält den Heinz nichts mehr, er nimmt seine Elfi an der Hand, sie nehmen einander und verlassen den Raum.

Nach einer Weile kommen sie zurück – einfach glücklich.

Währenddessen sind auch die Paare zusammengerückt und geben einander Nähe und Zärtlichkeit. Hier zeichnet sich der Ansatz zur systembezogenen Lösungsarbeit ab.

Perspektive zur Aufstellungsarbeit

Im Rahmen mehrerer Fortbildungsseminare in München kam ich mit der Aufstellungsarbeit nach Bert Hellinger in Berührung. Der Prozeß meiner persönlichen Aufstellungsarbeit begann mit einem oft zitierten Ausspruch meines Zenlehrers:

Bevor jemand Zen studiert,
sind Berge Berge
und Wasser ist Wasser;
nach einem ersten Blick
in die Wahrheit des Zen
sind Berge nicht mehr Berge,
und Wasser ist nicht länger Wasser;
nach der Erleuchtung sind
Berge wieder Berge,
und Wasser ist wieder Wasser.

(aus „Die zeitlosen Weisheiten des Zen“)

Im übertragenen Sinn: Zuerst war *Familie,* meine Herkunftsfamilie, die ich gleichsam mit Kinderhänden zusammenhielt; dann kam die eigene Familie mit fünf Kindern – wieder „zusammenhaltend“. Die Aufstellungsarbeit brachte die Verstrickungen ans Licht – und dann war *keine Familie.* Jetzt ist *wieder Familie – bin ich Familie.*

Franz Kafka (1975) schreibt in seinem Brief an den Vater:

„Heiraten, eine Familie gründen, alle Kinder, welche kommen, hinnehmen, in dieser unsicheren Welt erhalten und gar noch ein wenig führen, ist meiner Überzeugung nach das Äußerste, das einem Menschen überhaupt gelingen kann. Daß es scheinbar so vielen so leicht gelingt, ist kein Gegenbeweis, denn erstens gelingt es tatsächlich nicht vielen, und zweitens ‚tun‘ es diese Nichtvielen meistens nicht, sondern es ‚geschieht‘ bloß mit ihnen.“

Menschliche Schicksale „ans Licht bringen“, wie Bert Hellinger uns die Aufstellungsarbeit nahebringt, geschieht auf unspektakuläre Weise. Die Würdigung der systemischen Ordnung in Vergangenheit, Gegenwart und Zukunft erhält eine Perspektive, in der zwischenmenschliche Beziehungen lösende Veränderungen erfahren. Das ans „Licht Gebrachte“ wirkt nicht nur in der Person, sondern auch im familiären Zusammenhang und im sozialen und kulturellen Lebensbereich.

Das ist meine dankbare Verneigung an Bert Hellinger und an alle Kolleginnen und Kollegen, die sich mit dieser Methode auseinandersetzen, sie weiterreichen und sich im Respekt vor Leben und Tod geführt wissen.

Integrationshilfe für blinde Teilnehmer/innen beim Familien-Stellen

Barbara und Hans Eberhard Eberspächer

Da sich eine blinde Teilnehmerin für eine Gruppe anmeldete, überlegten wir, wie sie so einbezogen werden kann, daß sie das aktuelle Geschehen ständig mitverfolgen kann.
Als Angebot hatten wir dabei:

- einen „Bettisch", der als Beistelltisch gut in die Runde paßte,
- darauf ein grobes Tuch, damit die Pappen nicht bereits beim Tasten verrutschen;
- Pappen (ca 4 x 4 cm groß und gut 1 mm stark) rund und viereckig als Platzhalter mit Kerbe (die die Ausrichtung andeutet) wie sie im Buch „Ordnungen der Liebe" oder jetzt mit dem Programm „FamDraw" verwendet werden. Auf dieser „Stellfläche" wurden nun alle Aktionen, die beim Aufstellen geschahen, aktuell und *analog* vollzogen.
- So konnte unsere blinde Teilnehmerin alle Einzelheiten des Systemstellens mitverfolgen, nicht nur akustisch, sondern gleichzeitig in der Vorstellung, da eine sehende Teilnehmerin auf der kleinen repräsentativen Stellfläche alle Aktionen entsprechend vornahm und die Blinde dabei mittasten konnte.
- Ebenso verfuhren wir beim Stellen des Systems der Blinden: Sie wählte die Personen als Stellvertreter und gab auf ihrer kleinen Stellfläche die genaue Position an; entsprechend wurden die Personen aufgestellt. Im Verlauf der Änderungen wurde dann, wie bei anderen Systemen auch, alles parallel mitverändert – zum Abschluß konnte sie sich in die Aufstellung selbst hineinstellen und hatte eine genaue Vorstellung davon, wer wo wie ausgerichtet stand.

Da diese Aktionen mit einigem Sprechen verbunden waren, haben wir über Verbesserungen dieses Systems nachgedacht. Die meisten verbalen Hinweise waren zur Klärung nötig, welche Pappe gerade jetzt wen aus dem System darstellte, was nach Veränderungen immer wieder neu mitzuteilen war.

Deswegen beschlossen wir, daß auf jedem Symbol in Brailleschrift (für den Blinden) und in Druckbuchstaben (für den Sehenden) deutlich erkennbar sein sollte, um welche Person des Systems es sich handelt: V, MV, BM, …

Dann war das Ganze eine Frage der Technik und Umsetzung:

- Stellfläche aus einer mit Metallpapier bezogenen Holzplatte,
- „Platzhalter" aus (1 mm starker) Magnetfolie geschnitten, rund und viereckig, mit Kerben zum Anzeigen der Ausrichtung, mit Druckbuchstaben und Brailleschrift gekennzeichnet.

Die Erfahrungen mit dieser Möglichkeit sind bis jetzt durchweg gut und empfehlenswert. Es hat sich mehrfach als besonders hilfreich gezeigt, wenn ein Mensch seine *Behinderung (hier seine Blindheit) als zusätzliche Person mit in sein System* stellte und damit in sein heilsameres inneres Bild mit einbezogen hat.

Wer Interesse hat, kann bei uns Hinweise für Anfertigung und eine Bezugsquelle (für Materialien) bekommen (Adresse an Ende des Bandes).

Systemisches Kreativitätstraining:

Tetralemma-Aufstellungen und Aufstellungsarbeit mit Drehbuchautoren

Matthias Varga von Kibéd

Der Anwendungsbereich der systemischen Strukturaufstellungsarbeit (vgl. Sparrer u. Varga v. Kibéd 1997, im Druck a) reicht über das Feld von Therapie und Beratung hinaus. Insbesondere als systematisches Wahrnehmungstraining und zur Unterstützung kreativer Prozesse lassen sich diese Formen der systemischen Aufstellungsarbeit fruchtbar einsetzen. Im folgenden berichte ich über Anwendungen von systemischen Strukturaufstellungen bei der Arbeit mit DrehbuchautorInnen, UnternehmensberaterInnen und WissenschaftlerInnen.

Die systemische Strukturaufstellungsarbeit wird hier in einem nur partiell lösungsorientierten Rahmen eingesetzt; demgemäß darf im Interesse der KlientInnen sogar teilweise problemverschärfend verfahren werden, was bei der therapeutischen Anwendung unzulässig wäre. Im kreativen Bereich ist eine zu schnelle einfache Lösung nämlich unter Umständen ganz unerwünscht („Ich hatte keine schwierige Jugend? Das könnte meine ganze Autobiographie ruinieren", meint Snoopy auf eine zu lösungsorientierte Mitteilung Woodstocks). Dadurch sind diese Formen eines systemischen Kreativitätstrainings auch von theoretischem Interesse, da die Eigendynamik der Aufstellungsbilder und die Wirkungen eines bewußt problemorientierteren Vorgehens Aufschlüsse über mögliche alternative Vorgehensweisen bei therapeutischen Anwendungen und geeignete Reaktionen auf „Fehler" beim Aufstellungsprozeß geben. Der kreativ-experimentelle Charakter einiger der anschließend betrachteten Aufstellungsformen erlaubt jedenfalls interessante Einblicke in die Gesetzmäßigkeiten der Aufstellungsarbeit, die bei einem rein lösungsorientierten Vorgehen nicht zu gewinnen wären.

Für die Arbeit mit DrehbuchautorInnen, mit denen ich seit 1995 in der Drehbuchwerkstatt der Hochschule für Film und Fernsehen in München arbeite, habe ich verschiedene Arten von *Drehbuchaufstellungen* (DBA) auf der Grundlage der Grammatik der systemischen Strukturaufstellungen entwickelt. Bei den DBA erfolgen die

Umstellungen nicht primär lösungsorientiert, sondern sollen eher die Vielzahl stimmiger Komplikationen eines Geschichtenexposés oder einer Konfliktdynamik verdeutlichen.

In der ersten Form der DBA, der *Rollenaufstellung*, werden die Hauptpersonen und einige Nebenfiguren eines Drehbuchs meist mit doppeltem „Fokus" gestellt, und zwar mit der Perspektive der AutorInnen auf ihr Stück und häufig auch mit der Perspektive der künftigen ZuschauerInnen und LeserInnen (da nicht ohne weiteres mit einer Produktion gerechnet werden konnte und die AutorInnen auch zum Teil zugleich an Romanversionen des Drehbuchs arbeiteten). Die Drehbücher waren dabei in der Regel in einer halbfertigen Fassung, und das Seminar sollte den AutorInnen neue Impulse zur Umgestaltung und Fertigstellung ihrer Texte geben. Darüber hinaus dienten die Seminare dazu, die AutorInnen unterschiedliche Möglichkeiten der Fortführung ihrer Stücke experimentell in der Aufstellung erproben zu lassen und ihnen durch körperliche Selbstwahrnehmung einen lebendigen und überraschenden Zugang zum eigenen Werk zu erlauben, indem ich sie zwischendurch mehrfach an die Stelle ihres Fokus, an die Stelle ihrer ZuschauerInnen sowie auch an den Platz von einzelnen anderen Figuren ihres Stückes treten ließ.

Anfangs arbeiteten wir mit ausführlicheren Inhaltsangaben der AutorInnen zum geplanten Drehbuch; im Lauf der Zeit reduzierten wir die verwendete Information immer mehr, und – wie beim Übergang vom Psychodrama über die Familienrekonstruktion zu Bert Hellingers Arbeit schon vertraut – wir erhielten auf der kargeren Basis ebenso gute und oft präzisere Aufstellungsbilder des Verlaufs der Geschichte (zum nicht geringen Erstaunen der AutorInnen). Die Drehbücher bekam ich, wenn überhaupt, erst nach der Aufstellungsarbeit zu sehen.

Bei den Rollenaufstellungen entwickelten die AutorInnen neue Ideen zu einer geeigneteren Rollenverteilung; so erwiesen sich manchmal zwei Rollen als zwei Aspekte desselben Themas, und die AutorInnen zogen darauf die Zusammenfassung beider in eine Person in Erwägung; in anderen Fällen erwies sich eine Rolle aus den Reaktionen der RepräsentantInnen im Aufstellungsbild als thematisch überfrachtet, und die AutorInnen beschlossen, die entsprechenden Funktionen auf zwei Rollen zu verteilen. Derartige Fusionen und Aufspaltungen sind natürlich in Familienbildern gänzlich unmöglich, aber als Modelle für andere systemische Strukturaufstellungen von großem Interesse (so zum Beispiel für die schwierigen

Schritte zum Lösungsbild in Patientensymptomsystem-Aufstellungen (vgl. Wiest u. Varga v. Kibéd 1997).

Ein weiteres bei DBA erwünschtes, in der Familienarbeit aber unzulässiges Vorgehen ist der Ausschluß überflüssiger Rollen; bei DBA sehen die AutorInnen im Aufstellungsprozeß bildlich und eindrücklich, als wie stark oder peripher der Einfluß bestimmter Nebenfiguren von den anderen RepräsentantInnen empfunden wird. (Mehrfach empfand eine der RollenspielerInnen Todesangst vor der Repräsentantin der Autorin, die dann bestätigte, daß sie diese Figur schon seit einiger Zeit aus dem Stück zu streichen beabsichtigte. Im Gegensatz zu Familienaufstellungen stimmten die RepräsentantInnen aller RollenspielerInnen hier aber der Durchführung des Ausschlusses nachträglich meist zu.)

Bei den Rollenaufstellungen zeigten sich mit implizitem oder explizitem Strukturebenenwechsel häufig Analogien zum Familienbild der AutorInnen; dies stellt ein besonders reizvolles Beispiel für die Möglichkeit des Strukturebenenwechsels bei systemischen Strukturaufstellungen dar. Natürlich mußte dabei jeweils der Kontrakt mit den AutorInnen als KlientInnen geklärt werden, und nur in Abhängigkeit davon wurden die spontan auftretenden Ansätze zum Strukturebenenwechsel ins Familienbild explizit gemacht.

Noch deutlicher werden meiner Erfahrung nach diese Parallelen bei den *Hauptcharakterzugsaufstellungen*, einer zweiten Art von Drehbuchaufstellung, mit der ich gearbeitet habe. Bei dieser Form der DBA wählen die AutorInnen ein bis drei Hauptpersonen und für jede dieser Rollen drei bis sechs Hauptcharakterzüge; in der Regel genügt der Protagonist des Stücks, manchmal nehme ich – in der „Dramatica"-Terminologie – auch den Antagonisten und den Contagonisten dazu. (Dramatica ist das führende Softwaresystem zur computergestützten Drehbuchentwicklung. Erste Aufstellungsexperimente mit den acht „Dramatica"-Rollen als einer dritten Art der DBA waren noch nicht ergiebig genug.) Diese Hauptcharakterzüge werden anschließend durch RollenspielerInnen repräsentiert. Insbesondere dann, wenn es sich um ein Erstlingswerk des Autors handelt, aber auch in anderen Fällen, weist das dabei entstehende Aufstellungsbild oft frappierende Ähnlichkeiten mit der Ursprungsfamilie der AutorInnen auf.

Dies zeigt sich etwa in anrührenden Formen der Prozeßarbeit, die in dem ungewohnten Rahmen zunächst unverständlich bleiben; es traten bei den Rollenaufstellungen und etwas verstärkt noch bei den Aufstellungen der Hauptcharakterzüge der Hauptperson(en) zum Beispiel typische Rückgabeprozesse bei angemaßter Schuld und Repräsentationen von Ausgeschlossenen auf. Werden die dabei auftauchenden Familienthemen vorsichtig therapeutisch bearbeitet, gewinnen die AutorInnen eine größere Souveränität im Umgang mit dem gewählten Stoff.

Erstaunlicherweise traten derartige Prozesse aber auch dann auf, wenn kein Familienbezug zu den AutorInnen zu ermitteln war. Dies führte uns zu der für das Verständnis der systemischen Strukturaufstellungen höchst interessanten Frage, ob ein impliziter Familienbezug bei derartigen Prozessen stets vorausgesetzt werden sollte, oder ob diese Prozesse eine allgemeinere und vielleicht tiefere Ebene betreffen. Zur Klärung dieser Frage führte ich zunächst DBA mit einer Beschränkung auf rein syntaktische Information durch; das heißt, ich erfragte nur noch die Anzahl der Personen, ihr Alter und Geschlecht, wer mit wem verwandt, befreundet oder liiert war, sowie, da es sich bei den Geschichten natürlich nicht stets um Familiensysteme handelte, zusätzlich noch, wer zu wem strebt oder von wem wegstrebt oder mit wem (und eventuell gegen wen) verbündet ist.

Obwohl wir also auf alle übliche inhaltliche Information verzichteten, verliefen diese *Aufstellungen von Strukturformeln von Geschichten* genauso gut und informativ für die AutorInnen wie die DBA mit reicher inhaltlicher Information. Darauf begannen wir, derartige Strukturformeln von TeilnehmerInnen vorschlagen zu lassen, ohne daß eine Geschichte zu dieser Formel existierte, und wieder war das Ergebnis ähnlich und interessant; es ergaben sich überzeugende Muster für neue Geschichten, und wir erhielten den Eindruck, daß DBA für Strukturformeln als Ideengenerator für systemisch schlüssige Geschichten verwendet werden können. Dies dürfte für Autoren nicht nur von Drehbüchern insofern von Wichtigkeit sein, als guter Grund zu der Annahme besteht, daß Drehbücher und andere erzählende Texte um so überzeugender sein dürften, je weniger sie auf willkürlichen und beliebigen, letztlich unsystemischen Annahmen aufbauen.

Von diesen Ergebnissen ermutigt, haben Insa Sparrer und ich seitdem erste Versuche mit Aufstellungen randomisierter Strukturformeln für Geschichten unternommen, um auszuschließen, daß die bisher auftauchenden Geschichten doch auf einer unbewußten Kenntnis des Autors über ein derartiges System beruhten. Selbst dabei ergaben sich wieder überzeugende systemische Rückgabeprozesse und Phänomene wie bei der Stellvertretung Ausgeschlossener. Damit war die bisher von uns bevorzugte Deutung, alle derartigen Effekte auf den Familien- und Lebenserfahrungshintergrund eines Klienten zurückzuführen, offensichtlich unhaltbar geworden.

Als These, die diese Beobachtungen am ehesten noch verständlich werden läßt, kann unseres Erachtens die Annahme gelten, daß es grundlegende formale Ablaufmuster möglicher Geschichten, Dramen und Biographien gibt, zu denen wir als wahrnehmendes System in der systemischen Aufstellungsarbeit offenbar einen direkten Zugang haben. Dies eröffnet die Möglichkeit einer Untersuchung von Archetypen mythischer Strukturen mit Hilfe von systemischen Strukturaufstellungen – eine der gewagtesten und reizvollsten neuen Perspektiven, die das offenbar unerschöpfliche Feld auszeichnen, das sich für uns in der Weiterführung von Bert Hellingers Aufstellungsarbeit eröffnet hat.

Tetralemmaaufstellungen (TLA) sind eine weitere Aufstellungsart, die ich beim Kreativitätstraining mit Autoren verwende. Sie beruhen auf einem Argumentationsmuster der indischen Logik, das sich auf vier Standpunkte bezieht, die wir zu einem polaren Gegensatz einnehmen können. Nennen wir die beiden Seiten eines Dilemmas „das eine" und „das andere", so erhalten wir mit „beides" und „keines von beiden" ein Tetralemma. (Es ist von der hypnotischen Rahmensetzung her angemessen, diese dritte und vierte Position nicht mit „Sowohl-Als-auch" bzw. „Weder-noch" zu bezeichnen; der Leser kann sich vom körperlich spürbaren Unterschied dieser logisch gleichwertigen Formulierungen, die aber psychologisch deutlich „dilemmafokussierter" sind, durch kurze Introspektionsexperimente selbst überzeugen.)

Die Möglichkeit, diese inneren Standpunkte einzunehmen , wird dabei selbst dann gefordert, wenn das eine und das andere sich logisch ausschließen. Die buddhistischen Logiker erweiterten das Tetralemma durch die sogenannte vierfache Negation, einen fünften Aspekt, der alle diese vier Standpunkte verwirft und sich sogar selbst in Frage stellt: ein Inbegriff des kreativen Vermögens. Doch schon beim Übergang von der ersten Position, dem „einen", das in der Regel mit der erwünschten oder zur Zeit gerade „ich-näheren" Entscheidungsalternative besetzt wird, zum „anderen", der weniger erwünschten oder zur Zeit gerade „ich-ferneren" Alternative, erfahren KlientInnen häufig Aspekte des Werts der bislang abgelehnten oder in den Hintergrund geschobenen Handlungs- oder Haltungsmöglichkeiten. Die AutorInnen und ebenso UnternehmensberaterInnen, mit denen ich in dieser Form an der Suche nach neuartigen Problemlösungen arbeitete, fanden so häufig zu Ideen, wie die angeblich rein destruktiven Blockaden des kreativen Prozesses als Ressourcen eben dieses Prozesses umgedeutet und umgewandelt werden könnten.

Aufstellungen zu Entscheidungssituationen, die die logische Struktur des (negierten) Tetralemmas nützen, führen zur Entdekkung überraschender, bis dahin übersehener Problemaspekte. Das Tetralemma läßt sich daher sehr gut zur Bearbeitung blockierter kreativer Prozesse einsetzen. Autoren wissenschaftlicher und literarischer Texte, mit denen ich mit Tetralemmaarbeit an ihren Schreibblockaden arbeitete, fanden insbesondere durch den dabei meist auftretenden Strukturebenenwechsel häufig unbewußte Loyalitäten, die in der Blockade zum Ausdruck kamen. Wir erarbeiteten dann eine fruchtbarere Form, dieser Loyalität Ausdruck zu verleihen. (Näheres über TLA und Strukturebenenwechsel in Varga v. Kibéd 1995 sowie Sparrer u. Varga v. Kibéd op. cit.). Wie schon die DBA lassen sich auch die TLA als Ideengenerator gebrauchen, indem die KlientInnnen aus zuvor ausgeblendeten Perspektiven im Aufstellungsbild Fragen ihres kreativen Prozesses rekapitulieren.

Schließlich sei der im Zusammenhang mit dem systemischen Kreativitätstraining wichtige Aspekt noch hervorgehoben, daß systemische Aufstellungsarbeit generell den Charakter eines systematischen Wahrnehmungstrainings für alle RollenspielerInnen hat, da diese in jeder Aufstellung ihre Fähigkeiten erweitern, aus fremden Perspektiven nicht nur zu sehen, sondern auch die dazugehörigen Körperempfindungen und Emotionen spontan mitzuerleben – und anschließend meist ebenso leicht wieder abzulegen (sofern keine resonanten Gefühle (vgl. Sparrer 1997a) auftreten). Die ungewöhnlichen, und, obwohl abstrakten, doch sehr gut sinnlich wahrnehmbaren Qualitäten der Rollen der TLA und die Möglichkeiten von Rollenfusion und -aufspaltung verstärken diese Wirkung noch weiter. TeilnehmerInnen, die über längere Zeit Aufstellungserfahrung als RollenspielerInnen gesammelt haben, berichten regelmäßig über verbesserte Wahrnehmungsfähigkeiten für Beziehungsmuster in ihrer Umgebung und für Befindlichkeiten von Personen in ihrem Umfeld.

Systemische Aufstellung zum Bosnienkonflikt

Krieg im Nachbarland – was braucht der Friede?

Herta Scheucher und Traudl Szyszkowitz

Einleitung

Die Idee, den Krieg im ehemaligen Jugoslawien in einer Aufstellung mit Rollenspielerinnen zu bearbeiten und mit dieser Methode ein Lösungsbild zu suchen, ist aus der eigenen Betroffenheit und Hilflosigkeit der Mitglieder unseres Teams entstanden. Diese Aufstellung fand im Rahmen der 1. Fachtagung des ÖBVP (Österreichischer Bundesverband für Psychotherapie) „Gewalttätige Gesellschaft – eine Herausforderung für die Psychotherapie" im November 1995 statt. Das „Reflektierende Autonome Team" (RAT) Graz, ist ein Zusammenschluß von 12 PsychotherapeutInnen sowie Lebens- und SozialberaterInnen, die aus verschiedenen therapeutischen Schulen kommen. Wir arbeiten seit sieben Jahren zusammen. Unser wichtigstes Ziel ist es, Neues auszuprobieren und uns dabei gegenseitig zu unterstützen.

Wir waren der Meinung, daß sich die Aufstellung bereits dann gelohnt hat, wenn wir wissen, wie *wir* uns besser diesem Konflikt gegenüber verhalten können. Gleichzeitig hatten wir die Hoffnung, mit einem Lösungsbild auch eine Vision zu schaffen, die die Herzen der Menschen auf dem Balkan erreicht.

Die Vorbereitung der Aufstellung

Zwei Historiker und Südosteuropaexperten der Universität Graz hatten sich bereit erklärt, mit uns die systemische Aufstellung vorzubereiten und durchzuführen. In den Vorbereitungen stellte sich heraus, daß beide starke persönliche Bindungen zu Ex-Jugoslawien hatten. Viele schöne Kindheits-, Jugend- und Urlaubserinnerungen verbinden sie, wie so viele von uns, mit dem früheren Jugoslawien.

In den drei Vorbereitungsgesprächen mußte zuerst eine gemeinsame Sprache gefunden werden. Durch die Metapher der Familie tauchte eine neue Sichtweise der Geschichte auf: Die österreichisch-ungarische Monarchie wurde als Mutter und das Osmanische Reich als Vater gesehen. Die einzelnen Kinder waren Serbien, Kroatien,

Slowenien, Bosnien, Montenegro und das dreijährige Albanien. Die Muslime, das jüngste Kind, wurden vom ZK der kommunistischen Partei „geboren" – ohne nationale Eltern.

Während der Vorbereitungen wurde deutlich, daß der gesamte Konflikt im ehemaligen Jugoslawien zu komplex ist, um ihn in einem zweistündigen Workshop anzugehen und einer symbolischen Lösung näher zu bringen. Deshalb entschieden wir uns dafür, den Konflikt auf Bosnien einzugrenzen und die Frage voranzustellen: Was braucht der Friede?

Die Aufstellung

Etwa 50 Personen unterschiedlichster beruflicher Herkunft konnten wir zum Besuch unseres Workshops motivieren, und viele davon stellten sich als Rollenspielerinnen zur Verfügung. Unter den Beobachtern waren auch einige Auswanderer aus dem ehmaligen Jugoslawien. (Die Aufstellung leiteten Inge Wressing und Horst Gruber.) Aufgestellt wurden folgende Konfliktelemente: Serbien, Kroatien, Jugoslawien, die bosnischen Serben, die bosnischen Kroaten, die bosnischen Muslime (Bosniaken), die „Nichtdeklarierten", der österreichische Beobachter (Protagonist für den Historiker, der die RollenspielerInnen aufstellte) und in einer späteren Sequenz der Friede.

Die Verlassenheit der bosnischen Serben

Der Rollenspieler für die bosnischen Serben fühlte sich sehr verlassen, ihm fehlte eine Stütze im Rücken. Serbien stand ihm konfrontativ gegenüber und war nicht bereit, ihn zu unterstützen.

Der Friede kam zu früh

In der Mitte der Aufstellung wurde der Friede versuchsweise dazugestellt. Lediglich für die Bosnier schaffte das Erleichterung, obwohl er in dieser Form so schwach war, daß er umzufallen drohte. Für alle anderen kam der Friede zu früh, weil die Konflikte nicht aufgearbeitet waren. Die Protagonistin für den Frieden wurde immer blasser und kraftloser. Serbien kommentierte ihre Anwesenheit mit dem Satz: „Nutzt's nix, schadet's nix."

Der Protagonist des österreichischen Beobachters hatte den Eindruck, daß durch den Frieden die Aufmerksamkeit von den Konfliktparteien und den bisher unausgesprochenen Konflikten, die von Minute zu Minute deutlicher hervortraten, abgelenkt wurde. Schließlich wurde der Friede wieder aus dem Spiel genommen, um dort fortzufahren, wo sein Auftreten den Prozeß gestört hatte.

Österreich und Serbien – eine alte Geschichte

Als der Beobachter Interesse an Serbien zeigte, kam Bewegung ins Spiel. Der Beobachter trat vor Serbien hin und fragte, was das Geheimnis seiner Kraft sei. Die Antwort lautete: seine großartige Kultur und Sarajevo 1914. In diesem Moment spürte der Protagonist des Beobachters deutlich, daß er jetzt zur Seite treten und eine Persönlichkeit des öffentlichen Lebens sich für die Kriegserklärung 1914 entschuldigen müßte. Für die großartige Kultur des serbischen Volkes konnte der Protagonist selbst anerkennende Worte aussprechen. Als Touristen, erklärte der Repräsentant Serbiens, wären die Österreicher jederzeit willkommen, den österreichischen Staat kritisierte er hingegen mit sehr scharfen Worten. Die Kränkung Serbiens, daß seine Kultur vom Westen so wenig wahrgenommen wird, würde dadurch wettgemacht, daß es von den befreundeten Völkern Osteuropas anerkannt wird. Aus dieser Situation entstand auf serbischer Seite das Bedürfnis, von Kroatien Anerkennung und Wertschätzung zu bekommen.

Die Anerkennung der serbischen Kultur durch Kroatien

Es war für alle Zuschauer sehr berührend, wie Kroatien sich mit tränenerstickter Stimme vor Serbien verneigte und ihm sagte, daß es selbst als Repräsentant westlicher Kultur anerkannt werden möchte und unter dieser Voraussetzung gerne bereit sei, auch Serbien als Repräsentant einer großen Kultur zu würdigen. Die gegenseitige Anerkennung der beiden Brudervölker rief bei allen Anwesenden eine tiefe Berührung hervor. Der österreichische Beobachter konnte sich zufrieden zurückziehen. Die „Nichtdeklarierten" (die sich mit keiner Volksgruppe identifizierten), die vorher ihren Platz in einem weit entfernten Winkel des Raumes gesucht hatten, waren jetzt bereit, in die Nähe der anderen zu rücken.

Der Abgang Jugoslawiens

Das alte Jugoslawien wurde von einem Mann im Rollstuhl dargestellt. Er mußte gegen Ende des Workshops vorzeitig aus dem Spiel ausscheiden. Als er den Raum verlassen hatte, war große Erleichterung zu spüren. Alle hatten den Eindruck, die beginnende Verständigung könnte, nach einer würdigen Verabschiedung des alten Traumes vom multikulturellen und multinationalen Jugoslawien, fortgesetzt werden. Das Neue kann beginnen.

Nachwort

Am Wochenende dieser Aufstellung wurde der Friedensvertrag von Dayton unterzeichnet. Von einigen KollegInnen wurde bezweifelt, ob sich diese aus der Familientherapie entlehnte Methode dazu eignet, einen Konflikt dieser Größenordnung darzustellen und auf diese Weise Lösungen zu suchen. Wir vom RAT halten die Ergebnisse unseres Workshops für ermutigend und wünschen uns, daß unsere Erfahrungen aufgegriffen und verbreitet werden. Wir halten es sogar für sinnvoll, daß nicht nur zurückkehrende Flüchtlinge, sondern auch Menschen, die in den Krisengebieten wohnen oder helfen (zum Beispiel UNO-Soldaten), diese Methode als eine Möglichkeit zum besseren Verständnis und zur besseren Bewältigung des Konfliktes nutzen. Mit der systemischen Aufstellung eines politischen Konfliktes wird historisches Wissen spürbar und erlebbar.

Ein Interview mit Bert Hellinger

„Ich bin ein Getriebener"

Wilfried Nelles im Gespräch mit Bert Hellinger
während der 1. Arbeitstagung „Praxis des Familien-Stellens"
im April 1997

W. N. Herr Hellinger, Sie treten als Therapeut auf und sind doch kein Therapeut. Als was sehen Sie sich selbst?

B. H. Ich sehe mich auf der einen Seite als Lehrer. Aber vorher sehe ich mich eigentlich als einer, der Mitmensch ist, auf der mitmenschlichen Ebene mitschwingt und vielleicht etwas in Gang bringt. Ich bin jemand, der den Einklang sucht, der bei etwas hilft, was sich im verborgenen zeigt. Dem kommen diese Familienaufstellungen entgegen, indem sie auf einmal etwas ans Licht bringen. Aber auch das ist es eigentlich nicht. Im Grunde fühle ich mich als einer, der in Dienst genommen ist für etwas, das er nicht versteht.

W. N. Aber Sie lehren ja auch. Sie lehren etwa den rechten Umgang mit existentiellen Lebenssituationen, und Sie lehren auch so etwas wie die rechte Haltung und Handlungsweise für Therapeuten und Helfer. Woraus schöpfen Sie das? Aus dem Nichtverstehen?

B. H. Ja. Ich habe dabei für mich eine ganz einfache Orientierung: Ich fühle, wo der Fluß hingeht, bei mir selbst, und im Grunde gehe ich nur dorthin mit, wo der Fluß hingeht. Und wenn das plötzlich stoppt, wenn ich nicht weiter kann oder merke, ich bin auf dem Holzweg, dann höre ich einfach auf. Das kann sehr, sehr lange dauern, monatelang, wo ich dann einfach nichts tue und in dieser Ruhe verbl bis von außen her, oft ganz überraschend, etwas auf mich zuko was mich in eine neue Richtung bringt.

Das ist das Eigentliche. Ich überlege gar nicht, jemandem zu helfen, existentielle Frage oder so, den Leuten was beizubringen … Das sind für mich überhaupt keine Fragen.

W. N. Das ist ja im Grunde ein spiritueller Vollzug Ihres eigenen Lebens.

B. H. Man könnte ihn spirituell nennen, aber ich bin mit solchen Begriffen sehr zurückhaltend. Vorhin hat mich jemand auf meinen gestrigen Vortrag („Psychotherapie und Religion") angesprochen und gefragt, ob für mich Hingabe etwas Wichtiges sei. Ich sagte: „Nein, damit geht schon wieder die Vorstellung von ‚Ich tue etwas' einher. Man wird einfach getrieben oder getragen von einem Feld." Dann sagte er: „Ist das dann nicht etwas ganz Natürliches, wo gar nichts dahinter ist? Schwingt man einfach mit mit diesem Natürlichen?" Da habe ich geantwortet: „Ja, das entspricht mir." Das ist also der letzte Verzicht, der Verzicht auf das Spirituelle, das Göttliche. Der ist dem Geheimnisvollen, dem, was ist, am meisten gemäß. Und der ist es, der in die Leere führt.

W. N. Das ist aber ein langer Weg vom Priester bis zu diesem letzten Verzicht!

B. H. Ja, das war ja auch so … – das Priestertum kommt sicher aus Verstrickungen und unbewußten Aufträgen aus meiner Herkunftsfamilie, die dort einen Sinn gemacht haben, aber ich habe das mit Hingabe und letztem Einsatz gemacht. Und dann bin ich auf einmal an etwas angestoßen, und es war ganz klar: Der Weg geht nicht weiter. Durch dieses Anstoßen an etwas bin ich dann in eine andere Richtung getrieben worden, aber auch wieder ohne Planung, mit ganz vielen sogenannten Zufällen, die sich rückblickend als Fügung oder Führung entpuppen, der ich mich anheimgebe, aber für die ich nicht einmal wage zu danken – das wäre schon wieder zuviel, als wäre da was Besonderes …

W. N. Da wäre wieder ein Gegenüber?

B. H. Ja, so, als hätte ich was bekommen. Ich glaube, das darf ich gar nicht. Ich nehme es schlicht als etwas ..., ja, wie getrieben, aber getrieben auf eine ganz feine Weise, die mich bei mir sein läßt.

W. N. Die Sie nicht von sich wegtreibt, sondern zu sich hintreibt?

B. H. Ja, diese Bewegung hat immer etwas zu tun mit einer Herausforderung. Wenn ich eine gewisse Zeit etwas gemacht habe, merke ich auf einmal ganz deutlich: Es ist unmöglich weiterzumachen und zugleich gesammelt zu sein. Auf einmal kommt eine Herausforderung, die Mut erfordert und neues Wagnis, und wenn man sozusagen blind hineingeht – das ist der Weg, wie es weitergeht. Der ist immer mit Risiko verbunden. So geht ja das Leben überhaupt voran. Dieses Denken in Sicherheiten steht dem ja völlig entgegen.

W. N. Mir fällt dabei der Heraklit-Satz ein: „Man kann nicht zweimal in den gleichen Fluß steigen."

B. H. Genau, der Fluß ist ein doppeltes Bild: Man steht am Ufer und sieht ihn fließen, und man steigt hinein und wird getragen und läßt die Ufer hinter sich. Heraklit hat aber noch auf andere Weise eine ganz tiefe Wirkung auf mich gehabt durch seine Vorstellung vom Feuer, vom Feuer als Blitz der Erkenntnis, der plötzlich aus dem verborgenen aufscheint. Das sind Grundsätze meiner Arbeit bei den Aufstellungen. Diese beiden Bilder stimmen zusammen und bilden in der Tiefe eine Einheit.

W. N. Mit Ihrer konkreten Arbeit bewegen Sie sich ja nun in der therapeutischen Szene, Sie nennen sie auch „systemische Therapie", aber was Sie jetzt erzählen, geht ja weit über Therapie hinaus.

B. H. Ja, weit, weit. Ich mache manchmal gezielte Therapie, wenn ich jemandem zu einem Symptom etwas sage. Aber grundsätzlich geht meine Arbeit weit darüber hinaus. Man kann es Heil nennen. Nicht Heilung, sondern Heil, aber nicht im Sinne von Errettung, sondern Heil heißt, man kommt aus einer Verlorenheit oder einer Verstrikkung wieder in Verbindung mit etwas Tragendem. Was immer das dann ist. Da gibt es Ordnungen, die uns vorgegeben sind. Wenn wir mit denen in Verbindung kommen, dann fühlt man sich weiter und ganz, nicht immer glücklich – darum geht es auch nicht, das Leid gehört dazu, die Sorge gehört dazu, die Herausforderung gehört dazu – es ist etwas, das zutiefst ruhig ist. Das ist das Kriterium: Man ist zutiefst ruhig.

Um noch mal zum Bild des Flusses zu kommen. Der ist ja manchmal auch reißend, reißt einen mit, fast besinnungslos. Im Krieg erlebt man das manchmal, und es ist trotzdem der gleiche Fluß, mit dem man in Einklang ist, auch wenn man auf diese Weise getrieben ist, und dann fließt er manchmal ganz langsam, ist ganz ruhig, und man ist ganz still. Beides gehört dazu. Es ist beides der gleiche Fluß.

Manche werden dabei auch zu Grausamem gerissen, was wir als fürchterlich erleben, und es ist dennoch dieser Fluß, mit dem man in Einklang ist. Das wäre die Konsequenz. Also, nicht nur etwas Friedliches, sondern auch Kriegerisches.

W. N. Sie beziehen da keine moralische Position?

B. H. Überhaupt nicht! Das darf man gar nicht. Ich sehe das mit Schrecken manchmal, was da passiert, aber ohne Stellungnahme, ohne Entrüstung.

W. N. Das erinnert mich jetzt an eine Aufstellung aus einem eigenen Seminar. Es ging da um eine Frau – sie war die Mutter des Klienten –, die am Kriegsende von einem russischen Soldaten vergewaltigt worden sein soll. Als ich das aufstellte, brach die Stellvertreterin schreiend zusammen und rief: „Das war nicht nur einer, das war eine ganze Armee!" Ich habe daraufhin alle Männer ihr gegenübergestellt, und als ich den ersten fragte, wie er sich fühle, zuckte der nur mit den Schultern und sagte lakonisch: „Es ist halt Krieg. So ist das eben im Krieg!" Durch den Körper der Frau ging bei diesen Worten ein Ruck. Sie blickte auf und sagte: „Sag das noch mal!" Als er den Satz wiederholte, stand sie auf, richtete sich kerzengerade auf, schaute ihn gerade an und sagte: „Das ist es!"

B. H. Das ist ein wunderbares Beispiel.

W. N. Sie kam dadurch in ihre Kraft und ihre Würde und hat sich selbst als Kriegerin gefühlt, und damit war sie erlöst. Das ist etwas, was mich ganz tief berührt an dieser Arbeit, daß ich oft erlebe, wenn dieser Einklang da ist mit dem, was ist, dann werden aus Opfern Handelnde, und es kommt Kraft heraus.

B. H. Wenn man, wie es üblicherweise der Fall ist, in der Entrüstung bleibt, dann werden aus Opfern Täter. Sie haben das wunderschön unterschieden: Durch Anerkennung werden sie zu *Handelnden*, und das ist ein unglaublicher Unterschied. In unserer Entrüstungsgesellschaft hat so etwas aber leider kaum einen Platz. Die Entrüsteten sind aufgeblasen. Sie haben kein eigenes Leid erfahren oder haben es verdrängt. Wer Leid oder auch Schuld erfahren und anerkannt hat, der hat das Entrüstetsein hinter sich gelassen …

W. N. … dann wird man still.

B. H. Ja, dann wird man still und hat Kraft.

W. N. Was Sie da sagen, geht ja nun doch sehr ins Religiöse hinein, wie immer man das inhaltlich fassen mag …

B. H. Ich hab ja vorhin versucht, das einzukreisen, damit man das nicht mehr mit diesem Begriff vereinnahmt …

W. N. … auch nicht im Sinne von „natürlicher Religion" oder „religiöser Haltung", wie Sie das gestern in Ihrem Vortrag anklingen ließen? Als natürliche Ehrfurcht oder Andacht?

B. H. „Religiöse Haltung" ist ohne Inhalt, während „Demut" oder „Andacht" Worte sind, die etwas ins Schwingen bringen, wo man sich sofort einklinken kann. Oder „Würde" oder „Achtung".

W. N. Sie benutzen gerne diese großen, etwas altmodisch klingenden Worte. Das sind ja auch die Begriffe, mit denen viele große Schwierigkeiten haben, die Ihnen den Ruf eines Konservativen einbringen.

B. H. Ja, ja. Aber da weiß man sofort, was das ist. Ob es aber religiös ist, ob der Begriff Religion überhaupt statthaft ist, das ist fraglich. Es gibt ja die Definition von Religion als Zurückbindung oder Eingebundenwerden, das ist ja auch ein In-Einklang-Kommen, aber ob das etwas ist, was über die Natur hinausgeht …? Es geht über mich hinaus, das auf jeden Fall. Aber das ist ja sowieso die Erfahrung, daß es um uns herum etwas Größeres gibt, in das wir eingebunden sind. Man kann dies „große Seele" nennen oder „morphogenetische Felder" oder wie man will, aber ob da etwas Göttliches dahintersteckt, das wissen wir nicht. Und für den Vollzug, für den Einklang genügt die einfachste Formulierung. Die hat eine viel größere Wirkung, als wenn man es religiös nennt oder spirituell. Da ist ein äußerster Verzicht mit drin, und gerade der macht die innere Leere möglich.

In diesen Verzicht werden wir durch unser Erleben, durch unseren Alltag, was immer es ist, durch das gelebte Sichstellen und Sichbewähren hineingeführt. Ich bin nicht durch Anstrengung, durch Meditation oder etwas Ähnliches dahingekommen, überhaupt nicht. Indem ich mit den Familien arbeite und sehe, wie klein mein Beitrag ist, wie sehr das von anderswoher gesteuert wird, da ziehe ich mich dann zurück. Ich habe nicht verzichtet, sondern es hat sich einfach ergeben, daß es das Natürlichste der Welt ist.

W. N. Aber dazu muß man sich der Wirklichkeit stellen, sie nehmen, wie sie ist.

B. H. Ja, ohne jede Absicht. Mir fällt dazu eine schöne Geschichte von einem Zen-Mönch ein. Ihm sagte eine junge Frau, die ein Kind bekam, das Kind sei von ihm. Er sagte: „Ach so?", ist aus dem Kloster gegangen und hat sich um das Kind gekümmert. Nach ein paar Jahren hat sie ihm dann gesagt: „Es ist gar nicht von dir, ich habe dich belogen." Da hat er wieder gesagt: „Ach so", und ist in das Kloster zurückgegangen. Es macht ja im Grunde gar nichts aus. Wer im Einklang ist, für den machen die äußeren Dinge gar nichts aus. Ich meine damit aber nicht, daß das das Ideal ist, das man erstreben muß.

W. N. Es geht ja ganz schnell, daß man eine Erfahrung macht und daraus dann eine Theorie, ein Ideal oder eine Überzeugung macht. Das kann ja auch leicht mit Ihrer Arbeit passieren. Albrecht Mahr hat ja heute eine schöne Parabel dazu erzählt: Der Teufel ist mit einigen Assistenten unterwegs, und sie treffen jemanden, der gerade in einer Familienaufstellung eine bewegende Erfahrung gemacht hat. Ein Assistent sagt bedauernd: „Da ist uns eine Seele verlorengegangen, was machen wir jetzt?" Und der Teufel antwortet: „Gar nichts. Wir warten bis morgen, dann hat er eine Überzeugung daraus gemacht."

B. H. Genau. Ein wunderschönes Bild. Man ist ja manchmal selber überzeugt, wenn man etwas entdeckt hat. Davor muß man sich hüten, damit der Weg offenbleibt für das Nächste. Ein Bild, daß das gut umschreibt, ist der Weg, auf dem man weiterkommt, wenn man alles Bisherige hinter sich läßt, ohne Ausnahme.

W. N. In den Aufstellungen gibt es einen Moment – wenn alle stehen und gesagt haben, wie sie sich an ihrem Platz fühlen –, an dem der Therapeut aus dem Rezeptiven zum Handeln wechselt. Damit greift er ja in das Leben des Klienten ein, nimmt Einfluß. Darf man das überhaupt? Was passiert da bei Ihnen?

B. H. Ich denke gar nichts. Ich merke einfach: Jetzt ist es soweit. Und dann stehe ich sprachlos, und auf einmal ist der Schritt da, den ich jetzt mache. Der ergibt sich aus dem, was unmittelbar vorher war, es wird nicht auf ein Ziel hingesteuert. Es gibt aber Ausnahmen, wo ich aus der Ausgangsaufstellung gleich sehe, wo die Lösung liegt. Aber manchmal weiß ich einfach nicht weiter, und dann kommt von irgendwoher ein Anstoß, manchmal auch aus dem Publikum, und das greife ich dann sofort auf. Und der Irrtum gehört auch dazu, er ist Teil des Prozesses. Der Irrtum führt zu einem Echo bei den aufgestellten Stellvertretern, das dann wieder zurückführt auf die Bahn. Auch da ist also etwas Heilsames drin, worauf ich mich verlasse.

W. N. Es gibt aber auch Irrtümer, die man nicht direkt bemerkt, und dann geht der Klient vielleicht mit einer Scheinlösung nach Hause.

B. H. Ja, aber auch der ist getragen. Manche stürzen auch ab, und es scheint, der Therapeut hat ihnen was angetan. Aber plötzlich sieht man, daß dahinter ein bestimmtes Bild steckt, die Vorstellung, in Kontrolle sein zu müssen.

W. N. Das heißt, Sie gehen vollkommen ab von dem Therapeuten, der irgend etwas löst?

B. H. Genau. Das heißt aber nicht, daß ich nicht auf die Lösung hinarbeite oder so tue, als wollte ich sie nicht. Der Strom geht ja auf Lösung hin. Und wenn das so ist, gehe ich mit dem Strom und freue mich dann, wenn ich die Lösung habe. Wenn es jedoch stockt, ziehe ich mich zurück. Dann geht der Strom beim Klienten weiter. Dann ist die ganze Energie bei ihm.

W. N. Das ist dann auch nichts Negatives. Es wirkt ja auf den äußeren Betrachter oder auch auf die Betroffenen oft schockierend, wenn der Therapeut die Aufstellung einfach abbricht.

B. H. Was ist das denn eigentlich, was wirkt? Doch nicht der Therapeut! Was wirkt, ist die *Wirk*-lichkeit! Wenn mich das Schicksal des Klienten in den Dienst nimmt für die Lösung, ist es gut. Wenn ich mich aber dagegen stelle und die Lösung sozusagen künstlich herbeiführen will – das geht nicht. Diese Art von Lösungswillen ist zum Scheitern verurteilt.

Wenn ich im Einklang war, kann auch niemand, was immer das Ergebnis war, der Qualität meiner Arbeit etwas wegnehmen. Wenn ich aber wirklich etwas falsch gemacht habe, zum Beispiel weil ich etwas wollte, dann übernehme ich dafür auch die persönliche Verantwortung. Es kann schwerwiegende Dinge geben, mit denen ich eventuell konfrontiert werde. Auch dann denke ich aber, daß die Irrtümer und die Schuld Meilensteine in der Entwicklung sind. Erst an den Reibungsflächen gibt es wieder einen Funken von neuer Erkenntnis, ein neues Feuer, das dann entzündet wird. Die Vorstellung, daß es immer geradeaus geht, ist gegen die ganze Natur.

Wenn die Vorstellung da ist, es sei etwas schiefgegangen und ich kümmere mich nicht darum, dann stellt sich nach einigen Tagen etwas ganz anderes heraus. Oder wenn umgekehrt einer sagt: Da war ja überhaupt nichts, dann sagt das ebensowenig aus, und die Haltung, die ich in all diesen Fällen einnehme, ist: Ich vertraue dem Klienten seine gute Seele an.

W. N. Mich hat beeindruckt, mit welchem Respekt Sie Anregungen der teilnehmenden Beobachter behandeln und wie sehr Sie den Menschen, die Ihre Arbeit anwenden und verbreiten und die Sie noch nicht einmal ausgebildet haben, zu vertrauen scheinen.

B. H. Ich bin oft sehr gerührt darüber, was da kommt, und freue mich, wie es weitergeht. Es erscheint mir völlig verrückt, daß man sich eine Wirklichkeit, die man sieht, in die eigene Tasche stecken möchte. Wenn mich jemand fragt, ob er etwas verwenden darf, was ich gesagt oder getan habe, dann tut mir das richtig weh. Als hätte ich ein Verfügungsrecht über Wirklichkeiten oder über Einsichten. Die sind mir geschenkt worden und sind für jeden da. Ich bin angestoßen worden und gebe diese Anstöße weiter und freue mich, wenn andere sie auch wieder auf ihre Weise weitergeben.

Die Autoren

Michael Angermaier, Prof. Dr., Dipl.-Psych., Carl-Goerdeler-Str. 25, 50226 Frechen, Tel. und Fax 02234-55199, Psychoanalytiker, Hypnotherapeut, Lehrtherapeut am Milton H. Erickson Institut Köln

Hans Baitinger, Dr. med., Am Stadtpark 95, 90409 Nürnberg, Tel. 0911-3651832, Fax 359299, Facharzt für Allgemeinmedizin, Psychotherapie, Homöopathie

Heidi Baitinger, Dipl.-Psych., Am Stadtpark 95, 90409 Nürnberg, Tel. 0911-3651832, Fax 359299. Psychotherapeutische Praxis seit 1979, Methoden: Kurzzeit- und Hypnotherapie, NLP, Schmerzkontrolle

Guni-Leila Baxa, Dr. ,Volksgartenstr. 10, A-8020 Graz, Tel. 0043-316-917118, Fax 0043-3137-3436, Aus- und Fortbildung in mehreren Methoden der Humanistischen Psychologie, 25jährige Tätigkeit als Psychotherapeutin und Supervisorin, Lehrtherapeutin für Systemische Familientherapie

Hunter Beaumont, Dr.-Baader-Str. 84, 80469 München, Tel. 089-20239521, Fax 2021663, Klinischer Psychologe, Gestalttherapeut, Psychotherapeutische Fortbildung und Supervision

Heinrich Breuer, Dipl.-Psych., Hültzstr. 21, 50933 Köln, Tel. 0221-4002211, Fax 4002311, Klinischer Psychologe in freier Praxis, Supervisor und Dozent am Milton H. Erickson Institut Köln und an der Akademie Verhaltenstherapie; arbeitet seit 1980 mit Familien-Aufstellungen

Otto Brink, Dr. med., Torweg 23, 64689 Hammelbach, Tel. u. Fax 06253-1323, Psychotherapeut seit 38 Jahren, Paar- und Familientherapeut seit 20 Jahren

Barbara Eberspächer, Dipl.-Psych., Mülbergerstr. 35, 73728 Esslingen, Tel. 0711-311519, Fax 9319635, Psychotherapeutin, Supervisorin, Lehrbeauftragte für Funktionelle Entspannung, 17 Jahre eigene Praxis

Hans Eberhard Eberspächer, Dipl.-Psych., Mülbergerstr. 35, 73728 Esslingen, Tel. 0711-311519, Fax 9319635, Psychotherapeut, Supervisor, Lehrbeauftragter für Funktionelle Entspannung, 17 Jahre eigene Praxis

Freda Eidmann, Dipl.-Päd., Kurze Str. 2, 37073 Göttingen, Tel. u. Fax 0551-71983, Psychotherapeutin HPG, Systemische Familien- u. Hypnotherapie mit Krebs- und psychosomatisch Kranken im Einzel-, Familien- und Gruppenkontext in Hannover bzw. Göttingen

Christine Essen, Dipl.-Sozialarbeiterin, A-8113 St. Bartholomä Nr. 94, Tel. u. Fax. 0043-3137-3436, Psychotherapeutin und Supervisorin in freier Praxis, Tanzpädagogin, Ausbilderin für Systemische Therapie und Beratung (ÖAGG)

Siegfried Essen, Dipl.-Psych. und Theologe, A-8113 St. Bartholomä Nr. 94, Tel. u. Fax. 0043-3137-3436, Lehrtherapeut für Systemische Familientherapie, Schwerpunkt: Seminare in religiöser Selbsterfahrung und spirituell-systemischer Psychotherapie

Ursula Franke, Dr. phil., Dipl.-Psych., Tal 34, 80331 München, Tel. 089-222785, Psychotherapeutin in eigener Praxis, Supervisorin; lehrt systemische Psychologie in verschiedenen Institutionen, Autorin von „Systemische Familienaufstellung"

Marianne Franke-Griksch, Rümelistr. 6, 81925 München, Tel. 089-980370, Fax 986759, Lehrerin an Grund- und Hauptschulen, Psychotherapie in eigener Praxis, Familientherapeutin, Zusammenarbeit mit homöopathischen Ärzten

Angelika Glöckner, An der Klinge 84, 69250 Schönau, Tel. 06228-8384, Fax 8409, Psychotherapeutin und Transaktionsanalytikerin, Lehrtrainerin in TA, Pessotherapeutin

Dr. Brigitte Gross, Schönberg 12, A-5102 Anthering, Tel. 0043-6223-2744, Fax 6223-3097, Dipl.-Psych., Psychotherapeutin, Systemtherapeutin, Supervisorin, Trainerin NLP/Management

Inge Hartl, Dipl.-Sozialarbeiterin, Rotensterngasse 33/4/11, A-1020 Wien, Tel. 0043-1-2162403, Systememische Familientherapeutin, Supervisorin

Winfried Häuser, Dr. med., Püttlinger Str. 94, 66773 Schwalbach-Elm, Tel. 06834/95561, Fax 12416, E-mail: w.haeuser@online.de, Facharzt für Innere Medizin, Facharzt für Psychotherapeutische Medizin, Lehrtherapeut der Saarländische Gesellschaft für systemische Therapie

Thomas Hölscher, Dr., Hohenzollernstr. 116, 80796 München, Tel. 089-309538, Studium der Kunstgeschichte, Soziologie, Philosophie, Arbeitsprojekt über wissenschaftliche und künstlerische Körperbilder

Dagmar Ingwersen, Achterdieck 35a, 26131 Oldenburg, Tel. 0441-508900, Fax 5040832, Lehrerin für Gymnasien, Heilpraktikerin für Psychotherapie, Systemische Psychotherapie, KBT, Supervisorin für Körpertherapie in der Kleeblatt-Klinik-Rastede

Friedrich Ingwersen, Dr. med., Achterdieck 35a, 26131 Oldenburg, Tel. 0441-508900, Fax 5040832, Facharzt für Psychosomatische Medizin und Psychiatrie, Chefarzt der Kleeblatt-Klinik-Rastede, Fachklinik für Soziopsychosomatische Medizin

Hans Jellouscheck, Dr. theol., Lic. phil., Baumgartenring 7, 72119 Ammerbuch, Tel. 07073-3662, Fax 2521, Psychotherapeut (DGTA), Eheberater, Lehrtherapeut für Transaktionsanalyse, Fort- und Weiterbildung von Beratern und Therapeuten, Coaching und Training für Führungskräfte

Rudolf Klein, Dipl.-Soz.-Päd., Goethestr. 38, 66663 Merzig, Tel. 06861-3496, Lehrtherapeut der Saarländischen Gesellschaft für Systemische Therapie

Michael Knorr, Dipl.-Soz.-Päd., Hermannstr. 11, 55286 Wörrstadt, Tel. 06732-62322, Fax 0611-370012, Psychodramaleiter und systemischer Familientherapeut

Margarete Kohaus-Jellouscheck, Dipl.-Päd., Baumgartenring 7, 72119 Ammerbuch, Tel. 07073-3662, Fax 2521, Paar- und Familientherapeutin, Gestalttherapeutin; Fort- und Weiterbildung von Beratern und Therapeuten, Coaching und Training für Führungskräfte

Achim Kowalczyk, Dipl.-Päd., Dipl.-Soz.-Päd., Falklandstr. 19A, 26121 Oldenburg, Tel. 04961-3456, Fax 3474, Familientherapeut, Stellvertretender Leiter der Familienberatungsstelle in Papenburg/ Emsland

Peter Kreisz, Jörg-Ratgeb-Str. 29, 75173 Pforzheim, Tel. 07231-24100, Fax 299051, Ergotherapeut, Heilpraktiker, systemischer Familientherapeut

Robert Langlotz, Dr. med., Adlzreiterstr. 25, 80337 München, Tel. 089-7254066, 7213327, seit 1976 Nervenarzt, seit 1985 initiatische Therapie (Dürckheim), seit 1987 prozeßorientierte Psychologie (Mindell), Systemtherapeut

Matthias Lauterbach, Dr. med., Hohenzollernstr. 7, 30161 Hannover, Tel. 0511-3883478, Fax 3883428, Arzt für Psychiatrie und Neurologie, Lehrtherapeut des Niedersächsischen Instituts für systemische Therapie und Beratung, Mitarbeiter von Psychodrama CH, Zürich

Wolfgang Lenk, Dr. Dipl.-Psych., Wartburgstr. 17, 10825 Berlin, Tel. und Fax 030-7817795, Therapeut in Privatpraxis, Fortbildung in Hypnotherapie, NLP und Systemischer (Familien-)Therapie; leitet das Milton H. Erickson Institut in Berlin

Eva Madelung, Dr., Bonselstr. 10, 81925 München, Tel. 089-982160, Fax 9827360, Familien-Stellen nach Hellinger, NLP, Hypnotherapie, Neuro-imaginatives Gestalten (NIG = Verbind. von system. Vorgehensweisen und Kunsttherapie), Buch veröffentl.: Kurztherapien, Kösel-Verlag, München

Albrecht Mahr, Dr. med., Klingenstr. 31, 97084 Würzburg, Tel. 0931-612888, Fax 611339, Facharzt für Psychotherapeutische Medizin, Psychoanalyse – Psychotherapie, Systemtherapie

Wilfried Nelles, Dr., Burgstr. 13a, 53947 Nettersheim-Marmagen, Tel. u. Fax 02486-7049, Studium von Politikwissenschaft, Psychologie u. Soziologie, 12 Jahre Forschung und Lehre, seit 1986 therapeutische Arbeit mit Gruppen

Johannes Neuhauser, Wurmstr. 15A, A-4020 Linz, Tel. u. Fax 0043-732-601679, Psychotherapeut und Regisseur. Seit 1994 intensive Zusammenarbeit mit Bert Hellinger an mehreren Lehrvideos und CDs; derzeit Arbeit an der Herausgabe des Buches „Wie Liebe gelingt – Bert Hellingers Paartherapien"

Elisabeth Pfäfflin, Bederstr. 82, CH-8002 Zürich, Tel. 0041-1-20-21975, Fax 0041-71-6424016, Psychotherapeutin SPV, Director of Psychodrama, Leiterin der Arbeitsgemeinschaft Psychodrama CH

Georges A. Porret, Zur Brunnenstube, CH-8914 Aeugst am Albis, Tel. 0041-1-7610880 (dienstl.), Fax 7610881, Leiter eines Nachdiplomlehrganges in Familienberatung, Schule für Soziale Arbeit, Zürich, Phänomenologische Systemtherapie

Dr. Jirina Prekop, Dr. med., Dipl.-Psych., Rotmoosstr. 4a, 88131 Lindau, Tel. 08382-78186/0171-5278902, führte die Festhaltetherapie unter Integration der systembezogenen Therapie Hellingers in europäischen Raum ein, Leiterin eines Ausbildungsinstitutes, Autorin mehrerer Bücher

Gila Rogers, Dipl.-Psych., Schwoagaweg 24, 83707 Bad Wiessee, Tel. 08022-7204, Fax 76407, Klinische Psychologin, Psychotherapeutin BDP, Tanz- und Körperpsychotherapeutin, arbeitet seit 20 Jahren an der Verbindung von Bewegung, energetischer Körperarbeit und Psychotherapie

Barbara Romero, Dr. Dipl.-Psych., Bennostr. 11, 82131 Stockdorf , Tel. 089-4140-4229, Fax 4140-4888, Neuropsychologie, Arbeitsgebiet: Diagnose und Therapie bei neuropsychiatrischen und vor allem dementiellen Erkrankungen

Herta Scheucher, Dr. phil., Rudolf-List-Gasse 45, A-8010 Graz, Psychologin, Psychotherapeutin, Supervisorin; ausgebildet in klientenzentrierter Psychotherapie und systemischer Supervision; freiberuflich tätig seit 1987; seit 1990 Gründungsmitglied des RAT (Reflektierendes Autonomes Team)

Barbara Schmidt-Keller, Dipl.-Soz.-Päd. Stephansberg 42, 66663 Merzig, Tel. 06861-6010, Fax 708474, Lehrtherapeutin der Saarländischen Gesellschaft für Systemische Therapie

Jakob Robert Schneider, Kirschäckerweg 2, 81247 München, Tel. 089-8114572, Fax 89160953, psychologische Beratung und Gruppentherapie für Partnerschaft/Ehe/Familie/Beruf

Anna Lee Scholz, Dipl.-Psych., Stubenrauchstr. 49, 12161 Berlin, Tel. 030-8227798, Fax 8211894, Psychotherapeutin in freier Praxis und im Drogenlangzeitbereich, vor zehn Jahren Gründung der ersten Selbsthilfegruppe, jetzt *Wurzeln und Flügel – Adoptionsforum e.V.*

Thomas Siefer, Dr., Blumenstr. 35, 42549 Velbert, Tel. 02051-55695, Fax 56727, Systemische Organisationsberatung

Insa Sparrer, Dipl.-Psych., Akademiestr. 21, 80799 München, Tel. 089-332086, Fax 334967, Psychotherapeutin, Lehrtherapeutin am Institut für systemische Ausbildung, Fortbildung und Forschung (SySt) München

Thomas von Stosch, Dipl.-Psych., Seestr. 9, 74189 Weinsberg, Tel. 07134-75272, Fax. 75500, Klinischer Psychologe, Psychotherapeut, Arbeit in der Abteilung für Kinder- und Jugendpsychiatrie, Zentrum für Psychiatrie, Weinsberg

Traudl Szyszkowitz, Dr., Vogelweidestr. 3, A-8010 Graz, Tel. und Fax 0043-316-672555, Psychotherapeutin, 1. Vorsitzende des Steirischen Landesverbandes für Psychotherapie

Bertold Ulsamer, Dipl.-Psych., Zasiusstr. 75, 79102 Freiburg, Tel. 0761-706418, Fax 706456, Jurist und Psychotherapeut, seit 1984 tätig als NLP-Trainer, Managementtrainer und Autor mehrerer Fachbücher, seit 1994 als Familientherapeut mit Schwerpunkt Familienaufstellungen

Matthias Varga v. Kibéd, Prof. Dr., Leopoldstr. 118/III, 80802 München, Tel. u. Fax 089-334967, Univ.-Dozent, Ausbilder in systemischer Therapie am Institut für systemische Ausbildung, Fortbildung und Forschung (SySt), München Initiative z. Anwendung systemtherapeutischer Methoden in der Homöopathie (MIASMH)

Gunthard Weber, Dr. med., Schlosshof 6, 69168 Wiesloch, Tel 06222-92890, Fax 928922, Arzt für Psychiatrie – Psychotherapie, Systemtherapeut und -berater, Lehrtherapeut der Internationalen Gesellschaft für systemische Therapie, Heidelberg

Friedrich Wiest, Paul-Gerhard-Allee 70a, 81245 München, Tel. 089-82908676, Fax 82908678, Familientherapeut, Dipl.-Volkswirt, Münchener Initiative zur Anwendung systemtherapeutischer Methoden in der Homöopathie (MIASMH, dieselbe Adresse)

Literatur

Achterberg, J. (1990): Gedanken heilen. Reinbek bei Hamburg (Rowohlt).

Achterberg, J., B. Dossey und L. Kolkmeier (1996a): Rituale der Heilung. München (Goldmann).

Achterberg, J. (1996b): Mündliche Mitteilungen während eines Seminars im ZIST, Penzberg.

Andersen, T. (1989): Das reflektierende Team. In: T. Andersen (Hrsg): Das reflektierende Team. Dortmund (modernes lernen), S. 19–110.

Anderson H., H. Goolishian, L. Winderman (1986): Problem determined systems: towards transformation in family therapy. J. Strategic and Systemic Therapies 5(4) 1–14.

Beaumont, H., C. Beaumont u. J. ten Herkel-Chaudhri (Hrsg.) (1997): Touching Love – Bert Hellinger at Work with Families Systems. Dokumentation of a Three-Day Course for Psychotherapists and their Clients. (Carl-Auer-Systeme Verlag).

Beck,U. (1984): Risikogesellschaft. Auf dem Weg in eine andere Moderne. Frankfurt/Main (Suhrkamp).

Beck,U. (1991): Das große Expertensystem. Wie unmodern ist die moderne Gesellschaft? *Frankfurter Allgemeine Zeitung*, 10.7.91.

Beck,U. u. E. Beck-Gernsheim (1990): Das ganz normale Chaos der Liebe. Frankfurt/Main (Suhrkamp).

Beck, U., A. Giddens u. S. Lash (1993): Reflexive Modernisierung. Eine Kontroverse. Frankfurt/Main (Suhrkamp).

Beck-Gernsheim, E. (1994): Auf dem Weg in die postfamiliale Familie – Von der Notgemeinschaft zur Wahlverwandtschaft. In: U. Beck u. E. Beck-Gernsheim(Hrsg.): Riskante Freiheiten. Individualisierung in modernen Gesellschaften. Frankfurt/Main (Suhrkamp).

Bommert, H., T. Henning u. D. Wälte (1990): Indikationen zur Familientherapie. Stuttgart (Kohlhammer).

Boszormenyi-Nagy, I. u. G. Spark (1973): Unsichtbare Bindungen. Die Dynamikfamiliärer Systeme. Stuttgart (Klett-Cotta).

Boszormenyi-Nagy, I. (1987): Foundations of Contextual Therapy; Collected Papers of I. Boszormenyi-Nagy. New York (Brunner & Mazel).

Brandl-Nebehay, A. u. U. Russinger (1995): Systemische Ansätze im Jugendamt – Pfade zwischen Beratung, Hilfe und Kontrolle. *Z. system. Ther.* 13 (2) 90–103.

Breitenbach, G. u. H. Requardt (1996): Kommentar. Der Ansatz von Bert Hellinger – Rückfall oder Vorfall? *Zeitschrift für Systemische Therapie* 14: 47–49.

Breuer, H. (1997): Familienaufstellung und Gefühle, Im vorl. Band S. 128 ff.

Buber, M. (1992): Das dialogische Prinzip. Gerlingen (Lambert Schneider) 6., durchges. Auflage.

Burr, W. (1993): Evaluation lösungsorientierter Kurztherapie. *Familiendynamik* 18: 11–21.

Büch, V. (1995): Nachbetreuung von Pflegefamilien. In: M. R. Textor u. P. K. Warndorf (Hrsg.): Familienpflege. Forschung, Vermittlung, Beratung. Freiburg i.B. (Lambertus), S. 177–190.

Ciompi, L. (1997): Die affektiven Grundlagen des Denkens. Göttingen (Vandenhoek und Ruprecht).

Cohen D. a. C. Eisdorfer (1986): The loss of self. New York (W.W. Norton).

Conen, M.-L. (1996): „Wie können wir Ihnen helfen, uns wieder loszuwerden?" Aufsuchende Familientherapie mit Multiproblemfamilien. *Z. system. Ther.* 14 (3): 178–185.

Cousins, N. (1996): Der Arzt in uns selbst. Reinbek bei Hamburg (Rowohlt).

Crittenden, P. M. (1995): Attachment and psychopathology. In: S. Goldberg, R. Muir a. J. Kerr (eds.): Attachment theory: Social, developmental, and clinical perspectives. Hillsdale, NJ (Analytic Press), 367–406.

– Die zeitlosen Weisheiten des Zen. Worte großer Meditationsmeister über Achtsamkeit, Einsicht und inneren Frieden. Bern/München/Wien (Scherz).

Dilts, R. (1993): Die Veränderung von Glaubenssystemen; Paderborn (Junfermann).

Dramatica Software zur computergestützten Drehbuchentwicklung. (Screenplay Systems), 1994.

Eberspächer, H. E. (1987): Über die Interaktion von Psyche und Soma in der Funktionellen Entspannung. Vortrag gehalten auf der Tagung des Deutschen Kollegiums für Psychosomatische Medizin (DKPM) in Schömberg.

Eddington, A. S. (1935): New Pathways in Science. Cambridge.

Erickson M. H., E. L. Rossi u. S. L. Rossi (1978): Hypnose. München (Pfeiffer).

Erickson, E. H. (1966): Identität und Lebenszyklus. Frankfurt/M. (Suhrkamp).

Essen, S. (1990): Vom Problemsystem zum Ressourcensystem. In: E.J. Brunner: Von der Familientherapie zur systemischen Perspektive. Heidelberg/Berlin (Springer).

Fehlinger, M. und C. Essen (1994): Ich und meine Panikattacke. Systemische Modelle für Einzeltherapie und Supervision bei Angst- und Panikzuständen. Unveröff. Arbeitsunterlage, Linz (IFS).

Fischer, H. R. (1991): Sprache und Lebensform – Wittgenstein über Fraud und die Geisteskrankheit. Heidelberg (Carl-Auer-Systeme).

Franke, U. (1996): Systemische Familienaufstellungen. Eine Studie zu systemischer Verstrickung und unterbrochener Hinbewegung unter besonderer Berücksichtigung von Angstpatienten. München (Profil).

Fuchs, M. (1989): Funktionelle Entspannung. Stuttgart (Hippokrates).

Fuhrmann I., H. Gutzmann, E.-M. Neumann u. M. Niemann-Mirmehdi (1995): Abschied vom Ich – Stationen der Alzheimer-Krankheit. Freiburg (Herder).

Gauly, B. u. W. Knobbe (1995): Beratung im Spannungsfeld zwischen Herkunfts- und Pflegefamilie. In: M. R. Textor u. P. K. Warndorf. (Hrsg.): Familienpflege. Forschung, Vermittlung, Beratung. Freiburg i.B. (Lambertus), S. 191–201.

Gehring, T. M. (1993): Familiensystem-Test. FAST. Weinheim (Beltz).

Giddens, A. (1991): Modernity and Self-Identity. Cambridge (Polity Press).

Giddens, A. (1993): Wandel der Intimität. Sexualität, Liebe und Erotik in modernen Gesellschaften. Frankfurt/Main (Fischer).

Giddens, A. (1995): Konsequenzen der Moderne. Frankfurt/Main (Suhrkamp).

Giegerich W. (1988): Psychoanalyse der Atombombe. Bd. 1: Die Atombombe als seelische Wirklichkeit. Versuch über den Geist des Christlichen Abendlandes. Zürich (Schweizer Spiegel).

Giegerich W. (1989): Psychoanalyse der Atombombe. Bd. 2: Drachenkampf. Initiation ins Nuklearzeitalter. Zürich (Schweizer Spiegel).

Glaser, V. (1994): Eutonie. Das Verhaltensmuster des menschlichen Wohlbefindens. Heidelberg (Haug Verlag).

Glöckner, A. (1995): Therapeutische Rituale. Unveröffentlichtes Manuskript.

Goolishian, H. u. A. Anderson (1988): Menschliche Systeme. Vor welche Probleme sie uns stellen und wie wir mit ihnen arbeiten. In: Reiter et al. (Hrsg.), S. 189–216 .

Gray W. G. (1994): Magie – Das Praxisbuch der magischen Rituale. München (Goldmann).

Greitemeyer, D. (Hrsg.): Die Therapeutenpersönlichkeit. Wildberg, S. 78–85.

Greitemeyer, D. (1997): Sich selbst erkennen, sich selbst finden, sich selbst erfinden … . *Zeitschrift für systemischeTherapie* 15 (2): 130–134.

Grossmann, K. u. K. Grossmann (1995): Frühkindliche Bindung und Entwicklung individueller Psychodynamik über den Lebenslauf. Familiendynamik 20: 171–192.

Gudat, U. (1987): Systemische Sicht von Pflegeverhältnissen – Ersatz- oder Ergänzungsfamilie? In: Deutsches Jugendinstitut (Hrsg.): Handbuch Beratung im Pflegekinderbereich. München (Verlag Deutsches Jugendinstitut), S. 38–59.

Gurtner, M. (1996): Ineinandergreifende Skriptzirkel: ein Modell transaktionsanalytischer Paartherapie. *Journal für tiefenpsychologische Transaktionsanalyse*, 57–75.

Hahnemann, S. (1983): Chronische Krankheiten, Materia Medica. 4 Bde. Rep. d. letzten Aufl. v. 1835. Hohenschäftlarn (Barthel & Barthel).

Hahnemann, S. (1996): Organon der Heilkunst. Ande sapere. Standardausgabe der 6. Aufl. Heidelberg (Haug).

Hale, A. E. (1994): Der soziometrische Kreislauf. Psychodrama. 7 (2): 19.

Hargens, J. (1995): Kurztherapie und Lösungen – Kundigkeit und Respektieren. *Familiendynamik* 20: 32–43.

Heinl, P. (1987): Die Technik der visuellen Analyse von Familienstammbäumen. *Familiendynamik* 12: 118–138.

Heinze, E. (1995): Eltern spielen „Vater, Mutter, … (Pflege-)Kind“. Ein Vorbereitungsseminar für Pflegeeltern-Bewerber. *Humanistische Psychologie* 18: 37–62.

Hellinger, B. (1995): Finden, was wirkt. Therapeutische Briefe. Erw. Neuaufl. München (Kösel).
Hellinger, B. (1994): Ordnungen der Liebe. Ein Kursbuch. Heidelberg (Carl Auer Systeme).
Hellinger, B. (1995a): Verdichtetes – Sinnsprüche, Kleine Geschichten, Sätze der Kraft. Heidelberg (Carl-Auer-Systeme).
Hellinger, B. (1995b): Familien-Stellen mit Kranken. Heidelberg (Carl-Auer-Systeme).
Hellinger, B. u. G. ten Hövel (1996a): Anerkennen, was ist. Gespräche über Verstrickung und Lösung. München. (Kösel).
Hellinger, B. (1996b): Die Mitte fühlt sich leicht an. München (Kösel).
Hellinger, B. (1997): Schicksalsbindungen bei Krebs. Ein Kurs für Betroffene, ihre Angehörigen und Therapeuten. Heidelberg (Carl-Auer-Systeme).
Hermes, M. u. J. Singer (1995): Systemisches Arbeiten mit Pflegefamilien. Systhema 9: 37–46.
Herrigel E. (1983): Zen in der Kunst des Bogenschießens. 21. Aufl. München (Barth/Scherz).
Höger, C. u. M.Temme (1995): Systemische Therapie mit einem reflektierenden Team. Eine Annäherung an Wirksamkeit und Wirkungsweise. *System Familie* 8: 26–33.
Imber-Black, E. (1990): Familien und größere Systeme. Im Gestrüpp der Institutionen. Heidelberg (Carl-Auer-Systeme).
Imber-Black, E., J. Roberts und R. A. Whiting (1993): Rituale in Familie und Familientherapie. Heidelberg (Carl-Auer-Systeme).
Ingwersen, F. (Hrsg.) (1997): Der Klinikreader. Rastede (Selbstverlag Kleeblatt Klinik) Rastede.
Jellouschek, H. u. M. Kohaus-Jellouschek (1993): Intensivseminare für Paargruppen. Eine effektive Form von Paar-Kurztherapie. *System Familie* 101–109.
Jellouschek, H. (1992): Die Kunst, als Paar zu leben. Zürich-Stuttgart (Kreuz).
Jena, S. u. F. Wohlert (1990): Bewährung von Pflegeverhältnissen. Eine empirische Untersuchung erfolgreicher und gescheiterter Pflegeverhältnisse. *Archiv für Wissenschaft und Praxis der sozialen Arbeit* 21: 52–68.
Kafka, F. (1975): Briefe an den Vater. Frankfurt/Main (Fischer).
Kaiser, P., J. Rieforth, H. Winkler u. F. Ebbers (1990): Strukturprobleme von Pflegefamilien – Möglichkeiten und Grenzen von Selbsthilfe. *Familiendynamik* 15: 125–140.
Kaiser, P. (1995): Strukturelle Besonderheiten und Probleme von Pflegefamilien. In: M. R. Textor u. P. K. Warndorf (Hrsg.): Familienpflege. Forschung, Vermittlung, Beratung. Freiburg i.B. (Lambertus), S. 67–77.
Kienast, B. (1994): Einstellungen von Pflegeeltern zu den leiblichen Eltern von Pflegekindern und erzieherisches Verhalten der Pflegeeltern zum Pflegekind. Manuskript, Universität Graz, Naturwissenschaftliche Fakultät.
Kinder- und Jugendhilfegesetz (KJHG). In: Sozialgesetzbuch (SHG), Buch VIII, Kinder- und Jugendhilfe. BGBl. I, S. 637.
Kinzinger, W. (1982): Das Kind zwischen Herkunfts- und Ersatzfamilie. Der familientherapeutische Aspekt im Pflegestellenwesen. *Unsere Jugend* 34: 443–452.

Korzybski, A. (1933): Science and Sanity. Connecticut.

Kötter, S. (1994): Besuchskontakte in Pflegefamilien. Das Beziehungsdreieck „Pflegeeltern – Pflegekind – Herkunftseltern". Regensburg (Roderer).

Krüll, M. (1995): Unreflektiertes patriacharliches Denken. Ein Gespräch mit der Familiensoziologin Marianne Krüll. *Psychologie heute*: 6: 27.

Lair, J. C. u. W. H. Lechler (1983): Von mir aus nennt es Wahnsinn. Stuttgart (Kreuz).

Lauterbach, M. (1995): Die vergessenen Seiten der Familiendynamik. Zur Ableitung eines familienorientierten Psychodramas. *Psychodrama* 8 (1), 95 ff.

Lechler, W. H. (1994): Das Bad Herrenalber Modell. Bad Herrenalb (Förderkreis für Ganzheitsmedizin Bad Herrenalb e.V.).

Lenk, W. (1988): Psychotherapeutische Behandlung eines Lipoms im Eigenversuch. *Hypnose und Kognition*, April 1988.

Lenk, W. (1994): Sexueller Mißbrauch und Rheuma. *Hypnose und Kognition*, April: 127–137.

Lenk, W: (1995): Arbeit mit Teilen. Audiocassette vom Seminar auf dem 2. Europäischen Kongreß für Hypnose und Psychotherapie nach Milton H. Erickson. Heidelberg (Carl-Auer-Systeme).

LeShan, L. (1993): Psychotherapie gegen Krebs. Stuttgart (Klett-Cotta).

LeShan, L. (1995): Diagnose Krebs: Wendepunkt und Neubeginn. Stuttgart (Klett-Cotta).

Levold, T., E. Wedekind, u. H. Georgi (1993): Gewalt in Familien. Systemdynamik und therapeutische Perspektiven. *Familiendynamik* 18: 286–311.

Lüssi, P. (1995): Systemische Sozialarbeit. Bern/Stuttgart/Wien (Haupt).

Ludewig, K. (1988): Nutzen, Schönheit, Respekt – Drei Grundkategorien für die Evaluation von Therapie. *System Familie* 1: 103–114.

Ludewig, K. (1988): Problem – „Bindeglied" klinischer Probleme. Grundzüge eines systemischen Verständnisses psychosozialer und klinischer Probleme. In: L. Reiter et al. (Hrsg.), 231–250.

Ludewig, K. (1992): Systemische Therapie. Stuttgart (Klett-Cotta).

Ludewig, K. (1992): Evaluation systemischer Therapie in einer Kinder- und Jugendpsychiatrie. *System Familie* 6: 21–35.

Ludewig, K. (1992): Systemische Therapie in Deutschland. Ein Überblick. *Familiendynamik* 21: 95–115.

Mace, N. L. u. P.V. Rabins (1988): Der 36-Stunden Tag. Die Pflege des verwirrten älteren Menschen, speziell des Alzheimer-Kranken. Bern/Stuttgart (Hans Huber).

Madelung, E. (1996): Kurztherapien – Neue Wege zur Lebensgestaltung. München (Kösel).

Matzka, R. u. M. Varga von Kibéd (1994): Erklärung der Grundbegriffe von Spencer Browns „Gesetze der Form". In: D. Baecker (Hrsg.): Kalküle der Form. Frankfurt/Main (Suhrkamp).

Meier, Ch. (1996): Warum verteidigte sich Sokrates so unglücklich? *Frankfurter Allgemeine Zeitung/Magazin* Nr. 834 vom 23.2.96 [ausführlich in: Ch. Meier (1995): Athen. Ein Neubeginn der Weltgeschichte (erweiterte Taschenbuchausgabe. München (Goldmann).]

McGoldrick, M. u. R. Gerson (1990): Genogramme in der Familienberatung. Stuttgard (Huber).

Merleau-Ponty, M. (1957): Phenomenologie de la Perception, Paris.

Miller, A. (1979): Das Drama des begabten Kindes. Frankfurt/M. (Suhrkamp).

Moreno, J. L. (1974): Die Grundlagen der Soziometrie. Opladen (Westdeutscher Verlag).

Moreno J. L. (1991): Globale Psychotherapie und Aussichten einer therapeutischen Weltordnung. Jahrbuch für Psychodrama, psychosoziale Praxis und Gesellschaftspolitik, S. 11 [engl. Orig. 1957].

Nienstedt, M. u. A. Westermann (1989): Pflegekinder. Psychologische Beiträge zur Sozialisation von Kindern in Ersatzfamilien. Münster (Votum).

O'Hanlon, W. (1991). Eckpfeiler. Hamburg (ISKO-Press).

Peirce, C. S. (1983): Phänomen und Logik der Zeichen. Frankfurt/Main (Suhrkamp).

Porret, G. A. (1996): Lösung – Erkennen und Handeln. Unveröffentlichtes Manuskipt.

Ray, J. u. W. C. Horner (1990): Correlates of effective therapeutic foster parenting. *Residential Treatment for Children and Youth* 7: 57–69.

G. Resch u. V. Gutmann (1986): Wissenschaftliche Grundlagen der Homöopathie. Hohenschäftlarn (Barthel & Barthel).

Riegas, V. u. Ch. Vetter (1990): Ein Gespräch mit H. Maturana und Beiträge zur Diskussion seines Werkes. In: Riegas, V. u. Ch. Vetter (Hrsg.): Zur Biologie der Kognition. Frankfurt/Main, (Suhrkamp), S. 25.

Romero, B. (1991): Gruppen für Angehörige dementer alter Menschen. Ziele, Vorgehensweisen und Erfahrungen. In: G. Haag u. J. C. Brengelmann (Hrsg.): Alte Menschen. Ansätze psychosozialer Hilfen. (Gerhard Röttger Verlag), S. 89–114.

Romero, B. (1997): Selbst-Erhaltungs-Therapie (SET): Betreungsprinzipien, psychotherapeutische Interventionen und Bewahren des Selbstwissens bei Alzheimer-Kranken. In: S. Weis u. G. Weber (Hrsg.): Handbuch Morbus Alzheimer. Neurobiologie, Diagnose, Therapie. Weinheim (Beltz Psychologie Verlags Union) S. 1209–1252.

Rossi, E. L. u. D. B. Cheek (1988): Mind Body Therapy. New York (W.W. Norton)

Roth, J. K. (1990): Heimkinder – Kinder mit mehreren Eltern. *Familiendynamik* 15: 97–112.

Satir, V. u. M. Baldwin (1988): Familientherapie in Aktion. Paderborn (Junfermann)

Satir, V. (1996): Kommunikation, Selbstwert, Kongruenz. Konzepte und Perspektiven familientherapeutischer Praxis. 5. Auflage. Paderborn (Junfermann).

Schellenbaum, P. (1992): Nimm deine Couch und geh. München (Kösel).

Scheuerer-Englisch, H. (1995): Die Bindungsdynamik im Familiensystem: Impulse der Bindungstheorie für die familientherapeutische Praxis. In: G. Spangler u. P. Zimmermann (Hrsg.): Die Bindungstheorie. Grundlagen, Forschung und Anwendung. Stuttgart (Klett-Cotta), S. 375–395.

Schlippe, A. von u. J. Schweitzer (1996): Lehrbuch der systemischen Therapie und Beratung. Göttingen (Vandenhoeck und Ruprecht).

Schmid, B. (1986): Systemische Transaktionsanalyse – Anstöße zu einem erneuten Durchdenken und zur Diskussion transaktionsanalytischer Konzepte aus systemischer Sicht. Wiesloch (Eigendruck), S. 99.

Schmidt, G. (1985): Systemische Familientherapie als zirkuläre Hypnotherapie. *Familiendynamik* 10: 241–264.

Schmidt, G. (1993): Modell der „inneren Konferenz". Audiocassette. Heidelberg (Carl-Auer-Systeme).

Schmidt, G. (1995): Konferenz mit der inneren Familie. Audiocassette. Münsterschwarzach (Vier Türme Verlag).

Schmidt, S. u. B. Strauß (1996): Die Bindungstheorie und ihre Relevanz für die Psychotherapie. Teil 1: Grundlagen und Methoden der Bindungsforschung. *Psychotherapeut* 41: 139–150.

Schumann, M. (1987): Herkunftseltern und Pflegeeltern: Konfliktfelder und Brükken zur Verständigung. In: Deutsches Jugendinstitut (Hrsg.): Handbuch Beratung im Pflegekinderbereich. München (Verlag Deutsches Jugendinstitut), S. 60–99.

Schwartz, R. (1997): Systemische Therapie mit der inneren Familie. München (Pfeiffer).

Schweitzer J. u. G.Weber (1982): Beziehung als Methapher: Die Familienskulptur als diagnostische, therapeutische und Ausbildungstechnik. *Familiendynamik* 7 (1): 113–128.

Schweitzer, J. (1989): Professionelle (Nicht-)Kooperation: Ein Beitrag zur Eskalation dissozialer Karrieren Jugendlicher. *Zeitschrift für systemische Therapie* 7 (4): 247–254.

Selig, A. L. (1976): The Myth of the Multi-Problem family. *Am. J. Orthopsychiatry* 46: 526–531.

Shazer, S. de (1989): Der Dreh. Überraschende Wendungen und Lösungen in der Kurzzeittherapie. Heidelberg (Carl-Auer-Systeme), 4. Auflage 1995.

Shazer, S. de (1996): Worte waren ursprünglich Zauber. Lösungsorientierte Therapie in Theorie und Praxis. Dortmund (modernes lernen).

Shazer, S. de (1992): Das Spiel mit Unterschieden. Heidelberg (Carl-Auer-Systeme).

Siefer, T. (1996): „Du kommst später mal in die Firma!" Psychosoziale Dynamik von Familienunternehmen. Heidelberg (Carl-Auer-Systeme).

Simon, F.B. u. G. Weber (1988): Das Ding an sich. Wie man „Krankheit" erweicht, verflüssigt, entdinglicht ... *Familiendynamik* 13 (1): 57–61.

Simon, F.B. u. G. Weber (1989): Horch, was kommt von drinnen raus ...?! Über das Umgehen von und mit Gefühlen. *Familiendynamik* 13 (1): 57–61.

Simon, F. B. (1992): Unterschied, die Unterschiede machen. Berlin (Springer).

Simon, F. B. u. G. Weber (1987): Vom Navigieren beim Driften. Die Bedeutung des Kontextes der Therapie. *Familiendynamik* 12 (4): 355–362.

Simon, F.B. u. A. Retzer (1995): Das Hellinger-Phänomen. *Psychologie heute* 6: 28–31.

Simonton, O. C., S. Matthews-Simonton und J. Creighton (1982): Wieder gesund werden. Reinbek bei Hamburg (Rowohlt).

Sparrer, I. (1997a): Modifikation der Grundprinzipien von Familienaufstellungen beim Übergang zu systemischen Strukturaufstellungen. *Hypnose und Kognition*, April 1997.

Sparrer, I. (1997b). Lösungsaufstellung, Neunfelderaufstellung und Zielannäherungsaufstellung: drei Formen der Verbindung von systemischer Aufstellungsarbeit und de Shazers lösungsorientierter Kurztherapie. Im vorliegenden Band.

Sparrer, I. u. M. Varga von Kibéd (1995): Systemische Familientherapie und Strukturaufstellungsarbeit. In: B. Schwerfeger u. K. Koch (Hrsg): Der Therapieführer. München (Wilhelm Heyne).

Sparrer, I. u. M. Varga von Kibéd (1996): Theorie und Praxis der systemischen Strukturaufstellungen (zwei Videokassetten). Dortmund (VCR).

Sparrer, I. u. M. Varga v. Kibéd (1997): Vom Familien-Stellen zur Systemischen Strukturaufstellungsarbeit. Im vorliegenden Band.

Sparrer, I. u. M. Varga von Kibéd (im Druck a): Systemische Strukturaufstellungen. Grammatik und Praxis. Heidelberg (Carl-Auer-Systeme).

Sparrer, I. u. M. Varga von Kibed (im Druck b): Körperliche Selbstwahrnehmung in systemischen Strukturaufstellungen. In: H. Milz u. M. Varga von Kibéd (Hrsg.): Beseelter Leib, verkörperter Geist. Zürich (Walter).

Spencer Brown, G. (1969): Laws of Form. London (Allen and Unwin).

Staub-Bernasconi, S. (1991): Macht-Quellen. Unveröffentlichtes Arbeitsblatt, Schule der sozialen Arbeit, Zürich.

Stierlin, H. (1988): Zur Beziehung von Einzelperson und System: Der Begriff „Individuation" in systemischer Sicht. In: L. Reiter, E. J. Brunner u. S. Reiter-Theil (Hrsg.): Von der Familientherapie zur systemischen Perspektive. Berlin/Heidelberg/New York (Springer).

Stierlin, H. (1994): Ich und die anderen. Psychotherapie in einer sich wandelnden Gesellschaft. Stuttgart (Klett-Cotta).

Stierlin, H. (1995): Bindungsforschung: eine systemische Sicht. *Familiendynamik* 20: 201–206.

Stosch, Th. von (1988): Personzentrierte Gruppenpsychotherapie in Form von Phantasie- und Rollenspielen mit 4- bis 7jährigen Kindern: Erfahrungen aus dem teilstationären Bereich für Vorschulkinder einer Kinder- und Jugendpsychiatrie. In: U. Esser u. K. Sander (Hrsg.): Personzentrierte Gruppentherapie. Heidelberg (Asanger), S. 162–179.

Stosch, Th. von (1989): Langfristige Auswirkungen der Festhaltetherapie für die Entwicklung von autistischen Kindern – eine Katamnese. XXI. Wissenschaftliche Tagung, Deutsche Gesellschaft für Kinderpsychiatrie, München.

Susen, G. R. (1996): Krebs und Hypnose. München (Pfeiffer).

Textor, M. R. (1995): Zur Vorbereitung auf die Pflegeelternschaft. *Unsere Jugend* 47: 503–506.

Textor, M. R (1995): Forschungsergebnisse zur Familienpflege. In: M. R. Textor u. K. P. Warndorf (Hrsg.): Familienpflege. Forschung, Vermittlung, Beratung. Freiburg i.B. (Lambertus) S. 43–66.

Tomm, K. (1994): Die Fragen des Beobachters. Von der ersten zur zweiten Kybernetik in der systemischen Therapie. Heidelberg (Carl-Auer-Systeme).

Trenkle, B. u. G. Schmidt (1985): Ericksonsche Psychotherapie und Familientherapie. Möglichkeiten der Integration. *Hypnose und Kognition* 2: 5–26.

Ule, A. (1997): Operationen und Regeln bei Wittgenstein. München (Peter Lang).

Varga v. Kibéd, M. (1995): Ganz im Gegenteil … Querdenken als Quelle der Veränderung. München (GC Graphic-Consult).

Varga v. Kibéd, M. (1997a): Bemerkungen über philosophische Grundlagen und methodische Voraussetzungen der systemischen Aufstellungsarbeit. Im vorliegenden Band. Heidelberg.

Varga v. Kibéd, M. (1997b): Systemisches Kreativitätstraining: Tetralemma-Aufstellungen und Aufstellungsarbeit mit Drehbuchautoren ; im vorliegenden Band, Heidelberg.

H. Wallach (1986): Homöopathie als Basistherapie. Plädoyer für die wissenschaftliche Ernsthaftgkeit der Homöopathie. Heidelberg.

Walter, J. L. u. J. E. Peller (1995): Lösungsorientierte Kurztherapie. Dortmund (modernes lernen).

Weber, G. u. H. Stierlin (1989): In Liebe entzweit – Die Heidelberger Familientherapie der Magersucht. Reinbek (Rowohlt).

Weber, G. (1991): Die therapeutische Erweichung psychiatrischer Krankheitskonzepte. Audiocassette. Heidelberg (Carl-Auer-Systeme).

Weber, G. (Hrsg.) (1993): Zweierlei Glück. Die systemische Psychotherapie Bert Hellingers. Heidelberg (Carl-Auer-Systeme).

Weber G. (1995): Nachwort für die deutsche Ausgabe. In: E. Dean (1995): Wo ist die Frau, die mich geboren hat? Eine Adoptierte auf der Suche nach ihrer Herkunft. München (Kösel), S. 183–207.

Welter-Enderlin R. (1995): Systemische Paartherapie: Verstehen und Handeln in der Begegnung. *System Familie* 8: 16–30.

Weizsäcker C.F. v. (1997): Die Einheit der Natur. 3. Auflage. München (Hanser).

White, M. (1989): Der Vorgang der Befragung: eine literarisch wertvolle Therapie? *Familiendynamik* 14: (2) 114–128.

White, M. (1992): Therapie als Dekonstruktion. In: J. Schweitzer, et al. (Hrsg.): Systemische Praxis und Postmoderne. Frankfurt (Suhrkamp), Seite 39–63.

Wiest, F. u. M. Varga v. Kibéd (1997): Homöopathische Systemaufstellungen. Im vorliegenden Band.

Wilber, K. (1985): Zwei Weisen des Erkennens. In: N. Walsh u. F. Vaughan (Hrsg.): Psychologie in der Wende. München (Scherz).

Wilber, K. (1988): Die drei Augen der Erkenntnis. München (Kösel).

Wilber, K. (1996): Eros, Kosmos, Logos. Frankfurt/Main (W. Krüger).

Jürg, W. (1985): Koevolution. Die Kunst gemeinsamen Wachsens. Reinbek (Rowohlt).

Whitaker, C. (1988): Dancing with the Family – a symbolic-experiential Approach, New York (Brunner/Mazel).

Wittgenstein, L. (1984): „Tractatus logico-philosophicus“ und Philosophische Untersuchungen. In: Werkausgabe, Band 1. Frankfurt/Main (Suhrkamp).

Wyatt, T. u. J. Woodsmall (1992): Time Line. NLP-Konzepte. Paderborn (Junfermann).

Ziegenhain, U. (1996): Vernachlässigung aus der Sicht der neueren Bindungstheorie. In: Kinderschutzzentrum Berlin e.V. (Hrsg.): Risiken und Ressourcen. Vernachlässigungsfamilien, kindliche Entwicklung und präventive Hilfen. Gieflen (Psychosozial-Verlag), S. 83–95.

Veröffentlichungen von und über Bert Hellinger

Bücher

Carl-Auer-Systeme Verlag

Zweierlei Glück. Die systemische Psychotherapie Bert Hellingers
Herausgegeben von Gunthard Weber, 1993. Überarbeitet
11. Auflage 1998. 338 Seiten. ISBN 3-89670-005-7
In lebendigem Wechsel von Vorträgen, Fallbeispielen und Geschichten führt Gunthard Weber umfassend in die Denk- und Vorgehensweisen Bert Hellingers ein. Das übersichtlich gegliederte Buch beschäftigt sich ausführlich mit den verschiedenen Aspekten von Beziehungen, mit den „Bedingungen für das Gelingen", dem „Gewissen als Gleichgewichtssinn in Beziehungen", den „Beziehungen zwischen Eltern und Kindern" sowie den Paarbeziehungen, den systemischen Verstrickungen und ihren Lösungen sowie abschließend mit der Praxis systembezogener Psychotherapie.

Ordnungen der Liebe. Ein Kursbuch
1994. 5. Auflage 1998. 553 Seiten. ISBN 3-89670-000-6
Dies ist ein Kursbuch in mehrfachem Sinn. Erstens werden ausgewählte therapeutische Kurse wortgetreu wiedergegeben. So kann der Leser an der Suche nach Lösungen teilnehmen, als wäre er selbst mit dabei. Zweitens werden Hellingers therapeutische Vorgehensweisen ausführlich dargestellt und erläutert, vor allem seine besondere Art, Familien zu stellen. Drittens nimmt Hellinger den Leser auf den Erkenntnisweg mit, der zum Erfassen der hier beschriebenen Ordnungen führt. Abschließend erläutert Hellinger in einem längeren Interview seine Einsichten und Vorgehensweisen. Im Anhang sind die Inhalte ausführlich nach Themen geordnet.

Familien-Stellen mit Kranken. Dokumentation eines Kurses für Kranke, begleitende Psychotherapeuten und Ärzte
1995. 3. Auflage 1998. 339 Seiten. ISBN 3-89670-018-9
Ein praxisnaher Einführungskurs in das Familien-Stellen mit Kranken und in die familiengeschichtlichen Hintergründe von chronischer und lebensbedrohender Krankheit. Im Anhang finden sich Rückmeldungen und Ergänzungen ein Jahr nach dem Kurs.
In gekürzter Form auch als Video erhältlich.

Verdichtetes. Sinnsprüche – Kleine Geschichten – Sätze der Kraft
1995. 3. Auflage 1997. 109 Seiten. ISBN 3-89670-001-4
Die hier gesammelten Sprüche und kleinen Geschichten sind während der therapeutischen Arbeit entstanden. Sie sind nach Themen geordnet: „Wahrnehmen, was ist", „Die größere Kraft", „Gut und Böse", „Mann und Frau", „Helfen und Heilen", „Leben und Tod". Ihr ursprünglicher Anlaß scheint manchmal noch durch, doch reichen sie weit darüber hinaus. Gewohntes Denken wird erschüttert, verborgene Ordnungen kommen ans Licht.

In den „Sätzen der Kraft" verdichtet sich heilendes Sagen und Tun. Sie bringen eine Lösung in Gang, wenn jemand in ein fremdes Schicksal verstrickt ist oder in persönliche Schuld, und machen für Kommendes frei.

Schicksalsbindungen bei Krebs. Ein Kurs für Betroffene, ihre Angehörigen und Therapeuten
1997. 2. Aufl. 1998. 202 Seiten. ISBN 3-89670-008-1
Dieses Buch dokumentiert am Beispiel von Krebs, wie Schicksalsbindungen in der Familie schwere Krankheiten mitbedingen und aufrechterhalten. Und es zeigt, wie die Liebe, die krank macht, sich löst in Liebe, die heilt.
Etwas gekürzt auch als Video erhältlich unter dem Titel: „Bert Hellinger arbeitet mit Krebskranken".

Haltet mich, daß ich am Leben bleibe. Lösungen für Adoptierte
1998. 223 Seiten. ISBN 3-89670-092-8
Der hier dokumentierte Kurs für erwachsene Adoptierte zeigt, wie die Bindung des Kindes an seine leiblichen Eltern weiterwirkt. Es zeigt aber auch, wie diese Bindung auf eine Weise gelöst werden kann, die es dem Adoptivkind ermöglicht, sich seinen neuen Eltern zuzuwenden und von ihnen den Halt und die Liebe zu nehmen, die sie ihm schenken.
Auch als Video erhältlich.

In der Seele an die Liebe rühren. Familien-Stellen mit Eltern und Pflegeeltern von behinderten Kindern
1998. ca. 120 Seiten. ISBN 3-89670-093-6
Eltern, die ein behindertes Kind haben, und Pflegeeltern, die ein solches Kind aufnehmen, werden vom Schicksal dieser Kinder auf eine besondere Weise in Dienst genommen. Wie ihre Liebe an diesem Schicksal und dieser Aufgabe wächst, wird uns in diesem Buch bewegend vor Augen geführt.
Auch als Video erhältlich.

Wo Schicksal wirkt und Demut heilt. Ein Kurs für Kranke
1998. ca. 320 Seiten. ISBN 3-89670-029-4
Mit diesem Buch beschließt Bert Hellinger seine Dokumentation über das Familien-Stellen mit Kranken und über die familiengeschichtlichen Hintergründe von schwerer Krankheit, Unfällen und Selbstmord. Darüber hinaus enthält es zahlreiche Beispiele von Kurztherapien.
Auch als Video erhältlich.

Touching Love. Bert Hellinger at Work with Family Systems. Documentation of a Three-Day-Course for Psychotherapists and their Clients
1997. 186 Seite. ISBN 3-89670-022-7
Bert Hellinger demonstrates the Hidden Symmetry of Love operating unseen in the lives of persons suffering with serious illness and difficult life circumstances. This book is a full documentation of a workshop for professionals held near London in February, 1996.
The accompanying video documentation is available in two editions:
Full documentation: 11 1/2 hours, 3 VHS cassettes (PAL only)
Representative Selections: 3 hours selection (PAL or NTSC).

Praxis des Familien-Stellens. Beiträge zu systemischen Lösungen nach Bert Hellinger
Herausgegeben von Gunthard Weber
1998. 2. korr. Aufl. 1998. 544 Seiten
ISBN 3-89670-090-1
Dieser Band gibt den Stand der Entwicklung des Familien-Stellens im deutschsprachigen Raum wieder. Er umfaßt 58 überarbeitete Beiträge der ersten Arbeitstagung „Praxis des Familien-Stellens“ vom März 1997 in Wiesloch: grundlegende Vorträge und Berichte über die Übertragung dieses Ansatzes auf unterschiedliche Settings, Klientengruppen und Anwendungsbereiche (etwa auch auf Organisationen).

Kösel Verlag

Finden, was wirkt. Therapeutische Briefe
1993. Erweiterte Neuauflage. 8. Auflage 1997. 191 Seiten. ISBN 3-466-30389-3
Diese Briefe geben knapp und verdichtet – meist unter 20 Zeilen! – Antwort auf Fragen von Menschen in Not und zeigen, oft überraschend und einfach, die heilende Lösung. Sie lesen sich wie kleine Geschichten, denn jeder Brief erzählt verschlüsselt ein Schicksal. Es geht um die Themen: „Mann und Frau“, „Eltern und Kinder“, “Leib und Seele“, den „tragenden Grund“ und „Abschied und Ende“.

Anerkennen, was ist. Gespräche über Verstrickung und Lösung
Zusammen mit Gabriele ten Hövel
1996. 6. Auflage 1997. 198 Seiten. ISBN 3-466-30400-8
In dichten Gesprächen mit der Journalistin Gabriele ten Hövel gibt Hellinger Einblick in die Hintergründe seines Denkens und Tuns. Und er zeigt, wie über die Anerkennung der Wirklichkeit auch in schwierigen Fragen die Verständigung gefunden und ein Ausgleich erreicht werden kann. Ein Glossar macht den Inhalt über zahlreiche Stichworte zugänglich.

Die Mitte fühlt sich leicht an. Vorträge und Geschichten
1996. 3. Auflage 1997
192 Seiten. ISBN 3-466-30416-4
Hellingers grundlegende Vorträge und Geschichten sind hier gesammelt vorgestellt. Sie kreisen um die gleiche Mitte, eine verborgene Ordnung, nach der Beziehungen gelingen oder scheitern.
Auch auf CD und Video erhältlich.

Droemer Knaur Verlag

Thomas Schäfer: **Was die Seele krank macht und was sie heilt.** Die psychotherapeutische Arbeit Bert Hellingers
1998. 240 Seiten. ISBN 3-426-76167-X
Dieses Buch wendet sich an eine breitere Öffentlichkeit. Es faßt zusammen, was Hellinger lehrt, und erläutert an vielen Beispielen seine wichtigsten Vorgehensweisen.

Videos, CDs, Audiocassetten

Professionell gestaltet unter der Regie von Johannes Neuhauser. Alle Videos und CDs sind im Carl-Auer-Systeme Verlag erschienen.

Ordnung und Krankheit. Vortrag und therapeutisches Werkstattgespräch
VHS-Cassette. 1994. 130 Minuten. ISBN 3-931574-74-1
Der Vortrag „Ordnung und Krankheit" beschreibt, was in Familien zu schweren Krankheiten, Unfällen und Selbstmord führt, und was solche Schicksale wendet.
Im therapeutischen Werkstattgespräch erläutert Hellinger anhand von dreißig Fragen seine Psychotherapie und erzählt aus der Praxis seiner Arbeit. Die Fragen stellt Johannes Neuhauser.

Familien-Stellen mit Kranken. Ein Kurs für Kranke, begleitende Psychotherapeuten und Ärzte
3 VHS-Cassetten. 1995. 10 Stunden. ISBN 3-927809-55-1
Das Video zum gleichnamigen Buch.

Bert Hellinger arbeitet mit Krebskranken. Ein Kurs für Betroffene, ihre Angehörigen und Therapeuten
2 VHS-Cassetten. 1996. 7 1/2 Stunden. ISBN 3-89670-007-3
Das Video zum Buch: „Schickalsbindungen bei Krebs".

Haltet mich, daß ich am Leben bleibe. Lösungen für Adoptierte
2 VHS-Cassetten. 1997. 7 Stunden. ISBN 3-89670-061-8
Das Video zum gleichnamigen Buch.

In der Seele an die Liebe rühren. Familien-Stellen mit Adoptiveltern und Eltern von behinderten Kindern
1998. 1 VHS-Cassette. 3 Stunden. ISBN 3-89670-064-2
Das Video zum gleichnamigen Buch.

Wo Schicksal wirkt und Demut heilt. Ein Kurs für Kranke
3 VHS-Cassetten 1998. 9 1/2 Stunden. ISBN 3-89670-060-X
Das Video zum gleichnamigen Buch.

Touching Love. Bert Hellinger at Work with Family Systems
3 VHS-Cassetten. 1997. 11 1/2 Stunden. ISBN 3-89670-051-0

Selections from Touching Love. Bert Hellinger at Work with Family Systems.
1 PAL-Cassette. 1997. 3 Stunden. ISBN 3-89670-053-7

Selections from Touching Love. Bert Hellinger at Work with Family Systems.
1 NTSC-Cassette. 1997. 3 Stunden. ISBN 3-89670-052-9

Die Mitte fühlt sich leicht an.
Eine CD- und Video-Edition des gleichnamigen Buches.
Diese CD- und Video-Reihe enthält Bert Hellingers grundlegende Einsichten aus 25 Jahren therapeutischer Arbeit. Jede der CDs und jedes Video widmet sich einem speziellen Thema und ist in sich abgerundet.

CD-Paket 1 (2 CDs) bzw. Video 1
Schuld und Unschuld in Beziehungen (Vortrag)
Geschichten, die zu denken geben. 141 Minuten
ISBN 3-931574-48-2 (CD)
ISBN 3-931574-54-7 (Video)

CD-Paket 2 (2 CDs) bzw. Video 2
Die Grenzen des Gewissens (Vortrag)
Geschichten, die wenden. 135 Minuten
ISBN 3-931574-49-0 (CD)
ISBN 3-931574-55-5 (Video)

CD-Paket 3 (3 CDs) bzw. Video 3
Ordnungen der Liebe (Vortrag)
Teil 1: Zwischen Eltern und Kindern und innerhalb der Sippe
Teil 2: Zwischen Mann und Frau und in Bezug
zum tragenden Ganzen
Geschichten vom Glück. 206 Minuten
ISBN 3-931574-50-4 (CD)
ISBN 3-931574-56-3 (Video)

CD-Paket 4 (2 CDs) bzw. Video 4
Leib und Seele, Leben und Tod (Vortrag)
Psychotherapie und Religion (Vortrag)
ISBN 3-89670-066-9 (CD)
ISBN 3-89670-067-7 (Video)

CD-Package: **Die Mitte fühlt sich leicht an.** ISBN 3-931574-47-4
Video-Package: **Die Mitte fühlt sich leicht an.** ISBN 3-931574-57-1

Vom Himmel, der krank macht, und der Erde, die heilt
Leiden ist leichter als lösen
2 Audiocassetten. 1995/1993
Je 60 Minuten. ISBN 3-89670-047-2
„Vom Himmel, der krank macht, und der Erde, die heilt" ist ein Vortrag, der die grundlegenden Dynamiken beschreibt, die in Familien zu schweren Krankheiten führen oder zu Unfällen und Selbstmord, und zeigt, was solche Schicksale manchmal noch wendet (*auch im Buch* „Ordnungen der Liebe").
„Leiden ist leichter als lösen" ist ein Radiointerview mit Gabriele ten Hövel (*auch im Buch* „Anerkennen, was ist").